行政の実効性確保

行政代執行を中心として

宇賀克也
Uga Katsuya

勁草書房

はしがき

　本書のはしがきは、出版社へのおわびから始めなければならない。著者が、勁草書房の竹田康夫氏から、行政代執行法に関する書籍の執筆を依頼されたのは、2013年3月26日であった。したがって、本書の刊行まで10年以上が経過してしまったのである。

　執筆が遅れた理由は二つある。一つは、行政代執行法についての執筆準備を進める過程で、行政代執行法が一般的に抱える機能不全の問題は、行政上の強制徴収のような他の行政強制手段についてもみられるのみならず、戦後、行政強制の手段を大幅に制約するに伴い、威嚇力による間接的な義務履行確保機能を期待された行政刑罰についてもみられ、わが国の行政上の実効性確保法制が根本的な問題を抱えていることを改めて深く認識し、行政上の実効性確保法制全般について問題提起する著書としたいと考えたことによる。そのため、本書の対象領域を大幅に拡大することになり、執筆のために読むべき文献も多数にのぼることにならざるを得なかった。

　執筆の遅延のいま一つの理由は、著者の突然の転職である。大学在籍中に、本書の9割以上の部分は執筆を終えており、後は、従前、研究がされてこなかったアメリカの代執行の法制と現状、課題について、現地調査を踏まえて加筆するのみの段階まできていた。しかし、転職後は、海外調査を行う時間的余裕はまったくなくなった。そこで定年退官後に、アメリカで現地調査を行った上で、本書を刊行することを考えていたが、転職後、行政上の実効性確保法制への行政法学界での関心はきわめて高くなり、毎年、続々と研究成果が公表され、それをフォローするのみでもかなりの時間を要する状況になった。したがって、定年退官後も、本書の刊行時期を出版社に明確にお約束することは困難と考えざるを得なかった。

　執筆のご依頼をいただいてから10年もの間、なしの礫になってしまったことは誠に申し訳ないので、最近の文献について必要最小限の範囲で追記した上で、執筆依頼をお受けしてから10年の節目に、勁草書房に原稿をお見せして、ご意見を伺ったところ、本書の対象を行政代執行法から行政上の実効性確保全

般に広げることについてご理解をいただき、行政上の実効性確保がわが国の重要課題であるので、本書を早期に刊行したいというお話をいただいた。勁草書房、とりわけ担当編集者の竹田康夫氏には、ご依頼内容の範囲を大きく超えた著書とすることをご快諾いただき、かつ、執筆依頼から10年もの長期間、辛抱強く脱稿をお待ちいただいたことに心よりお礼申し上げたい。

　また、竹田氏は、原稿に丁寧に目を通し、多くの有益なご指摘をしてくださった。このことにも厚くお礼申し上げたい。

　30年近く前に公刊した著書（『行政手続法の理論』東京大学出版会、1995年）のはしがきにおいて、わが国の法執行システムに不備があることが、わが国でインフォーマルな行政指導が多用される一因ではないかという問題提起を行い、フォーマルな法執行システムを整備する必要性が高く、とりわけ地方公共団体が利用可能な法執行システムを拡充する必要性が大きいことを指摘した。著書のこの問題意識は、1990年にハーバード大学ロースクールで日米比較行政法の講義を行った際、日米の証券行政を比較する中で生まれたものである（アメリカの証券取引委員会（SEC）の法執行については、同書の法執行に関する章に収録している）。したがって、著者にとって、約34年間意識してきた問題への自分なりの回答をようやく著書というかたちでまとめることができたことになる。本書が、わが国の行政の実効性確保の進展にいささかなりとも貢献することができれば、望外の幸せである。

　2024年9月

　　　　　　　　　　　　　　　　　　　　　　　　　　　　宇 賀 克 也

目　次

文献略語

序章　本書の問題意識 …………………………………………1
第 1 節　本書の対象 ………………………………………………1
第 2 節　法制度の不備 ……………………………………………3
第 3 節　地方公共団体にとっての問題 …………………………5
第 4 節　運用上のインフォーマル志向 …………………………8
第 5 節　行政指導への過度の依存の原因 ………………………12

第 1 章　行政の実効性確保総論 ………………………………16
第 1 節　行政上の強制執行と司法上の強制執行 ………………16
第 2 節　戦前における行政上の強制執行についての学説 ……17
第 3 節　戦前における行政上の強制執行に係る法制度 ………18
第 4 節　行政執行法の見直し ……………………………………25
第 5 節　法律の留保 ………………………………………………34
　　Ⅰ　二重の留保 ………………………………………………34
　　Ⅱ　義務賦課権限のない代執行 ……………………………37

第 2 章　行政代執行 ………………………………………………40
第 1 節　行政代執行法の制定・改正 ……………………………40
　　Ⅰ　国会審議 …………………………………………………40
　　Ⅱ　行政代執行法の改正 ……………………………………40
第 2 節　行政代執行法の所管府省 ………………………………42
第 3 節　代執行の活用分野 ………………………………………42
第 4 節　代執行実施体制の構築 …………………………………44
第 5 節　行政代執行法の内容 ……………………………………47
　　Ⅰ　行政代執行法総論 ………………………………………47
　　　1　行政代執行の一般法　　47
　　　2　「行政上の義務の履行確保」の意味　　47

3　「別に法律で定めるもの」の意味　49
　　4　一律適用主義と根拠法規区分主義　53
　II　代執行を行う権限を有する者……………………………………54
　　1　行政庁　54
　　2　国または地方公共団体以外の者による代執行　57
　　3　代執行権限の共管　58
　　4　同一工作物が複数の公物管理法規制区域を跨る場合　59
　III　代執行の対象となる義務………………………………………59
　　1　代替的作為義務に該当する場合　59
　　2　代替的作為義務に当たらない場合　60
　　　（1）身体に係る義務　　（2）明渡義務　　（3）土地区画整理事業施行者による建物等の移転・除却　　（4）自動車登録番号票の領置　　（5）不作為義務
　IV　代替的作為義務の特定…………………………………………75
　V　代替的作為義務の類型…………………………………………78
　VI　法律により直接に命じられた義務……………………………83
　VII　法律に基づき行政庁により命じられた義務…………………86
　VIII　措置命令後の所有権の移転……………………………………89
　IX　行政代執行法2条の「法律」の意味…………………………91
　X　「他の手段によってその履行を確保することが困難であり」の要件…………………………………………………………………93
　　1　行政指導　93
　　2　直接強制・執行罰（強制金）　94
　　3　移転先の確保等の便宜供与　95
　　4　行政罰　97
　　5　民事執行　98
　　6　客観訴訟　105
　　7　除却費用等の助成　106
　　8　緊急安全措置　107
　　9　給付の拒否　109
　　10　公表　110
　　11　即決和解手続　111

XI 「その不履行を放置することが著しく公益に反すると認められるとき」の要件 ……………………………………………………111
  1 比例原則 111
  2 緩和代執行 117
 XII 効果裁量・時の裁量 ……………………………………………121
 XIII 基準の明確化 ……………………………………………………126
 XIV 第三者機関への諮問 ……………………………………………127
 XV 行政代執行法 2 条の「義務者がこれを履行しない場合」の要件 ………………………………………………………………127
 XVI 「自ら義務者のなすべき行為をなし、又は第三者をしてこれをなさしめ」の要件 …………………………………………………129
 XVII 義務者が意思能力を有しない場合 ……………………………130
 XVIII 相続財産清算人に対する行政代執行 …………………………130
 XIX 仮処分との関係 …………………………………………………133
 XX 担保権の存在 ……………………………………………………134
 XXI 占有者、担保権者への通知 ……………………………………134
 XXII 戒告 ………………………………………………………………135
  1 内容 135
  2 機能 136
  3 実体要件 137
  4 手続要件 137
   (1) 文書主義　(2) 再戒告　(3) 行政手続法の適用の有無　(4) 措置命令における戒告　(5) 相当の履行期限　(6) 送達　(7) 発効
  5 関係機関への協力要請 142
  6 処分性 143
  7 教示 146
  8 訴えの利益 146
  9 救済方法 147
   (1) 措置命令と戒告の間の違法性の承継　(2) 戒告の義務付け訴訟　(3) 戒告の差止訴訟　(4) 請求異議の訴え　(5) 仮の救済　(6) 代執行に対する訴権の放棄

10　戒告後の所有権の移転　159
XXIII　代執行令書による通知 ……………………………………160
　1　内容　160
　　（1）行政代執行法における新設　（2）代執行をなすべき時期　（3）代執行のために派遣する執行責任者　（4）代執行に要する費用の概算による見積額　（5）存置物件の搬出等についての勧告　（6）受忍義務
　2　機能　164
　3　実体要件　165
　4　手続要件　166
　　（1）文書主義　（2）審査請求期間・出訴期間との関係　（3）行政手続法の適用の有無　（4）戒告後の期間　（5）占有者、担保権者への通知　（6）送達　（7）発効
　5　処分性　168
　6　教示　169
　7　原告適格、執行停止申立適格　169
　8　訴えの利益　169
　9　救済方法　170
　　（1）措置命令または戒告との違法性の承継　（2）代執行令書による通知の義務付け訴訟　（3）代執行令書による通知の差止訴訟　（4）執行停止
XXIV　緊急代執行 ……………………………………………………175
XXV　代執行の実行 …………………………………………………178
　1　請負契約　178
　2　証票の携帯および提示　179
　3　住居への立入り　179
　4　同意を得た代執行　180
　5　建物の一部のみが除却義務の対象である場合　180
　6　自発的履行の申出　182
　7　和解　183
　8　争訟提起期間との関係　183
　9　処分性　184

10　行政手続法の適用除外　184
        11　教示　185
        12　訴えの利益　185
        13　救済方法　188
        （1）措置命令または戒告等と代執行の実行との間の違法性の承継
        （2）占有回収の訴え　（3）国家賠償請求
        14　立会人　193
        15　物理的抵抗への対応　194
        16　建物除却の代執行に伴う第三者の動産の搬出　198
        17　物件の保管　200
        （1）保管義務の存否についての行政実例　（2）保管義務の存否についての裁判例　（3）保管義務の存否についての学説　（4）相当期間経過後の保管物件の取扱い　（5）民事執行の場合
XXVI　費用　……………………………………………………………208
        1　代執行費用の納付命令　208
        2　「代執行に要した費用」の範囲　209
        　（1）代執行と直接に関連する費用　（2）調査費用　（3）人件費　（4）物件保管費用　（5）代替住居の提供　（6）廃棄費用　（7）代執行に至らなかった場合　（8）「実際に要した費用」
        3　納付命令書における費用の記載　221
        4　教示　221
        5　措置命令または代執行と代執行費用納付命令の間の違法性の承継　222
        6　督促　226
        7　財産調査　228
        8　事前徴収の可否　230
        9　仮差押命令の申立ての可否　231
        10　代執行費用の徴収　233
        　（1）費用徴収後の納付命令の取消しの利益　（2）国税滞納処分の例による強制徴収　（3）義務者が死亡した場合　（4）共有物件に係る代執行債務　（5）相続財産清算人を選任した場合　（6）個別法における代執行に要した費用の徴収に係る規定

　　　　（7）事務管理に基づく有償費償還請求権としての代執行費用の請求
　11　差押え　241
　12　時効の中断　243
　13　滞納処分の執行の停止等　245
　14　不動産の公売手続　246
　15　保管動産の処分　247
　16　配当　248
　17　財産の換価　248
　18　徴収金の帰属　249

第3章　簡易（略式）代執行　250
　第1節　民法の公示送達　250
　第2節　簡易（略式）代執行に関する実定法の規定　251
　第3節　特別法説と独立法説　254
　第4節　調査義務　254
　第5節　簡易（略式）代執行における公告　258
　第6節　費用負担　258
　第7節　相続財産清算人の選任　260
　第8節　不在者財産管理人の選任　261
　第9節　条例による簡易（略式）代執行制度創設の可否　261

第4章　行政代執行の機能不全　263
　第1節　機能不全の原因　263
　第2節　機能不全への対策　268
　　Ⅰ　民事執行との比較　268
　　Ⅱ　代執行の実体要件の緩和　270
　　Ⅲ　簡易（略式）代執行規定の一般法化　271
　　Ⅳ　戒告と代執行令書による通知の一本化　272
　　Ⅴ　代執行に随伴する必要最小限の実力の行使　273
　　Ⅵ　存置物件の保管・換価・廃棄等に関する規定の整備　274
　　Ⅶ　事前徴収制度の導入　276
　　Ⅷ　仮差押命令　278

Ⅸ　義務違反状況に係る情報の公表義務 …………………………278
　Ⅹ　過剰規制の見直し …………………………………………………279
　Ⅺ　行政代執行の射程の限定 …………………………………………279
　Ⅻ　行政代執行法の運用上の改善策 …………………………………280
　　1　組織面の対策　280
　　2　人事面の対策　281
　　3　研修面の対策　283
　　4　財政面の対策　283
　　5　裁量基準の明確化　286
　　6　第三者機関への諮問　286
　　7　行政機関間の情報の共有　287
　　8　違反情報の公開　287
　　9　公私協働　288
　　10　私人による訴訟等の提起　288

第5章　強制金 ……………………………………………………290

第1節　実効性 …………………………………………………………290
　Ⅰ　実効性欠如論への疑問 ……………………………………………290
　Ⅱ　執行罰法定化を目指す立法の動き ………………………………294
　Ⅲ　学界における執行罰再活性化論 …………………………………295
第2節　罰則との併科 …………………………………………………296
第3節　代替的作為義務への適用 ……………………………………297
第4節　不作為義務への適用 …………………………………………300
第5節　金銭債務への適用 ……………………………………………301
第6節　賦課主体 ………………………………………………………302
第7節　一般法方式と個別法方式 ……………………………………303
第8節　全額決定型と日額加算型 ……………………………………304
第9節　処分基準 ………………………………………………………305
第10節　一律法定型と裁量決定型 ……………………………………305
第11節　金額 ……………………………………………………………306
第12節　事前手続 ………………………………………………………309
第13節　違法性の承継 …………………………………………………310

第14節　強制金支払義務の承継 …………………………………310
　　第15節　徴収手続 …………………………………………………311
　　第16節　代償強制拘留制度 ………………………………………311

第6章　直接強制 …………………………………………………314
　　第1節　直接強制のタブー化の理由 ………………………………314
　　第2節　個別法における直接強制 …………………………………315
　　第3節　直接強制法定化の必要性 …………………………………316
　　第4節　条例を根拠とする直接強制 ………………………………320
　　第5節　法律または条例に直接基づく直接強制 …………………321
　　第6節　一般法方式と個別法方式 …………………………………322
　　第7節　手続 …………………………………………………………324
　　　　Ⅰ　裁判官の許可 ………………………………………………324
　　　　Ⅱ　裁量基準 ……………………………………………………324
　　　　Ⅲ　戒告 …………………………………………………………325
　　　　Ⅳ　理由の提示 …………………………………………………326
　　　　Ⅴ　直接強制令書 ………………………………………………326
　　　　Ⅵ　証票の携帯および提示 ……………………………………327
　　　　Ⅶ　緊急直接強制 ………………………………………………327
　　第8節　警察の協力 …………………………………………………327
　　第9節　費用 …………………………………………………………328
　　第10節　簡易（略式）直接強制 …………………………………329

第7章　行政上の強制徴収 ………………………………………330
　　第1節　国税滞納処分の例による強制徴収 ………………………330
　　第2節　民事執行による場合 ………………………………………333
　　第3節　いわゆるバイパス理論の再検討 …………………………334
　　第4節　調査権限 ……………………………………………………336
　　第5節　行政手続法との関係 ………………………………………337
　　第6節　徴収のためのマンパワー …………………………………337
　　第7節　債務不履行者名簿（債務者目録） ………………………338

第8章　即時強制

第1節　警察官職務執行法
- Ⅰ　保護 …341
- Ⅱ　避難等の措置 …342
- Ⅲ　犯罪の予防および阻止 …343
- Ⅳ　立入り …344
- Ⅴ　武器の使用 …346

第2節　個別法における即時強制
- Ⅰ　身体の侵害 …348
- Ⅱ　財産の侵害 …349

第3節　代執行の機能不全への対応 …351
第4節　即時強制の補足性 …355
第5節　一般的根拠規範を設けることの是非 …357
第6節　手続 …357
第7節　警察への協力要請 …360
第8節　条例による即時強制 …361
第9節　即時強制に要した費用の負担 …362
第10節　私人による即時強制 …366
第11節　即時強制に対する救済 …367
第12節　即時強制と罰則 …368

第9章　行政上の制裁

第1節　行政刑罰
- Ⅰ　違法行為により得た利益の剝奪 …371
- Ⅱ　法人重科 …373
- Ⅲ　スライド制 …374
- Ⅳ　違法に破壊した公共財のコストの負担 …374
- Ⅴ　間接罰と直罰 …375
- Ⅵ　非刑罰的処理（ダイバージョン） …376
- Ⅶ　非犯罪化 …379
- Ⅷ　特別司法警察職員制度 …380

Ⅸ　検察協議等 ………………………………………381
　　Ⅹ　告発のガイドライン ……………………………382
　　Ⅺ　機能不全の原因 …………………………………382
　第2節　行政上の秩序罰 ………………………………387
　　Ⅰ　行政刑罰との区別 ………………………………387
　　Ⅱ　実効性の欠如 ……………………………………388
　　Ⅲ　行政刑罰との併科 ………………………………390
　　Ⅳ　事前手続 …………………………………………392
　　Ⅴ　対審公開の裁判を受ける権利 …………………394
　　Ⅵ　実体面での原則 …………………………………395
　　Ⅶ　過料額の引上げ …………………………………396
　　Ⅷ　全額決定型と日額加算型 ………………………398
　　Ⅸ　違法性の承継 ……………………………………399
　　Ⅹ　公訴時効の（類推）適用 ………………………399
　　Ⅺ　両罰規定 …………………………………………399
　　Ⅻ　過料の支払いに応じない場合の実効性確保策 …400
　　ⅩⅢ　行政上の制裁金の一般法 ………………………401
　第3節　課徴金 …………………………………………405
　　Ⅰ　不当利得以上の金銭的負担 ……………………405
　　Ⅱ　一般法と個別法 …………………………………416
　　Ⅲ　主観的要件 ………………………………………417
　　Ⅳ　事前手続 …………………………………………418
　　Ⅴ　行政庁による賦課と裁判所による賦課 ………419
　　Ⅵ　強制徴収 …………………………………………420
　　Ⅶ　条例による課徴金 ………………………………420
　　Ⅷ　被害者への返金との連動 ………………………422
　第4節　公表 ……………………………………………422
　　Ⅰ　公表制度の分類 …………………………………422
　　Ⅱ　長所と短所 ………………………………………426
　　Ⅲ　法律の留保 ………………………………………430
　　Ⅳ　手続的統制 ………………………………………431
　　Ⅴ　守秘義務との関係 ………………………………433

Ⅵ　行政指導への不服従と公表 …………………………………434
　　Ⅶ　実効性 ……………………………………………………………435
　　Ⅷ　公表の期間・方法 ………………………………………………436
　　Ⅸ　救済方法 …………………………………………………………438
　第5節　行政サービスの供給の制限 ……………………………………440
　　Ⅰ　指導要綱違反の場合 ……………………………………………440
　　Ⅱ　法律・条例による権限の融合 …………………………………441

終章　行政の実効性確保のための法整備 …………………………445
　第1節　包括的な行政執行法制 …………………………………………445
　第2節　司法的執行システムの可能性 …………………………………446
　第3節　次善の策としての個別法の整備 ………………………………449
　第4節　不可争力との関係 ………………………………………………450
　第5節　適正手続 …………………………………………………………452
　第6節　比例原則 …………………………………………………………452
　第7節　行政過程の可視化と私人による法執行 ………………………453
　第8節　無過失責任の導入 ………………………………………………455

判例索引
事項索引

文献略語

青木・ドイツ法　　青木哲「ドイツ法からみた金銭執行の実効性確保」三木浩一編・金銭執行の実務と課題（青林書院、2013年）

赤間・適切な行政過程　　赤間聡「適切な行政過程とはどのようなものか―熱海市土石流事件」法学教室505号（2022年）

安達・公表制度の目的と機能　　安達和志「消費生活条例における公表制度の目的と機能」兼子仁先生古稀記念『分権時代と自治体法学』（勁草書房、2007年）

阿部・政策法学　　阿部泰隆・政策法学の基本方針（弘文堂、1996年）

阿部・法システム（上）　　阿部泰隆・行政の法システム（上）〔新版〕（有斐閣、1997年）

阿部・法システム（下）　　阿部泰隆・行政の法システム（下）〔新版〕（有斐閣、1997年）

阿部・法律上の争訟　　阿部泰隆「行政上の義務の民事執行は法律上の争訟ではない」法学教室267号（2002年）

阿部・市税滞納者　　阿部泰隆「市税滞納者の氏名を公表する条例はどのように構築すべきか」自治実務セミナー480号（2002年）

阿部・政策法学講座　　阿部泰隆・政策法学講座（第一法規、2003年）

阿部・解釈学Ⅰ　　阿部泰隆・行政法解釈学Ⅰ―実質的法治国家における法システムの解釈学（有斐閣、2008年）

阿部・解釈学Ⅱ　　阿部泰隆・行政法解釈学Ⅱ―実効的な行政救済の法システム創造の法理論（有斐閣、2009年）

阿部・再入門上　　阿部泰隆・行政法再入門上〔第2版〕（信山社、2016年）

阿部・行政訴訟の理論的・実務的課題　　阿部泰隆・行政訴訟の理論的・実務的課題：行政訴訟の最前線（信山社、2021年）

阿部・仮の行政処分（1）　　阿部泰隆「仮の行政処分・緊急の行政処分・緊急代執行・即時強制・直接強制（1）」自治研究100巻7号（2024年）

阿部・仮の行政処分（2）　　阿部泰隆「仮の行政処分・緊急の行政処分・緊急代執行・即時強制・直接強制（2・完）」自治研究100巻8号（2024年）

天田＝木村・調査協力減算制度　　天田弘人＝木村歩大海「調査協力減算制度に係る公正取引委員会規則等の概要」NBL1178号（2020年）

天田＝布村・調査協力減算制度　　天田弘人＝布村真理「独占禁止法改正法の施行に伴い整備する公正取引委員会規則等について：調査協力減算制度関係」公正取引839号（2020年）

天本・制裁的公表　　天本哲史・行政による制裁的公表の法理論（日本評論社、2019年）

天本・自治体政策　　天本哲史「自治体政策を遂行する手段としての『公表』」都市問題112巻2号（2021年）

荒・建築基準法　　荒秀「建築基準法の執行体制上の問題」ジュリスト481号

（1971 年）

池田・課徴金算定基礎　池田毅「課徴金算定基礎の追加」ジュリスト 1550 号（2020 年）

伊佐山・生活環境の整備に関する条例　伊佐山芳郎「千代田区『安全で快適な生活環境の整備に関する条例—環境整備の一環として『歩きたばこ』に過料（行政罰）』LIBRA3 巻 1 号（2003 年）

石井・プライバシー・個人情報保護法　石井夏生利「プライバシー・個人情報保護法の周辺法領域に関する考察—競争法との交錯を中心に」情報通信政策研究 3 巻 1 号（2019 年）

石垣・代償強制拘留制度　石垣聡一郎「ドイツ行政強制制度における代償強制拘留制度の意義と位置づけ」立教大学大学院法学研究 45・46 号（2015 年）

磯崎・行政罰　磯崎辰五郎「行政罰」田中二郎＝原龍之助＝柳瀬良幹編・行政法講座 2（有斐閣、1964 年）

磯崎・過料　磯崎辰五郎「非訟事件手続法により科する過料について」龍谷法学 3 巻 3・4 号（1971 年）

礒野・義務履行確保　礒野弥生「行政上の義務履行確保」雄川一郎＝塩野宏＝園部逸夫編・現代行政法大系 2（有斐閣、1984 年）

磯部・行政保有情報　磯部哲「行政保有情報の開示・公表と情報的行政手法」磯部力＝小早川光郎＝芝池義一編・行政法の新構想Ⅱ—行政作用・行政手続・行政情報法（有斐閣、2008 年）

板垣・実効性確保　板垣勝彦「行政上の実効性確保」小早川光郎＝青柳馨編『論点体系・判例行政法第 1 巻』（第一法規、2017 年）

板垣・住宅市場　板垣勝彦・住宅市場と行政法（第一法規、2017 年）

板垣・都市行政　板垣・都市行政の変貌と法（第一法規、2023 年）

板垣・条例づくり　板垣勝彦・条例づくり教室—構造の理解を深め、使いこなそう（ぎょうせい、2023 年）

板垣・自治体における実効性確保　板垣勝彦「自治体における実効性確保（エンフォースメント）の現状と課題」ジュリスト 1592 号（2024 年）

板垣・条例の実効性確保　板垣勝彦「条例の実効性確保—行政強制と司法的執行の課題」行政法研究 54 号（2024 年）

市橋・行政処罰法制　市橋克哉「日本の行政処罰法制」名古屋大学法政論集 149 号（1993 年）

市橋・行政罰　市橋克哉「行政罰—行政刑罰、通告処分、過料」公法研究 58 号（1996 年）

市橋・義務履行確保　市橋克哉「義務履行確保をめぐる司法権と行政権の相剋—行政法執行制度改革の方向性」室井力先生追悼『行政法の原理と展開』（法律文化社、2012 年）

市橋・エンフォースメント　市橋克哉「行政法上のエンフォースメント—行政上の秩序罰制度改革について：手続法の観点から」法律時報 85 巻 12 号（2013 年）

伊藤・政策実施　　伊藤修一郎・政策実施の組織とガバナンス―広告景観規制をめぐる政策リサーチ（東京大学出版会、2020年）

伊藤＝薗尾・民事執行法　　伊藤眞＝薗雄隆司編集代表、林道春＝山本和彦＝古賀政治編・条解民事執行法（第2版）（弘文堂、2022年）

伊藤ほか・間接強制　　加藤新太郎＝春日偉知郎＝松下淳一＝山本和彦＝森田修＝伊藤眞「間接強制の現在と将来（座談会）」判例タイムズ1168号（2005年）

井戸田・行政法規違反　　井戸田侃「行政法規違反と犯罪―行政刑法序説」佐伯千仭博士還暦祝賀『犯罪と刑罰（上）』（有斐閣、1968年）

井上ほか・下筌ダムサイト　　井上正治＝広木重喜＝北野辰男＝毛利国臣＝西原俊策＝山田広由＝野島虎治＝原口酉男「下筌ダムサイトの収用をめぐって―起業者が当面した法律問題を中心として」ジュリスト308号（1964年）

井上・非刑罰的処理　　井上正仁「犯罪の非刑罰的処理―『ディヴァージョン』の観念を手懸りとして」岩波講座・基本法学8―紛争（岩波書店、1983年）

今井・社会貢献活動　　今井猛嘉「刑の一部執行猶予と社会貢献活動：その意義と展望」罪と罰51巻2号（2014年）

今村・入門　　今村成和著・畠山武道補訂・行政法入門［第9版］（有斐閣、2012年）

今村・小田原市市税　　今村哲也「小田原市市税の滞納に対する特別措置に関する条例」ジュリスト1185号（2000年）

今村・行政刑法論序説　　今村暢好・行政刑法論序説（成文堂、2020年）

尹・韓国の行政基本法　　尹龍澤「韓国の行政基本法―紹介と翻訳」創価ロージャーナル14号（2021年）

宇賀・自治体行政手続　　宇賀克也・自治体行政手続の改革（ぎょうせい、1996年）

宇賀・アメリカ行政法　　宇賀克也・アメリカ行政法［第2版］（弘文堂、2000年）

宇賀・政策評価　　宇賀克也・政策評価の法制度―政策評価法・条例の解説（有斐閣、2002年）

宇賀・行政制裁　　宇賀克也「行政制裁」ジュリスト1228号（2002年）

宇賀ほか・対話　　宇賀克也＝大橋洋一＝高橋滋編・対話で学ぶ行政法（有斐閣、2003年）

宇賀・道路交通法の改正　　宇賀克也「道路交通法の改正」自治研究80巻10号（2004年）

宇賀・情報公開法　　宇賀克也・情報公開法―アメリカの制度と運用（日本評論社、2004年）

宇賀・行政情報化　　宇賀克也・行政手続と行政情報化（有斐閣、2006年）

宇賀・情報公開と公文書管理　　宇賀克也・情報公開と公文書管理（有斐閣、2010年）

宇賀・課徴金　　宇賀克也「独占禁止法の課徴金の見直し―独占禁止法研究会報告

書の経緯と概要」ジュリスト 1510 号（2017 年）
宇賀＝岸井＝佐伯＝向井＝向・課徴金制度改革　宇賀克也＝岸井大太郎＝佐伯仁志＝向井康二＝向宣明「独占禁止法の課徴金制度改革（座談会）」ジュリスト 1510 号（2017 年）
宇賀・行政法概説Ⅲ　宇賀克也・行政法概説Ⅲ［第 6 版］（有斐閣、2024 年）
宇賀・当事者訴訟　宇賀克也「当事者訴訟における仮処分について」行政法研究 28 号（2019 年）
宇賀・情報公開・オープンデータ・公文書管理　宇賀克也・情報公開・オープンデータ・公文書管理（有斐閣、2019 年）
宇賀・行政法概説Ⅱ　宇賀克也・行政法概説Ⅱ［第 7 版］（有斐閣、2021 年）
宇賀・行政法概説Ⅰ　宇賀克也・行政法概説Ⅰ［第 8 版］（有斐閣、2023 年）
宇賀・地方自治法概説　宇賀克也・地方自治法概説［第 10 版］（有斐閣、2023 年）
宇賀・新・個人情報保護法　宇賀克也・新・個人情報保護法の逐条解説（有斐閣、2021 年）
宇賀・行政手続三法の解説　宇賀克也・行政手続三法の解説［第 3 次改訂版］（学陽書房、2022 年）
宇賀・韓国の行政基本法　宇賀克也「韓国の行政基本法」行政法研究 47 号（2022 年）
宇賀・空家等対策　宇賀克也「空家等対策の推進に関する特別措置法」行政法研究 50 号（2023 年）
碓井・自治体財政・財務法　碓井光明・自治体財政・財務法［改訂版］（学陽書房、1995 年）
碓井・義務履行確保　碓井光明「行政上の義務履行確保」公法研究 58 号（1996 年）
碓井・要説自治体財政・財務法　碓井光明・要説自治体財政・財務法［改訂版］（学陽書房、1999 年）
碓井・過料　碓井光明「地方公共団体が科す過料に関する考察」明治大学法科大学院論集 16 号（2016 年）
内山・財産開示　内山衛次・財産開示の実効性　執行債権者と執行債務者の利益（関西学院大学出版会、2013 年）
内田＝笹野・課徴金制度　内田清人＝笹野司「課徴金制度を導入する平成 26 年景品表示法改正」法学教室 420 号（2015 年）
宇那木監修・所有者不明空家　宇那木正寛監修・板橋区都市整備部建築指導課編・こうすればできる　所有者不明空家の行政代執行―現場担当者の経験に学ぶ（第一法規、2019 年）
宇那木・徴収手続（1）　宇那木正寛「代執行費用の徴収手続①」自治体法務研究 66 号（2021 年）
宇那木・徴収手続（2）　宇那木正寛「代執行費用の徴収手続②」自治体法務研究

67号(2021年)

宇那木・徴収手続(3)　宇那木正寛「代執行費用の徴収手続③」自治体法務研究68号(2022年)

宇那木・自治体行政代執行　宇那木正寛・実証　自治体行政代執行の手法とその効果(第一法規、2022年)

宇那木・ごみ屋敷(上)　宇那木正寛「ごみ屋敷に対する行政代執行の課題と予防措置―蒲郡市を例に(上)」判例地方自治479号(2022年)

宇那木・ごみ屋敷(下)　宇那木正寛「ごみ屋敷に対する行政代執行の課題と予防措置―蒲郡市を例に(下)」判例地方自治480号(2022年)

宇那木・港湾法　宇那木正寛「港湾法による廃船の撤去と廃棄―その課題をめぐって」判例地方自治490号(2022年)

宇那木・強制徴収手続(1)　宇那木正寛「代執行費用の強制徴収手続①」自治体法務研究69号(2022年)

宇那木・強制徴収手続(2)　宇那木正寛「代執行費用の強制徴収手続②」自治体法務研究70号(2022年)

宇那木・強制徴収手続(3)　宇那木正寛「代執行費用の強制徴収手続③」自治体法務研究71号(2022年)

宇那木・強制徴収手続(4)　宇那木正寛「代執行費用の強制徴収手続④」自治体法務研究72号(2023年)

宇那木・強制徴収手続(5)　宇那木正寛「代執行費用の強制徴収手続⑤」自治体法務研究73号(2023年)

宇那木・特定空家等　宇那木正寛「特定空家等の除却等を円滑に進めるためのポイント」自治体法務研究75号(2023年)

宇那木・即時執行の費用徴収①　宇那木正寛「条例に基づく即時執行の費用徴収の可否―地方財政法の視点から①」自治体法務研究74号(2023年)

宇那木・即時執行の費用徴収②　宇那木正寛「条例に基づく即時執行の費用徴収の可否―地方財政法の視点から②」自治体法務研究75号(2023年)

宇那木・道路占用物件　宇那木正寛「道路占用物件の除却―その課題と対応をめぐって」行政法研究54号(2024年)

荏原・放置等物件　荏原明則「放置等物件と道路管理」神戸学院法学32巻2号(2002年)

遠藤・計画行政法　遠藤博也・計画行政法(学陽書房、1976年)

遠藤・実定行政法　遠藤博也・実定行政法(有斐閣、1989年)

遠藤・行政上の義務履行確保　遠藤幹夫「行政上の義務履行確保及び金銭的な行政制裁に関する一考察―平成29年外為法改正の検討過程を題材に」行政法研究28号(2019年)

大石・代執行　大石貴司「自治体における代執行の例―横須賀市の場合」自治実務セミナー660号(2017年)

大澤・消費者法のルール形成および実効性　大澤彩「消費者法のルール形成およ

び実効性確保における行政・司法の『協働』」法律時報 96 巻 10 号（2024 年）

大島・課徴金制度　大島義則「個人情報保護法における課徴金制度の導入論」情報ネットワークローレビュー 19 号（2020 年）

太田・明渡　太田匡彦「明渡か、除却か―『占有』と『事実上の排他的支配』の間に立つ大阪地裁第 2 民事部」東京大学法科大学院ローレビュー 4 号（2009 年）

太田・民事手続による執行　太田匡彦「民事手続による執行」芝池義一＝小早川光郎＝宇賀克也編・行政法の争点［第 3 版］（2004 年）

太田・強制入院制度　太田匡彦「日本における強制入院制度」高木光先生退職記念『法執行システムと行政訴訟』（弘文堂、2020 年）

大貫＝北村・討議　大貫裕之＝北村和生「討議のまとめ」ジュリスト 1592 号（2024 年）

大橋・行政紛争解決　大橋真由美・行政紛争解決の現代的構造（弘文堂、2005 年）

大橋・行政による紛争処理　大橋真由美「行政による紛争処理の諸形態」磯部力＝小早川光郎＝芝池義一編・行政法の新構想Ⅲ―行政救済法（有斐閣、2008 年）

大橋・訴訟以外の方法による救済　大橋真由美「行政に関わる権利利益の訴訟以外の方法による救済」公法研究 78 号（2016 年）

大橋・再検討　大橋真由美「『行政に関わる権利利益の訴訟以外の方法による救済』に関する再検討―公法学会報告のその後」行政法研究 17 号（2017 年）

大橋・実効性確保　大橋真由美「行政の実効性確保」法律教室 497 号（2022 年）

大橋・行為形式論　大橋洋一・現代行政の行為形式論（弘文堂、1993 年）

大橋・対話型行政法学　大橋洋一・対話型行政法学の創造（弘文堂、1999 年）

大橋・行政法Ⅰ　大橋洋一・行政法Ⅰ　現代行政過程論（第 5 版）（有斐閣、2023 年）

大浜・行政法総論　大浜啓吉・行政法総論（第 4 版）（岩波書店、2019 年）

大濱・アストラント　大濱しのぶ・フランスのアストラント―第 2 次大戦後の展開（信山社、2004 年）

大濱・間接強制　大濱しのぶ「間接強制の課題」三木浩一編・金銭執行の実務と課題（青林書院、2013 年）

大森ほか・法令用語辞典　大森政輔ほか・法令用語辞典（第 11 次改訂版）（学陽書房、2023 年）

大屋・行政手法としての公表　大屋雄裕「行政手法としての公表―権力の新たな形態か」都市問題 112 巻 2 号（2021 年）

岡崎＝大山・行政代執行　岡崎泰治郎＝大山亘「行政代執行―岡山市の実例」自治体法務研究 7 号（2006 年）

岡山市・行政代執行　岡山市行政代執行研究会・行政代執行の実務―岡山市違法建築物除却事例から学ぶ（ぎょうせい、2002 年）

雄川・行政争訟法　雄川一郎・行政争訟法（有斐閣、1957 年）

雄川ほか・行政強制　　雄川一郎＝金子宏＝塩野宏＝新堂幸司＝園部逸夫＝広岡隆・行政強制―行政権の実力行使の法理と実態（有斐閣、1977年）

小川・義務履行確保　　小川康則「地方公共団体における行政上の義務履行確保について」地方自治771号（2012年）

小川・実効性確保　　小川康則「地方分権の進展に対応した行政の実効性確保のあり方に関する検討会報告書について」地方自治788号（2012年）

奥平・行政代執行　　奥平康弘「行政代執行の意義と範囲」ジュリスト別冊続学説展望（有斐閣、1965年）

荻野・書評　　荻野徹「書評　立命館大学法学叢書第19号　須藤陽子『行政強制と行政調査』」立命館法学359号（2015年）

小澤・土地収用法　　小澤道一「土地収用法102条の2第2項」法学教室145号（1992年）

小澤・土地収用法下　　小澤道一・逐条解説土地収用法下巻［第4次改訂版］（ぎょうせい、2019年）

小幡＝泉水＝向＝菅久・令和元年独占禁止法改正　　小幡忍＝泉水文雄＝向宣明＝菅久修一「令和元年独占禁止法改正をめぐって（座談会）」公正取引828号（2019年）

折登・強制金　　折登美紀「ドイツ行政法における制裁金」自治研究68巻3号（1992年）

折登・代償強制拘留制度　　折登美紀「ドイツ行政法における代償強制拘留制度について」広島女学院大学人間・社会文化研究3号（2005年）

折登・強制金制度構築　　折登美紀「強制金制度構築に向けての試論」広島女学院大学人間・社会文化研究7号（2009年）

折登・強制金の運用　　折登美紀「行政上の不作為義務履行確保にみる強制金の運用」福岡大学法学論叢57巻4号（2013年）

蔭山・遺失物法　　蔭山信・注解遺失物法（東京法令、2010年）

河川法研究会・河川法解説　　河川法研究会・逐条解説　河川法解説［改訂3版］（大成出版社、2024年）

加藤・情報提供・公表　　加藤幸嗣「行政上の情報提供・公表」芝池義一＝小早川光郎＝宇賀克也編・行政法の争点［第3版］（有斐閣、2004年）

金井・強制立ち退き（上）　　金井恵里可「人の強制立ち退き手法の法的課題（上）」地方自治784号（2013年）

金井・強制立ち退き（下）　　金井恵里可「人の強制立ち退き手法の法的課題（下）」地方自治785号（2013年）

金井・行政代執行　　金井利之「岡山市における行政代執行の管理」地方自治696号（2005年）

兼子・総論　　兼子仁・行政法総論（筑摩書房、1983年）

金子・執行力　　金子芳雄「行政行為の執行力―その法的根拠」ジュリスト300号記念特集　学説展望―法律学の争点（有斐閣、1964年）

金子・行政強制　　金子芳雄「行政強制―とくに米国法制を中心として」法学研究 37 巻 11 号（1964 年）
金子・英米における行政強制　　金子芳雄「英米における行政強制」公法研究 27 号（1965 年）
加納＝古川＝染谷・課徴金制度　　加納克利＝古川昌平＝染谷隆明「改正景品表示法における課徴金制度の解説―本邦初となる、返金措置の実施による課徴金額の減額等の概観とともに」判例タイムズ 66 巻 4 号（2015 年）
河上・刑罰　　河上和雄「現在の刑罰は機能しているか」判例タイムズ 609 号（1986 年）
川神・法律の留保　　川神裕「法律の留保」藤山雅行＝村田斉志編『行政争訟〔改訂版〕』（青林書院、2012 年）
川口・過料　　川口公隆『簡易裁判所の取扱う過料の諸問題』司法研究報告 17 輯 4 号（司法研修所、1967 年）
河谷・課徴金　　河谷清文「独禁法における課徴金の役割」日本経済法学会年報 41 号（2020 年）
川出・手続保障　　川出敏裕「手続保障」ジュリスト 1510 号（2017 年）
韓国法制処・田中・韓国・行政基本法　　韓国法制処著・田中孝男訳・韓国・行政基本法条文別解説（公人の友社、2022 年）
神橋・行政判例　　神橋一彦・行政判例と法理論（信山社、2020 年）
木川＝後藤　課徴金制度　　木川和宏＝後藤直之「不当表示規制の執行状況と課徴金制度により顕在化した実務上の課題」ビジネス法務 19 巻 5 号（2019 年）
岸井・課徴金制度　　岸井大太郎「独占禁止法における課徴金制度の展開と構造」刑事法ジャーナル 25 号（2010 年）
岸井・調査協力インセンティブ　　岸井大太郎「調査協力インセンティブを高める制度」ジュリスト 2017 号（2017 年）
来生・課徴金・反則金・違反の公表　　来生新「課徴金・反則金・違反の公表」成田頼明編・行政法の争点（有斐閣、1980 年）
菊井・行政強制　　菊井康郎「行政強制と法の根拠 - 当局の態度をめぐって」公法研究 27 号（1965 年）
北見・行政代執行費用　　北見宏介「行政代執行費用における保管費用と代執行に要した費用　福岡高裁平成 29 年 12 月 20 日判決」地方財務 788 号（2020 年）
北見・大気汚染防止法　　北見宏介「大気汚染防止法によるアスベスト規制の執行過程」行政法研究 53 号（2023 年）
北村・環境管理　　北村喜宣・環境管理の制度と実態―アメリカ水環境法の実証分析（弘文堂、1992 年）
北村・行政執行過程　　北村喜宣・行政執行過程と自治体（日本評論社、1997 年）
北村・行政刑法調査　　北村喜宣「行政刑法調査ノート」行政の変容と公法の展望（行政の変容と公法の展望刊行会、1999 年）
北村・自治力の発想　　北村喜宣・自治力の発想（信山社、2001 年）

文献略語

北村・自治力の冒険　北村喜宣・自治力の冒険（信山社、2003年）

北村・自治力の逆襲　北村喜宣・自治力の逆襲（慈学社出版、2006年）

北村・実効性確保　北村喜宣・行政法の実効性確保（有斐閣、2008年）

北村・行政罰・強制金　北村喜宣「行政罰・強制金」磯部力＝小早川光郎＝芝池義一編・行政法の新構想Ⅱ―行政作用・行政手続・行政情報法（有斐閣、2008年）

北村・法執行　北村喜宣「法執行の実効性確保」北村喜宣＝山口道昭＝出石稔＝礒崎初仁編『自治体政策法務』（有斐閣、2011年）

北村・適正管理条例　北村喜宣編・空き家等の適正管理条例（地域科学研究会、2012年）

北村編・行政代執行の手法と政策法務　北村喜宣編・行政代執行の手法と政策法務（地域科学研究会、2015年）

北村・自治力の躍動　北村喜宣・自治力の躍動―自治体政策法務が拓く自治・分権（公職研、2015年）

北村＝須藤＝中原＝宇那木・行政代執行　北村喜宣＝須藤陽子＝中原茂樹＝宇那木正寛・行政代執行の理論と実践（ぎょうせい、2015年）

北村・不適正管理　北村喜宣「空き家の不適正管理と行政法」法社会学81号（2015年）

北村編・空家法施行　北村喜宣編・空家法施行と自治体空き家対策―空家法実施上の論点・条例対応と実践実務（地域科学研究会、2017年）

北村・市町村空き家　北村喜宣「空家法制定後の市町村空き家行政」自治実務セミナー660号（2017年）

北村・事務管理（1）　北村喜宣「行政による事務管理（1）」自治研究91巻3号（2015年）

北村・事務管理（2）　北村喜宣「行政による事務管理（2）」自治研究91巻4号（2015年）

北村・事務管理（3）　北村喜宣「行政による事務管理（3・完）」自治研究91巻5号（2015年）

北村＝米山＝岡田・空き家対策　北村喜宣＝米山秀隆＝岡田博史編・空き家対策の実務（有斐閣、2016年）

北村・実効性確保制度　北村喜宣「行政の実効性確保制度」現代行政法講座編集委員会・現代行政法講座Ⅰ（現代行政法の基礎理論）（日本評論社、2016年）

北村・略式代執行　北村喜宣「略式代執行の費用徴収―空家法を素材にして」鈴木庸夫先生古稀記念『自治体政策法務の理論と課題別実践』（第一法規、2017年）

北村・空き家問題解決　北村喜宣・空き家問題解決のための政策法務―法施行後の現状と課題（第一法規、2018年）

北村・自治力の挑戦　北村喜宣・自治力の挑戦―閉塞状況を打破する立法技術とは（公職研、2018年）

北村・即時執行（1）　　北村喜宣「即時執行における費用負担のあり方（1）―空き家条例を素材として」自治研究97巻6号（2021年）

北村・即時執行（2）　　北村喜宣「即時執行における費用負担のあり方（2・完）―空き家条例を素材として」自治研究97巻7号（2021年）

北村・自治力の闘魂　　北村喜宣・自治力の闘魂―縮小社会を迎え撃つ政策法務（公職研、2022年）

北村・空き家問題　　北村喜宣・空き家問題解決を進める政策法務―実務課題を乗り越えるための法的論点とこれから（第一法規、2022年）

北村・厳罰化（1）　　北村喜宣「厳罰化の目論見と予期せざる現実―漁業法改正による罰則強化後における漁業関係法令の執行（1）」自治研究95巻1号（2019年）

北村・厳罰化（2）　　北村喜宣「厳罰化の目論見と予期せざる現実―漁業法改正による罰則強化後における漁業関係法令の執行（2・完）」自治研究95巻3号（2019年）

北村・書評　　北村喜宣「宇那木正寛『実証　自治体行政代執行の手法とその効果』」行政法研究48号（2023年）

北村・実効性　　北村喜宣「『実効性』の一考察」行政法研究51号（2023年）

北村・企画　　北村喜宣「企画の趣旨と全体の概要」行政法研究53号（2023年）

北村・空家法の実施　　北村喜宣「空家法の実施における行政代執行の積極的実施の背景と要因」行政法研究53号（2023年）

木村・過料・反則金　　木村琢磨「行政上の過料・反則金」芝池義一＝小早川光郎＝宇賀克也編・行政法の争点［第3版］（有斐閣、2004年）

木藤・行政強制　　木藤茂「行政強制と権力分立―ドイツ連邦憲法裁判所の最近の一つの判決を契機として」獨協法学114号（2021年）

木藤・行政上の義務　　木藤茂「行政上の義務をめぐる諸問題」高橋滋編『実効性確保法制の整備に向けて―統一法典要綱案策定の試み』（民事法研究会、2023年）

木村・広域連携　　木村俊介・広域連携の仕組み――部事務組合・広域連合・連携協約の機動的な運用［改訂版］（第一法規、2019年）

行政管理研究センター・行政手続法　　行政管理研究センター編・逐条解説行政手続法［改正行審法対応版］（ぎょうせい、2016年）

行政管理研究センター・自治体アンケート　　行政管理研究センター・地方公共団体における行政の実効性確保の現状に関する調査（自治体アンケート）（2023年）

行政強制実務研究会・行政強制実務提要　　行政強制実務研究会（代表　宇那木正寛）編・行政強制実務提要（ぎょうせい、加除式）

黒川・行政強制・実力行使　　黒川哲志「行政強制・実力行使」磯部力＝小早川光郎＝芝池義一編・行政法の新構想Ⅱ―行政作用・行政手続・行政情報法（有斐閣、2008年）

黒川・費用負担　黒川哲志「警察・環境行政における費用負担」法律時報88巻2号（2016年）

黒田＝河上・改正景品表示法　黒田岳士＝河上正二「改正景品表示法の狙い―課徴金制度を中心に（対談）」NBL1043号（2015年）

黒田＝加納＝松本・改正景品表示法　黒田岳士＝加納克利＝松本博明・逐条解説平成26年11月改正景品表示法―課徴金制度の解説（商事法務、2015年）

検討会・報告書　地方分権の進展に対応した行政の実効性確保のあり方に関する検討会『地方分権の進展に対応した行政の実効性確保のあり方に関する検討会報告書』（総務省自治行政局、2013年）

釼持・特定空家等　釼持麻衣「特定空家等に対する行政代執行と費用回収」都市とガバナンス30号（2019年）

釼持・緊急安全措置　釼持麻衣「空き家条例における緊急安全措置の法的考察」高崎経済大学地域科学研究所編・空き家問題の背景と対策―未利用不動産の有効活用（日本経済評論社、2019年）

釼持・実効性確保　釼持麻衣「独自条例の実効性確保―過料を中心に」北村喜宣先生還暦記念『自治立法権の再発見』（第一法規、2020年）

釼持・公表制度　釼持麻衣「実効性確保制度としての公表制度に関する法的検討」都市とガバナンス33号（2020年）

釼持・違反対象物公表制度　釼持麻衣「違反対象物公表制度と執行過程の『見える化』」自治総研513号（2021年）

釼持・消防法の執行過程　釼持麻衣「消防法の執行過程と実効性分析」行政法研究53号（2023年）

小泉・熱海市土砂災害　小泉祐一郎「熱海市土砂災害の法制的研究―土砂の移動に関する規制の変遷と展望」静岡産業大学情報学部研究紀要24号（2022年）

香城・刑法と行政刑法　香城敏麿・刑法と行政刑法（信山社、2005年）

神山・ブランド品種　神山智美「ブランド品種流出の防止策：種子法廃止・種苗法改正とその執行状況」行政法研究53号（2023年）

古賀・韓国における金銭債務名義　古賀政治「韓国における金銭債務名義の実効性担保のための制度―財産明示制度を中心として」三木浩一編・金銭執行の実務と課題（青林書院、2013年）

国土交通省・都市公園法解説　国土交通省都市局緑地・景観課監修・都市公園法研究会編・都市公園法解説［改訂新版］（日本公園緑地協会、2014年）

古城・市庁舎明渡請求　古城誠「市庁舎明渡請求と行政代執行」磯部力＝小畑純子＝斎藤誠編・地方自治判例百選［第3版］（有斐閣、2003年）

小高・行政強制　小高剛「行政強制」岩波講座・基本法学8―紛争（岩波書店、1983年）

小谷・行政刑法　小谷利恵・行政刑法―罰則と処分法制（成文堂、2021年）

小林・実効性確保　小林奉文「行政の実効性確保に関する諸課題」レファレンス649号（2005年）

小早川・通告処分	小早川光郎「通告処分の法律問題」租税法研究 5 号（1977 年）
小早川・行政法上	小早川光郎・行政法上（弘文堂、1999 年）
小早川・行政情報一般ルール	小早川光郎「個人情報保護と行政情報一般ルール（上）」季報情報公開・個人情報保護 17 号（2005 年）
小林＝根岸＝薄井・地域に関する法的研究	小林直三＝根岸忠＝薄井信行・地域に関する法的研究（新日本法規、2015 年）
小舟・金銭徴収	小舟賢「自治体における金銭徴収──自治体における債権回収に関する調査を素材に」高橋滋編『行政の実効性確保法制の整備に向けて──統一法典要綱案策定の試み』（民事法研究会、2023 年）
小舟＝周＝宮森・自治体アンケート結果	小舟賢＝周蒨＝宮森征司「自治体アンケート結果の概要」高橋滋編『行政の実効性確保法制の整備に向けて──統一法典要綱案策定の試み』（民事法研究会、2023 年）
米谷・国際経済ルール	米谷三以「国際経済ルールの実施と国内法との連関可能性に関する覚え書」ジュリスト 1592 号（2024 年）
小山・憲法上の権利	小山剛・「憲法上の権利」の作法［第 3 版］（尚学社、2016 年）
小山・代執行	小山正善「代執行の要件」芝池義一＝小早川光郎＝宇賀克也編『行政法の争点［第 3 版］』（有斐閣、2004 年）
伊永・課徴金制度	伊永大輔「課徴金制度全体をめぐる考え方」ジュリスト 1550 号（2020 年）
近藤・執行罰	近藤昭三「執行罰」法学教室〔第 2 期〕5 号（1974 号）
近藤・フランス行政法	近藤昭三・フランス行政法研究（信山社、1993 年）
蔡・実効性確保制度	蔡秀卿「行政の実効性確保制度の法典化に関する一試論」市橋克哉先生退職記念『転形期における行政と法の支配の省察』（法律文化社、2021 年）
蔡・行政制裁	蔡秀卿「行政制裁の法典化に関する一試論──台湾の行政罰法の施行経験を踏まえて」行政法研究 41 号（2021 年）
蔡・東アジアにおける行政法	蔡秀卿・東アジアにおける行政法の生成と展開（法律文化社、2021 年）
崔・韓国『行政基本法』	崔祐溶「韓国『行政基本法』の意義と主要内容」自治研究 98 巻 5 号（2022 年）
最高裁・データブック	最高裁判所・裁判所データブック（2024 年）
斎藤・間接的侵害理論	斎藤一久「基本権の間接的侵害理論の展開──国家の情報提供行為による基本権侵害を中心として」憲法理論研究会編『憲法学の最先端』（敬文堂、2009 年）
斎藤・証券取引等監視委員会	斎藤誠「証券取引等監視委員会の展望」ジュリスト 1082 号（1996 年）
斎藤・権力的関与	齊藤誠「私人間紛争に対する行政の権力的関与──『行政法理

と私法秩序』に関する一考察」成田頼明先生古稀記念『政策実現と行政法』（有斐閣、1998年）
斎藤・行政組織と制裁　斎藤誠「行政組織と制裁のあり方──金融・証券・保険分野を念頭に」ジュリスト1228号（2002年）
斎藤・法的基層　斎藤誠・現代地方自治の法的基層（有斐閣、2012年）
斎藤・エンフォースメント　斎藤誠「行政法のエンフォースメント」ジュリスト1592号（2024年）
佐伯・制裁論　佐伯仁志・制裁論（有斐閣、2009年）
三枝・行政代執行　三枝茂樹「実務から見た行政代執行の課題」自治体法務navi49号（2012年）
坂田・ブラック・リスト　坂田宏「ドイツにおける裁判所がつくるブラック・リスト」三木浩一編・金銭執行の実務と課題（青林書院、2013年）
櫻井・行政法講座　櫻井敬子・行政法講座（第一法規、2010年）
佐藤・憲法解釈　佐藤功・憲法解釈の諸問題（有斐閣、1953年）
佐藤・脱税と制裁　佐藤英明・脱税と制裁──租税制裁法の構造と機能［増補版］（弘文堂、2018年）
三辺・自治体行政の実効性　三辺夏雄「自治体行政の実効性の確保」公法研究58号（1996年）
塩野・オットー・マイヤー行政法学　塩野宏・オットー・マイヤー行政法学の構造（有斐閣、1962年）
塩野・行政過程とその統制　塩野宏・行政過程とその統制（有斐閣、1989年）
塩野・行政法I　塩野宏・行政法I［第6版補訂版］（有斐閣、2024年）
自民・解説　西村明宏＝山下貴司監修・自由民主党空き家対策推進議員連盟編・空家等対策特別措置法の解説（改訂版）（大成出版社、2024年）
重本・行政執行（1）　重本達哉「ドイツにおける行政執行の規範構造（1）──行政行為と行政執行の法的関連性を中心に」京都大学法学論叢166巻4号（2010年）
重本・行政執行（2）　重本達哉「ドイツにおける行政執行の規範構造（2・完）──行政行為と行政執行の法的関連性を中心に」京都大学法学論叢167巻1号（2010年）
重本・行政執行の例外（1）　重本達哉「ドイツにおける行政執行の例外の諸相（1）──即時強制及び略式手続の法的構造」京都大学法学論叢169巻1号（2011年）
重本・行政執行の例外（2）　重本達哉「ドイツにおける行政執行の例外の諸相（2・完）──即時強制及び略式手続の法的構造」京都大学法学論叢169巻2号（2011年）
重本・行政執行と『公益』　重本達哉「ドイツにおける行政執行と『公益』に関する予備的考察」近畿大学法学60巻3・4号（2013年）
重本・行政執行の違法性　重本達哉「ドイツにおける行政執行の違法性をめぐる

最近の動向」近畿大学法学 61 巻 2・3 号（2013 年）

重本・行政強制　重本達哉「行政強制の課題」高木光＝宇賀克也編『行政法の争点』（有斐閣、2014 年）

重本・不利益処分・行政執行　重本達哉「不利益処分・行政執行に関する行政手続」法律時報 87 巻 1 号（2015 年）

宍戸・裁量型課徴金制度　宍戸常寿「憲法学から見た裁量型課徴金制度」小早川光郎先生古稀記念『現代行政法の構造と展開』（有斐閣、2016 年）

宍戸・二重処罰　宍戸常寿「課徴金制度と二重処罰」ジュリスト 1510 号（2017 年）

宍戸・課徴金制度　宍戸常寿「課徴金制度をめぐる論点」法律のひろば 73 巻 10 号（2020 年）

宍戸・即時強制　宍戸基男「警察上の即時強制と任意行為―その法的根拠について」公法研究 27 号（1965 年）

市町村自治研究会編・住民基本台帳法　市町村自治研究会編・全訂住民基本台帳法逐条解説（日本加除出版、2014 年）

執行法制研究会・立法提案　執行法制研究会「民事執行制度の機能強化に向けた立法提案」三木浩一編・金銭執行の実務と課題（青林書院、2013 年）

芝池・総論　芝池義一・行政法総論講義（第 4 版補訂版）（有斐閣、2006 年）

芝池・読本　芝池義一・行政法読本［第 4 版］（有斐閣、2016 年）

芝原・実効性確保　芝原邦爾「行政の実効性確保―刑事法の観点から」公法研究 58 号（1996 年）

島村・費用負担　島村健「国家作用と原因者における費用負担」法律時報 88 巻 2 号（2016 年）

下村＝海老原・空き家対策　下村聖二＝海老原佐江子「葛飾区の空き家対策―行政代執行事例を中心に」自治実務セミナー 660 号（2017 年）

収用代執行研究会・土地収用　収用代執行研究会・土地収用の代執行―行政代執行の法律と実施手続［改訂増補］（プログレス、2014 年）

消防基本法制研究会・消防法　消防基本法制研究会編・逐条解説消防法［第 5 版］（東京法令、2014 年）

白石・課徴金制度　白石幸輔「課徴金制度の拡大とその限界」公正取引 884 号（2024 年）

白石・課徴金納付命令（上）　白石忠志「課徴金納付命令（上）」NBL1049 号（2015 年）

白石・課徴金納付命令（中）　白石忠志「課徴金納付命令（中）」NBL1051 号（2015 年）

白石・課徴金納付命令（下）　白石忠志「課徴金納付命令（下）」NBL1053 号（2015 年）

白石・令和元年独占禁止法　白石忠志「令和元年独占禁止法改正の概要」ジュリスト 1550 号（2020 年）

須貝・行政強制執行　須貝修一「行政強制執行」京都大学法学論叢 57 巻 2 号（1950 年）

杉村・総論　杉村敏正・全訂行政法講義総論（上巻）（有斐閣、1969 年）

鈴木・行政代執行　鈴木潔「行政代執行」地方自治職員研修 542 号（2006 年）

鈴木・強制する法務　鈴木潔・強制する法務・争う法務――行政上の義務履行確保と訴訟法務（第一法規、2009 年）

鈴木・法律要綱私案覚書　鈴木庸夫「地方公共団体における義務履行確保に関する法律要綱私案覚書」千葉大学法学論集 23 巻 1 号（2008 年）

鈴木・法律要綱私案　鈴木庸夫「地方公共団体における義務履行確保に関する法律要綱私案について」自治研究 87 巻 7 号（2011 年）

鈴木・事務管理　鈴木庸夫「自治体行政における事務管理」『現行自治六法速報版平成 27 年版』(2014 年)

鈴木・行政上の事務管理（1）　鈴木庸夫「『行政上の事務管理』論（1）」自治研究 99 巻 7 号（2023 年）

鈴木・行政上の事務管理（2）　鈴木庸夫「『行政上の事務管理』論（2）」自治研究 99 巻 10 号（2023 年）

鈴木・行政上の事務管理（3）　鈴木庸夫「『行政上の事務管理』論（3）」自治研究 99 巻 11 号（2023 年）

鈴木・行政上の事務管理（4）　鈴木庸夫「『行政上の事務管理』論（4・完）」自治研究 99 巻 12 号（2023 年）

鈴木＝田中・空き家対策　鈴木庸夫＝田中良弘編・空き家対策（信山社、2020 年）

鈴木・行政の公表　鈴木秀美「行政の公表による信用毀損」法律時報 75 巻 12 号

須藤・行政強制と行政調査　須藤陽子・行政強制と行政調査（法律文化社、2014 年）

須藤・過料　須藤陽子・過料と不文の原則（法律文化社、2018 年）

須藤・強制措置（1）　須藤陽子「再考　行政法における強制措置に関する理論的基盤（1）」立命館法学 391 号（2020 年）

須藤・行政法入門　須藤陽子・行政法入門（法律文化社、2022 年）

須藤・代執行・直接強制・即時強制　須藤陽子「代執行・直接強制・即時強制」高橋滋編『行政の実効性確保法制の整備に向けて――統一法典要綱案策定の試み（民事法研究会、2023 年）』

須藤・即時強制　須藤陽子・即時強制と現代行政法理論（信山社、2024 年）

関・産業廃棄物不法投棄　関耕平「産業廃棄物不法投棄の原状回復事業と費用の実態――地方自治体による行政代執行の事例を中心に」環境と公害 33 巻 4 号（2004 年）

関・自治体行政　関哲夫・自治体行政の法律問題（勁草書房、1984 年）

関根・行政強制　関根謙一「行政強制と制裁」同『関根謙一警察法等論文集』（立花書房、2018 年）

関根・即時強制　　関根謙一「いわゆる警察上の即時強制について」同『関根謙一警察法等論文集』（立花書房、2018年）
泉水・空き家対策　　泉水健宏「空き家対策の現状と課題―空家等対策特別措置法の施行状況を中心とした概況」立法と調査416号（2019年）
泉水・課徴金　　泉水文雄「課徴金制度のあり方について」公正取引800号（2017年）
園尾・破産者に対する制裁　　園尾隆司「破産者に対する制裁と破産者名簿調整の歴史―財産開示手続強化その他の判決の履行確保策への一つの視点」判例タイムズ1388号（2013年）
園部・行政強制・行政罰　　園部敏「行政強制・行政罰」法学セミナー6号（1956年）
園部・行政強制の体系　　園部敏「行政強制の体系」法学セミナー4号（1959年）
曽和・産業廃棄物処理行政　　曽和俊文「産業廃棄物処理行政と情報公開」ジュリスト1120号（1997年）
曽和・実効性確保　　曽和俊文「行政の実効性確保」法学教室275号（2003年）
曽和ほか・法執行　　曽和俊文＝磯部力＝櫻井敬子＝神橋一彦「法執行（Enforcement）」法学教室315号（2006年）
曽和・行政法執行システム　　曽和俊文・行政法執行システムの法理論（有斐閣、2011年）
曽和・行政法総論　　曽和俊文・行政法総論を学ぶ（有斐閣、2014年）
曽和・実効性確保　　曽和俊文「行政の実効性確保の課題」行政法研究20号（2017年）
曽和・行政調査　　曽和俊文・行政調査の法的統制（弘文堂、2019年）
平・空き家対策　　平裕介「空き家対策の実効性確保と除却命令・代執行」自治実務セミナー660号（2017年）
高井・自己決定能力　　高井裕之「自己決定能力と人権主体―高齢者・障害者等を中心に」公法研究61号（1999年）
高木・技術基準　　高木光・技術基準と行政手続（弘文堂、1995年）
高木・法治行政論　　高木光・法治行政論（弘文堂、2018年）
高田・土地収用法　　高田賢造・土地収用法（日本評論社、1965年）
高田・制裁的公表　　高田倫子「制裁的公表に対する権利保護」行政法研究45号（2022年）
高田＝国宗・土地収用法　　高田賢三＝国宗正義・土地収用法（日本評論社、1953年）
高橋・情報の公表　　高橋明男「情報の公表とリコールの行政作用体系上の位置とその法的諸問題」野呂充＝岡田正則＝人見剛＝石崎誠也編・現代行政とネットワーク理論（法律文化社、2019年）
高橋編・実効性確保法制　　高橋滋編・行政の実効性確保法制の整備に向けて―統一法典要綱案策定の試み（民事法研究会、2023年）

田上・行政強制　　田上穣治「行政強制について」公法研究27号（1965年）
多賀谷・港湾法　　多賀谷一照・詳解　逐条解説　港湾法［四訂版］（第一法規、2023年）
高山・行政制裁法　　高山佳奈子「行政制裁法の課題―総説―」法律時報85巻12号（2013年）
田口・行政強制　　田口精一「行政強制の基本問題」法学教室〔第1期〕8号（1963年）
武田・交通反則金　　武田真一郎「交通反則金納付後の救済について」徳島大学社会科学研究8号（1995年）
竹中・強制入院制度　　竹中勲「精神障害者の強制入院制度の憲法学的検討」同志社法学56巻6号（2005年）
多田・依頼者秘匿特権　　多田敏明「依頼者秘匿特権」ジュリスト1550号（2020年）
田中・タバコ規制　　田中謙・タバコ規制をめぐる法と政策（日本評論社、2014年）
田中・新行政執行制度（1）　　田中二郎「新行政執行制度の概観（1）」警察研究19巻8号（1948年）
田中・新行政執行制度（2）　　田中二郎「新行政執行制度の概観（2）」警察研究19巻12号（1948年）
田中・過料小論　　田中二郎「過料小論」国家学会雑誌62巻11号（1948年）
田中・総論　　田中二郎・行政法総論（有斐閣、1957年）
田中・行政法講義上　　田中二郎・行政法講義上（良書普及会、1965年）
田中・行政法上　　田中二郎・新版行政法上巻全訂第2版（弘文堂、1974年）
田中＝雄川・行政法演習Ⅰ　　田中二郎＝雄川一郎編・行政法演習Ⅰ［改訂版］（有斐閣、1975年）
田中・履行強制金賦課制度　　田中孝男「韓国・行政基本法における履行強制金賦課制度」九州大学法政研究89巻3号（2022年）
田中・即時強制　　田中孝男「韓国・行政基本法における即時強制について」行政法研究55号（2024年）
田中・刑事制裁　　田中利幸「行政と刑事制裁」雄川一郎＝塩野宏＝園部逸夫編・行政法大系2（有斐閣、1984年）
田中・行政制裁と刑罰の併科　　田中利幸「行政制裁と刑罰の併科」団藤重光博士古稀記念第3巻（有斐閣、1984年）
田中・実効性確保手段　　田中良弘「行政の実効性確保手段としての刑罰規定のあり方についての一考察―ドイツにおける行政刑法理論と秩序違反法の制定を素材に」一橋法学13巻2号（2014年）
田中・処罰概念　　田中良弘・行政上の処罰概念と法治国家（弘文堂、2017年）
田中・環境犯罪　　田中良弘「環境犯罪の訴追と環境法の実効性確保：漁業調整規則違反の抑止と自治体職員の役割」鈴木庸夫先生古稀記念『自治体政策法務の理

論と課題別実践』（第一法規、2017 年）

田中・食品表示法制　田中良弘「日本における食品表示法制―食品偽装に関する刑罰規定を中心に」自治研究 93 巻 10 号（2017 年）

田中・著作権法上の罰則規定　田中良弘「著作権法上の罰則規定に関する一考察―わが国における行政罰の各論的検討（1）」法政理論 50 巻 1 号（2018 年）

田中・食品安全法制　田中良弘「食品安全法制における罰則規定―わが国における行政罰の各論的検討（2）」法政理論 51 巻 2 号（2018 年）

田中・産業財産権　田中良弘「産業財産権の保護と罰則規定の役割」特許研究 67 号（2019 年）

田中・行政法と刑事法の交錯　田中良弘「行政の実効性確保における行政法と刑事法の交錯：違法漁具の撤去に関する水産庁及び自治体の取組みを素材に」自治総研 509 号（2021 年）

田中・法学　田中良弘「法学の見地からのコメント」行政法研究 53 号（2023 年）

田中・水産資源保護　田中良弘「水産資源保護の実施過程」行政法研究 53 号（2023 年）

田村・行政代執行　田村正博「行政代執行―土地引渡義務の代執行の可否」内閣法制局内行政法実務研究会編・ケーススタディ行政法実務（ぎょうせい、1993 年）

田村・サンクション　田村泰俊「合衆国における行政上の『サンクション』と判例の動向―行政の実効性確保についての一考察」中央大学法学新報 103 巻 2・3 号（1997 年）

田村・『司法』の役割　田村泰俊「『刑事』『民事』『行政』手法の活動化と『司法』の役割（司法の作用）」公法研究 63 号（2001 年）

田村・行政的執行　田村泰俊「行政の実効性確保手法としての行政的執行に関する研究の必要―宝塚市パチンコ条例事件最高裁判所判決を契機として」国土交通政策研究 22 号（2003 年）

田村・千代田区路上喫煙禁止条例　田村泰俊「千代田区路上喫煙禁止条例と過料―政策法務からの分析」明治学院大学法科大学院ローレビュー 1 巻 1 号（2004 年）

田村・行政強制　田村泰俊「行政強制における『対物』との視点からの『ジュリスプリュデンス』―行政代執行の機能不全とアメリカ合衆国の『対物』手続を手がかりに―」国土交通政策研究 44 号（2005 年）

檀上・特別司法警察職員　檀上弘文「特別司法警察職員の権限行使―海上保安官の法執行権限についての検討」社会科学研究 39 巻 1 号（2018 年）

筑紫・行政制裁　筑紫圭一「環境法執行と行政制裁」法律時報 85 巻 12 号（2013 年）

建築基準法編集委員会・逐条解説建築基準法　逐条解説建築基準法編集委員会編・逐条解説建築基準法［改訂版］（ぎょうせい、2024 年）

千葉・即時執行費用　　千葉実「空き家対策における即時執行費用の回収と相続財産管理制度の活用等について」自治実務セミナー 671 号（2018 年）

趙・韓国の行政基本法制定　　趙元済「韓国の行政基本法制定から見る『行政法の一般原理』に関する一考察」駒澤法曹 18 号（2022 年）

千代田区・路上喫煙　　千代田区生活環境課・路上喫煙に No!―ルールはマナーを呼ぶか（ぎょうせい、2003 年）

津田・行政代執行手続（1）　　津田和之「行政代執行手続をめぐる法律問題（1）」自治研究 87 巻 9 号（2011 年）

津田・行政代執行手続（2）　　津田和之「行政代執行手続をめぐる法律問題（2・完）」自治研究 87 巻 10 号（2011 年）

暉峻・建築基準法　　暉峻淑子「建築基準法の改正」ジュリスト 455 号（1970 年）

土井・行政機関による公表　　土井翼「行政機関による公表に関する法的規律の批判的再検討」一橋法学 19 巻 2 号（2020 年）

土井・名宛人なき行政行為　　土井翼・名宛人なき行政行為の法的構造―行政法と物の法、序論的考察（有斐閣、2021 年）

道路交通法研究会・注解道路交通法　　道路交通法研究会編著・最新　注解道路交通法［第 5 版］（立花書房、2020 年）

道路法令研究会・道路法解説　　道路法令研究会編・改訂 6 版　道路法解説（大成出版社、2023 年）

徳本・インフォーマルな行政活動　　徳本広孝「インフォーマルな行政活動の法的限界―ドイツにおける学説と判例を素材に」本郷法政紀要 3 号（1994 年）

土地収用法令研究会・土地収用法　　土地収用法令研究会編・藤川眞行＝田村真一補訂・土地収用法の解説と運用 Q&A（第 2 次改訂版）」（ぎょうせい、2024 年）

友岡・行政情報法制　　友岡史仁・行政情報法制の現代的構造（信山社、2022 年）

友岡・書評　　友岡史仁「行政の実効性確保法制法典化に向けた画期的提言書―高橋滋編著『行政の実効性確保法制の整備に向けて－統一法典要綱案策定の試み』」自治研究 100 巻 8 号（2024 年）

中川・行政手続と行政指導　　中川丈久・行政手続と行政指導（弘文堂、2000 年）

中川・訴訟　　中川丈久「国・地方公共団体が提起する訴訟―宝塚市パチンコ条例事件最高裁判決の行政法論と憲法論」法学教室 375 号（2011 年）

中川・行政上の義務の強制執行　　中川丈久「行政上の義務の強制執行はお嫌いですか？―最高裁判決を支える立法ドグマ」論究ジュリスト 3 号（2012 年）

中川・法の実現　　中川丈久「行政法における法の実現」岩波講座・現代法の動態 2―法の実現手法（岩波書店、2014 年）

中川・課徴金制度　　中川丈久「改正景品表示法における課徴金制度―広告規制における行政法の役割」現代消費者法 32 号（2016 年）

中川・消費者行政法　　中川丈久「消費者行政法の課題」行政法研究 20 号（2017 年）

中川・公的規制・民事裁判・自主規制　　中川丈久「日本における公的規制・民事

裁判・自主規制」論究ジュリスト 25 号（2018 年）

中川・非権力的手法　中川丈久「消費者行政における非権力的手法の展開―公表と自主規制はなぜ使われるのか」都市問題 112 巻 2 号（2021 年）

中里・経済的手法（下）　中里実「経済的手法の法的統制に関するメモ（下）」ジュリスト 1045 号（1994 年）

長澤・調査協力減算制度　長澤哲也「調査協力減算制度（7 条の 5）」ジュリスト 1550 号（2020 年）

永田・税務行政現場　永田有香「空家特措法の施行と税務行政現場」自治実務セミナー 660 号（2017 年）

仲野・公表論　仲野武志「行政上の公表論」高木光先生退職記念『法執行システムと行政訴訟』（弘文堂、2020 年）

仲野・続・公表論　仲野武志「続・行政上の公表論」京都大学法学論叢 186 巻 5・6 号（2020 年）

仲野・公表の立法例（1）　仲野武志「行政上の公表の立法例（1）」自治研究 96 巻 8 号（2020 年）

仲野・公表の立法例（2）　仲野武志「行政上の公表の立法例（2）」自治研究 96 巻 9 号（2020 年）

仲野・公表の立法例（3）　仲野武志「行政上の公表の立法例（3）」自治研究 96 巻 10 号（2020 年）

仲野・公表の立法例（4）　仲野武志「行政上の公表の立法例（4）」自治研究 96 巻 11 号（2020 年）

仲野・公表の立法例（5）　仲野武志「行政上の公表の立法例（5）」自治研究 96 巻 12 号（2020 年）

仲野・公表の立法例（6）　仲野武志「行政上の公表の立法例（6）」自治研究 97 巻 1 号（2021 年）

仲野・公表の立法例（7）　仲野武志「行政上の公表の立法例（7・完）」自治研究 97 巻 2 号（2021 年）

中野・民事執行法　中野貞一郎・民事執行法（増補新訂 6 版）（青林書院、2010 年）

中野＝下村・民事執行法　中野貞一郎＝下村正明・民事執行法（青林書院、2016 年）

中野＝浜＝古賀＝山本＝三木・実効性確保　中野貞一郎＝浜秀樹＝古賀政治＝山本和彦＝三木浩一「債務名義の実効性強化に向けた展望（座談会）」三木浩一編・金銭執行の実務と課題（青林書院、2013 年）

長野・西ドイツ直接強制法（1）　長野実「西ドイツ直接強制法―その制定の経過（1）」警察研究 34 巻 2 号（1963 年）

長野・西ドイツ直接強制法（2）　長野実「西ドイツ直接強制法―その制定の経過（2）」警察研究 34 巻 3 号（1963 年）

長野・西ドイツ直接強制法（3）　長野実「西ドイツ直接強制法―その制定の経過

(3)」警察研究 34 巻 5 号（1963 年）
長野・西ドイツ直接強制法（4）　長野実「西ドイツ直接強制法—その制定の経過（4）」警察研究 34 巻 8 号（1963 年）
長野・西ドイツ直接強制法（5）　長野実「西ドイツ直接強制法—その制定の経過（5）」警察研究 34 巻 11 号（1963 年）
長野・西ドイツ直接強制法（6）　長野実「西ドイツ直接強制法—その制定の経過（6）」警察研究 35 巻 1 号（1964 年）
長野・西ドイツ直接強制法（7）　長野実「西ドイツ直接強制法—その制定の経過（7）」警察研究 35 巻 2 号（1964 年）
長野・西ドイツ直接強制法（8）　長野実「西ドイツ直接強制法—その制定の経過（8）」警察研究 35 巻 4 号（1964 年）
長野・西ドイツ直接強制法（9）　長野実「西ドイツ直接強制法—その制定の経過（9・完）」警察研究 35 巻 7 号（1964 年）
長野・ノルドライン・ウェストファーレン（1）　長野実「西独ノルドライン・ウェストファーレン邦の直接強制法（1）」警察学論集 17 巻 10 号（1964 年）
長野・ノルドライン・ウェストファーレン（2）　長野実「西独ノルドライン・ウェストファーレン邦の直接強制法（2）」警察学論集 17 巻 12 号（1964 年）
長野・ノルドライン・ウェストファーレン（3）　長野実「西独ノルドライン・ウェストファーレン邦の直接強制法（3）」警察学論集 18 巻 1 号（1965 年）
長野・ノルドライン・ウェストファーレン（4）　長野実「西独ノルドライン・ウェストファーレン邦の直接強制法（4）」警察学論集 18 巻 2 号（1965 年）
長野・ノルドライン・ウェストファーレン（5）　長野実「西独ノルドライン・ウェストファーレン邦の直接強制法（5・完）」警察学論集 18 巻 3 号（1965 年）
長野・西ドイツ秩序違反法　長野実・西ドイツ秩序違反法（国立国会図書館調査立法考査局、1980 年）
中原・実効の確保　中原茂樹「条例・規則の実効の確保」小早川光郎編『地方分権と自治体法務—その知恵と力』（ぎょうせい、2000 年）
中原・証券取引法上の課徴金　中原茂樹「証券取引法上の課徴金について」小高剛先生古稀祝賀『現代の行政紛争』（成文堂、2004 年）
中原・行政制裁　中原茂樹「行政制裁—行政法の視点から」法律時報 85 巻 12 号（2013 年）
中原・景品表示法上の課徴金　中原茂樹「景品表示法上の課徴金について」小早川光郎先生古稀記念『現代行政法の構造と展開』（有斐閣、2016 年）
中原・書評　中原茂樹「実務を踏まえた行政代執行研究の集大成—宇那木正寛著『実証　自治体行政代執行の手法とその効果』」自治研究 99 巻 12 号（2023 年）
浪岡・建築行政　浪岡洋一「建築行政と都市計画」時の法令 739 号（1971 年）
西井・課徴金制度　西井壽里「課徴金制度と企業に対する金銭的制裁のあり方」中央大学法学新報 117 巻 7・8 号（2011 年）
西尾・強制執行　西尾昭「行政上の強制執行」総合法学 7 巻 6 号（1964 年）

西上・給付行政 　　西上治「給付行政と『自由意識の喪失』」東京大学法科大学院ローレビュー6巻（2011年）

西口・空家特措法上の代執行 　　西口元「空家特措法上の代執行の手続と課題」判例時報2304号（2016年）

西津・実効性確保 　　西津政信「行政規制の実効性確保のための『間接行政強制』について─仏独主要都市実務運用実態調査の概要報告」国土交通政策研究所報8号（2003年）

西津・新たな制度 　　西津政信「わが国の行政規制の実効性確保のための新たな制度に関する研究」国土交通政策研究21号（2003年）

西津・間接行政強制制度の研究 　　西津政信・間接行政強制制度の研究（信山社、2006年）

西津・日独比較研究 　　西津政信「我が国都市再生のための行政代執行制度の日独比較研究について」アーバン・スタディ45号（2006年）

西津・行政規制執行改革論 　　西津政信・行政規制執行改革論（信山社、2012年）

西津・制裁 　　西津政信「行政上の義務違反に対する制裁」高木光＝宇賀克也編『行政法の争点』（有斐閣、2014年）

西津・ドイツの建築規制執行 　　西津政信・ドイツの建築規制執行（信山社、2019年）

西津・封印措置等 　　西津政信「ドイツの建築規制における封印措置等の法制度及び実務運用」行政法研究13号（2016年）

西津・金銭賦課 　　西津政信「租税、罰金以外の行政上の義務履行確保に係る金銭賦課の類型と論点」法学教室482号（2020年）

西津・検査強制 　　西津政信「日独感染症法上の検査強制に関する比較法的立法政策的提案」愛知大学法学部法経論集230号（2022年）

西津・盛土規制義務履行確保 　　西津政信「盛土規制義務履行確保における日独比較法的立法政策等提案」愛知大学法学部法経論集234号（2023年）

日本都市センター・義務履行確保等 　　財団法人日本都市センター編・行政上の義務履行確保等に関する調査研究報告書（財団法人日本都市センター、2006年）

日本都市センター・都市自治体と空き家 　　財団法人日本都市センター編・都市自治体と空き家：課題・対策・展望（日本都市センター、2015年）

日弁連・『空家』問題 　　日本弁護士連合会法律サービス展開本部自治体等連携センター・日本弁護士連合会公害対策・環境保全委員会編・深刻化する『空き家』問題：全国実態調査からみた現状と課題（明石書店、2018年）

野口・秩序違反行為 　　野口貴公美「秩序違反行為の『行政手法による取締り』─軽犯罪法を契機として」警察政策12巻（2010年）

野口・公表・その他手法 　　野口貴公美「行政の実効性確保法制における『公表・その他手法』について」稲葉馨先生・亘理格先生古稀記念『行政法理論の基層と先端』（信山社、2022年）

野口・公表 　　野口貴公美「公表」高橋滋編『行政の実効性確保法制の整備に向け

て―統一法典要綱案策定の試み』（民事法研究会、2023 年）

野口・海外の実効性確保法制　野口貴公美「海外の実効性確保法制に関する日本の研究状況」高橋滋編『行政の実効性確保法制の整備に向けて―統一法典要綱案策定の試み』（民事法研究会、2023 年）

野田・費用負担　野田崇「行政活動の費用負担の一断面―行政による事務管理の可能性」法と政治 69 巻 2 号 I（2018 年）

廃棄物処理法編集委員会・廃棄物処理法　廃棄物処理法編集委員会・廃棄物処理法の解説（令和 2 年度版）（日本環境衛生センター、2020 年）

萩原・調査協力減算制度　萩原泰斗「調査協力減算制度の導入、課徴金の算定方法の見直し等：私的独占の禁止及び公正取引の確保に関する法律の一部を改正する法律（令和元年法律第 45 号）令元 .6.26 公布　1 年 6 月内（一部令元 .7.26/ 令 2.1.1）施行」時の法令 2096 号（2020 年）

橋本・課徴金制度　橋本博之「証券取引法における課徴金制度の導入」商事法務 1707 号（2004 年）

蓮實・制裁的公表　蓮實憲太「条例による制裁的公表の現状と課題～空き家条例における公表をモチーフとして」自治総研 46 巻 7 号（2020 年）

長谷川・空き家　長谷川福造「空き家に関する施策の考察―行政の実効性確保の観点から」法政論叢 53 巻 1 号（2017 年）

畠山・サンクション　畠山武道「サンクションの現代的形態」岩波講座・基本法学 8―紛争（岩波書店、1983 年）

畠山・課徴金・反則金・違反の公表　畠山武道「課徴金・反則金・違反の公表」成田頼明編・行政法の争点［新版］（有斐閣、1990 年）

畠山・行政強制論　畠山武道「行政強制論の将来」公法研究 58 号（1996 年）

服部・基本的課徴金額　服部薫「基本的課徴金額の算定における改正点」自由と正義 72 巻 2 号（2021 年）

服部・司法的執行　服部麻理子「司法的執行をめぐる議論―フランス法における行政の実効性確保手法の概観を中心として」高橋滋編『行政の実効性確保法制の整備に向けて―統一法典要綱案策定の試み』（民事法研究会、2023 年）

浜川・代執行　浜川清「代執行」山田幸男＝市原昌三郎＝阿部泰隆編・演習行政法（上）（青林書院新社、1979 年）

濱西・義務履行確保（上）　濱西隆男「『行政法上の義務履行確保』私論（上）」自治研究 85 巻 10 号（2009 年）

濱西・義務履行確保（下）　濱西隆男「『行政法上の義務履行確保』私論（下）」自治研究 85 巻 11 号（2009 年）

濱西・行政情報の提供・公表（一）　濱西隆男「規制規範の視点からみる行政情報の提供・公表についての覚書（一）―行政法学の一般理論の構築に向けて」自治研究 89 巻 2 号（2013 年）

濱西・行政情報の提供・公表（二）　濱西隆男「規制規範の視点からみる行政情報の提供・公表についての覚書（二・完）―行政法学の一般理論の構築に向け

て」自治研究 89 巻 3 号（2013 年）
濱西・実効性確保法制の整備　　濱西隆男「行政法の実効性確保法制の整備に向けて」行政法研究 35 号（2020 年）
濱西・行政刑罰　　濱西隆男「行政刑罰を巡る現況と課題」行政法研究 53 号（2023 年）
濱西・要綱案　　濱西隆男「行政の実効性確保法制の整備に向けて——要綱案を中心として」ジュリスト 1592 号（2024 年）
林・制裁的公表　　林晃大「制裁的公表に関する一考察——行政過程における位置づけに基づく分析」芝池義一先生古稀記念『行政法理論の探求』（有斐閣、2016 年）
原田・環境法　　原田尚彦・環境法（弘文堂、1981 年）
原田・公害と行政法　　原田尚彦・公害と行政法（弘文堂、1981 年）
原田・訴えの利益　　原田尚彦・訴えの利益（弘文堂、1987 年）
原田・要論　　原田尚彦・行政法要論［全訂第 7 版補訂 2 版］（学陽書房、2012 年）
原田・自主規制　　原田大樹・自主規制の公法学的研究（有斐閣、2007 年）
房・行政基本法　　房東熙（田中孝男訳）「『行政基本法』制定以後の経過と現在」行政法研究 53 号（2023 年）
樋口・法人処罰　　樋口亮介・法人処罰と刑法理論［増補新装版］（東京大学出版会、2021 年）
平岡・行政法解釈　　平岡久・行政法解釈の諸問題（勁草書房、2007 年）
平川・行政強制制度　　平川英子「行政強制制度における代執行の役割とその機能不全に関する一考察」早稲田大学大学院法研論集 123 号（2007 年）
平田・実施過程　　平田彩子・行政法の実施過程——環境規制の動態と理論（木鐸社、2009 年）
平田・自治体現場　　平田彩子・自治体現場の法適用：あいまいな法はいかに実施されるか（東京大学出版会、2017 年）
平田・法社会学　　平田彩子「法社会学の見地からの検討」行政法研究 53 号（2023 年）
平林・氏名の公表　　平林敬語「氏名の公表と『地方の実情』」判例地方自治 411 号（2016 年）
平谷・公表　　平谷英明「『公表』についての一考察」地方自治 695 号（2005 年）
広岡・強制執行　　広岡隆・行政上の強制執行の研究（法律文化社、1961 年）
広岡・行政強制　　広岡隆「行政強制」公法研究 27 号（有斐閣、1965 年）
広岡・職権執行　　広岡隆「行政の職権執行の特権」フランス判例百選（有斐閣、1969 年）
広岡・行政強制の現代的意義　　広岡隆「行政強制の現代的意義」法学教室〔第 2 期〕6 号（1974 年）
広岡・仮の救済　　広岡隆・行政強制と仮の救済（有斐閣、1977 年）

広岡・行政代執行法　　広岡隆・行政代執行法〔新版〕（有斐閣、1981 年）
広岡・即時執行　　広岡隆「即時執行」雄川一郎＝塩野宏＝園部逸夫編・現代行政法大系 2（有斐閣、1984 年）
広岡・行政法閑談　　広岡隆・行政法閑談（ミネルヴァ書房、1986 年）
広岡・総論　　広岡隆・行政法総論〔5 版〕（ミネルヴァ書房、2005 年）
深町・路上喫煙禁止条例　　深町晋也「路上喫煙禁止条例・ポイ捨て禁止条例と刑罰論—刑事立法序説」立教法学 79 号（2010 年）
福井・行政代執行制度　　福井秀夫「行政代執行制度の課題」公法研究 58 号（1996 年）
福井・義務履行確保　　福井秀夫「行政上の義務履行確保」法学教室 226 号（1999 年）
福田・行政刑法　　福田平・行政刑法〔新版〕（有斐閣、1978 年）
藤木・行政刑法　　藤木英雄・行政刑法（学陽書房、1976 年）
藤島・公表制度　　藤島光雄「政策手法としての公表制度」鈴木庸夫先生古稀記念『自治体政策法務の理論と課題別実践』（第一法規、2017 年）
藤田・総論上　　藤田宙靖・行政法総論（上）〔新版〕（青林書院、2020 年）
藤田・サンクション　　藤田友敬「サンクションと抑止の法と経済学」ジュリスト 1228 号（2002 年）
藤谷・緊急代執行　　藤谷豊松「緊急代執行—行政代執行法 3 条 3 項」比較法制研究 10 号（1987 年）
二見・環境被害に対する事務管理制度の適用　　二見絵里子「環境被害に対する事務管理制度の適用の可能性—不適正処理廃棄物に関する事務管理に基づく費用償還請求事件をきっかけとして」早稲田大学大学院法研論集 150 号（2014 年）
古川＝染谷・景品表示法　　古川昌平＝染谷隆明「景品表示法への課徴金制度の導入：一般消費者による自主的かつ合理的な選択への一層の確保等を目的として：不当景品類及び不当表示防止法の一部を改正する法律（平成 26 年法律第 118 号）平 26.11.27 公布　1 年 6 月内施行」時の法令 1976 号（2015 年）
古川＝染谷・課徴金制度（上）　　古川昌平＝染谷隆明「景品表示法の課徴金制度（本年 4 月運用開始）の概説（上）—政令・内閣府令・ガイドラインの解説とともに」NBL1068 号（2016 年）
古川＝染谷・課徴金制度（下）　　古川昌平＝染谷隆明「景品表示法の課徴金制度（本年 4 月運用開始）の概説（下）—政令・内閣府令・ガイドラインの解説とともに」NBL1069 号（2016 年）
Haley, Sheathing the Sword of Justice　　John O. Haley, "Sheathing the Sword of Justice: An Essay on Law Without Sanctions", The Journal of Japanese Studies, vol.8, no.2（Summer 1982）
寶金・里道・水路・海浜　　寶金敏明・里道・水路・海浜—長狭物の所有と管理〔5 訂版〕（ぎょうせい、2019 年）
細川・千代田区生活環境条例　　細川幸一「千代田区生活環境条例による路上喫煙

施策─『過料』の適用による実効性確保」国民生活研究 43 巻 2 号（2003 年）

細川・義務履行　細川俊彦「公法上の義務履行と強制執行」民商 82 巻 5 号（1980 年）

堀尾＝田井＝西川＝平間・改正薬機法　堀尾貴将＝田井貴＝西川貴晴＝平間將史「改正薬機法の解説」NBL1168 号（2020 年）

堀尾＝徳田・改正薬機法　堀尾貴将＝徳田安崇「改正薬機法（2021 年 8 月 1 日施行）を踏まえた実務対応（2・完）」NBL1191 号（2021 年）

真島・過料の限界　真島信英「行政罰たる過料による制裁のあり方をめぐる研究─刑事的視点から見た刑罰と過料の限界を中心として」亜細亜法学 45 巻 2 号（2011 年）

真島・過料による制裁　真島信英「行政罰たる過料による制裁のあり方をめぐる研究─わが国とドイツの過料手続に関する比較研究を中心として」亜細亜法学 49 巻 1 号（2014 年）

松木・空き家対策　松木利史・事例でわかる！空き家対策実務マニュアル─「財産管理人制度」と「略式代執行」の使い方（ぎょうせい、2021 年）

松田＝渥美・改正薬機法　松田知丈＝渥美雅之「改正薬機法（課徴金制度導入）に対する実務上の検討事項」NBL1168 号（2020 年）

松村・実効性確保　松村亨「行政上の実効性確保」自治実務セミナー 671 号（2018 年）

松本・逐条地方自治法　松本英昭・新版　逐条地方自治法［第 9 次改訂版］（学陽書房、2017 年）

松本＝多賀根＝橋本＝村實・令和元年改正独占禁止法　松本博明＝多賀根健＝橋本達裕＝村實拳汰「『私的独占の禁止及び公正取引の確保に関する法律の一部を改正する法律』（令和元年改正独占禁止法）等について」公正取引 828 号（2019 年）

松本＝古川＝染谷・課徴金制度　松本博明＝古川昌平＝染谷隆明「改正景品表示法における課徴金制度の解説」NBL1043 号（2015 年）

丸山・情報提供活動　丸山敦裕「情報提供活動の合憲性判断とその論証構造─グリコール決定を手がかりに」阪大法学 55 巻 5 号（2006 年）

三木・民事執行制度　三木浩一「わが国における民事執行制度の課題─財産開示制度を中心として」三木浩一編・金銭執行の実務と課題（青林書院、2013 年）

三木・アメリカ法　三木浩一「アメリカ法における民事執行の実効性確保とわが国への示唆」三木浩一編・金銭執行の実務と課題（青林書院、2013 年）

三田村・警察強制　三田村武夫・警察強制の研究：実務と理論（松華堂書店、1930 年）

南川・空き家対策条例　南川和宣「空き家対策条例の制定にかかる行政法上の問題点」臨床法務研究 13 号（2014 年）

美濃部・日本行政法上　美濃部達吉・日本行政法上（有斐閣、1936 年）

美濃部・日本行政法下　美濃部達吉・日本行政法下巻（有斐閣、1940 年）

壬生・情報の質　壬生裕子「行政が活用する情報の質の向上に関する検討――Information Quality Act とそれに関わる取り組みを材料として」同志社政策科学研究 20 周年記念特集号（2016 年）

箕輪・実施過程　箕輪さくら「動物取扱業の実施過程に関する考察」自治総研 527 号（2022 年）

箕輪・実効性　箕輪さくら「第一種動物取扱業規制の執行と動物愛護管理法の実効性」行政法研究 53 号（2023 年）

宮尾・行政執行　宮尾亮甫「行政執行における実効性と権利保護――ドイツ行政執行法制の法的構造に関する考察」早稲田法学会誌 67 巻 2 号（2017 年）

宮崎・実効性の確保　宮崎良夫「行政法の実効性の確保」雄川一郎先生献呈論集（上）（有斐閣、1990 年）

宮森・行政上の強制徴収　宮森征司「行政上の強制徴収に係る組織体制整備――地方税滞納整理機構を素材として」高橋滋編『行政の実効性確保法制の整備に向けて――統一法典要綱案策定の試み』（民事法研究会、2023 年）

明照・課徴金納付命令制度　明照博章「日本の独禁法における課徴金納付命令制度」松山大学論集 28 巻 1 号（2016 年）

明照・課徴金と罰金　明照博章「課徴金と罰金の関係――独禁法の議論を中心に」松山大学論集 30 巻 5-1 号（2018 年）

三好・実効性確保　三好規正「地方公共団体における法執行の実効性確保についての考察」山梨学院大学法学論集 61 号（2008 年）

三好・豊島産業廃棄物不法投棄事件　三好規正「自治体における環境法執行過程の考察：豊島産業廃棄物不法投棄事件を素材として」山梨学院大学社会科学研究 40 号（2020 年）

三好・環境法執行過程　三好規正「自治体における環境法執行過程の考察」行政法研究 53 号（2023 年）

棟形・暴力行為の理論　棟形康平「フランスにおける暴力行為の理論の成立過程」九大法学 119 号（2020 年）

村上・違警罪即決例　村上恭一「違警罪即決例管見」警察研究 3 巻 6 号（1932 年）

村上・代執行　村上順「代執行の要件」成田頼明編・行政法の争点（新版）（1990 年）

村上・直接強制・執行罰　村上義弘「直接強制・執行罰」成田頼明編・行政法の争点（新版）（有斐閣、1990 年）

村上・シビルペナルティ　村上暦造「アメリカ合衆国におけるシビルペナルティ――行政強制の一態様」海上保安大学校研究報告 23 巻 2 号（1977 年）

村上・行政庁による処罰　村上暦造「行政庁による処罰――法令違反に対する非刑罰的金銭罰について」ジュリスト 764 号（1982 年）

村中・路上喫煙防止条例　村中洋介「路上喫煙防止条例による規制――横浜市路上喫煙訴訟を事例として」近畿大学法学 62 巻 3・4 号（2015 年）

村中・たばこ　村中洋介・たばこは悪者か？─ど～する？受動喫煙対策（信山社、2019年）

籾岡・民事制裁金　籾岡宏成「アメリカにおける行政機関による消費者被害の金銭的救済─民事制裁金を中心に」北海道教育大学紀要69巻1号（2018年）

籾岡・金銭的救済　籾岡宏成「アメリカ合衆国における行政機関による司法手続を通じた消費者被害の金銭的救済」現代消費者法40号（2018年）

桃井・代執行　桃井弘志「土地又は物件の引渡しの代執行」月刊用地4号（1981年）

森口・公権力による実力行使　森口佳樹・公権力による実力行使とその手続法的統制─ドイツ公法学における議論を対象として（白桃書房、1999年）

森田・課徴金制度　森田章「証券取引法上の民事救済としての課徴金制度のあり方」商事法務1736号（2005年）

森田・強制履行　森田修・強制履行の法学的構造（東京大学出版会、1995年）

森山・実効性確保　森山佳奈子「行政上の実効性確保」甲南法学39巻1・2号（1999年）

諸岡・改正自転車法　諸岡昭二編・改正自転車法の解説：自転車の安全利用の促進及び自転車等の駐車対策の総合的推進に関する法律（東京経済、1994年）

八木・事業者情報（1）　八木貴弘「行政による事業者情報の提供（1）─消費者利益確保目的での提供に関する日米比較を踏まえて」NBL798号（2004年）

八木・事業者情報（2）　八木貴弘「行政による事業者情報の提供（2・完）─消費者利益確保目的での提供に関する日米比較を踏まえて」NBL799号（2004年）

安永・役割分担　安永祐司「行政規制・訴訟と民事差止訴訟との役割分担に関する覚書（1）」自治研究96巻1号（2020年）

安永・エンフォースメント　安永祐司「行政によるエンフォースメントと訴訟によるエンフォースメントの関係」ジュリスト1592号（2024年）

柳井・空家対策　柳井幸「空家対策と相続財産管理人選任申立て」判例地方自治412号（2016年）

柳瀬・行政強制　柳瀬良幹「行政強制」田中二郎＝原龍之助＝柳瀬良幹編・行政法講座2（有斐閣、1964年）

柳瀬・行政代執行法第2条（1）　柳瀬良幹「行政代執行法第2条（1）」自治研究42巻2号（1966年）

柳瀬・行政代執行法第2条（2）　柳瀬良幹「行政代執行法第2条（2）」自治研究42巻3号（1966年）

柳瀬・行政法　柳瀬良幹・行政法教科書（再訂版）（有斐閣、1969年）

山内・コンプライアンス　山内洋嗣「近時のコンプライアンス関連法制の改正及びその実務運用への影響」ジュリスト1568号（2022年）

山下・履行確保　山下稔「地方公共団体における納税義務の履行確保」九州大学法政研究65巻1号（1998年）

山田・裁判官留保（2）　山田哲史「続・権利ドグマーティクの可能性（2）：ドイ

ツにおける裁判官留保」岡山大学法学会雑誌 70 巻 1 号（2020 年）

山田・裁判官留保（3）　　山田哲史「続・権利ドグマーティクの可能性（3・完）：ドイツにおける裁判官留保の新展開と限界」岡山大学法学会雑誌 70 巻 2 号（2020 年）

山田・行政執行法　　山田洋一郎・行政執行法［第 2 版］（新光閣、1942 年）

山谷＝鈴木・義務履行確保等（上）　　山谷成夫＝鈴木潔「行政上の義務履行確保（上）―法制度改革のデザイン」自治研究 82 巻 6 号（2006 年）

山谷＝鈴木・義務履行確保等（下）　　山谷成夫＝鈴木潔「行政上の義務履行確保等（下）―法制度改革のデザイン」自治研究 82 巻 7 号（2006 年）

山中・特定空家　　山中善彰「特定空家の老朽化分譲マンション行政代執行終了―社会経済的災害として位置付けて」市政 69 巻 9 号（2020 年）

山本・フランス法　　山本和彦「フランス法からみた金銭執行の実効性確保」三木浩一編・金銭執行の実務と課題（青林書院、2013 年）

山本・諸制裁　　山本雅昭「諸制裁の性質―刑法の視点から」法律時報 85 巻 12 号（2013 年）

山本・事故・インシデント情報　　山本隆司「事故・インシデント情報の収集・分析・公表に関する行政法上の問題（下）」ジュリスト 1311 号（2006 年）

山本・行政制裁　　山本隆司「行政制裁の基礎的考察」高橋和之先生古稀記念『現代立憲主義の諸相（上）』（有斐閣、2013 年）

山本・権利保護　　山本隆司「行政制裁に対する権利保護の基礎的考察」宮崎良夫先生古稀記念『現代行政訴訟の到達点と展望』（日本評論社、2014 年）

山本・集団的利益の実現と個別的利益の実現　　山本隆司「消費者法における集団的利益の実現と個別的利益の実現との関係」消費者法研究 7 号（2020 年）

遊間・情報的行政手法　　遊間洋行「情報的行政手法の法的統制」慶應法学 32 号（2015 年）

横田・司法関与　　横田光平「行政過程への司法関与」同志社法学 67 巻 2 号（2015 年）

横田・行政過程　　横田光平「司法機関が関与する行政過程」法律時報 87 巻 1 号（2015 年）

横田・即時強制　　横田光平「即時強制・仮の行政処分・事実行為の実施―参照領域としての子ども法」小早川光郎先生古稀記念『現代行政法の構造と展開』（有斐閣、2016 年）

横田・滞納処分　　横田光平「『滞納処分の例』・保育料の徴収・養育費の支払確保」同志社法学 429 号（2022 年）

横田・書評　　横田光平「書評　宇那木正寛著『実証　自治体行政代執行の手法とその効果』」自治体法務研究 71 号（2022 年）

横藤田・強制入院制度　　横藤田誠「精神障害者の強制入院制度と憲法学」同志社法学 72 巻 4 号（2020 年）

吉国ほか・国税徴収法精解　　吉国二郎ほか・国税徴収法精解［第 20 版］（大蔵財

務協会、2021 年）

吉野＝海老原・特定空家等　　吉野智哉＝海老原佐江子「所有者の判明している特定空家等の除却事例―空家等対策の推進に関する特別措置法に基づく行政代執行―」判例地方自治 408 号（2016 年）

李斗領・韓国行政基本法　　李斗領「韓国行政基本法の制定理由・内容と課題」立正法学論集 55 巻 1 号（2021 年）

六本・規制過程　　六本佳平「規制過程と法文化：排水規制に関する日英の実態研究を手掛りに」平野龍一先生古稀祝賀論文集下巻（有斐閣、1991 年）

六本・法と社会　　六本佳平・日本の法と社会（有斐閣、2004 年）

渡邊・課徴金減免制度　　渡邊新矢「新たな課徴金減免制度―調査協力減算制度の導入」自由と正義 72 巻 2 号（2021 年）

渡邊・行政強制序説　　渡邊宗太郎「行政強制序説」佐々木惣一博士還暦記念『憲法及行政法の諸問題』（有斐閣、1938 年）

綿貫・行政上の強制　　綿貫芳源「行政上の強制と民事上の強制」ジュリスト別冊続学説展望（有斐閣、1965 年）

序章　本書の問題意識

第1節　本書の対象

　戦後、田中二郎教授により、行政法総論において、行政強制の中に行政上の強制執行と即時強制が位置付けられ[1]、このような理論体系が一般化していった[2]。

　その後、行政上の義務履行確保機能を重視した体系化が有力になる。行政上の義務履行確保機能に着目すると、行政上の義務違反に対する制裁（行政罰、許認可の停止・取消し、経済的負担、違反事実の公表、給付拒否等）が有する行政上の強制執行補完機能が視野に入るようになる[3]。その延長上に、行政の実効性確保という理論体系化がある[4]。行政の実効性確保という概念は、違法行為

　1　田中・総論379頁参照。行政強制実務に必要な法令・判例・通達を整理編集したものとして、行政強制研究会編・行政強制実務提要がある。

　2　杉村・総論254頁以下、碓井・義務履行確保138頁、須藤・行政強制と行政調査142頁等参照。

　3　たとえば公表について、塩野・行政法Ⅰ266頁、原田・要論240頁、藤田・総論上301頁、広岡・総論172頁、阿部・解釈学Ⅰ598頁以下、阿部・再入門上386頁以下、芝池・読本155頁以下、小早川・行政法上252頁、礒野・義務履行確保259頁以下参照。

　4　「実効性」という用語が法令（e-Govの法令検索によるものなので地方公共団体の条例・規則は含まない）、判決（TKCデータベースによる）、総務省行政評価局調査において、どのように使用されているかを検討し、「政策・施策の実効性」（最広義）、「法律の実効性」（広義）、「個別行政対応の実効性」（狭義）に分類するものとして、北村・実効性141頁以下参照。多くの場合、狭義の実効性を確保することによって広義の実効性が確保され、広義の実効性を確保することによって最広義の実効性が確保されるという関係が成立するが、個別法に基づく特定の規制が当該個別法の法目的の実現のために不十分である場合には、狭義の実効性を確保したからといって広義の実効性が確保されることにはならず、また、個別法の法目的と当該個別法の背景にある政策目的が整合的でない場合には、広義の実効性が確保されたからといって最広義の実効性が確保されることにはならないことについて、田中・法学94頁～95頁、田中・水産資源保護251頁参照。行政強制ないし行政上の義務履行確保の領域につき、「実効性確保」という捉え方をすることの意味を分析し、それとの関連で、行政過程論、行為形式論、行政手段論、行政手法論の相互関係について整理するものとして、高

を前提として義務履行確保を図る場合に限定して用いられる場合もあるが[5]、それを超えて、広く行政目的を達成するための実効的な手法を用いる場合を総称する意味で用いられることもある[6]。

　本書では、行政代執行法の検討を中心としつつ、行政の実効性確保の諸制度全般についての解釈論および立法論について述べる。本書において行政の実効性確保とは、行政目的を実現するために法令や行政処分により課された義務の履行を確保することを中心とする。

　具体的には、第1に、行政上の義務の履行を確保するために、義務の履行を確保する諸制度が対象になる。その中には、国または地方公共団体の機関が実力を行使して義務が履行された状態を直接に実現する制度もあれば、義務が履行されるまで金銭的負担を課すことにより、間接的に義務の履行を強制する制度もある。また、行政機関により強制が行われる場合もあれば、裁判を通じて強制が行われる場合もある。

　第2に、行政上の義務違反に対する制裁制度が対象になる。ここでいう行政上の義務違反に対する制裁制度とは、行政機関が行う制裁に限られるわけではなく、行政上の義務に違反した場合に課せられる制裁を広く含む。したがって、行政法規に定められた義務に違反した場合に、刑事訴訟により科される刑罰のように、司法により科される制裁も含む。もっとも、何をもって制裁ととらえるかについては、様々な見方があり、必ずしも見解が一致しているわけではない[7]。制裁をいかに定義するかにより、その射程は当然変化することになる。本書では、行政上の義務に違反したことに対して、それを非難する趣旨で行われる制度を広く対象とすることとする[8]。

木・技術基準85頁以下参照。行政の実効性確保について、行政法違反の是正過程を広く検討対象とするならば、法違反の調査、法違反の是正指導、法違反に対する民事・刑事的手法等も含めた法執行過程の総合的検討が重要であることについて、曽和・実効性確保65頁以下。

　[5]　今村・入門142頁参照。
　[6]　阿部・法システム上24頁以下、畠山・サンクション365頁以下参照。実効性という用語の多義性については、北村・実効性確保制度197頁以下参照。行政の実効性確保の多様な手法とその課題を整理するものとして、小林・実効性確保7頁以下参照。
　[7]　宇賀・行政制裁50頁以下参照。
　[8]　フランスにおいては、許認可や給付決定の撤回等は、将来に向けて具体的な公益に適合するように規律する措置というよりも、過去の行為に対する制裁として、制裁金等と併せて法令に規定されることが多いことについて、山本・行政制裁260頁参照。また、台湾にお

行政の実効性確保の諸制度について論ずる本書において、行政上の義務違反に対する制裁制度についても論ずるのは、行政上の義務違反に対する制裁制度が、その実際上の機能として、制裁の威嚇により、行政上の義務の履行の確保を促す効果を有するからである。

　第3に、本書においては、私人に対して事前に義務を課すことなく、国または公共団体の機関が実力を行使して、行政上望ましい状態を実現する即時強制の制度も対象とする。即時強制の場合は、私人に対して事前に義務が課されているわけではないので、行政上の義務履行確保の制度には含まれないことになる。しかし、行政の実効性確保という観点からは、即時強制の制度も視野に入れる必要がある。また、立法論においては、いかなる場合に直接強制の制度を用い、いかなる場合に即時強制の制度を設けるかなどを検討する必要があり、即時強制は、行政上の義務履行確保制度と密接に関わりを持つので、行政上の義務履行確保制度の立法論において、即時強制を念頭に置いた議論が不可欠になる。

第2節　法制度の不備

　本書が解釈論にとどまらず、立法論についても論じているのは、すでに多くの論者が指摘しているように、わが国における行政の実効性確保の制度は、重大な問題を抱えており、実効性を向上させるための制度の整備は、わが国の行政法が抱える重要課題の一つと考えるからである。すなわち、執行罰、直接強制についての一般法がなく、個別法でこれらを定める例も僅少にとどまっている状態は、行政上の強制執行について「著しい禁欲的態度」[9]、「ウルトラ消極主義」[10]と評価されている。また、「立法上の行政強制消極主義」と評されることもある[11]。このような「立法上の行政強制消極主義」が戦後改革の中で選択された背景には、行政執行法の予防検束等が濫用されたことへの反省も踏まえ

ける授益的処分の取消し・撤回が制裁に当たるのはいかなる場合かの議論については、蔡・行政制裁84頁参照。なお、独仏米日の実効性確保法制の比較表について、野口・海外の実効性確保法制372頁以下参照。

9　近藤・執行罰157頁参照。
10　中川・行政上の義務の強制執行65頁以下参照。
11　西津・行政規制執行改革論2頁参照。

て、行政規制を規制行政庁と被規制者の二面関係で把握し、行政権の濫用を抑止し、被規制者の防御権を保障しようとする当時の行政法学において有力であった思考が反映しているものと思われる。しかしながら、公害問題や食品・薬品被害の問題が深刻に認識されるようになるにつれ、かかる思考は批判され、規制の受益者を正面からとらえて、規制行政庁、被規制者、規制の受益者の三面関係で行政規制を把握する思考が有力になった。このような三面関係を憲法論として支えるのが、ドイツにおける判例通説となっている基本権保護義務論である。この理論は、立法権、行政権、司法権のいずれもが、規制受益者の基本権を被規制者による侵害から保護する義務を負うとするもので、効果裁量統制基準として用いられる比例原則に基づく過剰侵害禁止原則により規制の上限が画され、過小保護禁止原則により規制の下限が画されることになる。この理論に対して、わが国では、1990 年代後半から議論が行われるようになったが賛否両論があり、なお通説化しているとまではいえない。しかし、生命、健康等の重要な保護法益については基本権保護義務を肯定する見解は有力といえる。基本権保護義務論からすれば、立法者は下限以上上限以下の範囲で、被規制者の基本権侵害を防止しつつ、規制の受益者の基本権を保護する立法を行う義務を負い、行政庁は下限以上上限以下の範囲で、被規制者の基本権侵害を防止しつつ、規制の受益者の基本権を保護する法執行を行う義務を負うことになる。わが国の「行政強制消極主義」は、過小保護禁止原則に違反するという憲法上の問題を生ずる場合もあることになろう。

　わが国の行政スタイルとしての「インフォーマル志向」は極端にすぎ、本来、法執行により守られるべき利益が毀損されていることが少なくなく、また、フォーマルな法執行の遅延により、違法状態の解消のために多大な行政コストが発生しているという問題がある。しかし、法律学の観点からすれば、そもそも、わが国の法執行制度が、多様な義務違反に対して、柔軟に用いうるフォーマルな手段を十分に用意しておらず、そのことが、過度に行政指導に依存する傾向を助長していることに注目すべきであろう。たとえば、河川に違法に小型船舶が係留されようとしているときに係留の中止命令を河川法 75 条 1 項の規定に基づいて出しても、同命令により課された義務は不作為義務であるから代執行の対象にならず、また、同項の規定に基づく命令違反には罰則が設けられていないため、遵法精神に欠ける者にとっては、全く抑止力を持ちえない。このように、強制力を持ったフォーマルな法執行手段が限定されており、かつ、その

限られた法執行手段も、一般的には機能不全といわざるをえない状態にあることが、わが国において、行政指導に大幅に依拠したインフォーマルな法執行が主流とならざるをえない要因であることは、ヘイリー教授が看破したとおりであろう[12][13]。

なお、2004(平成 16)年の行政事件訴訟法改正により、直接型義務付け訴訟が法定され、代替的作為義務のみならず、非代替的作為義務、不作為義務を課す行政処分についても、それを行うことを義務付ける判決が出される可能性があるところ、かかる義務付け判決が出されても、非代替的作為義務、不作為義務については、その履行を行政的に強制する根拠法が存在しない限り、行政上の強制執行はできないことになる。このように、司法により義務付けられた行政処分の履行を確保する手段が整備されていないことは、司法救済を形骸化させるという深刻な問題をはらんでいる[14]。

第3節 地方公共団体にとっての問題

わが国において、フォーマルな法執行手段が限定されていることの問題がより深刻に現れるのは、地方公共団体による法執行の場合である。2000(平成

---

[12] Haley, Sheathing the Sword of Justice, at 279. 三好・実効性確保 206 頁も、規制違反行為の是正措置を行うべき行政機関がそのための有効な法的手段を持ち合わせていないことが、わが国の法執行過程の大きな欠陥の原因とする。西津・行政規制執行改革論 27 頁も同旨。アメリカにおける多様な法執行システムについて、田村・『司法』の役割 197 頁以下参照。現に密漁に用いられている違法漁具の撤去について、現行法上、行政法的手法の法整備がなされておらず、警察官職務執行法 5 条の規定に基づく措置についても、同条が漁業取締りを任務とする漁業監督公務員や海上保安官に準用されていないから違法漁具の撤去に用いられることは現実的ではなく、その結果として、刑事訴訟法の差押えが行われている例があることについて、これは権限の濫用に当たらないとしつつ、行政法的手法の法整備を主張するものとして、田中・行政法と刑事法の交錯 23 頁以下参照。

[13] なお、行政手続の不備・不統一が、わが国における行政指導の多用の一因とするものとして、濱西・義務履行確保(上)102 頁参照。消費者法の分野で、わが国の公的規制が脆弱であるために悪徳業者を十分に規制できないことについて、中川・公的規制・民事裁判・自主規制 178 頁以下参照。

[14] わが国の法執行において、一部を除き、極端なインフォーマル志向により、外部不経済が累積し、豊島事件のように、最終的に莫大な公費をつぎ込む必要が生ずるケースが稀でないことに鑑み、行政執行に関する一般法において、国および地方公共団体が適時に法執行を行う責務を有する旨の規定を設けることも考えられる。

12)年にいわゆる地方分権一括法が施行され、機関委任事務制度の廃止により、地方公共団体の条例制定権の範囲は拡大したが、条例により直接強制制度、執行罰制度を設けることはできないと一般に解され、また、簡易（略式）代執行制度を条例で設けることもできないと一般に考えられている。条例には罰則を設けることができるが、上限が法定されており（地方自治法14条3項）、罰金の場合には100万円以下であるので、十分な抑止力を持たない場合が少なくないと思われる。そこで、地方公共団体は条例に基づく不作為義務の不履行があった場合に、民事訴訟、民事執行の方法により、義務履行を確保しようとすることがあった。そして、伊丹市工事続行禁止仮処分申請却下決定に対する抗告申立事件における大阪高決昭和60・11・25判時1189号39頁、建築工事続行禁止仮処分事件における横浜地決平成元・12・8判タ717号220頁、宝塚市工事続行禁止仮処分事件における神戸地伊丹支決平成6・6・9判例自治128号68頁、岩手県前沢町モーテル類似施設建築規制条例事件における盛岡地決平成9・1・24判時1638号141頁等、下級審裁判例においては、地方公共団体がこのような民事執行、民事保全の手続を利用することは当然のように認められていた。代執行が可能な場合であっても、民事執行の手段によることを認めた裁判例（岐阜地判昭和44・11・27判時600号100頁）もあった。しかし、最判平成14・7・9民集56巻6号1134頁（宝塚市パチンコ条例事件）により、それまで下級審の裁判例で認められていた行政上の義務の民事執行のルートも判例法により閉ざされた[15]。すなわち、同判決は、国または地方公共団体が、もっぱら行政権の主体として国民に対して行政上の義務の履行を求める訴訟は、裁判所法3条1項にいう法律上の争訟に当たらず、法律に特別の定めがない限り許されないと判示したのである。そのため、条例違反の工事に対して中止命令を出し、それにより課された不作為義務の履行を民事執行、民事保全の手続で確保することができなくなったのである[16]。

---

15 同最高裁判決への批判はきわめて多い。同判決の思考様式と学説の関係について、太田・民事手続による執行72頁以下参照。なお、牛久市あき家等の適正管理及び有効活用に関する条例10条では、措置命令を受けた所有者等がその命令に従わなかった旨を公表された後において、なお、正当な理由がなくその命令に係る措置をとらなかったときは、市長は、当該所有者等を相手に訴えの提起をすることができると定めており、命令の履行を求める民事訴訟を市が提起することが可能であるという前提に立っているようである。

16 なお、公害防止協定で定められた施設使用期限が経過した後も産業廃棄物最終処分場の使用を継続していた業者に対して、同協定の当事者である地方公共団体が使用差止訴訟を

地方分権改革により、地方公共団体の権限、裁量が拡大し、地方公共団体が、条例で独自の規制を定めて、当該地方公共団体に固有の課題に取り組むことが多くなり、地方公共団体は、課題の設定、対策の立案、実効性の確保方策を通じた説明責任を果たすことが求められる。しかし、民事執行の方法によることができないことは、実効性確保が困難な状況を生じさせる場合が少なくない。たとえば、地方公共団体がまちづくり条例等で地方公共団体固有の規制を設けても、その遵守を確保することが困難な事態が生じている。環境等の分野でも、地方公共団体は、条例による規制の実効性を確保することが困難になっている。かかる事態を改善するための立法論としては、裁判所法3条の「法律上の争訟」の意味は、具体的な事案における法解釈の紛争であれば足りることを明確にする方法もあるが、行政事件訴訟法を改正し、国または地方公共団体が行政上の義務の履行を求めて私人に対して提起する訴訟について明文の規定を設けることも考えられる[17]。日本弁護士連合会が2003（平成15）年3月13日に、「行政訴訟制度の抜本的改革に関する提言」に付した行政訴訟法（案）3条4項においても、「行政主体は、行政上の義務の履行を求めるため、民事訴訟を提起し、及び仮処分の申立てをすることができる」とすることが提唱されていた。この問題は、2004（平成16）年の行政事件訴訟法改正の際には対象外とされたため、なお立法的課題として残されている。

　全国市長会の「分権時代の都市自治体のあり方に関する検討会」が2005（平成17）年6月に「分権時代の都市自治体のあり方について」において、「都市自治体が条例による規制等を適正に執行し、まちづくりを進めるためには、その実効性を確保するための法的手段が不可欠であるが、現行の法制度では不

提起した事案において、福岡高判平成19・3・22判例自治304号35頁は、同協定は行政契約の性質を有するところ、一般論としては、行政契約に基づく義務の履行請求も行政上の義務の履行を求めるものにほかならない場合もあるが、同種の協定が関係住民と施設設置者との間で締結された場合と対比すると、その差は紙一重といった微妙なものにすぎないし、最判平成14・7・9の帰結は、地方公共団体等の行政主体の国民に対する義務履行請求を著しく制限するものであるから、その射程は極力控えめに解するべきであり、そのような観点からも、当該事件において最判平成14・7・9をそのまま当てはめるのは相当でないとして、「法律上の争訟」であることを認めた。その上告審の最判平成21・7・10判時2058号53頁は、当該訴訟が「法律上の争訟」であることを前提として判示している。行政上の義務であっても、契約に基づく請求権を観念できる場合には、最判平成14・7・9の射程が及ばないことを最高裁判所が肯定したことを意味するものと考えられる。

[17]　阿部・法律上の争訟40頁参照。

備な点が多いため、多くの都市自治体が対応に苦慮しているところである」「このため、裁判手続による行政上の義務履行の確保のための法制度の整備、違法放置物件等の除去等に関する法制度の整備、さらには、課徴金等の新たな義務履行確保制度の創設等について、検討が必要となってきている」と指摘したことからも、地方公共団体が条例に基づく義務の履行確保に苦労していることが窺われる。地方分権の進展に伴い、地方公共団体が規制行政に責任を負う場合が増加し、地方公共団体が規制の実効性を確保することの重要性も増している。地方公共団体が条例で簡易（略式）代執行、強制金、直接強制について定めることができるようにするとともに、民事訴訟・民事執行による義務履行確保も可能とすべきであろう[18]。

以上の理由により、わが国において、行政の実効性確保に係る制度の整備は、喫緊の課題であるといってよいと思われる。

第 4 節　運用上のインフォーマル志向

行政の実効性を確保するための法制度が不備であることに加え、わが国では、実効性を確保するための制度が用意されている場合であっても、それをできる限り用いずにインフォーマルに行政上望ましい状態を実現しようとする点に特色がある。すなわち、わが国の行政の実効性確保の手法の大きな特色の一つは、過度に行政指導に依存し、本来、フォーマルな法執行が必要な場合にもそれがなかなか行われず、その結果、行政の実効性が欠如しているといわざるをえない場合が少なくないことにある。代執行を検討せざるをえないような事案では、通常、措置命令に先行して長期間にわたり行政指導が反復されており、それが無視され続けた結果、措置命令の発動に至ることになる。岡山県内で初めて行われた岡山市による代執行の事案では、違反が発見されてから建築基準法に基づく工事施行停止命令に至るまでに約10年1月、代執行に至るまでに約11年

---

[18] なお、現行法の解釈としても、行政上の義務の民事執行は可能と考えらえる。また、民事執行法172条1項の「債務の履行」を行政上の義務を含むものと解して、間接強制を行うこともできると考えられる。碓井・義務履行確保147頁参照。細川・義務履行658頁は、行政当局が民事上の強制執行よるときは、行政権力の行使の帰属主体である国ないし地方公共団体が原告となって行政事件訴訟法4条後段の公法上の当事者訴訟を提起して債務名義を取得し、しかる後に執行債権者として強制執行手続を開始することになるとする。

半を要し、この間に 100 回以上の行政指導が行われている[19]。豊島事件では、兵庫県警による摘発がなされるまでの 12 年間に 118 回の立入検査を行い産業廃棄物の不法投棄の実態を把握しながら、野焼きをやめるように形式的な行政指導を行ったのみで産業廃棄物処理業の許可の更新を反復していた[20]。また、2013（平成 25）年に大阪市城東区で行われた代執行の事案では、違反を認知してから措置命令の予告を行うまでの約 8 年間、40 回ほど相手方と接触して行政指導を反復していた[21]。大田区が 2014（平成 26）年に実施した行政代執行も、2006（平成 18）年ごろに近隣から苦情が寄せられており、問題を認識してから代執行に至るまで約 8 年を要している[22]。板橋区で初めて代執行が行われた事案においては、1995（平成 7）年に地域住民から陳情を受けて所有者への行政指導を開始したが、代執行が行われたのは 2017（平成 29）年であり、途中で当該土地の所有者が死亡し、相続人がすべて死亡または財産放棄をするという特殊事情があったとはいえ、問題を認知してから代執行まで 20 年以上経過している[23]。横浜市がけ崩れ事件では、無許可の宅地造成工事を横浜市が確認してから、2009（平成 21）年 1 月から 2010（平成 22）年 3 月にかけて 1 年以上にわたり造成工事の停止を求める行政指導を反復し、同年 3 月 9 日に緊急工事停止命令を発した後、同年 9 月 22 日の現地調査で、業者から提出された是正計画案に係る排水施設の設置を確認できなかったにもかかわらず、2011（平成 23）年 2 月 25 日に同業者に呼出通知を行って以降、3 年 7 か月余りにわたり行政指導すら行わず、本件について、担当職員の人事異動に伴う引き継ぎす

---

[19] 岡山市・行政代執行 149 頁参照。都市計画法違反の事案における岡山市のこの代執行事案については、宇那木・自治体行政代執行 207 頁以下も参照。同書についての書評として、北村・書評 177 頁以下、横田・書評 118 頁以下、中原・書評 154 頁以下がある。この代執行過程の行政学的分析については、金井・行政代執行 2 頁以下参照。

[20] 三好・豊島産業廃棄物不法投棄事件 13 頁参照。

[21] 北村編・行政代執行の手法と政策法務 62 頁（長谷川高宏執筆）62 頁、北村＝須藤＝中原＝宇那木・行政代執行 54 頁以下（北村喜宣執筆）参照。名宛人が措置命令書の受取りを拒否したり、移転先を知らせずに居所を変更したりすることもあるため、措置命令書の送達が実務上重要な課題になる場合がある。

[22] 北村編・行政代執行の手法と政策法務 84 頁（中山順博執筆）参照。

[23] 宇那木監修・所有者不明空家 70 頁参照。1985（昭和 60）年 7 月 17 日から 19 日にかけて大阪市で行われた簡易宿泊所の除却についても、義務者に対して、再三にわたり改修または撤去を行うように行政指導を行ったが、拒否されたために行政代執行に踏み切っている。北村＝須藤＝中原＝宇那木・行政代執行 48 頁以下（宇那木正寛執筆）参照。

ら行われない中で、2014（平成26）年10月6にがけ崩れによる死者が生じた[24][25]。

これらは、「行政執行上の行政強制消極主義」[26]または「インフォーマル志向」[27]とも呼ばれる[28]。「インフォーマル志向」とは、行政規制の執行機関が、フォーマルな規制の法執行を回避し、インフォーマルな行政指導を反復するにとどまる傾向を意味する[29]。水質汚濁防止法の規制執行においても、行政処分よりも行政指導のほうが、はるかに多く用いられている[30]。建築基準法違反へ

---

[24] 本件では当該会社およびその取締役が是正命令違反で、それぞれ50万円の罰金刑に処されたが、業務上過失致死罪については不起訴になっている。また、事故後に代執行が行われたが、それに要した費用は約3億円であるところ、当該会社は破産財団をもって破産手続費用を支弁できないとの理由で破産手続廃止決定が行われているから、代執行に要した費用の大部分は回収が困難と考えられる。

[25] 2021（令和3）年7月3日に発生した熱海市土石流災害についても、インフォーマル志向がみられる点について、西津・盛土規制義務履行確保44頁～47頁、赤間・適切な行政過程10頁以下参照。熱海市土石流災害を契機として、盛土に関する規制の立法事実を土砂の処分の適正化の問題としてとらえて、土砂の処分の適正化のための規制の在り方について精緻に論ずるものとして、小泉・熱海市土砂災害105頁以下参照。

[26] 西津・行政規制執行改革論3頁参照。

[27] 北村・行政執行過程237頁、西津・行政規制執行改革論4頁参照。

[28] ドイツにおけるインフォーマルな行政活動を分析し、わが国の行政指導と比較するものとして、大橋・行為形式論103頁以下、徳本・インフォーマルな行政活動109頁以下参照。アメリカにおけるインフォーマルな行政手法を分析し、わが国の行政指導と比較するものとして、中川・行政手続と行政指導198頁以下参照。

[29] 北村・行政執行過程190頁以下、237頁、244頁以下参照。なお、空家等対策の推進に関する特別措置法（以下「空家法」という）14条2項の規定に基づく勧告は、それに従うことを義務付ける法的効力を有しないという点では行政指導であるが、勧告を受けた翌年の1月1日を迎えると、住宅用地特例（地方税法349条の3の2および702条の3）の適用除外となり固定資産税および都市計画税の増税の法効果が生ずる（同法349条の3の2第1項等）。したがって、処分性が肯定される可能性がある。北村・空き家問題52頁以下、西口・空家特措法上の代執行16頁参照。処分であると解するならば、行政手続法3章の不利益処分の手続が適用されることになる。この場合の勧告は、必ずしもインフォーマルな法執行とはいえないであろう。なお、土地所有者と当該土地上の特定空家の所有者が異なる場合、住宅用地特例の適用除外の効果は実際上、土地所有者に発生することになるので、そのことが勧告を躊躇させる場合があるようである。北村・空き家問題191頁～193頁参照。

[30] 六本・規制過程35頁～40頁、北村・行政執行過程33頁以下、北村・実効性確保155頁以下、平田・実施過程53頁以下、67頁等参照。これらにおいては、いずれも実態調査が行われているが、平田・実施過程2章、3章では、法と経済学、とりわけゲーム理論を用いて、規制執行過程を分析しており興味深い。なお、六本・規制過程44頁～46頁によれば、

の対応についても行政指導が中心である。措置命令が出されることは稀であり、代執行はさらに稀である[31]。産業廃棄物の不法投棄に対しても、行政指導による対応が中心である[32]。河川・道路の不法占用に対しても同様の傾向がみられる[33][34]。大気汚染防止法に基づくアスベスト規制[35]、第一種動物取扱業規制[36]、漁業監督公務員による違法漁業取締り[37]についても同様である。

　もとより、行政指導というソフトな手段で行政の実効性を確保すること自体は、比例原則や行政コストの観点から望ましく、行政が違反を認知した初期の段階では、措置命令を発する必要がある緊急事態を除けば、まず行政指導によりその是正を図ろうとすること自体は、肯定的に評価されるべきであろう[38]。しかし、わが国の問題は、行政指導が功を奏さないことが明らかになった後も、措置命令や刑事告発という手段に踏み切ることなく、延々と効果のない行政指導を継続し、その結果、違反状態が長期にわたって継続するのみならず、違反状態を深刻化させ、その結果、国民の生命、健康、財産や環境、景観等が侵害される結果が稀ならず生じていることである[39]。さらに、違反状態の深刻化に

イギリスでも、排水規制過程において、規制官は、基本的には、指導・助言等の緩やかな問題解決的手法を用いているという。

[31] 荒・建築基準法 32 頁〜33 頁、宮崎・実効性の確保 228 頁以下、福井・行政代執行制度 206 頁以下参照。

[32] 北村・行政執行過程 103 頁以下、北村・実効性確保 155 頁以下、三好・豊島産業廃棄物不法投棄事件 1 頁以下参照。

[33] 福井・行政代執行制度 207 頁、210 頁、大橋・行為形式論 76 頁参照。

[34] もっとも、わが国においてもすべての行政分野でインフォーマル志向であるというわけでは必ずしもなく、漁業調整規則に係る明確な法令違反の場合には、送致するか行政処分（停泊命令等）を行うことが多いようである。北村・実効性確保 270 頁。その理由については、北村・実効性確保 299 頁以下参照。密漁被害に苦しむ漁協の実情を理解しているため、密漁について、警察も海上保安庁も、1 件でも立件するという場合がほとんどであると指摘するものとして、北村・厳罰化（2）42 頁参照。もっとも、密漁を反復する漁業者に対して、漁業法 54 条 1 項の規定に基づく許可の義務的取消しが行われていないという指摘として、北村・厳罰化（2）54 頁参照。

[35] 北見・大気汚染防止法 153 頁〜157 頁参照。

[36] 箕輪・実施過程 10 頁、箕輪・実効性 218 頁以下参照。

[37] 田中・水産資源保護 247 頁参照。

[38] 宮崎・実効性の確保 232 頁によれば、1977（昭和 52）年度から 1987（昭和 62）年度までの 11 年間の農地法違反の総把握件数の約 99.5 パーセントが行政指導によって是正されている。また、平田・実施過程 38 頁等は、水質汚濁防止法違反は、文書による行政指導によってほぼ是正されていると指摘する。

より、原状回復に多大なコストが必要になるのみならず、違法行為により得る利益が蓄積され、それが剝奪されないため、違法行為の「やり得」になる場合が多いことも問題である。

なお、行政処分の義務付け判決が確定し、それを受けて行政庁が措置命令を発した場合、当該命令は、司法の判断に基づくものであり、当該命令に基づく義務が履行されていない場合、行政庁の判断でその履行を確保しないままにしておくことは、たとえ措置命令を発することとその履行を確保することは異なる局面に属するとはいえ、国民の理解を得ることは、義務付け判決によらずに措置命令がなされた場合よりも、一層困難と思われる。

第5節　行政指導への過度の依存の原因

このように行政指導に過度に依存する行政スタイルの原因については、以下に述べるように、文化的背景も含め、様々な指摘がなされている。

第1に、行政指導に過度に依存し実効性に欠けていると思われるわが国のシステムについては批判が多いが、擁護する見方もないわけではない。すなわち、違反が是正されない状態が多数みられることは、そもそも過剰な規制がなされているからであり、行政機関が、執行段階で、効果裁量により真に規制に値するものを選択して法執行を行うことは、杓子定規な法執行を回避する上で、消極的にのみ評価されるべきではないという見方である。確かに、現場の職員からみて規制自体が過剰と認識される場合は存在する[40]。違反が多発する場合には、国民の遵法意識の低さを問題にする前に、過剰な規制になっていないか、規制を遵守するコストが過大になっていないかを検証すべきであり[41]、規制の範囲および程度を適正化することは必要である。規制制度の設計に当たっては、法執行の可能性も考慮する必要があるのである[42][43]。

39　違反の初期段階では協調的アプローチをとるが、改善傾向がみられない場合には徐々にサンクションの程度を上げていくという Responsive Regulation（平田・法社会学 99 頁）がなかなか行われず、「宥和的アプローチ」に行き過ぎているといえる（平田・自治体現場 21 頁参照）。

40　北村・行政執行過程 257 頁、北村・実効性確保 181 頁、323 頁参照。福井・行政代執行制度 209 頁は、容積率規制についてこのことを指摘する。また、現場の職員が動物愛護のための規制が過剰と考えて運用を緩和する傾向について、箕輪・実効性 226 頁参照。

41　畠山・行政強制論 173 頁、福井・行政代執行制度 209 頁参照。

第5節　行政指導への過度の依存の原因

　しかしながら、戦後のわが国においては、本来、規制の必要性があり、違反状態を解消すべき場合にも、実効性のない行政指導を反復し、刑罰が定められていても、実際に起訴される例は稀であり、たとえ起訴されても、略式命令で罰金が科されることが一般的であり、威嚇力に乏しいことは、様々な実証研究で明らかにされている。そして、行政がその裁量で、義務履行確保措置を講ずる対象を選択する手法は、裁量基準が具体的に定められ公にされていない限り、予見可能性に欠け、平等原則に反した恣意的な法執行に陥るおそれがある。

　また、公務員には、許認可行政が中心的な職務であり、違反への対応は付随的職務にすぎないという意識があること[44]、行政処分を行うことは行政指導の不足の結果としてマイナスの人事評価を受けることへの懸念があること[45]、たとえ適法な行政処分を行う自信があっても、訴訟を提起された場合に要する時間・労力を考慮すると、行政処分を回避する方向に傾くこと[46]、行政処分を行

---

[42]　宮崎・実効性の確保246頁、畠山・行政強制論175頁参照。場合によっては、フォーマルな法執行が規制目的に反する副作用をもたらしうることについて、箕輪・実効性228頁参照。

[43]　行政機関が行う政策の評価に関する法律は、PDCAサイクルにより、規制の合理性を実績に照らして再評価することも期している。同法について、宇賀・政策評価13頁以下参照。条例評価について、宇賀・地方自治法概説258頁参照。また、条例のサンセット方式について、北村・自治力の逆襲18頁以下参照。

[44]　北村・実効性確保317頁、三好・豊島産業廃棄物不法投棄事件27頁参照。六本・法と社会279頁は、担当者は専門官ではなく、一般行政事務の一部として携わることになるため、使命感が育ちにくく、そのことが監視体制が緩やかになる一因とする。なお、そもそも行政指導により改善措置がとられたか否かの確認すら行われない場合があることについて、北見・大気汚染防止法155頁参照。

[45]　三好・豊島産業廃棄物不法投棄事件27頁参照。

[46]　北村・行政執行過程206頁、平田・自治体現場180頁以下参照。「面倒なことはしたくない」という行政職員の意識について北村・実効性確保207頁以下。2～4年で人事異動が行われることが多いわが国の公務員の場合、自分が当該職に在任している間は、面倒なことを回避したいという意識が生まれても不思議ではない。また、滞納処分についてであるが、滞納者であっても、次の異動先では行政の協力者としてお願いをしなければならない立場になることがあるので、強制徴収を躊躇することがあるという指摘がある。山下・履行確保162頁参照。行政庁は法解釈を誤ったとして被規制者から訴訟を提起される可能性を考慮して、被規制者に対して行政庁の法解釈の正しさを示す必要は十分に認識しているものの、規制の受益者である市民に対しては、行政庁の法解釈の正しさを示す必要についてはほとんど意識しておらず、それは、市民が法的に規制実施過程に関与するルートが乏しいことと、情報公開の乏しさによると思われるとするものとして、平田・自治体現場181頁、192頁～194頁参照。このことが、わが国で、措置命令を発すべきでないのに発してしまうエラーが

うことにより、今後、相手方の協力に基づく円滑な行政運営に支障が生ずることを懸念したり[47]、事案によっては、規制対象を保護育成の対象ともとらえたり地元経済への影響なども総合考慮したりして厳格な法執行に消極的になる場合があること[48]、また、行政処分は「最後の手段」であり、行政処分を行った以上、それが確実に遵守される必要があるところ、粘り強く行政指導を反復してもそれに従わない者に行政処分を行っても効果がないという意識が行政機関の職員の間では強く、そのことも、「インフォーマル志向」の原因となっていること[49]、行政処分を行っても、代執行が困難なことが行政処分を控え、行政指導を継続する理由となる場合もあることなどが指摘されている[50]。

さらに、住民と行政との関係が近い小規模自治体では、強権発動のイメージをもたれがちな行政上の強制執行を回避したいという意識が働き、行政上の強制執行の前提となる行政処分を行うことにも消極的になる傾向があり、特に選挙を控えた首長がそのような意識を持つケースでは、フォーマルな法執行は困難にならざるを得ないし、場合によっては、政治的圧力によりフォーマルな法執行が困難になる場合もあることが指摘されている[51]。もっとも、最近は、フォーマルな法執行について積極的な首長も少なくないとの指摘もある[52]。問題

措置命令を発するべきであるのに発しないエラーよりも重視される要因といえよう。平田・自治体現場 204 頁。

[47] 公務員の協調志向について、北村・行政執行過程 246 頁〜247 頁、平田・実施過程 53 頁以下参照。

[48] 六本・規制過程 50 頁、北村・実効性確保 316 頁以下、平田・実施過程 54 頁、106 頁以下、箕輪・実効性 224 頁、田中・水産資源保護 249 頁参照。被規制者が規制により負う負担が大きいほど、措置命令を出すことに慎重になる傾向について、平田・自治体現場 87 頁以下参照。被規制者が規制により負う負担が大きい場合、マイナスの副作用が生じる例として、動物の管理規制の強化が、動物の遺棄や殺害につながる可能性を指摘するものとして、箕輪・実施過程 16 頁参照。さらに、十分な監督が行えないことが違法状態を放置する一因となっているという後ろめたさから、措置命令の発動を躊躇する場合もある。箕輪・実施過程 15 頁参照。

[49] 北村・行政執行過程 46 頁以下、115 頁以下、三好・豊島産業廃棄物不法投棄事件 27 頁、箕輪・実効性 226 頁参照。このような行政職員の認識の問題について、平田・法社会学 107 頁参照。なお、被規制者側の遵守行動のメカニズムについての知見を蓄積することも、規制法執行過程の研究として重要なことについて、平田・法社会学 110 頁参照。現場部署と被規制者の間で法の具体的意味と法適用について緊張関係が生じ得ることについて、平田・自治体現場 175 頁以下参照。

[50] 福井・行政代執行制度 208 頁、北村・行政執行過程 261 頁参照。

[51] 北村・行政執行過程 210 頁、272 頁参照。

のある業者から依頼を受けた議員から行政職員に政治的圧力がかかり、本来なされるべき法執行が抑えられてしまうこともある[53]。行政処分、それにより課された義務の不履行を理由とする代執行や告発を視野に入れて、それらがやむをえないといえるほど、相手方が頑強に行政指導に従わなかったという事実を固めるために行政指導が反復される場合もあるであろう[54]。この目的のためには、行政指導による説得の努力を尽くしたことを立証するための記録を整備しておく必要がある。さらに、行政職員が威嚇され恐怖心から適正な法執行ができなくなり、形式的に行政指導を反復して、監督の外観を創出するにとどまってしまう場合もある。豊島事件は、その典型例といえる[55]。それに加えて、当事者間の非公式の折衝、当事者の事情への配慮、合意による処理等は、日本の伝統的な法文化の反映の側面もあることが指摘される[56][57]。

　行政上の強制執行が機能不全といわれる状況にあるのは、一見すると簡易に見える行政上の強制執行が、実際には、大きな労力を要する複雑な作業であることが少なくないにもかかわらず、それを実施可能とするノウハウの蓄積に乏しいという組織的要因によるところも大きい[58]。行政代執行や行政上の強制徴収が機能不全といわれる原因については、後述する。

　52　三枝・行政代執行15頁参照。首長の決断が、行政代執行の実務にとってきわめて重要なことについて、金井・行政代執行10頁参照。
　53　三好・豊島産業廃棄物不法投棄事件24頁～25頁、三好・環境法執行過程132頁参照。
　54　告発との関係でこの点を指摘するものとして、北村・行政執行過程194頁参照。
　55　この事件では、担当職員が「事なかれ主義」に陥り、規制の受益者である住民の健康、生活環境の保護や自然環境の保全といった課題が行政の視界から欠落してしまったと評されている。三好・豊島産業廃棄物不法投棄事件15頁参照。
　56　六本・法と社会279頁参照。
　57　なお、フォーマルな行政処分を行うことにより、その後の監督権限が失われる弊害に鑑み、行政指導で対応が行われていた例がある。動物取扱業者の登録取消処分を行うと、その後、業者の手元に残る動物の管理状態が悪化することを懸念して、登録取消処分を行わず、行政指導での対応がなされていた。この問題に対処するため、2019（令和元）年に改正された動物の愛護及び管理に関する法律24条の2で、登録取消処分等によって登録業者としての地位を失ってから2年間は、動物の健康・安全被害や周辺の生活環境保全への支障を防止するため、立入検査や勧告・命令権限が都道府県知事等に付与されたのである。箕輪・実効性216頁参照。
　58　戦後の内務省解体により、警察権の分散が行われたが、一般の行政組織は、物理的な力を行使できる訓練された人的資源を欠き、一般行政職員が対応することになったことも、戦後のわが国で行政上の強制執行が機能不全となった一因であることを指摘するものとして、須藤・即時強制247頁参照。

第1章　行政の実効性確保総論

第1節　行政上の強制執行と司法上の強制執行

　私人間では、自力救済が禁止され、自己の権利を実力行使により強制的に実現することはできず、もしそれが必要となれば、訴訟を提起して判決等を債務名義として、または法務大臣が任命し法務局または地方法務局に所属する公証人が作成した執行証書を債務名義として、裁判所または執行官により強制執行をしてもらわなければならない（民事執行法2条、22条、26条）。すなわち、自力救済禁止の代償として、国が債権者の補助者の役割を担う他力執行のシステムが採られているのである。たとえば、AがBに金銭を貸与したところ、Bが期限までに支払わない場合、AはBの家に無断で乗り込んで、Bの家にある美術品等をBの静止を振り切って持ち出し、それを売却して得た代金を債権に充当することはできない。もしAがそのようなことをすれば、Aは民事上、不法行為責任を問われうるのみならず、刑事上も、住居侵入罪（刑法130条）、強盗罪（同法236条）で起訴されうる。AがBに金銭債務を履行させるためには、Bを被告とする給付訴訟を提起して、勝訴確定判決である債務名義の執行力の存在および範囲を公証する執行文の付与を受ける必要がある。執行文は、申立てにより、執行証書以外の債務名義については事件の記録の存する裁判所の裁判所書記官が、執行証書についてはその原本を保存する公証人が付与する（民事執行法26条1項）。執行文の付与は、債権者が債務者に対しその債務名義により強制執行をすることができる場合に、その旨を債務名義の正本の末尾に付記する方法により行う（同条2項）。このように、債権の強制的実現を図るためには、執行文を提示して、裁判所または執行官により強制執行をしてもらわなければならないのである。これが司法上の強制執行（または民事上の強制執行）と呼ばれるものであり、その一般法が民事執行法である。

　これに対して、国や地方公共団体の場合、訴訟を提起することなく、自己の権利を強制的に実現することが認められている場合がある。たとえば、国が有

する租税債権の場合、納税者が納税義務を履行しなければ、督促を行い、期限までに納付がなされなければ、行政庁は、訴訟を提起することなく、滞納者の財産を差し押さえ、公売して売却代金を租税債権に充当することができる。これが行政上の強制執行と呼ばれるものである。私人には認められない行政上の強制執行は、国や地方公共団体に特権を付与したものといえる[1]。

それでは、なぜ国や地方公共団体にかかる特権が付与されているのであろうか。行政庁といえども、誤りを犯すことはありうるのであるから、中立的な裁判所を介在させる司法上の強制執行を用いるべきという考え方は十分に成立しうるし、それを原則としている国もある。他方において、私人と比較して、行政庁が誤りを犯す可能性は低いと一般に認識されていると思われるし、もし、国や地方公共団体も司法上の強制執行を用いなければならないとすると、強制執行に多大な時間を要することになり、必要な強制執行の一部しか行うことができなくなり、公益を害することが懸念される。そこで、わが国では、国や地方公共団体に、一定の範囲で行政上の強制執行を認めている。もっとも、国や地方公共団体が常に行政上の強制執行ができるわけではなく、司法上の強制執行を行わなければならない場合もある。

第2節　戦前における行政上の強制執行についての学説

　戦前のわが国の行政法学においては、行政行為には、それによって課された義務を、行政庁が訴訟を提起することなく強制的に実現することを可能とする執行力が備わっていると考えられていた。これは、ドイツ行政法学における伝統的な思考の影響を受けたものである。わが国の行政法学に大きな影響を与えたオットー・マイヤーは、行政行為を判決とのアナロジーで理解し、行政庁は、その行為が適法性の要件を具備していることを自ら確認する権限を有することから（いわゆる「自己確認説」）、下命権限は強制執行権限を随伴し、下命は強制執行に関して執行されるべき判決の地位にあるので、下命の内容をそのまま実現する場合には、代執行等の強制執行権限独自の法律の根拠は不要と解したのである[2]。もっとも、戦前のわが国の行政法学をリードした美濃部達吉教授

　1　渡邊・行政強制序説262頁は、司法上の強制執行原則を「承認せられたる執行の原則」、行政上の強制執行原則を「直接的執行の原則」という。
　2　オットー・マイヤー行政法学における行政行為の自力執行力を含む行政行為論の特質

は、オットー・マイヤーの学説の影響を強く受けたものの、オットー・マイヤーの学説をそのまま踏襲したわけではなく、代執行を行政行為により課された義務の内容をそのまま実現するものとは捉えていなかった。すなわち、美濃部教授は、「代執行や執行罰は既に成立して居る義務とは異つた新規の義務を命ずるものであるから、これを為し得る為めには法律の特別の定めを要するのであるが、直接強制は既に成立して居る義務を其の儘の形に於いて実現せしむるものであり、而して公の権力に基づく国家意思はそれ自身に執行力を備へて居るものであるから、直接強制は特別の法律の定めあるを待たず、当該行政庁は当然にこれを為す権能を有するものと認むべきである」と述べていた[3]。したがって、行政執行法における直接強制の規定は、法律上の根拠がなくても可能な直接強制について、補充的位置付けをすることにより、濫用を防止することを意図したものと解されていた[4]。

また、ドイツにおいては、かつて警察概括条項に基づく包括的授権により即時強制が可能であるという考えが有力であった。そして、オットー・マイヤーは民法の緊急権の法理を転用して、法律の根拠なしに即時強制が可能な場合があると論じていた[5]。特にプロイセン高等行政裁判所が、取消訴訟の対象とするため、即時強制を事実行為を通じて表現された命令とその執行の合成とする合成的行政処分（zusammengesetzte Verfügung）の理論を発展させた[6]。合成的行政処分の概念は、フォルストフや田中二郎教授[7]にも影響を与えた[8]。

第3節　戦前における行政上の強制執行に係る法制度

戦前のわが国においては、行政上の強制執行の一般法として、行政執行法

を分析するものとして、塩野・オットー・マイヤー行政法学131頁以下参照。
3　美濃部・日本行政法上336頁参照（引用文中の漢字は現在のものに変換している）。
4　小早川・行政法上238頁、須藤・行政強制と行政調査27頁。
5　ドイツにおける即時強制をめぐる議論については、広岡・強制執行96〜103頁参照。
6　広岡・仮の救済104頁〜109頁参照。
7　田中・総論268頁、271頁注13参照。
8　雄川ほか・行政強制156頁（広岡隆発言）。もっとも、今日では、合成的行政処分という用語を用いる者はほぼ皆無になっており（重本・行政執行の例外（1）47頁）、即時強制を端的に事実行為と捉える立場が支配的になっている（重本・行政執行の例外（2）60頁参照）。

（明治33年法律第84号）が存在した。同法は内務省警保局が立案し、1900（明治33）年6月2日に公布され、同月22日に施行された。これは、19世紀末におけるドイツの諸ラント、特にプロイセンの法制を参考にしたものである。

行政執行法は、相手方に義務を課すことなく、行政庁が身体や財産に実力を行使して、行政上望ましい状態を実現する即時強制の一般法としての性格も有していた（同法1条～4条）。すなわち、検束、仮領置（同法1条）、家宅の侵入（同法2条）、強制診断、居住制限（同法3条）、土地物件の使用、処分または使用の制限（同法4条）についての即時強制の根拠規定が置かれていた[9]。このように、わが国では、戦前においても、即時強制の根拠は、法律の具体的根拠に求められたのであって、オットー・マイヤーの理論の影響のもとで、正当防衛や緊急状態の場合には法律の根拠がなくても即時強制ができるとする説もあったが、一般には法律に根拠を持たない警察緊急権は認められず、警察の一般的任務ないし警察概括条項に基づいて即時強制を認める考え方は広くは支持されなかった[10]。

もっとも、戦前のわが国の行政法総論においては、一般的には、即時強制という範疇が位置付けられていたわけではなく[11]、警察強制や財政強制という各論において論じられるにとどまるのが一般的であった。行政執行法1条から4条までの即時強制については、警察官庁のみに適用されると解されていた[12]。

他方、行政上の義務履行確保の一般法としての規定が同法5条に置かれていた。同条の内容は、以下の通りである。

1項　当該行政官庁ハ法令又ハ法令ニ基ツキテ為ス処分ニ依リ命シタル行為又ハ不行為ヲ強制スル為左ノ処分ヲ為スコトヲ得
　一　自ラ義務者ノ為スヘキ行為ヲ為シ又ハ第三者ヲシテ之ヲ為サシメ其ノ費用ヲ義務者ヨリ徴収スルコト
　二　強制スヘキ行為ニシテ他人ノ為スコト能ハサルモノナルトキ又ハ不行為

---

[9]　その内容については、山田・行政執行法9頁～97頁が詳しく解説している。行政執行法2条に関する戦前の議論を検討するものとして、須藤・行政強制と行政調査71頁以下参照。

[10]　広岡・行政強制204頁参照。

[11]　わが国では、戦前から即時強制には法律の根拠が必要と解されていたことを含め、日本における即時強制の概念について、戦前の学説に遡って検討するものとして、広岡・仮の救済138頁～146頁、須藤・行政強制と行政調査43頁以下参照。

[12]　須藤・行政強制と行政調査50頁参照。

ヲ強制スヘキトキハ命令ノ規定ニ依リ 25 円以下ノ過料ニ処スルコト
2項 前項ノ処分ハ予メ戒告スルニ非サレハ之ヲ為スコトヲ得ス但シ急迫ノ事情アル場合ニ於テ第1号ノ処分ヲ為スハコノ限リニ在ラス
3項 行政官庁ハ第1項ノ処分ニ依リ行為又ハ不行為ヲ強制スルコト能ハスト認ムルトキ又ハ急迫ノ事情アル場合ニ非サレハ直接強制ヲ為スコトヲ得ス

　ここで留意すべきは、「行政庁」ではなく「行政官庁」に権限を付与していることである。「行政官庁」は国の機関であって、地方公共団体の機関を含まない[13]。戦前のわが国においては、地方公共団体公共事業団体観が支配的でであって、権力的事務は国の事務とされ、地方公共団体は原則として公権力を行使することはできなかったから[14]、「行政官庁」のみにかかる権限を付与したことは当然ともいえる。したがって、市町村長が下命を行っても、市町村長は行政官庁ではないので（他方、戦前の府県知事は、国の普通地方官庁であった）、原則として、行政執行法に基づく行政上の強制執行を行うことはできなかった。行政官庁でない者に行政上の強制執行の権限を付与するためには、個別法の根拠が必要であった。かかる個別法の例として、「公共団体ノ管理スル公共用土地物件ノ使用ニ関スル法律」（大正3年法律第37号）旧2条、旧都市計画法（大正8年法律第36号）23条、旧道路法（大正8年法律第58条）54条、旧不良住宅地区改良法（昭和2年法律第14号）14条2項、災害救助法（昭和22年法律第118号）旧28条は、行政執行法5条・6条の規定を準用することによって、行政官庁でない者が行政上の強制執行を行うことを可能にしていた。

　また、同法は、「警察執行法」ではなく「行政執行法」と命名されたことから窺えるように、行政上の強制執行は、全ての行政官庁が用いうるものであったが、実際には警察行政について行われることが多かった。

　行政執行法5条1項1号は、他人が代わってすることができる作為義務、すなわち代替的作為義務についての行政上の強制執行である代執行について定めたものである。行政執行法制定前においても、若干の個別法において代執行が認められていたが、行政執行法により、代執行は一般的制度になった。注目されるのは、「法令又ハ法令ニ基ツキテ為ス処分ニ依リ命シタル行為」を対象とするため、法令により直接に課された代替的作為義務も、代執行の対象とされ

13　宇賀・行政法概説Ⅲ 30 頁参照。
14　宇賀・地方自治法概説 134 頁参照。

ていたことである。ここでいう「法令」には条例は含まれていなかった。代執行の費用については、「行政庁ノ違法処分ニ関スル行政裁判ノ件」（明治23年法律第106号）が行政訴訟が可能な対象として掲げる手数料には当たらず、代執行費用の徴収について行政訴訟を提起できないというのが、判例の立場であった（行判大正9・7・14行録31輯6巻572頁）。

　同項2号は、①他人が代わってすることができない非代替的作為義務および②不作為義務に係る間接強制である執行罰について定めたものである[15]。同項2号で「執行罰」という文言が用いられているわけではなく、執行罰は、ドイツで講学上用いられていたExekutivstrafeの訳語である。プロイセン一般ラント行政法では、代替的作為義務についても金銭罰（Geldstrafe）が認められていたが、わが国の行政執行法は、代替的作為義務については執行罰を認めなかった。執行罰制度は、行政執行法に先立って制定された旧河川法（明治29年法律第71号）[16] 53条、砂防法（明治30年法律第29号）36条において定められていた。

　執行罰は、「罰」という呼称にもかかわらず、刑罰とは性格を異にする。すなわち、執行罰は、将来に向かい義務の履行を確保するための間接強制であり、過去の義務違反に対する制裁ではないから、義務が履行されるまで反復して課すことが可能である一方、義務の履行期限までに義務が履行されなかった場合であっても、その後義務が履行されたか、または他の理由で義務を履行する必要がなくなった場合（法令の改正により義務違反状態が解消された場合等）には、執行罰を課すことはできない。義務不履行に対して執行罰としての過料の納付命令を発したが、未納付のために強制徴収を開始する前に、義務が履行された場合に、強制徴収ができるかが問題になるが、すでに過料債権が発生している以上、原則として徴収義務があると考えられる。

　ドイツでは、金銭罰（Geldstrafe）、執行罰（Exekutivstrafe, Vollstreckungsstrafe）、強制罰（Zwangsstrafe）等と呼ばれていた時代は、刑罰との相違

15　具体的に、非代替的作為義務、不作為義務として、いかなる場合が念頭に置かれていたかについて、西津・新たな制度12頁〜13頁参照。今日では、代替的作為義務についても金銭的負担を課す間接強制を行うことは可能と考えられているが、当時のプロイセン等では、執行罰は代執行ができない場合のみ適用可能とされていたことが、行政執行法が代替的作為義務について執行罰を認めなかったことに影響しているのかもしれない。

16　河川法施行法（昭和39年法律第168号）1条により廃止された。

が十分に認識されず、そのため、刑罰との併科はできないという説が有力であったが、次第に両者の相違が認識され、「罰」という表現は、刑罰の一種であるという誤解を生じさせうることから、1931年のプロイセン警察行政法33条1項・2項、55条1項〜4項、56条1項・2項では、強制金（Zwangsgeld）という名称が用いられ、現在では、連邦のみならず各州においても、この名称が用いられている。また、台湾では、1998年に行政執行法が全部改正された際に、行政罰との区別を明確にするため、執行罰という名称を怠金に変更している[17]。

わが国の行政執行法5条2項は、代執行および執行罰に戒告を前置する必要があること、ただし、急迫の事情があるときは、戒告なしに代執行を行うことができることを定めた手続規定である。戒告は、義務を課する行政処分と独立に行うことも、併せて同時に行うことも可能と解されていた。急迫の事情があるために戒告なしに行われる代執行は即時代執行と呼ばれた[18]。プロイセン一般ラント行政法では、代執行費用の見積額を事前徴収する制度を設けていたが、わが国の行政執行法には、かかる事前徴収制度は設けられなかった。戦前における代執行件数について網羅的な統計が整備されているわけではないが、限定された資料からは、稀にしか行われなかったことが窺われる[19]。

同条3項は、人の身体または財産に直接に実力を行使する強制執行のうち代執行を除くもの、すなわち直接強制について定めたものである。同項は、直接強制について定義していないため、何が直接強制に当たるかについての見解が完全に一致していたわけではない。プロイセン高等行政裁判所が採用した合成的行政処分論に依拠して、同項が即時強制も含むとする解釈も皆無ではなかった。かかる説は、「急迫ノ事情」がある場合が即時強制も念頭に置いていると解するものと考えられるが、同項は、同条1項による代執行または執行罰では目的を達することができないか、または、急迫の事情により代執行または執行罰の手段を用いることができない場合と解すべきと思われ、即時強制を含む規定ではないとみるべきであろう。実際、わが国では同条3項が即時強制を含むとする解釈をほとんどとられなかった[20]。

---

17 蔡・行政制裁80頁参照。
18 美濃部・日本行政法上332頁参照。
19 西津・行政規制執行改革論70頁参照。
20 広岡・行政強制180頁参照。

直接強制は、義務者の身体または財産に対して実力を行使して、直接に義務履行があったと同じ状態を実現する作用であって[21]、義務者の身体または財産に対して実力を行使して、義務の履行を心理的に強制すること、たとえば、拷問により義務の履行を強制することは直接強制ではない。直接強制は、代替的作為義務、非代替的作為義務、不作為義務の全てについて実施可能であるが、代執行および執行罰に対して補充性を有する。すなわち、直接強制は、代執行や執行罰では目的を達することができない場合または急迫の事情がある場合でなければ、行うことができないのである。わが国の行政執行法は、プロイセン一般ラント行政法に範をとったものであり、直接強制の事前手続として戒告を行う必要がない点は、プロイセン一般ラント行政法を踏襲しているが、プロイセン一般ラント行政法132条が定める代償強制拘留制度は、わが国の行政執行法には導入されなかった。

　行政執行法においては、代執行に要した費用は、義務者より徴収することとし（同法5条1項1号）、同法6条1項は、「第3条及第5条ノ費用及第5条ノ過料ハ国税徴収法ノ規定ニ依リ之ヲ徴収スルコトヲ得」と規定していた。ここでいう「第5条ノ費用」には、直接強制の費用は含まれないと解されていたので、私人に直接強制の費用を負担させることは想定されていなかったものと思われる[22]。義務者が無資力で代執行の費用または執行罰を納付する能力がない場合には、直接強制を行うことができるとされた（戦後においても、個別法に基づく直接強制に要した費用を私人に負担させることは想定されていないように思われ、この点が代執行と異なる）。

　行政官庁は、この徴収金について国税に次ぐ先取特権を有すること（同条2項）、当該費用に関する繰替支弁、収入の所属その他必要な事項は勅令で定めること（同条3項）が規定されていた。即時強制として行われる療養費についても費用負担が定められていた（同法3条2項）。

---

[21] 代執行および執行罰については、誰が、いかなる手続でどの限度まで義務者に対して強制し、新たにどの程度の金銭負担を義務者が負うかについて定められており、命令・禁止の内容をそのまま実現するのではなく、新たな負担を課すので、その根拠を法定する必要があったが、直接強制は、命令・禁止の義務をそのまま実現するものであり、戦前の通説では法的根拠は不要であったことから、直接強制については、その内容について定められることはなかった。関根・行政強制875頁参照。

[22] 代執行と直接強制の相違を戦前の学説に遡って検討するものとして、須藤・行政強制と行政調査30頁以下参照。

なお、ここで留意を要するのは、直接強制という文言である。すなわち、民事執行においては、直接強制という文言は、金銭債権の強制執行を含み、金銭債権の強制執行が直接強制の重要な部分をなすのに対して、行政上の強制執行においては、直接強制は、金銭債権の執行を含んでいないのである。

そして、金銭債権に係る行政上の強制執行（行政上の強制徴収ともいう）については、国税徴収法（明治30年法律第21号）に定めがあり、国の公法上の金銭債権については、各個別法（たとえば旧河川法5章）において、その例による旨が定められていたため、国税徴収法が、行政上の強制徴収の一般法としての性格を有していた。また、地方公共団体の全ての公法上の収入についても、国税滞納処分の例によることとされていた（府県制（明治23年法律第35号）70条、明治32年法律第64号による全部改正後の府県制116条、市制（明治21年法律第1号）102条、明治44年法律第68号による全部改正後の市制131条、町村制（明治21年法律第1号）102条、明治44年法律第69号による全部改正後の町村制111条）。

行政執行法6条2項は、同条1項の徴収金について、行政官庁は国税に次ぐ先取特権を有すること、同法7条は、認可または許可を受けなければ所有できない物件を行政庁が保管するに至った場合において、その所有を認許すべきでないときは、その所有権が国庫に帰属すること、仮領置をした物件で1年以内に交付を請求する者がいないときも同様であることを定めていた。

このように、戦前のわが国においては、行政上の強制執行についてのほぼ包括的な仕組みが形成されていた。もっとも、国税以外の公法上の金銭債権であって、国税徴収または国税滞納処分の例による旨の定めがない場合には、民事執行の方法によることもできず（大判大正3・11・9民録20輯897頁）、行政上の強制執行もできないことになり、完全に包括的な行政上の強制執行の仕組みが整備されていたわけではなかった[23]。

なお、行政執行法施行令8条が、「他ノ法令ノ規定ニ依リ行政官庁ニ於テ行政処分ヲ強制スル為予メ戒告ヲ為ストキ、自ラ義務者ノ為スヘキ行為ヲ為シ若ハ第三者ヲシテ之ヲ為サシメ其ノ費用ヲ義務者ヨリ徴収スルトキ又ハ行政処分ヲ強制スル為過料ニ処スルトキハ第5条第6条及第7条第1項ノ規定ヲ準用ス」と規定したように、行政執行法は一般法であり、個別法において、行政上の強制執行に関する特別の規定が置かれることを想定していた。砂防法36条

---

[23] 塩野・行政過程とその統制206頁注（4）参照。

（執行罰）、旧伝染病予防法（明治30年法律第36号）26条・27条（代執行）、旧土地収用法（明治33年法律第29号）73条（代執行・直接強制）、旧汚物掃除法（明治33年法律第31号）7条・8条（代執行）、旧下水道法（明治33年法律第32号）8条・9条（代執行）、旧要塞地帯法（明治32年法律第105号）17条（代執行）、旧森林法（明治40年法律第43号）11条（代執行）のように、個別法で行政上の強制執行について定める例もあった[24]。

第4節　行政執行法の見直し

　基本的人権の尊重を重視する日本国憲法の下では、行政執行法の見直しは不可避であった。行政執行法の定める即時強制は、警察権により濫用され、人権蹂躙の弊が甚だしかった。すなわち、検束は、その目的からいえば、個人の自由を保護するため（保護検束）または社会の公安のため（予防検束）必要のある場合に限り個人の自由を一時拘束する作用であり、また、時間的にも、翌日の日没後に至ることを得ない旨の制限が付いていたが、実際上は、この制度がしばしば濫用され、政治的、経済的、思想的活動を弾圧するための手段として、時としては刑罰にも代わるべき制度として利用されたのである[25]。
　この点について、行政代執行法案の国会審議における政府委員の答弁では、「現行行政執行法は、古く明治33年の制定にかかるものでありまして、その内容において、たとえば行政検束の規定のごとく、過去の歴史において暗い陰影に満ちておるものがあり、その他これを新憲法の光のもとに照しますならば、調整を要するところ少からざるものがあると思われるのであります。よって政府は、これが調整について、今日まで種々研究を進めてまいったのでありますが、その結論として、この際行政執行法を全面的に廃止して、これに伴う暗い連想を拂拭するとともに、将来における濫用の余地を閉しも（ママ）、今日必要なる限度において、新たなる制度の出発を企図することといたしたのであります」[26]と述べられている。この答弁で例示された行政検束は、行政権が裁判

24　「行政代執行法の施行に伴う関係法律の整理に関する法律」によるこれらの規定の整理の方針については、広岡・強制執行313頁注3参照。また、特別法の内容については、広岡・強制執行358頁～364頁参照。ただし、そこで掲げられている特別法に基づく行政上の強制執行規定のほとんどは現在では廃止されていることに留意する必要がある。
25　田中・新行政執行制度（1）5頁参照。田中・新行政執行制度（2）10頁も参照。

所または裁判官の令状なしに、人を警察署等に拘束し、一時的に留置すること
を意味し、行政執行法は、泥酔者、自殺を企てる者等の救護を要すると認める
者のための保護検束にとどまらず、暴行・闘争その他公安を害するおそれのあ
る者に対する予防検束も認めていた（同法1条1項）。検束の期間は、翌日の日
没までとされたが（同法2項）、実際には、期間が到来しても、重ねて検束を
継続する「蒸し返し検束」が行われることもあった。そして、この予防検束が、
「其ノ他公安ヲ害スルノ虞アル者」として思想犯や労働運動を取り締まる手段
として濫用され、特別高等警察による思想犯等の取締りが過酷を極めたのであ
る。

そこで、同法の警察上の即時強制の規定は、大幅に整理されたかたちで警察
官等職務執行法（昭和23年法律第136号。現在は警察官職務執行法）および性病
予防法（昭和23年法律第167号）に引き継がれることになった[27]。すなわち、
行政執行法においては、即時強制として、検束、仮領置（同法1条）、家宅の
侵入（同法2条）、強制診断、居住制限（同法3条）、土地物件の使用、処分ま
たは使用の制限（同法4条）が定められていたが、警察官職務執行法において
は、質問（同法2条）、保護（同法3条）、避難等の措置（同法4条）、立入（同法
6条）[28]等が定められるにとどまっており、検束、仮領置等は認められていな
い[29]。また、警察官職務執行法上の措置を講ずる場合の要件は、行政執行法上

---

[26] 第2回国会衆議院司法委員会議録第10号（昭和23年4月6日）1頁（佐藤達夫政府
委員発言）参照。田中二郎教授は、行政執行法の廃止は、行政検束のような過去の歴史にお
いて暗い連想を伴うものを払拭することを主たる目的の一つとしており、即時強制の手段の
廃止を意図したものと述べている。田中・新行政執行制度（1）8頁参照。

[27] ただし、行政執行法の即時強制の権限は、「当該行政官庁」に与えられていたのに対
して、警察官職務執行法では警察官に直接権限が付与されるという重要な相違があることに
ついて、須藤・即時強制188頁、241頁参照。

[28] 警察官職務執行法6条1項に規定する「立入り」や同法2条1項に規定する「停止さ
せ」る行為は、警察違反状態を解消するための手段にとどまるのに対して、保護（同法3
条）、避難等の措置（同法4条）、犯罪の抑止（同法5条）、武器の使用（同法7条）は、警
察違反状態を直接に解消するものであるから、両者は概念上区別されるべきという主張とし
て、関根・即時強制9頁～11頁参照。

[29] 行政執行法1条が当初の警察官等職務執行法3条および5条に、行政執行法2条が警
察官等職務執行法6条に、行政執行法3条が性病予防法11条および12条に、行政執行法4
条が警察官等職務執行法4条に対応し、その他、行政警察規則およびアメリカの1942年逮
捕法の規定に由来する「質問」および武器の使用についての規定が警察官等職務執行法に置
かれた。関根・行政強制878頁参照。警察官職務執行法が定める権限が確認的なものか創設

の即時強制を行う場合の要件より厳格になっており、警察の保護は、24時間を超えてはならず、引き続き保護することを承認する簡易裁判所（当該保護をした警察官の属する警察署所在地を管轄する簡易裁判所をいう）の裁判官の許可状のある場合は、この限りでないとされている（警察官職務法3条3項）[30]。戦後、即時強制は、警察領域に限定されない行政法の一般的制度となったが、ドイツと異なり、即時強制全般についての一般法は存在しない。

　行政上の義務履行確保については、法制局が中心になって見直しを進めた。すなわち、1948（昭和23）年1月16日に、法制局庶務主幹より各省に対して、行政執行法の改廃を検討中であるが、行政執行法5条（代執行、執行罰、直接強制の制度）の規定について、①現在活用している事例、②現行制度をこのまま存置することを適当とするか、③現行制度を廃止することを適当とするか、廃止した場合、それに代わるべき制度を設けるべきか、設けるとすればいかなる制度がよいか、について意見照会がなされ、同月20日に法制局第1部において、この点について打合せを行うとして、各省の関係者の意見を求めている（法制局庶務主幹「行政執行法第5條の規定についての各省の意見承方」）[31]。

　これに対する「行政執行法第5條についての意見」[32]が、国立公文書館に保存されている。そのうちの一つにおいては、①同省において最近、行政執行法5条を活用した例はないこと、②法律によって一定の義務を課す場合、その義務違反ないし義務不履行に対して制裁として罰則を設けるほかに、義務履行を担保する制度は、法の実効性を確保し、法の要求する状態を実現せしめるため、最後の手段として必要な制度であり[33]、③新憲法下において義務を課すことが

的なものかについて、宍戸・即時強制214頁以下参照。

　30　行政執行法の即時強制の規定が、どのように制限されて警察官等職務執行法（当時。現在は警察官職務執行法）に規定されたかについては、田中・新行政執行制度（2）3項以下参照。1958（昭和33）年における同法改正法案の内容とそれが廃案になった経緯について、須藤・即時強制10頁以下参照。

　31　同文書は、当時、法制局次長を務めていた井出成三氏の関係文書として、同氏のご遺族から国立公文書館に寄贈され、公開されている。同文書については、須藤陽子教授がすでに紹介されている（北村＝須藤＝中原＝宇那木・行政代執行5頁～6頁）。

　32　同文書も、当時、法制局次長を務めていた井出成三氏の関係文書として、同氏のご遺族から国立公文書館に寄贈され、公開されている。国立公文書館長に対する特定公文書等利用請求により、同文書を入手した。

　33　この後にタイプで、「この意味で第5条の規定を存置するのを適当とする。」と記載されているが、鉛筆で削除されている。同文書には、他にも、タイプの記載を鉛筆書きで訂正

できる場合が法律ないし法律の特別の委任がある場合に限定され、また行政庁の違法ないし不当な行為に対する救済の道が広く開かれた今日、法律に基づく義務の不履行に対していわば最後の保障として、行政庁が最小限の強制執行をできることは、なんら民主的精神に反するものではないのみならず、むしろ法律の命ずる義務を忠実に履行している者に対する均衡上もこれを強制し得る方法を備えておくことが民主的精神に合するものといい得ること、④もとよりこの履行強制方法は行政庁が相手方の意に反して権力を行使するものであるから、その運用に当たっては濫用を戒め、公平公正に処理しなければならないこと、⑤現在、行政執行法施行令に委任されている手続規定等も法律に移し、発動することができる場合、発動の手続等をより厳密詳細に規定すべきこと[34]、⑥同省において行政執行法5条を適用できる主な場合は、ⓐ学校への閉鎖命令および学校の設備、授業等に係る変更命令（当時の学校教育法13条、14条）、ⓑ國宝の出陳命令（当時の國宝保存法7条）、ⓒ史蹟名勝天然記念物の保存に関する一定の行為の禁止制限等（当時の史蹟名勝天然記念物保存法4条1項）であること等が述べられていた。

　また、いまひとつの意見[35]においては、①現行制度を存置する必要があること、②地方公共団体の長が法令もしくは法令に基づいて行う処分または条例規則もしくは条例規則に基づいて行う処分についても、行政官庁について認めるのと同様の範囲で、行政執行法5条の規定を適用しうるように措置する必要があること、③地方自治法中で行政執行法が適用される条文の例（いずれも当時）として、ⓐ同法37条の規定により準用される衆議院議員選挙法40条および42条（投票所の秩序維持）、ⓑ同法130条（傍聴人の秩序維持）、ⓒ同法160条2項（住民に対する防御従事命令）があると述べられていた。

　そして、同月22日、法制局は、「公法上の義務の履行制度の存廃（行政執行法第5條）」[36]において、この点についての考え方を以下のようにまとめている。

している箇所がある。本書では、鉛筆書きよる訂正後の内容に沿って紹介している。

34　この後に、「なお現在行政執行の手段は、代執行、執行罰及び直接強制であるが、社会的制裁の要素を加味し、たとえば義務不履行を公表することなどの方法も考えられよう」というタイプによる記述があるが、この部分は、鉛筆で斜線が引かれており、削除されたようにもみえる。

35　同文書も、国立公文書館長に対する特定公文書等利用請求により入手した。
　この文書は、すべて鉛筆で書かれている。

36　国立公文書館長に対する特定公文書等利用請求により入手した同文書には、「次長用

一般的に公法上の義務履行強制制度を設けるべきか否かについては、法律によって一定の義務を課す場合、その義務違反ないし義務不履行に対して、制裁としての罰則を設けるほかに、義務履行を担保する制度を設けることは、法の実効性を確保し、法の要求する状態を実現せしめるため、最後の手段として必要であるという基本的立場が示される。日本国憲法下において、義務を課すことができる場合が、法律（または法律の具体的委任）に根拠がある場合に限定され、また行政庁に対する違法または不当な行為に対する救済の道が広く開かれた今日、法律に基づく義務の不履行に対していわば最後の保障として、行政庁が最小限の行政上の強制執行を行うことは、なんら民主的精神に反するものでないのみならず、むしろ法律の命ずる義務を忠実に履行している者に対する均衡上も、これを強制しうる方法を備えておくことが民主的精神に合すると述べている。

同文書の備考においては、金銭債務の履行については、国税徴収法が設けられ、必要に応じて他の法律においてこれを準用しているが、金銭債務以外の債務については、各個の特別法（たとえば当時の河川法5章）に特別の規定が散見されるほかは、仮に行政執行法5条が廃止されると準拠法規を失うことを指摘しており、したがって、行政執行法5条を廃止した場合、これに代わる法制上の措置を講ずる必要があると考えたことが窺われる。

また、備考において、公法上の義務履行についても、一般的には特別の制度を設けず、当時の民事訴訟法の強制執行方法に委ねること、すなわち、司法上の強制執行により、行政上の義務履行を確保する可能性についても一応検討する必要があることが指摘されている。しかし、民事訴訟は、本来権利保護の手続であって公法上の権力を保護の対象とすることは予想していないこと、行政事件訴訟特例法がいわゆる行政事件について民事裁判所に出訴することを認めているのも、行政庁の違法な処分によって権利を害せられたとする者がその処分をした行政庁を被告として出訴することによって、その者に権利の保護を受けさせようとする趣旨にほかならないのであって、行政庁が自ら裁判所に出訴することによって、その権力の行使を確保しようとする趣旨を含んでいないこと、行政庁が自己の有する行政権についてその保護を司法裁判所に求めなければならないとすることは行政権に対する司法権の全面的優位を認めることにな

三部」、「佐久間事務官」という鉛筆による書き込みがある。同文書については、須藤陽子教授がすでに紹介されている（北村＝須藤＝中原＝宇那木・行政代執行6頁〜8頁）。

り三権分立の原則に抵触するのではないかという疑問があること、仮に以上の点について民事訴訟手続による公法上の義務の強制履行を差し支えないものとしても、当時の民事訴訟法によるときは、①民事訴訟における執行手続は、権利の存否内容を確定する判決手続とは区別されるから、行政法令により確定している権利でもこれを執行するためにはさらに執行裁判所の手続を要すること、②強制執行方法には物の給付を目的とする義務以外の義務についていわゆる直接強制の手続がないこと、③行政執行法5条を廃止すれば、物の給付を目的とする義務以外の義務について代執行の規定または行政罰の方法により給付義務を設定する規定を欠くことになることを考慮しなければならないことが指摘されている。

　以上の検討を踏まえて、法制局は、以下のような法改正の方針を示している。

　第1に、行政上の強制執行は、相手方の意に反して権力を行使するものであるから、その制度について必要最小限にとどめることである（なお、濫用を戒め、公平公正に処理しなければならないというという運用指針も述べられている）。

　第2に、行政執行法5条の規定を再検討するほか、行政執行法施行令で定められている手続規定等を法律に移行し、発動することができる場合、発動手続等をより厳密詳細に規定することである。

　第3に、行政執行法5条3項が定める直接強制の規定は廃止することである。ただし、当事者の義務不履行を放任する場合において、直ちに安寧を脅かすような事態を生ずることは、ぜひとも避けなければならないので、別途警察官の権限に関する法律案中に必要な条項を設け、安寧を脅かす事態（義務不履行の場合とそれ以外の場合とを問わず）がある場合に警察官がその原因を排除しうるものとするほか、交通関係、衛生関係法律等、個別の必要に応じて直接強制の規定を設けることである。すなわち、この時点においては、警察官の職務権限に関する法律案に、即時強制のみならず、直接強制についての規定も設けることが想定されていた。しかし、実際には、警察官職務執行法には、即時強制に関する規定は設けられたものの、直接強制に関する規定は設けられなかった。また、交通関係、衛生関係法律等、個別の必要に応じて直接強制の規定を設けることが想定されていたが、実際には、その後、個別の法律に直接強制の規定が置かれることは、きわめて稀であった。感染症の予防及び感染症の患者に対する医療に関する法律17条2項（健康診断）、19条3項（入院）も、直接強制ではなく即時強制の仕組みを採用している。

第4に、代執行については、おおむね行政執行法5条1項1号の制度を踏襲することである。この方針に沿って、行政代執行法が制定されることになる。

　第5に、執行罰としての過料については、「履行督促料」として金額を引き上げ、第2回以後の金額は累進することという方針が示されていた。もっとも、執行罰としての過料は、一般的には金額が低く、実効性に乏しく、罰則による間接強制でおおむねその目的を達しうると考えられるようになり、戦後、一般的制度としては廃止されることになった[37]。このような指摘は、戦前から存在した。しかしながら、行政執行法5条1項2号が定める執行罰の上限額が25円以下と低すぎたことが、執行罰が十分な実効性を持たないと認識された一因ではないかと思われる。西津教授が、日本銀行卸売物価戦前基準指数を使用して試算した結果によると、旧河川法（明治29年法律第71号）が1896（明治29）年に制定された際の執行罰たる過料の上限の1000円は2000年では約142万円に相当し、1897（明治30）年に制定された砂防法（明治30年法律第29号）の執行罰たる過料の上限の500円は2000（平成12）年では約72万円に相当し、両法の制定時の罰金額200円をはるかに上回っていたから[38]、当時においては、違反行為により過料額をかなり超過する利益を得られる場合でなければ、相当の実効性を持ちうる過料額であったように思われる。もっとも、旧河川法が廃止された1965（昭和40）年の1000円は、西津教授の試算によれば、2000年の約1850円であり、戦後のインフレにもかかわらず、過料額が改正されなかったため、旧河川法廃止時点では、同法の執行罰は、実効性を喪失していたといえる。また、1900（明治33）年に制定された行政執行法の過料の上限額の25円は2000年の約3万6000円にとどまる。しかも上限額25円は各省大臣が課す場合であり、府県庁長官は10円（2000年の約1万4500円）以内、その他の行政庁長官は2円（2000年の約2900円）以内とされていた（同法施行令4条）。もっとも、過料の上限額は、1回に課す場合の上限であって、反復して課す場合に累積額がそれを超過することを妨げないと解されていたが、それにして

---

[37] 田中・総論391〜392頁、田中・新行政執行制度（1）4頁、8頁参照。執行罰については、手続がきわめて煩瑣で使い勝手が悪かったという指摘もある。関根・行政強制875頁〜876頁参照。広岡隆教授は、同様の間接的な強制ならば、裁判所によって科される行政刑罰のほうが人権尊重のために好ましいと考えられたことも、戦後、執行罰の一般的規定を設けず、行政刑罰の間接強制機能に期待するシステムに移行した一因ではなかったかと推測する。広岡・行政強制の現代的意義94頁参照。

[38] 西津・間接行政強制制度の研究34頁参照。

も、この程度の過料額では、違法行為により得られる利益を剥奪することは一般に期待できず、当時から実効性が乏しかったものと思われる（なお、旧河川法54条、砂防法37条1項は、納付済みの保証金の過料への充当について定めていた）。

　このように、行政執行法5条1項2号が定める過料額が低すぎるという認識があったためか、1948（昭和23）年1月22日の段階では、法制局は、むしろ、当初は、金額の引上げや累進制の採用によって、執行罰の活性化を意図していたことは興味深い。しかし、佐藤達夫法制長官の国会答弁では、執行罰については、その効用も比較的乏しく、罰則による間接の強制によっておおむねその目的を達しうるものと考えられるから、これらの手段は、特に行政上の目的達成上必要な場合に限り、それぞれの法律において、各別に適切なる規定を設けることとしたと述べているから[39]、①執行罰制度はその効用が比較的乏しいこと、②罰則による間接強制によりその機能を代替しうること、の2点が、行政執行法の一般的な執行罰規定が戦後継承されなかった理由であったことになる。また、田中二郎教授が、一般法としての行政執行法による執行罰制度の廃止をみた今日、若干の法令にのみこれを存置する理由は全くないから、これを全廃することを提唱していたこともあり[40]、砂防法36条（「私人ニ於テ此ノ法律若ハ此ノ法律ニ基キテ発スル命令ニ依ル義務ヲ怠ルトキハ国土交通大臣若ハ都道府県知事ハ一定ノ期限ヲ示シ若シ期限内ニ履行セサルトキ若ハ之ヲ履行スルモ不充分ナルトキハ五百円以内ニ於テ指定シタル過料ニ処スルコトヲ予告シテ其ノ履行ヲ命スルコトヲ得」）は整理漏れで残ったとする説が有力になった[41]。しかし、行政代執行法制定に伴い関係法律を整理して、個別法における執行罰規定が廃止されたわけではなく、旧河川法53条の執行罰規定も、1964（昭和39）年に新河川法が制定されるまで廃止されることなく存続した。また、行政代執行法制定時に個別法における執行罰規定を漸次廃止していく方針が示されたわけでもなく、むしろ、特に行政上の目的達成上必要な場合に限り、それぞれの法律において、各別に適切なる規定を設けることが、国会で述べられていた[42]。もっとも、戦

---

[39] 第2回国会衆議院司法委員会議録第10号（昭和23年4月6日）1頁（佐藤達夫政府委員発言）参照。
[40] 田中・過料小論635頁参照。
[41] 広岡・強制執行360頁、近藤・執行罰156頁参照。
[42] 第2回国会衆議院司法委員会議録第10号（昭和23年4月6日）1頁（佐藤達夫政府

後、砂防法36条の規定について過料額を引き上げることにより実効性を向上させて、この制度を活用することが政府により検討された形跡がなく、実際には全く活用されていない。また、新河川法制定に際して旧河川法53条の執行罰規定の廃止の是非が政府により検討された形跡もなく、当然のように廃止されたこと[43]は、田中二郎教授が提唱した執行罰全廃論が、政府にも大きな影響を与えていたことを窺わせる。

　戦後の行政執行制度改革において執行罰制度が一般的制度として設けられなかった別の理由は、執行罰と罰則の併科についての学説の対立があったことであると考えられる。この点について、ドイツでは、かつては併科否定説が通説であったが、20世紀になると、併科肯定説が有力になり、プロイセン上級高等裁判所の判例も併科肯定説に転じ、立法も併科肯定説の立場を明記するようになったが、行政執行法立案時のわが国においては、なお執行罰と罰則の併科について肯定・否定両説が対立していた[44]。そのことが、執行罰制度の一般化を躊躇させる一因になった可能性がある。すなわち、同法案の国会審議において、佐藤達夫政府委員は、「これは行政法学者のよく言うところでありますが、罰則を以て強制されておるような行為については、過料は科し得ないのだという学説があります。それはなかなかむずかしい問題を含んでおりますが、問題がむずかしいだけであって、一向実益がないことじゃないかという見地から、今回の行政代執行法にはこれを削ってしまいました」[45]と述べている。これは、執行罰としての過料の実効性が大きくなく、罰則による間接強制でおおむねその機能を代替できるのであれば、一般法のレベルでは、罰則との併科の可否の議論が生ずる執行罰についての規定をあえて設ける必要はないという判断に基づく発言とみることができよう[46]。

委員発言）参照。
　43　西津・行政規制執行改革論7頁参照。
　44　西津・間接行政強制制度の研究44〜46頁参照。
　45　第2回参議院司法委員会会議録第19号（昭和23年5月1日）2頁（佐藤達夫政府委員発言）参照。
　46　国立公文書館から入手した「公法上の義務の履行制度の存廃（行政執行法第5條）」では、さらにタイプで13行分、今後の法制の方針に記述があることは確認できるが、紙が劣化して文字が不鮮明になっており、判読することはできなかった。

第5節　法律の留保

I　二重の留保

　行政庁の義務を課す権限の中にそれを強制的に実現する権限が内在しているというドグマは、かつてドイツで通説の地位を占めたが、これはプロイセン的官僚国家の発展と結合して形成されたという背景を有するものであり、同様に行政権を重視する戦前のわが国でも、少数の異論はあったものの、当時のドイツ法の影響により通説化したが、ドイツにおいても、戦後、かかるドグマへの批判が強まった。

　わが国おいては、戦後においても、行政上の強制執行においては、その方法が執行されるべき義務の内容をそのままの形において実現するものである限り、執行そのものについては法律の根拠規定があることを必要としないという説も存在した[47]。かかる前提のもとに、代執行は、義務者が履行するのと同じ方法をもって義務の内容を実現するものであるから代執行についての法律上の根拠は不要であるのに対し、直接強制は、義務者に対して本来の義務以上の負担を課すものであるので、行政行為の執行力によって法律の根拠が不要とはいえず、法律の根拠が必要であるという見解も唱えられた[48]。この見解に立てば、行政代執行法は、代執行の根拠を創設する規定ではなく、代執行が可能なことを確認するとともに、その実体的要件を制限し、手続的規律を課すものということになる[49]。柳瀬教授が、戦後、直接強制について、義務者に対して本来の義務以上の負担を課すものであるので法律の根拠が必要と主張した背景には、そのように解さないと、行政執行法が廃止され、同法が直接強制に課していた制約が撤廃されたことにより、かえって、直接強制を広範に行うことを可能にするという矛盾した結果を招来してしまうからと思われる[50]。

　田上穣治教授は、警察違反に対する警察強制は自然法的根拠を持ち、警察義務が実定法に基づく場合には、警察強制が新たな義務を伴わない限り法律の根拠を要しないとしたが、代執行に実際に要した費用の納付義務は、必ずしも既

---

[47]　柳瀬・行政強制 193 頁参照。
[48]　柳瀬・行政強制 210 頁以下参照。
[49]　柳瀬・行政強制 201 頁〜202 頁参照。
[50]　村上・直接強制・執行罰 101 頁参照。

存の義務に含まれるとはいえず、義務者にとって作為義務と金銭給付義務とが常に等しい価値を持つとはいえないから、代執行は法律の根拠を要すると解していた[51]。

　しかし、政府は、戦後当初から、義務を強制するためには、義務を課す根拠規定とは別の根拠規定が必要であるという立場をとっていた[52]。この見解が最初に明示されたのは、昭和25年10月30日付法務府法制意見第1局長においてである。また、学界においても、行政行為の内容をそのまま実現する強制執行については、法律の根拠は不要であるとする説は批判されるようになる。すなわち、田中二郎教授は、下命と強制とは別個の行為であり、下命によって義務付けた内容をどういう手段・方法で実現するかは、強制そのものの性質に照らし、別個に考えるべきで、下命権の根拠法が当然に強制権の根拠法であるとすることはできないと主張した[53]。田中教授は、日本国憲法の基においては、行政法上の義務の強制についても、特別の定めがない場合には、一般の原則に戻り、裁判所に訴え、その協力を求めることができるという立場をとった[54]。兼子仁教授は、強制執行は国民の財産ないし身体に対する実力行使であって人権保障に一段と深い関わりを持つので、事前の第三者的司法裁判を省略しうる自力執行は、現行法制化ではその旨の法律による授権を行政処分の授権とは別に必要とすると考えられるとする[55]。広岡隆教授も、兼子説に賛成し、行政行為の執行力は、行政行為の本質に固有なものではなく、むしろ外在的なものとして法規が付与する限りにおいてのみ認められるものであって、公定力は、その法規に基づく執行力が現実的に機能するための理論的前提としてのみ理解されると指摘した[56]。さらに、原田尚彦教授は、行政上の強制執行と行政行為とは、互いに独立した別個の制度と解すべきで、前者はもはや後者の延長的制度とみるべきではなく、両者の関連性は、有効な行政行為の存在が行政代執行法等の定める強制執行権限発動の要件の一つとなることにのみ求められ、行政行為は、この限度で、行政上の強制執行権の発動に対する構成要件的効果を持つ

---

[51] 田上・行政強制165頁〜166頁参照。
[52] 菊井・行政強制219頁以下参照。
[53] 田中・総論381頁参照。
[54] 田中・行政法上179頁参照。
[55] 兼子・総論204頁参照。
[56] 広岡・強制執行426頁参照。

にすぎないこと、したがって、行政行為の執行力を説明するために、これを仮執行宣言付第1審判決ないし公正証書に類比すべき「債務名義」と構成する必要はもはや認められないなと主張した[57]。次第に、行政上の強制執行は、国民の身体または財産に対し、新たな侵害を加えるものであり、また、私人間での自力救済禁止原則の例外を認めるものであるから、行政処分の根拠規範とは別に、行政処分により課された義務の履行を強制するためには、別の根拠規範が必要であるとする説[58]が支配的になる。すなわち、義務を課す根拠規範と義務の履行を強制する根拠規範の二重の根拠規範が必要になる。かかる考え方は正当であろう。比較法的にみても、行政庁が課した義務の履行をいかに行うかについては立法政策に委ねられており、アメリカのように、司法的執行を原則とする国も存在する[59]。また、フランスでは、原則として、行政行為の執行力の観念が否定され、刑事的制裁等の司法的執行[60]を原則とし、行政上の強制執行は①法律にそれを許容する明文の規定がある場合、②かかる明文の規定はないが、義務不履行に対する刑罰規定が設けられておらず、義務者が不協力で行政上の強制執行の必要があること（刑罰規定が置かれていると、行政上の強制執行は原則として認められない）、③緊急の必要があり他の方法では法執行が確保されない場合等に限定する考えが有力であった[61]。しかし、1989（平成元）年、憲法院は、行政制裁の可能性を明確に肯定し、サンクションが自由の剝奪以外

[57] 原田・訴えの利益109頁参照。二重の留保の肯定説と否定説を整理するものとして、西尾・強制執行79頁以下参照。

[58] 田中・総論381頁、385頁、田中・行政法上172頁、杉村・総論255頁〜256頁、塩野・行政法Ⅰ252頁、広岡・強制執行410頁以下、金子・英米における行政強制253頁。この問題に関するわが国の学説の変遷については、広岡・強制執行405頁〜410頁が詳しい。また、行政行為の執行力についての戦前・戦後の学説の概要について、金子・執行力84頁以下参照。

[59] アメリカにおいても、パブリック・ニューサンスの除去や滞納処分等、行政上の強制執行が認められる場合がある。金子・英米における行政強制256頁、金子・行政強制6頁以下参照。

[60] 行政上の義務履行確保におけるフランスの刑事裁判官、民事裁判官、行政裁判官の関与の具体例について、服部・司法的執行324頁〜327頁参照。

[61] 広岡・強制執行246頁〜257頁、399〜405頁参照。須貝・行政強制執行65頁は、フランス革命後、同国では、行政上の義務の強制に関しては司法的統制システムが採られ、学説も、法律が特にこれを認める例外的場合を除いては、行政上の強制執行を否定したが、中央集権的な行政体制と裁判所の判例により、ドイツ法にほとんど匹敵するような行政強制執行法制が創り上げられるに至っていると評価している。

のものであり、サンクションの賦課権限の行使が憲法上保障された権利と自由を保護することを目的とする措置を伴う限り、行政権は、公権力の行使としてサンクションを科すことができ、このことは、権力分立原理等の憲法上の原理に反しないと判示した。実際、フランスにおいては、制裁権限の刑事裁判所への集中が徹底していたわけではなく、競争法等の分野で、1980年代後半以後、合議制行政機関による課徴金の賦課がかなり行われてきた。他方において、憲法院は、行政権による処罰の性質を有するサンクションにも、罪刑法定主義、必要性の原則、遡及処罰の禁止、防御権の尊重という基本原則が及ぶとする[62]。

また、戦前のドイツやわが国では、裁判所による判決と行政行為を同一視し、判決が債務名義として執行力を持つのと同様に、行政行為も当然に執行力を持つとする思考がみられたが、裁判所が公正中立性を制度的に保障された機関として行った判決と、行政庁が一方当事者として自ら行ったものであり、その適法性が司法審査の対象になる行政行為を執行力の面で同一視すべきでないことは明らかである。わが国においても、義務を課す根拠規範のうちに義務を強制する権限も内在しているというドグマは、もはやとり得ない。私人に義務を課す根拠規範と当該義務の履行を強制する根拠規範とは別個に考えるべきであり、それぞれに法律の留保が及ぶことになる（二重の法律の留保）。したがって、行政上の強制執行の根拠規範が存在しない場合には、行政主体といえども、義務の履行確保は、民事訴訟法および民事執行法に基づく司法上の強制執行によるべきことになる。行政上の強制執行については、法律の留保が及び、契約で行政上の強制執行の権限を創出することはできない。また、契約により事前に行政上の強制執行の権限を放棄することもできない[63]。

II 義務賦課権限のない代執行

漁港管理規程が定められていなかったため、旧浦安町長には移転命令権限も代執行権限がないにもかかわらず代執行を行ったため[64]、代執行作業の請負代金および旧町職員の時間外勤務手当に相当する額を浦安市に賠償するように求める住民訴訟において、千葉地判昭和62・3・25民集45巻3号180頁は原告

---

62 山本・行政制裁259頁、286頁参照。
63 礒野・義務履行確保233頁参照。
64 もっとも、代替的作為義務を課す権限もなかったのであるから、根拠規範なしに即時強制を行ったとみたほうがよいかもしれない。西津・行政規制執行改革論38頁参照。

の請求を全面的に認容し、控訴審の東京高判平成元・5・30民集45巻3号189頁は、請求を一部認容したが、上告審の最判平成3・3・8民集45巻3号164頁は、旧浦安町長が本件鉄杭撤去を強行したことは、漁港法および行政代執行法上適法と認めることのできないものであるが、緊急の事態に対応するためにとられたやむを得ない措置であり、民法720条の法意に照らしても、旧浦安町としては、旧浦安町長が本件撤去に直接要した費用を同町の経費として支出したことを容認すべきものであって、本件請負契約に基づく公金支出については、その違法性を肯認することはできず、旧浦安町長が浦安市に対し損害賠償責任を負うものとすることはできないと判示した。法律の留保の原則に照らせば、権限なくして行われた本件撤去が行政代執行法上違法であることは明らかであるが、浦安町が本件漁港の区域内の水域における障害を除去してその利用を確保し、さらに地方公共の秩序を維持し、住民および滞在者の安全を保持する（平成11年法律第87号による改正前の地方自治法2条3項1号）という任務を負っているところ、同町の町長として当該事務を処理すべき責任を有する旧浦安町長が、船舶航行の安全を図り、住民の危難を防止するため、その存置の許されないことが明白であって、撤去の強行によってもその財産的価値がほとんど損なわれないものと解される本件鉄杭をその責任において強行的に撤去したものであり、本件鉄杭撤去が強行されなかったとすれば、本件鉄杭による航行船舶の事故およびそれによる住民の危難が生じないとは必ずしも保障しがたい状況にあったこと、その事故および危難が生じた場合の不都合、損失を考慮すれば、本件鉄杭撤去はやむをえない適切な措置であったと評価すべきであると判示したのである。相関関係説の下で不法行為該当性を否定したもの、または行政上の緊急措置として違法性を阻却したものと考えられる[65]。

　類似の事案として、千葉地判昭和53・12・15刑月10巻11・12号1463頁がある。同判決は、認定外道路（里道）上に違法に設置された板塀の除去を千葉県知事が行政代執行法所定の手続を経ないで撤去したことについて、除却義務者を特定し得なかったので、代執行手続を採ることはできなかったとする。また、道路法71条4項の規定に基づく簡易（略式）代執行の手続を採る必要があったかについては、認定外道路（里道）には道路法の適用がないが、同項は、

---

[65] 同判決については、浦安町が、撤去前に十分な対応を行っていなかったこと（漁港管理規程の制定の懈怠を含む）を理由とする疑問も提起されている（宇賀ほか・対話295頁［松岡久和発言］参照）。

条理上、都道府県知事の採るべき手続の準則となると解する余地がないわけではないとする。しかし、本件では、千葉県知事は道路法所定の公告類似の告示を行っており、道路法71条4項の規定の法意を逸脱するものとは思われないとする。そして、千葉県知事が板塀の撤去を決定し、かつこれを実行したことは、里道管理権を有する行政庁の正当防衛ないし自救行為に当たる権利行使としてまことにやむを得ない措置であって、違法とはなし難いと判示する。

第 2 章　行政代執行

第 1 節　行政代執行法の制定・改正

I　国会審議

　第 1 章第 4 節で述べたような検討を経て、1948（昭和 23）年の通常国会に行政代執行法案が提出されている。同年 2 月 15 日に、司法省と法制局を統合した法務庁が創設され、その長である法務総裁が主任の大臣として行政代執行法案を第 2 回国会に提出し、国会審議では、法務庁法制長官の佐藤達夫氏が政府委員として答弁している。戦後の行政執行法の見直しは、法制局、法務庁を中心に、きわめて短期間に行われ、行政代執行法が昭和 23 年法律第 43 号として同年 5 月 15 日に公布され、同年 6 月 14 日に施行され、その制定附則 2 項により、同日、行政執行法が廃止されることになった。なお、行政執行法が定めていた即時強制については、大幅に整理したかたちで、同国会で成立した警察官等職務執行法（昭和 23 年法律第 136 号）および性病予防法（昭和 23 年法律第 167 号）で定められた。行政執行法では、行政官庁のみに代執行権限を付与していたため、地方公共団体の長に代執行権限を与えるためには個別法に特例を定める必要があったが[1]、行政代執行法は、地方公共団体の長を含む行政庁に代執行権限を与えたため、上記の個別法の特例規定は不要になり、行政代執行法の施行に伴う関係法律の整備に関する法律（昭和 23 年法律第 54 号）により削除された。

II　行政代執行法の改正

　行政代執行法について、他の法律の改正に伴う改正が行われたことは 3 回ある。最初の改正は、昭和 26 年法律第 95 号（地方税法の一部を改正する法律）附則 12 項による改正であり、第 2 回は、昭和 34 年法律第 148 号（国税徴収法の

---

[1] 昭和 23 年法律第 54 号による改正前の道路法 54 条、下水道法 8 条、9 条等がその例である。

施行に伴う関係法律の整理等に関する法律）51条による改正である。第3は、昭和37年法律第161号（行政不服審査法の施行に伴う関係法律の整理等に関する法律）2条による改正である。

　制定時の行政代執行法6条1項は、「代執行に要した費用は、国税徴収法の例により、これを徴収することができる」、同条2項は、「代執行に要した費用については、行政庁は、事務費の所属に従い、国税に次ぐ順位又は当該地方公共団体の徴収金と同順位の先取特権を有する」と定めていた。昭和26年法律第95号附則12項による改正により、行政代執行法6条2項中「国税に次ぐ順位又は」が「国税及び地方税に次ぐ順位又は地方税以外の」に改正され、昭和34年法律第148号51条による改正により、行政代執行法6条1項の「国税徴収法の例」が「国税滞納処分の例」に改正され（同改正により同様の改正がされた例として、伝染病予防法、補助金等に係る予算の執行の適正化に関する法律がある）、同条2項の「事務費の所属に従い」の部分および「又は地方税以外の当該地方公共団体の徴収金と同順位」の部分が削除された。その後、昭和37年法律第161号2条による改正で代執行に対する不服申立てについて定めていた行政代執行法7条の規定が削除された。すなわち、同法旧7条は、「代執行に関し不服のある者は、訴願を提起し、又は当該行政庁に対して異議の申立をすることができる」（1項）、「前項の規定による異議の申立をなすべき期間、申立の効果及び異議の決定については、訴願法に規定する訴願の例による」（2項）、「前二項の規定は、裁判所に対する出訴の権利に影響を及ぼすものではない」（3項）と定めていたが、訴願法を廃止し、行政不服審査法を制定する制度改正に伴い、旧7条は廃止されたのである。

　以上のように行政代執行法の改正がなされたが、他の法律の改正に付随せずに行われた改正はない。すなわち、行政代執行法の基本的部分は全く改正されることなく、70年以上が経過している。行政代執行の機能不全が久しく指摘されてきたにもかかわらず[2]、行政代執行法の基本的部分が改正されてこなかった一因としては、同法を所掌する府省が不明確であることが挙げられると思われる。

　2　もっとも、行政代執行は意外に行われているという評価もある。三枝・行政代執行14頁参照。

第2節　行政代執行法の所管府省

　行政代執行法案を起草したのは現在の内閣法制局の前身である法制局であるが、その後、法制局は法務庁となり、法務庁は、1949（昭和24）年6月1日、国家行政組織法の施行に伴い法務府となり、法務府は、1952（昭和27）年8月1日、法務省となり、法制顧問機能は復活した法制局に移管された。かかる経緯に鑑みると、行政代執行法の所管は法務省に移管され、法務大臣を主任の大臣とするという選択肢もありえたと思われるが、法務省の所掌事務に行政代執行法に関するものは入れられなかった。そして、法務省への組織替えにより法務総裁の職が廃止されているので、同法の主任の大臣が存在しなくなったとみることもできる。昭和37年法律第161号（行政不服審査法の施行に伴う関係法律の整理等に関する法律）は、行政代執行法を旧総理府関係の法律に分類しているが、旧総理府設置法の権限に係る規定において、行政代執行法に関する事務が明記されていたわけではないので、旧総理府設置法4条19号の「他の行政機関に属しない事項」として、旧総理府が所掌する法律に分類されたものと思われる[3]。2001（平成13）年の中央省庁再編により、この包括的所掌事務条項は総務省設置法に移され、現在は同法4条1項96号に置かれている。そのため、行政代執行法に関する事務は、同法4条1項96号により、旧総理府から総務省に移管されたという推測が可能である[4]。歴史的経緯としては、このように推測されるが、行政代執行法は、行政上の強制執行のための一般的制度であり、総務省設置法4条1項3号の「行政制度一般に関する基本的事項の企画及び立案に関すること」に該当し、同号により、総務省（より具体的には行政管理局。総務省組織令5条1号）の所掌事務であることが端的に根拠付けられると考えられる。

第3節　代執行の活用分野

　行政代執行法案の国会審議において、政府委員は、行政代執行が行われるのは、主として、建築取締法制（市街地建築物法、臨時建築取締規則等）違反の建

---

[3] 西津・行政規制執行改革論72頁参照。
[4] 西津・行政規制執行改革論73頁参照。

築物の除却、交通取締りの関係で交通を阻害する物件の除却、広告物取締法違反の広告物の除却、闇建築物の除却取締りの分野であり、それ以外に行われることはあまり想定されない旨の答弁を行っていた[5]。上記の分野は、当時、行政執行法に基づく代執行が比較的行われていた分野であった。しかし、以下に見るように、実際には、立案時には想定されていなかった分野で代執行が相当程度行われるようになった。

戦後、時期を問わず行政代執行が活用されてきた分野としては、公物の不法占用物件の除却、違法建築物の除却、土地区画整理法77条の規定に基づく建築物の移転・除却、土地収用法102条の2第2項の規定に基づく物件移転がある[6]。他方、特定の時代に集中的に行政代執行が利用された分野もある。戦後の復興期は、旧自作農創設特別措置法および農地法の下で、未墾地買収が多数行われたため、買収地上の立木収去の行政代執行が多かった。また、旧特別都市計画法および旧戦災復興土地区画整理法施行地区内建築制限令に基づく土地区画整理事業において、建築物の移転・除却の代執行が少なからず実施された[7]。2012（平成24）年に至る5年間に実施された行政代執行および簡易（略式）代執行の事例を国や地方公共団体の記者発表等の広報資料や報道記事等から把握した調査によると、廃棄物の処理及び清掃に関する法律（以下「廃棄物処理法」という）に基づく措置命令に関して、不法投棄や不適正処理された産業廃棄物の処理を代執行するものが多い。その特徴として、産業廃棄物適正処理推進センター基金による支援事業と、特定産業廃棄物に起因する支障の除去等に関する特別措置法による支援事業が少なくないことが挙げられる[8]。また、河川における不法係留船の簡易（略式）代執行も稀ならず行われている[9]。最近は、空き家問題が深刻になり、空き家適正管理条例（以下「空き家条例」という）が増加し、空き家条例に基づく行政代執行や建築基準法に基づく行政代執行が行われる例がみられるようになった[10]。さらに空家等対策の推進に関する特別措置法

---

[5] 衆議院司法委員会議録第10号（昭和23年4月6日）2頁（佐藤達夫発言）参照。
[6] 収用代執行研究会・土地収用124頁以下の裁判例参照。土地収用法102条の2の規定に基づく代執行に伴う実務上の諸問題への対応については、土地収用法令研究会・土地収用法341頁〜350頁が詳しい。
[7] 具体例については、広岡・強制執行322頁以下参照。
[8] 三枝・行政代執行11頁〜13頁参照。関・産業廃棄物不法投棄42頁以下、平川・行政強制制度340頁にも具体例が挙げられている。
[9] 三枝・行政代執行11頁〜13頁参照。

(以下「空家法」という）が制定され、空き家の除去の分野での行政代執行および簡易（略式）代執行が増加している[11]。空家法に基づく代執行は、2024（令和6）年3月31日現在、行政代執行が213件、緩和（略式）代執行が510件であり、後者が前者の約2.4倍にのぼる。空家法に基づく代執行が他の分野と比較して特に多い理由については、特定空家が崩壊すると保安上の危険が生ずること、高度な専門的判断が必要になるわけではないこと、国のガイドラインが存在すること、他の地方公共団体における先例が少なくないこと等が指摘されている[12]。

第4節　代執行実施体制の構築

行政代執行法は、条文数はわずか6であり、条文のみを見ると、きわめて簡単な手続のようにみえる。しかし、実際には、一般的には膨大な労力を要する大変な作業であり、地方公共団体であれば、代執行の対象となる代替的作為義務を命ずる行政処分の根拠法の所管部局に限らず、関連部署との連携協力が必要になり、行政代執行を実施するための部局横断的な組織を設置し、当該地方公共団体が総力戦で取り組まなければならない場合もある。

岡山市が最初に行った代執行では、都市整備局長を委員長とし、関係部局の各部長を委員とした庁内横断組織である「岡山市違反建築物に対する行政代執行対策委員会」が設置され、同委員会に関係部局の各課長を幹事とした幹事会およびその補助組織として関係職員を構成員とするワーキンググループが置かれた。そして、幹事会は、①代執行マニュアルの作成、②予算措置、③契約方法、④設計委託・工事方法、⑤動産調査、⑥議会・マスコミ対策、⑦代執行費用の徴収等の内容、方針等の検討を行った結果を委員会に報告することとされた[13]。

---

[10] 建築基準法に基づく空き家の除却のための行政代執行を行った大阪市の例について、北村編・行政代執行の手法と政策法務49頁以下（長谷川高宏執筆）、空き家条例に基づく空家の除却のための行政代執行を行った大田区、大仙市の例について、北村編・行政代執行の手法と政策法務77頁以下（中山順博執筆）、99頁以下（仲村譲執筆）参照。

[11] 同法の立法に携わった国会議員による逐条解説について、自民・解説18頁以下参照。空家法に基づく簡易（略式）代執行の明石市の実例について、北村編・空家法施行155頁以下（西尾浩執筆）参照。

[12] 北村・空家法の実施266頁以下参照。「自治体間ネットワーク」による法適用判断についての情報の共有について、平田・自治体現場99頁以下参照。

東京都板橋区が最初に行った代執行においては、都市整備局建築指導課内に建築指導課長を本部長とする実施本部が設けられ、本庁庶務班の監察グループがその下で活動した。実施本部の業務は、実施本部と現地本部の連絡調整、報道機関からの問合せへの対応、実施本部の対応記録の作成である。さらに、建築指導課長を総括執行責任者とする現地本部が設けられ、その下に、関係部署課長を執行責任者とする庶務担当部と工事担当部が設置された。庶務担当部は、①庶務班（建築指導課が担当）、②動産保管班（建築指導課が担当）、③現場周辺交通整理班（建築指導課が担当）、④メディア班（建築指導課、広聴部門が担当）により構成され、工事担当部は、⑤解体工事監督班（営繕部門が担当）、⑥廃棄物担当班（清掃部門が担当）により構成された。①庶務班は、現地本部と実施本部の連絡調整、行政代執行期間中のビデオ等による全容の記録、用品等の準備、各班長からの日誌の集計、整理、全容の記録その他、他の班に属さない業務、②動産保管班は、動産発見時の保管、動産台帳の整備に関する業務、③現場周辺交通整理班は、作業中の一般車両の交通整理、通行人の安全確保、報道関係車両等の誘導、工事影響範囲への関係者以外の立入制限、警備員の補助に関する業務、④メディア班は、メディア取材受付、記録撮影に関する業務（広報部門が担当）、代執行の一連の流れの記録に関する業務（建築指導課が担当）、⑤解体工事監督班は、工事監理その他工事関係事項に関する業務、⑥廃棄物担当班は、分別・積込み、処理場との連絡調整、その他廃棄物運搬・処理に関する業務を担当した[14]。

　代執行の準備に携わる職員は多数にのぼる[15]。したがって、代執行の準備を円滑に進めるため、詳細な代執行マニュアルを作成する必要がある[16]。岡山市が最初に行った代執行の際に作成した行政代執行マニュアルでは、行政代執行実施体制を定めている。それによれば、行政代執行実施本部を設け、助役（当時）を本部長、都市整備局長を副本部長、建築部次長を副本部長補佐とし、実施本部組織（本庁庶務班）および現地本部組織を設けている。現地本部組織は、

13　岡山市・行政代執行37頁参照。この事案における岡山市の行政代執行体制について詳しくは、金井・行政代執行6頁以下参照。

14　宇那木監修・所有者不明空家60～62頁）

15　岡山市が最初に行った代執行では、数百人が関与している。岡山市・行政代執行40頁。

16　違反建築物に係る行政代執行事務処理要領の例として、広岡・行政代執行法255頁以下参照。

5名の執行責任者の下、庶務担当部（庶務班、仮駐車場交通整理班、現場周辺交通整理班）、動産担当部（動産調査監督班、動産搬出監督班、動産管理市有地班、動産管理倉庫班）、解体担当部（建物調査監督班、仮設・現場保全監督班、解体工事監督班）からなる。本部長は代執行を統括し、副本部長は代執行の統括補佐、副本部長補佐は実施本部と現地本部の連絡調整その他庶務に関する統括、報道機関への対応、実施本部の対応記録の作成等を担当する。現地本部では、①執行責任者が代執行の現地における指揮を行い、②庶務班は現地本部と実施本部の連絡調整、代執行期間中のビデオによる全容記録等、その他、他の班に属さない事項を担当する。③仮駐車場交通整理班は、仮駐車場への報道関係車両等の誘導、生徒の安全確保、警備員の補助を行い、④現場周辺交通整理班は、作業時間中の一般車両の交通整理、通行人の安全確保、報道関係車両の仮駐車場への誘導、建築物内への関係者以外の立入禁止措置、警備員の補助を担当する。⑤動産調査監督班は、動産調査の監督、動産梱包状況等の写真撮影、動産記録の確認、動産戻しに伴う確認を行い、⑥動産搬出監督班は、動産の積込み作業の監督、動産搬出・受入リストの作成および搬出物の確認、搬出先の指示、搬出状況の写真撮影を行い、⑦動産管理倉庫班は、動産搬出・受入リストによる搬出物の確認、動産受入状況の写真撮影、動産戻しに伴う積込み確認を行う。⑧建築物調査監督班は、建築物の構造、設備等の調査の監督、調査内容および調査状況の写真撮影・記録を行い、仮設・現場保全監督班は、引込み等の処理の指示・監督、仮囲い・足場等仮設工事の監督、作業工程の撮影記録等を行い、解体工事監督班は、解体工事の工事監理、作業工程の撮影記録等を担当する[17]。

　また、代執行実施隊の構成の一例として、ⓐ連絡班（代執行をする旨を当事者に通知し、動産の事前の搬出について勧告し、情報の蒐集、写真その他の記録に当たる）、ⓑ作業班（動産を搬出して動産班に引き渡し、取壊し作業を行い、電力会社、ガス会社等の作業を応援する。作業は、大工・人夫を指揮して行う）、ⓒ動産班（動産および解体資材を受け取り、これを監視し、作業終了後所有者に引き渡す）、ⓓ救護班（衛生吏員、医師、看護婦等をもって構成し、負傷者の手当等の救護にあたる）、ⓔ警備班（現場の整理に当たり、群衆の混入を防止し、警備や盗難監視を行い、危険・混乱のおそれがある場合には警察官に連絡する）を挙げるものもある[18]。ⓓは、執行妨害が予測される場合でなければ、必須ではないと思われる。これ

---

[17] 岡山市・行政代執行93～94頁参照。
[18] 広岡・行政代執行法172頁参照。

に加えて、⑦現場整理班（人夫を使用し、縄張りをして、特定の出入口を設け、群衆の混入を防止し、作業の安全を期する）、⑧通達班（代執行に来た旨を申し渡し、番号木札を戸毎に打ち付け、必要があれば執行責任者証票を提示する）を別の班とすることもある[19]。

現地本部を（a）総括班（代執行の指揮監督、本庁の本部・関係機関との連絡調整）、（b）説得班（義務者との協議、説得）、（c）渉外班（報道関係者への対応）、（d）作業班（解体、撤去の実施）、（e）記録班（撤去された対象物の寸法、数量等の確認、保管場所への搬出の指示）、（f）搬出班（保管場所への撤去材の搬出）、（g）保管班（搬入される撤去材の記録および保管）、（h）撮影班（対象物の代執行の前後を記録、代執行の様子を記録）、（i）警備班（近隣の者・通行者等の安全確保）、（j）排除班（支援者等による妨害の排除）とする案も示されている[20]。

第5節　行政代執行法の内容

I　行政代執行法総論
1　行政代執行の一般法

行政代執行法は、「行政上の義務の履行確保に関しては、別に法律で定めるものを除いては、この法律の定めるところによる」と規定している（同法1条）。「この法律の定めるところ」である同法2条以下の規定は、いずれも行政代執行についてのものである。すなわち、同法は、行政代執行についての一般法であり、執行罰および直接強制についての一般法ではない。

2　「行政上の義務の履行確保」の意味

同法1条の「行政上の義務の履行確保」が行政代執行のみを念頭に置いていると解すれば、行政代執行に関する特例は法律で定めなければならないが、執行罰や直接強制については、同条の射程外ということになる。しかし、同法制定附則2項で執行罰および直接強制の一般法でもあった行政執行法を廃止していること、行政代執行法制定当時、民事上の強制執行については民事訴訟法という法律で定められていたことに照らすと、同条がいう「行政上の義務の履行確保」は、行政執行法が定めていた行政代執行、執行罰、直接強制を念頭に置

---

[19] 広岡・強制執行345頁注2参照。
[20] 収用代執行研究会・土地収用90頁。同書92頁105頁は、代執行の実施の具体的な手順を解説している。

いていたと思われる[21]。したがって、行政代執行以外の行政上の義務履行確保手段である執行罰、直接強制については、「別に法律で定める」必要がある。行政上の義務の履行確保に法律の根拠が必要であるとした同法 1 条の規定は、義務を課す根拠規範とは別に義務履行確保にも根拠規範が必要であるとする戦後の通説の立場と一致する。

しかし、執行罰についても直接強制についても、一般法は存在しない。行政上の強制執行の仕組みが整備されていた戦前においても、行政罰の威嚇による心理的強制の必要性は認識され[22]、実際に、行政上の強制執行が可能であっても、行政罰も定める例はあったが（飲食物其ノ他ノ物品取締ニ関スル法律 3 条 1 項参照）、戦後のわが国の法制は、行政上の強制執行手段の縮減を補うため、行政罰を広範に定め、その威嚇力により間接的に義務の履行を促すことを重視したといえると思われる。

行政上の義務の履行を求める訴訟も、「行政上の義務の履行の確保」に含まれるかであるが、同法 1 条が訴訟まで念頭に置いていたとは思われない。しかし、仮に含まれると解したとしても、民事訴訟については法律に定めがあるので、同法 1 条との関係では問題は生じない。もっとも、最判平成 14・7・9 民集 56 巻 6 号 1134 頁（宝塚市パチンコ条例事件）は、「国又は地方公共団体が専ら行政権の主体として国民に対して行政上の義務の履行を求める訴訟は、法規の適用の適正ないし一般公益の保護を目的とするものであって、自己の権利利益の保護救済を目的とするものということはできないから、法律上の争訟として当然に裁判所の審判の対象となるものではなく、法律に特別の規定がある場合に限り、提起することが許されるものと解される」と判示しており、この判例の立場によれば、行政行為により課された義務の履行を求めるために民事訴訟を提起することはできないことになる。しかし、建築中止命令に対して名宛人が取消訴訟を提起すれば、それが法律上の争訟であることは明らかであり、同一の係争について、地方公共団体が訴訟を提起すると法律上の争訟でなくなるのは不合理であるし、仮に同意義務違反に対して刑罰が科されていれば（当時は罰則規定は置かれていなかった）、当該刑罰を科すための刑事訴訟も法律上の争訟であるので、前掲最判平成 14・7・9 には多くの疑問が提起されている。

なお、行政代執行法 2 条は、「義務者がこれを履行しない場合」と定めるの

21　雄川ほか・行政強制 82 頁参照。
22　美濃部・日本行政法上 317 頁以下参照。

に対して、建築基準法9条12項は、「その措置を命ぜられた者がその措置を履行しないとき、履行しても十分でないとき、又は履行しても同項の期限までに完了する見込みがないとき」と定めている。行政代執行法2条の「義務者がこれを履行しない場合」についても、履行しても十分でないとき、または履行しても期限までに完了する見込みがないときも含むと解するのが合理的であろう[23]。

3 「別に法律で定めるもの」の意味

行政代執行法1条でいう「法律」には、条例は含まれないと一般に解されている。その理由は、同法2条でいう法律の定義において、「(法律の委任に基く命令、規則及び条例を含む。以下同じ。)」と規定されており、そこでいう条例は、地方自治法14条による一般的な委任を含むと解されているから[24]、同法1条の「法律」には、その反対解釈として、条例は含まれないことになるからである[25]。したがって、条例で、執行罰や直接強制の制度を設けることはできないことになる。もっとも、この点について異論がないわけではない。行政代執行法の文理をある程度制限的に解釈して、重大な人権侵害を生じない場合には、条例でも、直接強制や簡易(略式)代執行を認めるべきであり、特に、放置自転車やプレジャーボートの撤去は、単に場所を移動するだけで、その価値を滅失させたりするものではないので、即時強制として認められるのであれば、直接強制や簡易(略式)代執行としても認めるべきという主張もなされている[26]。行政代執行法1条の趣旨は、民事執行によらない特別の執行は、個別法によるものは認められるが、同法以外の包括的な一般法を定めることはしないという方針を宣明したものであり、条例で個別に行政上の強制執行を定めることを禁ずる趣旨ではないとする説もある。この解釈によれば、独自条例に基づく義務の履行確保目的で代執行を発動するためには、その旨の条例の規定を要するということになる[27]。同法2条の「法律」に含まれる条例を委任条例に限定し、同法1条の「法律」は独自条例を含むとする試論も提示されている。すなわち、

---

[23] 奥平・行政代執行45頁参照。

[24] このような解釈は、地方自治の尊重という目的論的観点から合理的な解釈といえるが、技巧的な解釈であることは否めず、立法により独自条例を含むことを明確にすべきであろう。斎藤・法的基層411頁参照。

[25] 塩野・行政法Ⅰ253頁、広岡・強制執行362頁注1、菊井・行政強制223頁参照。

[26] 阿部・解釈学Ⅰ592頁参照。

[27] 碓井・義務履行確保155頁参照。

同法2条かっこ書の条例は、法律の委任に基づく条例のみを指し、したがって、同法1条の「別に法律で定めるもの」の法律には、同法2条の反対解釈として委任条例は含まれないが、独自条例は含まれると解するのである。このような解釈が提唱されるのは、法律で独自条例全般に目配りした強制執行措置を定めることは不可能であり、条例で設けた義務を強制執行しうるものとするか、また、いかなる強制執行の方法をとるべきか否かは、当該条例の制定者の立法裁量で決定すべきであるという認識に基づく[28]。

行政代執行法2条の条例に独自条例が含まれると解する以上[29]、同法1条の法律には条例一般が含まれないと解することが文理上は自然であるものの、そのことが妥当であるかは別問題である。その理由は、第1に、日本国憲法は、地方公共団体に法律の範囲内で条例を制定する権限を付与しており、住民に義務を課す条例も制定可能であるから（地方自治法14条2項も参照）、地方公共団体は広範に規制事務を行い、したがって、地方公共団体において行政上の義務履行確保の必要性がむしろ国以上に大きいにもかかわらず、条例により課された義務の履行確保手段を地方公共団体が独自に設けることができないことは不合理であり、現代の複雑化した各種行政規制については、その実効性の確保を地域の実情に応じてこれまで以上に弾力的に図る必要があることである[30]。戦後間もなくの立法当時、この問題が十分に意識されたようには思われず[31]、地方公共団体は権力的事務を行う権限を原則として有しないという地方公共団体公共事業団体観を払拭できないままに行政代執行法が制定されたのではないかと推測されるが、地方分権の意識が進展した今日においては、独自条例で定めた義務の履行確保を当該地方公共団体が決定できないことが不合理であるという認識は広く共有されていると思われる。

第2に、相手方に義務を課すことなく実力を行使する即時強制の根拠を条例で設けることが可能であるにもかかわらず、相手方に義務を課して、自発的な

---

[28] 中川・訴訟105頁参照。黒川・行政強制・実力行使127頁も、条例による行政強制制度の工夫に対しては、柔軟な態度が望ましいとする。

[29] 独自条例である「危険な動物の飼養及び保管に関する条例」に基づく行政代執行が認められることを前提としたものとして、浦和地判昭和55・12・12判タ435号133頁参照。また、水戸地判平成2・9・18判例自治83号76頁は、独自条例に基づく代執行の可否を問題なく認めている。

[30] 塩野・行政過程とその統制209頁参照。

[31] 雄川ほか・行政強制16〜17頁参照。

履行の機会を与えた上で行われる義務履行措置の根拠を条例で設けることができないことは、平仄を欠くからである。もっとも、法律に基づく義務に係る罰則に関して条例が独自の規定を設けることは、一般に法律に違反すると考えられるように、法律に基づく義務に係る履行確保手段を条例で設けることには、立法論としても妥当かには疑問符が付くと思われる[32]。また、条例で定める義務のうち、人身の確保・収容の方法で実現される義務については、条例で強制手段を定めることには慎重であるべきであるが、それ以外の義務については、条例で強制執行手段を創設することを認めるべきと思われる。

第3に、地方議会は公選議員からなり民主的正統性を有するから、上限を法定されているとはいえ、条例で刑罰すら定めうるにもかかわらず、義務履行確保手段を条例で定められないことは均衡を失するからである。

したがって、立法論としては、条例上の義務違反について、執行罰や直接強制を行うことができるような制度を設けるべきであろう。その方法としては、行政代執行法1条の「別に法律で定める」を「別に法律又は条例で定める」とすること[33]、地方自治法に行政上の強制執行の一般規定を置くこと[34]、「地方公共団体における義務履行確保等に関する法律」のような法律を制定すること[35]、行政代執行法を改正して包括的な行政執行法として、行政上の義務履行確保については、別に法律または条例で定めることができることを明記すること等が考えられる[36]。

また、「行政上の義務の履行の確保」は、行政代執行法制定時に存在したも

---

[32] 検討会・報告書37頁参照。

[33] 北村＝須藤＝中原＝宇那木・行政代執行29頁（中原茂樹執筆。ただし、所管省庁すら不明確な状況では、同法の改正は現実的ではないとする）参照。

[34] 検討会・報告書37頁は、条例に基づく義務であって人身の確保・収容の方法で実現されるもの以外に対する強制執行（物の引渡し等）については、地方自治法に行政代執行法の特例となる根拠を置き、地方公共団体が条例で定めることによって、間接強制（強制金）や直接強制を行うことができるようにすることが考えられるとする。

[35] 鈴木・法律要綱私案覚書29頁以下は、「地方公共団体における義務履行確保等に関する法律要綱案（たたき台）」を提示しており、参考になる。

[36] 検討会・報告書39頁以下では、行政上の強制執行に関する一般法において、強制執行手段の種類や基本原則を定め、要件や手続など共通する事項を規定するとともに、義務を規定する個別法においては、個別の義務について、一般法に定めるメニューからとるべき強制執行手段を選択して、明示的に規定することとし、個別の義務に応じて、一般法とは異なる特例的な扱いを定めることを認める方式を提示している。

ののみを念頭に置いたものと解すべきか、それとも、将来にわたり登場する可能性のある行政上の義務履行確保手段一般を対象とするものかという問題もあるが、行政上の義務履行確保手段である以上、法律の留保が及ぶことになる。したがって、この問題の実益は、以下の点にある。すなわち、もし、行政代執行法制定時に存在したもののみを念頭に置いたものと解すれば、その後登場した新たな行政上の義務履行確保手段には、同法1条の規定は適用されないから、法律の根拠がなくても、条例に根拠を設けることが可能であることになる。これに対して、将来にわたり登場する可能性のある行政上の義務履行確保手段一般が対象であると解すれば、同法1条の「法律」に条例が含まれないと解される結果、条例ではなく法律に根拠を設ける必要があることになる。

　この点については、文言上は、「行政上の義務の履行の確保」と一般的な表現になっているものの、行政代執行法制定時には、行政執行法が定めていた行政上の義務履行確保手段のみが念頭に置かれていたと解するほうが自然であること、日本国憲法の下では、地方自治が保障されているにもかかわらず、地方公共団体が独自の義務履行確保手段を条例で設けることができないことは妥当でないことに照らし、新たな行政上の義務履行確保手段は、行政代執行法1条の「行政上の義務の履行の確保」には含まれないと解する説[37]が妥当と思われる。また、同条の「行政上の義務の履行の確保」を理論上の強制執行に限定する説も提唱されている。この考えによれば、行政罰や公表は理論上の強制執行に当たらないので、同条の射程外となり、それを条例で定めうるかは、同条の解釈とは別に検討されるべきことになる[38]。

　なお、わが国では、戦後、行政上の強制執行を大幅に制限する一方、行政上の義務違反に対する罰則を広範に規定するようになった。これは罰則の威嚇により、間接的に「行政上の義務の履行の確保」を図ることをも意図したものであることは確かであるが、罰則の本来の法的性格は過去の違反行為に対する制裁であり、実際上、義務の履行を促す効果を有するからといって、行政代執行法1条の「行政上の義務の履行の確保」に含まれないことはいうまでもない。私的独占の禁止及び公正取引の確保に関する法律（以下「独占禁止法」という）

---

[37] 塩野・行政法Ⅰ253頁参照。

[38] 高木・法治行政論63頁参照。同書では、即時強制を「行政強制の例外中の例外」ととらえるドイツの発想に従えば、行政代執行法1条の「行政上の義務の履行の確保」に即時強制を含める説も考えうるとする。高木・法治行政論63頁参照。

に基づく課徴金は、不当利得の剥奪を中核とするもののそれを超える行政上の制裁金であって行政罰でないものとして位置づけられている。これも間接的に「行政上の義務の履行の確保」を図ることをも意図したものであるが、行政代執行法制定時には想定されていなかったものであり、また、今日では行政上の制裁金として位置づけられていることに照らしても[39]、行政代執行法1条の「行政上の義務の履行の確保」に含まれないといえよう。

4 一律適用主義と根拠法規区分主義

　条例で執行罰および直接強制について定めることを認めるべきかという問題とは別に、行政代執行法を地方公共団体にも適用すべきか、適用するとしていかなる範囲で適用すべきかという根本的な問題が存在する。行政代執行法は、同法の規定を国および地方公共団体の双方に一律に適用する一律適用主義を採用している。行政事件訴訟法も同様であるが、これは、司法に関する事務が国の事務とされている以上、当然といえる。行政不服審査法は、司法に関する事務について定めるものではないが一律適用主義を採用している。これに対して、行政手続法は、処分および届出に関しては、法律に基づく処分であれば、地方公共団体の機関が行うものであっても、同法の規定を適用するものの、条例に基づく処分については同法の規定は適用されず、行政手続条例の適用を受ける根拠法規区分主義を採用し、他方、行政指導および命令制定手続については、国の機関が行うものに対象を限定し、地方公共団体の機関が行うものには、同法の規定を適用しない組織区分主義を採用している（同法3条3項）[40][41]。

　法律に基づく義務については、法律の委任がない限り条例で独自の罰則を定めることはできないこととの均衡から、条例で独自の強制執行手段を定めることは消極的に考えざるをえないが、条例に基づく義務については、一定の範囲で条例で罰則を定めることが可能であることに鑑みると、例外なく一律適用主義を貫徹することは合理的とはいえないと思われる。そこで、一律適用主義をとりながら、条例で特例を定めることを認めるべきか[42]、原則として根拠法規

---

[39]　課徴金については、「被害防止と被害回復のための措置」として位置付けることも提案されている。中川・法の実現139頁参照。

[40]　一律適用主義、根拠法規区分主義、組織区分主義については、宇賀・自治体行政手続2頁以下、宇賀・行政情報化26頁、64頁、宇賀・行政手続三法の解説243頁参照。

[41]　根拠法規区分主義をとるべきとするものとして、北村＝須藤＝中原＝宇那木・行政代執行29頁（中原茂樹執筆）。

[42]　西津・行政規制執行改革論103頁、鈴木・強制する法務90頁参照。

区分主義を採用し、条例で簡易（略式）代執行、直接強制、執行罰を定めることができるようにすべきか否かという問題は検討に値する。ただし、条例に基づく義務であっても、身体の自由を制限する義務については、条例で執行罰や直接強制の制度を設けることが妥当かについて、慎重な検討を要すると思われる。また、仮に、行政代執行法を根拠法規区分主義に改正した場合、地方公共団体が行政代執行条例を制定するまで、条例により直接に、または条例に基づく処分により課された代替的作為義務について、行政代執行ができなくなってしまうので、経過規定を設けて、行政代執行条例が未制定の地方公共団体には、行政代執行法の規定を適用することとすべきであろう。さらに、行政代執行、執行罰、直接強制の各法制が関連していることから、執行罰、直接強制については条例で定めることができないという前提の下で行政代執行法のみを根拠法規区分主義に改正することには慎重な配慮が必要であり[43]、包括的な行政執行法を制定する際に、一括して一律適用主義と根拠法規区分主義の比較検討を行うべきであろう。

II 代執行を行う権限を有する者
1 行政庁

行政代執行法2条は、「法律に基き行政庁により命ぜられた行為…について義務者がこれを履行しない場合…当該行政庁は、自ら義務者のなすべき行為をなし、又は第三者をしてこれをなさしめ、その費用を義務者から徴収することができる」と規定している。同法3条2項、6条2項においても、「行政官庁」ではなく「行政庁」という文言を使用している。「行政庁」は、国の行政機関と地方公共団体の行政機関の双方を含む。この点は、旧行政執行法5条1項において「当該行政官庁」と規定され、代執行をなしうるのは国の行政機関に限られていたのと異なる。「当該」行政庁とは、原則として、代執行の前提となる義務を課す権限を有する行政庁を意味する[44]。

道路管理者（道路法97条の2の規定により権限の委任を受けた北海道開発局長を含む。以下同じ）は、その職員のうちから道路監理員を命じ、同法24条、32条1項もしくは3項、37条、40条、43条、44条3項もしくは4項、46条1

43　濱西・実効性確保法制の整備15頁、22頁参照。
44　ドイツにおいても、原則として、処分庁が同時に執行庁であることについて、広岡・強制執行103頁〜109頁参照。

項もしくは3項、47条3項、47条の4第2項もしくは48条1項もしくは2項の規定またはこれらの規定に基づく処分に違反している者(同法71条1項または2項の規定による道路管理者の処分に違反している者を含む)に対して同条1項の規定によるその違反行為もしくは工事の中止を命じ、または道路に存する工作物その他の物件の改築、移転、除却もしくは当該工作物その他の物件により生ずべき損害を予防するために必要な施設をすることもしくは道路を原状に回復することを命ずる権限を行わせることができる(同条4項)。すなわち、道路管理者は、その職員である道路監理員に同法48条4項の規定に基づく除却命令等の権限を行わせることができるのである。この場合には、道路監理員は、道路管理者の代理として権限を行使するので(昭和32年建設省道広第27号広島県知事あて道路局長回答)、命令権限は道路管理者に留保されており、代執行権限も道路監理員に委任されていないので、代執行は道路管理者が行うことになる[45]。

　通常は、命令を発出する権限を有する機関と代執行権限を有する機関は一致しているので、命令を発出する機関が「当該行政庁」になる。他方、命令を発出する権限と代執行権限が分離されている場合には、代執行権限を有する機関が「当該行政庁」になる。個別法において、代執行の前提となる義務を課す権限を有する行政庁と、当該義務について代執行を行う権限を有する行政庁とが異なる特例が定められている場合がある。土地収用法102条の2第2項がその例であり、明渡裁決により、収用する土地または当該土地にある物件を占有している者に、明渡しの期限までに起業者に土地もしくは物件を引き渡し、または移転する義務を課す権限を有するのは収用委員会であるが、代執行は、起業者の請求により都道府県知事が行う[46]。このように、明渡裁決の当事者であり利害関係者である起業者でもなく、明渡裁決を行った収用委員会でもなく、都道府県知事が代執行を行うため、起業者は代執行請求書において、①起業者の名称、②事業の種類、③権利取得裁決(または和解)および権利取得の時期ならびに明渡裁決があった日、④明渡の期限、⑤補償金支払い等の年月日、⑥収

---

[45]　道路法研究会・道路法解説833頁参照。

[46]　都道府県知事が行った代執行の費用を義務者から回収できない場合、当該費用は都道府県の負担になるので、代執行により利益を受ける起業者が自ら代執行を行う制度に改正してほしいという地方公共団体の要望がある。小舟=周=宮森・自治体アンケート結果385頁参照。

用した土地の表示（および代執行に係る土地の表示）、⑦移転すべき物件の表示および物件所有者の氏名・住所、⑧移転の代執行を請求する理由を記載する[47]。なお、このように、起業者の請求を受けて代執行を行う場合、代執行権限を有する行政庁には代執行を行うインセンティブが乏しく、代執行が行われにくいという指摘がある[48]。

　平成16年法律第84号による改正前の行政事件訴訟法においては、抗告訴訟の被告が行政庁とされていたため、義務賦課処分の権限を有する行政庁と代執行権限を有する行政庁が異なる場合には、代執行に係る抗告訴訟については、後者を被告とすることになった。この点について、東京都収用委員会を被告として、土地収用裁決取消訴訟を提起し、明渡裁決の効力およびその続行手続である代執行手続の停止を求め（第1事件）、東京都知事に対して代執行手続の続行の停止を求めるとともに、起業者である国および日本道路公団に対して代執行手続請求の停止を求めた（第2事件）事案をみることとする。東京地決平成15・10・3判時1835号34頁は、第1事件の執行停止の申立てを却下したが、第2事件の執行停止の申立てのうち東京都知事を相手方とする代執行手続の続行の停止を認め、国および日本道路公団を相手方とする代執行手続請求の停止の申立てを却下した。第2事件における東京都知事を相手方とする代執行手続の続行の停止決定において、同決定は、本案の被告（収用委員会）と異なる相手方（東京都知事）に対する執行停止が認められるかについて、先行行為たる明渡裁決の取消訴訟を本案として当該処分の執行行為たる代執行手続の執行停止が許され、執行停止の相手方適格は、通常の執行停止の場合には本案訴訟について被告適格を有する者となるが、処分の執行が、当該処分庁以外の行政庁

---

[47]　そして、ⓐ裁決書、ⓑ補償金支払証明書（供託書・補償金払渡通知書・領収書）、ⓒ占有者に対する明渡催告書、土地所有者（兼関係人）に対する建物等の移転および土地の明渡催告書、ⓓ和解調書、裁決手続開始決定書、裁決申請請求書、ⓔ折衝の経緯および収用手続に至る経緯、ⓕ移転すべき物件に係る資料（補償額の算定書、物件調書）、ⓖ土地登記簿、ⓗ占有者・土地所有者（兼関係人）の住民票および戸籍謄本、ⓘ工事の予定、現況写真、ⓙ収用権の存在を証明する資料（事業認定の告示、都市計画事業の認可の告示等）、ⓚ収用した土地を表示する図面（土地所在図、地積測量図等）、ⓛ物件調査書を添付する（いずれも写しで足りる）。特に重要なのは、⑧であり、都道府県知事が代執行の必要性の有無を判断する資料として、明渡裁決後の経緯、事業の公益性・緊急性等について、詳細に説明しなければならない。収用代執行研究会・土地収用71頁～73頁参照。都市再開発法98条2項も参照。

[48]　阿部・再入門上365頁参照。

によって行われるものである場合には、当該処分庁以外の行政庁が相手方となるとする。その抗告審の東京高決平成15・12・25判時1842号19頁も、処分庁とその処分の執行等をする行政庁が異なっていて、処分庁以外の行政庁が処分を前提にその執行等[49]を行うものである場合には、当該執行等を停止しないと申立人の損害、不利益を回避することができないときがあるから、処分庁以外の行政庁を相手方とする執行停止を認める必要があり、執行等をする後行の処分庁も本件申立ての相手方適格を有するとした（しかし、執行停止決定を取り消し、最決平成16・3・16は特別抗告棄却）。

2 国または地方公共団体以外の者による代執行

　行政代執行法6条3項は、「代執行に要した費用を徴収したときは、その徴収金は…国庫又は地方公共団体の経済の収入となる」と規定していることから、同法立法時においては、代執行を行う権限を有する行政庁は、国または地方公共団体の機関のみが念頭に置かれていたと思われる。しかしながら、国または地方公共団体以外の法人が、代執行を行うことができる場合がある。

　一例を挙げると、独立行政法人日本高速道路保有・債務返済機構は、東日本高速道路株式会社、首都高速道路株式会社、中日本高速道路株式会社、西日本高速道路株式会社、阪神高速道路株式会社または本州四国連絡高速道路株式会社が道路整備特別措置法3条1項の規定に基づく国土交通大臣の許可を受けて高速道路を新設し、もしくは改築する場合または同法4条の規定により高速道路の維持、修繕および災害復旧を行う場合においては、当該高速道路の道路管理者に代わって、道路法71条1項または2項（高速自動車国道法11条の8第1項および道路法91条2項においてこれらの規定を準用する場合を含む）の規定により処分をし、または措置を命じ、および道路法71条3項前段（高速自動車国道法11条の8第1項および道路法91条2項において準用する場合を含む）の規定により必要な措置を自ら行い、またはその命じた者もしくは委任した者に行わせることができる（道路整備特別措置法8条1項39号本文）。すなわち、独立行政法人日本高速道路保有・債務返済機構に代執行権限が付与されているのである。したがって、代執行権限を有するのは国および地方公共団体の行政庁のみと解するべきではない。行政代執行法6条3項との関係では、独立行政法人が徴収し

---

　[49] 代執行は、明渡裁決によって課された引渡義務等を強制的に実現させることを目的とする公権力の行使であって、これによって処分の効果を完成させる性質を持つものであるから、行政事件訴訟法25条2項にいう「処分の執行」に該当するとする。

た代執行費用は国に納めるという解釈が同項の文理には適合するが、行政代執行法の立法者は、独立行政法人による代執行を想定していなかったにすぎず、同項は、単に代執行を実施した機関が所属する法人に代執行に要した費用の徴収金が帰属することを確認したものと解すれば足りると思われる。このように解すれば、上記の場合、独立行政法人日本高速道路保有・債務返済機構が代執行を行った場合には、代執行に要した費用は、同法人に帰属することになる。

3 代執行権限の共管

代執行権限を有する行政庁が複数存在する場合が考えられる。複数の公物管理法が重畳的に適用される区域でそのような場合が生じうる。具体例を挙げると、道路の機能と堤防の機能を併有する兼用工作物が不法占用された場合、道路管理者は道路法71条1項の規定に基づき除却を命じ、河川管理者は河川法75条1項の規定に基づき除却を命じ、道路管理者および河川管理者の双方が、代執行を行いうる場合が考えられる。また、河川区域と港湾区域が重複する水域で占用許可なしに工作物等が設置された場合、河川管理者は河川法75条1項の規定に基づき除却を命じ、港湾管理者は港湾法56条の4第1項の規定に基づき除却を命じ、河川管理者および港湾管理者の双方が、代執行を行いうる場合が考えられる。これらの事例において、双方の管理者が一致しない場合には、代執行の実行に当たり協議により調整を図る必要がある。

実際にかかる調整が行われた例が、1963（昭和38）年8月に、横浜市大岡川の水面が不法占用された事案である。当該水面は、旧河川法における準用河川区域であり、河川管理者は、神奈川県知事であった。同時に、当該水面は港湾区域内にあり、横浜市が港湾管理者であった。この事案では、双方の管理者が協議し、旧河川法16条・17条の規定に違反することを理由として同法22条の規定に基づき神奈川県知事が除却を命ずるとともに、港湾法37条の規定に違反することを理由として同法37条の3第2項（当時。現在は56条の4第1項）の規定に基づき横浜市長も除却を命じた。戒告および代執行令書による通知は双方が同時に行い、代執行は、横浜市港湾局施設課長が執行責任者として実施した[50]。

---

[50] 広岡・行政代執行法51頁〜52頁参照。

4　同一工作物が複数の公物管理法規制区域を跨る場合

　上記3は、同一の工作物等の全体が複数の公物管理法規制が重複する区域内に存在する結果、代執行権限の共管状態となる場合であるが、同一工作物が複数の公物管理法規制区域を跨る場合も想定される。具体的には同一の工作物の一部は道路区域を不法占用しており、他の一部は河川区域を不法占用しているような場合である。この場合には、道路区域部分については道路管理者が代執行権限を有し、河川区域部分については河川管理者が代執行権限を有することになるので、同一部分について代執行権限が重複するわけではない。しかし、このような場合にも、双方の管理者が異なるのであれば、代執行を行うに当たり、両者間の協議による調整が必要になると思われる。双方の管理者が異なる地方公共団体である場合、事務の委託や事務の代替執行等の広域連携の仕組み[51]を活用して、一方の管理者が当該工作物の全体について代執行を行うことも考えられる。ただし、事務の委託や事務の代替執行は協議により規約を定める必要があり（地方自治法252条の14第1項、252条の16の2第1項）、時間がかかるので、緊急を要する代執行の場合、代執行の必要性を認識してから協議を開始したのでは遅きに失することになる。したがって、早期に協議を行い規約を定めておくべきである。

III　代執行の対象となる義務

1　代替的作為義務に該当する場合

　行政代執行法2条が定める代執行の対象となる義務は、「他人が代わってなすことのできる行為」に係る義務、すなわち、代替的作為義務である[52]。義務者自ら行う場合と比較して他人が代わって行う場合には、より費用がかかることは、代替的作為義務であることを否定する理由にはならない。代替性のある物の引渡しの場合、義務者の費用で当該代替物を購入し、その費用を義務者から徴収することも、代執行に含めうる[53]。

　代執行と直接強制の区別は必ずしも容易ではない。代執行も財産に対して実力を行使するので、実力行使の有無という点では、直接強制と区別できない。

51　木村・広域連携35頁以下、宇賀・地方自治法概説111頁以下参照。
52　代替的と非代替的の判断が必ずしも容易でないことについて、藤田・総論上285頁〜286頁、木藤・行政上の義務294頁〜295頁参照。
53　広岡・強制執行122〜123頁参照。

ドイツの一部の法制のように、行政庁が代替的作為義務の内容の実現を第三者をして行わしめる場合のみ代執行とし、自ら当該義務の内容を実現する場合には直接強制とする場合には、代替的作為義務の内容を行政庁自身が実現するか、第三者に行わしめるかを直接強制と代執行を区別するメルクマールとすることができるが、わが国では、上記のいずれの場合も代執行であるので、義務を直接に実現する主体により、直接強制と代執行を区別することもできない。したがって、直接強制は、義務者の身体または財産に対して実力を行使して義務の内容を実現する行為のうち、代執行を除いたものと控除法で定義する以外にないと思われる[54]。

特定の地域での占用や建築を禁止する不作為義務についての代執行は行えないが、違法建築や不法占有が行われた場合、除却命令により代替的作為義務を課す制度が設けられている場合には、代執行が可能になる。たとえば、河川法26条1項は、河川管理者の許可を受けずに河川区域内の土地において工作物を新築または改築することを禁止する不作為義務を課しているが、無許可で工作物の新築または改築を行った者に除却命令により代替的作為義務を課し、代執行を可能にしている。

2 代替的作為義務に当たらない場合
(1) 身体に係る義務

作為義務であっても、他人が代わって行うことができない非代替的作為義務は対象外である。すなわち、旧性病予防法や旧伝染病予防法に規定されていた健康診断の受診命令、入院命令は、命令の名宛人である本人が受診したり入院したりすることが必要であり、他人が代わって受診したり入院したりしても意味がない。このような身体に係る非代替的作為義務について行政上の強制執行の仕組みを設けるのであれば、執行罰（強制金）または直接強制を導入する必要がある。

(2) 明渡義務

物の占有を他人に移転させる引渡しのうち、土地・建物から存置物件を搬出し人が退去して行われる引渡しを明渡しという。代替可能な物の引渡しの場合には、他者に代替物を給付させ、義務者からその対価を徴収するという方法による代執行が可能であるが、土地・建物の明渡義務は、占拠者本人が明け渡す

---

[54] 広岡・行政代執行法20頁参照。

必要があり、非代替的作為義務である。ポツダム宣言の受諾に伴い発する命令に関する件に基づく文部省関係諸命令の措置に関する法律1条の規定に基づき法律としての効力を有する学校施設の確保に関する政令4条本文は、「管理者は、学校教育上支障があると認めるときは、学校施設の占有者に対してその学校施設の全部又は一部の返還を命ずることができる」と規定し、同令21条1項は、「この政令の規定により命ぜられ、又はこの政令の規定に基いて管理者により命ぜられた行為を義務者が履行しない場合において、行政代執行法…による代執行によつては義務の履行を確保することができないときは、管理者は、直接にこれを強制することができる」と定めている。同政令4条本文の規定に基づく返還命令の履行を強制する場合は、同令21条1項の規定に基づく直接強制を行うことになると考えられる。行政執行法が定めていた直接強制に対して、戦後、批判的見方が強まり、行政執行法の廃止に伴い、直接強制の一般法がなくなった中で、ポツダム政令である学校施設の確保に関する政令（昭和24年政令第34号）21条1項において直接強制が認められたのは、疎開先から児童が戻ってきても、被災者等の一般人が小中学校の校舎に居住して追出しが困難な状況にあり、学校等の教育施設が不足していたため、GHQの教育行政担当部局が身体的強制を加えても明渡しを実現すべき旨を強く主張したからであった[55]。

　もっとも、土地上または建物内の物件の除却は他人が代わってすることができる。そこで、土地建物の明渡義務が課されている者に対して、土地上または建物内の物件の除却を代執行として行うことができれば、実際上、土地・建物の明渡義務の履行確保が可能になるのではないかという問題がある。学説においては、土地・建物の明渡しの義務においては、物件の収去・搬出は、独立の義務として課されているのではなくして、土地・建物の明渡しの義務の履行に伴う行為にすぎず、また、仮に物件の収去・搬出が行われても、義務者が身体をもって土地・建物を占有して明渡しを拒否するときは、まだ明渡しがなされたことにならないのであるから、物件の収去・搬出の部分だけを切り離して考えて、それが代替的作為であることを理由として、その代執行を行うことはできないとする説[56]が有力といえる。もっとも、かかる学説も、存置物件の移転・搬出が明渡しとは独立の事務とされている場合には、存置物件の移転・搬

---

[55] 桃井・代執行9頁参照。
[56] 広岡・行政代執行法21頁参照。

出の代執行を認めている[57]。

　行政代執行法との関係でこの点が問題になった事案として、大阪高決昭和40・10・5 行集 16 巻 10 号 1756 頁がある。この事案においては、市長が市役所職員組合に対する庁舎の使用許可を取り消したものの、組合が市長による庁舎の明渡しの要求を拒んだので、市長が組合事務所内の存置物件の搬出について代執行の戒告を行った。そこで、組合が、使用許可取消処分と代執行の戒告の取消訴訟を提起するとともに、当該戒告の効力の停止および代執行の手続の続行の停止を申し立てた。大阪地決昭和 40・2・8 行集 16 巻 2 号 314 頁は、執行停止決定を行ったため、市長が即時抗告をした。大阪高決昭和 40・10・5 は、本件庁舎の管理者たる抗告人が、相手方に対する庁舎の使用許可を取り消すときは、庁舎の使用関係はこれによって終了し、抗告人が管理権に基づいて相手方に対し庁舎の明渡しをすることないし立退きをすることを求めることができ、相手方はこれに応ずべき義務があることはいうまでもないが、当該義務は行政代執行による強制実現が許される義務ではないとする。すなわち、行政代執行による強制実現が許される義務は、行政代執行法 2 条によって明らかな如く、法律が直接行為を命じた結果による義務であるか、または行政庁が法律に基づき行為を命じた結果に基づく義務に限定されているところ、本件の如く庁舎使用許可取消処分については、庁舎使用許可取消処分があれば庁舎を明け渡すべき旨または立退きをなすべき旨を直接命じた規定はなく、また、使用許可取消処分は単に庁舎の使用関係を終了せしめるだけで、庁舎の明渡しないし立退きを命じたものではないし、これを命じうる権限を与えた法律の規定もないことを指摘する。そして、市庁舎は、行政財産であり、その使用の許可および許可の取消という行政処分の形式により、使用関係の設定・終了が規律され、使用許可が取り消されることにより使用関係は終了し、従来の使用者が庁舎管理者の明渡し・立退き要求に応ずべき義務があることは当然であるが、使用関係が取り消された場合に庁舎を明け渡すべきことを定める法規もないし、また、使用許可の取消処分それ自体も、単に庁舎の使用関係を終了させるのみで、明渡しを命ずる行政処分ではないとする。さらに、庁舎の明渡しの要求も行政処分ではなく、事実上の行為にとどまり、それは賃貸借終了後に家屋を明け渡さない借家人に対する家主の明渡要求に等しく、庁舎を明け渡すべき義務は、庁

---

[57] 広岡・仮の救済 74 頁参照。

舎管理権に基づく明渡要求に応ずべき義務であって、それは、法律により直接命じられた義務でも行政処分により命じられた義務でもないという意味において、行政代執行法2条に照らし、代執行の対象でないことを強調する。

同決定は、続けて、行政代執行により履行の確保される行政上の義務は、いわゆる「為す義務」たる作為義務のうち代替的なものに限られ、庁舎の明渡しないしは立退きのような、いわゆる「与える義務」は含まれず、これらの義務の強制的実現には実力による占有の解除を必要とするのであって、法律が直接強制を許す場合においてのみこれが可能になるとする。そして、市長が市職員組合に対してした行政代執行法に基づく戒告は、庁舎内にある相手方組合事務所の存置物件の搬出についてであって、組合事務所の明渡しないしは立退きについてではないが、組合事務所存置物件の搬出は、組合事務所の明渡しないしは立退き義務の履行に伴う必然的な行為であり、それ自体独立した義務内容をなすものではなく、況や、法律が直接命じた義務または法律に基づく行政処分により命じた義務でないことはもちろんであるとする。したがって、組合事務所の明渡し、ないし立退きについて代執行が許されないからといって、組合事務所存置物件の搬出のみを取り上げ、これが物件の搬出という面では代替的な作為義務に属することのゆえに、代執行の対象とすることは許されないと判示した。同決定が指摘するように、存置物件の搬出は明渡しの前提となる行為であるにとどまり、存置物件の搬出が終了しても、人が退去を拒むことにより、明渡しが完了しない場合もあるし、逆に、存置物件の搬出が完了していないものの、東京高判昭和38・10・1下民集14巻10号1923頁が判示するように、明渡しを請求した者が、当該建物等を現実に支配する段階になれば、明渡しは終了したともいいうる[58]。

大阪高決昭和40・10・5は、傍論において、庁舎の権利主体たる市は、当事者訴訟を提起し、その確定判決に基づく強制執行によるか、あるいは仮処分によるなど民事上の方法をとるべきとする。そして、当事者訴訟による場合も、庁舎の明渡し請求ないし立退請求は、その実質において私法上の賃貸借、使用貸借の終了による返還請求と異ならないので、民事上の強制執行ないし仮処分の規定が類推適用されるべきであり、また、庁舎所有権に基づき、相手方の不法占拠を理由に明渡しないし立退きを求める民事訴訟法上の訴えを提起し、ま

---

[58] 広岡・行政代執行法78頁参照。

たは仮処分を求めて、その強制的実現を図る方法もあるので、行政代執行を認めないことが不当な結果を発生させるとはいえないと判示する。

同決定は、当事者訴訟の提起も可能であるとしているが、所有権に基づく明渡請求訴訟は民事訴訟と考えられるので、現在であれば、この給付訴訟の勝訴確定判決を債務名義として（民事執行法 22 条 1 号）、不動産等の明渡しの強制執行（同法 168 条 1 項）を行うことになる。不動産内の存置物件の撤去は、別個の債務名義を得る必要はなく、不動産等の明渡しの強制執行の一部として行いうる。

市から都市公園法 5 条が定める許可を受けて、ゴルフ場を経営していた者に対して、市長が更新許可申請を拒否したものの、明渡しに応じなかったので、市長が、ゴルフ場の用に供していた土地の明渡しをさせるため、クラブハウスの除却等の代執行に着手したところ、行政執行法に基づく戒告の取消訴訟などが提起された事案がある[59]。横浜地判昭和 53・9・27 判時 920 号 95 頁は、人の占有している土地の明渡義務の実現には、実力により義務者の占有を排除し、行政庁にこれを移転させることが必要であるから、同義務は直接強制によってのみ実現可能な義務であって、行政代執行によって実現しうる代替的作為義務に該当しないと判示し、本件でも、市は、明渡し訴訟を提起すべきであったとする。この点について、都市公園法 22 条（当時。現在は 32 条）に「都市公園を構成する土地物件については、私権を行使することができない。ただし、所有権を移転し、又は抵当権を設定し、若しくは移転することを妨げない」と規定されていることとの関係が問題になる。しかし、同条は、都市公園としての機能を阻害するような私権の行使を禁止しているにとどまり、都市公園としての機能を維持・回復するための私権の行使が制限されているわけではない。最判平成 18・2・21 民集 60 巻 2 号 508 頁が、道路法 4 条の私権行使禁止規定にもかかわらず、市道敷地の占有権に基づく妨害排除請求を認容しているのも、同様の解釈による[60]。

もっとも、都市公園に設置したテントで生活しているホームレスに対して、当該公園を管理している市長が、テントの除却を命じ、行政代執行によって、当該テントを除却した事案において、大阪地判平成 21・3・25 判例自治 324 号

---

[59] 都市公園法の定める簡易（略式）代執行が行われた場合の物件の保管、工作物等の売却・廃棄等について、国土交通省・都市公園法解説 322 頁以下参照。

[60] 北村＝須藤＝中原＝宇那木・行政代執行 84 頁（宇那木正寛執筆）参照。

10頁は、本件除却命令は、各原告に対し当該テントを除却する義務を課すことをその法的効果とする処分にすぎず、それを超えて、本件各公園の敷地である土地の明渡しを命ずる趣旨まで含むものではないとし、本件テント等の除却によって本件テントの設置場所ないしその周辺場所に対する原告らの事実上の排他的支配状態が失われることとなるとしても、それは、本件テントの除却によって生ずる事実上の効果にすぎないと判示した。同判決は、工作物その他の物件または施設によって当該物件または施設の設置場所ないしその周辺場所が事実上その設置者等の排他的支配下に置かれることも少なくないと考えられるところ、そのような場合に当該物件または施設の除却によって当該場所に対する設置者等の事実上の排他的支配状態の消滅という当該施設等の引渡し、ないし明渡しと同等の事実上の効果が生じてしまうことを理由に当該除却命令の代執行が許されないとすると、行政代執行法の適用場面が相当程度限定されたものとなって、行政上の義務の履行確保を原則として行政代執行法による代執行に限定した同法の趣旨が没却されるものというべきであり、原告らの援用する同法の沿革に鑑みても、そのような限定解釈をすべき特段の理由は見いだせないと述べている。同判決は、占有の回復それ自体ではなく、占有の手段となっている物件の除却は代執行が可能という前提に立っている[61]。実際、河川法75条1項、道路法71条1項等、公物管理法に基づく不法占用物件等の除却命令は、その履行確保のために代執行が行われれば、不法占用物件等の除却により実際上明渡しの結果が生ずるとしても、明渡しの義務を課すものではないとして、代執行が実務上行われている。同判決は、このような行政代執行が認められないことになると、公物管理に支障が生ずることを懸念したのではないかと思われる（東京高決平成2・11・29判時1367号3頁も同旨）。このような実務を是認する見解[62]がある一方、本件のホームレスが都市公園について占有していたとすれば、たとえ不法占有であっても、その占有を排除するためには、明渡請求訴訟を提起して、勝訴の確定判決を債務名義として民事執行を行うべきであったという批判もある[63]。この問題を考える場合には、そもそも除却命

---

[61] 同判決に賛成するものとして、津田・行政代執行手続（1）88頁参照。
[62] 広岡・行政代執行法88頁、北村＝須藤＝中原＝宇那木・行政代執行法86頁（宇那木正寛執筆）参照。
[63] 同判決に対する精緻な検討を行い、このような意見を主張するものとして、太田・明渡85頁以下参照。

令等の名宛人に、規範的判断として占有が認められるかを考慮する必要がある。占有が認められないのであれば、除却命令等は、占有を排除することにならず、行政代執行を行うことができると考えられる。また、占有が認められる場合であっても、占有を排除することを目的とせず、物件の除却等のみを行えば行政目的を達する場合にも、当該物件の除却を行政代執行により行うことは妨げられないと思われる。これに対して、除却命令等の名宛人にその敷地の占有が認められる場合には、占有された土地等の明渡しこそが本質であり、物件等の除却は、そのための手段とみられるのではないかと考えられる。したがって、土地所有権に基づく明渡訴訟を提起して民事執行を行うのが、本来のルートであるように思われる。前掲大阪地判平成21・3・25は、そのような解釈をとった場合、行政代執行法の適用範囲が相当に狭くなり、行政運営上の支障が生ずることを懸念して、行政実務に大きな影響を与えることを回避する解釈を採用したものと思われる。学説においては、明渡しの代執行ができない以上、実質的にそれと同様の効果を意図して存置物件の搬出の代執行は許されないとする説がある一方、明渡の義務のうち、直接強制とならない部分を取り出し、代執行の対象にすることを禁止する理由は乏しいという説もある[64]。

規定の解釈をめぐり議論があるのは、土地収用法102条の2第2項前段の規定である。この規定の前身は、旧土地収用法73条であり、「義務者カ本法又ハ本法ニ基ツキテ発スル命令ノ規定ニ依ル義務ヲ履行セス又ハ之ヲ履行スルモ一定ノ期間内ニ終了スルノ見込ナキトキハ地方長官ハ自ラ之ヲ執行シ又ハ他人ヲシテ之ヲ執行セシムルコトヲ得」（同条1項）という代執行の規定と並んで「義務者カ本法又ハ本法ニ基ツキテ発スル命令ノ規定ニ依ル義務ヲ履行セサル場合ニ於テ前項ノ規定ニ依ルコト能ハサルトキハ地方長官ハ直接ニ之ヲ強制スルコトヲ得」（同条2項）という直接強制の規定も設けられていた。したがって、土地建物の明渡しを拒否され、退去に応じない場合には、直接強制により義務者を退去させることも可能であった。しかし、現行の土地収用法102条の2第2項前段（「前条の場合において、土地若しくは物件を引き渡し、又は物件を移転すべき者がその義務を履行しないとき、履行しても充分でないとき、又は履行しても明渡しの期限までに完了する見込がないときは、都道府県知事は、起業者の請求により、行政代執行法…の定めるところに従い、自ら義務者のなすべき行為を

---

[64] 古城・市庁舎明渡請求99頁参照。

し、又は第三者をしてこれをさせることができる」）は、代執行のみを認めるように読める規定になっている。現在の土地収用法（昭和26年法律第219号）の政府案草案には、当初、旧土地収用法73条2項に相当する規定（「前項（代執行を意味する―著者注）の規定によることができないときは、都道府県知事は、直接にこれを強制することができる。この場合において、行政代執行法第3条及び第4条の規定を準用する」）があったが、これが政府提出法案の作成過程で削除されている[65]。したがって、現行の土地収用法102条の2第2項前段が直接強制について定めていないのは、過失による規定漏れではなく、意識的に行われたものであった。すなわち、立案担当者は、明渡裁決において定められた明渡しの期限までに、起業者に土地もしくは物件を引き渡し、または物件を移転する義務が懈怠された場合、物件の移転については代執行を行うが、人の退去については直接強制を行わず、罰則（同法143条4号）を科して、現行犯として逮捕することにより、直接強制と同様の目的を達しようとしたのである[66]。

　本項が定める代執行は、行政代執行法が定める代執行とは異なる性質がある。旧土地収用法の下においては、収用裁決を行う収用審査会は、内務省の地方支分部局の長である地方長官が会長を務める合議制機関であり、裁決で課された代替的作為義務を代執行する権限は地方長官に付与されていたので、自力救済としての性格が濃厚であった。これに対し、現行の土地収用法の下で、収用裁決を行うのは収用委員会であり、都道府県知事の所轄に属するが、職権行使の独立性を保障されている。しかし、代執行を行うのは、収用委員会ではなく、都道府県知事であり、かつ、起業者の請求に基づいて行うことになっている。一般的には、義務を課した行政庁自身が代執行を行うこととなるが、土地収用法102条の2第2項の規定に基づく代執行は、義務を課す行政庁と代執行を行

65　この削除は、内閣法制局が削除を指示したのではなく、建設省の側で削除する判断をしたという。雄川ほか・行政強制15頁（林修三発言）。この削除がGHQの指示によるものか否かは定かではない。

66　高田＝国宗・土地収用法291頁は、代執行によって目的を達し得ない場合は、直接強制の方法は認められないが、引渡義務違反が犯罪を構成する場合は、違反者は現行犯として逮捕状なしで逮捕されうるとする。また、高田・土地収用法492頁～493頁では、引渡義務違反に対する罰則は、旧土地収用法73条の直接強制に代わるものとして設けられ、行政代執行が行われた場合の人の退去については、罰則を科して現行犯として逮捕することができることとしたと述べられている。

う行政庁が異なる点に特色があるといえる。

　ここでいう「物件を移転」とは、収用の対象とならなかった物件を収用地から撤去する義務であり、建物等の物件をそのままのかたちで牽引して移転することや解体して他の場所で再築することまでは必要なく、建物等を解体して収用地から撤去すれば足りる[67]。「第三者をしてこれをさせることができる」の「第三者」の意味について、下筌ダムサイト事件で熊本県知事が起業者に代執行を委託したことが適法か否かが議論になったが、この「第三者」とは代執行権者である都道府県知事と義務者以外の者を意味するので、起業者に行わせることも可能であるとする解釈を政府はとっている（昭和32年6月24日、建設省計画局総務課長の大阪府土木部総務課長宛回答）。

　同項が定める物件の移転義務自体は代替的作為義務であるので、代執行の対象とすることに問題はないとするのが立法者意思であったと考えられる。これに対して、土地または物件の引渡し義務は非代替的作為義務ではないのか、引渡しの履行確保のためには直接強制が必要ではないのかという疑問が生ずる。もっとも、同項が定める代執行は、一般的には物件移転の代執行として行われ、引渡しの代執行が行われることは通常はないので、同項の解釈が実務上問題になることは稀である。すなわち、下筌ダムサイトの収用に係る1964（昭和39）年の代執行は、物件移転の代執行としてのみ行われたし[68]、新東京国際空港（現在は成田国際空港）建設事業に伴い1971（昭和46）年に行われたいわゆる「成田代執行」において、新東京国際空港公団（現在は成田国際空港株式会社）は千葉県知事に対して「土地引渡しおよび物件移転の代執行」を請求したが、千葉県知事は「物件移転の代執行」を行っている。

　しかし、義務者が実力で占有解除に抵抗する場合や、実力による抵抗はなくても、義務者による占有放棄があったとはみなしにくい場合には、引渡しの代執行が問題にならざるを得なくなるから[69]、同項の解釈は、理論上のみならず、実務上も重要な問題であるといえる。同項については、以下のように解釈が分かれている。

　67　広岡・行政代執行法31頁参照。
　68　その理由は、土地の占有を反対派が続けても、物件移転の代執行が終了すれば、土地は現実に起業者の手に渡るので、土地の引渡しを求める必要はないと考えたからとのことである（井上ほか・下筌ダムサイト69頁の西原俊策発言参照）。
　69　小澤・土地収用法70頁参照。

第 1 に、この規定は、物件の移転については代執行を認めるが、土地・物件の引渡しについては一種の直接強制を認めたものであり、「行政代執行法の定めるところに従い」とは、戒告、代執行令書による通知等の手続を準用する趣旨と解する説がある[70]。第 2 に、引渡義務の履行を確保するための代執行はできないので、その部分は無意味であり空文であるとする説がある[71]。1971（昭和 46）年に実施された新東京国際空港に係る代執行について、起業者が物件移転の代執行と土地引渡しの代執行の双方を請求したのに対して、千葉県知事が物件移転の代執行のみを行ったのは、空文説によるものとみられるという指摘がある[72]。第 3 に、存置物件の搬出の代執行を定めた規定であり、それにより事実上明渡しが実現することを期待したものとみる説がある[73]。この説の影響を受けたと思われる裁判例として、東京地決昭和 56・10・19 判時 1022 号 32 頁、福岡地判平成 5・12・14 判例自治 143 号 72 頁がある。明渡裁決を受けた土地の引渡しおよび物件の移転の義務を履行しない者に対して代執行が行われた事案において、原告らが、代替的作為義務に該当しないのになされた代執行は違法であるとして、代執行費用納付命令の取消訴訟を提起したところ、福岡地判平成 5・12・14 判例自治 143 号 72 頁は、「本件代執行により、原告らに対して課せられた義務は、『土地若しくは物件を引き渡す義務』であるところ、右義務は、引渡義務者が身体的実力で引渡しを拒否するため身体に対する直接強制を必要とする場合を除き、義務者が引渡しの対象である土地若しくは物件を家財道具等の存置により占有している場合は、存置された物件を搬出することにより占有を解き、引渡しの対象である土地物件の現実の支配を起業者に取得させることで足りるのであって、本件代執行においては、被告は、引渡対象土地上の物件（建物、工作物、立木等）を当該土地上から除去、搬出した上、当該土地を起業者に対して引き渡したものと推認され、原告らが身体的実力を

---

[70] 大浜・行政法総論 427 頁、関・自治体行政 41 頁参照。遠藤・実定行政法 102〜103 頁は特殊の代執行または実質的に直接強制を認めたものと解するほかないとするので、この説と同旨かと思われる。

[71] 小澤・土地収用法下 544 頁、広岡・行政法閑談 156 頁、広岡・行政代執行法 60 頁、105 頁参照。小澤教授は、更地については、起業者は、引渡しの代執行という手段をとることなく、適宜占有を開始してよいとする。小澤・土地収用法下 544 頁参照。

[72] 小澤・土地収用法 71 頁参照。

[73] 雄川ほか・行政強制 51 頁（広岡隆発言）参照。なお、広岡教授は、後述のように、その後、改説している。広岡・行政法閑談 152 頁参照。

もって引渡しを拒否した事実も認められないのであるから、右の原告らの主張は理由がない」と判示している。第4に、引渡しを引渡しの意思表示と所持の移転に分離し、引渡しの意思表示は代理により行いうる代替的作為義務であるとして引渡しの代執行を認める説が存在する（所持の移転は履行補助者によってなしうるとする）。この説は、土地の明渡しは直接強制であるという民事執行の考え方をそのまま行政強制に持ち込む必要はないとして、可能な限り代執行の範囲を広げようとする工夫をしたもので、注目に値するものである。この説による場合、引渡し義務者が実力で引渡しを拒否する場合以外は、引渡し義務は代替的作為義務であるということになる[74]。

　第1説には、引渡義務の強制は直接強制であるべきという一般的論理との不整合を生じないというメリットがある。他面、同項の「自ら義務者のなすべき行為をし、又は第三者をしてこれをさせることができる」という文言は、行政代執行法2条の「自ら義務者のなすべき行為をなし、又は第三者をしてこれをなさしめ」と同様の表現になっており、これを直接強制と解するのは文理に反するという問題、旧土地収用法73条2項の直接強制の規定を意識的に承継せず、直接強制の役割を引渡義務違反に対する罰則（同法143条4号）で代替しようとした立法者意思に整合しないという問題を抱える。第2説については、引渡義務の履行を確保するための代執行はできないということはそのとおりであるとしても、旧土地収用法73条との相違を意識して設けられた規定を空文と位置づけてしまうことは躊躇される。第3説については、確かに通常の場合であれば、かかる解釈によっても、実際上の要請に応ずることはできると思われる。しかし、明け渡すべき物件に義務者が立て籠もり明渡しに抵抗しているような場合、代執行では対応が困難ではないかという問題がある[75]。第4説についても、相手の意思に反した強制執行という局面において本人の利益のための代理制度を用いるのは不合理ではないか、義務者が実力で引渡しを拒むか否かという義務者の対応如何で代替的作為義務か否かが左右されるのは不合理で

---

[74] 桃井・代執行12頁参照。田村・行政代執行123頁も、知事等が当該土地において起業者に対する引渡しを行う旨宣言し、引渡しを示す文書に調印をするといった方法、これに付随する行為として、立札を立てる等によって占有の移転があったことを外形的に表示する行為を代執行することができるとする。

[75] 第3説によれば、身体的抵抗を行えば、代執行ができなくなるので、身体的抵抗を助長することになりかねないという指摘もある。小山・代執行71頁参照。

はないかという問題が指摘されうる[76]。

　明渡しの義務を負う者が明渡しの対象である土地・建物を占有し、退去を拒否する場合には、占有者の身体に実力を行使して占有を解く必要があり、かかる実力行使は直接強制に該当し、代執行には当たらないので、土地収用法102条の2第2項前段の規定に基づいて、かかる直接強制を行うことはできないと考えられる。かかる直接強制を行うためには、「学校施設の確保に関する政令」21条1項のように直接強制を認める明文の規定を設ける必要がある。土地収用法102条の2第2項前段の規定は、土地・建物の明渡しを実現するために、その前提となる収用対象外物件を収用地から撤去することを認める意義を有するにとどまると解される。したがって、強いていえば、消去法により、現行法の解釈としては、空文説がもっとも問題が小さいと思われる。

　もっとも、この説を含め、いずれの説にも難点があるが、これは、土地収用法102条の2第2項の規定自体が不明瞭である以上やむを得ず、立法による整理が望ましい[77]。起業者が権利取得裁決により土地を原始取得する以上、明渡裁決で定められた明渡期限後は、土地所有権に基づいて民事執行を行うことができるので、土地の引渡しは民事執行によるという整理もありうると思われる。

(3) 土地区画整理事業施行者による建物等の移転・除却

　代執行と似て非なるものとして、土地区画整理事業施行者が行う直接執行がある。土地区画整理法77条1項は、「施行者は、第98条第1項の規定により仮換地若しくは仮換地について仮に権利の目的となるべき宅地若しくはその部分を指定した場合、第100条第1項の規定により従前の宅地若しくはその部分について使用し、若しくは収益することを停止させた場合又は公共施設の変更若しくは廃止に関する工事を施行する場合において、従前の宅地又は公共施設の用に供する土地に存する建築物その他の工作物又は竹木土石等（以下これらをこの条及び次条において「建築物等」と総称する。）を移転し、又は除却することが必要となつたときは、これらの建築物等を移転し、又は除却することができる」と定めている。そして、「施行者は、前項の規定により建築物等を移転し、又は除却しようとする場合においては、相当の期限を定め、その期限後においてはこれを移転し、又は除却する旨をその建築物等の所有者及び占有者に

---

[76]　小澤・土地収用法71頁〜72頁参照。

[77]　広岡・行政法閑談156頁は、この問題について解釈学のエレジーを聞く思いがすると述べている。

対し通知するとともに、その期限までに自ら移転し、又は除却する意思の有無をその所有者に対し照会しなければならない」としている（同法77条2項）。この場合には、建築物等の所有者に移転または除却をする義務が課されているわけではない。土地区画整理事業施行者には、所有者の意思にかかわらず、建築物等を移転または除却をする権限が付与されており、相当の期限内に任意に移転または除却を行う意思があるかを所有者に照会する義務を土地区画整理事業施行者に課しているにとどまる。したがって、相当の期限内に所有者が自ら移転し、または除却する意思を示さなかったために、期限後に土地区画整理事業施行者が当該建築物等を移転または除却したとしても、それは代替的作為義務の代執行ではないのである。同条4項は、「第1項の規定により建築物等を移転し、又は除却しようとする場合において、施行者は、過失がなくて建築物等の所有者を確知することができないときは、これに対し同項の通知をしないで、移転し、又は除却することができる。この場合においては、相当の期限を定め、その期限後においてはこれを移転し、又は除却する旨の公告をしなければならない」と定めている。そして、「施行者は、第2項の規定により建築物等の所有者に通知した期限後又は第4項後段の規定により公告された期限後においては、いつでも自ら建築物等を移転し、若しくは除却し、又はその命じた者若しくは委任した者に建築物等を移転させ、若しくは除却させることができる」（同条8項前段）とされている。同条4項・8項前段の規定に基づく移転または除却は、簡易（略式）代執行のようにみえるが、所有者に移転または除却の義務を課しているわけではないので、簡易（略式）代執行ではない（これに対し、同法76条4項の規定に基づく移転または除却命令により課された代替的作為義務を履行しない場合には、行政代執行を行うことができる）。

(4) 自動車登録番号票の領置

　貨物自動車運送事業法34条は、「国土交通大臣は、前条の規定により事業用自動車の使用の停止又は事業の停止を命じたときは、当該事業用自動車の道路運送車両法による自動車検査証を国土交通大臣に返納し、又は当該事業用自動車の同法による自動車登録番号標及びその封印を取り外した上、その自動車登録番号標について国土交通大臣の領置を受けるべきことを命ずることができる」と規定している。事業用自動車の使用の停止または事業の停止は不作為義務であり、自動車検査証を国土交通大臣に返納することは非代替的作為義務であり、自動車登録番号標及びその封印を取り外しは、それ自体をみれば代替的

作為義務である。自動車登録番号標について国土交通大臣の領置を受けることは、領置を受忍する義務であるが、領置期間中、返還請求を禁止する不作為義務ともいえる。問題は、自動車登録番号標およびその封印の取り外しの部分について、代執行の対象になるか否かである。この部分のみに限定すれば代替的作為義務であるので、代執行の対象になりそうであるが、自動車登録番号標およびその封印の取り外しは、自動車登録番号標の領置の前提であるので、領置命令の一部をなすとみれば、自動車登録番号標およびその封印の取り外しの部分のみを切り離して代執行の対象にすることには疑問が生ずることになる[78]。

(5) 不作為義務

　不作為義務については、代執行による履行確保はできないので、直接に実力を行使して義務の履行確保を行うためには、直接強制の根拠法が必要になる。たとえば、建物の使用禁止命令や営業停止命令により課される義務は不作為義務であるので、それに従わない場合、当該建物の周囲に有刺鉄線を張って建物に入れないようにしたり、営業禁止命令に従わない場合、当該営業所を板で囲んで営業をできなくしたりすることは直接強制である。しかし、直接強制の立法例は少なく、現在のわが国の立法においては、不作為義務の履行を確保するために、義務違反に対する罰則を定め、罰則の威嚇力により、履行を心理的に強制する仕組みが一般的である。たとえば、感染症の予防及び感染症の患者に対する医療に関する法律18条2項が定める感染症患者に対する就業禁止命令についても、その違反に対しては刑罰が定められている（同法77条4号）。前記の例において、有刺鉄線を張る行為や板で囲む行為自体は他人が代わってすることができるが、建物の使用禁止命令や営業禁止命令の名宛人が課されているのは不作為義務であって、有刺鉄線を張る行為や板で囲む行為をする作為義務ではない。これらの場合、行政代執行を行うことができるようにするためには、不作為義務を負う者に対して有刺鉄線を張る行為や板で囲む行為を命ずる根拠規定を設け、かかる行為を命ずることによって、不作為義務を代替的作為義務に転換する必要がある。

　たとえば、公物占用許可を受けることなく公物を占用することを禁止する不作為義務に違反して、工作物等が設置され、公物が不法占用された場合、当該工作物の除却を命ずる規定を設けることによって、相手方に代替的作為義務を

---

[78] 田中＝雄川・行政法演習Ⅰ 219頁以下（広岡隆執筆）参照。

課して、代執行を可能とすることを意図した仕組みがとられている場合がある。道路法32条1項の規定に基づく道路占用許可を受けずに、工作物を設置した者に対して、同法71条1項1号の規定に基づき、除却を命ずるのがその例である（河川法26条1項、75条1項1号、都市公園法6条1項、27条1項1号、建築基準法9条1項、土地区画整理法76条4項、農地法51条、廃棄物処理法19条の4〜19条の6，屋外広告物法7条1項等も参照）。したがって、地方公共団体が、条例で不作為義務を課す場合、その違反に対して罰則の規定を設けるのみならず、代替的作為義務に転化して代執行による履行確保の手段を用いうるようにする必要がないかを慎重に検討することが望まれる。

　過去において、不作為義務を作為義務に転換する根拠規定なしに代執行が行われた例がある。福岡高宮崎支決昭和40・5・14行集16巻6号1091頁の事案がそれである。この事案においては、養ほう振興法（平成24年法律第45号により養蜂振興法に題名改正）4条1項が、他の都道府県の区域内に転飼しようとする養蜂業者は、事前に転飼しようとする場所を管轄する都道府県知事の許可を受けなければならないと定め、無許可で他の都道府県の区域内に転飼することを禁止する不作為義務を課していたところ、この規定に違反して、無許可で他の都道府県の区域内に転飼した養蜂業者に対して、宮崎県知事が県外への撤去を命じ、撤去義務に違反したとして代執行を行ったのである。この事案では、無許可で他の都道府県の区域内に転飼することを禁止する同法4条1項の規定が撤去命令の根拠規定であると解して撤去命令がなされたのであるが、無許可で他の都道府県の区域内に転飼することを禁止する不作為義務を課すこの規定を撤去命令の根拠規定と解することには無理があり、不作為義務の実効性を罰則（同法12条）のみで担保する趣旨と解さざるをえない[79]。これに対し、大阪府蜜蜂の飼育の規制に関する条例では、大阪府の区域内で蜜蜂の飼育を行う者一般に、人が常時出入り通行し、または集合する場所から規則で定める距離内に巣箱を置くことを禁止する不作為義務を課すとともに（同条例4条1号）、飼育者がこの義務に違反したときは、知事は、巣箱の除去等の蜜蜂による危害を防止するため必要な措置をとることを命ずることができるとしている（同条例6条）。すなわち、同条例4条1号の不作為義務を作為義務に転換する根拠規定（同条例6条）が存在し、同条の規定に基づき、除却命令を発して代替的作

---

[79] 広岡・行政代執行法69頁参照。

為義務を課し、その違反に対して代執行を行うことができる。同条例は、蜜蜂による危害の防止を目的とするのに対し、養蜂振興法は、蜜蜂による生産物の増産を図り、併せて農作物等の花粉受精の効率化に資することを目的とするのであり（同法1条）、両者は目的を異にし、前者の運用により後者の目的と効果を阻害しないので、同条例が法律に違反することはない[80]。

IV 代替的作為義務の特定

代替的作為義務がいかなる義務かは、名宛人が認識可能なように特定されていなければならないが、埼玉県の旧浦和市高砂町において、家具商が県道を不法占用し、軒を作って家具類を道路に置いたため、原状回復命令を出して代執行を行った事案においては、種々の家具が絶えず問屋から運搬され物件の特定が困難であったため、原状回復命令書や戒告書では「軒及び家具類」という記載がされた[81]。これはやむを得ないと思われる。東京地判昭和54・8・21行集30巻8号1410頁も、ある物件が除却命令等の対象とされているか否かは除却命令等において当該物件の個別的、具体的名称が記載されているか否かということだけから即断すべきではなく、除却命令等の全体の記載を合理的に解釈して判断すべきであり、書面に添付された図面等により代替的作為義務の対象となることが特定されていれば足りるとする。新宿西口の段ボール小屋撤去事件（最決平成14・9・30刑集56巻7号395頁）では、行政代執行という方法がとられず、道路の清掃という名目で段ボール小屋の撤去という方式がとられた。同事件の一審判決（東京地判平成9・3・6判時1599号41頁）は、本来は行政代執行その他の行政上の実力行使の手続ないし措置によるべきであったと認定しているが、段ボール小屋という移動が容易な物件であり、代執行対象物件の特定が現実に困難であったことが、代執行という方法がとられなかった理由であった[82]。しかし、個々の段ボール小屋の特定をしなくても、特定の地域に存在する段ボール小屋という特定の仕方でも代執行対象物件の特定として足りたようにも思われる。

また、代替的作為義務の履行方法が画一的である必要はない。違反建築物の改築命令の場合にも、その義務の履行のための技術的方法は複数考えられることが稀でないと思われる。容積率（建築基準法52条）または建蔽率（同法53

80　広岡・行政代執行法70頁参照。
81　広岡・強制執行329頁〜330頁注10参照。
82　金井・強制立退き（下）90頁、94頁参照。

条）違反の場合、「容積率（または建蔽率）違反の部分を除却すること」または「改修により容積率（または建蔽率）を適法にすること」という命令でも足り、いかなる方法でこの義務を履行するかは、名宛人に委ねてよいと考えられる。かかる場合、代執行が必要になれば、行政庁は、履行に要する費用、時間、名宛人に与える不利益、工事中の安全、近隣環境への配慮等を斟酌して最も合理的方法で代執行を行うことができると思われる[83]。他の条件が同一であるならば、名宛人の費用負担が最小になる履行方法を選択すべきであろう。

　希少な有害物質の排出量を基準値以下に減少させる義務のように、その分野の専門家でないと、方法が分からない場合もありうるが、そのような場合であっても、行政庁が専門家の助言・指導を仰ぐことにより自ら、または、専門業者に委託することにより、代執行が可能な場合には、やはり代替的作為義務といえる[84]。予防消防行政において、固定的消防設備等の設置工事について、技術性が高く、その方法に選択の余地があることから、代替的作為義務とはいえないとする認識が一部の消防職員にあるようであるが[85]、かかる場合であっても、代替的作為義務とみるべきであろう。この点について、福岡高宮崎支決昭和40・5・14行集16巻6号1091頁の事案においては、養ほう振興法（当時。平成24年法律第45号により養蜂振興法に題名改正）4条1項の規定に違反して、無許可で蜜蜂の転飼をした者に対して蜜蜂の県外への撤去に係る代執行を行うための戒告がなされた。義務者は、蜜蜂の移動には専門的知識が不可欠であり、他者により移動させれば蜜蜂を死滅させることになるから代執行に適しないと主張したが、同決定は、専門家を利用することにより、蜜蜂を死滅させることなく撤去可能であるから、代執行可能と判示している。もっとも、専門家に依頼する場合、その報酬を支払う必要が生じ、義務者が自ら行う場合と比較して、より多額の費用がかかることはありうるが、そのことにより直ちに代執行に適しないということにはならないであろう。ただし、義務者以外に専門家がおらず、義務者による履行以外に方法がない場合が仮にあったとすれば、当該義務は代執行に適しないということになろう。かかる場合には、執行罰（強制金）、直接強制等の他の強制手段を設ける必要があろう。

　　83　雄川ほか・行政強制47頁〜48頁、広岡・行政代執行法56頁、広岡・仮の救済84頁参照。
　　84　広岡・行政代執行法57頁参照。
　　85　北村・行政執行過程212頁参照。

公害規制に関する法令に基づき改善命令を出す場合には、改善の方法は、通常複数考えられる。そこで、改善命令を出す段階で、改善方法を一つに限定せず、選択肢を示すこともある。たとえば、騒音規制法は、市町村長は、特定施設の設置または特定施設の数等の変更の届出（同法6条1項、8条1項）があった場合において、その届出に係る特定工場等において発生する騒音が規制基準に適合しないことによりその特定工場等の周辺の生活環境が損なわれると認めるときは、その届出を受理した日から30日以内に限り、その届出をした者に対し、その事態を除去するために必要な限度において、騒音の防止の方法または特定施設の使用の方法もしくは配置に関する計画を変更すべきことを勧告することができ（同法9条1項）、指定地域内に設置されている特定工場等において発生する騒音が規制基準に適合しないことによりその特定工場等の周辺の生活環境が損なわれると認めるときは、当該特定工場等を設置している者に対し、期限を定めて、その事態を除去するために必要な限度において、騒音の防止の方法を改善し、または特定施設の使用の方法もしくは配置を変更すべきことを勧告することができることとしている（同法12条1項）。そして、市町村長は、同法9条の規定による勧告を受けた者がその勧告に従わないで特定施設を設置しているとき、または同法12条1項の規定による勧告を受けた者がその勧告に従わないときは、期限を定めて、同法9条または同法12条1項の事態を除去するために必要な限度において、騒音の防止の方法の改善または特定施設の使用の方法もしくは配置の変更を命ずることができることとされている（同条2項）。同項の規定に基づく命令を履行する方法は複数ありうる。そこで、騒音レベルを工場敷地境界線において午前6時から午後9時までは65ホン、午後9時から午前6時までは55ホン以下に引き下げることを命じ、そのための具体的方法を明示した上で、それと同等以上の効果のある措置を講ずることを命じた例がある。また、悪臭を発生する工場に対して、公害防止条例に基づき、改善方法を具体的に明示するとともに、それによりがたい場合には、それと同等以上の効果のある措置をとることを命じた例がある[86]。これらの場合、改善方法は一つには限定できず、複数ありうるが、行政庁として最も適切と考える方法を明示した上で、それと同等以上の効果のある方法によることも許容する改善命令は、合理的なものといえよう。上記のような選択肢を示した改善命令

---

[86] 以上の例について、広岡・行政代執行法107頁～108頁参照。

により課された義務は、不作為という方法により履行されることもありうる。たとえば、上記の騒音規制の例でいえば、午後9時から午前6時までは操業しないという方法により、改善命令で具体的に示された方法以上の効果のある改善策を講ずることができる。しかし、このことは、上記の改善命令が代執行になじまないことを意味するわけではないと考えられる。代替的作為義務の概念を安易に拡大することは、国民の権利保護の観点から妥当でないが[87]、代執行の方法の選択については、改善命令で示した具体的方法が、事業経営に与える影響ができる限り小さくなるように、かつ、事業者に生ずる経済的負担が最小になるように配慮して決定されたものである限り、その方法によって代執行を行ってよいと思われる[88]。代執行可能性に判断の余地がある場合には、行政庁が代執行を決定する場合に公正な判断手続をとることも代執行権承認の要件となるとする説もある[89]。改善命令で示した具体的方法が、事業経営に与える影響ができる限り小さくなるように、かつ、事業者に生ずる経済的負担が最小になるように配慮した決定を行うに当たっては、専門家の意見を徴する等の手続を踏むべきであろう。

なお、上記のように、義務を履行する複数の選択肢がある場合、強制金制度があれば、まずはそれにより義務の履行を促し、義務者が履行方法を選択することができるようにすることが望ましい。

V 代替的作為義務の類型

代執行の前提となる代替的作為義務の中には、主として危険の低減の観点から課される義務が少なくない。建築基準法は、「国民の生命、健康及び財産の保護」(同法1条)を目的とするが、代執行に至るのは、一般に、周辺住民(当該建築物の利用者も含まれる場合もある)の生命や身体の安全に危険が及ぶような場合である。建築基準法9条1項が例示する代替的作為義務は、建築物の除

---

[87] 細川・義務履行645頁参照。原田・環境法123頁〜124頁も、複数の選択肢の一つを事業者に強制することが、企業経営権に対する不当な干渉とならないか、若干の危惧がなくはないとする。

[88] 規制基準を遵守する上での改善方法の選択性については、建築基準法上の建蔽率・容積率違反の建築物に対する是正命令においてもみられることであり、とくに公害規制行政をこれと区別する理由はないとするものとして、浜川・代執行345頁、村上・代執行99頁参照。

[89] 磯野・義務履行確保237頁参照。

却、移転、改築、増築、修繕等である。家屋の清掃・消毒、防災施設の設置、工場などの施設の改善、土地の形質の原状回復等も、危険の低減の観点からの代替的作為義務といえる[90]。

近年増加しているのが、空家法に基づく代執行である。市町村長は、特定空家等の所有者等に対し、当該特定空家等に関し、除却、修繕、立木竹の伐採その他周辺の生活環境の保全を図るために必要な措置をとるよう助言または指導をすることができ（同法22条1項）、助言または指導をした場合において、なお当該空家等の状態が改善されないと認めるときは、当該助言または指導を受けた者に対し、相当の猶予期限を付けて、必要な措置をとることを勧告することができる（同条2項）。そして、勧告を受けた者が正当な理由なくてその勧告に係る措置をとらなかった場合において、特に必要があると認めるときは、その者に対し、相当の猶予期限を付けて、その勧告に係る措置をとることを命ずることができ（同条3項）、その措置を命ぜられた者がその措置を履行しないとき、履行しても十分でないとき、または履行しても期限までに完了する見込みがないときは、行政代執行法に定めるところに従い、自らの義務者のなすべき行為をし、または第三者をしてこれをさせることができる（同条9項）。

産業保安監督部長は、鉱業上使用する機械、器具、建設物、工作物その他の施設の使用または火薬類その他の材料、動力もしくは火気の取扱いその他鉱業の実施の方法が、鉱山保安法または同法に基づく経済産業省令に違反していると認めるときは、鉱業権者に対し、その施設の使用の改造、修理もしくは移転または鉱業の実施の方法の指定その他保安のため必要な事項を命ずることができる（同法36条）。この義務を鉱業権者が履行しない場合、代執行を行うことがありうる。また、同法38条は、産業保安監督部長は、鉱山（侵掘した場所を含む）における被災者を救出するため必要があると認めるときは、鉱業権者に対し、必要な措置を講ずることを命ずることができると規定しており、これに基づき被災者救出作業のための労務の提供が命じられた場合、当該命令により代替的作為義務が課されたと解しうる[91]。

宅地造成及び特定盛土等規制法20条2項は、宅地造成工事等規制区域内において行われている宅地造成等に関する同項各号に掲げる工事については、都道府県知事は、当該工事主または当該工事の請負人（請負工事の下請人を含む）

---

[90] 広岡・行政代執行法55頁参照。
[91] 広岡・行政代執行法56頁～57頁参照。

もしくは現場管理者に対して、相当の猶予期限を付けて、擁壁等の設置その他宅地造成等に伴う災害の防止のため必要な措置をとることを命ずることができると定めている。また、同条3項において、都道府県知事は、宅地造成工事等規制区域内の同項各号に掲げる土地については、当該土地の所有者、管理者もしくは占有者または当該工事主に対して、相当の猶予期限を付けて、災害防止措置をとることを命ずることができると規定されている。さらに、同法23条1項において、宅地造成等工事規制区域内の土地で、宅地造成もしくは特定盛土等に伴う災害の防止のため必要な擁壁等が設置されておらず、もしくはきわめて不完全であり、または、土石の堆積に伴う災害の防止のため必要な措置がとられておらず、もしくはきわめて不十分であるために、これを放置するときは、宅地造成等に伴う災害の発生のおそれが大きいと認められるものがある場合においては、その災害の防止のため必要であり、かつ、土地の利用状況その他の状況からみて相当であると認められる限度において、都道府県知事は、当該造成工事等規制区域内の土地または擁壁等の所有者、管理者または占有者に対して、相当の猶予期限を付けて、擁壁等の設置もしくは改造、地形もしくは盛土の改良または土石の除却のための工事を行うことを命ずることができると定められている。これらの措置命令によって課された代替的作為義務を履行しない場合、代執行を行うことが考えられる。

　行政実務上、代執行が行われる代表例は、公物の不法占用者に対して、公物管理法に基づき除却命令等により代替的作為義務が課され、その履行確保のために行われる場合である。河川区域内の土地を不法占用している者（河川法24条違反）、河川区域内の土地に無許可で工作物を建設した者に対して、河川管理者が同法75条1項の規定に基づき除却を命じ、この命令に従わない場合に代執行を行うことは少なくない。また、河川区域内の土地から無許可で土石を採取したり（同法25条違反）、河川区域内の土地を無許可で掘削したりした者（同法27条1項本文）に対して、同法75条1項の規定に基づき原状回復を命じ、名宛人がこの義務を履行しない場合に代執行が行われることもある。また、道路上に無許可で露店等を設置した者（道路法32条1項違反）に対し、同法71条1項の規定に基づき除却命令等の監督処分が行われ、それにより課された代替的作為義務を履行しない場合に、代執行が行われることも稀でない。

　都市公園法6条1項（「都市公園に公園施設以外の工作物その他の物件又は施設を設けて都市公園を占用しようとするときは、公園管理者の許可を受けなければな

らない」）の規定に違反して無許可で都市公園を占用している者に対して同法27条1項の規定に基づいて改築、移転または除却等を命じたり、同法6条1項の規定に基づく占用許可期間が満了した者に対して、同法10条1項の規定に基づき原状回復を命じたりすることにより、代替的作為義務を課し、その義務の不履行に対して代執行が行われている。

　港湾区域内の水域を無許可で占用する者（港湾法37条1項1号違反）に対して、同法56条の4第1項の規定に基づき、港湾管理者が撤去を命じ、これにより課された代替的作為義務を履行しない場合に代執行を行われる場合がある。海岸管理者以外の者が海岸保全区域（公共海岸の土地に限る）内において、海岸保全施設以外の工作物を無許可で設けて当該海岸保全区域を占用している場合（海岸法7条1項違反）、海岸管理者は、その除却を命ずることができる（同法12条1項1号）。これにより課された代替的作為義務を履行しない場合に代執行が行われることがある。

　また、「公共団体ノ管理スル公共用土地物件ノ使用ニ関スル法律」に基づき撤去命令等が出される例もある。同法1条は、「公共団体ニ於テ管理スル道路、公園、堤塘、溝渠其ノ他公共ノ用ニ供スル土地物件ヲ濫ニ使用シ又ハ許可ノ条件ニ反シテ使用スル者ニ対シ管理者タル行政庁ハ地上物件ノ撤去其ノ他原状回復ノ為必要ナル措置ヲ命スルコトヲ得」と規定している。公物管理法の適用を受ける法定公物の場合には、公物管理法の監督処分の規定に基づき除却命令等が出されることになるが、公物管理法の適用を受けない法定外公共物の場合には、「公共団体ノ管理スル公共用土地物件ノ使用ニ関スル法律」1条の規定に基づく撤去命令等を行い、これにより課された代替的作為義務を履行しない場合に代執行を行うことがある（具体例として、東京地判昭和35・9・8行集11巻9号2677頁参照）[92]。

　さらに、公物管理に係る監督処分が条例で定められていることもあり、条例の規定に基づき課された代替的作為義務を履行しない場合において代執行が行われる例もある。具体例としては、当時の東京都中央卸売市場業務規程（昭和23年東京都条例第147号）に基づき行政財産である東京都中央卸売市場の土地の使用許可を撤回し、建物の移転命令を発し、この義務の不履行を理由として代執行が行われた例がある（東京地判昭和39・10・5判タ170号234

---

[92] 法定外公共物に係る代執行については、寳金・里道・水路・海浜366頁以下参照。

頁、東京高判昭和44・3・27判時553号26頁、最判昭和49・2・5民集28巻1号1頁)。

　主として景観・風致の保護の観点から課される義務の不履行の場合に代執行が行われることもある。環境大臣は国立公園について、都道府県知事は国定公園について、当該公園の保護のために必要があると認めるときは、特別地域 (特別保護地区を除く) 内において、無許可で鉱物を掘採し、または土石を採取する行為 (自然公園法20条3項4号違反) を行う者に対して、原状回復を命じ、もしくは原状回復が著しく困難である場合に、これに代わるべき必要な措置をとるべき旨を命ずることができる (同法34条1項)。この代替的作為義務を履行しない場合、代執行が行われうる。

　都道府県知事は、条例で定めるところにより、広告物の表示等の禁止 (屋外広告物法3条)、広告物の表示等の制限 (同法4条)、広告物の表示の方法等の基準 (同法5条) の規定に基づく条例に違反した広告物を表示し、もしくは当該条例に違反した掲出物件を設置し、またはこれらを管理する者に対し、相当の期限を定め、これらの除却その他必要な措置を命ずることができる (同法7条1項)。この措置命令は、良好な景観を形成し、または風致を維持する目的のみならず、公衆に対する危害を防止するためにも行うことができる。

　公共性の高い事業の確実な遂行の観点から課される義務の履行を確保するために代執行が行われることもある。土地収用法102条の2第2項は、土地もしくは物件を引き渡し、または物件を移転すべき者がその義務を履行しないとき、履行しても充分でないとき、または履行しても明渡しの期限までに完了する見込みがないときは、都道府県知事は、起業者の請求により、行政代執行法の定めるところに従い、自ら義務者のなすべき行為をし、または第三者をしてこれをさせることができ、物件を移転すべき者が明渡裁決に係る移転の代行の提供の受領を拒んだときも、同様とすると定めている。この規定の意義については、前述したように議論があるが、千葉地決昭和46・2・28行集22巻1・2号146頁の事案においては、新東京国際空港公団 (当時) から千葉県知事に対して、本件土地の引渡しおよび物件の移転の代執行が請求され、千葉県知事は、物件の移転の代執行を行っている。

　土地区画整理法は、同法76条1項各号に掲げる公告があつた日後、同法103条4項の公告がある日までは、施行地区内において、土地区画整理事業の施行の障害となるおそれがある土地の形質の変更もしくは建築物その他の工作

物の新築、改築もしくは増築を行い、または政令で定める移動の容易でない物件の設置もしくは堆積を行おうとする者は、国土交通大臣が施行する土地区画整理事業にあっては国土交通大臣の、その他の者が施行する土地区画整理事業にあっては都道府県知事（市の区域内において個人施行者、組合もしくは区画整理会社が施行し、または市が同法3条4項の規定により施行する土地区画整理事業にあっては、当該市の長。以下「都道府県知事等」という）の許可を受けなければならないと定める（同法76条1項柱書）。そして、国土交通大臣または都道府県知事等は、同項の規定に違反した者がある場合においては、その者またはその者から当該土地、建築物その他の工作物または物件についての権利を承継した者に対して、相当の期限を定めて、土地区画整理事業の施行に対する障害を排除するため必要な限度において、当該土地の原状回復を命じ、または当該建築物その他の工作物もしくは物件の移転もしくは除却を命ずることができる（同条4項）。同項の規定に基づく代替的作為義務を履行しない場合、代執行がなされる場合がある。

また、公有水面埋立法31条は、「埋立ニ関スル工事ニ著手スルコトヲ得ル場合ニ於テハ都道府県知事ハ其ノ工事ノ施行区域内ニ於ケル公有水面ニ存スル工作物其ノ他ノ物件ノ除却ヲ其ノ所有者ニ命スルコトヲ得」と規定しており、除却命令により課された代替的作為義務を履行しない場合、代執行がなされることが考えられる。

VI 法律により直接に命じられた義務

行政執行法5条1項1号の規定に基づく代執行と同様、行政代執行法における代執行も、法律により直接に命ぜられた義務と行政庁により命ぜられた義務（行政行為により命ぜられた義務）の双方を対象にしている[93]。法律により直接に命ぜられた義務の例としては、火薬類取締法22条が定める義務がある。同条は、「製造業者若しくは販売業者が…許可の取消しその他の事由により営業を廃止した場合、火薬類を消費する目的で…火薬類の譲受け若しくは輸入の許

---

[93] ドイツでは、連邦行政執行法7条1項で、行政行為に基づく義務のみが代執行の対象となるとされている。広岡・行政代執行法54頁参照。これは、ドイツでは、民事執行において、判決により権利義務関係が具体的に確定されて強制執行の基礎が与えられるのと同様、行政行為により権利義務関係が具体的に確定されて強制執行の基礎が与えられるという考えによるものである。広岡・強制執行14頁注1、91〜92頁参照。

可を受けた者が、その火薬類を消費し、若しくは消費することを要しなくなった場合又は…火薬類の消費の許可を受けた者がその許可を取り消された場合において、なお火薬類の残量があるときは、遅滞なくその火薬類を譲り渡し、又は廃棄しなければならない。相続若しくは遺贈又は法人の合併若しくは分割により火薬類の所有権を取得した者が、その火薬類を消費することを要しなくなつたとき、及び鳥獣の保護及び管理並びに狩猟の適正化に関する法律…に規定する狩猟者登録を受けた者であつて装薬銃を使用するものが、登録の有効期間満了の際火薬類を所持する場合において、その満了の日から1年を経過したときも、同様とする」と定めている。たとえば、火薬類の製造業者が営業を廃止した場合において、火薬類の残量があるときは、当該業者は、それを廃棄する義務を同条により直接に課されていることになる。

　また、大量の油または有害液体物質の排出があったときは、①当該排出された油もしくは有害液体物質が積載されていた船舶の船長または当該排出された油もしくは有害液体物質が管理されていた施設の管理者、②前記①の船舶内にある者および施設の従業者である者以外の者で当該大量の油または有害液体物質の排出の原因となる行為をしたもの（その者が船舶内にある者であるときは、当該船舶の船長）は、直ちに、排出された油または有害液体物質の広がりおよび引き続く油または有害液体物質の排出の防止ならびに排出された油または有害液体物質の除去のための応急措置を講ずる義務を課されている（海洋汚染等及び海上災害の防止に関する法律39条1項）。そして、措置を講ずべき者がその措置を講ぜず、またはこれらの者が講ずる措置のみによっては海洋の汚染を防止することが困難であると認める場合において、排出された油、有害液体物質の抜取り等必要な措置を講ずる代執行権限を海上保安庁長官に付与している（同法41条1項本文）。

　学校施設の確保に関する政令21条は、「この政令の規定により命ぜられ、又はこの政令に基いて管理者により命ぜられた行為を義務者が履行しない場合において、行政代執行…による代執行によつては義務の履行を確保することができないときは、管理者は、直接にこれを強制することができる」と定めているところ、学校施設の確保に関する政令はポツダム政令であり法律の効力を有する。同条は、法律の効力を有する政令により直接課された義務について行政代執行を行うことができることを前提としている。

　土地収用法102条の2第2項の規定に基づく代執行の相手方は、「土地若し

くは物件を引き渡し、又は物件を移転すべき者」であり、明渡裁決があったときに「当該土地又は当該土地にある物件を占有している者」(同法102条)である。明渡裁決の名宛人は「土地所有者及び関係人」であるが、明渡裁決後に当該土地に物件を設置して占有している第三者等も、「当該土地又は当該土地にある物件を占有している者」として代執行の対象になる。しかし、明渡裁決は、「土地所有者及び関係人」に送達されるものの、「当該土地又は当該土地にある物件を占有している者」全員に送達されるわけではない。すなわち、「当該土地又は当該土地にある物件を占有している者」であっても、「土地所有者及び関係人」に当たらない者については、送達されないことになる。かつ、明渡裁決書は公告縦覧に供されることもない。したがって、「当該土地又は当該土地にある物件を占有している者」であっても、「土地所有者及び関係人」に当たらない者は、明渡裁決という行政処分によってではなく、土地収用法102条の規定により直接に明渡義務を負うことになるが、明渡期限を通知されていないことになる。戒告が「相当の履行期限」を定めて行われるとはいえ、明渡期限をこれらの者に通知する規定がないことは問題であり、運用上、通知を行うべきであろう[94]。

　実際に法律により直接に命じられた義務であるとして代執行が行われた例として、秋田地判昭和47・4・3判時665号49頁がある。この事案では、都市公園法5条1項の規定に基づく許可の期間が満了し、許可の更新申請がされなかったにもかかわらず　公園施設を撤去せず、同法10条1項の規定に基づく原状回復義務を履行しない者に対して、代執行が行われており、同判決は、本件で代執行令書による通知を行ったことは代執行の濫用とはいえないと判示している。

　もっとも、代執行の前提となる代替的作為義務は、行政行為による具体化を要しない程度の具体性を持った義務でなければならず、行政行為による具体化を予定して法令が抽象的な義務を定めているにとどまる場合には、法令により課された抽象的な義務の違反を理由として代執行を行うことはできない。戦前の行政執行法の下では、法律により定める義務の具体性が戦後ほど厳しく求められなかったため、戦後は即時強制に分類されるものが、戦前は法律により課された不作為義務の直接強制と解される場合があったが[95]、戦後は、法律による抽象的義務により私人が直接に義務を負うことを認めず、法律による抽象的

94　収用代執行研究会・土地収用58頁〜59頁参照。
95　須藤・行政強制と行政調査57頁参照。

義務を行政処分により具体化して初めて私人が具体的な義務を負うと解されており、法令で行政行為による具体化を必要としない具体性を持つ代替的作為義務を定める立法例は少なく、行政行為により代替的作為義務が課されるのが一般的である[96]。代替的作為義務を個別に行政処分で課すほうが、相手方に事前の意見聴取の機会を付与したり理由を提示したりする等、相手方の手続保障の観点から望ましいといえるので、法律により直接に命じられた代替的作為義務に基づき代執行を行うのは、個別に代替的作為義務を課す行政処分を行うのでは実効性が乏しい例外的場合に限って認められるべきと思われる[97]。

Ⅶ 法律に基づき行政庁により命じられた義務

たとえ法令によって具体的に代替的作為義務が課されていても、義務者がその義務を明確に認識しえない段階で、義務違反として代執行を行ったり、処罰したりすることは望ましくないので、一般的には、行政処分により代替的作為義務を負うことを名宛人に具体的に認識させ、しかる後に義務不履行を理由として代執行を行うことになる（道路法71条1項の規定に基づく除却命令が、除却すべき目的物やその範囲を明示しない場合、無効であるとするものとして、佐賀地判昭和30・4・23行集6巻4号1107頁参照）。具体例を挙げると、消防法は、「学校、病院、工場、事業場、興行場、百貨店、旅館、飲食店、地下街、複合用途防火対象物その他の防火対象物で政令で定めるものの関係者は、政令で定める消防の用に供する設備、消防用水及び消火活動上必要な施設（以下「消防用設備等」という。）について消火、避難その他の消防の活動のために必要とされる性能を有するように、政令で定める技術上の基準に従って、設置し、及び維持しなければならない」（同法17条1項）、「市町村は、その地方の気候又は風土の特殊性により、前項の消防用設備等の技術上の基準に関する政令又はこれに基づく命令の規定のみによつては防火の目的を充分に達し難いと認めるときは、条例で、同項の消防用設備等の技術上の基準に関して、当該政令又はこれに基

---

[96] 広岡・行政代執行法54頁、62頁参照。しかし、法律によって課された義務の緊急代執行と即時強制との差異は、手続上はほぼないと指摘されている。重本・行政強制95頁参照。

[97] 現代の行政が法律→行政行為→強制行為という3段階構造をとって法律を執行していることは明らかであり、ドイツ法的な法治国家の考え方からしても、法律により直接に義務を課して強制行為を行う方式は望ましいものではないと述べるものとして、須藤・即時強制35頁参照。

づく命令の規定と異なる規定を設けることができる」（同条2項）と規定している。同条1項には政令に委任する内容があり、また、同条2項は条例による上乗せ、横出しを認めているが、政令や条例の内容まで参照すれば、「法律（法律の委任に基く命令、規則及び条例を含む…）」（行政代執行法2条）により直接に命じられた義務の内容は、かなりの程度、具体的に認識可能である。しかし、消防法は、「消防長又は消防署長は、第17条第1項の防火対象物における消防用設備等が設備等技術基準に従って設置され、又は維持されていないと認めるときは、当該防火対象物の関係者で権原を有するものに対し、当該設備等技術基準に従ってこれを設置すべきこと、又はその維持のため必要な措置をなすべきことを命ずることができる」（同法17条の4第1項）と定め、この命令に違反した場合に罰則を科すこととしており（同法41条1項5号、44条12号）、同法17条1項、2項違反のみでは処罰されない。かかる仕組みの下では、同法17条の4第1項の規定に基づく措置命令違反が代執行の前提となると解すべきであろう[98]。

また、道路法40条1項は、「道路占用者は、道路の占用の期間が満了した場合又は道路の占用を廃止した場合においては、占用物件を除却し、道路を原状に回復しなければならない。ただし、原状に回復することが不適当な場合においては、この限りでない」と規定している。「道路の占用の期間が満了した場合又は道路の占用を廃止した場合」は一義的に明確な要件であるから、行政処分による具体化を待つまでもなく、かかる場合には、占用物件を除却し、道路を原状に回復する義務が原則として生ずることを道路占用者は認識できるはずである。したがって、この義務を懈怠しているのであれば、行政代執行法2条の要件を満たす限り、代執行を行うことができるようにも思われる。しかし、道路法40条1項ただし書では、「原状に回復することが不適当な場合においては、この限りでない」と規定しており、「原状に回復することが不適当な場合」が何に当たるかは法文上明確ではない。この点について同条2項は、「道路管理者は、道路占用者に対して、前項の規定による原状の回復又は原状に回復することが不適当な場合の措置について必要な指示をすることができる」と定めている。条文では、「必要な指示をすることができる」とされているため、指示をするか否かは道路管理者の裁量に委ねられているようにも読めるが、実際

---

[98] 広岡・行政代執行法65頁参照。

の運用としては、「原状の回復又は原状に回復することが不適当な場合」には、必ず指示が行われるであろう。したがって、かかる指示が行われず、道路管理者から占用物件を除却し、道路を原状に回復するように行政指導があれば、道路占用者は、占用物件を除却する義務があることを具体的に認識できるから、同条1項本文により、具体的に代替的作為義務が課されているといえそうである。他方において、同法71条1項1号は、「この法律若しくはこの法律に基づく命令の規定又はこれらの規定に基づく処分に違反している者」に対して、道路管理者は、物件の移転、除却等を命ずることができると規定している。「道路の占用の期間が満了した場合又は道路の占用を廃止した場合」において、占用物件を除却し、道路を原状に回復することを懈怠していれば、同法40条1項本文の規定に違反していることになる。したがって、同法71条1項の規定に基づき除却命令を出すことができ、同法は、この命令に違反した場合に罰則を科すこととしており（同法104条7号）、同法40条1項違反のみでは処罰されない。かかる仕組みの下では、同法71条1項の規定に基づく措置命令違反が代執行の前提となると解すべきであろう[99]。同様の問題は、都市公園法10条1項と27条1項の関係にも存在する。

　森林法は、「森林所有者等が保安林の立木を伐採した場合には、当該保安林に係る森林所有者は、当該保安林に係る指定施業要件として定められている植栽の方法、期間及び樹種に関する定めに従い、当該伐採跡地について植栽をしなければならない」（同法34条の4本文）と規定し、植栽という代替的作為義務を課しているが、同法38条3項は、「都道府県知事は、第34条の2第1項の規定に違反した者に対し、当該伐採跡地につき、期間、方法及び樹種を定めて造林に必要な行為を命ずることができる」と規定している。そして、同法38条3項の規定に基づく命令に違反した者に罰則を科すこととしており（同法207条3号）、同法34条の4違反のみでは処罰されない。かかる仕組みの下では、同法38条3項の規定に基づく措置命令違反が代執行の前提となると解すべきであろう[100]。

　代執行を行うためには、私人に義務が課されていることが前提になるので、

---

[99] 広岡・行政代執行法63頁は、道路法40条1項の規定に基づく原状回復義務について直ちに代執行をすることもできるであろうが、なるべく同法71条1項の規定に基づく命令を発してから代執行をすることが望ましいとする。

[100] 広岡・行政代執行法66頁も同旨。

代替的作為を具体的に特定して行われるものであっても、法的拘束力を有しない行政指導（行政手続法2条6号、32条）のみに基づいて代執行を行うことができないことはいうまでもない。河川区域内の土地が不法に占用され無許可で工作物が設置されたり、無許可で河川区域内の土地の形状が変更されたりした場合、河川法75条1項の規定に基づく河川管理者の監督処分に先立ち、河川監理員が、同法77条1項の規定に基づき、「その違反を是正するために必要な措置をとるべき旨を指示する」のが通常であるが、この「指示」は法的拘束力を有しない。したがって、この「指示」により代執行の前提となる代替的作為義務が課されるわけではなく、同法75条1項の規定に基づく監督処分としての除却命令等により代替的作為義務が課されることが、代執行の前提となる。

　また、建築基準法9条2項（「特定行政庁は、前項の措置を命じようとする場合においては、あらかじめ、その措置を命じようとする者に対して、その命じようとする措置及びその事由並びに意見書の提出先及び提出期限を記載した通知書を交付して、その措置を命じようとする者又はその代理人に意見書及び自己に有利な証拠を提出する機会を与えなければならない」）の規定に基づく通知は、同条1項の規定に基づく措置命令を発するための事前手続である意見書提出の機会を実効的なものとするために行われるものであって、名宛人に義務を課すものではない。この事前手続を経て、同条1項の規定に基づく措置命令が発せられて初めて、名宛人に代替的作為義務が課されることになる[101]。

Ⅷ　措置命令後の所有権の移転

　法律に基づく行政処分について、人の能力、特性等に着眼して行われる対人処分と物の客観的状態に着眼して行われる対物処分[102]の区別がなされることがある。対人処分の場合には、名宛人が死亡すれば、当該処分は、取消処分をすることなく、当然に失効する。対物処分も人を名宛人とするが、物の客観的状態に着眼して行われるものであるので、当該物が消滅すれば、許可も失効す

　101　なお、措置命令の名宛人が意思能力を欠いているが成年後見人がいない場合、成年後見人を選任することが可能な場合には、成年後見人を選任して措置命令を発し、代替的作為義務であれば、代執行を行うことが考えられるが、成年後見人を選任できない場合、即時強制を認める規定があれば、即時強制を行うことが考えられる。
　102　対物処分の概念とそれをめぐる議論の展開について、土井・名宛人なき行政行為78頁以下参照。

る（神戸地判昭和34・8・18行集10巻9号1785頁、大阪高判昭和37・4・17行集13巻4号787頁）。東京高判昭和42・12・25行集18巻12号1810頁は、建築基準法9条1項の規定に基づく建物除却命令は、特定人の主観的側面に着目してなされた命令ではなく、建物の客観的事情に着目してなされたいわゆる対物的性質の命令に属し、その効力は、当該建物の譲受人に及ぶと解するのが相当であると判示しており、対人処分と対物処分の区別を前提としている。この立場によれば、Aに対して建物除却命令を発したところ、Aが義務を履行しないまま当該建物をBに譲渡し、Bも不履行状態を継続している場合、Bに対して改めて当該建物除却命令を出すことなく、Bに戒告を行うことができることになる[103]。土地収用法102条は、「明渡裁決があったときは、当該土地又は当該土地にある物件を占有している者は、明渡裁決において定められた明渡しの期限までに、起業者に土地若しくは物件を引き渡し、又は物件を移転しなければならない」と定めているが、これは明渡裁決が対物処分であり、したがって、明渡裁決後に当該土地または物件を譲り受けた者や不法占有している者も、起業者に土地もしくは物件を引き渡し、または物件を移転する義務を負うことになるという解釈を前提としていると思われる[104]。

　この立場に立つ場合、新所有者が不測の損害を被ることがないように、除却命令を公示すべきであろう。建築基準法9条13項（「特定行政庁は、第1項又は第10項の規定による命令をした場合（建築監視員が第10項の規定による命令をした場合を含む。）においては、標識の設置その他国土交通省令で定める方法により、その旨を公示しなければならない」）、都市計画法81条3項（「国土交通大臣、都道府県知事又は市町村長は、第1項の規定による命令をした場合においては、標識の設置その他国土交通省令で定める方法により、その旨を公示しなければならない」）のように、この点について明文の規定を置いている場合もある。また、当該建物の譲受人が除却義務を継承すると解する以上、新所有者に対して、戒告の内容を可及的速やかに通知し、任意に義務を履行する意思の有無を確認すべきである。

　しかし、対物処分といっても、人を名宛人とするのであり、適正手続の観点

---

[103] 岡山市の「行政代執行実施に係る対応方針（一般）」では、「代執行の各処分は、対物処分であって対人処分ではないため、建築物の所有者が代わっても代執行の執行そのものに影響がない」として、かかる解釈をとっている。岡山市・行政代執行110頁参照。

[104] 小澤・土地収用法下531頁参照。

からも、その者の権利を制限したり、その者に義務を課したりする以上、その者が知らないうちに権利制限または義務賦課の対象になることは不合理と思われる[105]。したがって、上記の土地収用法102条や不利益処分の公示義務を定める建築基準法9条13項のような法令の規定から、対象物件の譲受人にも義務を課す趣旨であると解される場合以外は、当初の措置命令後に対象物件を譲り受けた者には、改めて措置命令を行うべきと思われる[106]。ただし、措置命令後、代執行を免れるために仮装譲渡を行った場合には、「相手方と通じてした虚偽の意思表示」（民法94条1項）として無効であり、行政庁は、措置命令を発した者を名宛人として戒告を行えば足りる[107][108]。

IX 行政代執行法2条の「法律」の意味

行政代執行法2条にいう「法律」には、「法律の委任に基く命令、規則及び条例」が含まれる。ここでいう「命令」は、国の行政機関が定める法を意味し、政令、内閣官房令、復興庁令、デジタル庁令、内閣府令、省令がこれに当たることは明かである。会計検査院規則、人事院規則、国の行政委員会および庁の長官が定める規則も「命令」に含めることが多い[109]。しかし、同条では、「命令」の次に「規則」という文言が使用されており、「規則」は、会計検査院規則、人事院規則、行政委員会および庁の長官が定める規則に加えて、地方公共団体の長または委員会が定める規則を含む意味で使用されることがある[110]。したがって、会計検査院規則、人事院規則、国の行政委員会および庁の長官が定める規則が同条の「命令」に含まれるのか、「規則」に含まれるのかは定かではない。しかし、いずれにせよ、これらが同条の「命令」または「規則」の

---

[105] 行政代執行の「機能不全」が説かれる一因として、「モノ」と「ヒト」の厳格な区分を基礎に置く行政代執行法制における「二分法的な体系上の思考」とそれに起因する「両者の交錯・連動の可能性への意識の不十分さ」があるように思えてならないとするものとして、木藤・行政強制92頁参照。

[106] 阿部・法システム下418頁、北村・空き家問題55頁参照。なお、アメリカの行政権による没収・追徴（administrative forfeiture）の法理を参考にして、行政代執行制度の対物的手続としての構成の可能性を示唆するものとして、田村・行政強制1頁以下がある。

[107] 津田・行政代執行手続（1）100頁参照。

[108] 平岡・行政法解釈159頁以下は、この問題について、対物処分論、修正的対物処分論、「公示」制度媒介論、「実質的名宛人」論の4つの考え方を提示して検討している。

[109] 宇賀・行政法概説Ⅰ9頁、大森ほか・法令用語辞典741頁参照。

[110] 大森ほか・法令用語辞典129頁参照。

いずれかに含まれることは明らかなので、いずれに含まれるかを議論する実益はない。

「法律の委任に基く命令及び規則並びに条例」ではないので、「法律の委任に基く」は条例にもかかると解するのが文理上は自然であり、「法律の委任に基く…条例」は、一般的には、法律の個別具体的な委任に基づくいわゆる委任条例を意味する。しかし、通説は、委任条例に限らず、地方自治法14条1項の規定に基づく条例も含まれると解している[111]。行政解釈（地自行発第337号）も同様の立場をとっている（昭和26年10月23日付け自治庁行政課長の福岡県議会事務局長あて回答）。行政執行法の下では条例に基づく義務に係る代執行は認められていなかったが、行政代執行法の立法過程において、法制局に対して、「地方公共団体の長が法令若しくは法令に基きてなす処分又は條例規則若しくは條例規則に基きてなす処分についても行政官庁について認めると同様の範囲においては、行政執行法第5條の規定の適用し得る如く措置する必要がある」という意見（国立公文書館所蔵の「行政執行法の改廃に関する意見」）が提出されたことを踏まえたものと思われる。実質的に考えても、委任条例に限定してしまうと、条例上の義務について代執行を行うことが可能な場合が著しく少なくなり、地方公共団体の法執行が困難になることが予想されるし、条例は、民主的基盤を有する地方議会が制定するものであるから、全ての条例に基づく義務について代執行を可能にする解釈は妥当と思われる。しかし、この点については、疑義が生じないように、立法により明確化を図ることが望ましい[112]。

しかし、行政代執行法1条の「法律」が条例を含まないという通説の立場を否定すれば、同法2条の条例に独自条例を含める必要はなくなる。実際、行政代執行法1条の「法律」について、「法律又は条例」と理解し、同法2条の「法律の委任に基く…条例」は、国の事務について特に条例に委任する場合と解したり[113]、憲法94条が自治体に与えた条例制定権限は、その条例により課された義務の履行確保の権限の創出も認めているので、行政代執行法の規定が類推適用できると解したりする説もある[114]。

---

[111] 広岡・行政執行法53頁、雄川ほか・行政強制16〜17頁、菊井・行政強制224頁参照。

[112] 濱西・実効性確保法制の整備1頁以下は、「法律、法律に基づく命令（告示を含む。）、条例及び地方公共団体の執行機関の規則（規程を含む。）」とすることが考えられるとする。

[113] 中川・訴訟105頁は、試論として、かかる解釈を提示する。

「法律の委任に基づく…規則」については、1999（平成11）年の地方分権一括法による地方自治法改正前は、長の直接公選による民主的基盤に基づき、法律の個別の委任に基づかない地方自治法15条1項の規則を含むと解する余地があった。しかし、地方分権一括法による地方自治法改正により、普通地方公共団体が義務を課し、または権利を制限するには法令に特別の定めがある場合を除くほか条例によらなければならないとされたため、今日では法律の個別の委任に基づかずに定められた規則で義務を定めることはできない。したがって、「法律に基づく…規則」は個別具体的な委任のある場合に限られることになる[115]。

X 「他の手段によつてその履行を確保することが困難であり」の要件

　行政代執行法2条は、代替的作為義務の違反があれば直ちに代執行ができるとしているわけではない。「他の手段によつてその履行を確保することが困難」であることを代執行の要件の一つとしている。これは憲法13条後段に根拠を有する比例原則を明文化したものとみるべきである[116]。「他の手段によつてその履行を確保することが困難であり」は比例原則のうち必要性の原則を定めたものと考えらえる。「他の手段」は行政庁がとりうる手段であり、周辺住民が規制権限の発動を求める直接型義務付け訴訟を提起することや妨害予防請求権を行使することは「他の手段」に当たらない。

1 行政指導

　「他の手段」には行政指導も含まれると解されるが[117]、「他の手段によつてその履行を確保することが困難」という要件があるため、行政指導を反復し、代執行の決断がなかなかつかないこともあると考えられる。確かに、行政指導というソフトな手段で解決できるのであれば、代執行という実力手段を用いることは比例原則に反するであろう。しかし、行政指導では埒が明かないにもか

　114　北村・実効性確保制度207頁以下参照。
　115　須藤・過料126頁参照。
　116　比例原則と「より制限的でない他の選びうる手段」の関係について、西津・間接行政強制制度の研究66頁以下参照。
　117　塩野・行政法Ⅰ257頁、兼子・総論207頁、芝池・総論203頁、津田・行政代執行手続（1）90頁参照。ただし、柳瀬・行政代執行法第2条（1）34頁～36頁は、行政指導は、義務者の意思にかかわらず義務の履行を確保するものではないので、「他の手段」に当たらないとする。

かわらず、代執行への着手が遅れてしまうことも少なくないと思われるので、効果のない行政指導をいたずらに反復することは避けなければならない。

2 直接強制・執行罰（強制金）

　現行法上、直接強制は僅かな個別法で認められているにすぎず、また、現行法上の直接強制は、代執行に先行させる必要があるような性質のものではない。したがって、現行法上は、直接強制は、行政代執行法2条の「他の手段」に該当しないと考えられる[118]。しかし、将来、直接強制についての一般法が制定された場合には、直接強制が「他の手段」に該当するか否かは、ケースバイケースで判断する必要があると思われる。たとえば、崩壊のおそれのある建物が使用されていて、その利用者に危険が生ずるおそれがあるため、使用禁止命令により不作為義務が課され、その違反に対して建物を封鎖する直接強制により建物の使用が禁止されれば、それにより目的を達することができるから、建物の除却命令を出して行政代執行を行う必要性はないことになる。他方、もし、その建物が崩壊することにより、周辺住民に危害が及ぶおそれがあるときには、周辺住民との関係では、建物の封鎖という直接強制は意味を持たず、除却命令と行政代執行が必要であり、直接強制としての建物封鎖を先行させなければ行政代執行ができないという関係にはならないと考えられる。このように、直接強制は必ずしも行政代執行より過酷な手段というわけではなく、逆の場合もあるので、行政代執行が可能な場合であっても、直接強制のほうが適切な強制手段といえるケースもありうる。したがって、直接強制は行政代執行ができない場合にのみ認められるという補充性が常にあるとはいえないと考えられる。

　執行罰（強制金）については、現行法上、砂防法36条の規定が整理漏れで残っているといわれ[119]、戦後は全く活用されていないが、仮に新たに執行罰（強制金）を認める個別法または一般法が制定された場合、執行罰（強制金）と代執行の関係をいかに整理するかは重要な問題になる。この点について、執行罰（強制金）は義務者に対し過料という元の義務には含まれない新たな負担を加えるものであるから、本来の義務をそのままの形で実現する代執行の方が義務者の負担が少なく、義務者に対し本来の義務以外の新たな負担を課す執行罰を代執行に先行させることは、義務者に対し必要以上の負担を課すことになり、

　118　柳瀬・行政代執行法第2条（2）3頁は、直接強制、執行罰、行政罰が、行政代執行法第2条の「他の手段」に当たるとする。
　119　広岡・強制執行360頁参照。

自由主義の原則に反するという意見がある[120]。しかし、代執行による直接的な実力行使を行う前に、執行罰（強制金）による間接強制で義務者による義務履行確保の機会を付与することは、一般的にいえば望ましいように思われる。従前は、義務違反を行政機関が認知しても、延々と行政指導を反復し、その間、違法状態が悪化して原状回復に要するコストが多大になり、その結果、代執行費用を徴収する見込みがないために代執行を躊躇したり、代執行を行っても、ごく一部の費用しか徴収できなかったりということが稀でなかった。義務違反を確知したら、早期に執行罰（強制金）を課し、不履行の期間に応じて反復して経済的負担を課す仕組みのほうが望ましいと思われる。

　もっとも、義務者に資力がないことが明らかな場合には、執行罰（強制金）の手続をとることは時間の浪費になるので、執行罰（強制金）の手続を先行させるべきとはいえない。また、公益への支障を緊急に排除するため、迅速に代執行を行う必要がある場合にも、執行罰（強制金）を先行させるべきとはいえない。したがって、一般的な執行罰（強制金）制度を新設した場合の代執行との関係についての立法論としては、原則として執行罰（強制金）を先行させ、代執行を執行罰に対して補充的位置付けにすることは考えられるものの、その場合でも、上記のような例外を設けるべきであろう。

3　移転先の確保等の便宜供与

　「他の手段」に、本人による義務履行を容易にするための移転先の確保等の便宜供与が含まれるかが問題になる。

　この点について、大阪地判昭和56・4・24判タ459号112頁は、ホームレスの雇用問題、病人問題等は深刻であり、これを放置することが福祉に反することは明らかであるからといって、一般市民児童に開放されるべき本件公園の一部を無許可で占用し、当該占用に係る本件工作物の除却と絡めて当該問題に対する施策の実施を迫ることは、現行法秩序の下では是認される根拠はなく、また、仮に原告らの要求が更生相談所等における要保護者取扱いの運用の変更を求めるだけであったとしても、手段の相当性を欠くといわざるをえず、いずれにしても原告らの諸要求に従うことをもって、本件工作物除却義務等の履行を確保する他の手段ということは到底できないと判示する。この事案においては、ホームレスが冬に退去を迫られることがないように、冬における代執行の実施

---

[120] 柳瀬・行政強制197頁参照。

を延期はしたものの、代替的な住居の提供はしていないようである。しかし、2002（平成14）年に「ホームレスの自立の支援等に関する特別措置法」が制定され、同法11条は、「都市公園その他の公共の用に供する施設を管理する者は、当該施設をホームレスが起居の場所とすることによりその適正な利用が妨げられているときは、ホームレスの自立の支援等に関する施策との連携を図りつつ、法令の規定に基づき、当該施設の適正な利用を確保するために必要な措置をとるものとする」と規定した。そのことも影響していると思われるが、大阪地判平成21・3・25判例自治324号10頁は、市が当該ホームレスの者に対して、自立支援センター等への入所を促したり、高齢者・病弱者に対しては生活保護の窓口等への取次をしたりするなどしつつ、当該テント等の任意の撤去を求め続けたことをもって、「他の手段によつてその履行を確保することが困難」と認定している。「ホームレスの自立の支援等に関する施策」[121] は、「他の手段」に当たりうると考えられる[122]。広島県は、河川敷の不法占用建築物を除却するに当たり、「広島県仮設住宅管理要綱」を設け、移転先未定の住宅困難者のために仮設住宅を設置したことがある[123]。学説においても、本人による義務履行を容易にするための便宜の提供が「他の手段」に含まれる場合があるとする解釈が有力である[124]。

　河川敷を不法占拠して容易に解体可能な簡素な建物を建て住居としている者で、他に居住する場所がないために除却命令に応じないが、生活保護の申請手続について教示がなされて生活保護を受けられるようになり、空いている公営住宅の入居申請の援助がなされて公営住宅に入居できるようになれば、喜んで違法建築物を除却する意思を示したような場合に、かかる措置を講じることが、行政代執行法2条の「他の手段」といえるかも問題になる。一般的にいえば、生活保護についても公営住宅の入居についても、現行法は申請主義を採用しており、本人からの申請がないにもかかわらず、プッシュ型情報提供を行う義務を行政庁が負うわけではない。しかし、不法占拠とはいえ、生活の場を奪う代執行を行う以上、上記のような助成措置をさしたる労力をかけずに行うことが

　　121　金井・強制立ち退き（上）62頁以下参照。
　　122　津田・行政代執行手続（1）91頁以下参照。
　　123　広岡・行政代執行法188頁〜190頁参照。
　　124　広岡・行政代執行法126頁、芝池・総論203頁、礒野・義務履行確保239頁、北村＝須藤＝中原＝宇那木・行政代執行35頁（中原茂樹執筆）参照。

できるのであれば、かかる助成措置を講ずることは望ましいし、行政代執行法2条の「他の手段」に当たると解する余地もないわけではないと思われる[125]。

実際に、特別都市計画法に基づき必要な道路の建設を行うため、戦後7年余にわたり、使用権に基づかずに事実上使用してきたにすぎない者に対して代執行のための戒告が行われたところ、他に赴くところのない義務者の生活権を剥奪するものであって憲法25条に違反する旨の主張がなされた事案がある。長崎地決昭和27・9・30行集3巻9号1893頁は、建物除却命令の代執行により、その建物に居住して営業をしていた者の営業の継続が不可能となるとしても、被申請人としては、申請人等の居住用地として無償貸与するため、市内に土地を購入しており、さらにその営業所については、組立式の露店を開設させるような対策を考究中であることが窺われるので憲法25条違反とはいえないと判示している。この事案のような場合、行政主体としては、生活保護部局と連携をとり、生活保護部局に公営住宅等への入居の斡旋を依頼すれば足り、移転のために土地を購入したり、露店を開設させる対策を検討したりするような手厚い行政上の施策を講ずることは、賞賛に値するものの、そこまでの措置を講じなければ違憲ということにはならないと思われる。

4 行政罰

戦前においても、義務の履行を担保する手段として、行政上の強制執行とともに行政罰を位置付ける見解は存在した[126]。戦後においても、行政目的の実現確保の手段として、行政強制と並んで行政罰が挙げられてきた[127]。戦後の行政関係の法律においては、行政上の義務の違反に対して罰則を設けることが一般的であり、代替的作為義務の違反についても、罰則が定められていることが多いが、これは、行政罰の威嚇による間接強制を意図したものである。

しかし、行政代執行法2条の「他の手段」には、行政罰は含まれないと解される。行政罰は、心理的な威嚇効果により、間接的には義務履行確保機能を有するが、違法行為に対する制裁であり、義務履行確保とは区別されるべきであ

---

[125] 義務の実現を図ることがきわめて重要であるにもかかわらず、生活上やむをえず義務履行を自らでは行えないような状態がある場合、中小企業の公害規制の改善命令に関する融資制度の活用、不法に河川敷等に建物を建てて居所として占拠する者への住宅の提供など、助成的な処分が容易にとれれば、生存権保護の観点から、「他の手段」とすべきとする意見として、磯野・義務履行確保239頁参照

[126] 美濃部・日本行政法上317頁参照。

[127] 田中・総論376頁参照。

るからである。ドイツの連邦行政執行法13条6項も、強制手段は、刑罰または過料とともに戒告されうる旨を明文で規定している。また、行政代執行は、行政上の強制執行として認められているにもかかわらず、行政刑罰は裁判所により科されるのであるから、刑事司法の手を借りないと代執行ができないと解することは、行政上の強制執行制度の本質に沿わないといえよう。さらに、実際には、起訴されても義務者が違反状態を是正しない場合がある。たとえば、仙台市で2001（平成13）年3月8日から13日までに行われた鉄筋コンクリート造一部鉄骨3階建ての共同住宅の屋上に建築された居住用木造家屋部分の除却が行われた事案[128]では、建築基準法6条1項違反、9条10項前段違反で起訴されても、被告人は違反状態を是正しなかった（後に懲役10か月執行猶予3年および罰金30万円の有罪判決が出されている）。また、岡山市が最初に行った代執行の事案においても、都市計画法91条および建築基準法98条1項1号違反に該当するとして、刑事訴訟法239条2項の規定に基づき告発がなされたが、このことも義務者による履行にはつながらず、結局、代執行が行われることになった。行政刑罰が、その威嚇により違法行為を抑止する効果を有し、また、刑事告発が、執行猶予や刑の軽減を求めて違反状態を自ら是正することを促す効果を有することが一般的には認められても、常にそのような効果が発揮されるわけではないので、行政刑罰にのみ依拠した仕組みの実効性には限界がある。もっとも、受理されるか否かにかかわらず、告発の努力すらしていない場合、「他の手段によつてその履行を確保することが困難」という要件を満たしているかが裁判所により疑問視されるおそれがないわけではない。

5　民事執行

「他の手段」に行政上の義務履行確保を求める民事執行が含まれるかという問題がある[129]。従前は、行政上の義務について代執行が可能な場合にも民事執行の方法を選択することができるかについて裁判例は分かれていたものの、代執行ができない不作為義務について、民事執行を行うことは可能であるとするのが、裁判例の一致した立場であった。

---

[128]　北村＝須藤＝中原＝宇那木・行政代執行50頁（宇那木正寛執筆）参照。

[129]　否定説が通説といえる。芝池・総論203頁参照。礒野教授は、行政庁が代執行に確信を持てない場合には、代執行権限の不行使となり、代執行義務の懈怠となるおそれがあり、代執行義務を適正に行使するために裁判所の判断を求めることも認められるべきとする。礒野・義務履行確保255頁参照。

判決の傍論において、行政代執行の法定は民事執行を排除する趣旨と解した裁判例として、大阪高決昭和60・11・25判時1189号39頁がある。これは、市の条例に違反した建築工事の中止命令を同条例に基づいて行い、これが無視されたため、建築工事禁止の仮処分を申請した事案についてのものである。大阪高裁は、本件条例には、建築工事中止命令に従わない場合に行政上これを強制的に履行させるための定めがなく、またその性質上、行政代執行法上の代執行によって強制的に履行させることもできないので、このような場合においては、行政主体は、裁判所に履行を求める訴えを提起することができるものと解すると判示している。裏からいえば、行政的執行が認められている場合には、民事執行は認めない趣旨と思われる。類似の事案において、神戸地伊丹支決平成6・6・9判例自治128号68頁も、市の条例に違反する建築続行禁止の仮処分を同様の理由で認めているので、行政的執行が可能であれば、その方法によるべきであるという前提に立つものと思われる。盛岡地決平成9・1・24判時1638号141頁も、モーテル類似施設建築規制条例に違反する建築工事の中止命令の履行を求める仮処分申請事件において、行政上の義務の履行に民事手続を利用できるかについては、行政法上これを履行するための定めがなく、また、その性質上行政執行法上の代執行によって強制的に履行することができない場合は、行政主体は、裁判所にその履行を求める訴えを提起できるものと解されるところ、本条例には、町長の命令権についての定めはあるものの、これを強制的に履行する手段についての定めがなく、また、建築行為の差止めが行政代執行により履行できないことも明らかであるから、債権者の本件申請自体は適法ということができると判示しているので、行政的執行が可能な場合には民事執行を認めない趣旨といえよう。これらの裁判例で問題になったのは、不作為義務であり、代執行の対象とはならないので、民事執行が認められたのである。

　他方、行政的執行と民事執行の選択を認める裁判例も存在する。岐阜地決昭和43・2・14訟月14巻4号384頁は、河川法75条1項の規定に基づく原状回復義務等の履行請求権を被保全権利とする断行の仮処分を認容している。断行の仮処分とは、仮の地位を定める仮処分（民事保全法23条2項）のうち、その執行により債権者の権利の全部または一部について事実上の満足を与える満足的仮処分の一類型で、作為を命ずるものをいう。河川法75条1項の規定に基づく原状回復命令で課された義務は代替的作為義務であり、行政代執行法によ

る代執行を行う可能性があることを前提としていると思われるにもかかわらず、民事保全の手続の利用を認めたのである。また、その本案訴訟においても、岐阜地判昭和44・11・27判時600号100頁は、河川法になんら強制執行の規定がない以上、非常の場合の救済手続である行政代執行法によらないで、裁判所に履行を求める訴訟を提起することが許容されると判示している[130]。行政代執行法によるのは非常事態の場合であって、通常は民事執行によるのが原則であるという立場をとっているように読める判決である。富山地決平成2・6・5訟月37巻1号1頁は、本件において、申請人は行政代執行法により自らその権利を実現できる余地があるのに、これによることなく原状回復義務等の履行請求権を被保全権利とする仮処分を申請しているが、民事上の手続によることが債務者に対して特に不利益を与えるものとはいえないし、行政代執行法もこれを許さない趣旨であるとは解されないから、本件申請は適法であると判示している[131]。以上のように、河川管理者は、河川法75条1項・2項の規定に基づく原状回復義務を履行させる場合には、断行の仮処分を申請する場合と代執行による場合（大津地決昭和43・2・19訟月14巻4号386頁）があり、対応が分かれていた。

　このように、行政上の義務の民事執行を認める場合、取消訴訟の排他的管轄が及び、裁判所は、義務を課す行政処分が無効でない限りは、被告となる私人は、当該行政処分の違法性を争えないとすると、民事執行といっても、裁判所は、行政主体の下請けとして執行を行うこととほとんど変わらないことになってしまう。民事訴訟、民事執行は、当事者が対等であることを基本とするのであるから、取消訴訟の排他的管轄は及ばず、裁判所は、義務を課す行政処分の適法性を審査することができると解すべきであろう。実際、行政上の義務の民事執行を認めてきた従前の下級審裁判例は、すべて、そのことを当然の前提としているように読める。

　ところが、宝塚市パチンコ条例事件において、一審判決、控訴審判決は、か

---

[130] 小高・行政強制264頁は、代替的作為義務であっても、行政代執行法2条の要件を満たさない場合に、一般的原則手続としての民事執行手続を利用することが許されるとする。

[131] 本件では、無許可の砂利採取・搬出行為の中止命令は不作為義務を課すものであるので、代執行を行うことはできず、埋め戻し命令は代替的作為義務であるものの、行政代執行法2条の要件を満たすか確信が持てなかったために、断行の仮処分が申請されたようである。西津・新たな制度参考資料（「行政上の規制違反行為の自主的是正を促すための間接行政強制制度に関する研究─新たな制度の検討のための基礎的情報等」）29頁参照。

かる訴訟の適法性を前提としたうえで、条例の違法性を理由として請求を棄却したのに対して、最判平成 14・7・9 民集 56 巻 6 号 1134 頁は、国や地方公共団体が財産権の主体として自己の財産上の権利利益の保護救済を求めるような場合は別として、国や地方公共団体が専ら行政権の主体として国民に対して行政上の義務の履行を求める訴訟は、法規の適用の適正ないし一般公益の保護を目的とするものであって、自己の主観的な権利利益の保護救済を目的とするものということはできないから、法律上の争訟として当然に裁判所の審判の対象となるものではなく、法律に特別の規定がある場合に限り、提起が許されるものと解されると判示し、かかる訴訟を客観訴訟と位置付け、これを認める法律に特別の規定がない現状では当該訴訟は不適法としたのである。この判例には批判が多いが、同判例の立場を前提とすれば、かかる客観訴訟を認める特別の規定がない現状では、そもそも、行政上の義務を履行する「他の手段」として民事訴訟は存在しないことになる。

　それでは、行政上の義務履行確保を求める民事訴訟ではなく、行政主体が私人と同様に財産権の主体として提起する民事訴訟はどうであろうか。たとえば、河川敷を不法占用している建物があり、当該河川敷の所有権を国が有している場合（なお、旧河川法においては、河川の敷地は私権が排除されていたが、現行の河川法は河川の敷地の私権排除の規定を設けていない。そして、河川法施行法 4 条の規定により、旧河川法の下で私権の目的となることを得ないとされていた河川の敷地は、国に帰属することとされた）、国は所有権に基づく土地明渡し、建物収去を求める民事訴訟を提起し、また、仮処分を求めることが考えられる。河川法 75 条の規定に基づく除却命令を出して代替的作為義務を課して代執行を行うという行政上の強制執行の手段があるにもかかわらず、所有権に基づく民事訴訟を提起することがそもそも許されるのかという問題がある。この点についての裁判例は分かれている。

　東京高判平成 11・7・22 判時 1706 号 38 頁は、市街地再開発事業の施行者が施行地区内の建物の占有者に対して都市再開発法 98 条の規定に基づく代執行によることなく、所有権に基づく明渡請求訴訟を提起することが認められるかが争点になった事例である。東京高裁は、施行者は自ら代執行をすることが認められているわけではなく、施行者の請求により都道府県知事が代執行をすることが認められているのであるから、施行者の所有権に基づく民事訴訟の提起を認めないと、施行者は第三者である都道府県知事による代執行を待つしかな

いことになり不合理であり、この点で農業共済組合連合会に関する最大判昭和41・2・23民集20巻2号320頁と事案を異にすると述べている。したがって、もし、施行者自身が代執行をする権限を与えられているならば、施行者の所有権に基づく民事訴訟の提起を否定する趣旨であろう。他方、東京地判平成11・3・11平成10年（ワ）17796号は、前掲東京高判平成11・7・22の一審判決であるが、市街地再開発事業の施行者が施行地区内の建物の占有者に対して都市再開発法98条の規定に基づく代執行によることなく、所有権に基づく明渡請求訴訟を提起することが認められるかについて、行政代執行法は付加的に認められたものであって民事訴訟の提起は妨げられないと判示している。横浜地判昭和53・9・27判時920号95頁は、市長が都市公園法11条（現27条）の規定に基づきゴルフ場の付属施設としての建物の所有者Aに建物除却命令を出し、行政代執行によりその履行を確保することができるので、特段の事由なき限り、民事執行としてAに建物収去を求めることはできないが、市長は、ゴルフ場の明渡しをBに訴求しており、Aの建物は、当該ゴルフ場の付属施設として存置せしめられている関係上、ゴルフ場の明渡請求に付加したかたちでその収去が訴求されているものと認められ、かつ、当該請求が付加されたために裁判所の審理上の負担が特段加重されるものとは認めがたいこと、また、そもそも、行政代執行等の行政上の強制執行は、自力救済の制度であり、行政庁が裁判所によって請求権の存在について確認を受け、権利の強制的実現を図ろうとすることに国民の権利保護という観点からみれば不都合はないというべく、「特段の事由」について厳格に解する必要はないとしている。

　なお、東京高決昭和63・7・20東高民事報39巻5＝8号48頁は、航空法49条2項の規定に基づく妨害排除請求権について、その実現のために公法上の当事者訴訟により給付判決を得たうえ、民事執行の手続によりその実現を図るべきとし、妨害排除請求権を被保全権利とする仮処分を認めている。同項が物件の除却命令権限を定めるものとすれば、行政代執行法による代執行が可能となるが、同判決は、公団が同法2条所定の行政庁に当たらないから、同法による代執行をすることはできないと判示している[132]。すなわち、同判決は、航空法49条2項の規定に基づく妨害排除請求権を民法上の物権に基づく妨害排除

---

[132] 公団が行政代執行法2条の行政庁に当たらないという理由には疑問があり、むしろ、除却を命ずる明文の規定なしに除却命令を発する権限を認めていると解すべきでないことを理由とすべきであろう。阿部・再入門上360頁参照。

請求権ではなく、「公法上の権利」としてとらえ、そのため、当事者訴訟としての妨害排除請求訴訟を提起して給付判決を得て民事執行すべきと判断したものと思われる。したがって、同判決は、行政上の強制執行ができる場合であっても、民事執行の方法を用いることを認めた先例ではなく、行政上の強制執行ができない場合に民事執行制度を利用することを認めた先例である。

　行政上の強制徴収に関するいわゆるバイパス理論が、行政上の強制徴収が民事執行と比較して簡易迅速な救済手段であり行政主体に特権を認めたものであるという必ずしも全面的には妥当とはいえない前提に立脚している以上[133]、この理論の射程を広げるべきではなく[134]、上記の例の場合、所有権に基づく民事訴訟の提起、仮処分の手法の選択を認めるべきであろう。その理由は、不法占用物件を除却する義務と不法占用した土地を所有者に引き渡す義務は別個の義務であり[135]、かつ、かかる場合に所有権に基づく土地の引渡請求ができないとすれば、行政代執行法2条の要件を満たさないため行政代執行ができない場合にも、所有権に基づく民事訴訟の提起ができないという実際上の不都合を生ずることになるからである。土地収用法102条の2第2項の代執行と起業者の土地所有権に基づく建物収去・土地明渡訴訟の併合も肯定されよう[136]。

　その上で、最初に所有権に基づく民事訴訟を提起し、それが功を奏さない場合に、初めて代執行が可能となると解すべきかであるが、そのように解する必要はないと思われる。その理由は、第1に、行政代執行法2条は、「法律…により直接に命ぜられ、又は法律に基き行政庁により命ぜられた行為（他人が代ってなすことのできる行為に限る。）について義務者がこれを履行しない場合、他の手段によってその履行を確保することが困難であり、且つその不履行を放置することが著しく公益に反すると認められるときは、当該行政庁は、自ら義

---

　[133]　義務者が不当要求者等のケースでは、裁判所が主体となって手続が進められる民事手法のほうが、行政機関の担当職員のストレスは少ないであろうと指摘するものとして、宇那木・自治体行政代執行123頁参照。

　[134]　「国税滞納処分の例により処分することができる」、「地方税滞納処分の例により処分することができる」と規定されている場合には、民事執行を選択することも可能であるという説も存在する。板垣・条例づくり138頁参照。立法により、バイパス理論を克服することも検討されるべきと思われる。鈴木・法律要綱私案76頁は立法政策として、民事執行と行政執行の選択を認めるべきとする。

　[135]　柳瀬・行政代執行法第2条（1）36頁以下参照。

　[136]　収用代執行研究会・土地収用46頁参照。

務者のなすべき行為をなし、又は第三者をしてこれをなさしめ、その費用を義務者から徴収することができる」と規定しており、代執行の対象となる義務は、法律により直接に課されたか、または行政処分により課された代替的作為義務に限定される。他方、所有権に基づく土地明渡し、建物収去に応ずる義務は、民事上の義務であり、不法占用状態を解消するという点で同じ結果が得られるとしても、義務の内容は同じでなく、同条でいう「法律…により直接に命ぜられ、又は法律に基き行政庁により命ぜられた行為（他人が代つてなすことのできる行為に限る。）」により課された義務ではないので、文理上、これを「他の手段」と解することには疑問があるからである。第2に、民事上の強制執行が実際に認められるか否かは、裁判所の判断に委ねられることになるから、実際に提起してみないことには、請求が認容されるか否か、認容されるとしてもいつ認容されるかは行政庁には定かではない。したがって、所有権に基づく民事執行を「他の手段」と解すると、「他の手段によってその履行を確保することが困難」か否かを判断するためには、結局、民事上の強制執行の手段を先行させ、それが功を奏さない場合に初めて代執行を行いうるということにならざるを得ない。このように第三者の判断に委ねざるをえない手続を先行させないと、代執行の手続に着手できないとすると、民事訴訟で最高裁まで争われた場合、確定までに数年要することが予想され、代執行への着手を遅延させ、公益への著しい支障を生ぜしめるおそれがある。行政実務上も、土地所有権に基づく民事訴訟ではなく、土地収用法102条の2第2項の規定に基づく代執行が優先的に行われるのが通常である[137]。

　なお、都市公園法の適用のない公園用地を長年にわたり私人が不法占拠して地上に物件を設置していたところ、地方公共団体は土地明渡し、物件収去の民事訴訟を提起することを検討したが、当該土地の時効取得を相手方に主張されて敗訴するおそれがあったため、「公共団体ノ管理スル公共用土地物件ノ使用ニ関スル法律」に基づき地上物件の除却を命じ、代執行により除却して当該土地を取り戻すことを検討した。実際には代執行には至らなかったが、すでに時効取得された土地を取り戻すために地上物件の除却命令を行い代執行を行うことは、その適法性に疑問がある[138]。

　学説においても、民事上の権原に基づくことが適切な場合があれば民事上の

---

[137]　収用代執行研究会・土地収用47頁参照。
[138]　広岡・仮の救済92頁参照。

権原の行使が認められるべきであるとされている[139][140]。

6 客観訴訟

　宝塚市パチンコ条例事件最高裁判決を前提として、客観訴訟として位置付けられた行政上の義務履行確保訴訟が法定された場合、当該訴訟は、行政代執行法2条の「他の手段」に当たると考えるべきであろうか。最大判昭和41・2・23民集20巻2号320頁は、農業共済組合が組合員に対して有する共済掛金等の債権について、当該組合を会員とする農業共済組合連合会が農業共済組合に代位して組合員に対して支払を求める民事訴訟を提起した事案において、「農業共済組合が組合員に対して有するこれらの債権について、法が一般私法上の債権にみられない特別の取扱いを認めているのは、農業災害に関する共済事業の公共性に鑑み、その事業遂行上必要な財源を確保するためには、農業共済組合が強制加入制のもとにこれに加入する多数の組合員から収納するこれらの金円につき、租税に準ずる簡易迅速な行政上の強制徴収の手段によらしめることが、もっとも適切かつ妥当であるとしたからにほかならない」「農業共済組合が、法律上特にかような独自の強制徴収の手段を与えられながら、この手段によることなく、一般私法上の債権と同様、訴えを提起し、民訴法上の強制執行の手段によってこれらの債権の実現を図ることは、前示立法の趣旨に反し、公共性の強い農業共済組合の権能行使の適正を欠くものとして、許されない」と判示したが、同じ考え方を代執行にも適用すれば、代執行という行政上の強制執行の制度が利用可能以上、訴訟の提起は認められないということになりそうである。そうすると、やはり、行政代執行法2条の「他の手段」としては存在しないことになる。しかし、実質的に考えると、代執行は、決して簡易

139　礒野・義務履行確保255頁参照。
140　宇那木・自治体行政代執行69頁以下は、道路機能障害の場合を念頭において、行政手法と民事手法を比較し、行政手法の絶対的優位領域、行政手法および民事手法の競合領域、民事手法の比較的優位な領域、民事手法の絶対的優位な領域に分類して精緻な考察を行っている。行政手法の絶対的優位領域は原因者が特定できないケース、行政手法および民事手法の競合領域は原因者が特定できる場合であって義務の内容が代替的作為義務のケース、民事手法の比較的優位な領域は、所有権または占有が移転される可能性があるケース（対人処分の場合には代執行手続のやり直しが必要になるが、民事手法では占有移転禁止の仮処分を行うことができる）、当該建物の占有者がいるケース、義務者が不当要求者等のケース、民事手法の絶対的優位な領域は行政主体に道路敷地の権原がなく道路供用開始が適法になされていないケース、将来にわたって道路通行の支障となる物件を放置するなどして道路通行を妨害する可能性があるケースと分析している。

迅速な義務履行確保手段ではないので、訴訟の提起という手段も認めるべきと思われる。そのように考えたとしても、訴訟の場合、判決までに長期間を要し、特に上訴がなされた場合、判決の確定に至るまでには、数年を要することになると思われるので、緊急に義務履行を確保する必要がある場合には、訴訟という「他の手段によつてその履行を確保することが困難」といえるであろう。

7　除却費用等の助成

　義務者が資力不足のため、違反建物の除却を行えない場合に備えて助成制度を設けている例がある。2011（平成23）年11月に施行された「足立区老朽家屋等の適正管理に関する条例」がその例である。同条例3条は、建物等の所有者または管理者に、建物等が危険な状態にならないように常に適正に維持管理する義務を課しており、同条例5条は、区長は、建物等が危険な状態にあると認めるときは、所有者または管理者に対し、危険な状態を解消するための措置をとるべきことを指導し、または期限を定めて勧告することができるとしている。そして、同条例6条は、区長は、上記の指導または勧告に従って措置を行う者に対し、助成を行うことができるとしている。同条例7条は、建物等の所有者または管理者の同意を得て、区長が緊急安全措置をとることができるとしているが、建物等の所有者または管理者の意思に反して代執行を行う権限を区長に付与しているわけではない。したがって、代執行が必要な場合には、空家法、建築基準法等の法律に基づいて行われることになる。

　秋田県大仙市の大仙市空き家の管理に関する条例10条も、同条例8条の助言もしくは指導または同条例9条の勧告に従って措置を講ずる者に対する助成制度を設けている。これは、建物等除却、廃材等運搬および処理その他市長が助言し、指導し、もしくは勧告し、または特に必要と認めた措置に係る費用の2分の1以内、上限50万円を助成するものであるが（同条例施行規則6条2項）、世帯全員の資産の合計が1000万円未満、世帯の生計維持者の所得が460万円未満でなければならず、また、補助金の交付を申請しようとする者が営利を目的とする事業を営む者であって、当該措置が当該営利を目的とする事業の用に現に供し、もしくは供していた空き家等に係るものである場合または当該措置を講ずることにより空き家等が当該営利等を目的とする事業の用に供することができるようになると認められる場合でないという条件がある（同条1項）。

この助成制度には、なお２つの問題がある。一つは、義務者は解体業者に全額支払った後に、解体業者が大仙市に実績報告書を提出し、それを受けて市から義務者に補助金が交付されるため、義務者は補助金の交付を受ける場合であっても、いったんは、解体費用を全額用意して解体業者に支払わなければならず、それができないと、この制度を利用できないという点である。いま一つは、補助金の交付を受けたとしても、全額補助されるわけではないので、一部は自己負担となり、自己負担分の費用を負担できなければ、この制度を活用できないことである。この両者の問題を解決するのが、大仙市と秋田銀行が提携した空き家解体ローンである。すなわち、秋田銀行の空き家解体ローンを利用する場合には、義務者は補助金の前払いを申請することができ、前払いされた補助金と補助金でカバーされない自己負担分に係る融資金が、解体終了後、同時に、義務者の口座に振り込まれ、義務者は自己資金を全く用意することなく、解体業者への支払を行うことができるのである[141]。

条例に基づく助成制度以外にも、東京都の「木密地域不燃化10年プロジェクト」の不燃化推進特定整備地区、緊急輸送道路沿道建築物への助成制度等に基づき、老朽建築物の解体の助成が行われている[142]。義務者が、かかる助成制度を利用して自ら老朽建築物の解体を行う意思を有し、助成申請を行っている場合には、申請係属中に代執行を行うことは、「他の手段によってその履行を確保することが困難」とはいえないと考えられる。もとより、かかる助成制度が設けられていないにもかかわらず、助成を請求する権利は義務者にはなく、除却工事費等の助成をしなければ代執行を行うことができないわけではない。

8 緊急安全措置

地方公共団体が条例で代執行に代わる緊急安全措置[143]を定めている場合が

---

[141] さらに、補助金を併用する場合、空き家解体ローンの金利も、通常の融資よりも優遇される。北村編・行政代執行の手法と政策法務120頁（仲村譲執筆）参照。

[142] 助成制度を活用して解体して空家を解体した事例について、北村・適正管理条例81頁～83頁（進藤久執筆）、北村編・行政代執行の手法と政策法務114頁～116頁（仲村謙執筆）参照。

[143] 緊急安全措置の法的性格は、一般には即時強制と考えられているが、事務管理として構成しているとみられる条例もあり、また、所有者の同意がある場合には、準委任契約または請負契約として構成する可能性も指摘されている。北村＝米山＝岡田・空き家対策135頁以下、北村・空き家問題解決61頁以下、北村・空き家問題275頁以下、劔持・緊急安全

ある。たとえば、「市川市空家等の適正な管理に関する条例」6条1項は、市長は、空家法22条1項の規定による助言もしくは指導または同条2項の規定による勧告を行った場合において、所有者等からこれらに係る措置を履行することができない旨の申出があったときは、当該措置の実施概要・概算費用、所有者等の費用負担、その他市長が必要と認める事項について所有者等の同意を得て、緊急安全措置をとることができると定めている。そして、市長は上記の事項について所有者等の同意が得られたときは、上記の措置に係る協定を締結することとされ（同条例6条2項）、上記の措置をとったときは、所有者等から当該措置に係る費用を徴収することとされている（同条3項）。この場合の徴収は、協定に基づくものであるので、義務者が任意に支払わない場合、民事訴訟法、民事執行法によることになる。このような条例の規定がある場合において、同条例6条1項の規定に基づく申出が所有者等からなされたにもかかわらず、所有者等の同意を得て緊急安全措置を講ずる努力をしないまま、空家法22条3項の規定に基づく措置命令を発し、同条9項の規定に基づく代執行を行うことをいかに評価するかという問題がある。同条9項は、「その措置を命ぜられた者がその措置を履行しないとき、履行しても十分でないとき又は履行しても同項の期限までに完了する見込みがないときは、行政代執行法…の定めるところに従い、自ら義務者の為すべき行為をし、又は第三者をしてこれをさせることができる」と規定している。したがって、行政代執行法2条の「他の手段によつてその履行を確保することが困難」という要件に代えて、「その措置を履行しないとき、履行しても十分でないとき又は履行しても同項の期限までに完了する見込みがないとき」という要件を定めているようにみえる。そうであるならば、所有者等が、空家法22条1項の規定による助言もしくは指導または同条2項の規定による勧告に係る措置を履行することができない旨の申出をしたときは、同条9項の「その措置を履行しないとき、履行しても十分で

措置131頁以下参照。板垣・条例づくり160頁も、行政契約の一種とする。即時強制型の緊急安全措置の場合には、財産権侵害の程度が軽微なものにとどめ、財産権侵害の程度が大きい場合には、代執行のルートをとるべきであろう。劔持・緊急安全措置134頁以下参照。緊急安全措置を緊急事務管理として構成する可能性を肯定するものとして、鈴木・行政上の事務管理（4）34頁参照。そこでは、個別ケースに即して、関連法規の体系的解釈を行って保護法益を確定し、しかるべき裁量統制の原理を守る手続や比例原則等を踏まえた上でならば、緊急事務管理として処理することも法治主義に反しないと解すべきではなかろうかと指摘されている。

ないとき又は履行しても同項の期限までに完了する見込みがないとき」に当たるので、同条例6条1項の規定に基づく同意を得て協定に基づく緊急安全措置を講ずる努力を講じなくても問題ないようにもみえる。しかしながら、同法22条3項は、同条2項の規定による勧告を受けた者が正当な理由がなくてその勧告に係る措置をとらなかった場合において、特に必要があると認めるときは、その者に対し、相当の猶予期限を付して、その勧告に係る措置をとることを命ずることができるとされているから、同条例6条1項の規定に基づく申出があった場合には、措置命令を出す前に、同項の規定に基づく所有者等の同意を得た緊急安全措置の実現に努力すべきであり、それが可能であると認められる場合には、措置命令を発する要件である「特に必要があると認めるとき」に当たらず、したがって、代執行の前提となる措置命令を発することができないことになると思われる。

同様に、「足立区老朽家屋等の適正管理に関する条例」7条1項の規定に基づく緊急安全措置についても、所有者等から自ら危険な状態の解消をすることができないとの申出があった場合には、同条2項の規定に基づく所有者等の同意を得た緊急安全措置の実施の可能性を検討すべきであり、その可能性がないと認められた段階で、空家法22条3項の措置命令を発し、同条9項の規定に基づく代執行を行うべきであろう。

9　給付の拒否

違反建築物に対して給水等の給付を拒否することが、行政代執行法2条の「他の手段」に当たるかという問題がある。この問題を考えるに当たっては、まず、現行法上、そもそも、違反建築物に対して給付を拒否することが許されるかを検討する必要がある。そこで、給水拒否の場合を例として、検討することとする。水道法15条1項は、「水道事業者は、事業計画に定める給水区域内の需要者から給水契約の申込みを受けたときは、正当の理由がなければ、これを拒んではならない」と規定している。水道料金の滞納、給水能力の不足は、ここでいう「正当な理由」に当たるが、違法建築物でない建物について宅地開発指導要綱に基づく行政指導に従わないということのみでは、公序良俗違反を助長するというような特段の事情がない限り、給水を拒否する「正当な理由」には当たらない（最決平成元・11・8判時1328号16頁。武蔵野マンション事件）。それでは、違反建築物の場合はどうであろうか。確かに、違反建築物に給水して居住を可能にすることは、違反建築を助長し、公序良俗違反を助長するので、

給水を拒否する「正当な理由」に当たるという解釈も成り立ちえないわけではないと思われる。しかし、一口に違反建築物といっても、それが公益に与える支障の程度は多様であり、生活に不可欠な給水を拒否することは比例原則に反するケースが多いと思われるし、とりわけ、すでに人が居住している建物の場合、給水拒否は、生存権を脅かすおそれがあり、「正当な理由」があるとは認められないように思われる。一般に、事業者が給水契約の締結を申し込むのは建築物の竣工の直前であることが多いので、市町村等が給水契約の締結を拒否しようとするときは、建築物は完成してしまっており、さらに、入居者も全部または一部決まっていることも考えられる。そのような段階で給水を拒否することになれば、当該建築物の使用を禁止するのと実際上同様の効果を有し、入居者に大きな不利益を与えることになる。当該建物で生活をすることができなくなった者は、事業者に損害賠償請求をすることが考えられるが、資力に欠けるために十分な損害賠償請求がされないおそれがある。したがって、現行法上、違法建築物であっても、給水拒否が認められない場合が多いと思われる[144]。また、仮に認められる場合があったとしても[145]、それを行政代執行法2条の「他の手段」と解して、代執行に優先する手段と解することには疑問が残る。

10 公表

　義務履行確保手段としての公表を、法的拘束力を伴わないソフトな手段とみれば、物理的な実力行使の前に、まずは公表のための事前手続に着手して心理的圧力を加えて、義務履行を促すべきという考え方も理解できる。もっとも、義務履行手段としての公表は、社会的信用を重視する企業等にとっては、大きな間接強制効果を発揮するものの、社会的信用を歯牙にもかけず、倒産したら別の会社を設立して同種の違法行為を反復するような者も存在し、そのような者には公表の間接強制効果は働かないので、常に公表手続を代執行に先行させるべきとはいえない。また、公表のもたらす実際上の効果も千差万別であり、

---

　144 仮に、違法建築物に対して原則として給水を拒否する権限を水道事業者に認める法改正を行うにしても、居住者や周辺住民の安全に危害が生ずるおそれがない場合において、入居者が決定している場合にまで給水を拒否することを認めることは、比例原則に反するおそれがあると思われる。

　145 以上では、給水拒否を例示したが、その他の給付の拒否についても、当該違反と密接に関連した給付であるため、当該違反を是正するために当該給付を拒否することに十分な合理性が認められる場合でなければ、給付の拒否は認められないと思われる。

軽微にとどまる場合もあれば、当該企業の倒産を招くような場合もありうる。したがって、公表が代執行よりも義務者にとって負担が少ないとは必ずしもいえず、比例原則の観点から、公表を先行させることに疑問が生ずる場合がある。さらに、義務履行確保手段としての公表を行うためには、義務者に対する事前の意見聴取が必要となるが、公表を代執行に先行させることを義務付けた場合、代執行手続の開始を遅らせることになることも考慮する必要がある。以上に鑑みると、公表は、原則として、「他の手段」に当たらないと考えられる。

11 即決和解手続

原告が知事に対して明渡猶予期限を1年間に短縮してもよい旨提案したので、即決和解手続により1年後に本件土地を明け渡せることもできたし、1年間も猶予できない事情が生じたとしても、いわゆる執行の仮処分によって明け渡せることも可能であったから、当該代執行は他の手段によって履行を確保することが困難であったとはえいないと原告が主張した事案において、千葉地判昭和59・7・17判例自治11号118頁は、知事において、たとえ1年間とはいえ、原告に対して本件土地の明渡しを猶予する便宜供与を拒否したことは、他の河川敷占用者であった10名の者との権衡からいっても、また護岸工事の進捗状況からしても不当であったとはいえず、原告において1年間の猶予をもって本件土地を明け渡す旨の提案をしていたとしても、これをもって本件代執行についてその履行を確保しうる他の手段があるということはできないと判示している。

XI 「その不履行を放置することが著しく公益に反すると認められるとき」の要件

1 比例原則

行政代執行法2条は、「その不履行を放置することが著しく公益に反すると認められるとき」であることを代執行の要件の一つとしている。この要件は、行政執行法にはなかったものである。行政上の義務に違反することは、すべからく公益に反することになるはずであるから、この要件は、ただ漫然と自由の尊重の外観を得るために書かれたにすぎないとする意見もある[146]。しかし、義務の不履行を直ちに代執行の要件とせずに、「著しく公益に反すると認めら

---

[146] 柳瀬・行政強制199頁参照。藤谷・緊急代執行51頁も、「著しく公益に反する」という要件は無意味とする。

れるとき」という要件を設けたのは、義務の賦課と義務の履行のための強制執行は自由の侵害の強度において異なり、代執行は義務の賦課よりも重大な自由の侵害であるので、義務を賦課される際に要求される公益上の必要性よりも大きな公益上の必要性が代執行には必要とされるのであって、義務の不履行はすべて公益に反するが、その公益違反が著しい場合にはじめて代執行を認める趣旨であると説明できよう[147]（さいたま地判平成16・3・17訟月51巻6号1409頁）。換言すれば、狭義の比例原則の要請といえる（狭義の比例原則の実定法化の例として、国税徴収法48条参照）。ドイツの連邦行政執行法には「その不履行を放置することが著しく公益に反すると認められるとき」という要件は規定されていないが、同法9条2項においては、強制手段が、目的に照らして適切な比例関係になければならず、義務者および公共の福祉への侵害を可能な限り小さくなるようにしなければならないことが明記されている。

　なお、行政実務においては、公益違反があれば直ちに改善命令等の行政処分がなされるわけでは必ずしもなく、行政指導により任意の是正を促し、それが功を奏さず、著しい公益違反の状態に至ってはじめて行政処分により義務を課すことは稀でないように思われる。かかる場合には、行政処分により義務を課した時点で、すでに著しい公益違反の状態にあるのであるから、義務を課す行政処分に違反した段階で直ちに著しい公益違反を認定することができることになる[148]。

　「その不履行を放置することが著しく公益に反すると認められる」か否かについては、要件裁量が認められる。しかし、裁量権は無制約ではなく、代執行に係る義務を課す法令またはその義務を課す行政処分の根拠となる法令の趣旨・目的を離れた恣意的見地から当該行政庁が代執行の実施を決定し、これを実施した場合には、裁量権の逸脱濫用となる。裁判所は、この要件裁量の逸脱濫用を認めることには慎重である[149]。「著しく公益に反すると認められるとき」の要件を満たすためには、他者の生命、身体、財産等の重要な法益侵害がすでに発生しているか、または発生する蓋然性が高い場合や義務の不履行が公共性の高い事業の遂行に支障となる場合等を意味すると考えられる。また、違

---

　[147]　広岡・行政代執行法127頁〜128頁参照。
　[148]　宇那木・自治体行政代執行141頁、重本・行政執行と『公益』73頁注3参照。
　[149]　黒川・行政強制・実力行使120頁〜121頁、津田・行政代執行手続（1）93頁以下参照。

反の規模が大きいこと、過失による違反ではなく故意による悪質な違反であること等も、この要件該当性を判断する際の考慮要素となりうると考えらえる。

行政代執行法2条の文言上は、「義務…の不履行を放置することが著しく公益に反すると認められる」ことは代執行の要件として明記されているものの、代執行により義務者に生ずる不利益を考慮すべきことは明記されていない。しかし、行政法の一般原則である比例原則は、当然、代執行の場合にも適用される。したがって、代執行により義務者等に生ずる不利益は、要考慮事項になる。ここで義務者等として「等」を付したのは、たとえば、義務者が所有する違反建築物を第三者が賃借しており、当該建築物の除却により賃借人の立退きが必要になる場合には、義務者の財産的不利益のみならず、立退きを迫られる賃借人の不利益も考慮する必要がある。また、違法に建設された工場の除却の場合であれば、経営者の事業上の損失のみならず、当該工場の従業員が解雇により不利益を被ることも考えられる。そこで、代執行により保護される公益と義務者等に生ずる不利益を比較衡量することになる。

実際にこの要件の充足が認められた山口地判昭和27・3・8行集3巻2号360頁は、移転命令の対象となった建物が特別都市計画事業の遂行上重大な支障をきたすものであること、当該建物を移転しても原告の営業または生活に大なる影響を及ぼすものではないこと等を重視している。山口地判昭和29・6・19行集5巻6号1510頁も、特別都市計画事業たる土地区画整理はその施行者および目的に鑑み公共性がきわめて顕著であり、同事業が予定通り完成するか否かは公益に重大な関係があるとし、原告の除却命令不履行が当該土地区画整理事業の進捗を妨げていたことは明白であり、所定の期限までに事業の完了が不可能になるおそれがあるので、この義務不履行を放置することは著しく公益に反すると判示した（同種の事例について、福岡高判昭和33・10・30行集9巻12号2822頁も参照）。青森地判昭和45・2・24訟月16巻7号752頁では、河川区域内に設置された堅固な建築物である違法物件を存置させることは、増水時に不慮の災害を招くおそれがあることを十分に予測させるものであり、著しく公益に反し、公共の危険を防止するために除却すべきと判示する（同種の事例について、青森地判昭和45・2・24訟月16巻7号752頁も参照）。河川区域における盛土および立木の仮植に対する原状回復命令の代執行が適法とされたものとして、福島地判平成8・6・28判例自治166号96頁がある。福岡高判昭和55・5・29判タ423号123頁は、起業者国鉄による岡山・博多間の新幹線建設の本

件事業によって輸送力の増大、旅客サービスの向上、九州と東京、京阪神および中国地方との間の時間短縮効果がもたらされ、本件事業はわが国の産業経済の発展に大いに貢献するものであることが認められるから、義務の不履行を放置することが著しく公益に反すると認定している。東京地判昭和48・9・10行集24巻8・9号916頁は、「不履行を放置することが著しく公益に反すると認められるとき」という「要件の存否についての判断は一応代執行を行なおうとする行政庁の裁量に委ねられており、代執行にかかる義務を課する法令…の趣旨・目的をはなれた恣意的な観点から当該行政庁が代執行の実施を決定した場合に、右要件の存否についての行政庁の判断が違法になると解するのが相当である」と述べるが、都市公園を無許可で占用していた者が、占用許可申請をしたところ、知事が申請に対する応答をしないまま除却命令を出したことは、裁量権の逸脱または濫用に当たるとはいえないとした。逆に、代執行を行わなかったことが裁量権の逸脱・濫用に当たらないとされた例として、広島高岡山支判昭和55・9・16訟月27巻1号160頁がある。

傍論においてではあるが、いかなる場合に代執行が裁量権の逸脱・濫用になるかが示された例としては、以下の裁判例もある。大阪地判昭和56・4・24判タ459号112頁は、行政代執行法2条の要件裁量について、都市公園内の敷地の一部を法的根拠なく排他的に占有することにより公衆の利用に著しい支障を及ぼし都市公園の機能を著しく損なっているので、同条の公益要件を充足していると判示した[150]。しかし、一般論として、この裁量権は無制約なものではなく、代執行に係る義務を課する法令またはその義務を課する行政処分の根拠となる法令の趣旨、目的を離れた恣意的見地から当該行政代執行の実施を決定すべきではないと判示している（同旨の裁判例として、東京地判昭和48・9・10行集24巻8・9号916頁がある）。学説においても、義務の不履行を放置することが著しく公益に反するか否かを、その義務を課す法令ないしその義務を課す行政処分を授権する法令の趣旨・目的に即した観点から誠実に判断しなければならず、かかる法令の趣旨・目的を離れた観点から代執行の実施を決定したと

---

[150] 大阪地判平成21・3・25判例自治324号10頁は、都市公園を不法占用するテント等が、当該公園で予定されている大規模なイベントのための整備工事の支障になることも公益要件を満たす理由としているが、そのような事情がなくても、都市公園の不法占用により住民の利用に支障が生じていれば、公益要件を満たすとする説もある。津田・行政代執行手続(1)94頁参照。

きは、裁量権の濫用となるので、行政庁は具体的な義務違反の態様を考慮し、それを放置することが著しく公益に反するか否かについて、慎重に判断しなければならないと述べるものがある[151]。また、東京高判昭和42・10・26高民集20巻5号458頁は、都知事が違法建築物に対する除却命令を発しながら、代執行を行わなかったことは違法ではないとする理由の一つとして、「違反建築については、たとえば消防、防災上きわめて危険であると認められるような事案は別として、本件のように隣家の日照通風を妨げたというだけの場合についてまで、これを前述の代執行の要件にあたると見るのはかなり疑問である」と判示している[152]。同旨の裁判例として、広島高岡山支判昭和55・9・16訟月27巻1号160頁がある。しかし、「その不履行を放置することが著しく公益に反すると認められる」という要件を満たさず違法とした裁判例は皆無であり、同要件は、真に代執行が必要とされる場合に、それを妨げるものではないという指摘もなされている[153]。もっとも、このことは、わが国の行政実務において、代執行がきわめて謙抑的に行われていることの反映ともいえよう[154]。

　行政回答としては、以下のようなものがある。旧市街地建築物法が定める建蔽率違反の建築物の除却の代執行に関する照会に対し、昭和28年3月19日建設省住宅局建築指導課長から香川県土木部長宛回答は、代執行の可否は、さらに具体的に当該建築物の周囲の状況等を詳細に調査して決定すべきであるが、一応、当該建築物は、商業地域内にあり、かつ、敷地内の空地がほとんどないので、防火上、保安上著しく周囲の環境を害していると認められるから、行政代執行法2条の「著しく公益に反する」という要件を満たすと思料されるとする。また、建築基準法62条2項、63条が規定する防火構造に係る義務に違反する建築物の移転・除却の代執行に関する照会に対し、代執行の可否は、さらに具体的に当該建築物の周囲の状況を調査して決定すべきであるが、一応、準防火地域内で家屋が連坦しているような場合であれば、行政代執行法2条の「著しく公益に反する」という要件を満たすと思料されるとする行政回答（昭

---

[151]　広岡・行政代執行法129頁参照。

[152]　ただし、同判決は、緩和代執行と呼ばれる現行の建築基準法9条12項の規定が1970（昭和45）年に設けられる前のものであることに留意が必要である。

[153]　折登・強制金122頁〜123頁参照。三枝・行政代執行14頁も、行政庁が公益性要件を満たしていることを立証するのは、そう困難ではないはずであるとする。

[154]　阿部・解釈学Ⅰ570頁は、行政代執行法2条の要件が、必要以上に公務員の心理に影響して、代執行が抑制されているためではないかと推測する。

和28年9月1日建設省住宅局建築指導課長から新潟県土木部長宛回答）がある。これらの行政回答は、一応の結論として、同条の「著しく公益に反する」という要件を満たすとしているものの、当該建築物の周囲の状況等をさらに調査する必要性を指摘している。「著しく公益に反する」という要件を満たさない場合としては、現在は違反建築物であるが、近い将来において規制緩和が予定されており、それにより適法な建築物になることが確実に予想される場合も考えられる。かかる規制緩和が予定されているということは、現状において、当該違反建築物により「著しく公益に反する」状態が生じていないことの証左といえる。

　また、代執行が認められる場合であっても、代執行の範囲について、狭義の比例原則に配慮して、違反建築物については違反している構造部分の除却のみにとどめることがある。1985（昭和60）年7月17日から19日にかけて大阪市で行われた簡易宿泊所の除却がその例である[155]。行政代執行法2条は、義務の軽重を問わず、代替的作為義務については一元的に代執行で処理する条文になっているが、軽微な義務違反に対して代執行を行うことは比例原則に反するので、代執行は機能不全にならざるを得ない（建築基準法に基づく監督措置の機能不全については、東京高判昭和42・10・26高民集20巻5号458頁でも指摘されている）。したがって、比例原則に適合した柔軟な対応が可能な執行罰（強制金）制度を導入するほうが合理的である[156]。

　「著しく公益に反する」という要件を充足しているかに自信が持てず、訴訟で争われた場合のことも懸念して、代執行を躊躇する傾向があることが、しばしば指摘されてきた[157]。岡山市で最初に行われた代執行の事案において、代執行に至るまでに行政指導が反復されたことの一因は、この点にあるように思われる[158]。予防消防行政においても、行政処分が回避される一因として、同

155　北村＝須藤＝中原＝宇那木・行政代執行48頁～49頁（宇那木正寛執筆）参照。アーケードの天井が崩落した部分のみならず、アーケード全体を代執行により除却したことに合理的理由があり、比例原則違反と考えられない例として、宇那木・道路占用物件157頁以下参照。

156　福井・行政代執行制度213頁参照。

157　広岡・行政代執行法241頁、宇那木監修・所有者不明空家107頁、小川・義務履行確保18頁、浪岡・建築行政4頁参照。岡山市における行政代執行の事例について照会してくる実務担当者が最も関心を抱くのが「著しく」公益に反するという要件をいかに判断するかであるという。岡崎＝大山・行政代執62頁～63頁参照。

様の問題がある[159]。

　もっとも、一般的には、代執行は、大変な労力を要する作業であり、行政庁としては、荷の重い代執行をできれば避けたいと考えても不思議ではない。そのため、「著しく公益に反する」という要件は、代執行を行わないことの口実にされているという指摘もなされている[160]。実際には、「著しく公益に反する」という要件を満たさないとして代執行を違法とした判決はないが、このことは、わが国の行政庁が、行政代執行に対して過度に萎縮していると批判を受けている現状からすれば理解できるところであり、代執行の濫用の抑制よりも、その機能不全の解消こそが課題であることを示しているといえる。

2　緩和代執行

　「著しく公益に反する」の要件が行政庁を過度に萎縮させる効果を持つという認識が広がったため、個別法において、この要件を緩和する例がみられるようになった。すなわち、違反建築物の増加が社会問題となり、その是正の緊急性の認識が高まる中で、土地収用法102条の2第2項に範をとって、建築行政における代執行を容易にすることを目的として、1970（昭和45）年の第63回特別国会における建築基準法改正（昭和45年法律第109号）で設けられた同法9条12項は、「特定行政庁は、第1項の規定により必要な措置を命じた場合において、その措置を命ぜられた者がその措置を履行しないとき、履行しても十分でないとき、又は履行しても同項の期限までに完了する見込みがないときは、行政代執行法（昭和23年法律第43号）の定めるところに従い、みずから義務者のなすべき行為をし、又は第三者をしてこれをさせることができる」と規定している。その理由としては、同法が、「建築物の敷地、構造、設備及び用途に関する最低の基準を定めて、国民の生命、健康及び財産の保護を図り、もつ

---

[158]　岡山市・行政代執行24頁以下参照。

[159]　北村・行政執行過程200頁参照。ただし、近年は、消防法の執行過程において脱・インフォーマル志向がみられると指摘されており、その原因として、規制執行者の自己認識や決裁権者の姿勢の変化、総務省消防庁のリーダーシップ、命令発出要件を明確化する法改正、違反処理を主な任務とする組織づくり、違反処理に係るノウハウや経験の共有、市町村の消防の広域化、消防法令違反に対する消防当局の対応状況についてのマスコミの報道、総務省消防庁による重大な消防法令違反件数の公表、違反対象物の公表制度の導入等が挙げられている。剱持・消防法の執行過程290頁以下参照。

[160]　金井・行政代執行21頁以下、小川・義務履行確保18頁、三枝・行政代執行15頁参照。鈴木・強制する法務126頁も、代執行の実体的要件を緩和しすぎると、住民からの是正の要望に応えきれないという地方公共団体の意識について指摘する。

て公共の福祉の増進に資することを目的とする」（1条）ものであるので、同法違反は、最低の基準すら満たしていないことを意味し、当該建物の居住者のみならず、近隣住民の生命、健康、財産を侵害するおそれが高く、同法違反であれば「著しく公益に反すると認められるとき」といえるので、あえてこの要件を明記する必要はないからといえるとする説明がなされている[161]。

また、1997（平成9）年の廃棄物処理法改正で、産業廃棄物の不法投棄が行われても、原因者が措置命令に速やかに従うことが期待できない場合、行政代執行法の要件を緩和し、「当該命令に係る期限までにその命令に係る措置を講じないとき、講じても十分でないとき、又は講ずる見込みがないとき」に代執行を行うことが認められた（廃棄物処理法19条の7第1項1号・3号）。また、2000（平成12）年の改正で設けられた廃棄物処理法19条の8第1項1号・3号は、支障の除去等の措置を講ずべきことを命ぜられた処分者等が、当該命令に係る期限までにその命令に係る措置を講じないとき、講じても十分でないとき、または講ずる見込みがないときには、都道府県知事は、自らその支障の除去等の措置の全部又は一部を講ずることができると定めている。この場合にも、同各号に該当すると認められるときにおいて、同号に該当する場合には、「著しく公益に反すると認められるとき」に当たるという説明が可能である[162]。屋外広告物法7条3項も、「その措置を命ぜられた者がその措置を履行しないとき、履行しても十分でないとき、又は履行しても同項の期限までに完了する見込みがないとき」に代執行を行いうるとする。土地収用法102条の2第2項の代執行についても、「著しく公益に反すると認められるとき」という文言は定められていない。その理由は、すでに事業認定において、事業計画が土地の適正かつ合理的な利用に寄与するものであること（同法20条3号）、土地を収用し、または使用する公益上の必要があるものであること（同条4号）等が認定されており、明渡しの時期については、職権行使の独立性を保障された収用委員会において準司法手続を経てなされた明渡裁決において確定されているか

---

161 逐条解説建築基準法編集委員会編・逐条解説建築基準法［第4版］（ぎょうせい、2013年）122頁参照。浪岡・建築行政4頁は、建築基準法による違反是正命令の不履行が、まさに行政代執行法2条にいう公益性を充足するとの認識から、建築基準法の緩和代執行の規定が設けられたとする。このような認識に立てば、「緩和」代執行という名称は、必ずしも適切でないということになろう。

162 北村＝須藤＝中原＝宇那木・行政代執行141頁以下（宇那木正寛執筆）参照。

らであるとされる[163]。

　このほかにも「著しく公益に反する」という要件と異なる表現で代執行の要件を定める例は少なくない（農地法51条3項1号、農業用ため池の管理及び保全に関する法律11条1項1号、家畜伝染病予防法17条の2第6項、森林経営管理法43条1項1号、空家法22条9項、大深度地下の公共的使用に関する特別措置法36条1項、都市再開発法98条2項、ポリ塩化ビフェニル廃棄物の適正な処理の推進に関する特別措置法13条1項1号、道路法44条の3第1項1号、宅地造成及び特定盛土等規制法39条5項1号、密集市街地における防災街区の整備の促進に関する法律233条2項等）。これらは緩和代執行と呼ばれることもある。かかる規定が行政代執行法2条の要件の特例を定めたものであるかについては議論があるが、一般には、これらの規定は、行政代執行法2条の要件の特例を定めたものであり、同条所定の要件が重ねて適用されることはないと解されている[164]。このことを明言する裁判例もある。たとえば、東京地決昭和56・10・19判時1022号32頁は、都市再開発法98条2項の規定に基づく代執行は、同項所定の要件を充足する限りは代執行をすることができるのであって、行政代執行法2条所定の要件が重ねて適用されることはないとする。東京地判昭和57・10・4判時1073号98頁も、建築基準法9条12項は、行政代執行法2条の要件を緩和する特別法であり、建築基準法9条12項の規定に基づく代執行については、行政代執行法2条の規定は適用されないと判示する。福岡地決平成7・1・23判例自治139号13頁も、土地収用法102条の2第2項の規定に基づく代執行の実体要件は、同項が定めるところにより、行政代執行法2条所定の要件が重ねて適用されることはないとする。

　前述したように、これらの規定は、「著しく公益に反すると認められるとき」

---

[163] 広岡・行政代執行法34頁参照。東京地判平成18・4・28L06131837も、事業認定において当該事業のために土地を収用することの公益上の必要性が認定され、収用委員会により審理を尽くして裁決が行われた以上、義務不履行の反公益性は認められているといえるとする。なお、土地収用法102条の2第2項の規定に基づく代執行の場合、代執行の根拠となる権利取得裁決、明渡裁決が所定期限までに補償金の支払等がなされなかったことにより失効していないか（土地収用法100条）を代執行庁が確認する必要がある。そこで、起業者は、補償金の受領書または供託書を代執行請求理由書に添付する必要がある。

[164] 黒川・行政強制・実力行使123頁参照。なお、飯田市空家等の適正な管理及び活用に関する条例9条（令和5年条例第30号による改正で削除）は、空家法の横出し条例の部分についても、緩和代執行を認めていた。この点について、北村・自治力の挑戦56頁〜57頁参照。

という要件を言い換えたにすぎなという見方もできなくはない。しかし、「著しく公益に反すると認められるとき」という文言が、行政代執行の実施を過度に萎縮させるおそれがあるため[165]、この文言の使用を回避し、代執行の促進を意図した面があることは否めないと思われる。もっとも、建築基準法9条12項により、代執行が容易になり、代執行数が顕著に増加したわけではないことが指摘されている[166]。すなわち、緩和代執行の規定を設けたとしても、法の一般原則としての比例原則は適用されるので、担当職員としては、単に義務の不履行があるのみでは直ちに代執行に踏み切るわけにはいかず、行政実務上は、建築基準法9条12項の規定に基づく代執行であっても、その不履行を放置することが著しく公益に反するかを確認するからであろう[167]。代執行のような公式の措置に訴えるのは行政の失敗であるという公務員の一般的認識[168]は、容易に変わるものではないということもいえそうである。

なお、条例で緩和代執行の規定を設けることは違法であるとする見解が実務上有力であるが[169]、逆に、条例で代執行の要件を上乗せする例がある。すなわち、小野市空き家等の適正管理に関する条例9条1項は、行政代執行を行う場合に議会の議決を経るという要件を加重している。名宛人との関係のみをみれば、事前手続を上乗せすることは、事前手続を慎重にすることになる。行政代執行法が定める手続はナショナルミニマムであり、条例で上乗せすることは問題ないと判断されたものと思われる。しかし、行政代執行は、外部不経済を受けている周辺住民の権利利益を保護するために行われるものであるから、行政代執行法の定める代執行要件は、名宛人と周辺住民の権利利益の調和を図る観点から設けられたものであり、条例で要件を上乗せすることは違法になるという解釈もありうると思われる。

---

[165] 雄川ほか・行政強制53頁（佐藤俊一発言）参照。
[166] 阿部・解釈学Ⅰ571頁、広岡・行政代執行法244頁、岡山市・行政代執行267頁参照。
[167] 福井・行政代執行制度208頁、宮崎・実効性の確保242頁。折登・強制金122頁は、建築基準法9条12項による代執行には、行政代執行法2条の要件規定が適用されないという解釈が、実務家の意識に十分に浸透しなかったとする。
[168] 北村・行政執行過程239頁〜240頁、鈴木・強制する法務148頁参照。
[169] 立法論として、条例によって代執行の要件を緩和することを認めるべきとする主張として、板垣・条例の実効性確保177頁参照。

XII　効果裁量・時の裁量

　代執行を行うか否かについては、一般に効果裁量が認められるものの（東京地判昭和 51・1・21 行集 27 巻 1 号 4 頁）、常に権限の不行使が認められるわけではなく、権限が付与された趣旨・目的に照らし、その不行使が著しく不合理と認められるときには、権限の不行使は違法となる。さいたま地判平成 16・3・17 訟月 51 巻 6 号 1409 頁は、行政代執行法 2 条の要件を充足している場合、①代執行を実際に行うか否かについて効果裁量、②行う場合にいつ行うかについて時の裁量に加えて、③行う場合にいかなる方法で行うかについての方法選択の裁量も、行政庁に認めている[170]。

　代執行を実際に行うか否かの効果裁量について、鹿児島地決昭和 29・3・19 行集 5 巻 3 号 677 頁は、建築基準法 9 条による違反建築物に対する是正の措置は、これをいかなるときに発令するかは一に特定行政庁の裁量に属するところであり、国民の生命、健康および財産の保護を図り、もって公共の福祉の増進に資することを目的とする同法の精神に則り随時これを命じうるものと解すべきであり、違反建築物を発見したときは、直ちに同法条による強制措置をとるべきことを必ずしも必要とするものでないことはもちろんであって、任意に口頭または書面等適当の方法により違反を是正すべき旨を指示し徒に公権力を行使して国民の財産権への不当な干渉にわたることを避けることこそ最も行政目的に合致する妥当な手段であると判示する。福岡高判昭和 55・5・29 判タ 423 号 123 頁は、「具体的に戒告等の手続がなされていても、代執行を行うか否か、また、行う時期をいつにするかについては当該行政庁の裁量が認められているから、義務者において任意に履行する意思と能力が客観的に認められる場合に、当該行政庁があえて行政代執行の手続を進めることは、義務者による任意履行を原則とする法の趣旨に反してその裁量権の濫用となり、右代執行手続が違法となることもあると解される」と判示している。また、東京高判昭和 42・10・26 高民集 20 巻 5 号 458 頁は、建築基準法違反の建物により、日照通風を阻害された隣人が、建築物除却命令を発しながら、除却命令の代執行をしないことが違法であるとして東京都に対して国家賠償請求をした事案において、そもそも隣家の日照通風を妨げたにとどまる当該案件が、行政代執行法 2 条の「他の手段によつてその履行を確保することが困難であり、且つその不履行を

---

[170]　この問題について、雄川ほか・行政強制 204 頁以下参照。

放置することが著しく公益に反すると認められるとき」という要件を満たすかには疑問があるのみならず、たとえ要件を満たすとしても、必ずこれをなすべき義務を負うものではなく、行政庁の効果裁量に委ねられているとする。そして、代執行を行わなかったことが著しく合理性を欠く場合に限り、違法となるとし、本件では、東京都知事が代執行権限を行使しなかったことが、著しく合理性を欠くことの主張立証はなされていないとして、東京都の損害賠償責任を否定した[171]。さらに、違反建築物の工事中止命令は出されたものの、それ以上の是正命令権限、代執行権限が行使されなかったため、隣人が、かかる規制権限の発動の懈怠を理由とする国家賠償請求訴訟を提起した事案において、東京地判平成3・8・27判時1428号100頁は、練馬区が是正命令権限・代執行権限を行使することが原告に対する関係で義務付けられ、その不行使が違法となるのは、その違反の程度が著しく、これによって住民に継続的に重大な生活利益の侵害が生じ、違反者が自ら違反状態を解消する見込みが全くない上、特定行政庁の権限行使が容易かつ有効適切で、他に適切な救済手段がないような場合であるなどの例外的な場合に限定されるとする。そして、本件における日照等の障害の危険は将来的なものであり、その被害の程度も、1階部分は日中から点灯および冬季の暖房が必要となり、庭では洗濯物の乾きが悪化した程度である上、担当職員において違反部分の是正・工事停止等をするよう行政指導を継続的に行っており、工事停止はされなかったものの、義務者側の対応案も示されており、その自主的な解決・処理等の合理的な期待が失われていたとは認められないから、是正命令権限・代執行権限の行使が義務付けられるに至っていたとすることはできず、当該権限の不行使をもって違法と解することはできないと判示した。

他方、建物等が倒壊すれば周辺住民の生命・身体の安全が重大な危険にさらされ、除却命令を義務者が任意に履行する意思が全くみられないような場合において、代執行を懈怠することは、著しく不合理と思われる。造成宅地の擁壁が崩壊し、当該擁壁により支えられていた上部住宅地の土砂が一団となって下

---

[171] 本件の一審判決である東京地判昭和40・12・24下民集16巻12号1814頁は、東京都知事の代執行権限の行使は、原告に対する私法上の義務ではないとして請求を棄却した。これは、代執行権限の行使によって原告が利益を受けることがあるとしても、それは公益のために行われる代執行により反射的に受ける利益にとどまり、原告には代執行により法律上保護される利益がないという思考によるものと考えられる。

部住宅地の上に崩れ落ち、そのため下部住宅地上の家屋がいずれも倒壊し、死傷者も出た事案において、大阪地判昭和49・4・19下民集25巻1〜4号315頁は、遅くとも本件事故発生時には、当該擁壁はきわめて不完全な状態にあり、これを放置するときは崩壊するおそれが著しく、もし崩壊すれば下部住宅地の家屋のみならず、その居住者の生命にも危害が及ぶ危険のあることは明らかであって、宅地造成等規制法（当時）の趣旨目的に照らすと、その状態はまさに当該擁壁につきその所有者らに対し改善命令を発し、行政代執行法による代執行の措置によってでもその命令の実効を期し、危険を除去すべき場合に当たるとみるのが相当であり、兵庫県知事がこれをしなかったのは著しく合理性を欠き、違法であると判示している。また、生命・身体の安全に関する場合でなくても、行政主体が自らある者に不利益をもたらした場合に、その不利益を解消するための代執行を懈怠することが違法になることがある。特別都市計画法に基づく地区復興土地区画整理事業の施行者が換地予定地（現行の土地区画整理法における仮換地に相当）を指定したが、当該換地予定地上の建築物等の存在によって換地予定地の使用収益が妨げられている者が提起した国家賠償請求訴訟において、最判昭和46・11・30民集25巻8号1389頁は、施行者としては、事業の施行に当たり、一般に、関係人に不当な不利益を及ぼすことのないように配慮すべき義務を負うことはいうまでもないことで、換地予定地の使用を妨げるような事態は、施行者の責任において解消し、土地所有者に損害の生ずることを防止すべきであって、それは、施行者が建物等の移転または除却をする権限を適切に行使することによって実現することができることを指摘する。そして、建物等の存在によって換地予定地の使用収益が妨げられているときは、施行者において当該権限を行使し、建物等の移転または除却を命じ、その義務が履行されなければ代執行を行って当該土地の使用収益を妨げないようにすることは、その職務上の義務でもあるというべきであって、施行者が過失により当該義務を怠って土地所有者に損害を及ぼしたときは、これを賠償する責に任ずると判示した。

　代執行の懈怠を違法とする国家賠償法1条1項の規定に基づく損害賠償請求がされたのではなく、代執行の懈怠が河川管理の瑕疵の一因であるとして、国家賠償法2条1項の規定に基づく損害賠償請求がされた事案がある。大阪高判昭和62・4・10判時1229号27頁（大東水害訴訟差戻控訴審判決）は、河川上の家屋に占用許可を与え続けたことは、河川が公共用物であり、河川区域内の土

地の占用は、公共性または公益性の高いものに限り認められるべきであること（昭和40年12月23日建設事務次官通達河川敷地占用許可準則第3）に照らすと、河川行政の在り方として相当でない面がなかったと言い切れないとする。しかし、これらの家屋が生活の本拠となっていたため、曲りなりにも一旦占用許可が与えられていた家屋居住者に対して河川法75条1項の規定に基づく除却命令、行政代執行法に基づく行政代執行のような強硬手段をもってその立退きを強行することは、これをしないことによる水害の危険の接近が明白であるような特別の事情のない限り、個人生活の根底を覆すものとして社会的非難の的となることは必至であるというべく、そのため河川管理者が、その強行をためらい躊躇したとしても、やむをえない理由があるといわなければならないとする。そして、河川上家屋の立退交渉の停滞により改修工事が進捗しなかったとしても、行政計画の策定および実施における裁量権の行使を誤ったとはいえず、本件河川の管理に瑕疵があったということは相当ではないとする。ここでは、改修途上の河川における管理の瑕疵を判断するに当たり、代執行による不法占用物件の除去を困難にする社会的制約が重視されている。

　代執行権限の不行使を理由とする国家賠償請求は、損害が発生した後の事後的救済にとどまる。代執行が懈怠されていることにより重大な損害を生ずるおそれがあり、かつ、その損害を避けるために他に適当な方法がないときは、代執行を命ずることを求めるにつき法律上の利益を有する者は、代執行の義務付け訴訟を提起することができる（行政事件訴訟法37条の2第1項、3項）。この場合、その義務付け訴訟に係る処分につき、行政庁がその処分をすべきであることがその処分の根拠となる法令の規定から明らかであると認められ、または行政庁がその処分をしないことがその裁量権の範囲を超え、もしくはその濫用となると認められるときは、裁判所は、行政庁がその処分をすべき旨を命ずる判決をする（同条5項）。この義務付け訴訟を提起された場合、代執行がされないことにより生ずる償うことのできない損害を避けるため緊急の必要があり、かつ、本案について理由があるときは、裁判所は、申立てにより、決定をもって、仮の義務付けをすることができる（同法37条の5第1項）。義務付け訴訟においては、行政便宜主義との関係が問題になるが、代執行の対象を重大な公共公益性の侵害に限定した上で、行政庁に代執行をしない裁量を与えず、長期にわたる行政指導の反復を認めず、措置命令や代執行に至る最長期間を立法で定めるべきとの提言がなされている[172]。

また、何人も、法令に違反する事実がある場合において、その是正のためにされるべき代執行がされていないと思料するときは、当該代執行をする権限を有する行政庁に対し、その旨を申し出て、当該代執行をすることを求めることができる（行政手続法36条の3第1項）。この申出は、①申出をする者の氏名または名称および住所または居所、②法令に違反する事実の内容、③当該代執行の内容、④当該代執行の根拠となる法令の条項、⑤当該代執行がされるべきであると思料する理由、⑥その他参考となる事項を記載した申出書を提出してしなければならない（同条2項）。当該行政庁は、この申出があったときは、必要な調査を行い、その結果に基づき必要があると認めるときは、当該代執行をしなければならない（同条3項）。

　方法の選択については、基本的に、当該代執行の対象物件の性質、当該代執行により義務者または所有者に与える財産的損失の有無・程度、代執行に要する費用・時間等を総合的に勘案することになるとする[173]。たとえば、除却対象物を構成する木材の中に高価なものがある場合、その経済的価値をできる限り損なわないような除却方法が望ましいが、そのような除却方法を採用することによって、除却費用が高騰し、義務者が負う代執行費用の負担が重くなる結果、かえって義務者にとって経済的に不利益になることもありうる。そのような場合には、高価な木材を損傷することなく建物を解体する場合の費用の見積もりを示して、全体として義務者の負担を最小にするために、当該木材を損傷

---

[172] 福井・行政代執行制度215頁参照。

[173] 代執行が社会的に相当の方法でなされる限り、その過程で対象物件に何らかの財産的損失が生じたとしても、義務者が法律上命じられた義務を履行しなかった以上、その責は義務者に帰せられるべきであろう。さいたま地判平成16・3・17訟月51巻6号1409頁は、代執行およびその後の保管行為が違法であると主張して、原告らの船舶に生じた損傷等の賠償を求める国家賠償請求について、本件では代執行および保管等の全過程を通じて、可能な限り原告らの損失を少なくする配慮がされており、社会通念に照らし著しく不適切とみられるような方法がとられたとは認められないとし、仮に原告らが主張する損害のうちいくつかが生じしたとしても、自ら除去義務を果たさなかった以上、原告らにおいて甘受すべき範囲内であると判示した。その控訴審の東京高判平成17・10・5裁判所ウェブサイトは、代執行の方法が社会通念上全体として不適切なものと認められない限り、行政庁の合理的裁量に委ねられており、その後の保管についても、事務管理者として要求される注意義務をもって行えば足り、代執行およびその後の保管が上記の範囲内にある限り、その過程で当該船舶に何らかの損傷が生じたとしても、国家賠償責任を負うものではないと判示する。作為義務を代替的に執行するという限度を超えて実力を行使して行政上必要な状態を実現することは、もはや代執行とはいえず直接強制といえる。広岡・行政代執行法23頁参照。

しない解体方法を採用しないことについて、義務者の理解を得ておくことが望ましいと思われる。また、歴史的価値のある建造物を移築する場合であれば、当該建築物の歴史的価値を損なわないような工法で移築するように配慮しなければならない。

XIII 基準の明確化

空家法に基づく代執行がかなり行われている要因として、「おそれのある状態」で早期に対応できるようにしていること、「著しく景観を損なっている状態」や「周辺の生活環境の保全を図るために放置することが不適切である状態」も対象となっており、活用できる場面が広いこと等もあるが[174]、同法6条1項の規定に基づき「空家等に関する施策を総合的かつ計画的に実施するための基本的な指針」が定められ、同法22条16項の規定に基づき「『特定空家等に対する措置』に関する適切な実施を図るために必要な指針」が定められ、基準の明確化が図られたことがある[175]。行政代執行法2条についても、「著しく公益に反する」の要件を充足するかについて自身が持てず、代執行を行うことを躊躇するという問題に対処するためには、措置命令の処分基準をできる限り具体的に数値化して定めるとともに、一定の点数を超えた場合には、代執行が必要であることを数値で判断することができるようにすることが有効であろう[176]。大阪市の「老朽家屋危険度判定表」がその例で、総合点数が100点を超えて、第三者に危害を及ぼすおそれがある危険度3と判定されたものは、建築基準法に基づく措置命令の対象になるとともに、命令に従わない場合には代執行も視野に入れて取り組むこととしている[177]。板橋区も、区内に存在する残置物のある老朽建築物について、傾斜、外壁、屋根について老朽化度を高い順に5段階評価し、建築物以外については、残置物の量、繁茂、居住の有無、擁壁の有無について表を作成し、最も優先度の高いものから代執行を行う判断基準を可視化している[178]。措置命令の処分基準を定めて公にしておく努力義務を

---

[174] 吉野＝海老原・特定空家等94頁参照。

[175] 釼持・特定空家等165頁、吉野＝海老原・特定空家等92頁〜93頁参照。空家法に基づく代執行に関する諸基準について、平・空き家対策11頁以下参照。

[176] 宮崎・実効性の確保242頁は、代執行の要否の判断基準の客観化の必要性を指摘していた。

[177] 北村編・行政代執行の手法と政策法務51〜52頁（長谷川高宏執筆）参照。

[178] 宇那木監修・所有者不明空家25頁参照。

尽くすことに加えて、行政代執行の事前手続を戒告と「行政代執行決定通知(仮称)」の二段階に再構成し、それぞれの段階で通知すべき事項を詳述するとともに、「行政代執行決定通知(仮称)」に明確に処分性を付与し、理由提示義務および当該通知に係る基準を定めて公にしておく努力義務を課し、「行政代執行決定通知(仮称)」と行政代執行の間に争訟の提起を可能とする一定の期間を置くことを義務付け、それが不可能な緊急の必要がある場合については、例外に該当する要件を明確化した規定を設けるべきとする主張もなされている[179]。

XIV 第三者機関への諮問

担当部局の職員のみで措置命令や行政代執行の是非を判断することに不安があるのであれば、外部の有識者も加えた判定機関に諮問し、その答申に基づくこととする方式も考えられる。大田区空家等対策審議会条例は、空家等に関する対策について必要な事項を調査審議するため、区長の附属機関として、大田区空家等対策審議会を置くこととし(同条例1条)、同審議会は、区議会議員、建築、法律等に関する学識経験者その他区長が委嘱する委員12人以内で組織される(同条例3条)。同審議会は、空家等対策計画の作成、変更に関することのみならず、区内に存する空家等が特定空家等の状態にあるか否かの判定に関することについても、区長の諮問に応じ、答申することとされている(同条例2条)[180]。

また、蒲郡市住居等の不良な生活環境を解消するための条例[181]12条2項2号において、市長は、代執行をしようとするときは、事前に審議会に諮問して答申を受けることとしている。

XV 行政代執行法2条の「義務者がこれを履行しない場合」の要件

行政代執行法2条は、「義務者がこれを履行しない場合」であることを代執行の要件としている。しかし、たとえば、建物の除却義務のような場合、除却

---

[179] 濱西・実効性確保法制の整備29頁以下参照。
[180] 同審議会設置前においては、外部有識者も参加する大田区空き家の適正管理に係る判定委員会が、代執行の可否について区長の諮問に応じて答申を行っていた。北村編・行政代執行の手法と政策法務82頁～83頁(中山順博執筆)参照。
[181] 同条例について、宇那木・自治体行政代執行274頁以下、宇那木・ごみ屋敷(上)107頁以下参照。

命令を義務者が履行しなくても、暴風雨、地震等により当該建物が滅失したり火災により建物が焼却されたりした結果、当該建物の除却の必要がなくなればもとより代執行を行う必要はなくなる。義務者による不履行には、義務者が措置命令の実施期限までに義務を全く履行しなかった場合のみならず、履行したが不十分な履行であった場合を含む[182]（平成11年法律第87号により削除された砂防法旧35条は、「義務者ニ於テ此ノ法律若ハ此ノ法律ニ基キテ発スル命令ニ依ル義務ヲ履行セス若ハ之ヲ履行スルモ必要ノ期限内ニ終了スルノ見込ナキトキ又ハ履行ノ方法宜ヲ得サルトキハ主務大臣若ハ地方行政庁ハ自ラ之ヲ施行シ又ハ第三者ヲシテ之ヲ施行セシムルコトヲ得」と規定していた）。義務者が履行に着手したが、履行期限までに完了しない場合、近いうちに、義務者自身により義務の履行が確保される見込みがあれば、履行期限を延長することが適切であろう。しかし、時間稼ぎの可能性があると思われる場合や、義務者による履行の完成を待っている暇がないときは、「義務者がこれを履行しない場合」に当たると解すべきであろう。義務者が自ら義務の履行に着手していたとしても、その工事の進捗状況等からみて、所定の期限までに義務を任意に履行する意思と能力があったとは認めることができないとして、「義務者がこれを履行しない場合」に当たるとしたものとして、福岡高判昭和55・5・29判タ423号123頁がある。行政代執行法2条においても、空家法22条9項、屋外広告物法7条3項、建築基準法9条12項、土地収用法102条の2第2項等と同様に、履行しても十分でないとき、履行しても期限までに完了する見込がないときも、義務者が義務を履行しない場合に含まれることを立法により明確化することが望ましい。

　義務者が措置命令の実施期限までに義務を履行しない意思を明確にした場合はどうであろうか。個別法においては、かかる場合にも代執行を行いうることを明記する例がある。すなわち、森林病害虫等防除法4条1項は、「指定された期間内に命ぜられた措置を行わないとき、行つても十分でないとき」に加えて、「行う見込みがないとき」にも代執行を行いうることとしている（同法7条2項も参照）。行政代執行法2条の「義務者がこれを履行しない場合」についても、指定された期間内に義務者が義務を履行しないことが客観的に認められる事情があれば、「義務者がこれを履行しない場合」と解してよいと思われる。この点も立法により明確することが望ましい。もっとも、義務者がいったんは

---

[182] 村上・代執行99頁、小山・代執行71頁参照。

義務を履行しないという意思を示したとしても、義務を履行するための資力が不足しているというような事情がない場合には、義務者が翻意する可能性もあるので、原則として、指定された期間の経過までは代執行は控える運用が望ましいと思われる。

XVI 「自ら義務者のなすべき行為をなし、又は第三者をしてこれをなさしめ」の要件

　行政代執行法2条は、「当該行政庁は、自ら義務者のなすべき行為をなし、又は第三者をしてこれをなさしめ」と規定している。したがって、代執行を自ら行うか、第三者に委託して行わせるかの選択についても行政庁は裁量を有する。

　「自ら義務者のなすべき行為をなし」とは、行政庁がその所属の職員を指揮監督して行うことを意味する。常勤の職員に行わせる場合に限らず、非常勤の職員に全部または一部の業務を行わせる場合も含む。非常勤職員も、行政庁の指揮監督下で行動することに変わりはないからである。たとえば、当該代執行のために必要な技能を有する者を臨時的任用により雇用して代執行作業の一環を担わせる場合も、行政庁自ら代執行を行うことに当たる。土地収用法102条の2第2項の規定に基づく代執行の場合、起業者の従業者を補助者として使用して、都道府県知事が代執行を行うこともありうる。

　これに対し、「第三者をしてこれをなさしめ」とは、第三者に事実行為としての代執行作業を委託することができることを意味し、通常は請負契約により、解体業者、運搬業者等の第三者に当該業務を行わせることを意味する。プロイセン的法制では、第三者に行わせる場合のみを代執行とするが、わが国の行政代執行法では、行政庁が自ら義務者のなすべき行為を行う場合も代執行に含めている。「第三者をしてこれをなさしめ」とは、代執行権限の第三者への委任を認めるものではない。したがって、委託を受けた第三者は、代執行庁が属する行政主体に対して、契約に基づく権利義務を有することになるが、代替的作為義務を負う者との間では契約関係はなく、代執行権限を行使するのが代執行庁であることは、代執行庁自ら代執行作業を行う場合と異ならない。土地収用法102条の2第2項の規定に基づく代執行の場合、起業者も「第三者」に含まれ、これに委託することが可能であるかが問題になるが、第三者に委託されるのは事実行為であり、実施行為の主体の属性を問題にする必要はないので、肯定してよいと思われる。東京地判平成18・4・28L06131837も、元来、代執行

は、特定の行為について、他の者が行っても義務者が自ら行った場合と同様な効果が達せられるという点に着目して認められる強制手段であって、特に実行行為の主体が何人であるかという点に重要な意義はないから、同項所定の「第三者」には起業者も該当すると判示している。そして、起業者が「第三者」として、代執行庁が属する行政主体と除却作業等を行う請負契約を締結した場合当該起業者が除却作業等の一部を別の業者に再委託することも可能であると考えられる。前掲東京地判平成 18・4・28 も、代執行の委託を受けた「第三者」が、さらに他の者に事実行為である代執行作業を再委託することも禁じられておらず、これを限定的に解さなければならない理由も見出しがたいとする。

XVII 義務者が意思能力を有しない場合

義務者もその住所も確知できたが、義務者が意思能力を有しない場合には、後述する簡易（略式）代執行制度を利用することはできない。かかる場合、後見人が選任されていれば、後見人を代理人として行政代執行を行うことは可能と思われるが、後見人が選任されていない場合には、市町村長が後見人の選任を申し立てることが可能な場合（老人福祉法 32 条、知的障害者福祉法 28 条、精神保健及び精神障害者福祉に関する法律 51 条の 11 の 2 参照）には、後見人選任の申立てをして、後見人を代理人として行政代執行を行うことは認められると思われる。しかし、後見人の選任には時間を要するので、緊急性のある事案では、この方法では適切な対応が困難になるおそれがある。かかる場合に備えて、即時強制の制度を整備しておくことも検討されるべきであろう[183]。

XVIII 相続財産清算人に対する行政代執行

所有者が死亡していることが確認された場合には、相続人を探索することになる。相続人がいない場合（全員が相続放棄した場合を含む）、空家法 22 条 10 項のような簡易（略式）代執行の規定を用いることができる場合には、それによることもできるが、相続財産清算人を選任し、相続財産清算人に対応を委ねることも考えられる[184]。

---

183 北村・自治力の闘魂 65 頁以下参照。

184 建物の老朽化が激しく、取り壊して更地にしてからでないと買い手がつかないような事案において、財産管理制度を活用した行政代執行も想定される。鈴木＝田中・空き家対策 92 頁参照。不在者財産管理人および相続財産清算人の空家対策における利用について、

板橋区は、2017（平成29）年1月17日から同年3月30日までの期間に、相続財産管理人（当時）を名宛人として行政代執行を行った[185]。2023（令和5）年4月1日に、相続財産清算人制度が施行され、財産の保存管理のみならず処分も行う権限を有するのは相続財産清算人とされたので、同改正後は、相続人がいない場合、相続財産から費用を回収するためには、通常の行政代執行であれ、簡易（略式）代執行であれ、相続財産清算人を相手方として手続を進めることを検討すべきであろう。その理由は以下の4点である。

　第1の理由は、当該建物には大量の残置物があるところ、それを廃棄物と財産に分別して前者を廃棄し後者を管理することには手間がかかり、地方公共団体の職員の負担が大きくなる一方、相続財産清算人は、財産的価値のない動産を家庭裁判所による権限外行為許可を得ることなく廃棄できると解されていることである。第2の理由は、相続財産清算人が空家等の管理者となれば、空家法22条9項の規定に基づく行政代執行を行うことができるが、この場合には、行政代執行法6条の規定が適用されるため、代執行に要した費用について国税滞納処分の例により強制徴収をすることができ（同条1項）、国税および地方税に次ぐ順位の先取特権を有することになること（同条2項）である。第3の理由は、相続財産清算人が、当該土地以外の財産を発見し、その財産を処分して得た収益で自ら老朽建築物の除却を行う可能性もあることである。第4の理由は、代執行後の跡地についても相続財産清算人が管理するため、地方公共団体の職員が跡地の管理について検討する必要がなく、相続財産清算人が跡地を売却できた場合には、その売却代金が相続財産となり、代執行に要した費用の回収に寄与することである[186]。もっとも、空家法22条が定める一連の手続を

松木・空き家対策56頁以下参照。空家法改正後の民法上の財産管理制度と空家法に基づく代執行の機能分担、とりわけ所有者不明土地管理命令制度（民法264条の2）、所有者不明建物管理命令制度（民法264条の8）、管理不全土地管理命令制度（民法264条の9）、管理不全建物管理命令制度（民法264条の14）の活用方法について、宇那木・特定空家等25頁以下参照。

185　これについて、宇那木監修・所有者不明空家2頁以下、宇那木・自治体行政代執行225頁以下が詳しい。板橋区と同様に、相続財産管理人（当時）を選任して行政代執行を行った例として、2018（平成30）年2月13日から実施された群馬県大泉町の例がある。

186　相続財産清算人制度導入前の財産管理制度を活用した空家対策ついて、鈴木＝田中・空き家対策86頁は、財産管理制度を活用した場合、最終的には売却などにより土地所有権が移転し、土地の適正管理が行われ固定資産税も納められることが見込まれるという長所の反面、空き家の市場価値がほとんど無い場合には、建物の除却等の費用に加えて財産管

とって、代執行に至るまでには、かなりの時間を要するというデメリットもある[187]。

そこで、他の選択肢も検討する必要がある。第2の選択肢は、相続財産清算人を選任せず、所有者等が確知できないとして、同法22条10項の規定に基づく簡易（略式）代執行を行うことである。相続財産清算人の選任に申立てから実際に相続財産清算人による管理が行われるようになるまで、2、3か月かかること、相続財産清算人が除却を行うには家庭裁判所の許可を要することを考えると、簡易（略式）代執行を行うメリットはあるものの、残置物について廃棄物と財産の仕分けの判断、跡地の管理を地方公共団体の職員が行う負担が生ずること、跡地について売却権限を有する者がいないために、その売却代金を代執行に要した費用の回収に充てることができないこと[188]というデメリットがある。

第3の選択肢は、代執行は行わず、相続財産清算人を選任して、その管理に委ねるというものである。この場合には、相続財産清算人の選任に当たり予納金を納めるコストは生じるものの[189]、代執行に要する費用は生じないというメリットがある。しかし、相続財産清算人の対応次第では、状況が改善せず、現状が継続することが懸念されるし、当該不動産が売却されれば新所有者を対象とした代執行を行うことも考えられるが、それまでに相当の長期間を要すると想定され、危険が切迫している状況のもとでは、選択肢となりえない[190]。

理人の報酬も地方公共団体が負担することになるという短所があるとする。

[187] 予納金の予算確保に苦労すること、予納金の回収の見込みが立たないことがあること等の問題点が、地方公共団体により指摘されている。小舟＝周＝宮森・自治体アンケート結果394頁参照。そのため、市町村では、予納金について、国または都道府県による財政的支援を望む声がある。剱持・特定空家等173頁参照。また、債権債務額が多額ではなく他に利害関係人がいない場合には、検察庁と調整して検察官が申立てを行う事例もあるが、調整が功を奏するとは限らないようである。柳井・空家対策10頁参照。

[188] もっとも、代執行後に費用回収のために相続財産清算人を選任すれば、この問題は解消される。

[189] 相続財産額が相続財産管理費用（官報公告費用・登記費用等の事務費、相続財産清算人の報酬）を上回れば、予納金は全部または一部返還されるが、相続財産額が相続財産管理費用に足りない場合には予納金は返還されない。予納金の予算化が困難で、かつ、還付の可能性が低いことが、相続財産清算人の選任を躊躇させることになりうる。剱持・特定空家等173頁、永田・税務行政現場17頁参照。

[190] 宇那木監修・所有者不明空家26～31頁参照。

相続財産清算人を選任する場合、被相続人の出生時から死亡時までの連続する戸籍謄本（除籍謄本、改正戸籍謄本を含む）を家庭裁判所に提出する用意をする必要がある。もっとも、遺言による認知も可能であり（民法781条2項）、死後3年を経過する前は認知請求が可能であるので（民法787条）、戸籍に記載がなくても相続人が発生する可能性は残るが、遺言による認知がされているかについては可能な範囲で調査すべきとはいえても、死後の認知請求の可能性を考慮して3年間待つ必要はないと思われる。

　所有者不明土地の利用の円滑化等に関する特別措置法42条の規定により、国の行政機関の長または地方公共団体の長は、利害関係人に該当するか否かを問わず、相続財産清算人の選任を請求できる。相続財産清算人は、管理すべき財産目録の作成（民法27条1項、953条）、保存行為、代理の目的である物または権利の性質を変えない範囲内において、その利用または改良を目的とする行為（民法103条）、相続債権者または受遺者の請求があるときは、その請求をした者への相続財産の状況報告（同法954条）、相続債権者および受遺者に対する弁済（同法957条）を行うことができるが、それ以外の行為を行う場合には、家庭裁判所の許可を得る必要がある（同法28条、953条）。相続財産清算人を選任して、相続財産清算人を名宛人として代執行を行う場合には、相続財産清算人が代執行の名宛人としての行為を行うことへの許可をあらかじめ家庭裁判所から得ておく必要があろう。

XIX　仮処分との関係

　行政代執行法2条には、代執行を行おうとしている建物に現状不変更の仮処分がされている場合、代執行を行うことができなくなるのかについて、明文の規定はない。そこで、この問題について検討することとする。この問題を考えるに当たり参考になるのが、土地区画整理事業により換地予定地（現在は仮換地）の指定を受けた従前地の所有者と従前地における建物の占有者を相手方として、換地予定地への建物の移築を制限する仮処分が、それに先立って出された換地予定地への建物移転命令およびそれに基づき将来行われうる移転の代執行と矛盾抵触し、代執行が実施されたならば、仮処分の内容の一部が実現できなくなるような場合、かかる仮処分の申請は、不適法かが争点になった事件である。東京地判昭和25・6・13下民集1巻6号886頁は、本来仮処分は、私人間の私法上の権利を保全する目的からなされるものであるから、行政庁が公益

上の目的から公権力に基づいてなす行政処分まで制限禁止する効力は有せず、したがって、執行吏は、仮処分の執行として自ら保管する目的物に対して行政代執行がなされる場合には、これを承認しなければならない職務上の義務があると判示している。また、仮処分と矛盾する措置命令がなされ、それに基づく代執行が行われることについて、岐阜地判昭和30・3・7行集6巻3号757頁は、仮処分は私人間の私法上の権利を保全する目的からなされるもので、当事者間にのみ効力を生じ、第三者たる県はこれに拘束されないから、県が公益上の目的から公権力に基づいてなす行政処分を禁止制限する効力は有しないと判示する。このような考え方は、戦前の裁判例（東京地判昭和3・8・3法律新聞3032号14頁）においても採られていたし、戦後の行政実例（昭和27年1月22日宮城県知事宛建設省都市局長回答）においても同様である。このように、現状不変更等の仮処分が行われていたとしても、そのことにより代執行ができなくなるわけではない。

XX 担保権の存在

行政代執行法2条には、代執行を行おうとしている違反建築物に担保権が存在する場合、当該建築物の除却命令を出し、当該義務が履行されない場合に代執行を行うことが可能かについて明文の規定はない。しかし、担保権は、その目的物を換価してその代金から優先弁済を受ける権利であるにとどまり、民事執行において、担保権の存在は、建物収去の強制執行を妨げるものでないことは、戦前より認められている（大判大正5・5・4民録22輯861頁、大決昭和2・8・6民集6巻10号490頁）。況や、行政庁が公益目的で行う代執行が、担保権の存在により妨げられることはないといえよう。

XXI 占有者、担保権者への通知

除却対象物件である家屋に借家人のような占有者がいる場合、法律上明示されていないが、①すでに除却命令を発していること、②義務者が履行しない場合、除却の代執行が行われること、③代執行が予定される時期、④当該時期までに退去しなければならないこと、を占有者に文書で通知すべきである[191]。長崎地判昭和37・1・31下民集13巻1号133頁は、旧戦災復興土地区画整理

---

[191] 北村＝須藤＝中原＝宇那木・行政代執行201頁（宇那木正寛執筆）参照。

地区内建築制限令5条の規定に基づく建物除却命令の不履行を理由とする代執行をなすにつき、建物の一部を占有する者に対しいかなる手続をとる必要があるかについて、同令、同令附則7条および行政代執行法になんらの規定も存在しないので、占有者に対しては、なんらの措置を講じなくても適法と解する余地が全くないわけではないとしつつ、法令に違反して建築された建物の賃借人であっても、すでに住居としてこれに居住し独立の占有を有している限り、かかる占有者に対しては、なんらかの予告手続が必要であるとする。そして、土地区画整理法77条2項が、「施行者は…建築物等を移転し、又は除却しようとする場合においては、相当の期限を定め、その期限後においてはこれを移転し、又は除却する旨をその建築物等の所有者及び占有者に対し通知する」という規定を準用して、独立の占有者にも通知をすべきと判示している。この事案では、土地区画整理法77条2項の規定を準用するという方法が可能であったが、適切な準用規定がない場合、憲法上の適正手続の要請として、独立の占有者に対して戒告に係る通知が義務付けられるという解釈もありうると思われる。また、除却対象物件の担保権者にも、同様に通知を行うべきであろう[192]。

XXII　戒告
1　内容

　戒告は、相当の履行期限を定め、その期限までに代執行の対象となる代替的作為義務の履行がなされないときは、代執行をなすべき旨を、予め文書で警告するものである（行政代執行法3条1項）[193]。戒告において、代執行という文言を使用する必要はなく、当該代替的作為義務を行政庁が行うか、または第三者に行わせ、その費用を義務者から徴収することが示されていれば足りる。戒告やそれに先行する措置命令において、代執行の対象となる物件を個別的、具体的に記載する必要は必ずしもなく、戒告書、措置命令書等の添付図面等により代執行の対象となる物件が特定されていれば足りる（東京地判昭和54・8・21行集30巻8号1410頁）。土地収用法102条の2第2項の規定に基づく代執行の場

---

[192] 空き家には複数の抵当権が設定され、多額の債務が残っていることが一般的であるという指摘について、山中・特定空家40頁参照。

[193] 行政代執行法が定める戒告等の手続は、他の行政上の義務履行確保制度を設ける場合に参考になる。行政代執行法の手続をベンチマークとして、各種の行政上の義務履行確保の行政手続を考察すべきとするものとして、濱西・義務履行確保（下）95頁参照。

合においても、移転すべき物件の表示においては、一般に「立木、工作物、動産その他一切の物件」と表記されるが、これは、代執行に係る土地の状況を代執行前に仮処分により固定することが、行政上の強制執行においては認められていないためにそうせざるをえない面がある。

問題は、代執行の方法が複数考えられる場合において、行政庁がいかなる方法で代執行を行う予定であるかまで戒告において義務者に通知する必要があるか否かである。同法では、そのような義務は明示されていないので、かかる記載をしなかったからといって違法とはいいがたいが、通知する運用が望ましいと思われる[194]。また、土地収用法102条の2第2項の規定に基づく代執行の場合には、起業者の請求により代執行を行うことを戒告において明示することが望ましいと思われる[195]。また、戒告の内容として法定されているわけではないが、建物等を除却する場合には、併せて、退去、存置物件搬出の行政指導も行っておくことが望ましい。

2 機能

戒告は、代執行の前置手続であるが、所定の期限までに義務が履行されない場合、代執行が行われることを予告して、代執行の威嚇により任意の義務の履行を督促する機能を有する。東京都建設局道路管理部第2課が1956（昭和31）年12月から1959（昭和34）年3月1日までに進めた代執行手続の多くにおいては、戒告または代執行令書による通知の段階で、義務者による義務履行があったという[196]。また、滋賀県が瀬田川河川敷不法占用物件の除却の代執行について1957（昭和32）年10月7日に戒告したところ、義務者が義務を履行した例、兵庫県が猪名川筋河川敷不法占用物件の除却の代執行について1959（昭和34）年9月に戒告したところ、義務者が義務を履行した例等がある[197]。

戒告は、代執行手続の慎重を期し、義務者に対して、代執行の有無および時期についての予測可能性を付与する機能を有する。さらに、戒告に処分性を認めれば、戒告に対する審査請求および取消訴訟もしくは無効等確認訴訟を提起する機会を与えることになる。

---

[194] 広岡・行政代執行法152頁は、通知すべきとする。
[195] 広岡・行政代執行法152頁参照。
[196] 広岡・強制執行329頁注10参照。
[197] 広岡・強制執行333頁注19参照。

3　実体要件

　東京地判昭和28・12・28行集4巻12号3315頁は、代執行受忍の義務を私人に負わせるのは、代執行令書による通知であって、戒告ではないから、行政代執行法2条の「他の手段によつてその履行を確保することが困難であり、且つその不履行を放置することが著しく公益に反すると認められるとき」という要件は、戒告の要件ではなく、代執行令書による通知の要件であり、したがって、戒告で定められた期限までに義務が履行されなくても、当然に代執行令書による通知が可能なわけではないとする。しかしながら、戒告においても、同条の要件の充足が必要であると解すべきである。東京地判昭和41・10・5行集17巻10号1155頁は、行政庁は戒告をなすに当たっては、同条の要件の存否を判断し、その要件を充たすときに限ってなしうると明言する。また、徳島地判昭和31・12・24行集7巻12号2949頁は、戒告は、従来負担していた義務以上の義務を課すものではないが、戒告が違法である場合には、義務者は自己の正当な権利を保護するため、戒告の違法を争う利益を有すると判示しており、戒告が同条の要件を充たす必要があることを前提としていると思われる。

4　手続要件

(1)　文書主義

　戒告は文書で行わなければならず（行政代執行法3条1項）、口頭で警告を行っても戒告の要件を満たしていないので、戒告とは認められない。

(2)　再戒告

　戒告で定められた期限までに義務が履行されない場合、代執行令書による通知を経て代執行を行うことができるが、直ちに代執行令書による通知の手続をとらずに、再戒告をする運用が実務上稀でない。代執行を行う時期についても、行政庁が裁量を有するので、再戒告により改めて義務者に履行の機会を付与する時間的余裕が認められるのであれば、再戒告を違法と解する必要はないと思われる[198]。客観的事情から義務の履行期限をさらに延長することが社会通念上許されない状況にあるのか、再戒告により義務者自身による履行が期待され得るのか等の状況を勘案して、再戒告の是非を判断することになる[199]。

---

　[198]　広岡・行政代執行法157頁も同旨。東京都が違反広告物について最初の代執行を行った事案では、戒告を2回行っている。広岡・強制執行332頁注17参照。
　[199]　「管理不全空屋等及び特定空家等に対する措置に関する適切な実施を図るために必要な指針（ガイドライン）」（平成27年5月26日付け総務省・国土交通省、最終改正令和5年

(3) 行政手続法の適用の有無

　戒告に処分性があるとなると、行政手続法3章が定める不利益処分の手続をとる必要があるかが問題になる。同法2条4号イは、「事実上の行為及び事実上の行為をするに当たりその範囲、時期等を明らかにするために法令上必要とされている手続としての処分」を同法の不利益処分から除外している。立法過程においては、行政代執行法の戒告によって新たな義務が課され、または新たに権利が制限されるものではなく、仮に処分に当たるとしても、一連の手続の中で次の段階へと進むための手続にすぎないから、同法2条4号イに該当し、行政手続法2条4号の不利益処分に当たらないと整理された[200]。代替的作為義務を課す命令が出された時点ですでに代執行の要件を満たしていれば、このように考えることができよう。わが国の行政実務においては、措置命令に至る前に延々と行政指導が行われ、措置命令が出される時点では、すでに行政代執行の要件を満たしていると考えられることが多く、立法過程における整理も、そのような行政実務を念頭に置いたものと思われる。もっとも、理論的には、措置命令を発する要件と代執行を行う要件は必ずしも一致せず、措置命令が出されたとしても、当然に代執行の要件を満たすわけではないので、「事実上の行為及び事実上の行為をするに当たりその範囲、時期等を明らかにするために法令上必要とされている手続としての処分」には当たらないと解することもできる[201]。そのように解する場合、措置命令自身については意見聴取手続がとられているので、戒告の事前手続としての意見聴取は、代執行の要件を満たしているかに限定して行われることになり、意見書提出までの期間は、1週間程度で足りると思われる[202]。

12月13日）第4章6（特定空家等に係る代執行［法第22条第9項］）(2)（手続的要件［行政代執行法第3条～第6条］）ロ（再戒告）参照。

200　行政管理研究センター・行政手続法31頁参照。

201　重本・不利益処分・行政執行46頁は、行政代執行の実体的要件は義務者による義務の不履行だけでは足りず、他の手段によって当該義務の履行を確保することが困難であることおよび当該不履行を放置することが著しく公益に反すると認められることという要件が求められている以上、義務賦課行為がなされて行政代執行が実行されるまでの間にそのような要件を行政代執行の相手方に告知することが、行政代執行の相手方に不服申立てを含む行政争訟の便宜を与える上で必要不可欠と思われるとする。

202　義務を課する命令に係る意見聴取と代執行に係る意見聴取を同時に行う案も提言されている。髙橋編・実効性確保法制119頁（濱西隆男執筆）参照。同書の書評として、友岡・書評148頁以下参照。

戒告が、同法2条4号の不利益処分に当たると解する場合には、処分基準を作成し公にしておく努力義務（行政手続法12条）および理由提示義務（同法14条）も生ずることになる。

(4) 措置命令における戒告

ドイツの連邦行政執行法においては、措置命令において戒告を行うことも措置命令と別個に戒告を行うことも一般的に認められているが、行政行為の即時の執行が命じられたとき、または争訟に停止的効果が伴わないときには、迅速な義務の履行を確保するために、措置命令と同時に戒告をすることが義務付けられている（同法13条2項）。

わが国では、行政代執行法2条は、「法律…により直接に命ぜられ、又は法律に基き行政庁により命ぜられた行為…について義務者がこれを履行しない場合」において、「他の手段によってその履行を確保することが困難であり、且つその不履行を放置することが著しく公益に反すると認められるときは、当該行政庁は、自ら義務者のなすべき行為をなし、又は第三者をしてこれをなさしめ、その費用を義務者から徴収することができる」と定めている。すなわち、措置命令等により課された義務を履行しないことが、直ちに代執行の要件を満たすこととはしておらず、義務の履行を強制するためには加重された要件を満たさなければならないこととしている。換言すれば、措置命令等により代替的作為義務を課す行為と、その義務の履行を強制する代執行とを峻別しているのである。したがって、措置命令等により代替的作為義務を課し、その義務が履行されず、行政代執行法2条の要件を満たした段階で、戒告に始まる代執行の手続に移行するのが原則である。問題は、措置命令等により代替的作為義務を課す時点で、すでに行政代執行法2条の要件を充足している場合に、措置命令等と併せて戒告を行うことは適法かである。わが国において、措置命令等により代替的作為義務を課す時点で、すでに行政代執行法2条の要件を充足している場合に、措置命令等と併せて戒告を行うことを認めたのが、福岡高判昭和33・10・30行集9巻12号2822頁であり、被控訴人が命ぜられた家屋の移転をなさない場合その不履行を放置することは著しく公益に反する場合に該当するというべきであるから、本件命令に付加してなされた代執行の戒告が違法であるということはできないと判示している。また、大津地判昭和54・11・28行集30巻11号1952頁は、戒告は、代執行が行われることを義務者に確実に予知させて、任意的履行の機会を与え、これを促すことを目的とするので、戒

告書であることを明示した独立の文書でなされることが望ましいとしつつ、行政代執行法3条1項に所定の内容が記載された文書であり、そのことが義務者に容易に理解されるものである以上、戒告書であることを明示せずに、代替的作為義務を課す行政処分の通知書と同一の文書で戒告が行われたことをもって戒告に瑕疵があるとはいえないと判示した。大阪高判昭和59・11・28行集35巻11号1889頁は、この判断を支持している（最判昭和61・5・27D1-Law28282694は上告棄却）。

　行政代執行法3条3項は、「非常の場合又は危険切迫の場合において、当該行為の急速な実施について緊急の必要があり、前二項に規定する手続をとる暇がないときは、その手続を経ないで代執行をすることができる」と定め、急迫の場合には、手続の省略を認めていることに照らせば、措置命令の段階で戒告の要件を満たしており、迅速に代執行の手続を開始すべき場合には、措置命令と同時に戒告を行うことが認められてよいように思われる[203]。「管理不全空屋等及び特定空家等に対する措置に関する適切な実施を図るために必要な指針（平成27年5月26日、国土交通省・総務省）」第4章6（2）イにおいても、戒告は、それが行政代執行法3条1項の戒告であることを明確にして行うべきであるが、戒告が措置命令と同時に行われることも可能であるという立場がとられている。もっとも、行政代執行法2条の要件を満たした段階において、戒告を行い自発的履行の機会を付与する趣旨に鑑みれば、緊急の必要がある場合には緊急代執行を行い、緊急代執行の要件を満たさない場合には、措置命令の履行期限後に戒告を行い、義務者が任意に履行を行う機会を付与するのが原則であるべきである。しかし、その例外が認められるべき場合がある。すなわち、義務者が義務を履行しない意思を明確にしている場合や、義務者が義務を履行するための資力に欠けることが明確な場合には、任意の履行の機会を付与するという戒告の意義が認められないことになり、かかる場合には、措置命令と戒告を同時に行うことは許されると思われる[204]。

---

[203] 鈴木教授による法律要綱私案4条2項は、戒告は、義務を課す命令とともにこれを行うことができるとする。鈴木・法律要綱私案64頁参照。

[204] 新庄市が2022（令和4）年に行ったアーケード撤去の代執行においては、撤去命令と戒告が同時に行われた。宇那木・道路占用物件162頁は、本件においては、緊急代執行が可能であったと思われるとするが、義務者が任意履行の資力がないことを明確にしていたので、撤去命令と戒告を同時に行ったことに問題はないとする。

（5）相当の履行期限

　戒告においては、「相当の履行期限」を定めて、その期限までに履行がなされないときは、代執行をなすべき旨を通知する。この履行期限が「相当の」ものといえなければ、戒告は違法となる。戒告が、義務者に自ら義務を履行することを促すことを目的とする以上、「相当の履行期限」は、義務の履行により保護される利益、義務者の事情等、諸般の事情を総合的に判断して、戒告時点から起算して、義務者が自ら義務を履行することが社会通念上可能な合理的な期間でなければならない。一般的にいえば、人の生命、身体を保護法益とする場合には、財産を保護法益とする場合よりも、迅速に義務を履行する必要性が大きくなる。また、除却命令の代執行の場合、当該建物に居住者がいる場合には、その居住者が立退くためには、転居先を確保しなければならないので、それに要する期間を考慮する必要がある。たとえば、建物の除却の場合、代替的作為義務を課す行政処分を行うに当たり、「相当の猶予期限」（建築基準法9条1項）を設ける必要があるが、その「相当の猶予期限」が、行政代執行法3条1項の「相当の履行期限」を判断する際に参考になろう。しかし、代替的作為義務を課す行政処分を行った時点と、戒告を行う時点では、事情が変更している可能性があるので、その点に留意する必要がある。たとえば、建物の除却命令を発した時点では、当該建物に賃借人がいたので、その者の退去に要する期間を考慮する必要があったが、戒告時点では、当該賃借人はすでに退去しており、退去に要する期間を考慮する必要がなくなったということがありうる。また、除却命令後、戒告までの間に、当該建物の老朽化が一層進行したり、暴風雨の影響で当該建物が重大な損傷を受け、倒壊の危険が一層増大したりした場合には、「相当の履行期限」は、「相当の猶予期限」よりも短くなろう。相当の履行期限を定めずに戒告がなされた場合には、それ以後の手続も違法となる。

　無権原で臨時露店を建てて道路を不法占用した者に対して、10日間の履行期限を付して不法占用物件を撤去するよう戒告したことについて、旭川地判昭和29・11・20行集5巻11号2810頁は、戒告を不適法なものであるとしなければならぬほど不当な期間であるとは考えられないと判示した。また、戒告書到達日から10日以内に移転することを求めたことについて、前橋地決昭和29・7・17行集5巻7号1706頁は、戒告書到達の時に店舗および住宅を移転する準備を始め、その時から10日以内に当該建物の移転を完了しなければならないとすれば、10日の期間は短きに失すると考えられるけれども、当該建

物の移転についてはすでに戒告がなされた時より1年9か月を遡る時期と約7か月を遡る時期に、それぞれ約3か月の期間を定めて移転を命じている以上、戒告で定めた期限が「相当の履行期限」ではないとはいえないとする。さらに、福岡高宮崎支決昭和40・5・14行集16巻6号1091頁は、僅か1日の履行期限が定められた事案において、無許可で宮崎県内に蜜蜂を移動させた場合には撤去命令を出すことを事前に同県畜産課長から通告されていたので当該移動前に戒告を予知できたこと、れんげの流密期が短期間であるため、迅速に蜜蜂の撤去を命じなければ時機を失するおそれがあったこと、1日あれば蜜蜂の県外への撤去は可能であったことが疎明されたとして、この履行期限は違法でないと判示した。

(6) 送達

戒告の送達については行政代執行法に規定がないが、実務上は、一般的に、配達証明付内容証明郵便で行われる。交付送達等、民事訴訟法が定める他の送達方法も認められる。当事者の住所、居所その他送達すべき場所が知れない場合等には公示送達（民事訴訟法110条）が認められる。

(7) 発効

戒告の効力が発生するのは、意思表示の一般的法理に従い、戒告が相手方、すなわち代執行の対象となる代替的作為義務を負う者に到達した時である。

5 関係機関への協力要請

行政代執行に対する物理的抵抗が予想されるため、警察に同行を依頼する予定の場合には、戒告の段階までに警察にも依頼する運用をすべきであろう。警察は、妨害行為に対して、公務執行妨害罪、不退去罪で現行犯逮捕する権限を有するので、警察の協力が不可欠になる[205]。代執行に伴い交通整理が必要な場合に警察に協力を要請することも考えられる。また、代執行に伴い、火災が発生するおそれがある場合には、所轄の消防署にも連絡しておくことが望ましい。さらに、代執行に伴い居住の場所を失うことになる者に公営住宅への入居、上下水道の利用等について、地元市町村の協力を要請する必要がある場合がある。建物等の除却に伴い、電気、ガスの機器を取り外して供給を止める等、各施設に必要な措置について、関係機関に協力を要請する必要が生ずる場合には、この段階で協力要請をしておくべきと思われる。固定電話、ケーブルテレビ、

---

[205] 警察に対する協力要請を定める例について、須藤・即時強制248頁以下参照。

有線ラジオ放送等の各事業者への協力要請が必要な場合もありうる。代執行の円滑な遂行と報道関係者の安全の確保の観点から、報道機関と取材方法の調整を行うことが望ましい場合もあるであろう。

6 処分性

　戒告は、除却命令等によりすでに課された義務に加えて新たな義務を課すものではない。したがって、戒告が取消訴訟の対象になる（すなわち、処分性がある）かが問題になる。旧行政執行法に基づく戒告について、旧行政裁判所は否定説を採っていた（行判昭和 2・3・11 行録 38 輯 3 巻 359 頁、行判昭和 11・11・11 行録 47 輯 9 巻 537 頁）。しかし、行政代執行法案の国会審議において、佐藤達夫政府委員は、「代執行の手続のいかなる段階についても、いかなる段階においても訴願或いは異議の申立ができるというように考えております。即ち先ず第 1 に戒告が来た。俺の方は戒告を貰うような覚えはないというような場合について、直ちに戒告に対して訴願或いは異議申立をすることもできるというふうに、この辺は広く考えておるわけであります」と説明している[206]。すなわち、立法者意思は、戒告の処分性を明確に肯定していた。

　もっとも、行政代執行法の下での戒告について、東京地判昭和 28・12・28 行集 4 巻 12 号 3315 頁は、戒告において指定された期限内に義務者がその義務を履行しない場合でも、当然に代執行ができるわけではなく、代執行令書の発付をまって初めて代執行をなしうるに至るのであるから、義務者が代執行受忍の義務を負うのは代執行令書の発付によってであり、戒告はそれ自体として義務者に対し、そのすでに負っている履行義務以上になんらかの新しい義務を課すものではなく、直接にその対象となった人の権利義務を変動させるものとはいえず、代執行令書発付前の催告的なものにすぎないとして、戒告の処分性を否定した。岐阜地判昭和 30・3・7 行集 6 巻 3 号 757 頁も、戒告は義務履行を催告するにすぎず、新たな義務を課すものではないし、戒告がなされたからといって必ず代執行が行われるわけでもないことから処分性を否定した。東京地決昭和 44・6・14 行集 20 巻 5・6 号 740 頁も否定説をとる。学説においても、田中二郎教授は、当時の行政代執行法 7 条は代執行自体への訴願または異議の申立てを認めたものであり、戒告の段階では処分性を否定する趣旨と解すべきであろうかと述べ[207]、園部敏教授も、戒告は代執行手続中の独立的段階的手

---

[206] 第 2 回国会参議院司法委員会会議録第 19 号 3 頁参照。
[207] 田中・総論 390 頁注 3 参照。

続行為ではないから行政訴訟の対象とならないとするのが正当であろうとする[208]。

しかし、裁判例の大勢は、肯定説を採っている。すなわち、広島地決昭和25・7・19行集1巻追録2035頁は、戒告は、単なる通知行為ではなく、代執行の前提をなす法律上の効果がある準法律行為的行政行為であるから、行政処分に準じて取り扱うべきもので、処分性を有するとし、旭川地判昭和29・11・20行集5巻11号2805頁は、戒告は、それ自体既存の権利義務に新たな変動を生ぜしめるものではないにしても、単なる通知行為ではなく、代執行の前提をなす準法律的行政行為であり、取消訴訟の対象となると判示した（旭川地判昭和29・11・20行集5巻11号2810頁も同旨）。

徳島地判昭和31・12・24行集7巻12号2949頁も、戒告は、義務者に対して新たな義務を課すものではないにしても、行政庁が義務者に対し代執行令書を交付するために重要にして必須の手続上の要件であり、戒告により行政庁が義務者に対して代執行に入る旨の意思を確定的に表示し、義務者がこれを放置すれば代執行令書の交付をなすべき基礎となるのであるから、戒告が違法である場合には、義務者は事後の代執行令書が交付される時まで傍観することなく、自己の正当な権利を保護するため、戒告の違法を争う利益を有するのであり、取消訴訟の対象になるとする。長崎地判昭和36・2・8行集12巻2号292頁も、戒告は名宛人に対する義務履行の催告的なものにとどまり、すでに生じた義務に新たな変動を生ぜしめるものではないけれども、他方それは、単なる通知行為ではなく、行政代執行の前提としての法律上の効果を伴うことは、行政代執行法3条に徴し明らかであるから、いわゆる準法律行為的行政行為として、行政訴訟の対象となりうると判示した。また、大阪高決昭和40・10・5判時428号53頁は、①戒告が、代執行の前提要件として行政代執行手続の一環をなすとともに、代執行の行われることをほぼ確実に示す表示でもあること、②代執行の前段階に入れば多くの場合直ちに執行は終了し、救済の実を挙げ得ないこと、を指摘し、戒告は後に続く代執行と一体的な行為であり、公権力の行使に当たるものとして、これに対する抗告訴訟を許すべきと判示した。また、東京地判昭和41・10・5行集17巻10号1155頁は、代執行の実行に先立ち、戒告および代執行令書による通知の手続をとることが原則とされている趣旨は、代

---

[208] 園部・行政強制・行政罰9頁参照。

執行の段階に入れば多くの場合、直ちに執行が終了し、救済の実を挙げ得ないことに鑑み、緊急の必要がある場合は格別、原則として、上記戒告等の手続を代執行に先行させることによって、行政代執行手続の慎重を期するとともに、義務者の権利の救済を保障しようとすることにあると考えられるとする。そして、行政庁は、戒告をなすに当たっては、まず同法2条の要件の存否を判断し、その要件を充足するときに限りこれをなしうるのであり、したがって、戒告は、単に代執行または代執行令書発布の手続上の前提要件として義務の履行を催告する通知行為にすぎないものではなく、後に続く代執行と一体となって、義務者において戒告に指定された期限までに義務を履行しないときは代執行も実施すべき旨の意思表示するものであるから、いわゆる行政処分に準ずるものとして、これに対し抗告訴訟を提起することができると判示した。横浜地判昭和53・9・27判時920号95頁も、戒告は、義務者に対し既存の義務以上に新たな義務を賦課するものではないが、代執行令書の発付および代執行の実施の前提要件として行政代執行手続の一段階を構成し、しかも単なる義務の履行の催告的な意味を有するにとどまらず、行政庁が義務者に対し、指定の期限までにその義務の履行をしないときは代執行を実施する旨の意思を表示するものであり、かつ、代執行の実施の段階に入れば多くの場合直ちに執行が終了し、救済の実を挙げ得ないこと等からして、処分性が認められるとする。

　戒告が、実体的には、下命処分により課された義務以上の新たな義務を課すものでないことは否定説が述べるとおりではあるが、戒告は、代執行令書による通知および代執行の実行に前置しなければならない代執行における必須の手続であり、行政代執行法2条の要件の充足を確認した上で戒告がなされ、相当の履行期限を定めて戒告がなされることにより、義務者に手続上の保護が与えられている。したがって、代替的作為義務に該当しないのに戒告がなされたり、行政代執行法2条の要件を充足しない戒告がなされたりする場合には、代執行令書による通知を待たずに、戒告の段階で救済の機会を保障すべきであろう[209]。また、代執行令書による通知と代執行の実行の間には通常短い期間しかなく、かつ、代執行の実行は、稀に数か月に及ぶ場合もあるものの（岡山市の例）、通常は、1日で終了するので、代執行令書による通知と代執行の実行

209　雄川・行政争訟法73頁は、基礎となった行政処分の違法を理由とする場合を除き（この場合は、基礎となった処分に対して抗告訴訟を提起し、その執行停止によるほかないとする）、それ自身の違法を理由とする限り抗告訴訟の目的となりうると解すべきとする。

に対して抗告争訟を提起しても、執行停止が迅速に決定されない限り、代執行が終了してしまい、訴えの利益が否定されることが少なくない[210]。したがって、戒告の段階で抗告争訟を提起できるようにすることは、実効的権利救済の観点からも重要である[211]。

戒告に処分性を認めなくても代執行の差止訴訟を提起し、仮の差止めを求めれば足りるという考えもありうるが、取消訴訟を提起して執行停止の申立てをした場合のほうが、救済を得やすいため、戒告の処分性は肯定されるべきであろう。今日では、肯定説が通説といってよいと思われる。立法論としては、戒告の処分性を明確にするため、戒告に対して審査請求を行うことができる旨の規定を置くことも考えられる。

7 教示

戒告に処分性があるとする解釈を採ると、行政不服審査法82条1項の規定に基づき、戒告の相手方に対し、当該戒告につき不服申立てをすることができる旨ならびに不服申立てをすべき行政庁および不服申立てをすることができる期間を書面で教示しなければならないことになる。さらに、行政事件訴訟法46条1項の規定に基づき、当該戒告に係る取消訴訟の被告とすべき者、当該戒告に係る取消訴訟の出訴期間を書面で教示しなければならない。

8 訴えの利益

徳島地判昭和31・12・24行集7巻12号2949頁は、代執行の戒告に対する異議を棄却した裁決の取消訴訟は、代執行手続が終了した後においては、訴えの利益を有しないと判示する。東京地判昭和41・10・5行集17巻10号1155頁は、代執行の完了後は、戒告およびこれに対する審査請求を却下した裁決の取消しを求める法律上の利益はなく、代執行費用の徴収を免れるためには、直接に費用納付命令の取消しを求めるべきと判示している。福島地判昭和62・11・30判例自治46号41頁は、代執行が終了し、盛土が除却され、立木が搬出されてその目的が達成されている以上、盛土除却命令および立木搬出命令の取消訴訟のみならず、戒告の取消訴訟も訴えの利益を喪失していると判示する。

---

210 わが国では、不可争力の発生が代執行の実施の要件とされておらず、千葉地判昭和59・7・17判例自治11号118頁は、撤去命令・戒告に対して、審査請求・執行停止の申立てがされている最中に代執行を行っても違法でないとする。

211 広岡・行政強制185頁は、戒告または代執行令書による通知の段階でこれを争うことを認めなければ、代執行に対する実質的な救済はありえないとする。

戒告の取消判決の拘束力に原状回復義務が含まれないという立場をとるときは、これらの判決の判示するとおりであるが、取消判決の拘束力に原状回復義務が含まれるか否かについては議論のあるところである。

9 救済方法
(1) 措置命令と戒告の間の違法性の承継

　山口地判昭和29・6・19行集5巻6号1510頁、前橋地決昭和29・7・17行集5巻7号1706頁、東京地決昭和56・10・19判時1022号32頁は、代替的作為義務を課す措置命令と戒告の間の違法性の承継を否定している[212]。これについて、違法性の承継の問題としてよりも、強制執行制度の在り方として論じる方が適切であるという指摘がある[213]。また、東京地判昭和41・10・5行集17巻10号1155頁は、行政下命は当然には命令の内容を権力的に強制しうるものではなく、行政強制には別個の法の根拠を必要とし、戒告は、その別個の法根拠である行政代執行法に基づく代執行手続の一環をなすにすぎないものであるから、下命行為である措置命令の違法は、直ちに戒告の違法を招来するものではなく、その間に違法性の承継はないと解すべく、したがって、戒告自体の違法を理由とするときに限ってこれに対する不服の申立ておよび抗告訴訟が許されると解するのを相当とすると判示している。したがって、下命行為である措置命令に無効の瑕疵がない限り、措置命令の瑕疵を理由として戒告の取消しを求めることはできず、措置命令に瑕疵があると思料する名宛人は、措置命令に無効の瑕疵がない場合には、措置命令に対して審査請求を行い執行停止の申立てをすること、または措置命令の取消訴訟もしくは無効等確認訴訟を提起して、執行停止の申立てをすることになる。そして、戒告自体を争えるのは、戒告固有の瑕疵、すなわち、代替的作為義務以外の義務についてなされたこと、行政代執行法2条の要件を満たさないこと、「相当の履行期限」を定めなかっ

---

　[212]　この点についてのドイツにおける議論については、広岡・強制執行206頁〜216頁、重本・行政執行（2）41頁以下参照。戒告がその基礎となる行政行為（措置命令）と併合して行われておらず、かつ、当該行政行為（措置命令）に不可争力が生じている場合には、当該行政行為（措置命令）と戒告の間で違法性の承継は行われず、当該戒告に対する争訟においては、戒告固有の瑕疵による権利侵害についてのみ主張することができる（連邦行政執行法18条1項）。さらに、不可争力が発生していない場合においても、行政執行一般の要件として、その基礎になる措置命令の適法性が要件となるかについて、判例はほぼ否定説を採用している。重本・行政執行（2）43頁以下参照。
　[213]　芝池・総論206頁参照。

たこと等を理由とする場合に限られることになる。戒告の手続違反等の戒告に固有の瑕疵を争う場合には、戒告に係る審査請求を行い[214]執行停止の申立てをすること、または戒告の取消訴訟もしくは無効等確認訴訟を提起して、執行停止の申立てをすることになる（両者を並行して行うことも可能）。

　なお、東京地判平成25・3・7判例自治377号65頁がその傍論で指摘するように、改善命令に係る代執行は、改善命令が有効に存在しない場合には適法にすることができないので、改善命令に係る代執行は、改善命令の存在を前提としてされるものであることになり、改善命令が無効なものであったり、取消判決等により取り消されたりするなどして、有効に存在しないことになれば、改善命令に係る戒告は違法となる。

(2) 戒告の義務付け訴訟

　行政庁が措置命令を発したものの、代執行手続を開始しない場合、危険な建物の倒壊等により被害を受けるおそれのある者は、戒告が処分であることを前提として、戒告を命ずることを求める（非申請型）義務付け訴訟（行政事件訴訟法3条6項1号）を提起することを検討することになる。戒告（実際はそれに続く代執行）がなされないことにより重大な損害を生ずるおそれがあり、かつ、その損害を避けるために他に適当な方法がないこと（同法37条の2第1項）、戒告を命ずることを求めるにつき法律上の利益を有すること（同条3項）が、訴えが適法であることの要件となる。そして、行政庁が戒告をしないことがその裁量権の範囲を超えもしくはその濫用となると認められるときは、裁判所は、行政庁が戒告をすべき旨を命ずる判決をする（同条5項）。

(3) 戒告の差止訴訟

　戒告に処分性があることを前提とすると、戒告により重大な損害を生ずるおそれがある場合には、措置命令の名宛人は、戒告の差止訴訟を提起することができるであろうか（行政事件訴訟法37条の4第1項本文）。措置命令と戒告の間に違法性の承継を認めない立場を前提とすると、戒告に対する抗告訴訟を提起しうるのは、戒告に固有の瑕疵がある場合に限られるから、戒告がなされる前に、戒告の差止訴訟を提起する必要があることは想定し難いし、実際に、戒告の差止訴訟が提起された例は、公表された裁判例には見当たらない[215]。

---

[214] 戒告に対する審査請求がされた例として、1991（平成3）年11月3日から21日まで京都市で行われた違法建築物の除却がある。北村＝須藤＝中原＝宇那木・行政代執行58頁（宇那木正寛執筆）参照。

(4) 請求異議の訴え

　義務を課す措置命令がなされたが、その後、措置命令の前提となっている違反状態が解消された場合、たとえば、建蔽率違反の建物の改修命令が出された後、敷地が拡張されて建蔽率違反でなくなった場合において、にもかかわらず行政庁が改修命令に基づき代執行を行おうとした場合、改修命令を受けた者は、請求異議の訴え（民事執行法35条）を提起できるかという問題がある。この問題はドイツでも議論され、否定説は、民事執行と行政上の強制執行の根本的差異を理由として、民事執行における請求異議の訴えに係る規定を行政上の強制執行に類推適用することを否定する。すなわち、民事執行は債権者のために国の執行機関が執行を行う他力救済であるのに対して、行政上の強制執行は自力救済であるから、請求異議の訴えに係る規定を類推適用できないし、取消訴訟により十分な救済が与えられるので、請求異議の訴えを認める必要はないというのである。上記の例の場合、建物の改修命令自体は適法になされたとすると、違法性の基準時について処分時説をとる限り、当該命令に違法性は認められないことになる。しかし、戒告等の代執行手続に着手する前に違法状態が解消されたのであれば、代執行を行う必要はなくなる。にもかかわらず代執行を行うことは、違法であり、戒告等を抗告訴訟で争うことができると解すべきであろう。それでは不十分であり請求異議の訴えが必要であるとする説得力ある理由が示されれば、請求異議の訴えに係る規定を類推適用すべきと思われるが、そうでない限り、あえて請求異議の訴えを認める必要はないように思われる[216]。

　これに対して、民事執行の基礎になる債務名義と行政上の強制執行の基礎になる行政行為は同一ではないが、いずれの場合にも手続上の執行請求権が存在すること、国が第三者性を有する執行機関である場合にも、執行の適正さについて請求異議の訴えが認められるのであれば、国が一方当事者として執行機関となるときは、なおさら執行の適正さを確保する必要性が大きいので、請求異議の訴えに係る規定を類推適用すべきともいえる[217]。抗告訴訟としての差止

---

[215]　なお、除却命令を受けた者が代執行の差止訴訟を提起した事案において、大阪地決平成18・1・13判タ1221号256頁は、行政事件訴訟法37条の4第1項の重大損害要件を否定している。

[216]　行政上の強制執行に対する請求の異議について、雄川ほか・行政強制188頁以下参照。

[217]　この点に関するドイツの議論について、広岡・仮の救済18～19頁参照。

訴訟が法定される前に、代執行を許さない旨の判決を求めて行政代執行に対する請求異議の訴えを提起して執行停止の申立てがされた事案において、大阪地決昭和37・2・26行集13巻2号223頁は、本件訴訟は、公権力の発動としての事実行為を違法として攻撃するものであるから、抗告訴訟に係る規定を準用しうるとする（しかし、申立人は、執行の停止を求める行政代執行の存在についてなんら疎明していないとする）。

(5) 仮の救済

(ア) 仮処分

わが国では、執行不停止原則が採られている（行政不服審査法25条1項、行政事件訴訟法25条1項）。また、行政庁の処分その他公権力の行使に当たる行為については、民事保全法に規定する仮処分をすることができない（同法44条）。したがって、代執行に対する保全処分として仮処分を用いることはできない。土地区画整理法76条4項の規定に基づく建物除却命令に引き続き代執行の戒告がなされたため、義務者が県による占有妨害禁止の仮処分を申請することが、実質上行政権の行使を阻止する仮処分を求めるものであって、旧行政事件訴訟特例法10条7項が禁止する公権力の行使に対する仮処分に当たり、かかる仮処分は不適法と判示したものとして、長崎地決昭和35・2・23行集11巻2号452頁がある。

もっとも、行政処分が無効の場合にも仮処分が認められないのかという問題がある。旧行政事件訴訟特例法においては、行政処分の取消訴訟における仮の救済として執行停止の規定が置かれ（同法10条2項）、行政処分に対する仮処分の規定を適用しないと定められていたので（同条7項）、取消訴訟を本案とする仮の救済は執行停止に限られ、仮処分の申請はできないことが明確であったが、無効等確認訴訟や行政処分の無効等を前提とする現在の法律関係に関する訴えにおける仮の救済については明文の規定はなかった。そのため、道路の供用開始処分および代執行令書による通知が無効であるとして、専用自動車道占有妨害禁止の訴えを本案として、占有妨害禁止の仮処分が申請された事案がある。和歌山地決昭和32・12・23判時141号16頁は、仮処分決定異議事件において、旧行政事件訴訟特例法10条7項の規定は、処分行政庁を被告として、行政処分の取消し、変更または無効確認自体を本案の訴訟物とする場合にのみ適用されるものであって、行政処分の当然無効を前提とし、私法上の権利関係の存否、確認等を本案の訴訟物として、これが保全のためになされる仮処分に

はその適用がないとする。その理由は、行政処分が当然無効の場合においては、その処分は当初から存在しないに等しく、行政庁がたとえ当該処分の執行としてある具体的行為をなし、もしくはなさんとしても、それは行政処分の執行に名を借りる事実行為をなし、もしくはなさんとするにすぎず、私人の行為（行政庁が一私人の立場で行う私法上の行為）と何ら異なるところがないにもかかわらず、かかる場合にも、当該行政庁の行為を行政処分の執行と解し、これが排除もしくは予防のために、仮処分発令の要件を加重した旧行政事件訴訟特例法10条7項の規定の適用があると解することは、国民の権利保護に欠けるうらみなしとせず、また司法権の行使を無用に制限することになるからであるとする。そして、被申請人町がなした本件道路についての「供用開始の公示」は、被申請人町に本件道路を支配しうる何らの権原なくしてなされた違法の行政処分であると一応認められるから、当然無効といわなければならず、これが有効であることを前提として申請人会社に対して発せられた本件道路の引渡しを命ずる代執行命令もまた当然無効であることはいうまでもないから、当該無効の行政処分の執行に名を借りる被申請人町の実力行使による、本件道路に対する申請人会社の占有妨害を予防するためになされた本件仮処分申請について発せられた仮処分は、旧行政事件訴訟特例法10条7項の規定に違反するものではなく適法であると判示した。そして、大阪高判昭和36・3・30高民集14巻2号139頁も、法律上無に等しいものの排除を求めることは意味をなさないので、この場合における訴訟形式としては、当該処分の効力が帰属すべき国または地方公共団体を相手方として、公法上の権利に関する当事者訴訟または私法上の権利に関する確認訴訟その他の民事訴訟をもって争うのが本筋であるとする。そして、行政処分の名を借りる違法な侵害に対して民事訴訟で争い、しかもその本案請求権の保全に必要がある限りは、裁判所は、当該行政処分の執行を内容とするような内容の仮処分といえども、もちろんこれをなしうると判示している。また、長崎地決昭和35・2・23行集11巻2号452頁は、占有権妨害予防請求の本案訴訟を提起するとともに、代執行を阻止するために家屋等の占有権を被保全債権とする占有妨害禁止の仮処分を申請した事案において、仮処分申請は、外形的にみれば申請人等の建物部分の占有に対する長崎県よりの妨害の阻止を内容とするものであるけれども、その実体は、長崎県知事が土地区画整理法76条4項、行政代執行法2条の規定に基づき、申請人等居住の当該建物部分に対し、家屋除却命令の代執行としてなす部分の執行停止を直接の目的

とするものであることは、その申請の理由から明らかであり、したがって、本件仮処分の申請は行政権の作用を阻止するためのものといわざるをえず、旧行政事件訴訟特例法10条7項（行政事件訴訟法44条に相当）により、不適法と判示した。

　以上は、旧行政事件訴訟特例法の下での裁判例であるが、行政事件訴訟法の下での裁判例である東京高決昭和55・1・21訟月26巻3号455頁は、代執行を阻止するための仮処分は、行政事件訴訟法44条に違反し認められないとする。行政事件訴訟法においては、無効等確認訴訟についても、取消訴訟についての執行停止の規定が準用され（行政事件訴訟法38条3項）、行政処分の無効等を前提とする当事者訴訟または民事訴訟については執行停止の規定を準用する旨の定めを置かず、補則において、「行政庁の処分その他公権力の行使に当たる行為については、民事保全法（平成元年法律第91号）に規定する仮処分をすることができない」（同法44条）と定めている。したがって、無効等確認訴訟については執行停止が仮の救済として用意されていることは明確であるものの、行政処分の無効を前提とする当事者訴訟または民事訴訟においては執行停止もできず、行政事件訴訟法44条の規定により仮処分もできないとなると、仮の救済がないことになってしまう。

　当事者訴訟も争点訴訟も主観訴訟であり、憲法32条の「裁判を受ける権利」が保障されるし、憲法76条1項の「司法権」には仮の救済を付与する権限も包摂されるから、実効的権利救済のために仮の救済制度が整備されていなければならない。ところが、行政事件訴訟法41条、45条は、同法25条の執行停止の規定を準用しておらず、同法44条は、行政庁の処分その他の公権力の行使に当たる行為については、民事保全法に規定する仮処分をすることができないと定めているため、執行停止も仮処分も認められず、仮の救済制度の間隙が生ずるおそれがある。

　この点については、以下の理由で、仮処分を可能とする考え方が妥当と思われる。「現在の法律関係に関する訴え」は、実質的当事者訴訟であっても、民事訴訟と本質的相違はない。行政事件訴訟法の立法者は公法私法二元論を前提としていたため、実質的当事者訴訟と民事訴訟を区別していたが、その後、公法私法二元論に対しては行政法学界において批判が高まり、今日では、ほとんど支持を失っているといっても過言でない。実質的当事者訴訟と民事訴訟の区別の前提になっていた公法私法二元論が、少なくとも解釈論の道具概念として

はほとんど支持を失っている行政法学説の現状を踏まえれば、実質的当事者訴訟については、できる限り、民事訴訟と同様に取り扱うことが望ましいと考えられる。行政事件訴訟法7条は、「行政事件訴訟に関し、この法律に定めがない事項については、民事訴訟の例による」と定めており、行政事件訴訟法41条も当事者訴訟には抗告訴訟の規定をほとんど準用していないので、行政事件訴訟法44条の規定の合憲的限定解釈により、同条の適用範囲を制限し、民事保全法の規定に基づく保全処分を可及的に広範に認めることが適切であると思われる。そして、行政事件訴訟法44条の規定は、法定抗告訴訟について定められた仮の救済の規定を潜脱するような仮処分を排除するにとどまると解釈すべきと考えられる。このことの具体的意味は、抗告訴訟を提起すべき場合に、それをせずに、民事保全法上の仮処分を申し立てることは認められないということ、換言すれば、抗告訴訟を提起できず当事者訴訟を提起できる場合には、民事保全法上の仮処分を申し立てることができるということである。もっとも、当事者訴訟および争点訴訟に執行停止の規定が準用されておらず、公権力の行使について民事保全法の仮処分をすることもできないことから、かかる訴訟における仮の救済の在り方が不明確である状態は望ましくなく、早急に、立法により、仮の救済を明確化することが期待される[218]。

(イ) 執行停止
(a) 措置命令の取消訴訟または無効確認訴訟を本案とするもの
　戒告の取消訴訟は戒告に固有の瑕疵がある場合のみ提起できるので、代執行に係る執行停止を申し立てる場合は、一般に、措置命令の取消訴訟を提起して、その執行としての戒告以降の代執行の停止を求めることになる。旧行政事件訴訟特例法の下においては、「償うことのできない損害」があることが、執行停止の積極要件の一つであったが、山林立木の収去等の代執行について、この要件充足を否定したものとして前橋地決昭和28・4・24行集4巻4号779頁、東京高決昭和28・7・18行集4巻7号1626頁がある。また、未墾地買収処分の無効確認訴訟を本案とする立木等収去に係る代執行の停止の申立てについて、一部については「償うことのできない損害」が認められないとして却下し、一部については「償うことのできない損害」が認められるとして申立てを認容したものとして浦和地決昭和31・9・29行集7巻9号2089頁がある。

---

[218] 詳しくは、阿部・行政訴訟の理論的・実務的課題124頁以下、宇賀・当事者訴訟 i 頁以下参照。

長崎地決昭和27・9・30行集3巻9号1893頁の事案においては、建物除却命令の取消訴訟を提起した者が、当該命令の代執行を停止することを申し立てている（同決定は、本案について理由があるとはいえないとして申立てを却下している）。戒告を受けた者が行った除却命令の執行停止の申立てを却下した長崎地決昭和34・4・25行集10巻4号848頁も、建物除却命令の執行停止申請について、「償うことのできない損害」が認められないとした。

　家屋除却命令に係る執行停止の申立てにおいて、除却命令の代執行により除却された換地上に第三者の建物を移築する行政処分の執行を阻止することを申し立てることは、除却命令自体の執行停止により可能な範囲を超え、他の新たな仮処分を求めるものといえ、公権力の行使を妨げる仮処分を否定する規定の趣旨に照らし許されないと判示するものとして、東京高決昭和34・10・28行集10巻12号2720頁がある。

　東京地決昭和30・6・22行集6巻6号1563頁の事案においては、建物除却命令を受けた申立人が、除却命令の無効確認訴訟および取消訴訟を本案とする執行停止の申立てを行ったが、当該建物の敷地が区画整理によって立ち退く必要がある土地であることを承知の上、立退きの必要が生じたときはいつでも立ち退くとの約定の下に、一時使用のために当該敷地を賃借した場合には、建物除却命令によって立ち退くことを予想していたものと認められるので、損害を避けるため緊急の必要があるとは認められないとされた。

　戒告後に代執行の停止が申し立てられた事案において、旧行政事件訴訟特例法の下での取消訴訟における執行停止の消極要件の一つである「公共の福祉に重大な影響を及ぼす虞のあるとき」について、代執行を必要とする事業の抽象的な公益性のみを認定して、この要件に該当するとして、代執行処分に対する執行停止を認めなかったものとして、前橋地決昭和26・2・13行集2巻2号283頁がある。しかし、それは、土地収用法3条の収用適格事業であるということのみで収用を認めようとするに等しい。個別具体の事業の公益性を事業認定により認められて初めて収用権が発生するように、執行停止の消極要件としての公共の福祉についても、個別具体的に認定される必要がある。

　また、行政事件訴訟法（平成16年法律第84号による改正前のもの）の下で、執行停止の積極要件の一つであった「回復の困難な損害を避けるため緊急の必要があるとき」の要件の充足を否定したものとして、以下のようなものがある。

　東京地決昭和44・6・14行集20巻5・6号740頁では、措置命令の執行停止

の申立ては、「回復困難な損害」の要件を充たさないとして却下されている（同事件では、不許可処分の執行停止も申し立てられたが、申立ての利益がないとして却下された）。

東京地決昭和47・8・7行集23巻8・9号635頁も、「回復の困難な損害」という積極要件の充足は疎明されず、さらに、本件執行停止が認められると、洪水や木材の流出により、付近の住民の人身、財産に危害を与える危険が十分にあり、しかも、このような危険は、本件代執行を続行した場合における申立人らの経済的損害に比してはるかに重大であって、結局、本件執行停止により公共の福祉に重大な影響を及ぼすおそれがあることは明らかであるとし、「公共の福祉に重大な影響を及ぼすおそれ」という消極要件が充足され、執行停止の申立ては却下されるべきとする。

東京高決平成14・7・17裁判所ウェブサイトも、「回復の困難な損害を避けるため緊急の必要があるとき」に該当する事由が存在するということはできないとする（福岡地決平成7・1・23判例自治139号13頁も同旨）。

執行停止の消極要件の一つとしての「本案について理由がないとみえるとき」の要件を満たさないとして、執行停止申立てが却下されたものとして、浦和地決昭和55・12・12判タ435号133頁、東京地決平成元・3・9判例自治60号65頁、千葉地決平成2・6・8行集41巻6・7号1194頁、大阪地決平成18・1・25裁判所ウェブサイト（その抗告審の大阪高決平成18・1・29裁判所ウェブサイト）も同様の理由により抗告棄却）がある。

他方、措置命令の執行としての戒告以降の代執行の停止が認められた例として、仙台地決昭和31・12・7行集7巻12号3227頁、福岡高決昭和34・6・23行集10巻6号120頁がある[219]。

---

[219] 執行停止の決定は、口頭弁論を経ないですることができる。ただし、あらかじめ、当事者の意見を聴かなければならない（行政事件訴訟法25条6項）。この意見聴取のための催告期間が短きに失するとして、行政庁が代執行停止決定に対して即時抗告を申し立てた事案において、東京高決昭和38・8・23行集14巻8号1465頁は、戒告書に記載された6月28日中に撤去のない場合には、抗告人において直ちに代執行を実行するおそれが十分にあると判断されうる実情にあったものと認めることができ、原審としてはこの緊急の事態を十分考慮するとともに、本件の経過よりすれば抗告人町長において本件停止決定の申請に対する意見を陳述するについてはあえて準備ないし調査の必要もない実情にあったものと認めて、（普通の事例と比較すれば確かに短かすぎるといえようが、）意見提出の期日を求意見書送達の日の翌日と定めたものと認めることができるので、具体的事案に即する適法な裁量であると判示した。

また、東京都知事を相手方として、代執行手続の続行の停止が求められた事案において、東京地決平成15・10・3判時1835号34頁は、「公共の福祉に重大な影響を及ぼすおそれがあるとき」という消極要件については、本件区間の工事のみその完成を急ぐべき具体的必要性があるか否かは明らかでないこと、本件区間の工事についても、代執行手続をとったとしてもその後に行うべき遺跡調査の内容如何によっては、なお相当期間工事に着手できない可能性があり、むしろ申立人らの協力を得て遺跡調査を行えばあえて代執行手続をとらないでも工事完成の遅延を避ける余地があったこと、被申立人らが主張する工事遅延による損失等については、その信憑性を検討する必要などがあり、直ちには採用できないこと、本案事件の審理および代執行手続の進捗状況からして、代執行手続を本案一審判決まで停止することによる工事の遅延は短ければ4か月程度、長くても7か月程度であると認められることからすると、本件明渡裁決の執行としての代執行の手続が停止されることによって、公共の福祉に与える影響は軽微なものにとどまるというべきであって、その程度は、建設される道路に瑕疵があって本件事業認定および収用裁決が違法である可能性があるにもかかわらず、その可能性の有無を十分見きわめないままに、あえて建設を強行することを正当化するものとは到底いえないと判示する。

　そして、「回復の困難な損害を避けるため緊急の必要があるとき」という積極要件について、同決定はこれを肯定するが、その要因は、居住の利益の重視である。すなわち、同決定は、居住の利益は、自己の居住する場所を自ら決定するという憲法上保障された居住の自由（憲法22条1項）に由来して発生するものであって、人格権の基盤をなす重要な利益であり、特に、一時的な仮住まいではなく、定住の意思をもって、いわば終の棲家として居住している者の利益は、その立場に置かれた者には共通してきわめて重要なものとなるのであって、単なる主観的利益として切り捨てることのできる性質のものではないし、また、財産的な損害と異なり、自己の生活に密着した個別的な利益であるがゆえに、いったん失ってしまうと容易に他のもので置き換えることができない非代替的な性質を有するというべきであって、これを単なる財産的損害にすぎないということはできないとする。そして、申立人らの多くは、本件代執行が行われることにより居住の利益を奪われるところ、その利益はきわめて重要なものであり、かつ、いったん奪われると回復することはほとんど不可能なものであるから、「回復の困難な損害」が生ずると認められるとする。そして、すで

に起業者による代執行請求が行われ、戒告まで行われているから、代執行の手続を停止する「緊急の必要」があると認められるとする。さらに、収用委員会が、事業認定の違法事由を具体的に主張立証しないため、「本案について理由がないとみえるとき」に当たらないとして、明渡裁決の手続の続行停止を認めている。

　他方、その抗告審の東京高決平成15・12・25判時1842号19頁は、執行停止決定を取り消したが、その理由は、以下のとおりである。同決定は、一審の決定と異なり、居住の自由は、国土利用や社会的基盤の上に成り立つものにすぎず、この利益は経済的、社会的、文化的に同一な地域社会ないし地縁社会に住む限り直ちに失われるというものではないとする。そして、執行停止の申立人らは、新たな場所への転居を余儀なくされ、相応の精神的、肉体的負担を強いられるとはいえ、近隣おいて現住居と経済的、社会的、文化的に同一な地域社会ないし地縁社会の範囲内に移転することは十分可能であるから、転居により直ちに故郷や居住の利益を失うというものではないし、その精神的、肉体的負担も土地建物に対する金銭賠償により十分に塡補することができるので、「回復の困難な損害」に当たらないとする。また、本件事業の効果についての予測や推計が事業推進のための宣伝本位の作為的な不合理なものであるとまでは認めがたく、この見込みを前提とする限り、本件事業は公共的必要性がきわめて高い事業であり、本件区間について早急に工事を完了する必要性が高いので、本件明渡裁決の執行を停止することは「公共の福祉に重大な影響を及ぼすおそれがある」と認定する。さらに、事業認定と収用裁決の間の違法性の承継を否定し、事業認定に無効の瑕疵がない限り、収用委員会は事業認定の瑕疵を審理できないという立場を採り、「本案について理由がないとみえるとき」という消極要件を満たすとして、執行停止は認められないとした[220]。措置命令の取消訴訟を本案とする執行停止の申立てに対して、「本案について理由がないとみえるとき」に当たるとしたものとして、千葉地決平成2・6・8行集41巻6・7号1194頁がある。

　なお、権利取得裁決および明渡裁決の取消訴訟を提起して、その効力の停止を求める執行停止の申立てがされた事案において、和歌山地決平成6・3・18

---

[220] ドイツでは、例外的に執行停止効果が排除されたり即時の執行が認められたりする場合には、権利救済の面で問題が生ずるが、この問題に対応するための工夫もなされていることについて、宮尾・行政執行495頁以下参照。

判例自治125号72頁は、権利取得裁決は、起業者において、その裁決に定められた時期において、権利を取得するという観念的な効力を有するにすぎず、明渡裁決は、その裁決の相手方に、その裁決に定められた時期までに、裁決の対象たる物件の引渡義務等を課すのみであり、その義務が履行されず、現実に明渡しがない場合には、代執行手続によらなければ明渡しの強制ができないことを指摘し、申立人らは、代執行手続の執行を停止することによって目的を達することができるので、行政事件訴訟法25条2項ただし書の適用により、権利取得裁決および明渡裁決の効力を停止することはできないと判示した（那覇地決平成元・2・20判例自治64号83頁も同旨）。

(b) 戒告の取消訴訟または無効確認訴訟を本案とするもの

　戒告の効力停止を求める執行停止の申立てがされることもあり、それが認められなかった例として、千葉地決昭和46・2・21行集22巻1・2号146頁がある。平成16年法律第84号による改正前の行政事件訴訟法25条2項の「回復の困難な損害」であるか否かを判断するために、代執行の公益性と代執行により生ずる損害とを比較衡量して、前者が大きい場合には、「回復の困難な損害」は認められにくくなるところ、同決定は、代執行手続の続行によって若干の損害を被るが、新空港建設事業の公益性、緊急性および本件土地が新空港の第1期工事遂行上必要不可欠のものであることに鑑みると、当該損害は社会通念上金銭賠償によって満足すべきとする。また、同決定は、代執行の違法な実施によって生ずるかもしれない損害の救済は執行停止制度の目的とするところではないとする。福岡高宮崎支決昭和40・5・14行集16巻6号1091頁も、戒告の効力停止の申立てを却下している。東京地決昭和56・10・19判時1022号32頁は、従来の形態による材木商を営める代替地の確保に最大限の努力を行政庁が行ったことも考慮し、土地の移転、営業規模の縮小、営業方針の変更等により損害を被ることがありうるとしても、その程度は金銭賠償をもって受忍すべきであり、回復困難な損害があることについて疎明がないとする。また、すでに巨費が投入され、本件施設建築物の全基礎工事が完了し、東側高層部も地上3階まで完了しているところ、本件土地が明け渡されないため臨時水路の設置を余儀なくされた上、低層部の中央部の工事が不可能な状況に立ち至っていること、本件土地明渡しの早期実現がない限りは、本件事業計画の工事全体に遅延が生じ、そうなれば、遅延1か月につき事業費が大幅に増加するばかりか、本件事業そのものの意義に甚大な影響をもたらすおそれがあることに鑑み、執

行停止の消極要件の一つとしての「公共の福祉に重大な影響を及ぼすおそれ」があるとした。戒告の無効確認訴訟および取消訴訟について、本案について理由がないとみえるときに当たるとしてものとして、東京地決平成元・3・9判例自治 60 号 65 頁がある。

　前掲東京地決昭和 44・6・14 においては、戒告の効力停止を求める執行停止の申立てもされたが、戒告の処分性が否定されたため、かかる執行停止の申立ては不適法とされた。

　他方、戒告の取消訴訟を本案とする訴訟で、戒告に続く代執行手続（代執行令書による通知および代執行）の続行を認容したものとして、大阪高決昭和 40・10・5 行集 16 巻 10 号 1756 頁がある。

　前掲東京地決昭和 30・6・22 においては、建物除却命令を受けた申立人が、戒告の無効確認訴訟および取消訴訟を本案とする執行停止の申立ても行ったが、認められなかった。

　（ウ）仮の差止め

　仮の差止めは、本案の差止訴訟を適法に提起している場合に利用できる仮の救済であるが、前述のように、戒告の差止訴訟が適法に提起される事案は容易に想定し難いので、戒告に対する仮の差止めがなされる事態も想定し難い。

(6) 代執行に対する訴権の放棄

　建築許可において、将来その移転が命じられた場合、一定期間内にこれを履行しないときは代執行が行われても争訟を提起しないという附款を付すことは、代執行に対して救済を求める権利を事前に放棄させるものであって、かかる附款は違法であり無効である（東京地判昭和 28・2・18 行集 4 巻 2 号 328 頁）。また、義務者から懇願されて代執行を延期することを承諾する際に、将来、代執行が行われても不服申立てや訴訟の提起を行わない旨の誓約書が行政指導に従い提出されても、事前に争訟の機会を放棄させる内容の行政指導は違法であり、かかる行政指導に基づき提出された誓約書は無効と解すべきであろう。契約により事前に行政上の強制執行の権限を放棄することもできないと思われる[221]。

10　戒告後の所有権の移転

　戒告が行われた後に、除却対象物件の所有権が移転した場合、新所有者に対して改めて戒告を行う必要があるのかが問題になる。この点について、承継人

---

[221] 礒野・義務履行確保 233 頁参照。

が除却を命じられた物件であることを熟知して承継したことが明瞭である場合を除き、改めて、承継人である新所有者に戒告をすべきとする説がある[222]。裁判例においても、戒告後に所有権の移転があったので新所有者に対する戒告を欠いているとして、戒告およびその後の手続の執行停止が申し立てられた事案において、奈良地決昭和56・6・6行集32巻6号885頁は、戒告がなされた後に当該物件につき所有権の移転があった場合には行政庁としては新所有者に対し、改めて戒告をなし、同人の自発的意思による義務の履行を促すべきであり、新所有者に対する戒告を欠いたまま代執行を行うことは不適法となりうるとする。しかし、本件処分の名宛人となっていない申立人が形式上所有名義を取得したと仮装した無効のものであるとの疑いが濃いといわざるをえないとし被申立人（知事）が申立人への所有権移転の事実を否認して、前主または前々主に対してなした本件処分は適法有効であると判示した。戒告が義務の履行を督促する代執行の事前手続であることに照らすと、原則として、新所有者に改めて戒告を行い、自ら義務を履行する機会を与えるべきという考え方は理解できるものである。もし、新所有者が、真摯に義務を自ら履行する意思を示した場合には、たとえ戒告で示された期限内の履行が困難であっても、直ちに代執行令書による通知の手続に移行せず、新所有者による義務の履行の機会を与えるべきであろう。

XXIII 代執行令書による通知
1 内容
(1) 行政代執行法における新設

　義務者が、戒告を受けて、指定の期限までにその義務を履行しないときは、当該行政庁は、代執行令書をもって、代執行をなすべき時期、代執行のために派遣する執行責任者の氏名および代執行に要する費用の概算による見積額を義務者に通知する（行政代執行法3条2項）。代執行令書による通知の手続は、行政執行法の代執行にはなかったものである。行政代執行法の代執行は、行政執行法の代執行にも存在した戒告手続に加えて、代執行令書による通知の手続を設けたのである。

---

[222] 広岡・行政代執行法151頁。磯野・義務履行確保235頁も、適当に公示されている場合に限り、承継人に改めて処分をなす必要がないといえるとする。

(2) 代執行をなすべき時期

　代執行令書による通知においては、「代執行をなすべき時期」を記載しなければならない。

　代執行令書による通知後、代執行までの期間について、法令に定めはなく、行政庁の裁量に委ねられている。戒告と異なり、代執行令書による通知には、相当の履行期限を定めることが不要であるのは、前者と異なり、後者では、もはや義務者自身による義務履行の機会を保障する必要はないことを意味する。大津地判昭和54・11・28行集30巻11号1952頁は、代執行に着手する前に代執行令書による通知が行われていれば足りるとして、代執行令書を受け取った2日後に代執行に着手したことは違法ではないとする。札幌地判昭和54・5・10訟月25巻9号2418頁も、戒告に示された履行期限経過後は、いつ代執行を行うかは行政庁の裁量に委ねられており、同判決の事案のように、戒告の履行期限の翌日に代執行を実施したとしても、代執行を緊急に行う必要があったのであれば、違法とはいいがたいとする。代執行をなすべき時期を定めるに当たっては、義務者が自ら義務を履行する可能性、代執行実施の準備状況（解体工事請負契約、解体資材・存置物件の運搬委託契約・保管契約の手続の進捗状況等）を総合的に考慮して決定することになる。代執行令書による通知を受けて、義務者が観念して自ら義務を履行する可能性を見きわめて、その可能性がないと判断される場合には、代執行令書による通知後遅滞なく代執行に着手すべきであろう。

　実務上は、代執行の現場で代執行令書による通知がされる例も皆無ではないが[223]、除却対象の建物に賃借人がいる場合はどうであろうか。除却命令および戒告に際して、当該賃借人に通知をして退去を勧告していたのであれば、代執行令書による通知の時点で、当該賃借人には、退去の準備のための十分な期間が保障されていたといえるであろう。したがって、代執行令書による通知後、直ちに当該建物を除却したとしても、当該賃借人に対して適正手続に反するとはいえないように思われる。しかし、代執行に着手する10日程度前に、10日前後で代執行を行うので、それまでに必ず退去するように、最後の勧告をする運用は望ましいと思われる。他方、戒告後に入居した賃借人であって、除却命令や戒告が行われている建物であることを知らなかったことについて正当な理

---

[223] 広岡・強制執行342頁注1参照。

由がある者（たとえば、除却命令が出されたことを公示する標識を当該建物の所有者が撤去してしまったような場合）については、代執行令書による通知がされたことを直ちに当該賃借人に通知するとともに、退去のために1か月程度の猶予期間を与える運用が望ましいと思われる。

　さらに、行政代執行法3条2項では、代執行令書による通知と代執行への着手の間に相当の履行期限を設ける必要はないとはいえ、実際には、最後通牒としての代執行令書による通知により強度の心理的圧力を受けて、義務者が義務を履行することが稀でないことが示すように、代執行令書による通知も、義務者に義務の履行を促す実際上の効果を有する。したがって、義務者に最後の義務履行の機会を事実上与える観点から、代執行令書による通知と代執行の間に相当の期間を置くことが望ましい場合もある。他方、代執行令書による通知を受けても意に介さない悪質な者については、代執行令書による通知と代執行の間に相当の期間を置くことは、代執行の妨害行為のための時間的余裕を与えることにもなりかねない。したがって、義務者のこれまでの態度から、代執行令書による通知への反応を推測し、相当の期限を置いてから代執行に着手すべきか、それとも迅速に代執行に着手すべきかを判断すべきである[224]。

　代執行令書による通知を行った後に、地震、台風等の事情により、代執行を延期することとなったときは、改めて代執行が予定される時期を記載した代執行令書による通知を行わなければならない。なお、代執行令書による通知を行う場合、自然災害等の理由により、代執行の期日を延期することがありうる旨を注記しておく運用が望ましい。

　なお、土地収用法102条の2第2項の規定に基づく代執行の場合、明渡裁決において物件の移転工法が補償金の積算上定められていても、それは代執行の方法を拘束するものではない[225]。土地収用法102条の2第2項の規定に基づく代執行の請求は、明渡しの期限後であれば、起業者の裁量に委ねられている。ただし、明渡期限までに明渡しがされない状態が継続しているにもかかわらず、

---

[224] 代執行が実行されると、代執行令書による通知の取消訴訟に係る訴えの利益が消滅するというのが裁判例の一般的傾向であることからすると、代執行令書による通知の取消訴訟の実効性を確保するため、緊急性がある場合を除き、代執行令書による通知と代執行の間に、執行停止の申立てにかかる審理に必要と考えられる少なくとも3週間程度の期間を設けるべきことを提言するものとして、宇那木・道路占用物件163頁参照。

[225] 収用代執行研究会・土地収用92頁参照。

長期にわたり代執行の請求を行わないと、収用の必要性自体が疑問視されうることになろう。

(3) 代執行のために派遣する執行責任者

代執行のために現場に派遣される執行責任者は、その者が執行責任者たる本人であることを示すべき証票を携帯し、要求があるときは、何時でもこれを呈示しなければならない（行政代執行法4条）。東京地判平成18・4・28L06131837は、この義務の懈怠があったと評価される局面もあったと認定したが、代執行費用の納付命令に承継される程度の違法ではないと判示している。執行責任者を誰にするかは、代執行権限を有する者の裁量に委ねられている。執行責任者は1名に限る必要はなく、複数の者を執行責任者として指名することも可能である。岡山市が初めて行った代執行においては、同市都市整備局建設部の5名の職員が執行責任者として指名されている。執行責任者は、建物の除却であれば、どの部分から解体を始めるか、解体資材をどこに保管すべきか等について、請負人に指示を行う権限を有する。

(4) 代執行に要する費用の概算による見積額

代執行令書による通知前に代執行の入札が実施されていない場合には、代執行令書には費用の概算額を記載するため、業者から見積もりをとっておく必要があろう。

なお、ドイツの連邦行政執行法13条4項においては、戒告と代執行令書による通知の2段階の事前手続になっておらず、戒告において、代執行費用概算見積額を提示することとされており、州の行政執行法の多くも、同様に、戒告において、代執行費用概算見積額を提示することとされている。そして、代執行費用概算見積額を提示しない戒告は違法であり無効とされている[226]。

代執行に要する費用の概算による見積額を出すためには、物件状況調査等が必要になるが、間接強制調査としての立入調査権限を定めた規定は行政代執行法にはない。措置命令のみならず代執行のための立入調査権限を定めている例もあるが（空家法9条1項、大田区空家等の適切な管理の推進に関する条例7条2項）、問題は個別法にかかる規定がない場合である。費用見積額の算定の段階では任意調査しか行うことができないとすると、物件状況調査に協力が得られない場合、代執行に要する費用の概算による見積額を出すことが困難になる事

---

226 西津・行政規制執行改革論63頁参照。

態も皆無とは言い切れない。そこで、立入調査に非協力的な態度をとることが予想される者については、代執行の前提となる義務を課す処分を発するに際し、間接強制調査権限が付与されている場合には、義務を課す段階で代執行に要する費用の概算による見積額を出すことができる程度の物件状況調査を行うことが考えられる[227]。立法論としては、代執行に必要な間接強制調査権限を一般法に法定すべきであろう。間接強制調査を行うに当たり、事前に通知し、義務者から正当な理由により、調査日時の変更の請求があった場合には、それに応じるべきであろう。

(5) 存置物件の搬出等についての勧告

建物等の除却の代執行の場合、代執行令書による通知と同時に、または遅くとも代執行に着手する前に、建物内の存置物件を代執行の前日までに搬出するように勧告をしておくべきであろう。実務上は、代執行の開始時までに搬出されなかった動産について、行政主体は保管の義務を負わないことも伝えられることがある。代執行令書に付記することも差し支えない。当該建物を所有者と異なる者（賃借人等）が占有している場合には、この勧告は、当該占有者に対しても行っておくべきである。また、解体資材の保管予定場所を示し、その場所において引渡しを行うが、所定の期日までに引取りに応じない場合には、解体資材を売却し、売却できない場合には廃棄することがありうることを通知しておくべきであろう[228]。所定の期限までに引取りに応じなかった存置物件についても同様であることを通知しておくべきであろう。

(6) 受忍義務

適法に行われる代執行について義務者はこれを受忍する義務を負い、それを妨害することは許容されないと考えられるが、道路法67条（土地の占有者又は所有者は、正当な事由がない限り…立入又は一時使用を拒み、又は妨げてはならない）等を参考に、代執行令書に、義務者に代執行に対する妨害行為を禁止する旨を明記することも考えられる[229]。

2 機能

札幌地判昭和54・5・10訟月25巻9号2418頁は、代執行令書による通知が

---

[227] 北村＝須藤＝中原・宇那木・行政代執行204頁（宇那木正寛執筆）参照。

[228] 空家等の除却に伴い発生する廃材の廃棄の法的性格について、宇那木・自治体行政代執行249頁～251頁参照。

[229] 髙橋編・実効性確保法制42頁（濱西隆男執筆）参照。

代執行の手続要件として定められている趣旨は、代執行の実施手続を事前に明確にしてこれを義務者に通知することにより義務者の代執行についての認識を確実ならしめ、もって義務者を手続的に保護するとともに代執行の円滑な実施を図ることを目的とすると解され、それ以上に、すでに行政代執行法3条1項の戒告により相当の期限を定められて義務の履行の督促を受けた義務者に対し、再度義務の履行を督促することまで目的とするものではないと判示する。戒告については、「相当の履行期限」を定めることが義務付けられているにも関わらず、代執行令書による通知においては、かかる期限を定めることとされていないことに鑑みれば、同判決が述べるように、制度上は、再度義務の履行を督促することまで目的とするものではなく、したがって、代執行令書による通知で代執行をなすべき時期を定めるに当たり、義務者による履行可能期間を考慮する義務は一般的にはないといえよう。しかし、義務者において任意に履行する意思と能力が客観的に認められる場合に、行政庁があえて行政代執行の手続を進めることは、義務者による任意履行を原則とする法の趣旨に反してその裁量権の濫用となり、代執行手続が違法となることもあると解される余地もある（福岡高判昭和55・5・29判タ423号123頁）。また、家屋の除却を行う必要がある場合には、義務者が存置動産を搬出する時間的余裕を与える必要に配慮することが望ましいと思われる。

　実際上の機能としては、代執行令書による通知が代執行の切迫感を義務者に与え、義務者自ら義務を履行するインセンティブを付与する機能を有することも否定できない。東京都建設局道路管理部第2課が1956（昭和31）年12月から1959（昭和34）年3月1日までに進めた代執行手続の多くにおいては、戒告または代執行令書による通知の段階で、義務者による義務履行があったという[230]。

3　実体要件

　戒告の場合と同様、代執行令書による通知においても、行政代執行法2条の要件を満たしていなければならないことは当然である。戒告後、義務者が部分的に義務を履行した場合等においては、代執行令書による通知をする前に、行政代執行法2条の要件がなお充足されているかを確認する必要がある。

---

[230]　広岡・強制執行329頁注10参照。

4 手続要件

(1) 文書主義

代執行令書による通知の内容を口頭で伝達しても、代執行令書による通知の効力が生じないことは当然である。

(2) 審査請求期間・出訴期間との関係

戒告に対する審査請求期間や取消訴訟の出訴期間経過前であっても、戒告により示された期限内に義務が履行されない場合、代執行令書による通知の手続を開始することができる。ただし、戒告により示された期限が短すぎて、審査請求や出訴の機会を実質的に失わせることは避けなければならない。もっとも、代執行令書による通知から代執行の実行に至るまでの期間について、同通知に対する審査請求や出訴の機会を実質的に失わせないような配慮がなされる場合には、戒告から代執行令書による通知までの期間について、戒告に対する審査請求や出訴の機会に配慮する必要性は減少する。

(3) 行政手続法の適用の有無

代執行令書による通知に処分性があるとなると、行政手続法3章が定める不利益処分の手続をとる必要があるかが問題になる。しかし、同法2条4号イは、「事実上の行為及び事実上の行為をするに当たりその範囲、時期等を明らかにするために法令上必要とされている手続としての処分」を同法の不利益処分から除外しているため、代執行令書による通知が、これに当たる場合には、事前の意見陳述等の手続をとる必要はないことになる。戒告がなされた場合には、すでに行政代執行の要件を満たしており、代執行令書による通知は、代執行の実施を具体的に通知するものであるから、同法2条4号イに該当すると解してよいと思われる。したがって、事前の意見聴取は不要であり、処分基準を作成し公にしておく努力義務（行政手続法12条）、理由提示義務（同法14条）も生じないことになる。義務を課する命令についての処分基準が作成され公にされており、また、かかる命令を発した理由が提示されていたとしても、かかる措置命令の基準と代執行の基準は異なりうるのであるから、代執行の必要を認めて代執行令書による通知をする場合にも、これらの規定を類推適用しなくてよいかが問題になる。しかし、戒告について、その基準を作成して公にする努力義務および当該事案がその基準に該当すると判断した理由を提示する義務が課されていると解すれば、代執行令書による通知の段階で、重ねて、基準を作成して公にしておく必要性は乏しい。また、理由提示についても、行政手続法

14条が定める理由提示義務は生じないが、戒告で示された期限までに正当な理由なく義務が履行されなかった旨を代執行令書による通知に記載する運用を行うべきと思われる。

(4) 戒告後の期間

戒告後、代執行令書による通知に至るまでの期間については法定されておらず、実務上も、数日後に通知がされた例もあれば、数か月後にされた例もあり、一様ではない。戒告により示された「相当の履行期限」を経過した後においても、義務者自身による義務の履行の可能性を考慮することが禁じられるわけではなく、代執行の準備状況等も総合的に考慮して、代執行令書による通知の時期が決定されることになる。義務者自身による義務の履行を期待して、戒告後に法定外行政指導の性質を持つ催告、警告という手続がとられることもある。

(5) 占有者、担保権者への通知

除却対象物件である家屋に借家人のような占有者がいる場合、行政代執行法上の要件ではないが、①すでに除却命令および戒告を発していること、②義務者が履行しない場合、除却の代執行が行われること、③代執行が予定される時期、④当該時期までに退去しなければならないこと、を占有者に文書で通知すべきである[231]。同様に、行政代執行法上の要件ではないが、除却対象物件に担保権が設定されている場合、担保権者に、上記①〜③を通知すべきであろう。

なお、長崎地判昭和37・1・31下民集13巻1号133頁は、違法建築物であっても、すでに住居としてこれに居住している占有者に対しては、除却に当たり何らかの予告手続が必要であると解すべきとして、土地区画整理法77条2項によれば、土地区画整理施行者が建物除却の代執行をなすに当たっては建物占有者に対しても、施行者において建物除却をなすべき旨の通知を要求しており、この規定を準用して占有者に通知すべきと判示している。占有者、担保権者は、除却命令の取消訴訟を提起する原告適格を認められるべきであろう。

なお、土地を収用し、または使用する場合においては、当該土地に関して地上権、永小作権、地役権、採石権、質権、抵当権、使用貸借もしくは賃貸借による権利その他所有権以外の権利を有する者およびその土地にある物件に関して所有権その他の権利を有する者は「関係人」と呼ばれるが（土地収用法8条3項）、収用委員会は、裁決申請書およびその添付書類を受理したときは、裁

---

[231] 北村＝須藤＝中原＝宇那木・行政代執行201頁（宇那木正寛執筆）参照。

決申請書を却下する場合を除き、添付書類に記載されている土地所有者および関係人に裁決の申請があった旨の通知をしなければならず（同法 42 条 1 項）、裁決手続の開始を決定してその旨を公告し、かつ、申請に係る土地を管轄する登記所に、その土地およびその土地に関する権利について、裁決手続開始の登記を嘱託しなければならない（同法 45 条の 2）。裁決手続開始の登記があった後において、当該登記に係る権利を承継し、当該登記に係る権利について仮登記もしくは買戻しの特約の登記をし、または当該登記に係る権利について差押え、仮差押えの執行もしくは仮処分の執行をした者は、当該承継、仮登記上の権利もしくは買戻権または当該処分を起業者に対抗することができない（同法 45 条の 3 第 1 項本文）。土地収用法 102 条の 2 第 2 項の規定に基づく代執行の場合、「当該土地又は当該土地にある物件を占有している者は、明渡裁決において定められた明渡しの期限までに、起業者に土地若しくは物件を引き渡し、又は物件を移転しなければならない」（同法 102 条）ので、通常は、明渡裁決時の占有者を名宛人として代執行を行うことになる。しかし、明渡裁決後に物件の譲渡を受けた者等も明渡義務を負う。明渡期限を明記した明渡裁決書は、土地所有者および関係人にのみ送達され公告縦覧されないので、土地所有者および関係人以外の明渡義務者が明渡期限を了知しえないという問題が生じうる。そこで、運用上、現地に看板を設置するなどして、明渡期限を周知させることが提案されている[232]。

(6) 送達

代執行令書による通知の送達については行政代執行法に規定がないが、実務上は、一般的に、配達証明付内容証明郵便で行われる。交付送達等、民事訴訟法が定める他の送達方法も認められる。当事者の住所、居所その他送達すべき場所が知れない場合等には公示送達（民事訴訟法 110 条）が認められる。

(7) 発効

代執行令書による通知の効力が発生するのは、意思表示の一般的法理に従い、代執行令書による通知が相手方、すなわち代執行の対象となる代替的作為義務を負う者に到達した時である。

5 処分性

代執行令書による通知についても、佐藤達夫政府委員が、「代執行の手続の

---

[232] 収用代執行研究会・土地収用 53 頁参照。

いかなる段階についても、いかなる段階においても訴願或いは異議の申立ができるというように考えております」と答弁していたことに照らすと、立法者意思は、代執行令書による通知についても処分性を肯定していたと考えられる[233]。裁判例においても、代執行令書による通知は、代執行手続上の行為であるが、代執行の内容を具体的に確定するものであり、処分性があるとされている。松山地判昭和25・7・27行集1巻6号910頁も、代執行令書による通知の処分性を前提として、その取消訴訟について審理し、原告らの請求を棄却している。東京地判昭和48・9・10行集24巻8・9号916頁は、代執行令書による通知は代執行手続の一環をなすものであり、これにより代執行の時期その他の内容とこれに対する受忍義務が具体的に確定されるものとみることができるので、取消訴訟の対象となる行政処分に当たると解するのが相当であると判示している。代執行された後は、代執行の違法を理由とする損害賠償請求または原状回復請求以外の救済は困難と思われるので、代執行令書による通知の処分性を認めることは必要であろう[234]。

6 教示

代執行令書による通知に処分性があるとする解釈を採ると、行政不服審査法82条1項の規定に基づき、通知の相手方に対し、当該通知につき不服申立てをすることができる旨ならびに不服申立てをすべき行政庁および不服申立てをすることができる期間を書面で教示しなければならないことになる。さらに、行政事件訴訟法46条1項の規定に基づき、当該通知に係る取消訴訟の被告とすべき者、当該通知に係る取消訴訟の出訴期間を書面で教示しなければならない。

7 原告適格、執行停止申立適格

土地収用法102条の2第2項の規定に基づく物件移転の代執行手続において、当該物件についての権利を有するものであれば、義務者でなくても、代執行令書による通知の取消訴訟を提起する原告適格、執行停止申立適格を有するとしたものとして、千葉地決昭和46・2・28行集22巻1・2号146頁がある。

8 訴えの利益

代執行令書発布に対する取消訴訟は、代執行の終了によりその目的が消滅し訴えの利益を失うとするのが裁判例（岐阜地判昭和30・3・7行集6巻3号757頁、

---

[233] 第2回国会参議院司法委員会会議録第19号3頁参照。
[234] 広岡・行政強制185頁参照。

東京地判昭和44・9・25判時576号46頁、福島地判昭和62・11・30判例自治46号41頁）である。東京地判昭和37・10・10行集13巻10号1820頁も、除却命令の対象である工作物が代執行で除却された以上、除却命令および代執行令書発布の無効確認を求める訴えの利益は存在しないと判示する。東京地判昭和44・9・25判時576号46頁は、代執行費用の納付は代執行に後続し、代執行の終了を前提とするものではあるが、本来代執行とは別個の手続に属する行為であり、このことは、法が「実際に要した費用の額及びその納期日」を定めた納付命令によって費用納付義務を具体的に確定し、国税滞納処分の例によって徴収するとしていることに徴しても明らかであるとする。そして、代執行令書に「代執行に要する費用の概算による見積額」を記載してこれを義務者に通知することになっているが、これは「代執行をなすべき時期」を記載して通知することとするとともに、実力による公法上の義務の履行の実現を可及的に回避せんとする法意に出たものであって、執行費用の納付徴収そのものが代執行手続の一環を構成することを意味するものではなく、原告が代執行費用の納付を免れるためには、直接納付命令の取消しを求めてその違法を争うことを必要とし、納付命令が取り消されない以上、代執行令書発布行為が取り消されても、それによって代執行費用の納付を免れる筋合いではないとする。したがって、代執行令書発布行為の取消訴訟は、代執行の終了によって訴えの利益を失ったと判示する[235]。

9 救済方法

(1) 措置命令または戒告との間の違法性の承継

最判平成21・12・17民集63巻10号2631頁は、①同一の目的の達成するために行われる一連の行為であって、先行処分が後行処分と結合して初めてその効果を発揮するという従前の下級審裁判例で支配的であった基準に加えて、②先行処分について、その適否を争う手続保障が十分に与えられているか、③先行処分の存在を知ったとしても、その者において、それによって直ちに不利益を受けることはなく、後行処分があった段階で初めて不利益が現実化すると考えて、その段階までは争訟の提起という手段をとらないという判断をすることがあながち不合理であるともいえないかという新たな視点を付加した。

措置命令と代執行令書発布は、別個の手続に属する別個の処分であるとして、

---

[235] 同判決は、代執行と代執行費用納付命令の間の違法性の承継も否定する。

両者間の違法性の承継を否定したものとして、山口地判昭和29・6・19行集5巻6号1510頁がある。

　他方、戒告と代執行令書による通知は、違法建築物の除却等を目的とする一連の行為であり、①の要件を満たす。また、先行する戒告については、行政手続法の不利益処分に当たらないと実務上解されており（同法2条4号イ）、事前手続はとられていない。しかし、戒告の前提となる義務を課す処分については、弁明の機会の付与がなされるのが原則であるので、かかる義務が課された理由は認識できるはずである（行政手続法13条1項2号。建築基準法では、請求に基づき公開による意見聴取が行われる。同法9条3項・4項）。

　もっとも、行政代執行は実力行使を受忍する義務を名宛人に課すものといえるのであり、戒告の前提となる義務を課す処分とは異なる受忍義務を課すものともいえること、行政代執行が場合によってはかなり重大な権利侵害になりうることに鑑みると、行政代執行の前に、改めて意見聴取の機会を設ける必要がないかが問題となる。司法的執行が第三者性を有する裁判所または公証人等による確定判決、仮執行宣言付判決、仮執行宣言付支払督促、和解調書、調停調書、執行調書または確定した執行決定のある仲裁判断等に基づき行われること（民事執行法22条）に照らすと、行政代執行の前に改めて名宛人から意見聴取の機会を設ける必要性は否定しえないように思われる。とりわけ、代替的作為義務についても、間接強制としての強制金の賦課も認める立法政策がとられた場合には、いずれの強制手段をとることが妥当かを判断するためにも、行政的執行を行う前提として、改めての意見聴取を行う必要性はありうると思われる。もっとも、義務賦課命令の前提としての意見聴取と行政強制の前提としての意見聴取を二段階で行うことは、行政機関にとって過度な負担となるおそれがある。そこで、義務賦課命令の前提としての意見聴取の段階で、義務不履行の場合に行われる行政強制を予告して、行政強制の前提としての意見聴取も併せて行うことも検討に値すると思われる[236]。

　戒告に処分性が認められるかについての最高裁判例があるわけではないが、戒告に処分性を認めることを前提とすると、戒告は義務者に通知され、義務者は戒告の内容に不服があれば、それに対する審査請求や取消訴訟を提起し、執行停止の申立てをすることもできるので、その適否を争う手続保障が不十分と

---

[236] 濱西・実効性確保法制の整備30頁〜31頁参照。

はいえない。また、戒告を受けた者が、その内容に不服がある場合において、この段階で争わず、代執行令書による通知の段階で争えば足りると考えることに合理性は見出しがたい。したがって、両者は、①の要件のみで違法性の承継の可否を判断していた従前の基準の下では、違法性の承継が認められることになるが（実際、徳島地判昭和31・12・24行集7巻12号2949頁は、戒告と代執行令書による通知の間の違法性の承継を認める）、①～③を総合的に判断する最高裁判例の下では、違法性の承継が認められない可能性も否定できない。行政庁が戒告において、行政不服審査法82条、行政事件訴訟法46条の規定に基づく教示を行っていれば、義務者も戒告の処分性を前提として争訟手続をとることが可能であるから、違法性の承継を認める必要は大きくないように思われる。他方、この教示の懈怠があれば、違法性の承継を認めてよいように思われる。

(2) 代執行令書による通知の義務付け訴訟

　代執行令書による通知に処分性が認められると解されるので、行政庁が戒告を発したものの、代執行令書による通知を行わない場合、危険な建物の倒壊等により被害を受けるおそれのある者は、代執行令書による通知を行うことを命ずることを求めて（非申請型）義務付け訴訟（行政事件訴訟法3条6項1号）を提起することを検討することになる。代執行令書による通知（実際にはそれに基づく代執行）がなされないことにより重大な損害を生ずるおそれがあり、かつ、その損害を避けるために他に適当な方法がないこと（同法37条の2第1項）、代執行令書による通知を命ずることを求めるにつき法律上の利益を有すること（同条3項）が、訴えが適法であることの要件となる。そして、行政庁が代執行令書による通知をしないことがその裁量権の範囲を超えもしくはその濫用となると認められるときは、裁判所は、行政庁が代執行令書による通知をすべき旨を命ずる判決をする（同条5項）。

(3) 代執行令書による通知の差止訴訟

　代執行令書による通知に処分性があることを前提とすると、代執行令書による通知により重大な損害を生ずるおそれがある場合には、措置命令の名宛人は、代執行令書による通知の差止訴訟を提起することができるであろうか（行政事件訴訟法37条の4第1項本文）。措置命令や戒告と代執行令書による通知の間に違法性の承継を認めない立場を前提とすると、代執行令書による通知に対する抗告訴訟を提起しうるのは、代執行令書による通知に固有の瑕疵がある場合に限られるから、代執行令書による通知がなされる前に、代執行令書による通知

の差止訴訟を提起する必要があることは容易に想定し難いし、実際に、代執行令書による通知の差止訴訟が提起された例は、公表された裁判例には見当たらない

(4) 執行停止
(ア) 措置命令の取消訴訟を本案とするもの

　代執行は、代替的作為義務を課す措置命令の執行であるから、措置命令の取消訴訟を提起して執行停止の申立てを行い、代執行令書による通知を行わないように求めることもできる。実際に措置命令（立木の収去命令）の取消訴訟を本案として、戒告後に、代執行令書による通知以降の代執行の停止を申し立てた事案として、前橋地決昭和26・2・13行集2巻2号283頁、前橋地決昭和28・4・24行集4巻4号779頁がある[237]。前橋地決昭和28・4・24は、旧行政事件訴訟特例法下での執行停止の要件であった「償うことのできない損害」が認められないと判示した。他方、代執行令書による通知も行われた後に、措置命令の取消訴訟を本案として代執行の執行停止が申し立てられる事案もあり、浦和地決昭和31・9・29行集7巻9号2089頁は、「償うことのできない損害」が認められ、執行停止が公共の福祉に重大な影響を及ぼすおそれがあるとは認められないとして、執行停止を認容した。

　同じく、代執行令書による通知後、代執行の実行前に、措置命令の取消訴訟を本案として代執行の停止が申し立てられた事案において、旧行政事件訴訟特例法の下での取消訴訟における執行停止の消極要件の一つである「公共の福祉に重大な影響を及ぼすおそれがあるとき」について、代執行を必要とする事業の抽象的な公益性のみを認定して、この要件に該当するとして、代執行の執行停止を認めなかったものとして、徳島地決昭和25・3・28行集1巻3号410頁がある。しかし、それは、土地収用法3条の収用適格事業であるということのみで収用を認めようとするに等しい。個別具体の事業の公益性を事業認定により認められて初めて収用権が発生するように、執行停止の消極要件としての公共の福祉についても、個別具体的に認定される必要がある。

(イ) 代執行令書による通知の取消訴訟を本案とするもの

　代執行令書による通知を受けた者は、その取消しを求める審査請求、取消訴訟を提起して、執行停止の申立てをすることができる場合がある。熊本地決昭

237　戒告に固有の瑕疵があることを理由とする戒告の取消訴訟を本案として、その手続の続行としての代執行令書による通知の停止を求める場合も考えられる。

和41・9・14訟月12巻12号1659頁は、代執行令書による通知の取消訴訟を本案として執行停止の申立てがされた事案であり、「回復の困難な損害」に当たるか否かは、当該処分によって申請人らが受忍すべき不利益と執行停止によって生ずる行政遅滞等による公益の阻害とを比較して判断すべきであるとする。そして、本件代執行によっても申請人らは日常生活にそれほど差し迫った不利益を被るとは認められず、他方、配水管が撤去されなければ掘削およびケーブルクレーン設置工事がきわめて困難となり、公共の利益に重大な影響を及ぼすことになるとして、「回復の困難な損害」に当たるとの申請人らの主張には理由がないとする。千葉地決昭和46・2・28判時623号50頁も、代執行令書による通知の取消訴訟を本案として執行停止の申立てがされた事案であり、個々の申立人と直接具体的に関わりのない一般的、間接的かつ抽象的な損害は救済の対象となりうる損害には当たらず、また、代執行手続が違法に行われることを前提とした損害の救済は執行停止制度の目的とするところではないとする。同じく、代執行令書による通知の後に代執行の執行停止が申し立てられたのが、鹿児島地決昭和29・11・30行集5巻11号2824頁の事案である。判決文には、「行政代執行命令取消の訴」を提起したと記載されているので、本案訴訟は、代執行令書による通知の取消訴訟ではないかと思われる。同決定は、建物除却命令の代執行令書送達後数次にわたってその執行が延期され、その間、除却命令ないし代執行令書による通知に対する取消または変更に係る訴訟を提起してその執行停止を求めるべき十分な余裕があったのに時日を空費して今日に至ったような場合には、当該執行による損害を避けるため緊急の必要があるとはいえないと判示した。

　広島地決昭和37・11・6行集13巻11号2090頁の事案の本案は、判決文によれば代執行の取消訴訟であるが、実力行使としての代執行が行われる前であるので、代執行令書による通知の取消訴訟を本案として、代執行の実行行為の停止を申し立てたものと解される。同判決は、行政事件訴訟法（平成16年法律第84号による改正前のもの）の下での「回復の困難な損害を避けるための緊急の必要があるとき」の要件を充たさないとして、申立てを却下した。熊本地決昭和41・9・14訟月12巻12号1659頁も、代執行令書による通知の取消訴訟を本案として、その執行停止が申し立てられた事案であり、「回復の困難な損害を避けるための緊急の必要があるとき」に当たらないとした。

XXIV 緊急代執行

　非常の場合または危険切迫の場合において、当該行為の急速な実施について緊急の必要があり、戒告、代執行令書による通知の手続をとる暇がないときは、その手続を経ないで代執行をすることができる（行政代執行法3条3項）[238]。これは、ドイツにおいて、略式手続（執行）と称されているものの一類型ということができる[239]。同項に該当するか否かの判断を誤り、手続の省略が認められないにもかかわらず、手続を省略すれば、重大な手続的瑕疵があることになり、代執行の取消事由となろう。緊急代執行の制度を利用するほどではないが、迅速な代執行の必要性が認められ、戒告を急がなければならないと判断される場合において、措置命令等を発する時点ですでに戒告の要件を満たしているのであれば、措置命令と併せて戒告をすることが違法とはいえないと一般に解されていることは前述のとおりである[240]。

　なお、個別法において、措置命令書において戒告を行い、代執行を行うことが認められている例がある。森林病害虫等防除法3条9項は、農林水産大臣が、同条1項から3項までの規定による駆除命令をするには、①その命令を受ける者が、期間内に命ぜられた措置を行わないとき、行っても十分でないとき、または行う見込みがないときは、当該措置の全部または一部を農林水産大臣が行うことができる旨、②農林水産大臣は、前記①の措置を行った場合において、その費用の額が、当該命令を受けた者が自らその措置の全部または一部を行ったとした場合にその者が受けることとなるべき補償の額を超えるときは、その超える部分の額に相当する額をその者から徴収することがある旨等を記載した命令書をその命令を受けるべき者に対し交付しなければならないと定めている。この規定は、1967（昭和42）年の同法改正で設けられたものであり、駆除命令書において、同時に戒告を行っており、したがって、別途、行政代執行法3条1項の規定に基づく戒告を行う必要はないと思われる。問題は代執行令書による通知である。森林病害虫等防止法3条9項の命令書に記載される事項には、

---

238 緊急代執行が行われた例として、広島地呉支判昭和45・4・27判時608号158頁がある。急傾斜地の崩壊による災害の防止に関する法律違反の事案において、鹿児島県で行われた緊急代執行の法的考察を行うものとして、宇那木・自治体行政代執行127頁以下参照。

239 重本・行政執行の例外（2）77頁参照。略式手続（執行）は、連邦行政執行法に規定されているわけではないが、一部の州行政執行法に規定されている。宮尾・行政執行490頁参照。なお、藤谷・緊急代執行56頁は、緊急代執行を直接強制に当たるとする。

240 広岡・行政代執行法147頁参照。

費用の徴収の予告は含まれるものの、代執行令書による通知の記載事項である代執行をなすべき時期、代執行のために派遣する執行責任者の氏名および代執行に要する費用の概算による見積額は含まれていない。したがって、行政代執行法3条1項の規定に基づく戒告についての特別法として、同項の規定の適用を排除するものの、同条2項の規定に基づく代執行令書による通知に係る特別法ではなく、代執行令書による通知を行う必要があると解することもできる[241]。海洋汚染等及び海上災害の防止に関する法律41条1項本文の規定に基づく代執行については、同条2項で、費用の徴収に係る行政代執行法5条・6条の規定は準用されているが、同法3条・4条の手続規定は準用されていない。これは、事態の緊急性に鑑み、常に、行政代執行法3条3項に該当すると考えられるので、戒告、代執行令書による通知の手続を当然に不要とする特例を定めたものと解される。また、廃棄物処理法19条の8第1項3号の規定に基づく代執行も、戒告および代執行令書による通知を行うことなく簡易迅速な代執行を可能にしている[242]。もっとも、戒告、代執行令書による通知の手続を省略した個別法の規定について、代替的作為義務の直接強制と解する可能性を指摘する見解もある[243]。

緊急代執行という用語は、戒告および代執行令書による通知が省略される代執行のみでなく、以下のように、措置命令に必要な手続を省略できる代執行の意味で用いられることもある。

特定空家等に対する行政代執行の規定は、空屋法制定時から置かれていたが（令和5年法律第50号による改正前の同法14条）、命令を行おうとする場合には、あらかじめ、その措置を命じようとする者に対し、その命じようとする措置およびその事由ならびに意見書の提出先および提出期限を記載した通知書を交付して、その措置を命じようとする者またはその代理人に意見書および自己に有利な証拠を提出する機会を付与する必要があり（同条4項）、通知書の交付を受けた者は、その交付を受けた日から5日以内に、市町村長に対し、意見書の

---

241 森林病害虫等防止法3条9項について、代執行令書による通知も不要とする趣旨であるとする説もある。広岡・行政代執行法27頁参照。

242 実務上は、代執行令書の代わりに代執行実施通知が義務者に送付されているようである。宇那木・自治体行政代執行148頁参照。

243 鈴木＝田中・空き家対策62頁以下（榎本好二執筆）、北村・不適正管理81頁参照。空き家条例における多様な緊急安全措置について、鈴木＝田中・空き家対策62頁以下（榎本好二執筆）、劔持・緊急安全措置124頁以下参照。

提出に代えて公開による意見の聴取を行うことを請求することができるとされている（同条5項）。しかし、たとえば台風が接近しており、特定空家等の屋根や外壁材が飛散して、近隣住民や通行人に危害を加えるおそれがあるため、緊急に補修や除却を行う必要があり、通常の命令の手続をとっている暇がない場合があり得る。全国空き家対策推進協議会の「空家等対策の推進に関する特別措置法等に関する提言書」においても、「緊急時に迅速な代執行を可能とするなど、特定空家等に対する措置をさらに円滑に行えるようにする必要がある」ことが提言されていた。

　そこで、令和5年法律第50号では、市町村長は、災害その他非常の場合において、特定空家等が保安上著しく危険な状態にある等当該特定空家等に関し緊急に除却、修繕、立木竹の伐採その他周辺の生活環境の保全を図るために必要な措置をとる必要があると認めるときで、同法22条3項から8項までの規定により当該措置を命ずるいとまがないときは、これらの規定にかかわらず、当該特定空家等に係る措置を命ぜられるべき者（以下「命令対象者」という）の負担において、その措置を自ら行い、または措置実施者に行わせることができるとされた（同条11項）。そして、それに要した費用の徴収については、行政代執行法5条および6条の規定を準用することとされた（同条12項）。これは、農地法42条3項3号、4項、5項の規定を参考にしたものである。地方公共団体の空き家条例においては、緊急事態に対処するために緊急安全措置として即時強制を定めるものが少なくない[244]。たとえば、京都市空家等の活用、適正管理等に関する条例19条1項は、「市長は、特定空家等の管理不全状態に起因して、人の生命、身体又は財産に危害が及ぶことを避けるため緊急の必要があると認めるとき…は、当該特定空家等の所有者等の負担において、これを避けるために必要最小限の措置を自ら行い、又はその命じた者若しくは委任した者に行わせることができる」と定めている。新潟県柏崎市空家等の適正な管理に関する条例9条もその例である。しかし、空家法22条11項は、立法者意思によれば、命令を行う場合に必要な手続の省略を認めるものであって、命令自体を不要とするものではないので、即時強制ではなく、緊急代執行として位置付けられている[245]。

---

[244]　関根・行政強制885頁は、薬事法（当時。現在は、医薬品、医療機器等の品質、有効性及び安全性に関する法律）70条2項について、代替的作為義務の直接強制と解することはできないかという問題を提起する。

これに対して、緊急に災害防止措置を講ずべきことを命じようとする場合において、災害防止措置を講ずべきことを命ずるいとまがないときに、都道府県知事が、自ら災害防止措置の全部または一部を講ずることができること（宅地造成及び特定盛土規制法20条5項3号、39条5項3号）が特別緊急代執行と称されることがある（不法・危険盛土等への対処方策ガイドライン（令和5年5月）第3編［不法・危険盛土等発見後の行政対応］6章［行政代執行］6．3［行政代執行の進め方］6．3．3［特別緊急代執行]）。しかし、この場合には、そもそも、措置命令自身を不要とするものであるので、即時強制として位置付けられるのではないかと思われる。

XXV　代執行の実行
1　請負契約

　行政主体が解体業者等の第三者と建物の除却等の請負契約を締結する場合、行政主体は義務者の代理として請負契約を締結するわけではなく、当該請負業と義務者との間には直接の法律関係はない[246]。したがって、請負業者は、除却等の請負業務に要した費用を義務者に対して事務管理費用または不当利得として請求をするのではなく、委託元の行政主体に対して報酬の請求をすることになるし、行政主体も、義務者から請負代金の支払を受けるように請負業者に指示することはできない。行政主体が第三者と請負契約を締結したことは、義務者が自ら義務を履行することを妨げるものではなく、当該契約締結後に義務者が義務を履行した場合には、行政主体は当該契約を解除することになる。将来発生しうる多数の義務違反を想定して、義務違反が生じたと請負業者が判断すれば代執行を認めるという一般的包括的な契約を締結することはできない。義務違反か否かの判断は行政庁が行わなければならず、請負業者に委託できる

---

[245]　この規定は、命令自体を省略することを認める規定のようにも読め、そうであるとすれば、即時強制を定めた規定ということになるが、国会審議において、塩見政府参考人は、改正法案22条11項の「命ずるいとまがないとき」とは、命令に伴って必要となる手続を踏む時間的余裕がないとの趣旨であって、命令自体ができないという趣旨ではないと述べている。衆議院国土交通委員会議録第12号（令和5年5月10日）16頁参照。すなわち、同条3項〜8項に定める手続を省略することを意図したものであり、命令により義務を課すこと自体は必要とする趣旨であるので、立法者意思としては命令により課された義務の履行確保のための代執行の特例と位置付けていることになる。

[246]　園部・行政強制の体系26頁参照。

のは、事実行為のみである。

　なお、特定建設資材を用いた建築物等に係る解体工事等であって、その規模が一定の基準以上のもの（以下「対象建設工事」という）の受注者等は、正当な理由がある場合を除き分別解体等をしなければならず（建設工事に係る資材の再資源化等に関する法律9条1項）、対象建設工事を発注する国の機関または地方公共団体は、工事に着手する日の7日前までに都道府県知事に通知しなければならない（同法10条1項、11条）。また、解体に伴い廃棄物が発生する場合には、廃棄物処理法を遵守する必要があることにも留意する必要がある。家屋の除却の場合に発生する木くず等は、産業廃棄物となり、解体業者が排出事業者として、同法の規律を受けることになる。

　代執行に着手する前に、建物の所有者が自ら除却工事を開始したり、逆に、代執行を妨害したりする等の事態になることも想定しておかなければならない。そこで、契約書やそれに添付する工事仕様書において、たとえば、代執行当日、解体工事着手前に、当該建物の所有者が自ら解体工事に着手した場合は、執行責任者の指示なしに職工等を退去させないこと、当該建物の所有者により全部または一部の除却が行われた場合には、不要になった請負作業量に応じて請負金額を減額すること、当該工事の実施に対する妨害行為があった場合には、直ちに執行責任者に連絡し、その指示に従うべきこと、妨害行為等のために工事方法の変更を指示する場合がありうるが、その場合には、請負金額を変更することなどの規定を設けておくべきであろう。

2　証票の携帯および提示

　行政代執行のために現場に派遣される執行責任者は、その者が執行責任者たる本人であることを示すべき証票を携帯し、要求があるときは、何時でも呈示する義務を負うことは、行政代執行法4条に規定されている。立法論としては、要求がなくても、執行責任者が現場に赴いたら直ちに義務者等に証票を提示するものとする旨を定めることも考えられる。また、現場に派遣される職員が、代執行妨害行為に対処するための実力行使を行う場合には、執行責任者でなくても、本人であることを示すべき証票を携帯し、要求があるときは、何時でも呈示する義務を負うとすることも考えられる。

3　住居への立入り

　住居への立入りを伴う代執行を夜間や休日に行うことは、原則として控えるべきであろう。民事執行法8条1項は、執行官等は、日曜日その他の一般の休

日または午後7時から午前7時までの間に人の住居に立ち入って職務を執行するには、執行裁判所の許可を受けなければならないと定めている。また、国税通則法148条1項本文は、臨検、捜索、差押えまたは記録命令付差押えは、許可状に夜間でも執行することができる旨の記載がなければ、日没から日出までの間には行ってはならないとし、同条2項は、日没前に開始した臨検、捜索、差押えまたは記録命令付差押えは、必要があると認めるときは、日没後まで継続することができると定めている。立法論としては、行政代執行についても、一般法で、住居への立入りを伴う代執行について、日時の制限を設けることは検討課題となる。

4 同意を得た代執行

代執行は、義務者が義務の履行に反対している場合に行われるとは限らない。義務者が、義務を履行したくても資力がないために自らは行えず、そのため代執行に同意している場合もある。2013（平成25）年に大仙市空き家等の適正管理に関する条例違反を理由として空き家を解体する代執行が行われた事案では、義務者から代執行を受忍する旨の同意書をとっている[247]。

5 建物の一部のみが除却義務の対象である場合

建物の一部が公物を不法占用しているため、建物の一部のみが不法占用物件として除却されるべき場合、いかに対応すべきであるかという問題がある。この場合、不法占用にならない部分のみで価値があり、かつ、当該部分を存置することが物理的に可能であれば、最小限度の補強措置を施して、当該部分を存置すべきであろう。他方、不法占用にならない部分のみを存置する価値がないか、または当該部分を存置することが物理的に不可能であれば、全体を除却することもやむをえないと思われる[248]。この場合には、不法占用でない部分の建物には、財産的価値がないとみることが可能であるし、たとえ僅かながらの価値があるとしても、除却は不法占用の結果であり、補償は不要と解すべきであろう。

民事執行の事案であるが、東京高判昭和39・4・17下民集15巻4号838頁は、各建物がきわめて粗末な構造の木造平屋建ての相当に古い建物であること、各建物を境界線で分けて一部のみを収去した場合、残存部分は倒壊の危険があ

---

[247] 北村＝須藤＝中原＝宇那木・行政代執行71頁（宇那木執筆）、北村・行政代執行の手法と政策法務112頁（仲村謙執筆）参照。

[248] 広岡・行政代執行法187頁参照。

ること、残存部分の建物としての経済的効用はほとんどとるに足らないものとなることを認定し、居住者が任意に退去しないため、建物の一部のみの強制執行とする場合には、収去を行う者に不必要な困難と厳格な注意を強いる結果となるのみならず、当事者間に再び紛争をもたらすことが懸念されることを指摘し、建物全体の収去を適法としている。この点についての行政実例（昭和38年8月19日香川県土木部長宛の建設省計画局長回答）は、「収用土地外にまたがる建物の一部については、当該部分を含めて一体として移転せしめることが必要かつやむを得ない場合に限り、合理的な範囲において代執行ができる」としている。

　収用する土地と収用対象外の土地にまたがる建物全部が除却されたことを理由とする国家賠償請求において、福岡地判昭和48・9・11訟月20巻2号38頁は、収用された土地と収用されなかった土地にまたがって存在する一棟の建物に対し、収用された土地に係る部分のみを切り取り撤去することが、残りの建物部分のみならず建物全体の効用を著しく損ない、建築構造上も、残存建物を維持することが危険であり、これを維持するには多額の補強、補修等を要すると認められる場合には、建物全部を解体・撤去しても、その代執行は適法であると判示している。その控訴審の福岡高判昭和49・11・21判例集不登載も、同様の判断を示し、その上告審の最判昭和52・5・27集民120号595頁は上告を棄却している。この場合、収用対象外の土地に存在した建物部分の補償の問題が生じうる。土地収用法102条の2第2項の規定に基づく代執行においては、起業者の請求により都道府県知事が代執行を行うことになるが、収用地と収用地外の土地に跨る建築物の全体を除却する必要がある場合には、代執行請求書において、収用した土地のほか、代執行に係る土地も表示する必要がある。

　代執行令書では収用する土地上の建物を除却することとされていたが、収用する土地外にまたがる部分も除却したことから、義務者が代執行費用納付命令は無効であり、これに基づく差押え処分も無効であるとして、差押え処分の無効確認訴訟（予備的に取消訴訟）を提起した事案において、福岡地判昭和50・4・1訟月21巻7号1405頁は、「本件建物は収用対象地とそれ以外の土地にまたがって存在しているところ、本件代執行令書には収用対象地上の建物等の物件を撤去すべき旨の記載があるにすぎないのに、被告は右建物全部を解体撤去したのであるから、被告の代執行には一見重大な瑕疵があるかの如きであるが、収用対象地とそれ以外の土地にまたがって存在する一棟の建物について、収用

対象地上に存在する部分のみを切取り撤去することが、残存建物部分のみならず建物全体の効用を著しく害し、建築構造上も残存建物を存置することが危険であり、これを維持するためには多額の補強、補修費を要すると認められる場合には、建物全部を解体撤去してもその代執行が違法ということはできない」と判示した（なお、義務者が協力的な場合には、代執行令書記載範囲外の物件について、除却の同意書ないし権利放棄の誓約書を取得して除却することが望ましい）。

これらの裁判例の事案は、本来の除却対象部分以外の残存部分に十分な経済的価値がなく、かつ、残存部分のみを存置することが物理的にも困難であった場合であると思われるが、もし、残存部分に十分な経済的価値があるものの、その部分を切り離して存置することが物理的に困難なため、やむをえず全体を除却したのであれば、当該除却を違法とはいえないにしても、損失補償が必要なように思われる[249]。

6 自発的履行の申出

代執行の実行当日になって、義務者が自ら義務を履行する旨を申し出ることは、必ずしも稀ではない。1960（昭和35）年3月31日に行われた新宿南口の道路不法占有建築物の除却の事案においても、東京都の執行課が現場に到着した時には、義務者による除却作業が開始されていた。行政庁は戒告で定められた期日までに義務者が義務を履行しない場合、代執行令書による通知で指定した日に代執行を実行する権限を有するので、自発的履行の申出があっても、それに応ずる義務はない。しかし、代執行を実行しても、それに要した費用を義務者から徴収することが困難なことが少なくなく、その場合、公費で負担することになるし、代執行の実行の仕方をめぐり、義務者とトラブルになることも想定されるので、義務者が真摯に、かつ迅速に義務を履行する意思を示した場合には、義務者による履行に委ねるという選択肢もありうるし、むしろそうすることが望ましいといえよう。その場合、執行責任者は、義務者の了解の下、代執行の現場にいる行政庁の職員や請負業者の職員に解体作業を手伝わせることにより、迅速で効率的な除却を可能にする運用をすることも許容されよう。前述の新宿南口の道路不法占有建築物の除却の事案においても、東京都の執行課が連行した人夫の労務を提供する協力を行い除却作業が完了している。このような方法は、全国的に広く行われているようである[250]。ただし、かかる協

---

[249] 広岡・行政代執行法190頁も同旨。
[250] 広岡・強制執行329頁注10参照。

力の過程で、公務員の故意または過失により建物の所有者等に損害を与えた場合には、国家賠償法1条1項の規定に基づく損害賠償責任を追及されることがありうる（東京地判昭和34・2・4下民集10巻2号228頁）。

他方、義務者が時間稼ぎのために、義務の履行を申し出ているにすぎない場合もありうる。したがって、義務者からの申出を受けて、義務者自身による履行に委ねることとした場合であっても、故意に時間をかけて履行しようとしていないのかを監視し、時間稼ぎと判断できる場合には、直ちに代執行の実行に着手すべきである。

土地収用法102条の2第2項の規定に基づく代執行の場合、起業者の請求に基づき都道府県知事により代執行が行われるので、都道府県知事が代執行を行おうとしたところ、義務者が自ら除却等の義務を履行したため、代執行手続を中止した場合、都道府県知事は、起業者にその旨を通知することになる。

7　和解

代執行権限を有する行政庁が所属する行政主体と義務者の間で、当該行政庁が有する裁量権の範囲内で和解をすることができるかという問題がある[251]。この点が問題になったのが、長崎地判昭和36・2・3行集12巻12号2505頁の事案である。この事案では、①原告が義務賦課処分に対して異議を申し立てず、訴訟を取り下げること、②行政庁は義務賦課処分の執行を所定の期日まで猶予すること、について、裁判上の和解が成立した。ところが、義務者は、この和解は無効であるから、訴訟は終了していないとして、口頭弁論期日の指定を申し立てた。裁判所は、行政庁は裁量の範囲内で和解が可能であるとして、本件訴訟は和解成立の日に終了したと判断した[252]。

8　争訟提起期間との関係

ドイツの連邦行政執行法6条1項においては、名宛人に義務を課す行政処分は、それが不可争であるとき、その即時執行が命ぜられたとき、または争訟に停止的効果が認められないときに、代執行その他の強制手段を行使しうることとされている。したがって、行政庁が公益上の必要から行政処分の即時執行を命じたとき、法律が公益の迅速な実現のため、争訟に停止的効果を認めないときを除き、争訟提起期間が経過して初めて代執行その他の強制手段を行使しう

---

[251] この問題について、雄川ほか・行政強制211頁以下参照。
[252] フランスにおける行政制裁の賦課に代わる和議について、山本・行政制裁262頁以下参照。

ることになる。これに対し、わが国では、行政処分に対する争訟の提起期間の経過は、代執行の要件ではない。しかし、取消判決の拘束力に原状回復義務が含まれることを否定する立場をとれば、代執行が終了してしまうと、措置命令の取消しを求める訴えの利益は失われてしまい、国家賠償請求をする以外にないことになる（東京地判昭和44・9・25判時576号46頁）。そのため、できる限り義務を課す行政処分が不可争となった後に代執行をすることが望ましいという意見もある[253]。しかし、現在は、取消訴訟の主観的出訴期間は6か月に延長されていること、しかもわが国では、公益への支障が差し迫った段階までは行政指導で対応し、措置命令が出される段階では、公益への支障が相当深刻に懸念される事態になっているのが通常であること、争訟を提起して執行停止の申立てを行うことが保障されていることを斟酌すると、不可争性が発生するまで代執行を控えるという運用をデフォルトとする必要はないように思われる。

9 処分性

代執行は、権力的事実行為であるが、処分性を有する。名古屋地判平成20・11・20判例自治319号26頁は、代執行は、公権力作用として行う事実行為であって、行政事件訴訟法3条2項にいう「行政庁の処分その他公権力の行使に当たる行為」に該当し、これについて取消訴訟を提起することができると判示する。徳島地決昭和25・4・21行集1巻4号537頁は、代執行令書による通知の後、代執行が実行（ただし、代執行が実行された地域は買収地の一部であり、その余の土地についてさらに代執行が行われる可能性がある）された事案において、代執行の実行に処分性があることを前提として、代執行の執行停止の申立てを認容している。判決文は簡潔であり定かではないが、代執行が実行された後であっても、それが取り消されれば、取消判決の拘束力により原状回復義務が生ずるので、執行停止の申立ての利益は失われないという解釈を前提としているのであろうか。

10 行政手続法の適用除外

代執行の実行行為に処分性を認めるとなると、行政手続法2条2号の処分にも該当することになると解される。しかし、「事実上の行為」は、同法2条4号イにより不利益処分に含まれないから、同法13条が定める事前の意見陳述手続は不要である。また、処分基準を作成し公にしておく努力義務（行政手続

---

[253] 広岡・行政代執行法120頁参照。

法12条)、理由提示義務(同法14条)も生じないことになる。義務を課する命令についての処分基準が作成され公にされており、また、かかる命令を発した理由が提示されていたとしても、かかる措置命令の基準と代執行の基準は異なりうるのであるから、これらの規定を類推適用しなくてよいかが問題になる。しかし、戒告について、その基準を作成して公にする努力義務および当該事案がその基準に該当すると判断した理由を提示する義務が課されていれば、代執行の実行段階では、改めて、基準適合性を説明する必要はないと思われる。

11 教示

代執行の実行行為に処分性を認めるとなると、行政不服審査法82条、行政事件訴訟法46条の教示義務が生ずることになる。しかし、代執行の実行行為は書面で行われるわけではないので、口頭の教示で足りると解される。

12 訴えの利益

代執行の実行は、数か月に及ぶ例も稀にあり、かかる場合には、代執行という事実行為の継続中に、その取消訴訟を提起して執行停止を申し立てることは十分考えられる。他方、代執行の実行行為は一両日で終了するものが少なくなく、かかる場合、代執行の実行の段階でその取消訴訟を提起して執行停止の申立てをしても、その係属中に代執行が終了してしまい、取消判決の拘束力により原状回復義務が生ずるという解釈をとらない限り、訴えの利益、申立ての利益が消滅してしまい、実効的権利救済が得られないおそれがある。

岐阜地判昭和30・3・7行集6巻3号757頁は、取消訴訟について、代執行終了後は、代執行の前提となる措置命令、代執行の戒告、代執行令書による通知、代執行の実行の取消しを求める利益は失われるとする。大阪地判昭和33・1・14行集9巻1号95頁は、代執行終了後、代執行処分の無効確認訴訟が提起された事案において、行政処分の無効確認が許される所以は、外形上は行政処分として存在し、しかも有効な効力を持続しているとみられる可能性のあるものに対しては、裁判によりその効力の否定を宣言する必要が認められるからであり、処分の性質上、かかる効力を持続するとみられる余地のないもの、すなわち処分後においてその処分の存否が疑問視される余地のないものについては、その処分自体の当然無効の宣言を求めることは確認の利益がなく、損害賠償請求訴訟等で争うべきと判示している。また、代執行終了により、代執行の前提となる措置命令、代執行の戒告、代執行令書による通知の取消しや無効等確認を求める利益が失われるかという問題について、東京地判昭和37・

10・10行集13巻10号1820頁は、本件工作物が除却されてしまえば、本件除却命令および代執行令書発布処分はすでにその目的を達しており、したがって、現在または将来において本件除却命令および代執行令書発布処分に基づき原告に本件工作物除却義務や代執行受忍義務が生じ、本件工作物の除却を強制されるおそれは全くなく、かかる意味において、本件除却命令および代執行令書発布処分の存在が原告の現在の法律的地位に不安をもたらす要素は全くないのみならず、本件工作物を原状に回復することも実際上不可能な状態であると認められるから、仮に本件除却命令および代執行令書発布処分を無効であると確認したとしても、それにより本件物件を原状回復してこれを従前のように原告に使用させることができないことは明らかであり、その他原告の法律的地位になんらかの影響を及ぼすべき事情があるとは考えられないから、無効確認訴訟は訴えの利益を欠くと判示している。大阪高判昭和41・11・29行集17巻11号1307頁も、建物の移転という事実行為が完了してしまえば、前提手続たる移転通知を争う意味はなくなり、その取消しを求める利益ないし必要性はなくなるといわざるを得ないとする。また、東京地判昭和44・9・25判時576号46頁は、代替的作為義務の前提となる除却命令を判決で取り消しても除却の違法が確定されるだけであって、判決によって被告行政庁に直接除去建築物を復元すべき義務が生ずるわけではなく、原状回復の手段としては、別訴で損害賠償を請求するよりほかはないのであるが、原告が損害賠償を求めるには、本件除却命令を取り消し、またはその違法を宣言する判決の存在を必要としないことを指摘する。そして、除却命令を取り消す判決があれば、将来損害賠償請求等の訴訟において有利な判断を受けうる事実上の利益があるとしても、その利益が除却命令の「取消しによって回復すべき法律上の利益」に該当しないことは明らかであり、除却命令の取消訴訟は、代執行の終了により訴えの利益を喪失するに至ったと判示する。最判昭和48・3・6集民108号387頁も、「建築基準法9条1項の規定により除却命令を受けた違反建築物について代執行による除却工事が完了した以上、右除却命令および代執行令書発付処分の取消しを求める訴は、その利益を有しないものと解すべきであり…所論は、右取消しにより代執行費用の納付義務を免れうる利益があると主張するが、その目的を達するためには費用納付命令自体を対象としてこれを争うべき」と判示している。札幌地判昭和51・7・30判タ348号318頁も、家畜殺処分命令に基づく殺処分が実行された後は、殺処分命令が取り消されても、原告の初期の目的は達成され

ないので、殺処分命令を取り消す利益はないとする。東京地判平成27・9・18Lex/DB25531076は、河川等に不法係留された船舶等に係る代執行が終了すれば、その基礎になった監督処分等を取り消す利益は失われるとする。

　これらの判決は、無効確認判決や取消判決の拘束力に原状回復義務は含まれないという解釈を前提としているものと考えられるが、その点は議論があり、反対説もあるところである。しかし、代執行の終了との関係では、それにより先行する処分の取消しや無効確認を求める訴えの利益が失われるとする裁判例が大勢であることはいえよう。かかる前提に立つ場合、代執行の終了時期を明確にしておくことは特に重要になる。この点が争点になったのが、東京地判昭和48・9・10行集24巻8・9号916頁の事案である。同判決は、代執行が終了したか否かは、本件建物等の除却義務が客観的・物理的にみて実現されたといえるか否かによるとし、本件建物は解体されたが、その土台石、庭石、灯籠、樹木等には何ら手が加えられていなかったのであるから、本件建物等の除却義務は、客観的・物理的にみて完全には実現されていなかったといわなければならず、したがって、本件除却命令および本件代執行命令の取消しを求める訴えの利益はあるとする（他方、解体資材の保管場所の選択については、当該行政庁の判断に委ねられていると解すべきであるから、当該行政庁たる被告が本件建物の解体資材の保管場所を本件土地内に求めたとしても、何ら差し支えなく、本件解体資材が本件土地内に集積されていて、本件土地から搬出されていないこと自体は、本件除却義務の未履行を示すものではないとする）。

　他方、代執行終了後であっても、原状回復が容易な場合には、除却命令の取消訴訟の訴えの利益が認められることがある。名古屋高判平成8・7・18判時1595号58頁は、プレジャーボート等の除却命令に基づく代執行終了後においても、取消判決の拘束力によって、除却された船舶を元の場所に係留する可能性があるので、除却命令の取消訴訟の訴えの利益は失われないとする。

　土地収用法102条の2第2項の規定に基づく代執行により明渡しが完了した場合に、収用裁決の取消しを求める訴えの利益が失われるかについて、裁判例は分かれている。

　土地収用法102条の2第2項の規定に基づく代執行により明渡しが完了した場合、権利取得裁決の取消しを求める利益があるかについて、名古屋地判平成5・2・25行集44巻1・2号74頁は、権利取得裁決の有する本来的な効果は、起業者に所有権または使用権を原始的に取得させるところにある（土地収用法

101条1項)と解されるところ、明渡裁決の代執行によって土地の引渡しが完了している場合であっても、権利取得裁決が取り消されれば、同裁決によって起業者が取得した所有権ないし使用権は当然に消滅し、当該土地をめぐる権利関係は権利取得裁決のなかった状態に戻ることになる結果、被収用者は、土地所有権に基づいて、占有者である起業者に対し土地の返還を求めることができるのであるから、権利取得裁決の取消しを求める訴えの利益は、代執行によって土地の引渡しが完了しているという事実によってなんら影響を受けるものではないとする。被告収用委員会は、本件処理場に係る工事はすでに一部完了し、本件土地について代執行前の原状に回復することは事実上不可能であると主張したが、同判決は、最判平成4・1・24民集46巻1号54頁を引用して、社会的、経済的損失の観点からみて、社会通念上、原状回復をすることが不可能であるとしても、そのような事情は、行政事件訴訟法31条の規定の適用に関して考慮されるべき事情であって、権利取得裁決の取消しを求める原告らの法律上の利益を消滅させるものではないと判示した。

他方、明渡裁決の有する効果は、当該土地または当該土地にある物件の占有者に対し裁決において定められた明渡しの期限までに土地等の引渡しまたは物件の移転をするという義務を課すものにすぎず(土地収用法102条)、明渡し後における起業者による土地等の占有、使用を受忍する義務をも課しているものではないから、一旦土地等の明渡しが完了すれば、明渡裁決の効果としての土地等の占有者の義務はもはや存続していないとする。したがって、明渡裁決の対象となった土地等について代執行によってその引渡し等が完了した後は、同裁決の取消しを求める訴えの利益は失われると判示している。

13 救済方法

(1) 措置命令または戒告等と代執行の実行との間の違法性の承継

最判平成21・12・17民集63巻10号2631頁は、①同一の目的の達成するために行われる一連の行為であって、先行処分が後行処分と結合して初めてその効果を発揮するという従前の下級審裁判例で支配的であった基準に加えて、②先行処分について、その適否を争う手続保障が十分に与えられているか、③先行処分の存在を知ったとしても、その者において、それによって直ちに不利益を受けることはなく、後行処分があった段階で初めて不利益が現実化すると考えて、その段階でまでは争訟の提起という手段はとらないという判断をすることがあながち不合理であるともいえないかという新たな視点を付加したことに

ついては前述した。

　義務を課す措置命令とその執行のために認められた代執行手続は異なる次元の行為であり、両者間には違法性の承継は認められないと考えられる（東京地判平成18・4・28L06131837）。戒告と代執行の実行行為には、ともに処分性が認められると解されるので、両者の間の違法性の承継が問題になる。戒告と代執行は、違法建築物の除却等を目的とする一連の行為であり、①の要件を満たす。また、先行する戒告については、行政手続法の不利益処分に当たらないと実務上解されており（同法2条4号イ）、事前手続はない。しかし、戒告は義務者に通知され、義務者は戒告の内容に不服があれば、それに対する審査請求や取消訴訟を提起し、執行停止の申立てをすることもできるので、その適否を争う手続保障が不十分とは必ずしもいえない。また、戒告を受けた者が、その内容に不服がある場合において、この段階で争わず、代執行の段階で争えば足りると考えることは不合理といえよう。したがって、両者は、①の要件のみで違法性の承継の可否を判断していた従前の基準の下では、違法性の承継が認められることになるが（横浜地判昭和53・9・27判時920号95頁は、戒告と代執行の実行の間の違法性の承継を認めており、したがって、代執行の取消しを訴求する以上、特段の事由なき限り、さらに先行処分たる戒告処分の取消しを求める訴えの利益はないとする）、①～③を総合的に判断する最高裁判例の下では、違法性の承継が認められない可能性が低くない。行政庁が戒告に行政不服審査法82条、行政事件訴訟法46条の規定に基づく教示を行っていれば、義務者も戒告の処分性を前提として争訟手続をとることが可能であるから、違法性の承継を認める必要は大きくないように思われる。これに対し、行政庁が戒告における教示を懈怠した場合には、戒告に処分性がないと認識し、戒告に対して争訟手続をとらず、代執行に対する取消訴訟または差止訴訟の段階でしか争えないと考えたとしても無理からぬものと思われるので、違法性の承継を認める余地は十分にあろう。代執行令書による通知と代執行の関係についても、同じことがいえよう。

(2) 占有回収の訴え

　行政代執行により土地上の樹木を撤去され、当該土地の占有を失ったと主張する者が、民法200条1項（「占有者がその占有を奪われたときは、占有回収の訴えにより、その物の返還及び損害の賠償を請求することができる」）の規定に基づき、占有回収の訴えを提起することができるかが争点になった事案において、東京地判昭和35・9・8行集11巻9号2677頁は、元来占有回収の訴えは、他

人の私力によって物の占有が奪われた場合に侵奪者からその物の返還を請求することを認めた制度であって、私力によってではなく、権限ある国家の執行機関の行為または公権力に基づく執行行為によって占有が奪われたような場合には、それが外観上執行行為と認めるに足りる方式を欠く等執行行為として不成立のものと認めるべき場合または外観上明白に公権力による執行行為と認められない場合でない限り、たとえその執行行為につき瑕疵があり、無効と認められる場合であっても、占有回収の訴えによってその物の返還を訴求することはできないとする。そして、本件代執行が、一般的にみてその権限ある行政庁たる東京都知事により、その権限に基づく執行行為としてなされたものであることは原告もこれを争わないのであるから、仮に原告主張のような瑕疵があり、しかもこれによって本件代執行が無効と認められるべきものとしても、これを理由として占有訴権に基づく引渡しを求めることはできないと判示している。また、名古屋高判昭和38・7・16高民16巻6号454頁は、民事の強制執行によって物の占有を解かれた場合の占有回収の訴えの許否につき、最判昭和38・1・25を民集17巻1号41頁を引用する。同判決は、「占有回収の訴は、物の占有者が他人の私力によつて占有を奪われた場合に、その奪つた者からその物の返還を請求することを認めた制度であるから、権限のある国家の執行機関によりその執行行為として物の占有を強制的に解かれたような場合には、右執行行為が著しく違法性を帯びてもはや社会的に公認された執行と認めるに堪えない場合、換言すれば、外観上も前記私人の私力の行使と同視しうるような場合を除いては、執行法上の救済を求めまたは実体法上の権利に基づく請求をなしうることは格別、占有回収の訴によってその物の返還を請求することは許されない」と判示している。前掲名古屋高判昭和38・7・16も、この最高裁判決に賛同し、本件は民事の強制執行によって占有を解かれた場合ではないが、民事の強制執行の場合には執行法上の不服申立方法や実体法上の権利に基づく請求をなしうるのと同様に、行政代執行についても訴願の提起、異議の申立ての手段が認められ、かつ代執行に関し裁判所に行政訴訟を提起する訴権のあることも明らかにされているから、行政代執行によって物の占有を解かれた場合も、原則として占有回収の訴えによってその物の返還を請求することは許されないと判示した。

　前掲最判昭和38・1・25が指摘するように、占有回収の訴えは、私人が実力で他者の占有を奪う場合を念頭に置いて社会秩序の維持の観点から設けられた制度であり、国の執行機関により占有が解かれた場合には、それがおよそ国家

権力の行使として認めがたく、私人による実力行使と実質的に変わらないようなきわめて例外的な場合を除き、占有回収の訴えの射程外といえよう。行政代執行も、公権力の行使である点で、民事執行と変わらず、同様のことがいえよう。もっとも、前掲名古屋高判昭和 38・7・16 が、行政代執行によって物の占有が解かれたと表現している点は、ミスリーディングである。行政代執行によって土地上の物件が除却される結果、事実上、土地の占有が解かれることはあっても、行政代執行の法的効果として土地の占有が解かれるわけではないからである[254]。

　なお、公物管理法の中には、道路法 4 条本文（「道路を構成する敷地、支壁その他の物件については、私権を行使することができない」）、都市公園法 32 条本文（「都市公園を構成する土地物件については、私権を行使することができない」）のように、私権行使の制限の規定を置いているものがあり、かかる場合には、公物管理者に対して占有回収の訴えを提起できないことは明白である[255]。

　もっとも、公物管理者に対して、占有権の法的効果を主張できないことは、公物管理者以外の者に対しても占有権の法的効果を主張できないことを意味するわけではない。たとえば、公物占用許可を受けた者が、他の私人からその占有を妨害された場合には、占有権に基づく妨害排除を請求することができる（東京地判昭和 29・6・14 下民 5 巻 6 号 877 頁）。

(3) 国家賠償請求

　代執行が終了してしまうと、代執行に係る行政処分に対する抗告訴訟の訴えの利益が失われるとする裁判例の大勢の立場を前提とすると、残された救済手段は、国家賠償請求になる。抗告訴訟は行政処分の効力を争うものであるのに対して、国家賠償請求は、行政処分に起因する損害の賠償を求める場合であっても、行政処分の効力を直接に争うものではなく、行政処分の適法性を争うものであるので、行政処分が違法であることを理由として国家賠償の請求をするについては、あらかじめ当該行政処分につき取消しまたは無効等確認の判決を

---

[254] 東京高判平成 2・11・29 判時 1367 号 3 頁は、新東京国際空港の安全確保に関する緊急措置法（当時）3 条 3 項の規定は工作物の所在する土地の占有を解くまでの権限を運輸大臣（当時）に認めたものではないから、前掲最判昭和 38・1・25 とは事案を異にすると判示する。

[255] 宇那木・自治体行政代執行 103 頁、北村＝須藤＝中原＝宇那木・行政代執行 102 頁（宇那木正寛執筆）参照。

得なければならないものではない（最判昭和36・4・21民集15巻4号850頁、最判平成22・6・3民集64巻4号1010頁）。したがって、代執行により損害を受けた者は、国家賠償請求訴訟において、代替的作為義務を課す措置命令、代執行の戒告、代執行令書による通知または代執行の実行行為の違法を主張することができる。

　国家賠償法1条1項は、「国又は公共団体の公権力の行使に当る公務員が、その職務を行うについて、故意又は過失によって違法に他人に損害を加えたときは、国又は公共団体が、これを賠償する責に任ずる」と定めているが、代執行との関連で、「国又は公共団体の公権力の行使」に当たるか否かが争点になった事案がある。代執行の当日、義務者らが建物除却を承諾せざるをえないと判断し、代執行作業を行う予定であった東京都の職員と除却方法について協議した結果、義務者ら各自において除却することとし、必要に応じて執行責任者が連れてきた人夫を無償で提供する形式をとることとしたところ、動産等の損傷が生じたとして国家賠償請求がされた事案において、東京地判昭和34・2・4下民集10巻2号228頁は、本件建物の除却は、代執行という形式にしなかったとはいえ、東京都の職員が代執行をなす目的で現場に臨み、代執行をなす旨告げている点、東京都は当日あくまで代執行により建物を除却するという強い態度を示したので居住者はやむなくこれを承諾した点、動産等の整理搬出は主として居住者がこれを行ったとはいえ、家屋の取壊しは東京都の職員・人夫により行われている点を考えれば、実質的には代執行によるものというべきであって、本件建物の除却は代執行によりなされたものでないという東京都の主張は採用しえないと判示している（ただし、動産類の損傷は必ずしも東京都の職員または人夫の行為に基づくものとはいえないとして請求棄却）。

　国家賠償法1条1項に基づく国家賠償請求においては、原告が過失の主張立証責任を負うのが原則であるが、行政上の強制執行が認められる場合においても、そのように解してよいかについては検討が必要である。わが国では、義務を賦課する処分について争訟の提起期間が経過して、いわゆる不可争力が発生していることは行政上の強制執行の要件とされていない。一般に、仮処分命令が異議もしくは上訴手続において取り消され、あるいは本案訴訟において原告敗訴の判決が言い渡され、その判決が確定した場合には、他に特段の事情がない限り、申請人において過失があったものと推認するのが相当であるとする判例（最判昭和43・12・24民集22巻13号3428頁）を前提とすれば、行政上の強

制執行が違法とされた場合、国または公共団体の公務員の過失が推認されるとする解釈も考えられる。また、民事訴訟において、本案判決を変更する場合には、裁判所は、被告の申立てにより、その判決において、仮執行の宣言に基づき被告が給付したものの返還および仮執行によりまたはこれを免れるために被告が受けた損害の賠償を原告に命じなければならないとされているところ（民事訴訟法260条2項）、行政上の強制執行を仮執行宣言と同等のものとみるならば、行政上の強制執行が違法とされた場合には無過失責任を認める立法政策も考えられる[256]。

14　立会人

　行政代執行法には、除却等の実力行使の場に義務者を立ち会わせることを義務付けた規定はない[257]。また、第三者をいわば証人として立ち会わせることを義務付けた規定もない。しかし、権力的事実行為である代執行の実行については紛争が生じやすい。そこで、所轄警察署の警察官等に立会人を依頼することがある。立会人がいない場合でも、作業の全工程をビデオで撮影し、証拠として提出できるようにしておくべきである。

　国税通則法142条は、人の住居または人の看守する邸宅もしくは建造物その他の場所で臨検、捜索、差押えまたは記録命令付差押えをするときは、その所有者もしくは管理者（これらの者の代表者、代理人その他これらの者に代わるべき者を含む）またはこれらの者の使用人もしくは同居の親族で成年に達した者を立ち会わせなければならないとし（同条1項）、以上の者を立ち会わせることができないときは、その隣人で成年に達した者またはその地の警察官もしくは地方公共団体の職員を立ち会わせなければならず（同条2項）、急速を要するときは、立会いは不要とする（同条3項）。また、民事執行法は、執行官等は、人の住居に立ち入って職務を執行するに際し、住居主、その代理人または同居の親族もしくは使用人その他の従業者で相当のわきまえのあるものに出会わないときは、市町村の職員、警察官その他証人として相当と認められる者を立ち会わせなければならないと定めている（同法7条前段）。代執行についても、一般法において、立会いについての規定を設けるかは検討課題である。少なくとも、義務者から立会いの請求があった場合には、それを認めなければならない

---

[256]　阿部・解釈学Ⅰ 565頁、阿部・解釈学Ⅱ 209頁参照。
[257]　義務者またはその代理人の立会権を法定すべきとする意見として、碓井・義務履行確保142頁参照。

とする立法政策もありうる。第三者の立会いは、国または公共団体にとっても義務者との認識の相違に基づく紛争に備える上では、望ましいといえよう。もっとも、立会いを義務付けた場合、適時に立会人を用意できないことによって代執行を遅延させるおそれがある。現在は、簡単に現場のビデオ撮影が可能になっているので、ビデオ撮影を義務付ければ、立会人の機能を確保できるのでビデオ撮影を義務付ければ足りるようにも思われる。

15　物理的抵抗への対応

代執行の実行の段階にまで至るということは、履行義務を負う者が義務の履行にきわめて消極であることを意味する。そして、場合によっては、代執行の実行に対して、物理的に抵抗することも予想される。かかる場合にいかに対処しうるかについての定めは、行政代執行法には置かれていない。この点について、行政代執行法案の審議過程において国会で質問がなされたが、佐藤達夫政府委員は、過去の公務執行妨害の場合と同様に考え、かつ同様に措置してしかるべきとし、「考えようによりましては、それに妨害を加えた者に対して、直接手を下して実力をもって強制するということも実は考えられるのでありますが、本件の立案に対しましては、まずそこまでいくのはいかがであろうかということで、一般の公務執行の場合と同様に考えるという気持ちでおるのであります」と回答している[258]。この発言からすると、立法者意思としては、代執行に対する物理的抵抗に対して公務執行妨害罪等による逮捕というかたちで対応することのみを念頭に置いており、執行行政庁自身に実力で抵抗を制圧する権限を付与することは控えたように思われる。実務の運用としても、物理的抵抗が予想される場合には、警察官に同伴を要請し、警察官職務執行法5条（「警察官は、犯罪がまさに行われようとするのを認めたときは、その予防のため関係者に必要な警告を発し、又、もしその行為により人の生命若しくは身体に危険が及び、又は財産に重大な損害を受ける虞があって、急を要する場合においては、その行為を制止することができる」）の規定に基づき、暴行・公務執行妨害等の行為を抑止してもらい、実際にこれらの犯罪が行われてしまった場合には現行犯逮捕してもらうという方法によることがある。新東京国際空港（当時）建設のための代執行においては、農民の抵抗を支援した学生たちは、公務執行妨害罪で現行犯逮捕されている。もっとも、代執行は、義務内容の強制的実現を図る

---

[258] 第2回国会衆議院司法委員会議録第10号3頁参照。

ための強制執行の手段として認められるものであるから、その実効性確保のために、義務者に代替して事実行為を遂行するのに必要な限度、および、その事実行為の遂行に対する抵抗を排除するためにやむをえない限度で実力を用いることは、代執行に随伴する機能として認められるとする説がある[259]。

わが国の裁判例も、この見解に従っているといってよいように思われる。すなわち、札幌地判昭和54・5・10訟月25巻9号2418頁は、代執行は、代替的作為義務の内容の強制的実現を図るための強制執行手段として認められているものであるから、その実効性を確保するために、代執行の実行に際してこれに対する妨害や抵抗があった場合に、それらを排除するためにやむを得ない最小限度の実力を用いることは、代執行に随伴する機能として条理上認められると解するのが相当であるとする。そして、本件において、警察官の援助協力のもとに原告らの妨害および抵抗を排除して牧場内に立ち入ったことは、本件馬を殺処分の場所である屠場に引致するために必要かつやむを得ないものであったと認められ、また、その際用いられた実力も必要以上に強度に及んだとの形跡は存せず、本件執行に随伴するものとして許される範囲内のものであったと認められると判示した。東京地判平成18・4・28L06131837も、土地収用法102条の2第2項について、直接強制を認めるものではないとしつつ、代執行庁として、執行行為を完遂する上で必要最小限度の実力を行使することは、代執行に随伴する機能として当然認められるとする。

また、大阪地判平成21・3・25判例自治324号10頁は、実定法上行政代執行が行政上の義務履行確保のための原則的手段とされた上、他の手段によっては履行を確保することが困難な場合であることがその要件として規定されていることをも併せ考えると、その根拠法令である行政代執行法は、民事執行法6条（1項「執行官は、職務の執行に際し抵抗を受けるときは、その抵抗を排除するために、威力を用い、又は警察上の援助を求めることができる。ただし、第64条の2第5項（第188条において準用する場合を含む。）の規定に基づく職務の執行については、この限りでない。」2項「執行官以外の者で執行裁判所の命令により民事執行に関する職務を行うものは、職務の執行に際し抵抗を受けるときは、執行官に対し、援助を求めることができる」）のような明文の規定を待つまでもなく、代執行に際し抵抗を受けるときは、代執行の目的を円滑かつ確実に実現するために必要

---

[259] 広岡・行政代執行法24頁、175頁〜176頁参照。

最小限度の範囲内で、自ら威力を用い、または警察官の援助を求めるなどして、実力行使に及ぶことを許容する趣旨と解されると判示した[260]。

　もっとも、何をもって必要最小限度の範囲内の実力行使とみるべきかについては、意見が分かれよう[261][262]。

　物理的抵抗の排除は、身体に対する実力行使をも伴いうるのであるから、本来は、民事執行法6条のような明文の規定を行政代執行法にも設けるべきであろう。また、行政代執行法には、警察官に対する援助要請の規定は置かれていないが、履行義務を負う者の物理的抵抗が予想される場合には、警察官に同道してもらうべきである。民事執行法6条1項のほか、警察官に対する援助要請の規定を設ける例として、児童虐待の防止に関する法律10条、高齢者虐待の防止、高齢者の養護者に対する支援等に関する法律12条、障害者虐待の防止、障害者の養護者に対する支援等に関する法律12条がある。警察官は、犯罪がまさに行われようとするのを認めたときは、その予防のため関係者に必要な警告を発し、もしその行為により人の生命もしくは身体に危険が及び、または財産に重大な損害を受けるおそれがあって、急を要する場合においては、その行為を制止することができる（警察官職務執行法5条）。また、犯罪構成要件に該当する場合、不退去罪（刑法130条後段）、公務執行妨害罪（同法95条1項）、暴行罪（同法208条）、傷害罪（同法204条）、脅迫罪（同法222条）等で現行犯逮捕することも考えられる。刑法96条の3第1項（強制執行妨害罪）は、「偽計又は威力を用いて、立入り、占有者の確認その他の強制執行を妨害した者は、3年以下の拘禁刑若しくは250万円以下の罰金に処し、又はこれを併科する」

　260　1963（昭和38）年11月5日、6日に開催された大阪法務局管内訟務事務打合会で、「代執行に当り家屋の柱等にしがみついて出ないため直接強制をしなければ事実上代執行が不可能となるが、この場合如何なる手段があるか」という近畿地方建設局からの照会に対して、「義務者は法律に適合してなされる代執行を受忍すべき義務を有するものであり、行政庁は義務者の妨害を排除するため必要最小限度の実力を行使することができるものと考える」とする決議がなされている（訟務月報10巻2号106頁参照）。

　261　代執行で立退きの身体強制まで認めるのは無理とする説として、磯野・義務履行確保238頁参照。高橋編・実効性確保法制101頁以下（濱西隆男執筆）では、代執行を妨害する行為について直罰規定を設けること、行政庁および執行責任者に代執行の妨害行為の停止命令を出す権限を付与すること等の案が提言されている

　262　代執行につき立入も含めて抵抗の排除を認める見解に立つ場合についても、司法関与を必要としない理由は、捜索を伴わない立入の態様に手がかりを見出すこともできるとするものとして、横田・司法関与460頁〜461頁参照。

と定める。これは、同法95条1項（公務執行妨害罪）の「暴行又は脅迫を加えた者」に当たらない場合も刑罰の対象としている。同法96条の3第1項の「強制執行」が民事執行のみならず行政上の強制執行も含むとする有力な学説がある一方、最判昭和29・4・28刑集8巻4号596頁は、同法96条の2（強制執行妨害目的財産損壊罪）についてではあるが、同条は、主として、当時の民事訴訟法による強制執行の妨害を排除しようとするものであるから、そこでいう「強制執行」とは、民事訴訟法（当時）による強制執行または同法を準用する強制執行を意味し、国税滞納処分による差押えは含まれないと判示している。しかし、強制執行を妨害する行為を刑罰の威嚇によって抑止する必要性が、行政上の強制執行は民事執行より低いと考える理由はないので、刑法96条の3第1項（強制執行妨害罪）を改正して、行政上の強制執行を含むこととするか（現在でも、行政上の強制執行が対象になっていると解する説からすれば、確認的意義を有するにとどまる）、別途、行政上の強制執行妨害罪を設け、代執行にとどまらず、強制金、直接強制、即時強制についても、「偽計又は威力」を用いた妨害行為に刑罰を科すべきと思われる。

なお、除却工事を開始しても、建物の所有者等が建物から退去しない場合、**警察官職務執行法4条1項**（「警察官は、人の生命若しくは身体に危険を及ぼし、又は財産に重大な損害を及ぼす虞のある天災、事変、工作物の損壊、交通事故、危険物の爆発、狂犬、奔馬の類等の出現、極端な雑踏等危険な事態がある場合においては、その場に居合わせた者、その事物の管理者その他関係者に必要な警告を発し、及び特に急を要する場合においては、危害を受ける虞のある者に対し、その場の危害を避けしめるために必要な限度でこれを引き留め、若しくは避難させ、又はその場に居合わせた者、その事物の管理者その他関係者に対し、危害防止のため通常必要と認められる措置をとることを命じ、又は自らその措置をとることができる」）の規定に基づき避難させることができるかが問題になる。いわゆる「成田代執行」においては、収用される農地の所有者の抵抗を排するために、この規定が適用された。しかし、同条は、災害、事故等による危険状態を念頭に置いたもので、代執行の工事により行政主体が自ら危険な状態を作り出しておいて、それを奇貨として**警察官による避難の措置をとることは適切とはいいがたいと思われる**[263]。

---

263 広岡・仮の救済80頁参照。金井・強制立退き（下）98頁は、人の退去については直接強制制度を整えるとともに、その発動については第三者機関の審査、告知聴聞の手続を

16 建物除却の代執行に伴う第三者の動産の搬出

　建物の所有者に対する除却の代執行に伴い、当該建物を占有する第三者を排除することが可能かという問題がある。この点について注目されるのが、福岡高判昭和 37・10・16 下民集 13 巻 10 号 2090 頁である。同判決は、旧戦災復興土地区画整理施行地区内建築制限令違反の建築物の除却命令に基づく建物所有者に対する代執行において、賃借人等の占有者の動産の搬出を可能にする根拠を土地区画整理法 77 条 7 項（当時。現在は同条 8 項）（「前項の規定により建築物等を移転し、又は除却する場合においては、その建築物等の所有者及び占有者は、施行者の許可を得た場合を除き、その移転又は除却の開始から完了に至るまでの間は、その建築物等を使用することができない」）の規定の準用に求めている。すなわち、この使用禁止義務は、建物内にある占有者の所有物件を建物外に搬出し、占有者の建物の利用状態を解消しなければならない義務をも含むものであって、またその義務は占有者が施行者の行う建物除却に協力すべき公法上の義務であるとし、建物除却の代執行が行われる際における建物占有者に対しても、同項の規定が準用されてしかるべきであるというのである（不法建築物の占有者であって、その占有権を施行者に対抗しえないという理由も付加している）。もっとも、賃借人等の権利保護のための手続が全くないことが適正手続に違反しないかという疑問の余地はある [264]。

　建物の除却命令の名宛人は当該建物の所有者であるが、当該建物に所有者と異なる占有者（賃借人）がいる場合、当該賃借人に除却命令を通知する義務は行政手続法上は存在しない。しかし、当該占有者は、当該建物の除却により転居を余儀なくされるので、除却命令が出されたことを当該占有者に通知するとともに、除却義務の履行期限までに退去することを勧告しておくべきであろう。憲法上の適正手続の要請として、かかる場合に、当該占有者への通知義務があるとする解釈も成り立ちえないわけではないと思われる。

　それでは、上記の土地区画整理法 77 条 7 項（当時。現在は同条 8 項）のような準用すべき根拠規定が存在しない場合、どのように解すべきであろうか。

　この点に関して民事執行における考え方を示すのが、東京高決昭和 39・6・29 下民集 15 巻 6 号 1644 頁である。同決定は、賃借人が占有する建物の所有者に対する収去の債務名義は存在するものの、占有者に対する退去の債務名義

設けるべきとする。

[264] 雄川ほか・行政強制 60 頁（新堂幸司発言）参照。

は存在しない場合において、所有者に対する強制執行のための授権決定を行い、かつ、収去費用支払決定をしたところ、即時抗告がされた事案に関するものである。同決定は、当該建物を第三者らが賃借占有中で、その者らに対する債務名義が存在しないため、そのままでは事実上建物を収去することができないおそれがあるとしても、これにより抗告人の当該建物収去の義務が消滅または猶予されるものではなく、債権者と第三者らとの間の関係はその者らの間で別途に処理決定されるべきであるから、当該第三者らが本件建物を占有中であるということは抗告人から本件建物収去命令の当否を争う理由とはなしえないと判示した。

　行政代執行においても、第三者が占有している建物であるからといって、建物の所有者に除却命令を発し、所有者が義務を履行しない場合、戒告を行うことができることに異論はないと思われる。問題は、代執行としての除却を開始する時点において、なお占有者が退去していない場合に、占有者の存置物件を強制的に搬出できるかである。建物の所有者が占有している場合であれば、除却義務の中に自己の存置物件を搬出する義務が包含されていると解することは可能であろう。第三者が占有している場合には、第三者は除却命令の名宛人ではなく、また、当該第三者に対して物件の搬出命令が出されているわけではない（そもそも、そのような命令を発する根拠規定は一般には存在しない）[265]。したがって、当該第三者は、自己の存置物件の搬出義務を負わず、当該第三者に搬出義務を負わせるためには、かかる義務を負わせる行政処分の根拠規定を設けて、当該行政処分を行うことが必要であるとする考え方も成立しうる[266]。しかし、行政実例（昭和35年10月14日建設省計画局長から大阪市長宛）においては、かかる場合、当該第三者に事前の意見聴取の機会を与える必要も、当該第三者に立退きを命ずる必要もなく、所有者の義務の不履行を理由として除却の代執行を行いうるという立場を採っている。学説においても、第三者たる占有者に不測の打撃を与えないように、所有者に命令や戒告をしたときに、当該占有者にもその旨を通知し、立退きを勧告する事前手続をとっておくことを条件として、当該占有者に対する独立の代執行手続をとらずに、その動産の搬出等、建物除却に伴う占有排除をなしうると解する説がある[267]。

---

[265] 旧特別都市計画法（昭和21年法律第19号）15条1項には、所有者に工作物の移転を命じ、占有者に対して立退きを命ずる権限が規定されていた。
[266] 雄川ほか・行政強制58頁（新堂幸司発言）参照。

17　物件の保管
(1) 保管義務の存否についての行政実例
　代執行により移動したり撤去したりした物件の保管についても、行政代執行法に明文の規定はなく、判例・学説の解釈に委ねられている。昭和30年8月22日建設省計画局総務課長回答は、「一般に保管義務があるとはいえないが実際の取扱いとしては出来る限り所有者に物件を引取らせるよう努力するとともに保管物件と保管期間（通常所有者が引取りに要する期間）を指定しその期間を徒過するときは以後保管の責に任ぜざる旨を物件の所有者に通告しその期間中は通常程度の保管を行うよう措置するのが妥当と思われる」とする。
(2) 保管義務の存否についての裁判例
　横浜地判昭和29・2・4法務省訟務局編・国家賠償法の諸問題686頁は、代執行終了後、所有者による引取りのない動産類の保管中に紛失が発生したことを理由とする国家賠償請求訴訟において、被告において解体資材や撤去建物内にある動産の保管をするというような、別個の負担を引き受けなければならないとする根拠はなく、原告において処置するのを当然とするとし、以上の理は、代執行の現場が、原告主張のような盗難事犯の頻発する場所であると否とによって差異を生ずるものではないと判示している。また、長崎地判昭和37・1・31下民集13巻1号133頁は、代執行によって搬出した義務者所有物件の保管を事務管理として位置付け、それに要求される注意を怠らなかったと判示している。大分地決昭和42・11・9訟月13巻12号1547頁は、土地明渡しの代執行の際に移転して保管していた物件について、相手方が引取り催告に従わなかったため、民法497条の規定に基づき競売許可の申立てをした事案において、許可決定を行っている。同決定は、代執行を行った地方公共団体には物件の保管義務はなく、事務管理として保管を行ったことを前提としていると解される。市が、代執行を開始する前に、除却対象建物内の存置物件を搬出し、市が賃貸した倉庫で保管管理を始めたが、代執行終了後も、義務者が引取りの求めに応じなかったため、当該保管財産を処分し、保管費用のうち代執行が終了してから当該動産の処分までの期間の賃料を事務管理費用としてその償還を義務者に請求した事案（搬出費用および除却完了時までの保管費用は代執行費用として請求している）において、岡山地判平成13・2・27判例集不登載[268]は請求を認め

　267　広岡・行政代執行法181頁〜182頁参照。
　268　宇那木・自治体行政代執行66頁〜68頁に掲載されている。

た。この判決は、代執行終了後の保管については事務管理とする岡山市の主張を是認している。さらに、さいたま地判平成16・3・17訟月51巻6号1409頁は、代執行により移動・撤去された動産等を保管する行為については、本来、行政代執行の作用に含まれるものではないけれども、行政庁には上記動産等を義務者本人に返還すべき義務があると考えられるから、当該行政庁は、代執行開始前または終了後に、義務者本人に直ちにそれを引き取るべき旨を通知すれば、相当期間経過後、原則として保管義務を免れる一方、執行責任者が代執行終了後暫時上記動産等を占有し、所有者自ら直ちに引取りができない場合のような特段の事情がある場合には、当該行政庁には、事務管理者として要求される程度の注意義務をもってそれを保管・管理する義務があると解するのが相当であるとする（義務者において引取りが可能であるにもかかわらず、引取りに応じず任意に放置している場合において、なお行政庁が一定の保管・管理責任を負うとすることは明らかに不合理であるとする）。他方、福岡地行橋支判平成29・7・11判例自治439号106頁は、明渡裁決の対象となる土地または物件上に義務者の動産が存在する場合、都道府県知事は、その占有を取得した以上、これを保管する義務を負うとし、その保管に要した費用は「代執行に要した費用」として国税滞納処分の例により強制徴収することができるから、民事上の手続によりその請求を求めることはできないと判示したのである。しかし、その控訴審の福岡高判平成29・12・20判例自治439号103頁[269]は、明渡裁決により明渡し義務を負った者は、対象土地の明渡義務のみならず、自己の所有する物件に係る移転義務に係る代執行を受忍し、かつ、本件土地から除去された物件を受領する義務を負っており、代執行庁は保管義務を負わず、保管を開始した場合には事務管理として保管することになると判示した。以上のように、下級審の裁判例の多くは、行政代執行により代執行庁に物件保管義務が生ずるわけではなく、保管を行う場合には事務管理になるという解釈を採用しているといえる。

(3) 保管義務の存否についての学説

　学説上も、代執行手続としての執行行為は、移転すべき物件の除却をもって終了し、代執行庁は、解体資材、動産等除去物件の保管義務まで負うものでは

---

[269] 同判決およびその事案については、宇那木・自治体行政代執行195頁以下参照。北見・行政代執行費用157頁は、河川法75条3項の規定に基づく簡易（略式）代執行において行政庁による保管義務が肯定されていることに照らしても、行政庁の保管義務を否定した同判決に疑問を呈している。

ないので、当該物件を保管せざるをえない場合には、事務管理として対応することが望ましいとする意見がある。たとえば、小澤道一教授は、代執行手続としての執行行為は、移転すべき物件の除去をもって終了し、代執行庁は、解体資材、動産等除去物件の保管義務まで負うものではなく、したがって、除去物件を義務者の支配下にある土地等に搬入しておけば足りるが、そのような土地等が付近に存在しないときや、これが存在する場合でも義務者が搬入を拒否するときには[270]、代執行庁が執行行為により除去物件の占有を開始したことになる以上、事務管理として適宜その保管をすることが望ましいとする[271]。また、広岡隆教授は、解体資材、動産等の物件については、作業の開始前または終了後に、所有者にそれを引き取るべき旨を通知し、所有者自らこれを占有できる状態に置くことを条件として、行政主体は原則として保管義務を免れるものと解すべきであり、代執行の実行中、執行責任者が事実上当該物件を占有し、所有者自らこれを占有管理することができない事情にある限りにおいては、行政主体に保管責任があり、行政主体は事務管理者として要求される程度の注意義務をもって保管しなければならないとする[272]。広岡説は、基本的には、行政主体の保管義務を否定するので、保管は原則として事務管理になるが、所有

---

[270] 解体資材、存置物件等は、義務者の同意がある場合には義務者の支配下にある土地等に搬入することができるが、同意を得られない場合、義務者の支配下にある土地等に立ち入る権限は代執行庁に与えられていないから、別の場所で保管せざるをえない。

[271] 小澤・土地収用法下553頁参照。

[272] 広岡・行政代執行法184頁、広岡・強制執行344頁参照。曽和俊文教授は、代執行によって撤去・除却した執行対象物件について、保管に要した費用は代執行費用に含まれないために、事務管理費用の償還請求を行うことになるとする。曽和・行政法総論371頁参照。鈴木庸夫教授は、代執行後の保管行為について、少なくとも一定期間経過後は事務管理と理論構成するしかないとする。鈴木・行政上の事務管理（4）28頁参照。私見においても、後述するとおり、名宛人が引取りに応ずべき合理的期間経過後の保管は事務管理と構成するので、鈴木教授の説とこの点で一致する。鈴木教授は、「法の欠缺」がある場合には、行政上の法律関係においても、事務管理の法理の準用・類推適用を排除する必要はないとし（鈴木・行政上の事務管理（1）25頁以下等参照）、その根拠として、混合的法律関係においては、行政機関にとっての公益活動が「自己の事務」であると同時に、民事上の義務者等の「他人の事務」でもあるという二面性を有していること等を指摘している（鈴木・行政上の事務管理（2）42頁等、鈴木・行政上の事務管理（3）38頁以下等参照）。行政上の事務管理についての鈴木教授と北村教授の論文は、近年のわが国の行政法学において注目されてこなかった論点について、鋭い問題提起を行い、この問題の考察を深めることに大きく貢献するものである。

者自らこれを占有管理することができない事情にある場合には、行政主体の保管義務が生じ、その場合の注意義務は、事務管理の場合の善管注意義務で足りるというものであるように思われる。

　代執行により移動したり撤去したりした物件の保管を事務管理と解することには有力な異論がある。すなわち、北村喜宣教授は、代執行により移動したり撤去したりした物件の保管は、代執行の延長上のものであって、代執行を行った行政主体には自己の事務として条理上の保管義務が生ずるのであって、その保管行為は、義務なきことをその成立要件とする事務管理とはいえないとする[273]。また、宇那木正寛教授は、執行対象物件と執行対象外物件を分けて考察するが、いずれについても、代執行に伴い行政主体が占有を取得した物件について、行政主体は信義則上の引渡義務を負うため、義務なく他人の事務を管理する事務管理の要件を満たさず、民法400条に準じて、相当期間にわたり保管義務を負い、保管義務が消滅した後の保管は、事務管理となるとする[274]。中原茂樹教授も、執行対象外物件に限った記述ではあるが、代執行に伴って動産等の移動および一時保管が必要になった場合、当該動産等の移動および合理的期間内の保管（合理的期間を超える保管義務はないと解される）に要した費用は、「代執行に要した費用」に含まれると解すべきであるとする[275]。

　この点については、確かに、事務管理説が主張するように、代執行と物件の保管は別の行為であり、代執行自体には物件の保管は含まれないと解することはできよう。他方において、代執行に起因して物件の保管の問題が生ずることは明らかであり、代執行により物件を占有するに至った行政主体は、当該物件を代執行令書による通知の名宛人に引き渡す義務が生ずるともいえるのではないかと思われる。そして、名宛人が引取りに応ずべき合理的期間までは、行政代執行に密接に関連する事務として保管義務を負い、当該期間経過後に保管を継続する場合には、事務管理として保管すると解することが適切なように思われる。行政代執行に密接に関連する事務として保管義務を負う場合の注意義務は、事務管理に準じた善管注意義務で足りると思われる[276]。

---

[273]　北村・事務管理（2）36頁参照。北村＝須藤＝中原＝宇那木・行政代執行327頁（北村喜宣執筆）参照。なお、わが国における行政による事務管理にについて、鈴木・事務管理2頁以下、北村・事務管理（1）37頁以下、野田・費用負担161頁以下が詳しい。

[274]　宇那木・自治体行政代執行21頁〜25頁、38頁〜39頁参照。

[275]　北村＝須藤＝中原＝宇那木・行政代執行40頁（中原茂樹執筆）参照。

このように解する実定法上の根拠として、道路法44条の3第2項が、同条1項1号の規定に基づく代執行により違法放置等物件を除去し、または除去させたときは、道路管理者は、当該違法放置等物件を保管する義務を負うとしていることが挙げられる。その理由は、除去した物件については、その違法放置等物件の占有者等の権利を不当に侵害することのないよう適切な措置をとる必要があるからとされる[277]。しかし、このような理由は、道路法に基づく代執行に限り妥当するものではないから、同条2項の規定は確認的なものと解すべきと思われる。また、河川法75条4項は、河川管理者は、簡易（略式）代執行により工作物を除却し、または除却させたときは、当該工作物を保管しなければならないと定め[278]、同様の規定が港湾法56条の4第3項[279]、都市公園法27条4項、漁港漁場整備法39条の2第5項等にも置かれている[280]。これらの簡易（略式）代執行の場合における保管義務の規定は、簡易（略式）代執行の場合、工作物の返還の手続および返還できない場合の手続について明確に定めておく必要があるので、返還の前提としての保管義務について確認的に規定したものとみるべきであり、簡易（略式）代執行の場合には保管義務があるが、一般の代執行の場合には保管義務はないと解する合理的根拠を見出すこと

276　ただし、除却義務の対象になる空き家内の動産のような執行対象外物件の場合、十分な時間的余裕をもって代執行に着手する前に物件を搬出するよう求めたにもかかわらず、代執行に着手する前に物件の搬出がなされなかった場合には、代執行に着手後、直ちに引取りを求め、引取りに応じない場合には、その時点で保管義務が消滅すると解してよいように思われる。また、引取りを求めてから相当な期間を経過しても引取りに応じない場合には、黙示的に所有権を放棄したと解して、財産的価値のあるものであれば、公売を行い代執行費用に充当し、相当期間経過時に財産的価値がなく廃棄物とみることができれば廃棄をすることができるという解釈もあり得る。北村・書評186頁参照。

277　道路法令研究会・道路法解説434頁参照。

278　ここでいう「保管」とは、通常、物を自己の勢力範囲内に保持して、その滅失毀損を防ぐことをいい、河川管理者は、善管注意義務をもって保管することを要するとされる。河川法研究会・河川法解説509頁参照。

279　簡易（略式）代執行の結果撤去した工作物等は、監督者が善管注意義務をもって保管しなければならないとされる。多賀谷・港湾法560頁参照。

280　直接強制についてではあるが、成田国際空港の安全確保に関する緊急措置法3条11項〜13項・15項において、物件の所有者、占有者その他当該物件について権原を有する者（以下「所有者等」という）を確知することができないため所有者等に対し当該物件を返還することができないときの当該物件の保管・処分について定められている。また、即時強制についても、物件の保管義務が定められている例がある（道路法44条の3第2項、同条1項2号、道路交通法81条2項後段）。

は困難なように思われる[281]。

　なお、行政代執行法においても、簡易（略式）代執行についての規定を設け、所有者等を確知することができない場合の物件の保管・処分について規定を設けるべきであるが、所有者等を確知できる場合であっても、所有者等が引取りに応じない場合の対応について、法律で明確に定めておくことが望ましいと思われる。

(4) 相当期間経過後の保管物件の取扱い

　代執行を行った行政主体にとって、相当期間経過後も、名宛人が物件を引き取らない場合があることは、実務上の大きな課題になっている。対応策として、以下の方法が考えられる。

　第1の方法は、弁済供託を行うことである。行政主体が保管する存置物件について行政主体は所有者に返還義務を負うと解されるところ、引取りを求めても所有者がその受領を拒んだとき、所有者が弁済を受領することができないとき、または所有者を過失なくして確知することができないとき、行政主体は、所有者のために存置物件を供託することができ、この場合においては、行政主体が供託をした時に、存置物件の返還義務は消滅する（民法494条）。また、その物が供託に適しないとき、その物について滅失、損傷その他の事由による価格の低落のおそれがあるとき、その物の保存について過分の費用を要するとき、以上のほか、その物を供託することが困難な事情があるときは、行政主体は、裁判所の許可を得て、弁済の目的物を競売に付し、その代金を供託することができる（民法497条）。弁済の目的物の競売が許可された例として、大分地日田支判昭和42・11・9訟月13巻12号1547頁の事案がある。弁済の目的物を競売に付しても売却できないときには、当該目的物には経済的価値がないとして廃棄することが考えられる[282]。

　第2の方法として、「代執行に要した費用」を徴収するために、当該物件を差し押さえて公売を行うことが考えられる。なお、第1の方法をとった場合であっても、「代執行に要した費用」を徴収するために、義務者の供託金取戻請求権を差し押さえることも可能である。

　第3の方法として、事務管理として、当該物件を売却することが考えられる。

---

[281] 宇那木・自治体行政代執行41頁参照。

[282] そのような処理が行われた放置船舶の例について、宇那木・自治体行政代執行164頁～167頁参照。

事務管理は、「最も本人の利益に適合する方法によって、その事務の管理…をしなければならない」（民法697条1項）ので、義務者が引取りに応じなければ、義務者の費用負担を軽減するため、早期に処分することが望ましい[283]。具体的には、売却可能なものは売却し、売却代金を保管または供託することになる。売却代金については義務者が債権を有することになるが、行政主体は「代執行に要した費用」に係る債権と相殺することができる。

第4の方法として、事務管理の費用償還請求権（民法702条）を被担保債権とする留置権（同法295条1項）に基づき形式的競売（民事執行法195条）に付す方法である。売却代金については義務者が債権を有することになるが、行政主体は「代執行に要した費用」に係る債権と相殺することができる。

第5の方法として、保管している動産の先取特権（民法311条4号、同法320条）の実行として当該財産を競売に付し、競売代金から優先弁済を受けることができる。

第6の方法として、事務管理として廃棄することが考えられる。義務者が引き取らない物品は、経済的価値がないものと考えられる。かかる物品の保管を継続することによって、保管費用が廃棄費用を上回ることになれば、「最も本人の利益に適合する方法」による管理といえなくなるので、事務管理として廃棄することが可能である[284]。

(5) 民事執行の場合

民事執行法においては、2003（平成15）年の改正により、明渡執行に当たり対象不動産内の存置物件についても重要な改正がなされた。すなわち、従前であれば、執行官は、かかる存置物件を搬出して保管し、指定した期日に売却することになっていたが、通常は、かかる物件を第三者に売却することは困難であるので、明渡債権者が名目的な価額で買い取って廃棄する運用がされていたといわれる。しかし、明渡債務者から存置物件の紛失や毀損があったというクレームがなされるケースがあるため、搬出する存置物件の目録を作成し、搬出

---

283 実際に、このような理由で売却が行われた例として、岡山市・行政代執行140頁参照。

284 なお、ごみ屋敷のごみの代執行で家屋外のごみを搬出する場合には、代執行の戒告の段階で、屋外に存置されたものは除却後廃棄することになるので、名宛人にとって必要な動産を家屋内に移動するように伝えた上で、代執行時に屋外に存置されているものについては、原則として保管をせずに廃棄することが可能と思われる。宇那木・ごみ屋敷（下）92頁参照。

に当たり物件を毀損しないように慎重な配慮が必要になり、そのため、運搬業者に搬出を委託する場合には特別の高額料金を支払わざるを得ないことになった。結局は明渡債権者が買い取って廃棄する存置物件のための搬出・保管費用が高額になることが、明渡執行の実効性を阻害しているという批判が強かったのである[285]。民事執行法では、執行官は、不動産等（不動産または人の居住する船舶等をいう）の引渡しまたは明渡しの強制執行においては、その目的物でない動産を取り除いて、債務者、その代理人または同居の親族もしくは使用人その他の従業者で相当のわきまえのあるものに引き渡さなければならないが、この場合において、その動産をこれらの者に引き渡すことができないときは、執行官は、最高裁判所規則で定めるところにより、これを売却することができるとされているところ（168条5項）、平成15年最高裁判所規則第22号により、「執行官は、不動産等の引渡し又は明渡しの強制執行の申立てがあつた場合において、法第168条の2第1項に規定する明渡しの催告を実施したときは、これと同時に、当該申立てに基づく強制執行の実施予定日を定めた上、当該実施予定日に強制執行の目的物でない動産であつて法第168条第5項の規定による引渡しをすることができなかつたものが生じたときは、当該実施予定日にこれを同項後段の規定により強制執行の場所において売却する旨を決定することができる。この場合において、執行官は、売却すべき動産の表示の公告に代えて、当該実施予定日において法第168条第5項の規定による引渡しをすることができなかつた動産を売却する旨を公告すれば足りる」とされた（民事執行規則154条の2第2項）。すなわち、明渡催告を行うに当たり、明渡断行期日に存置物件を売却する旨をあらかじめ決定することが可能になった。かかる決定がなされれば、存置物件を搬出し保管する労力を要することなく、明渡断行の現場において、債権者が買い取り廃棄することができるようになった。さらに、明渡催告を実施しない場合においても、相当の期間内に当該動産を同項前段に規定する者に引き渡すことができる見込みがないときは、即日当該動産を売却することが可能になった（同条3項）。以上のような民事執行規則の改正により、存置物件を搬出し保管するコストを不要としたのである。行政代執行においても、存置物件の搬出・保管は大きな労力を要する作業であり、同条2項・3項

---

[285] 日本都市センター・義務履行確保等66頁（山本和彦執筆）参照。日本都市センターのこの報告書の概要について解説するものとして、山谷＝鈴木・義務履行確保等（上）57頁以下、山谷＝鈴木・義務履行確保等（下）54頁以下参照。

のような規定は大いに参考になる。

XXVI 費用
1 代執行費用の納付命令

「代執行に要した費用」の徴収については、実際に要した費用の額およびその納期日を定め、義務者に対し、文書をもってその納付を命じなければならない（行政代執行法5条）。「代執行に要した費用」は、代執行の手数料ではなく、実際に代執行に要した費用である。したがって、「代執行に要した費用」の額が確定してから、代執行後に請求することになる。行政主体との請負契約を締結した者は、当然のことながら、請負業務の対価を措置命令の名宛人である義務者ではなく行政主体に対して有するので、行政主体がこれらの者に対価を支払い、それを「代執行に要した費用」として義務者に請求することになる。

「代執行に要した費用」の納付義務は、納付命令によって具体的に確定する。納付命令は行政処分であり、処分庁は、処分基準を作成して公にしておくよう努めなければならず（行政手続法12条1項）、また、理由提示の義務を負う（同法14条1項本文）。理由提示においては、費用の内訳と各項目の金額を示す必要があるであろう。納付命令については、行政手続法13条1項の事前の意見聴取手続をとる必要はないが（同条2項4号）、納付命令は書面で行うので、処分の相手方に対し、当該処分につき不服申立てをすることができる旨ならびに不服申立てをすべき行政庁および不服申立てをすることができる期間を書面で教示しなければならない（行政不服審査法82条1項本文）。また、当該処分に係る取消訴訟の被告とすべき者、当該処分に係る取消訴訟の出訴期間を教示する義務もある（行政事件訴訟法46条1項本文）。ドイツの連邦行政執行法においては、代執行の実行前に見積費用を徴収し、代執行後に清算することが認められるが、わが国の行政代執行法には、かかる規定はない。

「代執行に要した費用」の納付命令を出すに当たり、いつの時点で代執行が終了したかを明確にしておくことは、行政実務上、重要と考えられている。すなわち、代執行終了前の存置物件保管費用は「代執行に要した費用」として国税滞納処分の例により徴収し、代執行終了後の存置物件の保管費用は事務管理費として請求するという行政実務でかなりみられる解釈を採用する場合、代執行の前後で費用の性格が変化するため、代執行終了時期を正確に記録しておくべきと考えられているのである。そのため、代執行が終了した場合、法律に規

定はないが、実務上、一般的に代執行終了宣言を行う慣行が形成されている[286]。

2 「代執行に要した費用」の範囲
(1) 代執行と直接に関連する費用

「代執行に要した費用」の範囲については、いくつかの解釈が成立しうる。狭義の解釈は、代執行は、本来、履行義務を負う者が行うべき行為を行政庁が代替して実行しているのであるから、義務者が自ら義務を履行した場合に義務者自ら負うべき負担は、代執行が行われた場合も「代執行に要した費用」として、義務者が負担すべきとするものである。義務の履行に要する費用であるので、義務違反の調査に要した費用は含まれない。建築物の除却の代執行であれば、建築物除却工事の調査設計業務の委託業務および建築物除却工事の請負業務の報酬（代執行庁自ら除却を行う場合には補助職員として臨時に雇用した人夫の人件費も含まれる）、代執行のための資材購入費は、「代執行に要した費用」に含まれることになる。これに対して、最広義に解釈する説は、義務違反がなければ代執行は不要であったのであるから、代執行に要した費用は、戒告および代執行令書による通知の費用を含めて、すべて「代執行に要した費用」に当たることになる。もっとも、最広義説に立っても、「代執行に要した費用」に、義務違反の調査に要した費用を含めることはできないと思われる。この問題は文理解釈のみで結論を導くことはできず、どこまでを義務者に負担させ、どこまでを公費で負担すべきか、また、義務者に負担させる場合、行政上の強制徴収の対象とすべき範囲はどこまでかという目的論的解釈により結論を導かざるを得ないように思われる。したがって、この点について論者により見解が分かれることは避けがたく、上記の視点を踏まえた政策的判断を立法により明確化することが望ましいといえよう。

その上で、現行法の解釈としての私見を述べれば、建築物除却工事の調査設計業務の委託業務および建築物除却工事の請負業務の報酬（代執行庁自ら除却

---

[286] 岡山市・行政代執行81頁参照。なお、地方公共団体において代執行終了後、督促に至る前の代執行費用の徴収手続における歳入調定および納入の通知（地方自治法231条）については、宇那木・徴収手続 (1) 99頁〜100頁参照。納付命令を発する前に義務者が死亡した場合および納付命令を発した後に義務者が死亡した場合における代執行に要した費用の納付義務の相続人または包括受遺者による承継については、宇那木・徴収手続 (2) 86頁以下、行政代執行関係書類の送達については宇那木・徴収手続 (3) 94頁以下がきわめて詳しい。

を行う場合には補助職員として臨時に雇用した人夫の人件費も含まれる)、代執行のための資材購入費、代執行責任者等の職員の現地派遣費用が、「代執行に要した費用」に含まれることに異論はないと思われる。代執行の場合、一般に、事後に損害賠償請求をされないように、慎重な手続をとるため、義務者本人が行う場合に比して、費用が高額になる傾向があるといわれているが[287]、不必要に慎重な手続をとったために費用が極端に高額になった場合は別として、実際に要した額を「代執行に要した費用」としてよいと思われる。また、かなり長期にわたる代執行になるため、第三者の土地を賃借して、そこに代執行の現地対策本部を設けたときの賃料も、「代執行に要した費用」に当たるといえるであろう。代執行を行う場合、除却にとどまらず、簡易な補修が必要になる場合もある。たとえば、人が居住している家屋について、容積率違反を理由として2階の一部を除却した場合、1階部分の屋根を補修しないと居住を継続できないため、屋根を簡易に補修する作業を除却作業に引き続き行うことがある。かかる場合、義務者が当該家屋に居住を続けるために屋根の簡易補修を希望した場合には、当該補修は事務管理として、その費用の徴収は民事執行によるべきとも考えられるが、かかる場合の代執行は、除却にとどまらず、簡易な補修も含むと解し、「代執行に要した費用」に含めることも、社会通念上、不当ではないように思われる。

　戒告や代執行令書による通知は、広義の代執行ということができ、狭義の執行行為と密接に関連する行為ではあるが、代執行を行う場合に、法律で行政庁に義務付けられた行為であり、名宛人がすべき行為を行政庁が代わって行うという性質のものではない。したがって、「代執行に要した費用」に含めないという解釈もあり得る[288]。もっとも、事務の義務付けの問題と費用負担の問題は、論理的には直結するわけではないから[289]、義務者の違反行為と直接に関連する費用として、「代執行に要した費用」に含める解釈も十分に成立し得ると思われる。

(2) 調査費用

　相手方に義務を課す処分を行うための調査に要した費用は、「代執行に要した費用」に含まれないが[290]、義務を課す処分がなされた後、代執行をいかに

287　収用代執行研究会・土地収用105頁参照。
288　阿部・解釈学Ⅰ573頁、宇那木・自治体行政代執行45頁参照。
289　北村・書評181頁参照。

行うのが適切かについての調査を外部に委託して行った場合の費用が「代執行に要した費用」に当たるかという問題がある。この点について参考になるのが、名古屋地岡崎支判平成20・1・17判時1996号60頁およびその控訴審の名古屋高判平成20・6・4判時2011号120頁である。市の土地に産業廃棄物が過剰に保管されていたため、市長が廃棄物処理法19条の5の規定に基づき、撤去等を命じたが、義務者は義務を履行しなかったため、市は当該過剰廃棄物が環境に及ぼす影響を調査した。その後、市長は、前記措置命令の履行を確保するため代執行を行った。そして、市は、廃棄物処理法19条の8、行政代執行法5条、6条の規定に基づき徴収手続に着手するとともに、代執行のための調査に要した費用を事務管理費用の償還として義務者に対して請求した。前掲名古屋高判平成20・6・4は、「管理者の管理行為が本人の意思又は利益に反するような場合であっても、本人の意思が強行法規や公序良俗に反するなど社会公共の利益に反するときには、このような本人の意思又は利益を考慮すべきではなく（なお、この点は民法702条3項においても同様に解される。）、当該管理行為につき事務管理が成立すると解するのが相当である（大審院大正八年四月一八日第一民事部判決・大審院民事判決録二五輯五七四頁参照）」と判示した。そして、本件過剰廃棄物について、周囲の生活環境の保全等のためには、もはや市において速やかな廃棄物の適正処理を確保する必要性がきわめて高く、一刻の猶予もならない状況にあったものというべきであり、そのために本来業者が行うべきであった調査を市が行ったということができること、本件調査を始めとする市による廃棄物の適正処理を確保する行為は、本件処分場周辺の生活環境保全等のために高度に有益な行為で、まさに社会公共の利益に適合するものであったことを指摘する。したがって、かかる事情の下で市が行った本件調査が、そもそも本件措置命令まで受けている義務者の意思または利益に反するものとは直ちに認めがたく、また、仮に義務者の意思または利益に反するものであったとしても、本件においてはこれを考慮すべきではなく、事務管理の成立は妨げられないと判示した[291]。

---

[290] この費用を公費で負担する場合の根拠を、規制の受益者である国民の受益者負担とする説がある。黒川・費用負担35頁参照。当該案件に限定してみれば、規制の受益者は限定されているのが通常であろうが、抽象的には、誰もが警察規制の受益者といえるので、個別の事案ごとに受益者を特定することなく、公費で負担することが正当化されるという趣旨であろう。

事務管理（民法 697 条）の成立要件は、①他人の事務の管理を始めること、②他人のためにすること、③法律上の義務（権限）がないこと、④本人の意思および利益に不適合でないことであるが、本件では、①④の要件の充足の有無が争われた。前掲名古屋高判平成 20・6・4 は、違反状況により周囲の環境等に悪影響を及ぼしていないかを調査した上、悪影響を及ぼしている場合には自らそれを防止あるいは改善するための措置を講ずる積極的な義務が産廃業者にはあるので、市が行った本件調査は他人の事務であるとした。また、④については、管理者の管理行為が本人の意思または利益に反するものであったとしても、本人の意思が強行法規や公序良俗に反するなど社会公共の利益に反するときには、このような本人の意思または利益を考慮すべきではないとして、事務管理の成立を認めたのである（一審の前掲名古屋地岡崎支判平成 20・1・17 も同旨）。

両判決は、かかる調査に要した費用は、「代執行に要した費用」には含まれず、事務管理の費用に当たるとする立場に立っている。措置命令を発するか否か、いかなる措置命令を発するかを判断するための調査費用は「代執行に要した費用」とはいえないが、本件で問題になったのは、すでに措置命令を発したにもかかわらず、名宛人が義務を履行しないために、措置命令の履行を確保することを目的とした調査である。また、ボーリング調査等が行われており、判決文からは明確ではないものの、外部に調査を委託した費用を事務管理費として請求したものと思われる。そうであるとすれば、代執行に密接に関連する事務に要した費用であり、「代執行に要した費用」に当たると解することは可能であるように思われる [292]。実際、岡山市で実施された建物除却の代執行では、建物解体撤去工事に伴う近隣家屋調査業務委託費用を「代執行に要した費用」として請求している [293] [294]。

---

291 本件では、事務管理の要件の検討に際して、本人の個人的利益よりも「公共の利益」が重視されていることに着目し、環境損害に対する事務管理制度の適用の可能性を検討するものとして、二見・環境損害に対する事務管理制度の適用 393 頁以下参照。

292 阿部・解釈学 I 574 頁、北村・事務管理（2）35 頁、宇那木・自治体行政代執行 46 頁、津田・行政代執行手続（2）69 頁、剱持・特定空家等 171 頁参照。もっとも、北村・事務管理（3）53 頁では、調査費用は一般行政費によって賄うべきではないかとする。

293 岡山市・行政代執行 131 頁参照。

294 「義務違反の確認のために要した調査費用」は「代執行に要した費用」に含まれないとする説（広岡・行政代執行法 191 頁）は、相手方が義務を履行しているか否かの確認のた

行政代執行法には立入調査の権限は規定されていないため、代替的作為義務を課す行政処分を行った後、代執行のための調査を行おうとする場合、相手方の任意の協力を得る必要がある。そこで、代執行を視野に入れて、行政処分を行う前に代執行に必要な調査を実施することもありうる。代執行のための調査費用は「代執行に要した費用」に含まれると解する場合、措置命令実施前に行われた代執行のための調査費用も「代執行に要した費用」として、行政代執行法5条・6条の規定に基づき、納付を命じ徴収しうるという解釈も成立しうると思われる[295]。

(3) 人件費

　代執行を行うためには、地方公共団体が行う場合であれば、一般に当該地方公共団体の組織全体で入念な検討を行う必要があり、それを人件費として計算すれば、かなりの額になると思われる。岡山市が最初に行った代執行では、延べ数百人の職員が参加し、職員の時間外手当等の人件費等も含めると、約8700万円を要している。岡山市では、そこから職員の人件費、顧問弁護士の日当等の間接経費を除いた7373万5438円を代執行に要した費用としている[296]。実務上、代執行手続に従事した職員の人件費について、時間外の賃金以外は、職務の対価として給与が支払われなければならないのであるから、「代執行に要した費用」に含まれないと一般に考えられている[297]。確かに、地方公共団体内部での検討は、地方公共団体の本来の事務として、職員の人件費を「代執行に要した費用」に含めないという実務の立場は、現行法の解釈論としてはありうるものと思われる。他方において、義務者が代執行の必要を生じ

めに要した調査費用を念頭に置いていると思われ、代執行を行う場合にいかなる方法が適切かの調査に要した費用を念頭に置いたものではないと思われる。もっとも、調査費用を「代執行に要した費用」に含めず、事務管理の費用償還請求を認めた前掲名古屋高判平成20・6・4のような解決方法は、行政上の強制徴収という公権力の行使の射程を限定する点では私人にとって有利であると同時に、行政の側にとっても、民事執行では保全差押えが可能になるなど、行政上の強制徴収が民事執行にない特権を付与したものというバイパス理論の前提に疑問があることにも鑑みれば、かかる選択は必ずしも否定されるべきものとまではいえないという見解もありうると思われる。

[295] 宇那木・自治体行政代執行46頁、北村＝須藤＝中原＝宇那木・行政代執行127頁（宇那木正寛執筆）参照。

[296] 岡山市・行政代執行131頁、日本都市センター・義務履行確保等118頁、124頁（鈴木潔執筆）参照。

[297] 北村＝須藤＝中原＝宇那木・行政代執行109頁（宇那木正寛執筆）参照。

させなければ、職員は、代執行に要した時間を別の公務に充てることができたのであり、機会費用は生じていることになる。それを公費で負担することは、義務不履行により生じた外部不経済を国民（住民）の納めた租税で賄うことになり、さらに義務不履行の抑止のためのインセンティブが十分には働かないという問題が生ずる。したがって、職員が通常の勤務時間内に代執行を行うために要した人件費も「代執行に要した費用」に含まれるという解釈もありうると思われる。勤務1時間当たりの給与額の算出については、一般職の職員の給与に関する法律19条で定められているので、それによることができる。ただし、通常の勤務時間の場合、どこまでが代執行に要した時間といえるかを厳密に算定することには実際上困難が伴うと思われる。したがって、職員が代執行を行うために要した人件費も「代執行に要した費用」に含まれるという解釈を採用しうるとしても、実務上は、超過勤務費や執行責任者の現場への出張旅費等を除き、「代執行に要した費用」として義務者に支払いを請求することは困難であろう[298]。

立法論としては、義務違反がなければ出費する必要がなかった費用はすべて違反者が負担することを法定することも考えられる[299]。この考え方によれば、代執行業務を請け負わせるのではなく、地方公共団体の職員が行う場合であっても、その人権費相当分は徴収する仕組みとすべきことになる[300]。

(4) 物件保管費用

義務者が解体資材および存置物件の引取りに応じない場合、義務者が所有権その他の権原を有する土地上にそれらを保管できればよいが、その場所に収容しきれないことが起こりうる[301]。また、義務者が他の場所に所有権その他の

---

[298] 宇那木・自治体行政代執行46頁～47頁も、代執行に従事した職員給与は、執行行為に直接の関連を有し、かつ、必要または有益な費用であるから、代執行費用として請求しうるとする。もっとも、通常の勤務時間内に代執行の実施を行った職員の給料については、代執行以外の業務にも従事することもあるため、その算出が技術的に困難であり、現実に請求しうるのは、時間外手当や特殊勤務手当といった執行行為との対応関係が明らかで、客観的資料に基づき具体的に費用が算出しうるものに限られるであろうとする。

[299] 阿部・解釈学Ⅰ573頁参照。

[300] 福井・行政代執行制度215頁参照。

[301] 岡山市で最初に行われた行政代執行について、目的外動産が最終的に履行義務者により引き取られることを前提とした実施計画に従った保管を行ったが、引き取られないことを前提とした保管方法も検討すべきであったという反省の弁が述べられている。岡崎＝大山・行政代執行65頁参照。

権原を有する土地にそれらを保管できればよいが、義務者が立入りを拒否する場合には、別の保管場所を用意しなければならない。当該地方公共団体の所有地の空きスペースを利用できればよいが、それが不可能なために、民間の倉庫業者での保管を継続した場合、その保管費用を誰が負担すべきか否かという問題がある。代執行の原因を創出し、限られた行政資源を代執行に振り向けることを余儀なくさせた者が、代執行対象建物に存置された物件の保管で、さらに行政資源を費やさせることは、本来避けるべきである。したがって、建物の除却と併せて、建物内の物件の搬出も命ずることとし、義務者が物件の搬出に応じない場合には、物件の搬出の費用も、建物の除却の代執行費用と併せて行政上の強制徴収が可能な仕組みとすべきであろう。現行法上、建物の除却についての措置命令の根拠規定はあっても、そこに存置された物件の搬出命令についての根拠規定が明示されていない場合、建物の除却に必然的に付随するものとして、当該建物の存置物件の搬出も併せて命ずることが可能かについて、地方公共団体の見解は分かれている。しかし、建物の除却と物件の搬出は別の根拠規範を要し、後者の明示の根拠規範がない以上、物件の搬出を命ずることはできないと解して、物件の搬出を要望するにとどまる例が多いと思われる。

　現行法上は、一般に、建物の除却命令の根拠規範はあっても、存置物件の搬出命令の根拠規範がない中で、物件の搬出を行政指導として行っているが、代執行時までに存置物件が搬出されず、そのため、行政が存置物件を保管せざるを得ないことが少なくない。代執行に伴い移転・搬出した物件の保管費用が代執行の費用に含まれるのか、含まれず事務管理の費用となるのかについて、学説・裁判例は分かれている。1997（平成9）年の河川法改正により、簡易（略式）代執行により撤去した工作物について河川管理者が保管義務を負い（同法75条4項）、保管費用は義務者が負担する旨の規定（同条9項）が設けられたが、行政代執行法には、保管費用の負担に関する規定は置かれていない。

　民事執行法168条6項は、目的外動産のうち同条5項の規定による引渡しまたは売却を実施しなかったものがあるときは、保管義務を執行官に課しており、同条7項は、その保管費用を執行費用としていることをも考慮し、代執行に伴い物件を移転・除却した以上、当該物件を保管することは行政の義務であり、したがって、義務なきことを引き受ける事務管理ではないと解することもできる。この立場に立つ場合でも、いつまでも行政が保管義務を負い続けるのは不合理であるから、行政の保管義務を合理的な時点で解除することを可能とする

解釈が必要になろう。一つの解釈として、相当期間内に物件を引き取るように義務者に通知し、当該期間の経過により行政庁が条理上、保管義務を免れると解することが考えられる。保管義務を免れた時点で廃棄物と認定できるものは廃棄すればよいが、廃棄物と認定できないものについては、供託したり事務管理として管理を継続したりすると理論構成することが考えられる。そして、この立場では、相当期間が経過した日をもって代執行費用が確定し、代執行に随伴する行為として、保管を開始した日から引渡請求期間が終了する日までの保管に要した費用は、代執行費用として請求が可能であると解することになる[302]。これに対しては、当該物件を引き取るように求めてから相当期間経過後といえども、保管の原因を作出したのは行政庁であるので、相当期間経過後は行政事務ではないと一方的に判断できるのかに疑問を示し、代執行の現場に放置されていることをもって、「他人の置き去った物」（遺失物法2条1項）として、準遺失物として処理する可能性を示唆する見解がある[303]。「他人の置き去った物」とは、他人が占有していた物であって、当該他人の意思に基づくかどうかにかかわらず、かつ、奪取によらず、当該他人が占有を失い、自己の占有に属することになったものを意味する[304]。この定義の中で、代執行時の存置物件との関係で問題になるのは、「奪取によらず」の部分であろう。代執行が公権力の行使であることを重視すれば、存置物件を奪取したとする解釈も成立しえないわけではないと思われる。他方、代執行を行う前に相当の期間内に存置物件を搬出するように指導しているのが通常であると考えられるから、にもかかわらず、物件を搬出しなかった以上、奪取には当たらないと解することも可能であろう。もっとも、そもそも、準遺失物は、本来的占有者（または所有者）が不明であり、本来的占有者（または所有者）に返還できないために設けられた概念である[305]。本来的占有者（または所有者）が明確な通常の行政代

---

302 宇那木・自治体行政代執行 48 頁～49 頁参照。除却により生ずる解体資材は、廃棄物処理法の定めるところにより解体工事と一体的に適正に処分されなければならないので、解体資材の廃棄は、代執行に付随する行為であり、廃棄に要した費用は、代執行に要した費用として徴収可能とするものとして、宇那木・道路占用物件 164 頁参照。また、北村＝須藤＝中原＝宇那木・行政代執行 120 頁、123 頁（宇那木正寛執筆）も参照。同書 40 頁の中原説も、保管費用は「代執行に要した費用」に含まれるとする。
303 北村・空き家問題解決 255 頁、北村・書評 182 頁参照。
304 蔭山・遺失物法 11 頁参照。
305 蔭山・遺失物法 12 頁、142 頁参照。

執行の存置物件は、本来的占有者（または所有者）に返還することが可能であるから、準遺失物に該当すると解することには困難が伴うように思われる。これに対して、簡易（略式）代執行の場合には、建物等の所有者が判明しないので、簡易（略式）代執行の公示において、所定の期間内に存置物件を搬出すべき旨も併せて公示し、簡易（略式）代執行時において存置されている物件を準遺失物として扱うことは可能と思われる。準遺失物の場合には、民法240条の規定が準用されることになり（遺失物法3条）、公告をした後3か月以内にその所有者が判明しないときは、これを拾得した者がその所有権を取得するので、国や地方公共団体は、それを売却して、簡易（略式）代執行に要した費用を塡補することができると考えられる。また、物件の移動・保管は、代執行それ自体には当たらないので、行政庁は、事務管理として保管することになり、その費用は、「代執行に要した費用」としてではなく、事務管理の費用として請求できるとする説もある[306]。

　いずれの説も、保管費用を義務者が負担すべきことでは一致しているものの、引取りを求めてから相当期間が経過するまでは、行政事務としての保管となるとする立場をとる場合には、相当期間の経過により行政庁が保管義務を免れる日までは、代執行に随伴する事務であるので、「代執行に要した費用」として国税滞納処分の例により強制徴収が可能であるのに対して、全体を事務管理とみる説では、事務管理費用として民事上の請求を行うことになるという相違がある。もっとも、引取りを求めてから相当期間が経過するまでは、行政事務としての保管となるとする説でも、相当期間経過後に保管を継続する場合には事務管理となるので、その費用については民事上の請求を行うことになる。行政代執行に伴い行われる物品の保管を当初から他人の事務として位置付けることよりは、執行責任者は自己の事務として保管を行い、保管に要した費用を「代執行に要した費用」として徴収できると解するのが適切と思われる。

　存置物件の保管に関して、行政代執行法に明文の規定がないため、解釈が分かれていることが、代執行を躊躇させる一因となっている[307]。この問題については、立法により明確化を図ることが喫緊の課題である。民事執行法168条

---

[306] 三枝・行政代執行17頁、収用代執行研究会・土地収用111頁参照。
[307] 雄川ほか・行政強制64頁（小松原茂郎発言）では、「この保管の問題についての考え方が確立されると、代執行をやる上での問題点は大部片づきます。これが一番心配なんです」と述べられている。

7項と同様、保管費用を執行費用に含める旨の明文の規定を設けて、「代執行に要した費用」として強制徴収できることとすべきと思われる[308]。
(5) 代替住居の提供

代執行により居住の場所を失う者に対して、代替住居を無償で提供することとした場合、代替住居の提供は任意にとられた政策にすぎず、代執行の一環とはいえないので、その費用は「代執行に要した費用」に当たらない。
(6) 廃棄費用

空家法に基づく特定空家等の代執行の場合、「管理不全空屋等及び特定空家等に対する措置に関する適切な実施を図るために必要な指針（ガイドライン）」（平成27年5月26日付け総務省・国土交通省、最終改正令和5年12月13日付け）第4章6（5）では、代執行をなすべき措置の内容が特定空家等の全部の除却であり、命令で動産等に対する措置を含めている場合は、戒告書または代執行令書において、①対象となる特定空家等の内部またはその敷地に存する動産等については、履行の期限または代執行をなすべき時期の開始日までに運び出し、適切に処分等すべき旨、②特定空家等の除却により発生する動産等については、関係法令（遺失物法7条4項、河川法75条6項、都市公園法27条6項、屋外広告物法8条3項等）に従って適切に処理すべき旨、③履行の期限までに履行されない場合は、代執行を行う旨、を明記することが望ましいとする。より具体的には、代執行により発生した廃棄物や危険を生ずるおそれのある動産等であって所有者が引き取らないものについては、関係法令に従って適切に処理するものとされている。代執行時に、相当の価値ある動産等、社会通念上処分をためらう動産等が存する場合は保管し、所有者に期間を定めて引取りに来るよう連絡することが考えられ、その場合、いつまで保管するかは、他法令や裁判例（さいたま地判平成16・3・17訟月51巻6号1409頁）も参考にしつつ、法務部局と協議して適切に定め、現金（定めた保管期間が経過した動産で、民法497条の規定に基づき裁判所の許可を得て競売に付して換価したその代金を含む）および有価証券については供託所（最寄りの法務局）に供託することも考えられるとする。また、代執行をなすべき措置の内容が特定空家等の全部の除却ではない場

---

[308]「代執行に要した費用」の範囲が不明確であるため、行政代執行の準備行為および行政代執行後の動産の保管・処分等に要する費用も、行政上の強制徴収の対象になることを明文化するとともに、分納が可能なことについても明文の規定を置くべきとするものとして、濱西・実効性確保法制の整備35頁参照。

合において動産が措置の弊害となるときは、特定空家等の内部またはその敷地内等の適切な場所に移すことが望ましいとする。そして、同ガイドライン第4章7（3）では、簡易（略式）代執行について、代執行後に、不在者財産管理制度や相続財産清算制度に係る財産管理人の選任を裁判所に申し立て、それにより選任された財産管理人に動産を処分等してもらう方法が考えられるとする。

　措置命令の内容に廃棄は含まれていないが、港湾法56条の4第1項1号ハの規定に基づき廃船の撤去等が命じられ、その作為義務の不履行を理由とする代執行が行われた場合のように財産的価値がないものの代執行の際、撤去に引き続き撤去した物件を廃棄し、当該廃棄に要した費用を代執行に要した費用として強制徴収できるかという問題がある。同項の規定に基づく監督処分の中には、廃棄命令は含まれておらず、港湾管理者等は、撤去した工作物等を保管し所有者等に返還する義務を負うのが原則であり（同条3項、4項）、例外的に当該工作物を売却してその代金を保管することが可能とされている（同条5項）。そして売却につき買受人がなくて、その価額が著しく低いときには、当該工作物等を廃棄することができるとしている（同条6項）。廃船であって、価額が著しく低く義務者が引き取らず売却もできない場合には、廃棄が可能であるが、所有者等の負担とされる費用は、「撤去、保管、売却、公示その他の措置に要した費用」（同条8項）とされ、「廃棄」に要した費用は明文では含まれていない。しかし、「廃棄」を「その他の措置」に含める解釈はありうると思われる。もっとも、それを行政代執行法5条の「代執行に要した費用」といえるかについては議論が分かれ得る。監督処分により課された義務は撤去義務であって廃棄を義務付けているわけではないから否定説も成立し得る。他方、財産的価値のない物件の撤去とその廃棄は密接に関連しており、かかる費用も代執行に要した費用に含める解釈[309]も成立し得るであろう。

(7)　代執行に至らなかった場合

　代執行直前に義務者が自ら除却する旨を申し出たため、執行責任者が、現場にいる行政庁の職員や請負業者の従業員に除却の手伝いをさせた場合、それは義務者自身による履行の補助にすぎないから、代執行に当たらず、したがって、それに要した費用は、「代執行に要した費用」に当たらないことになる。

---

[309]　宇那木・港湾法116頁参照。

それでは、代執行の準備を進めてきたが、代執行に着手する直前に、義務者が自ら義務を履行したため、代執行手続を中止した場合、たとえば、請負業者が事前に現地を視察して見積もりを作成した費用、当日の出張費等については、どのように考えればよいであろうか。代執行の実行が見合わされたとしても、代執行権限を有する行政主体は、請負業者にそれまでに要した費用の対価を支払わなければならないであろう[310]。「代執行に要した費用」とは、実力行使としての代執行の実行に限らず、戒告から代執行の終了に至る全過程を意味するとすれば、実力行使としての代執行が中止されたとしても、上記のような費用は義務者に請求可能という解釈も成立しえないわけではないと思われる。他方、「代執行に要した費用」にいう「代執行」を狭義の実力行使としての代執行に限定して解釈し、それが中止された以上、「代執行に要した費用」の徴収をすべきではないという考え方もありうる[311]。義務に違反しない者や義務に違反して措置命令を受けて、すぐに義務を履行した者との均衡を考えれば、措置命令の遵守を長期にわたり怠り、代執行の準備までさせた者には、代執行の準備に要した費用を負担させることが望ましい。そうすることによって、義務の早期履行を促す効果も期待できる。したがって、これらの費用も「代執行に要した費用」と解してよいのではないかと思われる。もっとも、この点は立法で明確にすることが望ましく、代執行に至らない場合にも代執行の準備に要した費用を「代執行に要した費用」として強制徴収することができることを明文で規定すべきと思われる[312]。

(8)「実際に要した費用」

　行政代執行法5条では、「実際に要した費用」と規定されているが、裁判例の中には、実際に要した費用ではなく、建設大臣官房官庁営繕部の「直接人件費単価表」、財団法人経済調査会編集・発行の積算資料、建設大臣官房技術調査室監修の「建設省土木工事積算基準」の客観的基準に基づき積算した費用をもって相当な額としたものがある（東京地判平成18・4・28L06131837）。同事件

　310　代執行が不要になった場合でも、請負報酬額の一定割合を支払う契約とすることがあるようである。雄川ほか・行政強制67頁（佐藤俊一発言）参照。
　311　収用代執行研究会・土地収用96頁、津田・行政代執行手続（2）69頁～70頁参照。
　312　阿部・法システム下424頁も、代執行の準備をしたところ任意に義務が履行された場合にも、代執行の戒告以後にかかる行政上の出費は、公務員の人件費分も含めてある程度徴収することにし、早期に履行するほど安くすれば、自主的な履行が促進されるとする。

において、東京都は、具体的な作業員の作業効率等にとらわれず、客観的に当該作業に必要と考えられる費用を算出するのが妥当であるとの見解に基づき、実際の作業員の人数、機器等の台数等ではなく、撤去作業にどれだけ必要であるかを客観的に算定した数量に基づいて計算を行ったところ、同判決は、それを是認したのである。

また、わが国では、代執行を行う場合、通常、義務者との間で敵対的関係にあるため、事後のトラブルを回避するため、慎重な工法がとられることが多く、そのため、義務者自身が行う場合に比して、工費が割高になることがある。また、土地収用法102条の2第2項の規定に基づく代執行の場合においても、明渡裁決で補償金を算定する際には、通常用いられる工法を前提としているが、都道府県知事が代執行を行う場合には、上記の理由で、より慎重な工法がとられることにより、工費が割高になることが想定される。行政代執行法5条が「実際に要した費用」と規定している以上、通常よりも割高になることについて合理的理由がある限り、「代執行に要した費用」として義務者に請求してよいのではないかと考えられる。

3　納付命令書における費用の記載

納付命令書に「代執行に要した費用」の総額を記載すれば足りるか、それとも内訳まで記載する必要があるかという問題がある。費用の内訳が記載されていない納付命令書による納付命令は違法であるとして、納付命令の取消しが請求された事案において、東京地判昭和54・8・21行集30巻8号1410頁は、費用の内訳まで記載する義務はないと判示した[313]。行政代執行法5条は、「実際に要した費用の額」と記載するのみで、費用の内訳の記載については定めていない。行政実務上も、費用の内訳まで記載することは一般的ではない。もっとも、行政手続法14条1項の規定に基づく理由提示義務の履行として、費用の内訳と各内訳の金額を記載すべきであろう。費用の内訳まで記載することは、納付命令の名宛人の納得を得る上で重要であるし、また、費用の内訳を記載させることが、国または公共団体に過大な負担を課すとはいえない。立法論としては、費用の内訳の記載義務を行政代執行法において明記すべきと思われる。

4　教示

納付命令は文書をもって行われるから（行政代執行法5条）、行政庁は、処分

---

[313] 納付命令書に費用の内訳が記載されていないことを理由としてなされた異議申立てを同様の理由で棄却した決定については、岡山市・行政代執行151頁を参照されたい。

の相手方に対し、当該処分につき不服申立てをすることができる旨ならびに不服申立てをすべき行政庁および不服申立てをすることができる期間を書面で教示しなければならない（行政不服審査法82条1項本文）。また、当該処分に係る取消訴訟の被告とすべき者、当該処分に係る取消訴訟の出訴期間も教示しなければならない（行政事件訴訟法46条1項1号・2号）。ただし、教示の懈怠が処分の取消事由になるわけではないとするのが裁判例である（前掲東京地判昭和54・8・21）。

5　措置命令または代執行と代執行費用納付命令の間の違法性の承継

　代執行費用納付命令の取消訴訟において、代執行に要した費用以外の費用も算入しているというような納付命令固有の瑕疵を争うことができることは当然である。問題は、代執行費用納付命令の取消訴訟において、先行する措置命令または代執行の違法を主張することができるか、換言すれば、先行する措置命令または代執行と代執行費用納付命令の間で違法性の承継が認められるかである[314]。判決の傍論においてこれを肯定するものとして、東京地判昭和41・10・5行集17巻10号1155頁がある。すなわち、代執行終了後も、代執行費用の徴収を免れるために、代執行の戒告およびこれに対する審査請求を却下した裁決の取消しを請求する者が、「取消しによって回復すべき法律上の利益」（行政事件訴訟法9条1項かっこ書）を有するかが問題になった事案において、同判決は、代執行費用の徴収手続は、戒告に始まり代執行令書の発布の通知を経て代執行の実施により終了する代執行手続に随伴するものではあるが、それとは別個の費用徴収手続であって、代執行費用の納付義務は、代執行手続とは別に、行政代執行法5条の規定に基づく納付命令により具体的に生じ、その額も確定されるので、代執行費用の徴収を免れるためには、直接、当該納付命令の取消しを求めてその違法を争うことを要し、当該納付命令が取り消されない以上、本件戒告または本件裁決が取り消されても、それによって原告が代執行費用の徴収を免れうる関係にないとする。もっとも、同判決は、費用徴収手続は、代執行手続とは別個の手続とはいえ、それに随伴する手続であって、代執行が適法に実施されたことを前提とするものであるから、当該納付命令の取消

---

[314]　ドイツにおける判例・学説を検討し、執行費用決定に対する争訟の基礎処分の違法性を主張できるかという問題と、基礎処分の適法性が行政執行の一般要件であることを肯定するかという問題は、一応切り離して論じられる余地があるとするものとして、重本・行政執行の違法性214頁参照。

訴訟において代執行手続の違法をも主張することができるとして、違法性の承継を肯定している。同判決は、代執行が実行されてしまうと目的を達してしまい、事後的にその取消変更を求める余地がなくなることを重視しているものと思われる。また、東京地判平成4・6・23判時1442号83頁は、費用徴収手続は代執行手続とは別個の手続とはいえ、それに付随する手続であって、代執行が適法に実施されたことを前提とするものであることを理由として、違法性の承継を肯定している。東京地判平成18・4・28L06131837は、代執行手続の違法が納付命令に承継されるかは、費用の納付を免れる救済を与えるべきか否かの観点から、代執行手続において存する違法性の程度に応じて判断されるべきとする。

　これに対して、否定説に立つ裁判例は、以下のように、行政代執行とそれに要した費用の納付は別個の手続であり、それぞれ独立の法効果を有することを理由としている。すなわち、この点が争点になった事案において、東京地判昭和44・9・25判時576号46頁は、行政代執行とそれに要した費用の納付とは、本来別個の手続に属し、それぞれ独立の法律効果を有するものであるから、その間に、先行、後続の関係があるとはいえ、先行行為の違法が後続行為の取消事由として主張されているにとどまる限り、違法性の承継は認められないとする。京都地判平成5・2・26判タ835号157頁は、行政代執行とそれに要した費用の納付との関係についてみると、代執行費用の納付は代執行に後続し、代執行の終了を前提とするものではあるが、本来別個の手続に属し、それぞれ独立の法律効果を有するものであるので、代執行が不存在または無効でない限り、その間に先行後続の関連性があるとしても、先行行為たる代執行の瑕疵が後行行為たる納付命令の瑕疵を構成するものではないと判示する。名古屋地判平成20・11・20判例自治319号26頁は、代執行は措置命令に後続し、費用納付命令は代執行に後続するという関係にはあるが、それぞれ別個の手続で、別個の法律効果を目的とするものであり、先行行為と後行行為とが同一の目的を達成する手段と結果の関係をなしこれらが相結合して一つの効果を完成する一連の行為となっているものではないから、費用納付命令は、代執行の違法性を承継するものと解することはできないし、代執行の前提となる措置命令の違法性を承継するものと解することもできないと判示する。同判決は、従前の下級審裁判例で一般に採用されていた違法性の承継の判断基準を踏襲し、①「先行行為と後行行為とが同一の目的を達成する手段と結果の関係を成しこれらが相結合

して一つの効果を完成する一連の行為となっている」か否かを唯一の判断基準としている（しかし、この判決の後に、最判平成21・12・17民集63巻10号2631頁は、②先行処分を争う手続保障が十分か、③後行処分の段階で争えば足りると考えることがあながち不合理ともいえないかという新たな視点を付加した）。奈良地判平成21・1・14L06450479は、措置命令と費用納付命令は別個の行政処分であるから、本件納付命令が違法となるのは、本件納付命令の処分要件が満たされていない場合であり、その前提となっている本件措置命令が仮に処分要件を欠くものであっても、これが権限ある機関によって取り消されない限りは、本件納付命令の違法性に影響を与えないと判示している。東京地判平成25・3・7判例自治377号65頁も、改善命令と代執行は相結合して一つの法律効果の発生を目指しているものであるということもできないので、改善命令の違法性は代執行には承継されないものというべきであり、代執行と納付命令との間の違法性の承継が肯定されるか否かにかかわらず、納付命令の取消訴訟において改善命令の違法性を納付命令の取消事由として主張することは許されないと判示した。大阪高判平成26・6・18判例自治405号10頁は、戒告や代執行令書による通知と、費用納付命令とは別個の行為であるから、前者の違法が後者に承継されているとは解されないとする。

　措置命令は名宛人に義務を課し、その任意の履行を期待するものであり、義務の不履行により行政代執行法2条の要件が満たされて初めて代執行が行われるので、措置命令と代執行は①の要件を満たさず、いわんや措置命令と代執行費用納付命令は①の要件を満たさない。また、措置命令には行政手続法により弁明の機会の付与が付与されるので（同法13条1項2号）、②の手続保障に欠けるともいえない。③についても、措置命令による不利益が代執行費用納付命令まで現実化しないという認識のもと、代執行費用納付命令の段階で争えば足りると考えるのは不合理である。したがって、現在の判例の下では、措置命令と代執行費用納付命令の間の違法性の承継は認められないと考えらえる。

　代執行と代執行費用納付命令の関係は措置命令と代執行費用納付命令の関係と比較すれば密接であるが、代執行は違法状態の除去を目的とするものであり、代執行費用の回収を目的とするものではないし、代執行費用の回収がされなければ代執行の効果が完成しないわけではないから、両者は、先行行為と後行行為とが同一の目的を達成する手段と結果の関係をなしているわけではないし、これらが相結合して一つの効果を完成する一連の行為となっているわけでもな

い。したがって、①の要件を満たさない（滞納処分と費用納付命令について、広島高判昭和26・7・4行集2巻8号1167頁は、義務の強制的実現と費用納付義務の確定という別の法効果を目的とするものであるとして、違法性の承継を否定している）。②についても、代執行自体は、短時間（または短期間）で終了する事実行為であるが、戒告および代執行令書による通知が先行するのが原則であるから、任意履行の機会は十分に保障されているといえるし、もし戒告の内容に不服があれば、それに対する審査請求や取消訴訟を提起し、執行停止の申立てをすることもできるので、手続保障が不十分とはいえず、②の要件も満たさない。また、代執行により建築物等の除却等の効果が発生するので、代執行を違法と考える者が代執行費用納付命令の段階で争えば足りると考えることは不合理であるので、③の要件も満たさない。したがって、代執行と代執行費用納付命令の間の違法性の承継を認めることは、現在の判例を前提とすると困難なように思われる。もっとも、横浜地判平成25・7・10判例自治380号68頁は、代執行の終了により措置命令を争う訴えの利益は消滅したものの、権利救済の観点から費用納付命令に対する争訟において措置命令の違法性を主張することを認めている。ドイツにおいても、同様の裁判例があり[315]、わが国においても、それを認めなければ実効的権利救済に欠けると認められる事情があれば、両者の間で違法性の承継を認めるという立場もあり得ないわけではないと思われる。

　また、代執行終了後、代執行に要した費用の納付が未了の場合に、代執行費用の納付を免れるために代執行令書発布行為の「取消しによって回復すべき法律上の利益」を有するかが争点になった東京地判昭和44・9・25判時576号46頁の事案においては、代執行令書による通知と代執行費用納付命令の間の違法性の承継が争点になった。同判決は、「代執行費用の納付は代執行に後続し、代執行の終了を前提とするものではあるが、本来代執行とは別個の手続に属する行為であり、このことは、法が『実際に要した費用の額及びその納期日』を定めた納付命令によって費用納付義務を具体的に確定し（たとえば、代執行法5条参照）国税徴収法の例によってこれを徴収する（同法6条1項参照）としていることに徴してもおのずから明らかである。もっとも、本件に適用されるべき行政代執行法によれば、代執行令書には『代執行に要する費用の概算による見積額を記載』してこれを義務者に通知することとなっている（3条2

---

[315] 宮尾・行政執行500頁以下参照。

項参照）が、これは、『代執行をなすべき時期を記載』して通知することと共に、実力による公法上の義務の履行の実現を可及的に回避せんとする法意に出たものであって、執行費用の納付徴収そのものが代執行手続の一環を構成することを意味するものではない。したがって、原告が代執行費用の納付を免がれるためには…直接納付命令の取消しを求めてその違法を争うことを必要とし、納付命令が取り消されない以上、代執行令書発布行為が取り消されても、それによって代執行費用の納付を免れる筋合いではない」と判示し、代執行令書発布行為の取消訴訟は、代執行の終了により、訴えの利益を失ったと結論づけている。代執行令書による通知における「代執行に要する費用の概算による見積額」の記載は、義務者に対して、代執行費用の納付の準備をさせるという意味も有するが、この段階ではなお、義務者による任意履行が期待されており、必ず代執行が実施されるわけではない。代執行費用の納付命令は、代執行後に「実際に要した費用の額」を請求するものである。したがって、両者は、先行行為と後行行為とが同一の目的を達成する手段と結果の関係をなしているとはいいがたく、これらが相結合して一つの効果を完成する一連の行為となっているわけでもない。したがって、①の要件を満たさない。代執行令書による通知に行政不服審査法82条、行政事件訴訟法46条の規定に基づく教示がなされていれば、②③の要件も満たさないと思われる。代執行令書による通知において上記教示が懈怠されていれば、②の要件を満たすが、その場合であっても、代執行に対する争訟を提起すべきであって、代執行費用納付命令の段階で不利益が現実化すると考えて、この段階まで争訟を提起しないことに合理性を認めることは困難であり、③の要件は満たさないと考えらえる。以上を総合すると、現在の判例を前提とすれば、代執行令書による通知と代執行費用納付命令の間の違法性の承継は認められないと思われる。

6 督促

国税徴収法の滞納処分の規定は、財産の差押えから始まっているように、督促は滞納処分の前提であるが、滞納処分自体には含まれない。国税の場合には、滞納処分の前提となる督促については、国税通則法37条に規定されている。代執行による除却費用納付命令で示した納期日までに費用が完納されない場合、納付義務は納付命令によって具体的に確定しており、督促は、すでに確定した費用が指定の納期日までに完納されない場合において、当該行政庁が義務者に対し文書をもってその納付を催告する行為であって、滞納処分の前提手続とし

ての意味を有しているとはいえ、新たに義務を課しまたはその範囲を確定する行為ではないから、行政処分ではないとする前掲東京地判昭和44・9・25があるが、国税通則法37条1項の規定に基づく督促については、すでに発生している納付義務を前提として、その履行を催告するにすぎないとして処分性を否定した原審の判決を破棄して、最判平成5・10・8訟月40巻8号2020頁は、督促は徴収処分の前提となるものであり、名宛人は、所定の期限までに納付義務を履行しなければ滞納処分を受ける地位に立たされることを理由として、その処分性を肯定した。この判決の射程は、地方公共団体が行う滞納処分（地方自治法231条の3第3項）の前提となる督促（同条1項）にも及ぶと考えられる。このように督促に処分性が認められる以上、行政不服審査法82条、行政事件訴訟法46条の規定に基づく教示義務があることになる[316]。

　地方公共団体の場合、期限を指定して督促を行う規定が地方自治法231条の3第1項に置かれている。地方自治法231条の3第1項の督促が処分性を有することは、審査請求を認める規定（同条5項・7項）が置かれていることから明らかである。督促をした場合においては、条例の定めるところにより延滞金を徴収することができる（同条2項）。督促に対する審査請求期間については特例が定められている（同条6項、地方税法19条の4）。督促に対する処分についての審査請求がされた場合には、当該審査請求が不適法であり、却下するときを除き、議会に諮問した上、当該審査請求に対する裁決をしなければならない（自治法231条の3第7項）。審査請求に対する裁決を経た後でなければ、督促について裁判所に出訴することはできない（同条10項）。

　督促状をいつまでに発送するかについては、地方自治法231条の3に定められていないので、国税通則法37条2項の規定を類推適用して、納期限から50日以内に発することが考えられる。各地方公共団体に分担金等に係る督促について定めた条例がある場合には、それによるべきであろう。たとえば、「東京都板橋区分担金等に係る督促及び滞納処分並びに延滞金に関する条例」2条1項は、「分担金等を納期限までに納付しない者があるときは、納期限経過後20日以内に板橋区規則で定める督促状を発行して督促する」と定めている。

---

[316] 法律で定められていない使用料等は、滞納処分の対象にならないが、督促を行うことが延滞金の徴収の前提となること（地方自治法231条の3第2項）、時効中断効を有すること（同法236条4項）に照らしても、処分性が認められるべきであろう。北村＝須藤＝中原＝宇那木・行政代執行130頁（宇那木正寛執筆）参照。

また、同区の債権管理条例7条は、「区長は、区の債権について、履行期限までに履行しない者があるときは、法令の定めるところにより、期限を指定してこれを督促しなければならない」とし、同条例施行規則3条は、「条例第7条に規定する督促は、法令等に定めがあるものを除き、納期限経過後20日以内に発するものとする」（1項）、「前項の督促に指定すべき期限は、その発した日から15日以内において定めるものとする」（2項）と定めている。督促を受けた者が指定された期限までに納付すべき金額を納付しないときは、延滞金について、地方税の滞納処分の例により処分することができる（地方自治法231条の3第3項）。地方税の滞納処分については、国税徴収法に規定する滞納処分の例による（地方税法68条6項、72条の68第6項等）。地方税については、差押え前に督促と別に「差押え予告」をする運用がかなりみられるので、「代執行に要した費用」についても、同じ運用をすることが望ましいと思われる[317]。

7 財産調査

差押えの前提として、財産調査を行う必要がある。義務者が差押え対象となしうる財産を所有しているか否か、所有している財産の価額がどの程度か等について調査するため、税務関係書類、登記簿等、官公署が所有する文書のほか、取引先金融機関を探知して、金融資産を調査する。徴収職員は、滞納処分に関する調査について必要があるときは、官公署または政府関係機関に、当該調査に関し参考となるべき帳簿書類その他の物件の閲覧または提供その他の協力を求めることができる（国税徴収法146条の2）。この調査協力の規定は任意の協力を求めるものであるので、協力を求められた側に協力する義務を課すものではない。しかし、この協力要請を受けて個人情報を提供する場合、個人情報の保護に関する法律69条1項（「行政機関の長等は、法令に基づく場合を除き、利用目的以外の目的のために保有個人情報を自ら利用し、又は提供してはならない」）の「法令に基づく場合」に該当するため、適法に個人情報を提供できるというメリットがある。すなわち、ここでいう「法令に基づく場合」は、法令で提供が義務付けられている場合に限らず、法令に提供の根拠規定がある場合を含むのである[318]。財産調査を拒否したり、虚偽の回答をしたりした場合には、国税徴収法141条の規定の準用により行われる間接強制調査への非協力に対する

---

[317] 髙橋編・実効性確保法制44頁～45頁は、督促状の交付後、義務者による資産の隠蔽等の費用徴収に係る妨害行為を禁止し、違反した場合の罰則を定めるべきとする。

[318] 宇賀・新・個人情報保護法475頁参照。

国税徴収法 188 条（検査拒否等の罪）の規定が準用されると解することは可能と思われるが、議論の余地がないわけではないので、行政代執行法に調査拒否等に対する明文の罰則規定を置いたり、包括的な行政執行法を制定する場合に、同様の罰則規定を明文で設けることも考えられる。

実際には、地方公共団体が財産調査をしようとする場合、故意に財産を隠匿等されると滞納処分を行うことが困難になる。国税徴収法 187 条は、納税者が滞納処分の執行または租税条約等の相手国等に対する共助対象国税の徴収の共助の要請による徴収を免れる目的でその財産を隠蔽し、損壊し、もしくは国の不利益に処分し、またはその財産に係る負担を偽って増加する行為をしたとき等は、その者は 3 年以下の拘禁刑もしくは 250 万円以下の罰金に処し、またはこれを併科すると定めている。この罰則は、国税滞納処分の例による行政上の強制徴収にも準用されると解することは可能と思われるが、議論の余地があり得るので、行政代執行法に調査拒否等に対する明文の罰則規定を置いたり、包括的な行政執行法を制定する場合に、同様の罰則規定を明文で設けたりすることも考えられる。行政上の強制徴収制度が機能不全にあることが指摘されており[319]、行政上の強制徴収における財産調査制度の改善が必要である。

同じ問題は民事執行においても存在し、2003（平成 15）年に、債務者の財産に関する情報を債務者自身が開示する財産開示手続が設けられたが、その利用実績は年間 1000 件前後と低調であり、債務者の財産に関する情報開示の実効性を向上させる必要性が指摘されていた。そこで、2019（令和元）年の民事執行法改正により、①債務者以外の第三者からの情報取得手続の新設、②従前の財産開示手続の見直し、の 2 つの措置が講じられた。①は、金融機関から預貯金債権、上場株式、国債等に関する情報を取得すること（同法 207 条）、登記所から土地・建物に関する情報を取得すること（同法 205 条）、市町村・日本年金機構等から勤務先への給与債権に関する情報を取得すること（同法 206 条）を債権者が裁判所に申し立て、裁判所が情報提供を命じ、裁判所を通じて債権者が情報を取得する制度である。②については、従前は、裁判所に対する財産開示手続の申立権者が確定判決等を有する債権者に限定されていたところ、申立権者の範囲を拡大し、仮執行宣言付判決を得た者や公正証書により金銭の支払を取り決めた者等も利用可能にし（同法 197 条）、従前は債務者の不出頭や虚偽

---

[319] 鈴木・強制する法務 161 頁参照。山下・履行確保 150 頁は、行政上の強制徴収制度は機能不全とまでは言わないにしても機能障害の状態にあるとする。

陳述に対する罰則が30万円以下の過料にとどまっていたところ、不出頭等に対して6月以下の拘禁刑または50万円以下の罰金という刑罰を科すこととされた（同法213条）[320]。

わが国では、行政上の強制徴収において準用される国税徴収法141条1項において、間接強制調査の対象が、①滞納者、②滞納者の財産を占有する第三者およびこれを占有していると認めるに足りる相当の理由がある第三者、③滞納者に対し債権もしくは債務があり、または滞納者から財産を取得したと認めるに足りる相当の理由がある者、④滞納者が株主または出資者である法人に限定されている。さらに、債務者の財産開示手続が存在しない。民事執行法における債務者の財産調査手続を参考にして、行政上の強制徴収における債務者の財産調査手続を改善すべきであろう[321]。

8 事前徴収の可否

最大判昭和41・2・23民集20巻2号320頁は、行政上の強制徴収の仕組は

---

[320] ドイツにおける財産開示制度については、内山・財産開示が詳しい。青木・ドイツ法180頁以下も参照。ドイツでは、債務者が財産開示期日に出頭せず、または財産開示を正当な理由なく拒否した場合、債権者の申立てにより、裁判所が債務者の拘禁を命ずることとされているが、かかる制度の合憲性について、1982年10月19日の連邦憲法裁判所判決は、国によって自力救済を禁じられた債権者に対して、強制執行の前提として、差押え可能な財産を特定するために拘禁を含めた制裁を設けることは、単に債権者の私益のみならず、公益に資するのであり、この公益は、法治国家の秩序を維持するために必要な基本的要素であると判示している。この論理は、自力救済ができない公債権についても妥当するのみならず、自力救済が認められた公債権についても妥当し得ると思われる。韓国における財産開示制度については、古賀・韓国における金銭債務名義250頁以下参照。韓国では、財産開示期日への不出頭、開示目録の提出拒否、宣誓拒否に対して、裁判所が決定で20日以内の監置に処することができるが、韓国では、これは過酷な処分ではなく、むしろマイルドな処分であるという意見が支配的であり、実効性が高いという。古賀・韓国における金銭債務名義257頁〜259頁参照。財産開示義務は、無資力の者でも履行加可能であるので、この義務の履行を担保するための拘禁または監置は、無資力者であるがゆえに身体を拘束されるという批判を免れるものといえる。執行法制研究会・立法提案358頁以下が財産開示制度の実効性を確保数するための監置制度を提案しているのも、そのような理由によるものと思われる。アメリカにおける財産開示手段について、三木・アメリカ法152頁以下参照。フランスの財産照会制度について、山本・フランス法124頁以下、ドイツの財産照会制度について、青木・ドイツ法189頁以下、韓国における財産照会制度については、古賀・韓国における金銭債務名義263頁以下参照。

[321] 財産を保全する緊急の必要がある場合には、簡単な疎明で財産保全命令を行政処分でも行える制度を設けるべきとするものとして、阿部・仮の行政処分（1）45頁参照。

が設けられている場合には、それを利用せずに民事訴訟を提起する司法的執行を行うことは、法の趣旨に反するので認められないと解している。しかし、行政上の強制徴収が可能であることは、必ずしも国や地方公共団体にとって有利なわけではない。たとえば、民事上の代替執行であれば、執行前に、執行裁判所へ申立てを行い、債権者に事前に必要な費用を支払うべき旨を命じてもらうことができるが（民事執行法171条4項）、行政代執行法には、かかる規定はない。そこで、「代執行に要した費用」の徴収のための差押え前に、差押えを免れる目的で第三者に所有権を移転されてしまうことが起こりうる。最判平成12・7・7金法1599号88頁は、行政代執行により市が代執行費用債権を取得した後、残余の財産では債権者に対して十分な弁済をすることができなくなることを知りながら第三者に対して自己の財産に譲渡担保権を設定し、債務者の責任財産の減少という結果を発生させたことは詐害行為であり、債権者はこれを取り消すことができると判示したが、このような手続をとることは煩瑣である。しかし、「代執行に要した費用の徴収」（行政代執行法5条）という文言に照らし、代執行費用の事前徴収を認めることは解釈論としては困難と思われる[322]。

9 仮差押命令の申立ての可否

代執行費用請求権を保全するための民事保全法20条の仮差押命令の申立てを行うことができないとする裁判例がある。すなわち、京都市が、市街化調整区域における違法建築物について、都市計画法違反を理由として、平成3年から平成6年にかけて代執行を行った事案においては、代執行に要した費用の回収を確保するために、民事保全法による仮差押えを申し立てたところ、大阪高

---

[322] この点について、ドイツの連邦行政執行法10条には、代執行費用の事前徴収を認める規定はないが、連邦行政裁判所判例および通説は、強制手段の決定がなされた時に代執行費用の支払義務が生じているので、明文の規定がなくても事前徴収は可能と解している。これに対しては、①法律の留保の原則に照らし明文の規定なしに事前徴収は認められないのではないか、②代執行が実行されるまでは義務者は自ら義務を履行することにより代執行費用納付義務を免れるのであるから事前徴収を認める明文の規定がない場合には代執行実行後に納付義務が生ずると考えるべきではないか、③代執行費用の事前徴収制度は強制金に類似した間接強制機能を有するので、明文の規定なしに事前徴収を認めるべきではないのではないか、という疑問が提起されている。西津・行政規制執行改革論64〜67頁参照。ドイツの大半の州では、見積額を代執行前に徴収することができ、不足額については追加で徴収する仕組みとなっているが、事前徴収制度は必ずしも積極的に活用されてはいないようである。西津・ドイツの建築規制執行11頁参照。

決・平成10年（ラ）第252号[323]は、これを認めなかった。大阪高裁は、「右費用の徴収については、滞納処分の例によるとされているものの、国税に関する特有の規定である保全担保及びそれ自体として滞納処分に関するものではない保全差押えに関する規定が適用ないし準用されないからといって、これをもって立法の不作為とまでは解せないし、これらの規定の準用は否定されるものの、右費用の徴収については、基本的には租税に準じる簡易迅速な行政上の強制手段が与えられている以上、この上さらに一般私法上の債権と同様に民事訴訟を提起し民事保全法上の仮差押えを認めることは、立法の趣旨にも反するものであり、許されないものというべきである」と判示した。この立場に立てば、代執行費用の徴収のために差押えを予定している財産の所有者が、差押えを免れるために当該財産を第三者に譲渡した場合、国や公共団体は、詐害行為取消請求（国税通則法42条、地方税法20条の7、民法424条1項）を行い、当該第三者から措置命令の名宛人に当該財産の所有権を戻させて、改めて差押えを行うという迂遠な手続をとらなければならないことになる。また、福岡高決平成17・8・22判時1933号91頁は、廃棄物処理法19条の3の規定に基づく改善命令の履行を確保するために事務管理として将来行う産業廃棄物撤去費用償還請求権の一部を被保全権利とする仮保全命令の申立てについて、将来行う産業廃棄物撤去費用償還請求権は民事訴訟法135条の「あらかじめその請求をする必要がある」という要件を満たさないという理由に加えて、行政上の強制徴収が可能な以上、かかる申立ては許されないと判示した[324]。

他方、代執行ではなく、事務管理として行うことにより、義務者の債務の履行を確保するため、将来の給付の訴え（民事訴訟法135条）が提起され、民事保全法の仮差押命令の申立てがされた例がある。すなわち、岩手県は、産業廃棄物の不法投棄事案において汚染された土壌の適正処理のため、廃棄物処理法19条の4第1項の規定に基づき原状回復の措置命令を行ったものの義務が履行されないため、それとは独立に、同県は民法697条の規定に基づく事務管理として自ら汚染除去等の工事を実施し、それに要した費用を「本人のために有

　323　同決定は、北村＝須藤＝中原＝宇那木・行政代執行113頁に掲載されている。
　324　これに対して、本件事務管理費用償還請求権は、民法702条の規定に基づく私法上の債権であり、国税徴収法の例により徴収できない債権であり、最大判昭和41・2・23民集20巻2号330頁とは事案を異にするという批判がある。北村＝須藤＝中原＝宇那木・行政代執行（宇那木正寛執筆）139頁参照。

益な費用」（民法702条1項）として償還請求をすることとした。そして、義務者による償還を確保するため、将来の給付の訴えを提起し、事務管理費用を被保全債権として民事保全法の仮差押命令の申立てをしたところ、盛岡地決平成13・2・23平成13年（ヨ）第9号[325]は、これを認めたのである。保全手続の規定がない行政代執行法の不備を民事上の手法を用いることにより補ったといえる。

しかし、立法論としては、行政上の強制徴収手続においても、仮差押えの制度を設けるべきであろう。

10　代執行費用の徴収
(1)　費用徴収後の納付命令の取消しの利益

「代執行に要した費用」を徴収した後に、なお「代執行に要した費用」の納付命令の取消しを求める利益が認められるかという問題がある。この点について、奈良地判平成21・1・14L06450479は、これを肯定している。この事案における納付命令は、原告を含む9名の者を連帯納付義務者として発せられたものであるところ、差押えの対象とされた財産の所有者において当該差押えの前提となる納付命令の取消し等を経て徴収された金員の返還を受ける余地があり、そのような場合には奈良市長がさらに本件納付命令に基づき原告に対して徴収手続をすることを妨げられるわけではないので、原告には、なお本件納付命令の取消しを求める法律上の利益があると判示している。他の連帯納付義務者による取消訴訟における取消判決の形成力が原告には及ばないという相対効説を採用し[326]、他の連帯納付義務者に徴収金が返還された後、原告に対する納付命令に基づく徴収が行われる可能性があることを理由とするものと思われる。

---

[325]　同決定は、岡山市・行政代執行35～36頁に掲載されている。
[326]　宇賀・行政法概説Ⅱ285頁参照。なお、宇那木・強制徴収手続(1)92頁以下は督促手続、宇那木・強制徴収手続(2)94頁以下は滞納処分ができる場合の財産調査手続、宇那木・強制徴収手続(3)94頁以下は立入等による捜索手続、宇那木・強制徴収手続(4)95頁～98頁は滞納処分の職権による執行停止、宇那木・強制徴収手続(4)98頁～99頁は行政上の強制徴収ができない債権の徴収停止について、宇那木・強制徴収手続(4)99頁～100頁は行政上の強制徴収ができない債権に係る債務の免除について、宇那木・強制徴収手続(5)90頁～91頁は延滞金、91頁～95頁は徴収猶予、95頁は分納契約、宇那木・強制徴収手続(5)96頁以下は滞納処分ができない債権に係る財産調査手続について具体的に解説している。

(2) 国税滞納処分の例による強制徴収

　代執行に要した費用は、国税滞納処分の例により、これを徴収することができる（行政代執行法6条1項）。「徴収することができる」とは、効果裁量を付与する趣旨ではなく、国税滞納処分の例により徴収する権限を付与する趣旨である。「代執行に要した費用」は、義務者が自ら義務を履行していれば不要であったものであり、代執行権限を行使した行政主体にとって、義務者からの費用の徴収は権利であると同時に、任意に義務を履行した者との公平の観点からも、公費を適正に使用するという納税者全般への責務という観点からも、徴収しない裁量が認められるわけではなく、徴収しないことができるのは、それを認める法定の要件を満たす場合に限られる。国税滞納処分の強制徴収の仕組みは、同法以外の他の法律で定めることにより、国税以外の金銭債権についても準拠されている例が少なくなく、行政代執行法6条1項は、その一例である。この仕組みは、督促を行い（国税通則法37条1項）、所定の期限までに納付されなければ相手の財産を差し押さえ（国税徴収法47条）、公売に付して換価し（同法89条以下、94条以下）、換価代金を配当するものであり（同法128条以下）、訴訟を提起することなく、強制徴収を行うことが可能である。かかる行政上の強制徴収の仕組みがあるため、その発動を示唆することにより、任意に納付がなされることもある[327]。

　存置物件の引渡し義務の消滅前における存置物件の保管委託費用は「代執行に要した費用」に当たるが、存置物件の引渡し義務が消滅した後も保管を継続したことにより生じた保管委託費用については、行政上の強制徴収はできず、義務者が任意に支払わない場合、民事執行によらなければならない。これについても、行政主体は、費用を請求しない裁量を認められるわけではなく、請求しないことができるのは、それを認める法定の要件を満たす場合に限られる[328]。解体資材等を義務者が引き取らない場合、これを差し押さえて、公売し、「代執行に要した費用」に充当することも考えられる。

　国税徴収法の規定を準用する場合、「国税徴収の例」によると規定されている場合（健康保険法183条、厚生年金保険法89条、障害者の雇用の促進等に関する法律62条等）と「国税滞納処分の例」（介護保険法156条4項、自然公園法66条

---

　[327] 収用代執行研究会・土地収用115頁参照。
　[328] 国税滞納処分の一環として居住住宅の差押えを示唆することにより、「代執行に要した費用」の全額の支払いが行われた例について、下村＝海老原・空き家対策21頁参照。

3項前段、都市計画法75条5項前段）または「国税徴収法の規定する滞納処分の例」（地方税法68条6項、72条の68第6項）によると規定されている場合がある。前者は、公課の性質に反しない限りにおいて、国税に固有の規定以外の国税徴収に係る法規を一般的に準用する場合に用いられる。他方、後者は、主として国税徴収法5章（滞納処分）の規定を準用する場合に用いられる[329]。「国税滞納処分」とは国税に係る行政上の強制徴収の仕組みであり、国税徴収法5章に規定されている。具体的には、差押え（同法47条～81条）、交付要求（同法82条～85条）、参加差押え（同法86条～88条）、財産の換価（同法89条～93条）という一連の処分が「国税滞納処分」に該当する。すでに他の者により強制換価手続が開始されている場合において、当該手続に参加して配当を受ける手続が交付要求または参加差押えである。財産の換価は、差押物件を公売して、その代金を債権に充当する手続である。行政代執行法6条1項が、「国税滞納処分の例により」と規定したのは、納付命令（同法5条）により「代執行に要した費用」の納付義務は確定しており、任意に納付がなされない場合に、国税の場合と同様の行政上の強制徴収の手続を用いることを主として念頭に置いたからである。

　国税の場合、納税告知（国税通則法36条）を行っても納税義務が期限までに完全に履行されない場合、督促（同法37条）が行われ、督促状を発した日から起算して10日を経過した日までに完納されない場合、滞納処分（同法40条）に至るが、滞納処分の具体的方法は国税徴収法に定められており、財産の差押え（同法47条～81条）、財産の換価（同法89条～127条）、換価代金の国税への充当および他の公課債権に対する配当（同法128条～137条）、滞納処分費の納入の告知（同法138条）という手続をとる。

　なお、国税滞納処分の手続を準用する場合、大別して、個別法で国税（または地方税）滞納処分手続を準用する直接準用型と、個別法で国税滞納処分以外の例によると定めているが、国税徴収法以外の当該法律で国税滞納処分の例によることとされているため、間接的に国税滞納処分の例によることとなる場合がある。直接準用型の例として、児童手当法14条1項（「地方税の滞納処分の例により」）、国家公務員共済組合法制定附則20条の9第3項（「市町村税の滞納

---

329 国税滞納処分の例により徴収する場合には、5年で時効が完成し、私債権に比較して不能欠損処分が容易となることが、地方公共団体にとってのメリットとして指摘されることがある。宇那木・自治体行政代執行51頁、鈴木・行政代執行69頁参照。

処分の例によつてこれを処分することができる」）があり、間接準用型の例として子ども・子育て支援法 71 条 1 項（「厚生年金保険の保険料その他の徴収金の例による」。厚生年金保険法 86 条 5 項は、「国税滞納処分の例」によるとしている）のほか、行政代執行法が準用する国税滞納処分手続の例によることとする類型が存在する。

　行政代執行法を介した間接準用型の中には、「行政代執行法…の定めるところに従い」と規定するもの（建築基準法 9 条 12 項、空家法 22 条 9 項）と「行政代執行法第 5 条及び第 6 条の規定を準用する」（昭和 60 年法律第 87 号による改正前の道路交通法 81 条 5 項）がある。行政代執行法が定めるところに従うと規定されている場合、行政代執行法が規定していない義務者不明の場合における簡易（略式）代執行については準用の対象外となる。たとえば、建築基準法 9 条 11 項において、「その者の負担において」と規定されていても、同条 12 項は、「行政代執行法…の定めるところに従い」と規定しているため、行政代執行法に規定がない簡易（略式）代執行の費用については、行政上の強制徴収はできず、民事訴訟により費用を徴収する必要があると解されていた。これに対して、昭和 60 年法律第 87 号による改正前の道路交通法 81 条 5 項は、行政上の強制徴収に関する行政代執行法の二つの条文のみを準用していたので、簡易（略式）代執行後に義務者が判明した場合には、行政上の強制徴収が可能と解することが可能であった[330]。

　なお、徴収職員は、滞納処分のため必要があるときは、滞納者の物または住居その他の場所につき捜索することができ（国税徴収法 142 条 1 項）、また、一定の要件の下で第三者の物または住居その他の場所につき捜索することができる（同条 2 項）。そして、捜索に際し必要があるときは、滞納者もしくは第三者に戸もしくは金庫その他の容器を開かせ、または自らこれらを開くことができる（同条 3 項）。したがって、この調査は、間接強制調査ではなく、実力行使を認められた調査であるが、裁判官の令状は要件とされていない。この点について、単に立ち入るにとどまらない強制調査については、濫用を抑止するた

---

[330] ただし、「国税滞納処分の例」によると規定されている場合であっても、国税徴収法 5 章の規定以外の規定が、準用される場合がある。吉国ほか・国税徴収法精解 95 頁参照。なお、地方公共団体の中には、代執行費用徴収規則を定めている例がある（飯塚市行政代執行費用徴収規則、笠間市行政代執行費用徴収規則、鹿屋市行政代執行費用徴収規則、蒲郡市行政代執行費用徴収規則、五條市行政代執行費用徴収規則等）。

め、緊急性などの事情がない限り、原則として司法関与が求められるという指摘がされている[331]。
(3) 義務者が死亡した場合
　納付命令により納付義務が確定した後、納付義務者が死亡した場合、民法の相続の規定に従えば、当該債務は相続人の間で分割相続される。これに対し、国税通則法5条3項(「前項の場合において、相続人のうちに相続によって得た財産の価額が同項の規定により計算した国税の額を超える者があるときは、その相続人は、その超える価額を限度として、他の相続人が前二項の規定により承継する国税を納付する責めに任ずる」)の規定が類推適用されるかが問題になる。同項は、国税の納付について相続人に特別の連帯納付の責任を定めたものであり、「代執行に要した費用」に係る債務については類推適用されないと解される[332]。
(4) 共有物件に係る代執行債務
　共有の建築物に係る除却命令が出された場合[333]、除却義務は不可分債務であるが、当該物件について除却の代執行が行われ、「代執行に要した費用」に係る金銭債務に転化した場合、この金銭債務が不可分債務か可分債務かという問題がある。東京地判平成18・4・28判例集不登載は、物件の共同占有者らが負う物件移転義務は、その性質上、不可分債務であるが、これが義務者によって任意に履行されず、行政代執行が行われて金銭債務に転化した場合、同債務は、原則どおり、義務者らの間で、持分割合に応じて当然に分割されると解すべきであると判示している[334]。しかし、可分債務とすると、持分割合で按分して個別に費用を請求しなければならないが、それは困難な場合があり、そのため、「代執行に要した費用」を徴収できなくなると、社会的公正を害することになるし、代執行自体を躊躇することになりかねない。そのため、不動産の買主がその売主の相続人に対して売買を原因として当該不動産の所有権移転登記を求める訴訟は、不可分債務の履行を求めるものであり、その相続人が数名存在する場合であっても、必要的共同訴訟ではないとする最判昭和36・12・15民集15巻11号2865頁に照らしても、「代執行に要した費用」に係る金銭

331　曽和・行政調査276頁参照。
332　横田・司法関与457頁以下参照。
333　長屋に共有部分があるときに、一部の除却命令を出すときは複雑な問題が生ずる。詳しくは、北村・空き家問題213頁以下参照。
334　同様の立場をとるものとして、北村・空き家問題60頁〜61頁参照。

債務に転化した場合、この金銭債務を可分債務と解することには疑問の余地があるとする指摘もある[335]。共有物の場合には、地方税法10条の2第1項の類推適用により、義務者が連帯して納付義務を負うことになると解するのが適当と考えられるが、同項を準用する旨の規定を設けておくほうが望ましいと思われる。

(5) 相続財産清算人を選任した場合

相続人全員が相続を放棄した場合や相続人が不在な場合に相続財産清算人を選任して行った代執行に要した費用の回収については、相続財産清算人から国税滞納処分の例により強制徴収することができる。しかし、相続財産清算人が選任されている場合には、かかる手続をとるよりも、配当に同意するほうが簡便な場合があり、実務上も、相続財産清算制度導入前に、相続財産管理人が選任されていた事案において、後者の手続が選択された例がある。すなわち、板橋区が最初に行った代執行においては、相続財産管理人が選任されていたが、代執行等の費用について、相続財産管理人から①配当に同意するか、②破産の申立てをするか、の選択肢を提示された板橋区は、②を選択した場合、破産管財人が選任され、相続財産から管財人費用が別途控除されるうえ、破産手続終了までかなりの時間がかかることが想定されるため、①を選択した。具体的には、相続財産管理人から配当に関する提案書を受領し、費用の全額が配当される案ではなかったために、債権の一部を放棄する議決(地方自治法96条1項10号)を得て、配当案への同意の意思を相続財産管理人に伝えている。そして、他の債権者も全員が配当案に同意した旨の書面を相続財産管理人から受領した後、板橋区は、請求金額を変更するために不納欠損処分を行い、変更した金額の納付書を相続財産管理人に送付して費用の回収をしている[336]。相続財産管理人から配当金が支払われた場合、予算書の雑入または弁償金の項目で扱うことが多かったようである[337]。

簡易(略式)代執行を行った後に、簡易(略式)代執行費用に係る債権を理由に、利害関係人として相続財産清算人の選任を家庭裁判所に申し立てることも可能である[338]。この場合、簡易(略式)代執行費用には先取特権は認められ

---

[335] 収用代執行研究会・土地収用111頁参照。
[336] 宇那木監修・所有者不明空家86〜88頁参照。
[337] 宇那木監修・所有者不明空家113頁参照。
[338] 2018年に成立した所有者不明土地の利用の円滑化等に関する特別措置法42条1項

ないので、相続財産清算人は、優先権を有する債権者に弁済した後、債権額の割合に応じて弁済をすることになる（民法957条2項、929条)[339]。

(6) 個別法における代執行に要した費用の徴収に係る規定

個別法において、代執行に要した費用の徴収について、特別の定めがある場合がある。森林病害虫等防除法8条1項は、国または都道府県が、同法3条1項から3項までもしくは5条1項から3項までの規定による駆除命令、7条1項の規定による指示または同条2項の規定により当該官吏もしくは森林害虫防除員の行う処分により損失を受けた者に対し、損失を補償しなければならないと定めており、そのため、農林水産大臣は、同法4条1項の規定により代執行を行った場合において、その費用の額が、駆除命令を受けた者が自らその措置の全部または一部を行ったとした場合にその者が受けることとなるべき同法8条1項の規定による補償の額を超えるときは、その超える部分の額に相当する額をその者から徴収することができることとしている（同法4条2項）。

また、土地収用法102条の2は、同条2項前段の代執行が行われた場合において、都道府県知事は、義務者および起業者にあらかじめ通知した上で、当該代執行に要した費用に充てるため、その費用の額の範囲内で、義務者が起業者から受けるべき明渡裁決に係る補償金を義務者に代わって受けることができることとしている（同条3項）。また、起業者が同項の規定に基づき補償金の全部または一部を都道府県知事に支払った場合においては、この法律の適用については、起業者が都道府県知事に支払った金額の限度において、起業者が土地所有者または関係人に明渡裁決に係る補償金を支払ったものとみなすこととしている（同条4項）。もっとも、同条3項の規定が実際に適用されることは容易には予想されない。その理由は、明渡裁決に係る補償金を都道府県知事が義務者に代わって受け取ることができるのは、補償金が義務者に支払われる前と考えられるが、明渡裁決において定められた明渡期限までに補償金の払渡しまたは供託等が行われないと、明渡裁決は失効するので（同法100条2項前段）、明渡期限を経過しても義務者が義務を履行しないために代執行を行うときには、

---

[339] の規定に基づき、国の行政機関の長または地方公共団体の長は、所有者不明土地につき、その適切な管理のため特に必要があると認めるときは、家庭裁判所に対し、相続財産清算人の選任を請求できるようになったので、国の行政機関の長または地方公共団体の長は、直接の利害関係がなくても、相続財産清算人の選任を請求可能な場合がある。

339 叙持・特定空家等169頁～170頁参照。

補償金の払渡または供託等は終了しているはずだからである。もっとも、明渡期限を経過する前に、「履行しても明渡しの期限までに完了する見込みがないとき」に当たるとして起業者が代執行の請求を行う可能性は否定できないが、戒告や代執行令書による通知の手続を経て代執行を行い、その費用を徴収する時点では、明渡期限を経過しているのが通常であると考えられるし、起業者は明渡裁決を失効させないように、明渡期限到来のかなり前に補償金の払渡しを済ませるのが通常であるため、同法102条の2第3項の規定が適用されるケースはほとんどないと思われる[340]。土地所有者等が補償金の受領を拒否した場合には、起業者は補償金を供託することになるが（土地収用法95条2項1号）、都道府県知事は、行政代執行法6条1項の規定に基づき供託金に係る還付請求権を差し押さえ、還付請求権者として供託所に払渡請求をすることができる[341]。

起業者または物件の所有者は、移転料の補償に代えて、起業者が当該物件を移転することを収用委員会に要求することができ（土地収用法85条1項）、収用委員会は、この要求が相当であると認めるときは、明渡裁決において移転の代行による損失の補償の裁決をすることができる（同条2項）。物件を移転すべき者が明渡裁決に係る移転の代行の提供の受領を拒んだときも、都道府県知事は、起業者の請求により、行政代執行法の定めるところに従い、代執行を行うことができる（土地収用法102条の2第2項後段）。この場合においては、物件の移転に要した費用は、行政代執行法2条の規定にかかわらず、起業者から徴収するものとし、起業者がその費用を支払ったときは、起業者は、移転の代行による補償をしたものとみなされる（土地収用法102条の2第5項）。

(7) 事務管理に基づく有償費償還請求権としての代執行費用の請求

廃棄物処分場が存在する地方公共団体（原告）を含む複数の地方公共団体から廃棄物の処分を委託されていた民間業者が不適正な廃棄物処理を行ったため、原告の長が、当該業者に対して生活環境保全上の支障の除去のための措置を講ずべきとする命令を発して行政代執行を行ったが、当該業者が破産手続開始決定を受けたため、当該業者に廃棄物処理を委託していた他の地方公共団体に事務管理に基づく有償費償還請求等を行った事案において、福井地判平成29・9・27判タ1452号192頁は、原告を含む当該複数の地方公共団体は、不真正

---

[340] 広岡・行政代執行法36～37頁参照。
[341] 広岡・行政代執行法37頁参照。

連帯債務に準ずるものとして、本件措置を講ずる義務を負い、原告がその義務の履行として自己の負担部分を超えて支払った措置の費用については、他の地方公共団体に対して、事務管理に基づく有償費償還請求権が認められるとした。また、廃棄物処分場所在地の市（原告）および県が、廃棄物処分場所在地以外の他の地方公共団体（以下「排出自治体」という）から廃棄物の処分を委託された民間業者に対して措置命令を発し、代執行を行ったところ、当該業者が破産手続開始決定を受けた事案で、原告が行政代執行費用の一部について、排出自治体に事務管理に基づく有償費償還請求をした事案で、福井地判令和3・3・29判時2514号62頁は、原告と排出自治体は、廃棄物の不適正な処理の結果生ずる生活環境保全上の支障の除去のために必要な措置を講ずる不真正連帯債務に準ずる義務を負い、原告は、自己の負担分を超える部分について、排出自治体に対して、事務管理に基づく有償費償還請求をすることができると判示した。しかし、その控訴審の名古屋高判令和4・12・7LEX/DB 25593981は、排出自治体は、その区域外においてまで生活環境保全上の支障またはそのおそれを生じさせた場合における支障除去または防止のために必要な措置を講ずる義務を負わず、また、原告の長が当該業者に対してとった措置は、法に定められた自己の権限に基づき行われたものであり、それに要した費用は他人のための事務に要した費用には当たらないから、事務管理は成立しないと判示した。

11　差押え

　国税徴収法は、①滞納者が督促を受け、その督促に係る国税をその督促状を発した日から起算して10日を経過した日までに完納しないとき、②納税者が国税通則法37条1項各号（督促）に掲げる国税をその納期限（繰上請求がされた国税については、当該請求に係る期限）までに完納しないとき、の一に該当するときは、徴収職員は、滞納者の国税につきその財産を差し押えなければならないと定めている（国税徴収法47条1項）。しかし、同法では、いつまでに差押えをしなければならないかについては規定していない。他方、条例で差押えの期限を定めている場合がある。たとえば、「岡山市分担金その他収入金の督促及び延滞金の徴収に関する条例」4条は、「収入金の督促を受けた者がその指定期限までに収入金を完納しない場合においては、督促状の指定期限後60日目までに滞納処分に着手しなければならない」と定めている。土地収用法102条の2第2項の規定に基づく代執行に要した費用を徴収するために、起業者により供託された補償金を差し押さえる場合には、供託所に差押通知書を送

達する[342]。

　差押えを免れるために、仮装譲渡が行われることもあるので、譲渡の真正性についても確認する必要がある。仮装譲渡により第三者の名義になっていても実際には義務者に帰属する財産であれば、差押えは可能である。もっとも、当該財産の登記または登録の名義人が義務者でない場合には、差押えの登記または登録ができないので、名義を義務者に変更する必要がある。実質的に義務者に帰属しない財産の差押えは無効になる。差押財産の選択は差押手続を実施する職員の裁量に委ねられているが、義務者および第三者の権利に重大な影響を及ぼすため、その選択基準について国税徴収法基本通達第47条関係（差押えの要件）17等に定めがある[343]。履行義務を負う者が、自己の財産に対する差押えを回避するために、当該財産を名目上譲渡するような場合、代執行令書により代執行に要する費用の概算による見積額を義務者に通知した段階で、被保全債権としての適格性が認められうると思われるものの、最大判昭和41・2・23民集20巻2号320頁の採用するいわゆるバイパス理論の下では、民事保全手続を利用することが認めらないことになってしまうので、この段階で、行政上の仮差押え制度を設けるべきとの指摘がなされている[344]。もっとも、行政庁が一般に保全手続に習熟していないことに鑑みれば、民事保全手続を利用できることのメリットは大きいと思われる。そこで、行政上の仮差押え制度と民事保全法の仮差押えの選択を認める立法政策も考えられる[345]。

　差押えの対象となる財産は、動産・有価証券（国税徴収法56条）、債権（同法62条）、不動産（同法68条）、自動車・建設機械・小型船舶（同法71条）、特許権等（同法72条）、電話加入権等（同法73条）、振替社債等（同法73条の2）である。徴収職員は、債権を差し押えるときは、その全額を差し押えなければ

342　収用代執行研究会・土地収用の代執行119頁参照。
343　収用代執行研究会・土地収用118頁〜119頁参照。
344　北村＝須藤＝中原＝宇那木・行政代執行114頁（宇那木正寛執筆）。実際に京都市が代執行に要した費用の徴収を確保するために、民事保全法に基づき義務者の財産仮差押えの申立てを行ったところ、これが認められなかった例が、岡山市・行政代執行34頁〜35頁で紹介されている。他方、岩手県が事務管理費用の償還請求権を被保全権利として、民事保全法に基づき義務者の財産仮差押えが認められた例（盛岡地決平成13・2・23判例集不登載）が、北村・自治力の冒険77頁で紹介されている。同様の例として、津地決平成14・11・11判例集不登載、岐阜地判平成16・9・24判例集不登載がある。
345　鈴木・法律要綱私案覚71頁参照。津田・行政代執行手続（2）71頁も、行政上の強制徴収が可能な場合に、一律に民事保全の手続を認めないことに疑問を提起する。

ならない（同法63条本文）。債権の実質的な価値は、名目上の額で定まるわけではなく、第三債務者の弁済資力により左右される。とりわけ取立てを行うために第三債務者の財産に民事上の強制執行をするときには、他の債権者が配当要求をすることも考えられる。その場合には平等弁済となるので、債権全額の差押えを原則とすることとしたのである。したがって、債権全額の差押えは、「徴収するために必要な財産以外の財産」（同法48条1項）の差押え（超過差押え）禁止原則に違反しない[346]。ただし、その全額を差し押える必要がないと認めるときは、その一部を差し押えることができる（同法63条ただし書）。一部差押えが認められるのは、①第三債務者の資力が十分で、履行が確実と認められること、②弁済期日が明確であること、③差し押さえる債権が、国税に優先する質権等の目的となっておらず、また、その支払につき抗弁事由がないこと、の要件を満たす場合である（国税徴収法基本通達63条関係2）。債権に対する滞納処分は不動産のような換価手続が不要であり、不動産公売と比較して手続が簡易であり、債権全額を回収できる可能性が高いので、債権に対する滞納処分を優先すべきと指摘されている[347]。ただし、給与債権については差押禁止となる部分がある（国税徴収法76条の規定の準用）。補償金の受領を土地所有者等が拒否したために供託された補償金を、起業者の請求により都道府県知事が代執行した費用を徴収するために差し押える場合においては、①〜③の要件を充足している場合が多いと思われる。かかる場合、供託された補償金の全額を差し押さえて配当後の残余金を義務者に返還しようとしても、さらなる受領拒否が想定されるため、一部差押えにより「代執行に要した費用」全額への充当が可能であれば、事務処理を錯綜させないためにも、一部差押えにとどめるのが合理的であろう[348]。

なお、代執行費用の納付命令と差押処分は別個独立の処分であって、両者間に違法性の承継はないとするものとして、福岡地判昭和50・4・1訟月21巻7号1405頁がある。

12　時効の中断

「代執行に要した費用」に係る国の債権は5年で時効消滅し（会計法30条前段）、権利の時効による消滅について援用を要せず、またその利益を放棄する

---

[346]　吉国ほか・国税徴収法精解520頁参照。
[347]　北村＝須藤＝中原＝宇那木・行政代執行275頁〜276頁（宇那木正寛執筆）参照。
[348]　収用代執行研究会・土地収用121頁参照。

ことはできない（同法31条1項前段）。差押えには時効中断効があるが、「代執行に要した費用」を回収しようとしても、相手方が任意に支払わず、かつ、差押えの対象となる財産を所持していない場合、どうすればよいのかという問題がある。この点について参考になるのが、岡山地判昭和41・5・19行集17巻5号549頁である。税務署長が滞納者に対して督促状を発したが、滞納者は解散し清算中であり、差押えの対象となる財産を有していなかったため、税務署長は、租税債務の消滅時効の進行を中断するため、租税債務の存在の確認を求める訴訟を提起した。前掲岡山地判昭和41・5・19は、「被告は…差押えの対象となるべき財産を所持しておらない事情があり、しかも、租税債権の消滅時効の進行を中断する方法については民法所定の方法によることとされている（会計法第31条・国税通則法第72条）。そうすると、前記事情が存在する以上裁判上の請求をするよりほかに、時効中断の方法はないことになる。かかる場合は、国が租税債権の行使を裁判上の請求によりなす必要があり、そのためにする訴には本案判決を求める利益がある」と判示している。会計法は、「金銭の給付を目的とする国の権利について、消滅時効の完成猶予、更新その他の事項（前項に規定する事項を除く。）に関し、適用すべき他の法律の規定がないときは、民法の規定を準用する。国に対する権利で、金銭の給付を目的とするものについても、また同様とする」（31条2項）と定め、国税通則法72条は、「国税の徴収を目的とする国の権利（以下この節において「国税の徴収権」という。）は、その国税の法定納期限…から5年間行使しないことによって、時効により消滅する」（1項）、「国税の徴収権の時効については、その援用を要せず、また、その利益を放棄することができないものとする」（2項）、「国税の徴収権の時効については、この節に別段の定めがあるものを除き、民法の規定を準用する」（3項）と定めている。国税通則法72条3項の「この節に別段の定めがあるもの」として、同法73条に時効の完成猶予および更新に関する特例規定が置かれているが、それ以外の点については民法の規定が準用され、したがって、裁判上の請求も時効中断事由に該当する（民法147条1号）。

　もっとも、租税債権の場合、督促を行えば時効中断の効果が生ずるが（国税通則法73条1項4号）、督促は1回限り行う趣旨のものであり、返戻されない限り再度発送することはできないとする説が有力である。したがって、納税義務者が所定の期間内に督促に応じず、差押えや交付要求により時効を中断できない場合、納付義務確認訴訟の提起を認めざるをえないというのが、前掲岡山

地判昭和41・5・19の論理である。宝塚市パチンコ条例事件最高裁判決（最判平成14・7・9民集56巻6号1134頁）との関係で、かかる訴訟の提起が許されるかも問題となるが、国税通則法72条3項が、「国税の徴収権の時効については、この節に別段の定めがあるものを除き、民法の規定を準用する」と定め、民法147条1項1号（「裁判上の請求」）の規定の準用に明文の根拠が存在し、行政代執行法6条1項が、「代執行に要した費用は、国税滞納処分の例により、これを徴収することができる」という明文の根拠を設けて、国税通則法72条3項の規定を準用しているのであるから、宝塚市パチンコ条例事件最高裁判決がいう「法律に特別の規定のある場合」に当たり、かかる訴訟の提起は認められるべきであろう。

地方公共団体が代執行を行った場合であれば、金銭の給付を目的とする普通地方公共団体の権利は、時効に関し他の法律に定めがあるものを除くほか、これを行使することができる時から5年間行使しないときは、時効によって消滅する（地方自治法236条1項前段）。そして、金銭の給付を目的とする普通地方公共団体の権利の時効による消滅については、法律に特別の定めがある場合を除くほか、時効の援用を要せず、また、その利益を放棄することができないものとされている（同条2項前段）。督促により時効を中断することができるが（地方自治法231条の3第1項、236条4項）、時効中断効という特別の効力は安易に認めるべきではないので、最初の督促に限り認める説（昭和44年2月6日自治行第12号、福岡高判昭和32・7・31訟月3巻7号43頁）を採ると、初回の督促を行った後は、民法147条が定める時効中断手段のいずれかをとる必要がある。同条1号の「裁判上の請求」として、代執行費用納付義務確認訴訟を提起して、時効を中断することが考えられる[349]。

13 滞納処分の執行の停止等

滞納処分の執行等をすることによってその生活を著しく窮迫させるおそれがあるときや、その所在および滞納処分の執行等をすることができる財産がともに不明であるときには、、滞納処分の執行を停止することができる（国税徴収

---

[349] 確認訴訟ではなく給付訴訟を提起した場合、前掲最大判昭和41・2・23が採用したいわゆるバイパス理論に反しないかが問題になるとして、かかる民事訴訟に懐疑的な見解があるが（雄川ほか・行政強制21〜22頁）、確認判決には狭義の執行力はなく、同判決の射程外と考える説もある（北村＝須藤＝中原＝宇那木・行政代執行111頁（宇那木正寛執筆）参照）。

法153条1項)。滞納処分の執行を停止したときは、その旨を滞納者に通知しなければならない(同条2項)。滞納処分の執行等をすることによってその生活を著しく窮迫させるおそれがあるときに滞納処分の執行を停止した場合において、その停止に係る「代執行に要した費用」について差し押さえた財産があるときは、その差押えを解除しなければならない(同条3項)。滞納処分の執行を停止した納付義務は、その執行の停止が3年間継続したときは、消滅する(同条4項)。「代執行に要した費用」を徴収することができないことが明らかであるときは、その費用を納付する義務を直ちに消滅させることができる(同条5項)。費用を納付する義務を消滅させた場合、不納欠損処分を行うことになる。

14 不動産の公売手続

義務者の不動産が発見されても、「代執行に要した費用」に係る債権に優先する被担保債権額を控除しても残余がある物件でなければ、公売に付す意味はないので、公売に付すことにより「代執行に要した費用」に係る債権の全部または一部に充当しうる見込みのある物件を選択して公売を行うことになる。差押財産等を公売に付するときは、公売の日の少なくとも10日前までに、公告をしなければならないのが原則であるが(国税徴収法95条1項)、公売に係る「代執行に要した費用」の額等を滞納者およびⓐ公売財産につき交付要求をした者、ⓑ公売財産上に質権、抵当権、先取特権、留置権、地上権、賃借権その他の権利を有する者、ⓒ換価同意行政機関等、のうち知れている者に通知しなければならない(同法96条1項)。

差し押さえた不動産を公売に付すためには鑑定評価が必要になるので、不動産鑑定事務所に鑑定評価を委託することになる。民事執行の場合には、執行裁判所は、代金を納付した買受人の申立てにより、債務者または不動産の占有者に対し、不動産を買受人に引き渡すべき旨を命ずることができる(ただし、事件の記録上買受人に対抗することができる権原により占有していると認められる者に対しては、この限りでない。民事執行法83条1項)。他方、代執行費用徴収の場合には、行政上の強制徴収であるので、引渡命令の制度は利用できないと一般に解されている。そのため、明渡しまでに長期を要したり、明渡費用が発生したりするおそれがある[350]。さらに占有者がいれば、売却決定後に買受人が

---

[350] 岡山市・行政代執行186頁参照。

明渡手続に要する費用を控除する必要があり、また、マンションの場合、管理費、修繕積立費等の共益費の滞納があれば、建物の区分所有等に関する法律8条により、旧所有者の債務を引き継ぐため、共益費の滞納分も控除する必要がある。代執行に係る債権に優先する先順位債権者である金融機関の申立てにより担保権の実行としての競売手続が行われる場合、代執行に係る債権者は交付要求をすることができる[351]。

15 保管動産の処分

　動産の保管および処分については、行政代執行法にも空家法にも規定が置かれていない。本来であれば、建物を除却する義務を負う者は、当該建物内に存置されている動産も自らの責任で搬出すべきであって、措置命令の名宛人が引取りに応ずべき合理的期間までは、行政代執行に密接に関連する事務として行政主体に保管義務が生じ、名宛人が引取りに応ずべき合理的期間経過により行政主体の保管義務は消滅し、それ以後も行政主体が管理を継続する場合には事務管理として管理することになるという私見を前提として、以下、保管動産の処分について述べる。

　行政代執行に密接に関連する事務として行政主体に保管義務が生じていた期間の保管費用を債権として、保管動産を国税滞納処分の例により差押え、公売により換価する方法が考えられる。この場合、複数の古物商から見積もりをとり、見積もりの対象となったものを公売し、見積もりの対象とならなかったものを廃棄物として処分する運用が想定される。解体資材（鉄くず等）についても、公売により債権の一部でも回収する可能性があるか否か見積もりをとり、その可能性があれば公売に付すことになるが、その可能性がなく、所有者も引き取らない場合には、産業廃棄物として処分することになる。

　行政主体の保管義務が解消し、その後に事務管理を行う場合には、行政主体は、最も本人の利益に適合する方法によって、その事務の管理をしなければならないが（民法697条1項）、所有者が引取りに応じないということは、本人がそれを再利用する意思を有しないと解されるから、保管期間を長期化することは、所有者が費用償還請求に応ずる負担をいたずらに増加させることになる。したがって、所有者に引取りの意思がないことが確認された場合には、可及的速やかに売却できるものは売却し、売却できないものは廃棄して、保管費用を

---

351 国税徴収法82条1項。交付要求について行政上の強制執行との関係で考察したものとして、雄川ほか・行政強制185頁以下参照。

最小限にすることが最も本人の利益に適合することになる。保管および処分に要した費用は所有者の負担になるので、行政主体が有するこの費用償還請求権と売却代金を相殺し、それでも不足する部分は費用償還請求を行うことになる。動産の保管および処分に要した費用を事務管理費用として請求する場合、相手方が任意の支払に応じない場合には、民事手続により債務名義を取得して、民事執行の手続をとる必要がある。

簡易な手続として、支払督促の申立てを行うことが考えられる。地方自治法96条1項12号は、普通地方公共団体がその当事者である「訴えの提起」について議会の議決を必要としているが、ここでいう「訴え」は、裁判所に対して判決を求めるものであるから、裁判所書記官に対して申し立てられる支払督促は、「訴え」に当たらず、議会の議決を必要としない。しかし、支払督促の申立てに対して督促異議の申立てがなされ、通常訴訟に移行する場合には議会の議決が必要になる（最判昭和59・5・31民集38巻7号1021頁）。

16 配当

代執行に要した費用に係る債権は、国税および地方税に次ぐ先取特権を有するが（行政代執行法6条2項）、私債権であっても、代執行費用の納付期限前に設定されたものは、国税および地方税に優先するから（国税徴収法15条1項、16条、20条1項、23条1項、地方税法14条の9、14条の10、14条の14第1項、14条の17第1項）、代執行費用に優先する。

17 財産の換価

差押財産等を換価するときは、これを公売に付さなければならないのが原則である（国税徴収法94条1項）。しかし、例外的に、代執行に要した費用を国税滞納処分の例によらずに徴収することが認められた例がある。すなわち、座洲した外国船に対して港湾法37条の3第2項の規定に基づき撤去命令を出し、それが任意に履行されないため、行政代執行法2条、3条3項の規定に基づく代執行として当該船舶を曳航した行為が、手続的には行政代執行という形式をとったとしても、同時に、危険にさらされた本件船舶を安全な海域に曳航するという救助の意思の下に作業を行っており、客観的に海難救助の成立要件を満たす限り、当該行為を海難救助ということができ、行政代執行法5条、6条の規定によることなく、大阪府が海難救助料債権に係る船舶先取特権を主張することは許されるとした裁判例がある（広島地呉支判昭和45・4・27下民集21巻3＝4号607頁）。これは、代執行として行った行為が、同時に海難救助にも該

当するという二面性を持つ場合についての判示であり、通常は、そのようなことはないので、代執行に要した費用は、専ら行政代執行法5条・6条に基づき徴収されることになる[352]。

18　徴収金の帰属

代執行に要した費用を徴収したときは、その徴収金は、事務費の所属に従い、国庫または地方公共団体の経済の収入となる（行政代執行法6条3項）。

---

[352] この事件では、船舶を救助した海岸が日本国内にあるときは、平成18年法律第78号による全部改正前の法例11条の規定に基づき、海難救助に基づく債権の成否・効力は、日本の商法ないし民法に照らして判定すべきこと、海難救助料債権を被担保債権とする船舶先取特権の成否・効力は、平成18年法律第78号による全部改正前の法例10条の規定に基づき、船舶の旗国法（本件ではパナマ法）によるべきことが判示されている。斎藤・エンフォースメント81頁は、本判決をグローバル化に伴う国際的なエンフォースメントの問題が伏在する事例として位置付けている。国際経済法と国内行政法との連関可能性について、米谷・国際経済ルール98頁以下参照。

第3章　簡易（略式）代執行

第1節　民法の公示送達

　義務を課す行政処分を行うため、土地・建物の登記事項証明書の取得、住民票・戸籍謄本、戸籍の附票の公用請求、近隣住民への聞取り調査等を実施しても、所有者が判明しないことが稀でない。また、所有者は判明しても、その住所が判明しない場合もある。

　かかる場合、簡易（略式）代執行の規定が設けられる前は、行政代執行法には公示送達の規定がないため、民法の公示送達（現在の同法98条1項「意思表示は、表意者が相手方を知ることができず、又はその所在を知ることができないときは、公示の方法によってすることができる」）の規定によるのが実務の一般的方針であった[1]。建築基準法9条1項の除却命令について、簡易（略式）代執行の規定が存在しなかった1958（昭和33）年11月15日に行われた秋葉原での違法建築物除却の代執行事案においては、建築物の所有者および居住者を特定することが困難であったため、除却命令、代執行の戒告、代執行令書による通知は、裁判所に公示送達を申し立てる方法で行われ、所有者であることを申し出た者に対しては、改めて戒告書および代執行令書を直接交付している。しかし、この方法では、公示に関する手続は、相手方を知ることができない場合には表意者（意思表示を行う者）の住所地の簡易裁判所、相手方の所在を知ることができない場合には相手方の最後の住所地の簡易裁判所の管轄に属し（民法98条4項）、裁判所は、表意者に、公示に関する費用を予納させなければならないとされている（同条5項）。官報への掲載に代えて、市役所、区役所、町

　1　公告は、民法98条2項（「前項の公示は、公示送達に関する民事訴訟法…の規定に従い、裁判所の掲示場に掲示し、かつ、その掲示があったことを官報に少なくとも1回掲載して行う。ただし、裁判所は、相当と認めるときは、官報への掲載に代えて、市役所、区役所、町村役場又はこれらに準ずる施設の掲示場に掲示すべきことを命ずることができる」）の規定に従い行われる。

村役場またはこれらに準ずる施設の掲示場に掲示すべきことを命ずることができるのも裁判所である（同条 2 項ただし書）。行政庁による措置命令の場合には、裁判所に申し立てることなく、行政庁自身により措置命令の公示送達を可能とする立法を行うことが望ましいであろう[2]。森林病害虫等防除法 3 条 10 項は、農林水産大臣は、駆除命令書の交付を受けるべき者の所在が知れないときその他当該命令書をその者に交付することができないときは、農林水産省令で定める手続に従い、当該命令書の内容を公告してその交付に代えることができるとし、同法施行規則 2 条は、駆除命令の区域の属する市町村または特別区の事務所の掲示場に交付すべき命令書の内容を掲示してしなければならないと定めている。立法論としては、かかる行政庁自身による公示送達の規定を行政手続法の改正またはドイツのように行政送達法の制定により設けることが望まれる[3]。なお、条例に根拠を有する処分の場合、公示送達について条例に定めを置くことは可能であろう。

第 2 節　簡易（略式）代執行に関する実定法の規定

戦前においても、1900（明治 33）年制定の旧土地収用法 61 条柱書は、「土地収用者及関係人ハ収用又ハ使用ノ時期迄ニ土地物件ヲ引渡シ又ハ物件ヲ移轉スヘシ但シ左ニ掲ケタル場合ニ於テハ起業者ノ請求ニ依リ市町村長ハ土地所有者及関係人ニ代ルモノトス」と定め、同条 2 号は「起業者ノ過失ナクシテ土地所有者及関係人ヲ確知スルコト能ハサルトキ」と定められていた。この規定のうちの物件の移転の部分は代替的作為義務を課すものとみれば、同条 2 号は、簡易（略式）代執行を定めたものとなる。戦後、所有者やその住所が不明な場合にも代執行が可能なこととその要件・手続を明確化すること等を意図して、簡易（略式）代執行の規定が諸種の法律に設けられていった[4]。

　2　明文の規定なしに裁判所の行為を行政庁が行うことができるとする行政回答（昭和 29 年 6 月 9 日建設省道路局長の神戸市建設局長への回答）参照。
　3　広岡・行政代執行法 114 頁〜117 頁参照。
　4　簡易（略式）代執行による公告は、これにより義務が課されたと擬制すれば、代執行の特殊な類型となる。他方、実際には、名宛人に認知されない可能性が高いことに鑑み、特定の者に対する具体的義務の賦課を前提としない即時強制とみるべきという見解もある。須藤・代執行・直接強制・即時強制 281 頁、須藤・即時強制 130 頁は、公告や公示は不明者に義務を課すものではないので、簡易（略式）代執行と一般に呼ばれているものは、即時強制

簡易（略式）代執行に関する実定法の規定には、過失なくして相手方を確知できないことを要件とするもの（河川法75条3項、道路法71条3項、建築基準法9条11項、屋外広告物法7条2項等）と、相手方を確知できないことについて過失がないことを要件としないもの（消防法5条の3第2項［権原を有するものを確知することができないとき］、道路交通法81条2項［「氏名及び住所を知ることができないため、これらの者に対し、前項の規定による措置をとることを命ずることができないとき」］）がある。後者は、特に緊急を要する場合と考えられる[5]。

簡易（略式）代執行の規定の大半は、措置命令の名宛人となる者を行政庁が過失なくして確知することができない場合において、行政庁は、相当の期限を定めて、義務を履行すべき旨、当該期限までに履行しないときは代執行を行う旨を公告[6]し、期限までに履行がない場合には、代執行を行うことができる旨を定めている（空家法22条10項、河川法75条3項、急傾斜地の崩壊による災害の防止に関する法律8条2項、漁港漁場整備法39条の2第4項、建築基準法9条11項、港湾法56条の4第2項、下水道法38条3項、道路法71条3項、宅地造成等及び特定盛土等規制法20条5項2号、都市計画法81条2項、都市再開発法66条5項、都市公園法27条3項、屋外広告物法7条2項[7]、土地区画整理法76条5項、廃棄物処理法19条の8第1項2号）。

もっとも、これらの簡易（略式）代執行に関する規定は必ずしも一様ではなく、「放置することが著しく公益に反すると認められるとき」という要件を規定している例（急傾斜地の崩壊による災害の防止に関する法律8条2項、建築基準法9条11項）、規定していない例（空家法22条10項、河川法75条3項、漁港漁場整備法39条の2第4項、港湾法56条の4第2項、下水道法38条3項、道路交通法81条2項、道路法71条3項、都市計画法81条2項、都市公園法27条3項、土地区画整理法76条5項、廃棄物処理法19条の8第1項2号、宅地造成等及び特定盛土等規制法20条5項2号）に分かれる。同じく住宅の用に供する建物に対す

の性質を有するとする。

[5] 阿部・法システム下420頁参照。

[6] 官報や公報での公告では、義務者がそれを認知する蓋然性は低い。ウェブサイトによる公表でもそうである。義務を履行することが予定されている現場に標識等を立てるほうが、義務者が認知する蓋然性が高いので、前者を後者で代替するか、または前者と併せて後者も行うようにすべきと思われる。

[7] 屋外広告物法7条2項については、簡易（略式）代執行とされることもあるが、即時強制とみる説もある。須藤・即時強制113頁参照。

る簡易（略式）代執行であっても、建築基準法9条11項の規定に基づく場合には「放置することが著しく公益に反すると認められるとき」という要件が規定されているのに対して、空家法22条10項の規定に基づく場合には、その要件が規定されていないのは、後者においては、実際には居住に用に供されていないことが前提になっており、また、当該財産の価値も乏しいのが一般的であり、かつ、そのまま放置すれば倒壊等著しく保安上危険となるおそれのある状態または著しく衛生上有害となるおそれのある状態であることが要件であり（空家法22条1項・3項、10項）、「放置することが著しく公益に反すると認められるとき」という要件の充足が当然認められるからであると考えられる。また、廃棄物処理法19条の8第1項2号の規定に基づく簡易［略式］代執行は、「生活環境の保全上の支障が生じ、又は生ずるおそれ」があることが要件になっている（同条1項柱書）[8]。

　簡易（略式）代執行についての実定法の規定の中には、簡易（略式）代執行により撤去され保管された物件の廃棄については、売却手続をとったが買受人がいない場合または買取額が著しく低い場合に限り認める売却手続前置主義をとるもの（港湾法56条の4第6項等）と売却手続をとったが買受人がいない場合のほかに売却手続をとっても買受人がいないことが明らかな場合にも廃棄を認めるものがある（屋外広告物法8条4項）。かかる相違は、後者の場合、張り紙のように、売却手続をとっても買受人がいないことが明らかなことが多いことによるものと考えられる。これに対し、公物管理法に定められた簡易（略式）代執行で撤去された物件の場合、金属類、木材のように全く経済的価値がないとまではいい難いものが含まれることが多いと思われるが、買取額が著しく低いことが想定される場合が少なくないと想定される。そのような場合に、時間と行政コストをかけて売却手続をとる意義は乏しいと思われる。したがって、買取額が著しく低いことが想定される場合にも、売却手続をとらずに廃棄を可能にする規定を設けるべきであろう[9]。

---

　[8]　緊急性が高いことが理由と思われるが、履行期限の公告の規定が置かれていない例も少数ながら存在する（道路交通法81条2項、消防法3条2項）。道路交通法81条2項、消防法3条2項のようにそもそも公告が行われない場合には、公告により相手方に義務が課されたという擬制が成立する余地がないので、即時強制と解さざるを得ないであろう。道路交通法研究会・注解道路交通法535頁参照。

　[9]　簡易（略式）代執行により撤去した物件に係る売却手続前置主義が法定されている場合においても、簡易（略式）代執行実施後に、財産的価値がないことが明らかなケースでは、

第3節　特別法説と独立法説

　個別法における簡易（略式）代執行の規定を行政代執行法の特例規定とみるべきか、行政代執行法とは独立の規定とみるべきかについては議論がある[10]。特別法説は、戒告、代執行令書による通知の部分を公告で代替する点では特例を定めたものであることを理由とする[11]。他方、独立法説は、行政代執行法は、代替的作為義務が特定の者に課された後に、当該名宛人がその義務を履行しない場合に行われるものであるのに対して、簡易（略式）代執行は、そもそも、名宛人を特定して代替的作為義務を課すことができない場合に行われるものであるので、行政代執行法の特例とみるべきでないという見解である[12]。代替的作為義務を課す命令を公告で行う部分は、行政代執行法の射程外であるし、そもそも、公告によって義務を課しているというのはフィクションであり、義務を課していないとすれば、即時強制と同じということになる。以上の議論の解釈論上の意義は、法律による委任がなくても、条例で簡易（略式）代執行の規定を設けることが可能かという論点に関して存在する。すなわち、特別法説を採る場合、簡易（略式）代執行は、行政代執行法1条の「行政上の義務の履行確保」に関するものであるので、法律で定める必要があることになるが、独立法説をとれば、行政代執行法1条の「行政上の義務の履行確保」に関するものに当たらないことになり、条例で簡易（略式）代執行を行うことが可能となる。

第4節　調査義務

　「過失がなくてその措置を命ぜられるべき者…を確知することができないとき」（空家法22条10項等）[13]とは、職務において通常要求される注意義務をも

売却手続を前置せずに廃棄が可能であるとする解釈もありうる。宇那木・自治体行政代執行189頁～190頁参照。

[10]　北村・略式代執行295頁以下参照。
[11]　広岡・行政代執行法42頁は、公告には、確知しえない者に対する命令とその者に対する戒告に相当するものが含まれているとする。
[12]　須藤・代執行・直接強制・即時執行280頁、須藤・行政法入門114頁参照。板垣・条例の実効性確保177頁も独立法説を支持する。
[13]　空家法制定前に空き家の所有者が確知できなかったため、建築基準法10条4項の規

って合理的な調査を行っても、所有者等を確知できないことを意味する[14]。「確知することができないとき」には、①所有者が誰か不明である場合（共有者の一部が不明の場合を含む）、②所有者と考えられる者が行方不明で生死も不明な場合、③所有者と考えられる者が生存していることは確実と思われるがその所在が不明な場合、④相続人全員が相続放棄をした場合等を含む[15]。このように、措置を命ずべき者を確知することができないときとは、措置を命ずべき者の氏名および住所をともに確知しえない場合、氏名は確知できても住所を確知しえない場合、措置を命ずべき者が存在しない場合を含む。

空家法10条は、「市町村長は、固定資産税の課税その他の事務のために利用する目的で保有する情報であって氏名その他の空家等の所有者等に関するものについては、この法律の施行のために必要な限度において、その保有に当たって特定された利用の目的以外の目的のために内部で利用することができる」（同条1項）、「都知事は、固定資産税の課税その他の事務で市町村が処理するものとされているもののうち特別区の存する区域においては都が処理するものとされているもののために利用する目的で都が保有する情報であって、特別区の区域内にある空家等の所有者等に関するものについて、当該特別区の区長から提供を求められたときは、この法律の施行のために必要な限度において、速やかに当該情報の提供を行うものとする」（同条2項）、「前項に定めるもののほか、市町村長は、この法律の施行のために必要があるときは、関係する地方公共団体の長…その他の者に対して、空家等の所有者等の把握に関し必要な情報の提供を求めることができる」（同条3項）と定めている。そして、「市町村長は、当該市町村の区域内にある空家等の所在及び当該空家等の所有者等を把握するための調査その他空家等に関しこの法律の施行のために必要な調査を行

定が準用する同法9条11項の規定に基づく簡易（略式）代執行が京都市で平成27年4月30日から6月19日まで実施された例、大阪市で平成25年12月12日から13日まで実施された例について、北村＝須藤＝中原＝宇那木・行政代執行52頁以下（北村喜宣執筆）、54頁以下（北村喜宣執筆）、日本都市センター・都市自治体と空き家188頁〜189頁（小池和也執筆）参照。

[14] 横須賀市が空家法に基づく簡易（略式）代執行を行うに当たり、建物の所有者についていかなる調査を行った結果、所有者不明と判断したかについて、長谷川・空き家123頁参照。

[15] 所有者もその所在も判明しているが、所有者が意思能力を欠いており、成年後見人もいない場合、簡易（略式）代執行が可能という説もある。大貫＝北村・討議103頁（板垣勝彦発言）参照。

うことができる」(同法9条1項)と定めている(所有者等の特定に係る調査方法等について詳しくは、「管理不全空屋等及び特定空家等に対する措置に関する適切な実施を図るために必要な指針(ガイドライン)」(平成27年5月26日付け総務省・国土交通省、最終改正令和5年12月13日付け)第1章(空家等に対する対応)3(所有者等の特定)(1)(所有者等の特定に係る調査手法等)、(2)(国外に居住する所有者等の特定に係る調査手法等)参照)。

所有者特定のためには固定資産税情報(固定資産課税台帳に登録されている所有者の氏名・住所、固定資産税納税通知書の送付先の氏名・住所)の活用が有効であることが多いが、地方税法22条の守秘義務規定や令和3年法律第37号による個人情報保護法制一元化前の個人情報保護条例を理由に、当該情報等を他部局に利用させない運用をしている地方公共団体も存在した。また、上記一元化前の個人情報保護条例における目的外利用・提供禁止原則の例外を認めるための要件とされていることが多かった個人情報保護に係る審議会の承認を得るため、同審議会に諮問を行い目的外利用・提供を可とする答申を得て、固定資産税情報を利用して老朽家屋の所有者を探知する地方公共団体も存在した。空家法10条は、個別法で固定資産税情報を空家等の所有者の特定のために利用することを認めたのである(「固定資産の課税のために利用する目的で保有する空家等の所有者に関する情報の内部利用等について」平成27年2月26日付け国住備第943号・総行地第25号参照)。「管理不全空屋等及び特定空家等に対する措置に関する適切な実施を図るために必要な指針(ガイドライン)」第4章7(1)においては、登記情報等一般に公開されている情報、住民票(除票を含む)の情報および戸籍(除籍および戸籍の附票(除票を含む)の情報、固定資産課税情報等に係る調査を行い、親族、関係権利者等への聞き取り調査等を必要な範囲について行うとともに、これ以外の調査方法等については、調査に要する人員、費用、時間等を考慮してケースごとに、特定空家等が周辺の建築物や通行人等に対し悪影響をもたらすおそれの程度や当該特定空家等による悪影響の程度と危険等の切迫性も踏まえ、必要な判断をすることとされている。日本郵便株式会社に郵便の転送情報の提供を求める場合には、「郵便事業分野における個人情報保護に関するガイドライン(令和4年個人情報保護委員会・総務省告示第2号(最終改正令和6年個人情報保護委員会・総務省告示第2号))の解説」(令和2年3月1日総務省)を参照することとされている。同ガイドラインの解説3(事業者の責務)3-7(個人データの第三者提供について(第15条~第18条関係))3-7

-4（第三者提供の制限における信書の秘密に係る個人データの例外（第15条第10頁関係））では、事業者は個人データを第三者に提供するに当たっては、信書の秘密の保護に係る郵便法8条その他の関連規定を遵守しなければならないが、地方公共団体が空家法10条3項の規定に基づき、①当該空家等がそのまま放置すれば倒壊等著しく保安上危険または衛生上有害となるおそれのある状態にあり、その除去等が周辺住人や通行人の生命、身体の保護のために必要であることから、これらの措置を所有者等に実施させるためにその連絡先を把握する必要があること、②当該地方公共団体が他にとりうる合理的な手段や方法では、空家等の所有者に関し、必要な情報が入手できないことを明らかにした上で照会してきた場合には、事業者は、当該所有者等の同意を得ることなく、空家等の所有者または管理者（以下「所有者等」という）の転居届に係る情報を提供することができるとしている。なお、外国籍の者が所有する不動産の場合、出入国在留管理庁が保有する閉鎖外国人登録原票を取得することにより、その住所が判明することがある。

　所有者やその所在地を調査するために、所有者不明土地の利用の円滑化等に関する特別措置法施行令1条は、「当該土地の登記事項証明書の交付を請求すること」（1号）、「当該土地を現に占有する者その他の当該土地に係る土地所有者確知必要情報を保有すると思料される者であって国土交通省令で定めるものに対し、当該土地所有者確知必要情報の提供を求めること」（2号）、「第1号の登記事項証明書に記載されている所有権の登記名義人又は表題部所有者その他の前二号の措置により判明した当該土地の所有者と思料される者（以下この号及び次号において「登記名義人等」という。）が記録されている住民基本台帳、法人の登記簿その他の国土交通省令で定める書類を備えると思料される市町村の長又は登記所の登記官に対し、当該登記名義人等に係る土地所有者確知必要情報の提供を求めること」（3号）、「登記名義人等が死亡し、又は解散していることが判明した場合には、当該登記名義人等又はその相続人、合併後存続し、若しくは合併により設立された法人その他の当該土地の所有者と思料される者が記録されている戸籍簿若しくは除籍簿若しくは戸籍の附票又は法人の登記簿その他の国土交通省令で定める書類を備えると思料される市町村の長又は登記所の登記官に対し、当該土地に係る土地所有者確知必要情報の提供を求めること」（4号）、「前各号の措置により判明した当該土地の所有者と思料される者に対して、当該土地の所有者を特定するための書面の送付その他の国土交通省

令で定める措置をとること」(5号) と定めている。これによって、所有者等を確知するために、どこまで調査しなければならないか、逆に言えば、どこまで調査すれば調査義務を尽くしたといえるかが明確になったといえる。

第5節　簡易（略式）代執行における公告

　簡易（略式）代執行における公告は、当該措置を行うべき旨（下命処分）と当該措置を期限までに行わないときは代執行を行う旨（代執行の戒告）の双方を兼ねるものとされている。代執行令書による通知の内容は公告の内容に含まれていないが、このことは、代執行令書による通知の内容について、民法98条の規定に基づく公示送達を行わなければならないことを意味しないと考えられる。簡易（略式）代執行は、措置を命ずべき者を確知することができないときに、ⓐ措置命令、ⓑ戒告、ⓒ代執行令書による通知のいずれについても、民法98条の規定に基づく公示送達を行わなければならない状態を改善し、ⓐⓑを兼備する1回の公告のみで代執行を可能にする趣旨と解するのが自然であるからである。

第6節　費用負担

　簡易（略式）代執行の実施後に義務者が判明した場合に、その者から代執行に要した費用を徴収しうるかという問題がある。簡易（略式）代執行を行う前に、措置命令の名宛人となるべき者の所在について職務上通常要求される注意を払って調査をしているはずであるから、簡易（略式）代執行後に名宛人となるべき者が明らかになる可能性は低いが[16]、理論上は重要な問題である[17]。
　この点については、当該義務者の負担とすることを明記している場合（都市計画法81条2項、急傾斜地の崩壊による災害の防止に関する法律8条2項、建築基準法9条11項、道路法71条3項、宅地造成等及び特定盛土等規制法20条5項、空家法22条10項、農地法42条3項2号、森林経営管理法43条2項、大津市空家等の適正管理に関する条例10条8項、伊賀市空家等の適正管理に関する条例11条2

16　釼持・特定空家等169頁参照。
17　北村・市町村空き家5頁は、簡易（略式）代執行終了後も、債権が時効消滅する5年間は、ある程度の調査を行う義務が継続すると述べる。

項、北上市空家等対策条例26条2項）には、その者から簡易（略式）代執行に要した費用を徴収しうることは明確である。

　問題は明記していない場合（河川法75条3項、漁港漁場整備法39条の2第4項、港湾法56条の4第2項、下水道法38条3項、都市公園法27条3項、道路交通法81条2項、土地区画整理法76条5項、廃棄物処理法19条の8第1項2号）である。簡易（略式）代執行に係る規定は、行政代執行法2条ないし4条の特別規定であるにとどまり、同法5条・6条の規定の適用を除外するものではなく、「その者の負担において」等の文言は確認的意義を有するにとどまると解することも考えられないわけではないものの、個別法に基づく簡易（略式）代執行は、行政代執行法に基づくものではないため、行政代執行法5条・6条の規定を準用する等、行政上の強制徴収を認める特段の規定が当該個別法に置かれていない限り、費用の納付を命ずることはできないと思われる。事務管理と構成するとしても、行政上の強制徴収はできず、民事執行が可能であるにとどまる[18]。実務上は、この解釈が一般的にとられている[19]。なお、南さつま市空家等対策の推進に関する条例10条3項で規定されているように、行政代執行法5条の規定に基づき納付命令を発して債権を確定させることとしている例がある[20]。簡易（略式）代執行を行った後に義務者が判明した場合に、行政上の強制徴収ができないことは、通常の代執行の場合と比較して均衡を欠くように思われる。簡易（略式）代執行を認める個別法において義務者に費用を負担させる規定を置き、その徴収について、行政代執行法5条・6条の規定を準用することが考えられる。2023（令和5）年の空家法改正[21]により、義務者が簡易（略式）代執行に要した費用の徴収について、行政代執行法5条・6条の規定を準用する旨の規定が置かれた（空家法22条12項・10項）。同様の例として、農

---

[18] 広岡・行政代執行法43頁は、簡易（略式）代執行について、行政上の強制徴収を明文の規定なく認めることは困難とする。宇那木・自治体行政代執行61頁も、簡易（略式）代執行に要した費用は、一般の私債権として徴収することになるとする。

[19] 「管理不全空屋等及び特定空家等に対する措置に関する適切な実施を図るために必要な指針（ガイドライン）」（平成27年5月26日付け、最終改正令和5年12月13日付け）第4章（特定空家等に対する措置）7（過失なく措置を命ぜられるべき者を確知することができない場合［法第22条第10項］）(4)（費用の徴収）参照。北村編・空家法施行170頁（西尾浩執筆）も参照。

[20] 北村・空き家問題63頁参照。

[21] 宇賀・空家等対策3頁以下参照。

地法42条5項、森林経営管理法43条3項がある。他方、このような準用規定が置かれていない例もある（建築基準法9条11項、景観法64条4項）。行政代執行法を改正して、簡易（略式）代執行についての一般的規定を設け、その中で、国税滞納処分の例により行政上の強制徴収を認める規定を置くことも検討されるべきであろう。

第7節　相続財産清算人の選任

　東京都町田市は、2017（平成29）年10月に、簡易（略式）代執行を実施し、費用償還請求権を根拠に家庭裁判所に相続財産管理人（当時）の選任を請求し、費用償還請求をしている。滋賀県東近江市も、2016（平成28）年11月に実施した簡易（略式）代執行の債権者として相続財産管理人（当時）の選任を申し立て、相続財産管理人（当時）による不動産処分手続が行われている[22]。

　従前、簡易（略式）代執行後、跡地処分のために、相続財産管理人（当時）を選任する場合、相続財産管理人（当時）の選任や報酬の支払等、相当の手間と費用が発生し、相続財産管理人（当時）選任手続の開始から跡地の国庫帰属まで長期に及んでいた。そこで、2016（平成28）年、兵庫県、洲本市、和歌山県、徳島県、堺市は、所有者等が不存在の空家等について簡易（略式）代執行を行う場合、事前に不動産登記簿情報等による調査が行われ、相当の期限を定めて公告を行うので、相続人が不存在とみなして、相続財産管理人（当時）を選任することなく、跡地が国または簡易（略式）代執行を行った地方公共団体に帰属することを空家法に規定することを提言した。これに対する府省からの第1次回答は、空家法22条10項の規定に基づく簡易（略式）代執行を行う際に所有者等の調査や公告を行うことは、特定空家である建築物を除却する場合において、当該建築物の所有者等に対して命令するために行われる手続であり、当該特定空家の敷地について行われる手続ではないので、空家法に基づく簡易（略式）代執行により特定空家である建築物を除却した後の敷地に係る所有権を、何らの手続を経ることなく一方的に国または簡易（略式）代執行を行った地方公共団体に帰属させることは、個人の財産権を侵害するものとなるので対応は困難であるというものであった。相続財産清算人制度の下でも、同様のこ

---

　[22]　簡易［略式］代執行の費用徴収については、北村・略式代執行293頁以下、剱持・特定空家等164頁以下参照。

とがいえると思われる。

第8節　不在者財産管理人の選任

　除却した建物の所有者が所在不明の場合には、売却を見込める土地がある場合、不在者財産管理人を選任して費用の回収を試みるべきであろう。不在者財産管理人を簡易（略式）代執行後に選任して、簡易（略式）代執行に要した費用全額と不在者財産管理人選任申立ての際に支払った予納金全額を回収した例がある[23]。不在者財産管理人は、「保存行為」（民法103条1号）を家庭裁判所の許可なしに行うことができるが（同法28条）、弁済期限の到来した債務の弁済は「保存行為」に当たると解される。なお、世田谷区および大田区では、不在者財産管理人を選任し、不在者財産管理人が建物の解体を行った例がある。

第9節　条例による簡易（略式）代執行制度創設の可否

　行政代執行法1条が、「行政上の義務の履行確保に関しては、別に法律で定めるものを除いては、この法律の定めるところによる」と規定しており、前述のように、ここでいう「法律」に条例は含まれないと一般に解されているため、条例で簡易（略式）代執行を定めることもできないと解する説が実務上も有力であると思われる。簡易（略式）代執行は、行政代執行法が定める代執行の要件を緩和するものであり、法律の委任なしにかかる要件の緩和を条例で行うことは、法律に違反すると考えられているのである[24]。地方公共団体においては、建築基準法とは独立した空き家条例を制定しているものが少なくないが、独自条例としての空き家条例では簡易（略式）代執行を行うことができないことが問題として指摘されていたのである[25]。そこで、空家法22条10項は、簡易

　23　香取市の例について、鈴木＝田中・空き家対策93頁参照。除却命令の対象の建物と土地の所有者が同一の不在者である場合、不在者財産管理人が建物の除却費用を控除した額で土地を任意売却し、新所有者において建物を除却して土地を管理したほうが、紛争の一回的解決に資する場合があることについて、高橋編・実効性確保法制190頁（田中良弘執筆）参照。
　24　学説でも、簡易（略式）代執行を条例で定めることは違法であるとするものとして、南川・空き家対策条例90頁参照。
　25　北村編・行政代執行の手法と政策法務12頁参照。

（略式）代執行を可能にしている。しかし、簡易（略式）代執行には法律の根拠が必要であるとする説に対しては疑問の余地がある。行政代執行法が地方公共団体の行政代執行権限を含めて独占的に規律していると解する根拠はなく、憲法94条の規定に基づき条例により簡易（略式）代執行を定めることが可能とする説[26]が存在する。簡易（略式）代執行は、公告という手続を経るとはいえ、実際には、公告の内容が相手方に伝わる可能性は低く、実質において即時強制と変わらないともいえる[27]。そうであるとすれば、即時強制を条例で定めることを認めながら、簡易（略式）代執行を条例で定めることを認めないことは均衡を欠くことになる[28]。実際、条例において、簡易［略式］代執行の規定を定める例がある[29]。

---

[26] 北村・実効性確保制度206頁、北村・空き家問題100頁参照。
[27] 須藤・行政法入門114頁参照。
[28] 板垣・自治体における実効性確保90頁参照。
[29] 「広島県プレジャーボートの係留保管の適正化に関する条例」14条1項、大津市空家等の適正管理に関する条例10条8項、板橋区老朽建築物対策条例19条、小谷村空き家等の適正管理に関する条例10条2項等を参照。

第4章　行政代執行の機能不全

第1節　機能不全の原因

　戦後のわが国は、行政執行法を廃止し、行政代執行法を制定したが、直接強制と執行罰についての一般法はなくなり、これらを認める個別法も限られている。そして、行政代執行について、その機能不全が指摘されるようになって久しい。行政代執行の機能不全とよばれる現象は、序章で述べたわが国の行政スタイルの特色としての「インフォーマル志向」の一環をなすものである。したがって、行政代執行の機能不全の原因は、序章で説明したわが国の行政における「インフォーマル志向」の原因と重なる部分が多い。しかし、以下において、改めて、行政代執行の機能不全の原因について述べ、それを受けて、本章第2節で、その解消方策について検討することとしたい。

　行政代執行法2条で実体的要件を厳格に規定したため、代執行の要件を満たしているかについて職員が自信を持てず、訴訟で争われることを懸念して代執行を躊躇すること[1]、他方、代執行を行わないことにより直接型義務付け訴訟を提起されたり、不作為の違法を理由とする国家賠償請求訴訟を提起されたりする可能性はそれほど高くなく、外部的統制が十分に機能しないことも、わが国におけるインフォーマル志向の一因と考えられる[2]。担当職員はおおむね2,3年で異動する人事慣行になっているため、在任中に「パンドラの箱」を自分で開けたくないという保身の心理が働き、担当組織全体が「ことなかれ主義」に陥る可能性も指摘されている[3]。市民訴訟、団体訴訟の制度化は、訴訟によ

　1　三好・豊島産業廃棄物不法投棄事件33頁参照。1970（昭和45）年時点で、東京都で摘発された違反建築のうち代執行に至るのは、約2000件に1件にとどまるとするものとして、暉峻・建築基準法62頁参照。

　2　北村・行政執行過程55頁以下参照。空家法に基づく簡易（略式）代執行が多い一因は、義務者が不明なために、義務者から訴訟を提起される可能性が低いことにあるように思われる。北村・自治力の挑戦54頁参照。

　3　三好・実効性確保208頁〜209頁、三好・豊島産業廃棄物不法投棄事件26頁〜27頁参

る外部統制の強化につながるであろうが[4]、わが国において、環境・公害訴訟の分野で、市民訴訟、団体訴訟の導入がかねてより提唱されてきたものの、その実現は当面は容易ではないように思われる。もっとも、公道沿いの廃屋が路上に崩れ落ちて交通事故による死傷者が発生したような場合、廃屋の所有者が不法行為責任を追及されることはもとより、国または地方公共団体も道路という公の営造物の設置管理の瑕疵に基づく損害賠償責任を国家賠償法2条1項の規定に基づき追及されたり、代執行という規制権限の不行使に基づく損害賠償責任を国家賠償法1条1項の規定に基づき追及されたりすることがありうるのであり、その場合、国または地方公共団体が支払義務を負う損害賠償額が代執行に要する費用を上回る可能性がある。しかし、代執行権限の不行使を問責する国家賠償請求が提起されることも稀である。

また、代執行が強権発動のイメージを住民に与えること[5]、とりわけ相手方との距離が近いことが代執行を躊躇させる傾向があることも[6]、代執行を躊躇させる一因と思われる。小規模な地方公共団体であれば、義務の履行を懈怠している私人と担当職員が顔見知りであったり、近所に居住していたりするため、行政強制の発動に心理的抑制が働くことはありうると思われる[7]。

代執行終了後、「代執行に要した費用」を徴収しようとしても、義務者の資

照。

[4] 北村・実効性確保168頁参照。

[5] 阿部・法システム下422頁以下、宮崎・実効性の確保223頁、242頁、福井・行政代執行制度210頁等参照。滞納処分についてであるが、地方公共団体と滞納者の二面関係でとらえ、滞納処分を社会的弱者に対する過酷な侵害であるとして批判する傾向があることについて、山下・履行確保162頁参照。もっとも、行政代執行に対する意識は変化してきており、その実施は必ずしもマイナスイメージとしてとらえられていないという指摘もある。三枝・行政代執行15頁参照。

[6] 福井・行政代執行制度212頁、北村・行政執行過程276頁参照。もっとも、小規模町村でも、職員の採用試験を実施する団体が増加し、当該地方公共団体の外から通勤する職員が増加してきたため、このことが行政強制の直接の抑制原因となる事例は、それほど多くないという指摘もある。山下・履行確保162頁参照。

[7] 他方、空き家問題がその周辺に外部不経済を与える深刻な社会問題であるという認識が広まったため、特定空家等に対する代執行は、住民にもマスコミにも好意的に受け止められる傾向がある。剱持・特定空家等165頁参照。このことが、特定空家等に対する代執行がかなり行われる理由の一つと思われる。このように周辺住民に対する外部不経済の認識が明確に共有可能な場合であって、空き家のように人の排除につながらない場合には、強権発動という批判は生じにくいと思われる。

力不足により債権を回収できないことは十分に考えうる。実際、代執行に要した費用を全額回収することは困難なのが通常であり、全部または一部は公費で負担せざるをえないことから、財務当局の了解を得ることが困難な場合もある[8]。その場合、結局、公費での負担ということになる。このことも、代執行の実施を躊躇させる一因といえよう[9]。また、義務者に資力がある場合であっても、任意に支払を行わない事例も稀でない。かかる場合、国税滞納処分の例により強制徴収を行うことができるといっても、建築部局等、税務部局でない部局が強制徴収を行うことは、経験不足から容易ではなく、税務部局に協力を求めても、税の徴収以外に協力する余裕がないとして断られることがあり[10]、結局、債務者の財産を網羅的に調査することが困難になることがある。大阪市が都市公園法等に違反する不法占用物件について、2003（平成15）年12月15日に行った代執行において、運送経費として約280万円、警備費用として約250万円、弁護士相談費用として6万5000円の合計約530万円の費用が見積もられたが、結局、相手方の支払能力が低いことや国税滞納処分の例による強制徴収の事務量が膨大になること等を理由として、費用徴収を行わず、都市公園の日常管理の一環である清掃業務として処理することとしたこと[11]、鳥取県が採石場残土崩落事故の復旧作業の代執行に要した約10億4700万円が事業者に資力がないため回収できなかったことも、「代執行に要した費用」の徴収が現実には困難なことを示しているといえよう[12]。実際、「代執行に要した費用」

---

[8] 北村・実効性確保208頁、三枝・行政代執行18頁参照。財務当局が、代執行は、除却によって具体的な経済的効果が生じず、生産性のない事務ととらえがちであることも、財政当局による代執行への同意を得にくい一因であると指摘するものとして、大石・代執行23頁参照。

[9] 北村＝須藤＝中原＝宇那木・行政代執行41頁以下（中原茂樹執筆）、328頁（北村喜宣執筆）参照。豊島事件において香川県が代執行を行わないことについて、代執行費用の徴収ができない場合、県民の多額の税金を使って現場を浄化することになり、結果的に加害企業を利することになると説明していたことについて、三好・豊島産業廃棄物不法投棄事件6頁参照。

[10] 雄川ほか・行政強制67頁（佐藤俊一発言）参照。

[11] 鈴木・強制する法務139頁、141頁参照。

[12] 一部回収した例として、1999（平成11）年11月18日から2000（平成12）年1月21日まで岡山市で行われた代執行（北村＝須藤＝中原＝宇那木・行政代執行60頁（宇那木正寛執筆）参照）、2007（平成19）年1月15日に岡山市で行われた代執行（北村＝須藤＝中原＝宇那木・行政代執行62頁（宇那木正寛執筆）がある。また、2012（平成24）年11月14日千葉県流山市で行われた「流山市空き地の雑草等の除去に関する条例」違反に基づく

を全く徴収できない場合が多く、その場合、債権は5年で時効消滅になり、不納欠損処分をすることになる。とりわけ、産業廃棄物の不法投棄のほとんどは、他地域からの廃棄物の持ち込みによって惹起されるのであるから[13]、被害地の公費で原状回復を行うことへの心理的抵抗は大きいと思われる。さらに、公費負担となることへの議会や住民からの批判もあり、監査で指摘され公表されうることも[14]、代執行を躊躇させる一因となることがある。

　代執行が多くの場合に他部局や警察の協力も必要とする膨大な作業を伴う作業であるため、長が代執行を行うことに理解を示し、積極的に体制整備を指示しない場合には、代執行の円滑な執行は困難となると思われる。

　代執行が稀にしか行われず、また、代執行を経験した職員が他の部局に異動してしまい、代執行についてのノウハウが蓄積されていない場合が多いことも、代執行の実行を困難にしている[15]。とりわけ、不動産に差押えに対抗する権利が設定されている場合や不動産以外の動産や知的財産の公売については、地方公共団体の税務当局でも、十分なノウハウがなく、強制徴収が困難なことも、代執行を躊躇する一因と指摘されている[16]。

　代執行の実施が地方公共団体により行われる場合、法令所管省庁が代執行の

代執行の事案（代執行費用は約49000円）、2009（平成21）年度、2010（平成22）年度に合計11区画についての「名張市あき地の雑草等の除去に関する条例」違反に基づく代執行の事案（代執行費用は1件3～4万円）では、代執行費用が全額回収されている。北村・自治力の躍動60頁～62頁参照。

[13] 関・産業廃棄物不法投棄40頁参照。
[14] 三枝・行政代執行17頁参照。
[15] 宮崎・実効性の確保242頁、大橋・対話型行政法学196頁以下、204頁以下参照。現行の代執行制度が利用しやすい制度とはいいがたいため、実際、代執行を行う必要性が大きいと思われる行政機関においても、代執行を行った経験のあるものは少ないことについて、西津・行政規制執行改革論75頁参照。
[16] 日本都市センター・義務履行確保等125頁注14（鈴木潔執筆）参照。2006（平成18）年12月に西津教授により行われたアンケート調査によれば、行政代執行を行う上での重大な障害事由として、①適用や実施の準備のため、大がかりな人員・経費を伴う作業を要することが全体の26パーセントで最多であり、②強権発動的な強制手段であり、「伝家の宝刀」ともいわれ、きわめて重大な案件にしか適用しえないとされていることが22パーセントで2番目に多く、③費用の事後回収が困難であり、結果的に行政の大きな経済的負担を生ずるおそれが大きいことが19パーセント、④行政代執行適用の経験がきわめて少なく、当該事案に精通した職員がいないことが15パーセントという順であった。西津・行政規制執行改革論78頁参照。

手順を地方公共団体に対して示すなど、代執行の運用を容易にする努力を積極的に行ってこなかったことも指摘されている[17]。本書第2章第2節で述べたように、そもそも行政代執行法の所管府省が明確でなく、同法を所管していると認識している府省が存在しないことが、代執行に対する技術的助言が行われない原因であり、このことは、所管府省が明確にされている空家法の場合には、国土交通省および総務省により、同法についての詳細な技術的助言が行われ、そのことが、同法に基づく行政代執行および簡易（略式）代執行がかなり行われている一因となっていることからも窺える。行政代執行法の所管府省の不明確性は、同法にとって大変不幸なことである。

また、そもそも軽微な義務違反に対する代執行は比例原則の観点から機能しにくいことも[18]、代執行制度が使い勝手のよい制度といえない一因といえる。

何が代替的作為義務であるかの判断が困難な場合があること、物件の保管について行政代執行法に規定がなく、保管義務の有無や保管の方法が定かでないこと[19]等も、代執行制度が機能不全に陥っている原因となっている。

河川の不法占用に関しては、旧河川法時代に設置されたものについて、河川管理者が長期間にわたって黙認してきた案件が多く、違法建築物が既得権益化してしまい代執行が困難になる傾向がみられる。そうなると、新しい違法物件について代執行を行うことが、平等原則に反するのではないかという意識が公務員に生じ、これに対しても代執行を行うことが困難になるという現象が発生する[20]。

もっとも、代執行の機能不全という現象が、すべての分野で生じているとは必ずしもいえない。全国的に、空き家問題が深刻化しているが、総務省が2017（平成29）年10月から2019（平成31）年1月にかけて行った「空き家対策に関する実態調査結果報告書」（2019［平成31］年1月22日）によると、空家法に基づく代執行は、調査した93の地方公共団体のうち40団体で行われている。空家法が2015（平成27）年5月26日に施行されてから、2024（令和6）

---

[17] 宮崎・実効性の確保235頁参照。
[18] 福井・行政代執行制度213頁参照。
[19] 雄川ほか・行政強制64頁（小松原茂郎発言）
[20] 福井・行政代執行制度209頁～210頁参照。被規制者が規制負担の公平性が欠けていると考える場合には規制の自発的遵守を期待しがたいので、行政は規制負担の公平性を被規制者に示す必要に迫られることがあることについて、平田・自治体現場166頁以下参照。

年3月31日までに、同法に基づき、213件の行政代執行と510件の緩和（略式）代執行が行われた。この数字をいかに評価すべきかについて意見は分かれうるであろうが、少なくとも、空家法についていえば、代執行が抜かれざる伝家の宝刀という評価は、必ずしも妥当せず、同法に基づく行政代執行および簡易（略式）代執行が機能不全であるとはいえないと思われる[21]。しかし、全般的にみれば、なお代執行制度の機能が十分に発揮された状態にあるとはいいがたいように思われる。もっとも、上記のような機能不全の原因は、すべての分野で共通に存在するとは必ずしもいえない。たとえば、廃棄物処理法に基づく廃棄物の撤去の場合には、保管の問題は生じないのであり、個別の分野について、機能不全の原因と対策を分析することが必要である[22]。

第2節　機能不全への対策

I　民事執行との比較

わが国の行政上の義務履行確保制度は、民事執行制度と比較して不十分な点が少なくなく、民事執行制度から学ぶべき点が多いと思われる。

ドイツにおける行政上の強制執行の制度は、民事執行制度と類似する。その理由は、ドイツ、とりわけプロイセンにおいて、国家機関の判決・命令に係る単一の強制執行制度が慣習法として存在し、そこから、司法と行政の分化に応じて民事上の強制執行と行政上の強制執行が分化し、民事上の強制執行の理論的進展の影響を受けて行政上の強制執行が法典化されていったという経緯があるからである[23]。わが国においても、民事執行法制も行政上の強制執行法制もドイツの影響を強く受けているため、行政上の強制執行法制も民事執行法制と類似している[24]。すなわち、行政代執行に対応するものとして、民事執行法上、

---

[21]　その理由について検証するものとして、北村・空き家問題166頁以下参照。もっとも、特定空家等の総数からみれば、空き家の強制的な除却は必ずしも十分に進んでいないとの見方もある。泉水・空き家対策92頁参照。なお、道路法71条1項に基づく監督処分の履行を確保するための代執行はきわめて少ないが、これは、道路交通法に基づく即時強制により対処されることが多いためと思われる。荏原・放置等物件205頁参照。

[22]　宇那木・自治体行政代執行128頁参照。なお、特定空家等に限定して行政代執行・簡易（略式）代執行を躊躇する原因を調査した結果について、日弁連・『空き家』問題84頁〜85頁参照。

[23]　詳しくは、広岡・強制執行19頁以下参照。

代替執行があり、作為を目的とする債務について債務者の費用で第三者に当該作為をさせることができる（同法171条1項1号、民法414条2項）。確定判決を債務名義とする場合には、第1審裁判所が執行裁判所となり（民事執行法171条2項、33条2項1号）、執行裁判所が、債務者の費用で第三者に当該作為をさせる権限を債権者に与える決定を行う。授権を受けた債権者は、執行裁判所の共助機関の立場に立つことになる。授権決定は、執行裁判所の執行処分であり、債務名義ではなく、執行文付与を要しない[25]。代替執行をなすべき者の指定は、執行裁判所が職権または申立てにより行うが、債権者または執行官を指定することも可能である。授権決定に実施者の指定がないときは、債権者自身が行い、または任意の第三者たる私人に行わせることができる。授権決定が執行官を実施者に指定するときは、債権者は、執行官に代替的実施の申立てをすることになる[26]。執行官以外の者で執行裁判所の命令により民事執行に関する職務を行うものは、職務の執行に際し抵抗を受けるときは、執行官に対し、援助を求めることができる（民事執行法171条6項、6条2項）。

　行政代執行は代替的作為義務のみを対象とするのに対して、代替執行は不作為義務をも対象とするものとして位置付けられている。すなわち、債務者の費用で、債務者がした行為の結果を除去し、または将来のため適当な処分をすべきことが、不作為を目的とする債務についての代替執行とされているのである（民事執行法171条1項2号）。これは、不作為債務の不履行により有形的結果が発生した場合、債務者の費用で当該結果を除去して原状回復をすれば、不作為義務が履行されたのと同じ状態が実現するため、不作為義務の変形と捉えているのである。これに対し、行政上の強制執行の場合には、不作為義務違反の不履行により有形的結果が発生した場合、直ちに代執行ができるわけではない。当該有形的結果を除去する作為義務を課す下命処分がなされることが代執行の前提になる。かかる作為義務を課すことなく、不作為義務違反の不履行により生じた結果を実力で除去することは、行政上の強制執行においては直接強制として位置付けられる。このように、民事執行における代替執行は、行政代執行

24　広岡・行政代執行法10頁参照。
25　伊藤＝園尾・民事執行法1609頁、中野・民事執行法808頁、中野＝下村・民事執行法811頁参照。
26　伊藤＝園尾・民事執行法1609頁、中野・民事執行法808頁、中野＝下村・民事執行法812頁参照。

よりも広い概念であるので、単純に比較することはできないが、代替執行の件数は、行政代執行（簡易［略式］代執行を除く）の件数を大きく上回るものと推定されている[27]。

民事執行の分野では、1979（昭和54）年に民事執行法が制定されて以来、その実効性を向上させるための努力が継続されてきた。2003（平成15）年の同法改正では、金銭債務名義の権利の実現の実効性を向上させるため、財産開示制度が導入された。2019（令和元）年の同法改正で財産開示制度の実効性を向上させるために債務者以外の第三者からの情報取得手続を新設し、財産開示手続の申立権者の範囲を拡大し、債務者の不出頭や虚偽陳述に対する刑事罰が設けられたように、法執行の実効性を向上させることにより、国民の権利利益の保護を図り、司法制度に対する国民の信頼を確保する取組がなされていることは先に述べたとおりである。かかる取組は、行政上の強制執行にも大いに参考になるものである。にもかかわらず、行政上の強制執行制度については、行政代執行法が制定され、その附則で行政執行法が廃止されてから70年以上の間、実質的改正がなされないまま今日に至っている。その結果、民事執行制度と比較した行政上の強制執行制度の不備は、一層顕著になっている。民事執行制度を参照した行政上の強制執行制度の改革に取り組むべきである。

それでは、行政の実効性を向上させるために、どのような対策を講ずるべきであろうか。以下において、立法論と運用面における対策について述べることとする。

II 代執行の実体要件の緩和

戦後のわが国においては、財産権の過度の尊重の風潮から、ときに過剰とも思われる財産権に係る主張がみられる一方、立法者は、行政の実効性を確保する法制度を設けることに消極的であったといえると思われる[28]。しかし、全く立法的対応がなされてこなかったというわけではない。すなわち、公害問題、都市問題等の深刻化に伴い、規制により保護される国民の権利利益を保護するために、積極的な法執行を行う必要性が認識されるようになり、代執行が十分に行われていないという反省から、個別法において、行政代執行の実体的要件を緩和する規定を設ける例もみられるようになったことは前述したとおりであ

---

27 西津・行政規制執行改革論69頁参照。
28 宮崎・実効性の確保245頁参照。

る。行政代執行法の改正が困難なため、個別法における緩和代執行の拡大が行われてきたが、このように個別法による特例を定める方法ではなく、過度の萎縮効果を与えかねず、また、代執行を行わないことの正当化理由ともされうる行政代執行法 2 条の実体的要件規定を改正し、建築基準法 9 条 12 項や屋外広告物法 7 条 3 項における代執行の実体要件規定に合わせた規定とすることが検討されるべきであろう [29]。他方、ドイツの連邦行政執行法 9 条 2 項が定めるような比例原則を法定することも検討されるべきであろう [30]。わが国の現行法においても、特に比例原則を重視しなければならない分野において、この原則を明文化した例があり（警察官職務執行法 1 条 2 項、国税徴収法 48 条 1 項等）、行政上の強制執行は、比例原則にとりわけ留意する必要があることは明らかであるので、行政上の強制執行の一般法において、比例原則を明文化することは、既存の法体系上不均衡とはいえないであろう。

　もっとも、代執行の要件を緩和しても、代執行の前提となる措置命令の要件が厳格で抽象的であると、そもそも措置命令を出すこと自体を躊躇するので、結局、代執行に至らないことになる。建築基準法 10 条 3 項の「著しく保安上危険であり、又は著しく衛生上有害であると認める場合」がその例である。そのため、同項により課された義務の履行を確保するための代執行は、大阪市、京都市、横須賀市等で行われた例はあるものの、きわめて例外的である [31]。

　また、代執行の実体的要件を緩和するとともに、代執行の濫用への懸念に応えるために、第三者機関（国の場合には総務省に法律に基づき設置し、地方公共団体の場合には各地方公共団体に条例に基づき設置）に代執行の可否につき諮問し、その答申を尊重するという手続要件を課すことも検討されるべきと思われる。

Ⅲ　簡易（略式）代執行規定の一般法化

　個別法において、簡易（略式）代執行規定を設ける例は少なくないが、行政代執行法 1 条の解釈として、独自条例で代執行制度を創設することは認められ

　29　西津・行政規制執行改革論 94 頁、日本都市センター・義務履行確保等 17〜18 頁参照。三好・実効性確保 213 頁は、「義務の不履行によって重大な損害が生じると認められるとき」という要件に改正することを提案する。

　30　西津・間接行政強制制度の研究 83 頁、185 頁以下、西津・行政規制執行改革論 94 頁参照。緩和代執行に係る規定を設けても、比例原則の要請が働くので、実際には、行政代執行を促進する効果は、かなり限定的であろうことは、過去の例から窺えるところである。

　31　北村編・空家法施行 49 頁（北村喜宣執筆）、157 頁（西尾浩執筆）参照。

ないと一般に解されていることは前述した。かかる解釈によれば、条例に基づく代替的作為義務について、条例で簡易（略式）代執行規定を設けることができないことになるのではないかという問題がある。この点について、条例制定権は憲法94条に基づくものであるので、簡易（略式）代執行も条例で規定できるとする考え方もある[32]。実際、「広島県プレジャーボートの係留保管の適正化に関する条例」14条のように、独自条例で簡易（略式）代執行を定める例がある。空家法制定前の2012年に制定され2017年に全部改正される前の山陽小野田市空家等の適正管理に関する条例も簡易（略式）代執行を規定していた。もっとも、否定説も存在するため、立法により明確化を図るため、行政代執行法を改正して、同法に簡易（略式）代執行の規定を設けることが望ましいと考えられる。また、それにより、法律に基づく義務についても、個別法にアドホックに簡易（略式）代執行の規定を設ける必要がなくなる。さらに、一般法である行政代執行法に簡易（略式）代執行の規定を設けることにより、行政法学における簡易（略式）代執行の研究を促進することも期待される。

Ⅳ　戒告と代執行令書による通知の一本化

　ドイツの連邦行政執行法と同様に、戒告と代執行令書による通知の一本化を検討すべきであろう。その理由は、一方において、2段階の手続を一元化することにより、簡易迅速な代執行を可能にすること、戒告に代執行費用の見積額を記載することにより、代執行令書による通知よりも早期に、義務者に義務履行へのインセンティブを付与することを期待できることという、代執行庁にとってのメリットがあるからであるが、他方、義務者にとってもメリットがありうる。すなわち、戒告後、代執行の急速な実施について緊急の必要があり、代執行令書による通知をする暇がないときは、代執行令書による通知の手続を経ないで代執行をすることができるが（行政代執行法3条3項）、その場合、現行法の下においては、代執行費用の見積額が事前に示されないままに代執行が行われてしまうことになる。この場合、義務者は、代執行費用の見積額を知った上で、自ら義務を履行するか否かを判断する機会を与えられないことになる。これに対し、戒告において代執行費用の見積額が示されれば、義務者はより早期に代執行費用についての予測が可能になる[33]。

---

[32]　阿部・法システム（下）439頁、北村・実効性確保制度206頁、北村・空き家問題175頁参照。

V　代執行に随伴する必要最小限の実力の行使

　民事執行法6条1項は、「執行官は、職務の遂行に際し抵抗を受けるときは、その抵抗を排除するために、威力を用い、又は警察上の援助を求めることができる」と規定している。また、ドイツの連邦行政執行法15条2項は、義務者が、行政代執行または直接強制に際して抵抗する場合に、実力により抵抗を排除することができ、警察は、執行官庁からの求めに応じて職務上の援助を行う義務を負う旨を明文で定めている（同法15条2項）。わが国の行政代執行法には、かかる明文の規定がなく、代執行に随伴する必要最小限の実力行使が可能かについて、通説が形成されているともいいがたい。そのため、警察官に同行してもらい、警察官職務執行法4条の避難の規定を用いたり、公務執行妨害罪（刑法95条1項）、不退去罪（刑法130条後段）として現行犯逮捕したりすることがあるが[34]、法治国家としては必要不可欠な実力行使は正面から認めた上で、それが濫用されないような措置を講ずることが適切と思われる。したがって、人権侵害にならないように十分に配慮した上で、代執行に随伴する必要最小限の実力の行使を正面から認めることを検討すべきと思われる。

　代執行に随伴する必要最小限の実力の行使には、代執行を妨害するために設けられた物的障害（鉄条網等の撤去、施錠された戸の開錠のために必要な措置等）の除去のようなものもあるが、座り込みをしている者の両肩を抱えて、建物の外に出すことのような身体に対する実力行使もありうる。したがって、代執行に随伴するものとはいえ、これを正面から直接強制として位置付けることが考えられる。そして、濫用を防止するために、実力行使として行いうることを法律で明確に限定すること（代執行を行うことを妨害する目的で設けられた物的障害の除去、代執行現場から退出しない者の代執行現場から移動させる措置等）、手続要件を明確に法定すること、具体的には、一定時間内に代執行を妨害する措置をやめるように警告し、警告後、一定時間を経ても従わない場合には、再度、一定時間内に従わない場合には実力行使を行う旨を戒告し、当該時間が経過しても妨害をやめなかったことを実力行使の手続要件とすること、さらに、この手続が遵守されたことを証明できるように、警告から実力行使に至るまでの過程をビデオで撮影し保存することを義務付けることが考えられる。

　何が代替的作為義務であるかは必ずしも明確でないこともあり、解釈により

33　西津・行政規制執行改革論95～96頁参照。
34　現行法上の対応として、この方法を支持するものとして、大橋・行政法Ⅰ334頁参照。

判断する必要があるが、判断が困難な場合があることは否めない。この問題に対処する一つの方法は、個別法において、各義務の性格と講じうる義務履行確保手段を明記することであろう[35]。もっとも、これは、多大な労力を要する作業になると思われる。しかし、包括的な行政執行法を制定するに当たり、関係法律の整備法でかかる作業を行うことも検討に値する。

VI 存置物件の保管・換価・廃棄等に関する規定の整備

行政代執行法において、存置物件の保管・換価・廃棄等に関する規定を整備すべきであろう。行政代執行法にかかる規定がないため、存置物件が存在する建物の除却・移転等を行うに当たり、存置物件の取扱い方が不明確で対応に苦慮することが稀でないからである。実際に苦慮することが多いのは、ある存置物件を廃棄物と認定して廃棄しうるか、廃棄物ではなく保管しなければならないかの判断である。地方公共団体の中には、この廃棄物認定をできる限り客観的に行うために、点数制を採用しているものがある。放置自動車を例にとるとナンバープレートやエンジンの有無、汚れ・埃の状況、バンパーやサイドミラー等の付属機能の状況等の項目ごとに点数を付け、一定の点数を超えた場合に廃棄物として認定する手続であり、また、2005（平成17）年1月に施行された市原市放置自動車の発生の防止及び適正な処理に関する条例では、発見時においてタイヤ、エンジン等の損失、損壊等により自動車が走行不能の状態にあり所有者も判明しない場合には、当該自動車の使用が終了したものとみなし、使用済自動車の再資源化に関する法律（自動車リサイクル法）に基づき解体業者等に引き渡すことができるとされている[36]。

条例に基づく即時強制については、このような廃棄物認定手続を条例およびその委任に基づく規則で定めることが考えられるが、行政代執行法に基づく代執行の場合には、同法の委任に基づく政令または府省令で定めることが考えられる。廃棄物認定手続の明確化は、代執行または即時強制の事務的負担および保管費用を軽減することにつながり、代執行または即時強制を躊躇する傾向を多少なりとも是正することにつながりうると思われる[37]。

---

[35] 小川・義務履行確保27頁。強制執行手段の類型化について、第一次地方分権改革における国の関与のメニューが参考になるとするものとして、小川・義務履行確保37頁参照。
[36] 日本都市センター・義務履行確保等24頁参照。
[37] 廃棄物認定の困難さが代執行を躊躇させる一因となっていることについて、鈴木・強

廃棄物認定手続の結果、廃棄物に該当せず、保管が必要と判断された場合、義務者に引取りを求めることになるが、引取りに応じない等の理由で返還ができない場合にいかに対応すべきかは、実務上きわめて重要な問題であるにもかかわらず、行政代執行法には、これについての規定はない。他方、個別法においては、保管した物件が滅失し、もしくは破損するおそれがあるとき、または返還のための公示の日から起算して3月を経過してもなお当該物件を返還することができない場合において、その保管に不相当な費用もしくは手数を要するときは、当該物件を売却し、その売却した代金を保管することができる旨を規定していることが少なくない（河川法75条6項、漁港漁場整備法39条の2第7項、港湾法56条の4第5項、道路法44条の3第4項、道路交通法81条4項）。そこで、かかる規定を行政代執行法に設けて一般法化することを検討すべきと思われる。もっとも、公示の日から起算して3月という期間が一般的に妥当かについては検討を要する。なぜならば、都市公園法27条6項は、公示の日から起算して2週間（工作物等が特に貴重なものであるときは、3月）としており、かかる規定のほうが合理的なようにも思われるからである。また、即時強制についての規定ではあるが、自転車の安全利用の促進及び自転車等の駐車対策の総合的推進に関する法律6条3項のように、保管した自転車等につき、公示の日から相当の期間を経過してもなお当該自転車等を返還することができない場合においてその保管に不相当な費用を要するときは、条例で定めるところにより、当該自転車等を売却し、その売却した代金を保管することができると定め、「相当の期間」については地方公共団体が定めることとしている立法例もある[38]。そこで、保管期間について一般法化するに当たっては、多数の法律が定める「公示の日から起算して3月」を一般法とすべきか、その場合、現行の都市公園法27条6項の規定は特別法として存置すべきか、むしろ現行の都市公

制する法務155頁〜156頁参照。

[38] 同項後段では、当該自転車につき、買受人がいないとき、または売却することができない認められるときは、市町村長は、当該自転車等につき廃棄等の処分をすることができるとしている。この場合には、自転車等を所有していたものの所有権が消滅したものと解することとしている。諸岡・改正自転車法127頁参照。公示の日から起算して6月を経過してもなお保管した自転車等（売却した場合の代金を含む）を返還できないときは、当該自転車等の所有権は市町村に帰属することとされているため（同条4項）、6か月間保管することとし、保管場所に苦慮している地方公共団体がある。小舟＝周＝宮森・自治体アンケート結果387頁参照。

園法27条6項の規定を一般法化すべきか、地方公共団体が地域の実情に応じて法律が定める保管期間を延長または短縮することを認めるべきかについて、関係法律の所管府省および地方公共団体の意見を十分に聴取して検討すべきであろう。私見では、保管期間は一般的には2週間で足り、当該工作物等が特に貴重なものである場合には3月とすることが適当であると思われる[39]。

さらに、民事執行規則154条の2第2項・3項は、明渡断行の当日において存置物件を売却することを可能にしているが、行政代執行の場合にも、代執行当日における売却を可能にすれば、存置物件の搬出・保管の作業が不要になり、代執行業務と関連する労力をかなりの程度、削減することが可能になる。民事執行規則154条の2第2項・3項のような制度を行政代執行においても採用することの是非についても検討すべきであろう。

VII 事前徴収制度の導入

民事執行においては、執行裁判所は、債務者の費用で代替的作為義務を第三者にさせる決定をする場合には、申立てにより、債務者に対し、その決定に掲げる行為をするために必要な費用をあらかじめ債権者に支払うべき旨を命ずることができる（同法171条4項）。債権者は、この支払命令を債務名義として金銭執行による取立てを行うことができる。前払決定がなされなかった場合または前払費用に不足が生ずる場合には、執行費用一般の取立方法に従う[40]。

行政代執行の場合、当初から代執行費用が予算計上されていない場合には、予算の流用、補正予算の議決による流用戻し等が必要になることもあり[41]、このことが代執行を躊躇させる一因となるし、さらに、代執行後にそれに要した費用を回収することが困難なことが多い[42]。結局、公費で代執行費用を負担せざるを得なくなることが見込まれることも、財務部局、議会、住民からの批判を懸念したり、本来義務者の負担で行われるべき作業を放置しておけば公費負担で行ってもらえるというモラル・ハザードを生じさせることを懸念したり

---

[39] 鈴木・法律要綱私案覚書17頁参照。
[40] 中野＝下村・民事執行法812頁参照。
[41] 岡山市・行政代執行124頁参照。
[42] 柳瀬・行政強制207頁は、行政代執行は代執行に要した費用を回収することまでセットになった制度であるから、無資力者には行えないと解していた。

して、代執行を回避しようとする意識を公務員の間に醸成する一因となっている。

　また、現行の行政代執行法のように、事後的に代執行費用納付命令を発する方式の下では、義務者である法人の倒産、所有物件の詐害行為による譲渡、抵当権設定等により費用の回収が困難になり、結局、公費負担となる場合があるが、このことは、代執行の実行を躊躇させるのみならず、本来私人が負うべき負担を住民全体に転嫁することになり、公正の理念に反する。また、実際に事前徴収を行うかは別として、事前徴収制度の導入により、義務者自ら義務を履行することを促す間接強制効果も期待しうる[43]。したがって、行政代執行法においても、民事執行法171条4項（「執行裁判所は、第1項の規定による決定をする場合には、申立てにより、債務者に対し、その決定に掲げる行為をするために必要な費用をあらかじめ債権者に支払うべき旨を命ずることができる」）やドイツにおける代執行費用見積額の事前徴収制度を採用することが検討されるべきであろう[44]。

　事前徴収制度を採用した場合、実際に代執行に要した費用が見積額を上回った場合には、差額を追加徴収することになるし、逆に見積額を下回った場合には、差額を義務者に返還することになる。事前徴収制度の導入により、代執行前の事務が増加し、代執行への着手が遅延するおそれがあり、この問題に対処するためには、代執行の準備作業と執行費用見積額の事前徴収事務を並行して進めることができる体制を組む必要があろう[45]。除却対象物件が河川を不法占用している小型船舶のような場合、執行費用見積額の事前徴収費用を回収するために、当該船舶を差し押さえて換価することにより、代執行の機能と費用徴収の機能を同時に達成できる場合もあると考えられる。

　もっとも、代執行費用の事前徴収規定が置かれている州が多いドイツにおいては、事前徴収制度の下でも、実際に要した代執行費用のうちのかなりの部分が回収不能となっている例も報告されており[46]、また、事前徴収制度は存在す

---

　[43]　西津・ドイツの建築規制執行134頁参照。
　[44]　北村＝須藤＝中原＝宇那木・行政代執行・宇那木（宇那木正寛執筆）138頁、西津・行政規制執行改革論68頁、95頁以下参照。台湾の行額執行法29条も、代執行費用を事前徴収することとしている。建築主が事前に除却費用相当を一括納付しておかなければ建築確認をしない仕組みを提唱するものとして、永田・税務行政現場18頁参照。
　[45]　西津・行政規制執行改革論92頁参照。
　[46]　西津・ドイツの建築規制執行31頁参照。

るものの、実際には、この制度がほとんど利用されていない例もある[47]。事前徴収制度の導入の効果について過大な期待をすることはできないであろう。そこで、国税徴収法151条に規定する換価の猶予制度および同法152条に規定する分割納税制度の積極的活用が提言されている[48]。

Ⅷ 仮差押命令

　行政上の強制徴収が認められているときには、民事訴訟、民事執行の利用を認めないという理論（いわゆるバイパス理論）によれば、行政上の強制徴収が認められる場合には、民事保全法の仮差押命令の制度を利用できないことになりうる。しかし、いわゆるバイパス理論の前提は、行政上の強制徴収が私人にはない特権を行政主体に付与するものであることであるところ、行政上の強制徴収で仮差押えができないことになれば、私人に認められていることができなくなるので、バイパス理論の前提が成立しないように思われる[49]。したがって、現行法の解釈論としても、行政上の強制徴収において、民事保全法の仮差押命令の制度が適用されると解すべきと思われる。また、立法論としては、行政代執行法を改正して、独自の保全手続に係る規定を設けることも検討されるべきであろう。かかる債権保全制度を民事執行で認めて行政上の強制徴収では認めない合理的理由は見出しがたい。また、措置命令に際して将来行政代執行により発生しうる債権の見積額を、一定の期限付きで仮差押えにより保全できる制度を設けるべきという提案も、20年以上前になされている[50]。かかる仮差押制度も導入すべきであろう。

Ⅸ 義務違反状況に係る情報の公表義務

　義務違反の状態（どこでどのような義務違反が生じているか等）、それに対する指導の状況（いつどのような指導を行い、相手方がそれに対していかなる対応をしたか等）の情報を公表することを法律または条例で義務付ければ、実効性のな

　47　西津・ドイツの建築規制執行37頁、79頁～80頁、134頁参照。
　48　西津・ドイツの建築規制執行31頁参照。
　49　宇賀ほか・対話78頁参照。北村＝須藤＝中原＝宇那木・行政代執行42頁（中原茂樹執筆）は、バイパス理論を見直すべきとする。
　50　阿部・法システム下424頁参照。北村・実効性確保171頁も、原状回復命令の確実な履行の観点から、民事保全法に基づく仮差押えを認めるべきとする。津田・行政代執行手続（2）71頁も参照。

い行政指導を長期間にわたり継続して重大な義務違反が放置されていることに対して、議会、住民、マスコミ等から批判がなされ、措置命令や代執行を行うインセンティブを付与することになると思われる[51]。義務不履行者の公表については、公表基準の不明確さ、事前手続のコスト等のため、実際には、制度を設けても運用が困難であるという指摘もある[52]。したがって、公表基準をできる限り明確にし、基準に該当すると担当職員が思料するときには遅滞なく第三者機関に諮問し、基準該当の答申が得られれば、速やかに公表する運用を確立すべきと思われる。

X 過剰規制の見直し

行政代執行の機能不全の背景に、一部の領域で、そもそも過剰規制の問題があることも事実である。たとえば、用途を問わずに一律のインフラ負荷を想定する容積率規制が過剰規制をもたらしていることが指摘されている[53]。そもそも義務違反があっても、社会的な害悪が生じていないのであれば、そのような義務について国民は遵法意識を持ちがたいであろうし、行政庁としても、その遵守を義務付ける措置命令を発すること、いわんや行政代執行を行うことに消極的にならざるを得ないと思われる。この場合には、過剰規制の問題を法執行の欠缺により解決しているともいえる。しかし、このような状態は、法の権威を損なうものであり、望ましくない。過剰規制の見直しも検討されるべきである。

XI 行政代執行の射程の限定

行政代執行が多くの場合に大変な労力を要する作業であり、かつ、それに要した費用を徴収することも困難なことが多く、全額または一部を公費で負担しなければならないことが少なくないことに鑑みると、代替的作為義務であっても、行政代執行を一般的な行政強制制度として位置付けていること自体の妥当性を検証する必要があろう。違法建築に対しては、早期に建築中止命令により不作為義務を課し、それを無視して違法建築が進行する場合には、その除却義

---

51 同様の情報公表義務の制度化を提唱するものとして、福井・義務履行確保30頁、三好・実効性確保236頁、三好・豊島産業廃棄物不法投棄事件25頁参照。
52 山下・履行確保165頁参照。
53 福井・義務履行確保28頁～29頁参照。

務を課し、除却義務違反に対しては直ちに間接強制としての行政上の強制金（講学上の執行罰）を課して、除却が遅れれば遅れるほど金銭的負担を重くすることにより義務履行確保を図り、行政代執行は、それによっても義務履行確保ができない場合の最後の手段として行う仕組みのほうが妥当と思われる[54]。このようなシステムにより、行政代執行が必要になる事態の出現を可及的に回避することが、行政代執行の機能不全といわれる状況を解消するために検討されるべきであろう[55]。

XII 行政代執行法の運用上の改善策
1 組織面の対策

以上は、立法論であるが、運用上可能な改善策としては、以下のようなものが考えられる。まず第1に、組織的対策である。代執行が行われることは稀であり、そのため、ノウハウが蓄積されないし、専門的人材も育たないという問題がある。そのために、一層、代執行が行われなくなるという悪循環に陥る可能性も高い。したがって、代執行についての専門的知識・ノウハウを有する組織を整備すること等も検討されるべきである。各地方公共団体に代執行専担部局を設け原課と共同で法執行に当たらせることも考えられる[56]。しかし、地方公共団体の中には、代執行専担部局を設けることは困難なものもあると思われるので、代執行を行うための専門組織を地方公共団体の組合として設けることが考えられる。また、中小の市町村の場合、都道府県に代執行を委託したり代替執行させたりすることが考えられる。行政上の強制徴収についても、そのための人材の確保やノウハウの蓄積ができていない分野では機能不全が指摘され、それへの対応として、すでに、租税の徴収については、一部事務組合（茨城租税債権管理機構、愛媛県地方税滞納整理機構、徳島県滞納整理機構、三重県地方税管理回収機構、和歌山県地方税回収機構、渡島・檜山地方税滞納整理機構）または広域連合（静岡地方税滞納整理機構、長野県地方税滞納整理機構）が設置されてい

---

[54] 悪質業者が違反建築物を突貫工事で完成させて売り逃げし、違反とは知らずに人が入居してしまった場合、代執行が非常に困難になることについて、浪岡・建築行政3頁参照。

[55] 福井・義務履行確保29頁〜30頁も、軽微なものから重大なものまで一元的に代執行で処理することを想定しているのは非現実的であるとして、義務履行確保手段の一般則として賦課金制度を採用すべきとする。

[56] 北村・実効性確保34頁、三好・実効性確保229頁〜230頁、三好・豊島産業廃棄物不法投棄事件30頁参照。

る。また、任意組織として、地方税の滞納処理のための地方公共団体間連携が行われる場合もある[57]。さらに、徴収嘱託員という非常勤特別職の職員を活用する例もある。租税の徴収についての組合を拡充改組したりして、行政上の強制執行一般を所掌する組織とすることも考えられる[58]。かかる地方公共団体の組合の設置は、義務者との距離を確保することにより、住民に身近な地方公共団体ほどフォーマルな法執行を行いにくいという問題の解消にもつながろう。

　もっとも、単に地方公共団体の組合を設置するだけで問題が解決するわけではないことは、滞納整理組合の中に活動を停止したものがあることから窺える。専門的知識の乏しい職員が短期間、組合に出向する方式では、ノウハウの蓄積は進まないであろう。過去に代執行事務で中心的役割を果たした職員がいれば、その者を一部事務組合に出向させるようにし、そこに、警察官の出向・派遣を求めたり、警察官OBを嘱託として採用したりすることも、特に反社会的勢力が関与するような事案への対応には有効であろう[59]。この点で参考になるのが、1998年に全部改正された台湾の行政執行法である。同改正により、新たに法務部に行政執行署が行政執行の専属機関として設置され、「行政執行官」という職も新設された。「行政執行官」は、現役の裁判官、検察官またはその職にあった者、弁護士経験者、司法試験または「行政執行官」試験合格者であることが原則とされ、「行政執行官」を補助する書記官の職も設けられている[60]。

2　人事面の対策

　第2に、人事面での対策が考えられる。わが国の地方公共団体で一般的にみられる短期間での人事異動では、専門的知識経験が身に着いた頃には他部署に異動し、また、初任者研修を始めることになり、組織としてのノウハウの蓄積が困難になる[61]。もっとも、わが国において、国家公務員・地方公務員を問わ

---

　[57]　任意組織による場合の組織法、作用法（地方税法上の権限行使）、職務専念義務、個人情報保護、守秘義務に関する問題について検討するものとして、宮森・行政上の強制徴収360頁〜365頁参照。

　[58]　地方税に関する地方公共団体間の協力について、山下・履行確保177頁以下参照。

　[59]　北村・実効性確保165頁、212頁以下、222頁以下参照。岡山市の産業廃棄物対策課の課長補佐は警部級の出向ポストになっており、不当要求や行政対象暴力への対応等を所掌事務とする行政執行適正化推進課の課長を兼務している。宇那木・自治体行政代執行152頁〜153頁参照。

　[60]　蔡・実効性確保制度308頁参照。

　[61]　都道府県の税務職員について、3〜5年で異動となることが多く、滞納処分の知識と経験が蓄積しないことについて、山下・履行確保158頁、162頁参照。大気汚染防止法によ

ず、短期間で人事異動を行うことには理由がある。すなわち、マンネリ化による士気の低下を避けること、汚職を防止すること、採用後の一定期間は職員の適性を見極めるために異なる職種を経験させること、管理職については幅広い事務事業を経験しておく必要があること等である。大規模な行政組織であれば、関連する部門への人事異動によって、専門性の幅を広げるような人事異動が可能と思われるが、小規模の行政組織では、それも困難と思われる。たとえば、都道府県、政令指定都市規模の地方公共団体であれば、税務部門内での人事異動が可能であるが、一般の市町村では、税務部門内で人事異動を完結させることは困難なので、税務の専門家を養成することは困難であると指摘されている[62]。

　人事異動の問題は、特定部門に限られるものではなく、組織全体の人事管理の在り方に関わるので、一朝一夕に解決できるものではないと思われるが、ドイツの建築規制執行事務を担う行政職職員が10〜20年、その事務に継続して従事することにより、専門的知識経験を十分に蓄積していること[63]に比較しても、わが国の一般職職員の人事異動の在り方を再検討すべきように思われる。本人の希望に応じて、特定部門に長期間勤務させて専門能力を高め、その専門能力を待遇面においても考慮することも検討すべきであろう。代執行の実施等に努めた行政官に対する顕彰や人事面の配慮を充実させることも考えられる[64]。また、法務能力を高めるために、弁護士を任期付きで採用したり、法科大学院修了者を一定数採用して法務部門に継続的に配属したりすることも検討されるべきであろう。豊島産業廃棄物不法投棄事件にみられるように、公務員を威迫するような反社会的な人物に対する規制は、一般の職員では対応が困難であり、警察の力が必要になる。千葉県が県警からの出向者を含めた産廃Ｇメンを組

るアスベスト規制の実効性欠如の一因として、職員の専門的知識の欠如を指摘するものとして、北見・大気汚染防止法165頁以下参照。もっとも、空家法に基づく行政代執行、簡易（略式）代執行のように、専門知識がなくても措置命令、代執行の要件の認定が比較的容易な分野もあり、その場合には、専門知識が十分でないことは、代執行の大きなハードルにはなっていないようである。北村・空家法の実施274頁参照。
　62　山下・履行確保163頁参照。
　63　西津・ドイツの建築規制執行24頁〜25頁参照。
　64　福井・行政代執行制度216頁参照。三好・実効性確保231頁、三好・豊島産業廃棄物不法投棄事件29頁も、当該職員の適正な法執行能力の有無および実績についても人事評価に正当に反映させるべきとする。

織し、不法投棄の総量を大幅に軽減させたように反社会的な人物への対応が特に必要になる分野では、県警からの出向を進めるべきであろう。

3 研修面の対策

第3に、研修の充実である。公務員研修を行うチューリンゲン州公行政専門大学の場合、「一般行政法」40コマのうち6コマが行政執行法の講義に充てられ、「警察及び秩序法」の講義において70コマが秩序違反法の講義に充てられ、都市計画法、建築法および法的救済に関する110コマのうち5コマが建築監督官庁の執行権限の講義に充てられていること[65]は注目に値する[66]。わが国でも、地方公務員研修を各地方公共団体単位で行うことは困難と思われるので、自治大学校、市町村アカデミー、全国市町村国際文化研修所（JIAM）等で、代執行に関して集中的に研修できるコースを設けることを検討すべきと思われる。講師には、民事執行の経験を有する執行官等も含めることが望ましいと考えられる。

4 財政面の対策

第4に、財政面の対策も考えられる。すなわち、代執行を行っても、それに要した費用を全額回収することが困難であり、公費負担となることについて議会や住民から批判を受けうることが、代執行を躊躇する一因となっているので、代執行費用について国（が地方公共団体に対し）または都道府県（が市町村に対して）が一部補助する制度を設けることも検討に値する[67]。産業廃棄物処理の分野では、かかる取組が進んでいる。すなわち、1997（平成9）年の廃棄物処理法13条の15の改正により、環境大臣は事業者による産業廃棄物の適正な処理の確保を図るための自主的な活動を推進することを目的とする一般社団法人または一般財団法人であって、廃棄物処理法13条の13に規定する業務を適正かつ確実に行うことができると認められるものを、その申請により、全国を通じて一個に限り、産業廃棄物適正処理推進センター[68]（以下「適正処理推進センター」という）として指定することができるとされている（同法13条の12）。

---

[65] 西津・ドイツの建築規制執行28頁、150頁参照。

[66] ノルトライン・ヴェストファーレン州、ニーダーザクセン州、ザクセン州の公行政専門大学における研修については、それぞれ西津・ドイツの建築規制執行144頁以下、152頁以下、156頁以下参照。

[67] 金井・行政代執行34頁、鈴木・強制する法務131頁参照。

[68] 適正処理センターについては、廃棄物処理法編集委員会・廃棄物処理法272頁～278頁参照。

適正処理推進センターの業務には、産業廃棄物が不適正に保管、収集、運搬または処分された場合において、同法19条の8第1項の規定による支障の除去等の措置を行う都道府県等に対し、当該産業廃棄物の撤去等の実施、資金の出捐その他の協力を行うことが含まれる（同法13条の13第5号）。適正処理推進センターは、同法13条の13各号に掲げる業務に関する基金を設け、これらの業務に要する費用に充てることを条件として事業者等から出捐された金額の合計額をもってこれに充てるものとされている（同法13条の15第1項）。実際に、2007（平成19）年1月5日に岡山市で行われた同法違反の代執行[69]では、約5800万円の代執行費用のうち約4000万円を適正処理推進センターとして指定を受けた産業廃棄物処理事業振興財団から岡山市が受領している。適正処理推進センターによる産業廃棄物不法投棄等原状回復支援事業が、措置命令の発出や代執行を後押しする傾向が指摘されているが[70]、産業廃棄物以外の分野でも、このような基金を設けることが検討されるべきと思われる[71]。また、神戸市太陽光発電施設の設置及び維持管理に関する条例19条1項が、適切に廃棄等費用を確保していることを保証するため、あらかじめ当該事業に係る廃棄等費用に係る現金（保証金）を金融機関に預け入れることを事業者に義務付け、同条例21条1項が、保証金は、事業者が措置命令を受けたにもかかわらず、当該命令に係る措置の全部または一部を履行しなかったことにより、災害の発生の防止または良好な自然環境もしくは生活環境の保全に著しい支障が生じると認

[69] 廃棄物処理法は行政代執行法の特例を定めている。同法19条の7、19条の8が定める特例については、廃棄物処理法編集委員会・廃棄物処理法440頁〜445頁参照。
[70] 岡山市が行った硫酸ピッチ撤去の代執行実施の表明が、適正処理推進センターによる出捐決定の直後に行われたことについて、宇那木・自治体行政代執行158頁参照。産業廃棄物の不法投棄等について行政代執行の事例が比較的多いのは、費用負担について所定の措置を講じたことによると考えられる。かかる基金の存在は、代執行費用の回収の困難さによる代執行の躊躇を、ある程度緩和することができるように思われる。北村・実効性確保166頁参照。
[71] もっとも、産業界の基金への拠出が義務付けられていないこと、不法投棄者自身が費用負担を免れることの問題も指摘されている。三好・豊島産業廃棄物不法投棄事件23頁、三好・環境法執行過程131頁参照。また、廃棄物の不適正処理は、結局、経費節減のために安価で処理を委託しようとする排出事業者にも責任があるので、代執行費用についても、排出事業者にも負担させることができる旨の明文の規定を設けることも検討に値する。三好・豊島産業廃棄物不法投棄事件22頁参照。なお、適正な法執行へのインセンティブを付与する観点から、各課の前年度の違反是正実績に応じて事務予算の優先配分を行うことも考えられる。三好・実効性確保231頁参照。

める場合は、当該保証金を市が行政代執行法 2 条または 3 条 3 項の規定により災害の発生の防止または良好な自然環境もしくは生活環境の保全をするために講ずる措置に要する費用のうち廃棄等費用に該当するものに充てることができるとされていることが注目される。さらに、同条例 23 条 1 項本文は、事業者は、大規模特定事業の実施に当たっては、特定施設の設置に着手する日から特定施設を廃止する日までの間、当該大規模特定事業の実施に起因して生じた他人の生命または身体および財産に係る損害を塡補する保険または共済（損害賠償責任保険）への加入をしなければならないと定めている。このように、保証金の預け入れや損害賠償責任制度への加入強制によって、行政代執行が必要になったとしても、それに要した費用を義務者から確実に徴収できるようにする方策を講ずることは望ましい。

また、2003（平成 15）年に制定された特定産業廃棄物に起因する支障の除去等に関する特別措置法施行令は、有害廃棄物の除去・撤去を行う費用の 2 分の 1 を国庫補助、有害でない廃棄物の除去・撤去を行う費用の 3 分の 1 を国庫補助とし、残る地方公共団体の費用負担についても起債を認め、さらに後年度元利償還に対して地方交付税措置を講ずることによって、地方公共団体の財政負担を軽減し、地方公共団体が行政代執行を行うことを躊躇する要因を取り除くことを意図している[72]。

空き家対策の分野でも、市町村に対する財政支援が行われている。すなわち、国および都道府県は、市町村が行う空家等対策計画に基づく空き家等に関する対策の適切かつ円滑な実施に資するため、空き家等に関する対策の実施に要する費用に対する補助、地方交付税制度の拡充その他の必要な財政上の措置を講ずるものとされている（空家法 29 条 1 項）。「空家等に関する施策を総合的かつ計画的に実施するための基本的な指針」（平成 27 年 2 月 26 日付け総務省・国土交通省告示第 1 号、最終改正令和 5 年 12 月 13 日付け総務省・国土交通省告示第 3 号）一（空家等に関する施策の実施に関する基本的な事項）1（本基本方針の背景）(2)（空家等対策の基本的な考え方）④（国の役割）では、たとえば、市町村が空家等の所有者に対してその除却に要する費用を補助する場合、代執行に要した費用の回収が困難な場合、代執行等の措置の円滑化のための法務的手続等を行う場合等について、当該市町村を交付金制度や補助制度により支援するほか、

---

[72] 関・産業廃棄物不法投棄 42 頁参照。

空家等対策計画に基づく空家等の除却に要する経費について特別交付税措置を講ずる等の支援をすることとしている。これを受けて、空家対策基本事業の一環として、特定空家等の除却（行政代執行・略式代執行に係る除却費用のうち回収不能なものも含む）について補助率5分の2の補助がなされ、空家対策附帯事業として、行政代執行・略式代執行に係る弁護士相談等の必要な司法的手続等の費用、代執行後の債権回収機関への委託費用、財産管理制度の活用に伴い発生する予納金で回収不能なものについて2分の1を補助している。これらの補助金が、特定空家に対する行政代執行、簡易（略式）代執行の促進の一助になっていると考えられ、他の分野においても、代執行に係る補助制度は、とりわけ財政力が乏しい市町村にとっては代執行の促進効果を持つものと思われる[73]。

なお、占用許可を与えた物件が行政代執行の対象になる場合があるが、そのような場合には、将来における維持管理費用の確保を占用許可の条件とすることも検討に値する[74]。

5 裁量基準の明確化

第5に、代執行を行う場合の裁量基準が不明確なことが、代執行を躊躇させる一因となっているので、点数制を採用するなどして、裁量基準の明確化を図ることも有効と思われる。空家法に基づく行政代執行および簡易（略式）代執行が、かなり積極的に行われている一因として、国のガイドラインの存在が指摘されていることからも[75]、裁量基準の明確化が代執行の促進の一助となると考えられる。

6 第三者機関への諮問

第6に、代執行を行う要件を充足しているかについて自信が持てずに代執行の実施が遅れてしまうという事態を解消するためには、一部の地方公共団体ですでに行われているように、代執行の是非について第三者機関に諮問し、答申を受けて背中を押してもらう仕組みも検討に値する。もっとも、それによって代執行のタイミングを逸するおそれがあるという指摘は重要であり[76]、諮問・

---

[73] 建物の所有者である法人が破産したために簡易（略式）代執行が行われた妙高市の事案では、空家対策総合支援事業補助金が活用され、簡易（略式）代執行に要した費用を国と市が折半している。靍持・特定空家等169頁参照。
[74] 宇那木・道路占用物件165頁参照。
[75] 北村・空き家問題205頁参照。
[76] 鈴木・法律要綱私案覚書14頁参照。

答申に時間をとられすぎないように配慮する必要がある。

7　行政機関間の情報の共有

　第7に、国および地方公共団体の間において、代執行の実例を含めて情報共有のネットワークを構築することである[77]。空家法施行後、代執行がかなり行われるようになった背景の一つとして、地方整備局や県が地方公共団体間の情報共有の場を設けることで、ノウハウの蓄積が進んでいることが指摘されている[78]。

8　違反情報の公開

　第8に、行政機関が確知した違反に係る情報を公開しないと、その違反が是正されない状態が長期間継続したとしても、そのことに対する国民の批判が、当該違反者や違反是正を懈怠している行政機関に向かうことはない状態が続くことになる。このような状態では、行政機関の職員は、違反者との関係のみに目を向けがちであり、そのために、効果が乏しい場合でも、行政指導を長期間にわたって反復する傾向がある。違反状態の放置の結果として、重大な被害が顕在化すれば、それを契機に、違反者が長期間にわたり違法状態を放置したことや、行政機関が違反を確知しながら、効果的な違反状態是正のための措置を懈怠したことに対する事後的な批判は起こるであろうが、それでは「時すでに遅し」である。そこで、行政機関が確知した違反を速やかにウェブサイトで公開する仕組みを導入すれば、違反状態が長期にわたり是正されないことが国民の目に明らかになり、違反状態を放置し続ける違反者や効果的な是正措置を講じない行政機関に対する国民の批判が早期に可能になる。そのことは、違反者に早期是正への圧力をかけ得ると同時に、行政機関に対しても、効果的な是正措置を講ずるように圧力をかけることにつながる。したがって、確知した違反状態を速やかに行政機関のウェブサイトで公開することを義務付ける仕組みを導入すべきであろう[79]。消防法令違反のある建物を公表する違反対象物公表制度は、執行過程を可視化し、「粘り強い行政指導」からの脱却と違反処理への速やかな移行の促進という変化をもたらしたが[80]、他の分野にも、同様の仕組

---

　[77]　金井・行政代執行36頁は、行政代執行の経験を有する地方公共団体の「当事者意識のある助言」が有意義であるとする。

　[78]　剱持・特定空家等165頁参照。

　[79]　代執行や滞納処分を怠ることのないよう、情報公開により行政に圧力をかける必要を指摘するものとして、阿部・法システム（下）426頁、福井・行政代執行制度215頁参照。

みを拡大していく必要がある。もっとも、違反状態を公開する行政機関のウェブサイトがどの程度閲覧されるかという問題があり、ほとんど閲覧されなければ、公開の効果も不十分になりうる。報道機関等が違反状態を公開する行政機関のウェブサイトをチェックし、特に悪質な事案を報道することになれば、違反対象物公表制度の実効性は非常に高まると想定される[81]。

9 公私協働

第 9 に、行政代執行の前提となる措置命令を発するためには、違法事実を行政が認知することが前提となるが、行政のリソースが限定されており、違反事実を行政の監視活動のみにより早期に把握することは困難なので、私人の協力を求めることが考えられる[82]。たとえば、私人を違反監視委員に委託すること等が考えられる[83]。

10 私人による訴訟等の提起

なお、行政の側の対応ではないが、国民の側が、処分等の求め（行政手続法36 条の 3）をしたり、直接型義務付け訴訟（行政事件訴訟法 3 条 6 項 1 号）を提起したり、事後的ではあるが、規制権限の不行使を理由とする国家賠償請求訴訟を提起したりすることによって、行政の意識を、法執行に積極的な方向に変化させることがある程度できると思われる。主位的に除去等の措置の代執行の義務付け、予備的に除去等の措置命令の義務付けを求める直接型義務付け訴訟が提起された事案で、福岡高判平成 23・2・7 判時 2122 号 45 頁は、代執行の義務付け訴訟は認容しなかったが、措置命令の義務付け訴訟を認容し、措置命令をしたにもかかわらず義務者が支障の除去等の措置を講じない等の場合には、代執行をすることができると判示している。行政庁は、従前、名宛人から訴訟で争われることを懸念して措置命令を出したり代執行を行ったりすることを躊躇する傾向があったと思われるが[84]、逆に、規制権限の行使の義務付けを求め

80　剱持・違反対象物公表制度 41 頁参照。また、総務省消防庁が 2015 年から重大な法令違反の件数および対応状況を消防本部単位で公表していることが、消防行政におけるインフォーマル志向の変容の一因となったとするものとして、剱持・消防法の執行過程 292 頁〜293 頁参照。平田・自治体現場 207 頁以下も参照。

81　北村・自治力の挑戦 48 頁参照。

82　三好・実効性確保 234 頁参照。

83　さらに、一般私人に対して違反状態の報告に対して奨励金を支給する仕組みも検討に値する。北村・実効性確保 162 頁以下参照。

84　簡易（略式）代執行の場合、相手方が不明であり、訴訟を提起される可能性は低いた

たり、その不行使を理由とする国家賠償を請求する訴訟が周辺住民等によって積極的に利用されるようになれば、行政庁としては、周辺住民等からの訴訟等に対応するリスクも勘案せざるを得なくなり、このことは、不作為への逃避にある程度のブレーキをかけることになりうると思われる。

め、応訴の懸念による萎縮効果は小さいと思われる。

第5章　強制金

第1節　実効性

Ⅰ　実効性欠如論への疑問

　以上においては、行政代執行制度を中心に行政の実効性確保の問題について検討してきた。しかし、いうまでもなく、行政代執行制度は、行政の実効性確保のための重要ではあるが、一部の制度にとどまる。そこで、以下において、それ以外の制度についても検討することとする。まず、執行罰制度を改良したかたちで、強制金[1]として復活させることについて検討することとしたい。

　執行罰については、戦前において、その運用実績を示すデータは僅少であり[2]、かつ、過料額の上限を引き上げる法改正がなされなかったことは、この制度に実効性を持たせて積極的に活用すべきであるという認識が政府において存在しなかったことを推測させる。しかし、戦前において、執行罰を適用しうる場合として、非代替的作為義務、不作為義務のそれぞれについて多様な例が示されていたこと[3]、制度の実効性は、適用例の多寡よりも適用数における目的達成（義務履行確保）数の割合で評価されるべきこと、わが国の執行罰に相当するドイツの強制金制度の実効性がきわめて高く[4]、ベルリンを除く州都の建築監督行政において最もよく利用されている行政上の強制執行手段は強制金であり、建築法違反の是正命令の強制金による履行確保達成率は、80パーセントを超えることが多いこと[5]、国土交通政策研究所によるアンケート調査

---

　[1]　強制金の性格については、広岡・強制執行130頁以下、折登・強制金117頁以下参照。強制金の決定が不可争になった後に義務者が死亡した場合において、強制金債務が相続人に承継されるかについて肯定説・否定説があることについて、折登・強制金119頁参照。
　[2]　西津・間接行政強制制度の研究42頁、西津・行政規制執行改革論9頁参照。
　[3]　具体例について、西津・間接行政強制制度の研究42〜43頁参照。
　[4]　西津・行政規制執行改革論9頁参照。
　[5]　西津・ドイツの建築規制執行7〜9頁、31頁、39頁、47頁、71頁、78頁、85頁、91頁、100頁、104頁、110頁〜111頁、116頁、121頁〜122頁、132頁参照。日独の証券取引

(2003〔平成15〕年2月〜3月)の結果[6]によれば、強制金制度の導入について予測される効果について、「非常にある」および「かなりある」という回答が36パーセント、「一応の効果がある」が40パーセントで、両者を併せると4分の3を超えていることに照らすと、強制金制度の実効性が乏しいという議論には疑問符が付く。

　また、民事執行法では、作為または不作為を目的とする債務についての強制執行は、執行裁判所が、債務者に対し遅延の期間に応じ、または相当と認める一定の期間内に履行しないときは直ちに、債務の履行を確保するために相当と認める一定の額の金銭を債権者に支払うべき旨を命ずる方法により行うとしており(同法172条1項、173条)、現行の行政上の強制執行における執行罰に対応する民事執行の仕組みである間接強制が民事執行の有効な手段になっている。そして、民事執行においては、従前の間接強制の補充性の原則が見直され、間接強制の適用範囲の拡大が行われている。間接強制の補充性の原則とは、民事執行において、間接強制は、他の執行方法が機能しない場合に限り補充的に認められるという理論であり、その基礎にあるのが近代社会における債務者の意思の自由の尊重の理念である。すなわち、間接強制は、債務者に金銭的な圧力をかけることによって、債務者の意思の自由を侵害するのに対し、直接強制は、債務者の占有を直接に侵害するという点ではドラスティックであるものの、債務者の意思の自由は侵害しないというのである。このような間接強制の補充性原則のため、間接強制の申立件数は、代替執行のそれと比較して、かなり少ない状態にあった[7]。しかし、かかる見解は一時期のドイツの有力説を参照してわが国で通説となった理論(いわゆる「我妻テーゼ」)であり、その後のドイツでは、かかる見解が通説となったわけではなく、フランスにおいても、わが国の間接強制に類似するアストラント(astreinte)の適用範囲が拡大されていることがわが国でも認識されるようになり、間接強制の補充性の原則が疑問視されるようになった[8]。

分野の実効性確保について、ドイツでは、強制金の賦課等の行政執行法による強制手段が利用可能である点でわが国と大きく異なることを指摘するものとして、斎藤・証券取引等監視委員会153頁、斎藤・行政組織と制裁115頁参照。
  [6] 西津・間接行政強制制度の研究143頁以下参照。
  [7] 伊藤ほか・間接強制24頁(加藤新太郎発言)参照。
  [8] 森田・強制履行とりわけ315頁以下参照。

また、実質的に考えても、間接強制のほうが、むしろ債務者の意思を尊重することになるとの認識が広がっていった。すなわち、夜間における騒音を一定程度以下に抑えるという不作為債務の履行を請求する場合を考えてみると、債権者が午後10時から午前7時までの工場の操業停止を求めることも可能であるが、夜間における騒音を一定程度以下に抑える方法は、防音施設の設置等、他にも想定しうるのであり、間接強制により債務者に不作為債務の履行方法の選択を可能にするほうが、債務者の意思を尊重することになると思われる[9]。さらに、不作為債務に違反する工作物の設置を債務者が反復する場合、債権者がその都度、代替執行により除却することは多大な労力・コストを要するので、かかる場合、債務者が違法工作物を設置している限りにおいて、1日につき一定額の過料を科すほうが、資力に余裕のある債務者との関係では、実効性があるといえる[10]。この例が示すように、間接強制により義務者による義務履行が実施されれば、執行費用を低減させることにつながる。

　以上のような認識が浸透したことにより、2003（平成15）年2月5日の法制審議会答申「担保・執行法制の見直しに関する要綱」において、間接強制の適用範囲の拡張が提言された。その背景にあるのは、司法制度改革や不良債権処理問題の影響により、民事裁判の充実・迅速化を図り国民に利用しやすいものとすることと並んで、民事執行の実効性を向上させることが課題であるという認識である。すなわち、執行制度が不十分であるため、勝訴判決を得ても、それが執行できない場合があり、そのことが国民の司法に対する信頼を失わせる結果となっているという反省に立ち、物の引渡債務について、従前の直接強制の方法に加えて間接強制の方法も可能にすること、従前は代替執行の方法のみにより強制執行を行うことが可能であった作為債務またはおよび扶養義務等に係る金銭債権について、間接強制の方法によることも可能にすること、間接強制の方法と他の強制執行の方法の双方が認められるときには、債権者は、強制方法を自由に選択して申し立てることができるものとすることが提言された。この答申を受けて、2003（平成15）年通常国会に「担保物件及び民事執行制度の改善のための民法等の一部を改正する法律案」が提出されて可決・成立し、

　9　日本都市センター・義務履行確保等67頁～68頁（山本和彦執筆）参照。
　10　日本都市センター・義務履行確保等68頁（山本和彦執筆）参照。台湾においても、間接強制としての「怠金」の性質を有する「連日処罰」や「回数（違法行為数）に応じる連続処罰」の規定が少なからず設けられている。蔡・行政制裁83頁参照。

平成15年法律第134号として同年8月1日に公布され、翌年4月1日に施行された。平成15年法律第134号による改正により、非代替的作為義務と不作為義務について間接強制を認めていた民事執行法172条の規定に加えて、同法173条により、代替的作為義務、不動産明渡義務、動産引渡義務に間接強制が拡大され、強制方法の選択は債権者の申立てに委ねられることになった。さらに、2004（平成16）年の同法の改正[11]により、扶養料等の支払債務についても、債務者が支払能力を有する場合等に限り、間接強制の方法を用いることが可能になった（同法167条の15）。

　このように、民事執行における間接強制の有効性への認識が高まった一方、行政法分野で執行罰制度が戦後まったく活用されていない状況の問題は、いっそう明らかになっているように思われる。わが国の旧行政執行法が、代替的作為義務について執行罰を認めていなかったのは、執行罰が代執行と異なり、義務者に対し本来の義務の内容には含まれない新たな負担を課するものであるから、代執行によってその目的を達しうる代替的作為義務に適用することは自由主義の原則上許されないと考えられたことによるとする説があるが[12]、このような考え方は、今日では支持できるものではない。したがって、代替的作為義務であっても、まずは義務者に義務履行の機会を付与する強制金を先行させることは、立法政策として十分に考えうると思われる[13]。

　以上に照らすと、戦前の執行罰が実効性を欠いていたのは、過料額が低かったことによるのではないかと思われ、執行罰のような間接強制制度としての強制金が一般的に実効性を欠くという評価は、必ずしも正鵠を射ていないように思われる。わが国と類似した行政法制を有する韓国においては、個別法で履行強制金の根拠規範が設けられているが、1991年に全部改正された建築法を皮切りに、漸次、履行強制金を導入する法律が増加し、2018年までに少なくとも39の法律で導入され、実際に活用されていることも[14]、わが国において、強制金制度を積極的に活用する可能性があることを示唆するといえよう。

　11　日本都市センター・義務履行確保等63頁以下（山本和彦執筆）等参照。
　12　柳瀬・行政強制203頁参照。
　13　宮崎・実効性の確保247頁も、是正命令による義務の履行を強制する手段として、金銭的負担による間接的な強制手段であって実効性のあるものを設けるべきとする。
　14　田中・履行強制金賦課制度716頁参照。田中・履行強制金賦課制度720頁以下に、履行強制金制度を導入した個別法の例が示されている。

II 執行罰法定化を目指す立法の動き

戦後のわが国の国会において、執行罰の採用が国会議員から提言されたことは稀でない。すでに、1948（昭和23）年の警察官等職務執行法案制定時に執行罰制度を設けない理由が質問され、1949（昭和24）年の労働組合法制定時に、同法32条の秩序罰規定を執行罰規定とすべきではないかが議論されている[15]。

1967（昭和42）年11月9日の建築法制・市街地建築合同部会による「建築関係法制改善の基本方針に関する報告」に基づき、同年12月13日の「建築関係法制を整備するための方策等に関する第1次答申」では、是正命令、工事中止命令等の遵守を確保するため必要な措置として、「執行罰の採用を含む罰則の強化を行うこと」、「封印による工事中止を制度化し封印破棄罪の適用があるものとすること」が、例示としてではあるが提言されていた。執行罰制度の復活のほか、労働組合法32条のような裁判所による過料の賦課も検討された。しかし、内閣提出の建築基準法案には、執行罰および直接強制に関する規定は設けられなかった。その理由は、罰金額を超える額の執行罰を課すことは均衡を失するという前提に立ち、当時の罰金額が低水準にとどまっていたため、執行罰としての過料も低額にせざるをえず威嚇力に乏しいこと、過去の実例からみても執行罰は十分に機能しないと思われること、裁判所や行政委員会による強制金の賦課は、手続が煩雑になり、大量の建築基準法違反への対応には適当でないことであった[16]。第1次答申とはいえ、政府の審議会の部会で提言されていた執行罰制度が法案に盛り込まれなかったため、1969（昭和44）年から1970（昭和45）年にかけて、両院の建設委員会において、執行罰の導入を巡り活発な議論がなされている。そして、同法案の国会審議において参考人として出席した高柳信一東京大学教授（当時）および有泉亨上智大学教授（当時）のいずれも、執行罰制度の導入を推奨した。しかし、政府委員は、執行罰の導入には慎重な姿勢を示し、罰金額を上回る過料額を設定することには疑問があるが、他方で10万円以下の過料とした場合、実効性を確保できるか問題であること、手続を慎重に行う必要があること、刑罰と過料という二重の不利益を国民に負わせるおそれがあること等の課題を指摘し[17]、執行罰制度を設ける法案

---

15 遠藤・行政上の義務履行確保118頁参照。
16 浪岡・建築行政5頁参照。
17 第61回衆議院建設委員会議録第24号昭和44年6月11日10頁参照。国会審議については、遠藤・行政上の義務履行確保119頁〜123頁が詳しい。

修正は行われなかった（社会党は、執行罰制度が導入されなかったことを理由として法案に反対している）。衆議院で法案が修正され、改正附則2項に「政府は、建築基準法の規定による工事の施行の停止命令等の履行を確保するための措置について検討を加えるものとする」という規定が設けられた。そのため、法案の可決・成立後も、同年の衆議院建設委員会、1976（昭和51）年の参議院建設委員会において、執行罰の検討状況について質問がなされている。

　違法建築物ができあがってしまってから代執行をおこなうことには大きなコストがかかる場合が少なくなく、義務者からその費用を全額徴収できることは稀であることに鑑みると、違法建築工事を認知したら早期に工事中止命令を発し、その義務の履行を確保するために強制金を課す仕組みのほうが合理的といえよう。

　1970（昭和45）年の第64回国会（いわゆる「公害国会」）においても、大気汚染防止法一部改正案、水質汚濁防止法案、下水道法一部改正法案に執行罰制度を導入すべきかが議論された[18]。また、2017（平成29）年の外国為替及び外国貿易法の一部改正のための立案作業において、執行罰制度の導入が真剣に検討され、経済産業省のみならず、関係各省および内閣法制局も含めて議論が行われている[19]。

III　学界における執行罰再活性化論

　すでに1964（昭和39）年に開催された日本公法学会総会において、田上穣治教授は、執行罰の最高額を引き上げる立法を考える余地があることを指摘していたが[20]、公害問題が深刻化してきたこと等を背景に、執行罰再活性化論が有力になる[21]。また、執行罰の上限を定めて一般的規定を立法化し、条例で根拠規定を定めることができるようにし、条例で定める執行罰についても、行政上の強制徴収ができるような法律上の根拠を設けるべきという指摘もかなり以前からなされていた[22]。罰則との相違を明確にするため、名称を執行罰ではな

18　公害国会における執行罰に関する議論について詳しくは、遠藤・行政上の義務履行確保123頁以下参照）。
19　詳しくは、遠藤・行政上の義務履行確保92頁以下参照。
20　田上・行政強制156頁参照。
21　兼子・総論209頁等参照。原田・公害と行政法106頁は、改善命令や使用停止命令を公害行政の中核として機能させようとするためには、迅速かつ実効的な強制方法として行政上の執行罰ないし反則金制度などの導入を検討することが適当であろうと述べている。

く、強制金または間接強制として、その活用を真剣に検討すべきであろう。とりわけ、現在のわが国においては、非代替的作為義務および不作為義務の履行を強制する一般法が存在しないため、強制金制度の創設はきわめて重要である。

第 2 節　罰則との併科

　強制金は、罰則と異なり、制裁ではないので、反復して課しても二重処罰の問題を生じず、西ドイツにおける連邦行政執行法制定時には、執行罰と行政罰の併科は可能であることが一般に認識されており、連邦行政執行法は、かかる認識に基づき、行政罰は行政上の強制執行を妨げるものではないことを明記している（連邦行政執行法13条6項)[23]。わが国においては、併科可能説が有力であるが、併科不可能説も存在するから[24]、わが国に強制金制度を導入する場合には、罰則としての罰金や過料との併科が可能であることを明記することが望ましいであろう。なお、義務違反に対する刑罰が定められている場合、刑罰の謙抑性の観点から、告発を行うのは、運用上は、強制金賦課決定時以降とすることが望ましいと思われる。

　行政処分を介在させずに、法律または条例によって「しなければならない」と規定されている場合、それが法律または条例によって直接に義務を課す趣旨か、訓示規定にとどめる趣旨か、必ずしも明瞭でない場合があり得る。しかし、当該規定に違反した場合に罰則が定められている場合には、法律または条例によって直接に義務を課す趣旨であると解されるので、強制金の対象とすることが可能である。

---

　[22]　磯野・義務履行確保232頁参照。
　[23]　かつては、プロイセンの高等行政裁判所において、1880年ごろから1920年ごろまで、両者を併科することを認めないのが判例の立場であり、学説上も併科否定説が有力であったが（広岡・行政強制185頁）、その後、両者の併科を認める立場が判例・通説となった経緯については、広岡・強制執行216頁〜240頁が詳しい。
　[24]　戦前の執行罰についてであるが、美濃部・日本行政法上335頁は、罰則の定めがある以上、法規自身において罰を戒告しているのであって、それに該当すれば当然その定められた罰を科すべきであり、それに加えて執行罰を戒告することは、処罰の重複であり法規に違反するから、執行罰の適用は、罰則の定めのない場合にのみなされうると述べていた。双方の説については、広岡・強制執行296頁〜305頁、363頁注6参照。

第3節　代替的作為義務への適用

　行政執行法が執行罰の対象を非代替的作為義務および不作為義務に限定していたことについて、柳瀬教授は、「代執行を行い得るのは代替性のある作為義務に対してに限るというのとは異なり、執行罰の性質上当然のことではなく、その性質から言えば執行罰に依つて代替性の作為義務の履行を強制することも無論可能であるが、ただ執行罰は、代執行とは異なつて、直接義務の内容を実現するものではないとともに、又義務者に対し本来の義務の内容には含まれない新たな負担を課するものであるから、代執行に依つてその目的を達し得る代替性の作為義務にその適用を認めることは無用であるとともに自由主義の原則上許されないところでもあるので、そのため、法律の規定を以て、その適用を代執行の方法に依り得ない不代替性の作為義務及び不作為義務に限つたのである」と説明している[25]。民事執行においても、2003（平成15）年の民事執行法改正までは、間接強制は、代替執行ができない債務に限定されていた。しかし、同年の改正で、間接強制の代替執行に対する補充性の理論は克服され、代替執行が可能であっても、間接強制を利用できるようになった。

　わが国の行政執行法5条1項2号が定める執行罰が、非代替的作為義務および不作為義務を対象とするものであったため、代執行と執行罰のいずれが優先するかの問題は生じなかったのに対して、ドイツでは、強制金が代替的作為義務も対象としているため（ハンブルク州行政執行法14条1項等）、代執行と強制金の優先関係の問題が生ずることになる。連邦行政執行法においては、強制金は、代替的作為義務の履行において、代執行を行うことが困難であるとき、特に義務者が他者による執行により発生する費用を負担する資力がない場合に利用することができるとしている（同法11条1項後段）。しかし、実際の運用では、ドイツにおいては、できる限り義務者自らに義務を履行させるべきであって、義務の履行は原則として強制金によるべきとする判例もあり、必ずしも代執行優先原則が貫徹されていたわけではない[26]。強制金の代執行に対する補足

---

25 柳瀬・行政強制203頁参照。

26 折登・強制金121頁参照。なお、フランスのアストラントが他に債務の履行を強制する方法が存する場合でも認められることについて、大濱・アストラント47頁、79頁以下、485頁参照。

性を定める法律がある一方、バーデン＝ヴュルテンブルク行政執行法23条、25条のように、代執行と強制金の間に優先関係を定めていない州が大半である。逆に、代執行の強制金に対する補足性を定めるのが、バイエルン州行政送達・行政執行法31条1項、32条後段、ブレーメン州行政執行法16条である。

　このように、代執行と強制金の関係についての法制度は必ずしも一様ではないが、代執行の場合にも、それに続く費用納付命令により代執行に要した費用を納付する義務を負うことになり、その費用は自ら義務を履行する場合の費用を上回ることがありうるし、強制金による間接強制のほうが、義務者自身による義務履行確保方法の機会およびその方法について選択の余地を与えるものであるから、より自由主義の理念に即したものといえよう。また、代執行に要する費用よりも強制金の額が低く、それにより義務履行確保を想定し得る場合には、比例原則に照らして強制金が選択されるべきことになる[27]。したがって、代替的作為義務であっても強制金を課すことが理論的に妨げられないのみならず[28]、政策論としても、代替的作為義務にも強制金制度を適用すべきであろう。国土交通政策研究所が行ったアンケート調査においても、代替的作為義務についても強制金を適用することを可能とすべきとする回答が約83パーセントにのぼり、適用すべきでないとするものは約17パーセントにとどまった。適用すべきとする理由としては、代執行が可能な場合であっても、前段階として違反者自ら違反を是正することを促す強制金制度を用いることとし代執行は最後の手段とすべきこと、代執行は実施が困難であり十分に機能しないこと、強制手段の選択肢は多いほどよいことが挙げられ、代替的作為義務については強制金制度を適用すべきでないとする理由としては、代執行と強制金は別の制度であること、緊急の必要がある場合には、行政機関が自ら違反是正措置を講ずべきであることが挙げられた[29]。適用否定説の理由のうち、後者はもっともなものであるが、この理由は緊急性がない場合には当てはまらないので、緊急性がないケースでは、強制金制度も適用できるとすることへの合理的反対はないと

---

[27] 折登・強制金制度構築7頁参照。
[28] 広岡・強制執行361頁参照。韓国では、2004年憲法裁判所判決において、履行強制金は伝統的には不作為義務または非代替的作為義務に対する強制執行手段として理解されてきたものの、それは履行強制金の本質に起因する制約と解すべきではなく、代替的作為義務の不履行に対して履行強制金を課すことも可能であると判示されている。
[29] 西津・間接行政強制制度の研究153〜154頁参照。

いえよう。

　代替的作為義務であっても、強制金制度を原則として利用可能にすべき理由は、代執行は多大な準備を要する作業であり、機動的に行うことができず、準備にコストも嵩むのに対して、強制金は、低コストで準備でき機動的に課すことが可能であること、直接に実力を行使する前に、強制金による威嚇を背景とするとはいえ、違反者に自ら義務を履行する機会を確保するほうが、比例原則に適合していること、義務履行の方法が複数ありうるような場合、義務者自身が自己にとって最も望ましい方法で義務を履行する機会を確保することは義務者にとって有利なこと、ドイツにおける強制金制度の運用の実態に照らすと、戒告や賦課決定の段階までに義務者により義務が履行され、強制徴収にまで至らないことが少なくないので、全体としても低コストで目的を達成できる場合が多いと考えられること、代執行を行ってもそれに要した費用を義務者から回収することは困難なことが多いので、強制金による間接強制の下で義務者自らに義務を履行させることは、公費の節約につながること等である[30]。また、代執行の機能不全の一因として、何が代替的作為義務であるかが、そもそも必ずしも明確でないことも指摘されているが[31]、かかる場合には、代執行の手法を用いるよりも、建蔽率違反を是正するよう命じて、その違反に対して強制金を課し、強制金が機能しないときに、究極の手段として代執行を行うほうが適切と思われる。

　もっとも、強制金制度にも限界があり、違反者を確知することができない場合、違反者が無資力の場合（ただし、代償強制拘留制度があれば実効性を確保できる場合もありうる）には、強制金制度は機能しないという問題がある[32]。かかる場合には、当然、強制金制度を適用できないので、代替的作為義務につい

---

　[30]　実際、ドイツの建築監督行政においても、強制金が主たる行政上の強制執行手段になっており、代執行についてはほとんど行われていない州が少なくない。西津・ドイツの建築規制執行7～15頁参照。

　[31]　たとえば、建蔽率違反の建物の除却命令の場合、代執行により義務履行を確保できるようにも思われるが、どの部分を除却するかについては選択肢が存在するし、場合によっては、隣接する土地を購入することで建蔽率違反状態を解消できる場合も考えられる。このような場合、行政庁が戒告の段階で除却部分を特定してしまうことが妥当なのかについては、疑問がありうると思われる（代替的作為義務の内容が不明確な場合のその他の具体例について、検討会・報告書21頁以下参照）。

　[32]　西津・間接行政強制制度の研究178頁参照。

ては代執行を行うことを検討すべきことになる。また、違法建築物により周辺住民の生命、身体の安全に危険が及んでいる緊急事態においては、強制金による間接強制により義務者が義務を履行することを待つ時間的余裕はないから、代執行を優先させなければならない。したがって、立法論としては、代替的作為義務については強制金を優先させ、強制金を課すことができない場合または強制金によることが適切でない緊急の場合には代執行による旨を規定するか、または強制金と代執行のいずれをまず選択すべきかについて、行政庁の裁量に委ねる旨の規定をするかのいずれかの方針によるべきと思われる。

　なお、強制金による間接強制が功を奏せず、代執行に移行する場合、間接強制手続を中止する旨を義務者に通知し、当該通知が義務者に到達した後に代執行に移行すべきであって、間接強制手続を継続したまま、代執行に移行すべきではなく、その旨を明文で確認しておくことも検討に値する。徴収した強制金は、強制金賦課手続（そのための調査に要した費用を含む）に要した費用に充当すべきであるが、代執行に要した費用にも充足すべきかが問題になる。理論的には、両者は別であり、強制金を代執行に要した費用に充足する必要はないといえると思われる。したがって、強制金を代執行に要した費用に充足する制度を設けるとすれば、それは、比例原則を考慮した政策的配慮ということになろう。しかし、強制金は比例原則に違反しないように課されるはずである。また、代執行に要した費用は、原因者負担の観点から義務者の負担とされるべきもので、そこでは、比例原則の要請は働かないと思われる。そうすると、強制金を代執行に要した費用に充足する政策的配慮を行う必要性も小さいと考えられる。

第4節　不作為義務への適用

　強制金の限界としては、不作為義務の履行期間が短い場合等についても指摘されている[33]。たとえば、短期間の野外フェスティバルに出店をする許可申請が不許可になったにもかかわらず、出店をしたため、営業停止命令を出し、違反に対しては1日につき10万円の強制金を課す旨を戒告したものの、当該命令を無視して営業を継続し、当該フェスティバルの期間が終了してしまったような場合である。かかる場合において、当該フェスティバルの期間終了時にお

---

[33] 折登・強制金の運用20頁参照。

いて、強制金賦課決定が行われていなかったとすれば、すでに義務の履行を強制する意味がないにもかかわらず、義務履行確保手段としての強制金を課すことには疑問が生じ、制裁としての行政罰を検討すべきことになると思われる[34]。しかし、当該フェスティバルの期間終了時において、強制金賦課決定は行われていたが、未徴収であった場合には、当該期間終了前に適法に発生した債権の徴収を当該期間経過後に行うことは可能と考えられる。

　間接強制と直接強制の優先関係については、間接強制と代執行の優先関係について述べたことが基本的に妥当すると思われる。なお、強制金による間接強制が功を奏せず、直接強制に移行する場合、間接強制手続を中止する旨を義務者に通知し、当該通知が義務者に到達した後に直接強制に移行すべきであって、間接強制手続を継続したまま、直接強制に移行すべきではなく、その旨を明文で確認しておくことも検討に値する。徴収した強制金は、強制金賦課手続（そのための調査に要した費用を含む）に要した費用に充当すべきであるが、直接強制に要した費用にも充足すべきかが問題になる。理論的には、両者は別であり、強制金を直接強制に要した費用に充足する必要はないといえると思われる。したがって、強制金を直接強制に要した費用に充足する制度を設けるとすれば、それは、比例原則を考慮した政策的配慮ということになろう。しかし、強制金は比例原則に違反しないように課されるはずであり、また、直接強制に要した費用は、原則として原因者負担の観点から義務者の負担とされるべきもので、そこでは、比例原則の要請は働かないと思われる。そうすると、強制金を直接強制に要した費用に充足する政策的配慮を行う必要性も小さいと考えられる。

第5節　金銭債務への適用

　フランスのアストラントは、金銭債権の履行確保のためにも用いられている。もっとも、金銭債務を履行しない者にさらに金銭債務を課すことの実効性には疑問があるとして、必ずしも広く利用されていないようである[35]。他方、債務

---

[34] ドイツでは、強制金の戒告後に義務履行が不能となった場合であっても、強制金の賦課決定を行うことができるとする判例があることにつき、折登・強制金の運用6頁以下、森口・公権力による実力行使153頁以下参照。これは、そのように解さないと、戒告の実効性が失われることを考慮したものといえると思われる。デモや集会の禁止についても、時間的な切迫性があり、同様に、強制金には限界がある。石垣・代償強制拘留制度16頁参照。

者に資力がある場合であって、その者が経済合理的に行動する場合には、債務が過度に積み上がることを避けるインセンティブが働く事案は一定程度あるとする意見がある[36]。もっとも、わが国では、強制金という制度を用いなくても、遅延利息を実効的なものに工夫することによって、同様の効果を期待できるようにも思われる。

第6節　賦課主体

　民事執行法172条1項が定める間接強制も、一定額の金銭を債権者に支払う義務を債務者に課すことにより義務の履行を間接的に強制する点で執行罰と共通するが、民事執行法172条1項が定める間接強制が裁判所により行われる司法上の強制執行であるのに対して、執行罰は、行政庁により行われる行政上の強制執行であった。行政の実効性確保手段として執行罰制度を改善した強制金制度を設ける場合に、これを行政機関が課すこととするか、行政機関からの申立てを受けて裁判所が課すこととするかという問題がある。

　西津教授が強制金導入に関して主要地方公共団体および国土交通省地方整備局の違反建築物、違反屋外広告物ならびに道路および河川の不法占用取締り担当部局に対して行ったアンケート調査では、強制金の決定主体について、行政機関とすべきとするものが約55パーセントであり、その理由として、より簡易迅速な決定ができること、行政機関が責任をもって弾力的に決定すべきとすることが挙げられており、他方、行政庁の申立てにより、裁判所が間接強制を行う仕組みとすべきとするものが約45パーセントであり、その理由として、客観性、公平・公正性、違反者に対する説得力が増すこと、裁判所の決定のほうが違反者にプレッシャーとなること、決定に対する事後の紛争が減少すること、各行政機関の個別決定による不均衡を回避できることが挙げられていた[37]。この点については、たとえば工事中止命令を無視して工事を続行するような者に対して迅速に強制金を戒告する必要性に鑑みると、行政機関自身を決定主体とすることが望ましいと思われる。ただし、強制金額について行政裁量を認め

---

[35]　山本・フランス法137頁、中野＝浜＝古賀＝山本＝三木・実効性確保319頁（山本和彦発言）参照。

[36]　山本・フランス法147頁参照。

[37]　西津・間接行政強制制度の研究150頁参照。

る場合には、裁量基準を設定し公表することを義務付けるべきである。しかし、行政上の強制執行としての強制金制度の導入について社会的合意が形成できない場合には、民事執行としての間接強制を行政上の義務履行確保のために利用できるようにすることも検討すべきと思われる。

第7節　一般法方式と個別法方式

　強制金制度を一般法で導入することは必ずしも容易でないことが予想されるので、フランスのアストラントが、個別法で導入され、その範囲を拡大してきたように、わが国でも、活用が期待できる分野で個別法により強制金制度を導入し、その実績を積み重ねる中で、一般法化を検討することも考えられる[38]。強制金制度が機能することを期待しうる分野について、アンケート調査によると、建築基準法の違反建築、道路の不法占用、違反屋外広告物[39]、河川・海岸の不法占用・不法係留、都市計画法の違反開発行為、都市計画施設等区域内の違反建築、景観まちづくり条例違反、地区計画等区域内建築等届出義務違反、建築リサイクル法違反、宅地造成等規制違反、砂利の不法採取、建築士法違反、ハートビル法違反、環境行政違反が挙げられているが[40]、その他、無許可の風俗営業、違法な廃棄物投棄、消防法令違反等も対象になりうるであろう。景観まちづくり条例違反も強制金制度の活用が期待される分野として挙げられているように、条例違反に対して条例で強制金制度を設けることも可能とすべきであろう。

　しかし、行政代執行法を改正して、新たに包括的な行政執行法を制定し、そこに強制金についての一般条項を設けるほうが望ましいと思われる。その場合には、条例で強制金制度を設けることもできるようにすべきであろう。また、国の行政庁が課した義務について一般的な強制金制度を導入することが困難な場合、地方自治法を改正して、地方公共団体が強制金制度を用いることができる根拠規定を同法2編9章3節（収入）に設け、地方税の滞納処分の例により

---

[38] 田中二郎教授は、戦後の行政強制制度の在り方として、執行罰については一般法を設けるのではなく、必要に応じ、個々の法律の中に具体的に規定するので十分であると述べていた。田中・新行政執行制度（1）4頁参照。

[39] 屋外広告物規制について、伊藤・政策実施参照。

[40] 西津・間接行政強制制度の研究164～165頁参照。

徴収することができることを定めることが考えられる。

第8節　全額決定型と日額加算型

　民事執行における間接強制では、作為または不作為を目的とする債務についての強制執行は、執行裁判所が、債務者に対し、遅延の期間に応じ、または相当と認める一定の期間内に履行しないときは直ちに、債務の履行を確保するために相当と認める一定の額の金銭を債権者に支払うべき旨を命ずる方法により行うとされている（民事執行法172条1項、173条）。実際には、定期金方式が多い[41]。

　強制金制度を導入する場合、期限までに義務を履行しなければ全額を課す内容とする全額決定型と、期限までに義務を履行しなければ遅延1日ごとに強制金を課す日額加算型のいずれを選択すべきか否かという問題がある[42]。この点について西津教授が行ったアンケート調査によると、全額決定型を支持する回答が約56パーセント、日額加算型を支持する回答が約44パーセントであった。全額決定型を支持する理由としては、日額加算型では常に改善状況の確認が必要であり煩瑣であること、日額加算型では期限設定や金額設定が困難で事務が煩雑化するおそれがあること、日額加算型は履行遅滞を前提としており遅延金と誤解されるおそれがあること、全額決定型のほうが明確性原則に合致すること、一度に高額の強制金を戒告することにより威嚇効果が大きくなること等であった。これに対し、日額加算型を支持する理由は、1日ごとに強制金額が増加し、違反者に対する心理的圧迫感が大きく、違反の早期是正につながりやすいことが挙げられた[43]。この回答が示すように、全額決定型と日額加算型には、それぞれ長短があり、一概に、一方が他方よりすぐれているとはいえない[44]。確かに、毎日、義務履行状況を確認することは行政コストを増加させるので、義務者に義務を履行したことの報告を義務付け、報告がなされるまでは義務不

　41　具体例について、大濱・間接強制293頁以下参照。
　42　フランスのアストラントは、日額加算型が一般的であるが、総額を定める形式をとることもある。大濱・アストラント20頁〜21頁参照。
　43　西津・間接行政強制制度の研究151〜152頁参照。
　44　全額決定型を支持するものとして、三好・実効性確保221頁、日額加算型を支持するものとして、鈴木・法律要綱私案覚書24頁参照。

履行状態が継続しているものとみなす等により、日額加算型の問題に対応がなされれば、日額加算型が妥当と考えられる分野もありうるように思われる。1回で全額を課すか、2回以上に分割して課すかは、強制金を課す行政庁の裁量に委ねてよいと思われる。

第9節　処分基準

　強制金を賦課する前提となる措置命令がなされたとしても、必ず強制金を課す必要が生ずるとはいえず、強制措置をとる必要がない場合もありうるし、強制措置をとるにしても、強制金以外の措置を講ずることが適当な場合もありうる。したがって、強制金賦課決定を行政処分として構成し、行政手続法12条1項の規定により、その処分基準を作成し公にする努力義務が課されるようにすべきであろう。軽微な義務違反で強制金を課してまで義務履行を確保する必要性が乏しい場合や義務者の意思のみでは履行できない場合には、強制金の対象とすることは適切ではない。義務者の意思のみでは履行できないことについては、義務者が立証責任を負うべきである。事案が少なく、かつ個別性が高い類型について個別ごとの算定制をとる場合であっても、算定基準を策定し公にしておく努力義務を行政庁に課すべきであり、少なくとも考慮要素（義務の不履行によって義務者が得る経済的利益、義務の不履行によって社会および私人の被る経済的損失、義務者の悪質性等）を法定しておくべきであろう。

第10節　一律法定型と裁量決定型

　期限と金額の決定について、事案ごとに裁量で決定することとすべきか、一律に法定すべきかについて西津教授が行ったアンケート調査によれば、裁量決定型を支持するものが約32パーセント、一律法定型を支持するものが約68パーセントであった。裁量決定型を支持する理由としては、一律法定型の場合、違反規模の大小や悪質度の相違を考慮できず事案に応じた内容でなくなるおそれがあること、地域性等を考慮する必要があることが挙げられ、一律法定型を支持する理由としては、裁量による決定は困難で不公平になるおそれがあること、一律法定型のほうが簡易迅速な処理が可能であること、一律法定型のほうが公平性・透明性があり、違反者の納得を得やすいこと等が挙げられていた[45]。

それぞれに長短があるが、上限についての基準(「100万円以内。ただし、違法行為により得た利益がそれを上回る場合には違法行為により得た利益」等)を法定することは必要であろう。その上で、裁量基準に従って、過料額を決定する裁量を行政機関の長に付与することが適切と思われる。強制金制度の導入の趣旨が、多様な違反行為の態様に応じて柔軟かつ迅速に義務を履行させることにある以上、法定された上限の範囲内で義務を賦課した行政庁が、賦課する金額および納付期限を決定することに合理性があるからである。

第11節　金額

　強制金の金額は、義務履行を確保するために十分なインセンティブを付与するものでなければならない。罰金との均衡を考慮する必要は必ずしもない。事実、旧河川法や砂防法制定時には、罰金の上限額(200円)を大幅に超える上限額(旧河川法では1000円、旧砂防法では500円)の執行罰を課すことができるとしていたのであり、執行罰の過料額と罰金額を均衡させなければならないとは考えられていなかった。強制金の金額を高めれば、実効的な制度として活用する可能性は十分にあると思われる。

　具体的な強制金の額については、違反行為の重大性、義務者の資力[46]を考慮するとともに、実効性を確保するためには、違反行為により得られる利益を考慮し、それを剝奪する額を設定する必要があると思われる[47]。強制金の額は、違反により得た(であろう)利益の剝奪、違反により生じた外部不経済を内部化する必要など、上限額については合理的説明ができるものでなければならないと思われる。

　アメリカにおいては、違反行為の差止訴訟における付随的救済として、違法に得た利益を剝奪するディスゴージメントという制度が存在し、この制度により国が得た利益は被害者への損害賠償に充当され、残余は国庫に帰属する。ドイツにおいても、違法行為により得た利益を剝奪するための諸種の制度が整備

---

[45]　西津・間接行政強制制度の研究152〜153頁参照。
[46]　義務者の履行能力を調査するための間接強制調査権限を行政庁に付与することが望ましいと思われる。
[47]　民事の間接強制を用いる場合であっても、違法に得た利益を上回る額の金銭の支払いを命ずる必要があることについて、細川・義務履行656頁参照。

されている[48]。フランスのアストラント[49]の金額についても、違法に得た利益を剥奪することができる額でなければ、実効性が乏しいことが窺われる[50]。

わが国において、西津教授が行ったアンケート調査によると、強制金の上限額について、違法行為により得た経済的利益を基準とすべきとする回答が約62パーセントと圧倒的多数を占めている[51]。民事執行法に基づく間接強制については間接強制金額の上限は法定されていないが、行政上の強制執行としての強制金額については、法令で上限を定めることが立法政策として妥当であると思われる。もっとも、上限額をすべての義務違反について一律に定めるのではなく、義務の類型に応じて異なる上限額とすることも考えられる。

上限額を固定された額として設定した場合[52]、物価の変動に伴い当該法定額が経済状況に適合しなくなるおそれがある。たとえば、インフレが続いた場合、法定の上限額以内で課される強制金が実効性を喪失してしまうおそれがある。かかる場合、罰金もしくは過料または課徴金により違法に得た利益が剥奪されることが確実でない限り、違法行為を中止するインセンティブが十分に働かないことになる。したがって、強制金自体により違法行為により得る利益を剥奪する仕組みとすることが望ましいと考える。義務違反により得られる経済的利益に相当する額を上限とする場合、強制金の額は青天井といえる。違法行為により得られる利益をいかに算定するかについては専門的知識が必要である。わ

---

[48] 詳しくは、山本・権利保護254頁以下参照。

[49] アストラントは、19世紀初頭に、民事上の債務の履行を促す間接強制制度として判例法として形成されたものであるが、その後法定され、民事訴訟で広範に活用されるようになった。アストラントの第2次大戦後の展開については、大濱・アストラント107頁以下がきわめて詳しい。ただし、同書は、行政上の義務履行確保手段としてのアストラントについて論ずるものではない。アストラントとわが国の間接強制との異同については、大濱・アストラント483頁〜486頁に簡潔にまとめられている。アストラントは、行政上の義務履行手段としても、都市計画法や環境法等の個別法で規定されるようになった。一般に、アストラントの期限および金額について賦課権者の裁量が認められる場合には、行政機関の申立てにより裁判所が課すこととされているが、これらについて一律に法定されている場合には、行政機関自身が賦課徴収することができるとされている。西津・間接行政強制制度の研究128〜131頁参照。

[50] 西津・実効性確保30頁参照。

[51] 西津・間接行政強制制度の研究154〜155頁参照。

[52] 民事執行法における間接強制金支払命令については上限が法定されていないが、東京高判平成17・11・30判時1935号61頁は、権利濫用の法理を用いて過剰執行に対する救済を図っている。

が国の課徴金制度、ドイツの連邦秩序違反法[53]に基づく過料、アメリカのシビルペナルティで用いられている算定方法を参考として、各分野で、算定基準を策定する必要があろう。また、外部不経済を内部化することを強制金の根拠とするのであれば、外部限界費用を徴収することとすべきである[54]。

　違法行為により得た収益の剥奪を「制裁」と呼ぶか否かは、「制裁」という用語の定義次第であるが、違法行為により得た収益を保持させることは、財産の公正な配分を乱すものであり、また、違法行為を行わない企業等との公正な競争を害するものといえるので、違反者に故意または過失がなくても、公益上の理由から違法行為により得た収益を剥奪する制度を設けることは立法政策として可能であろう[55]。違法行為により得た利益の剥奪は、後述する行政罰により行う方法、課徴金として行う方法も選択肢として存在するが、間接強制としての強制金で行う選択肢も存在する。違法行為により得た利益を剥奪することを可能とする強制金制度が設けられた場合には、損害賠償請求や、不当利得返還請求等が認容された場合に、強制金の額について、そのことを考慮して決定する必要が生ずることになる。違法行為により得た収益の剥奪は、同時に違法行為を行うことへのディスインセンティブとして機能するのであり、その点で刑事罰としての罰金や没収、行政上の秩序罰等の行政上の制裁と共通する。しかし、間接強制としての強制金と制裁としての行政罰はその本質的性格を異にするので、強制金により違法行為により得た利益が剥奪されたからといって、刑事罰としての罰金や没収、行政上の秩序罰等の制裁を科すことができなくなるわけではない。もっとも、政策的な調整制度を設けることを検討する余地はある。

　53　制定時の西ドイツ秩序違反法を詳細に紹介したものとして、田中・処罰概念131頁以下、長野・西ドイツ秩序違反法参照。長野・西ドイツ秩序違反法は、国会審議の参考に供するために印刷されたもので、一般に公刊することは予定されていなかったが、現在では、国会図書館のNDLサーチにより閲覧可能である。現行の連邦秩序違反法の運用実態について、西津・ドイツの建築規制執行21頁以下参照。

　54　福井・行政代執行制度214頁は、外部不経済を理論的基盤とする賦課金制度を導入することを提唱しているところ、この賦課金は、必ずしも義務履行確保手段に限られない。

　55　濱西・実効性確保法制の整備55頁は、事案が少なく、かつ個別性が高い類型であれば個別ごとの算定制とし、事案が多く、かつ個別性が低い類型であれば類型ごとの定額制とし、後者については、義務の不履行によって得られる標準的な経済的利益と公益および私人の被る経済的損失を比較して、算定金額の多い方に当てはめて区分ごとの定額制にすることが考えられるとする。

履行期限までに義務が完全には履行されなかった場合であっても、部分的に履行された場合には、それに応じて、当初予定していた強制金額を引き下げることも可能とすべきと思われる。
　なお、義務の不履行によって得られる標準的な経済的利益と社会および私人の被る経済的損失のいずれを指標としても、強制金の支払い後に代執行が行われた場合、すでに支払われた強制金を代執行に要した費用から控除する必要はないと思われる。両者は代執行に要した費用とは異質のものであるからである[56]。もっとも、政策的観点から、強制金を代執行に要した費用から控除する選択肢も考え得る[57]。
　最初に設定した強制金額の実効性が欠如していることが判明したために強制金額を増額したり、部分的に義務が履行されたために減額したりすることも認められる制度設計とすべきであろう。また、1日ごと、1週間ごと等に強制金額を累増する仕組みである場合、義務者が自然災害で被災したようなときには、強制金額の累増を一時停止する制度も検討に値する。

第12節　事前手続

　強制金賦課決定は、金銭の賦課を目的とする決定であるから、行政手続法上は、事前の意見聴取手続は不要である（行政手続法13条2項4号）。しかし、一般の金銭賦課決定の場合には、当該決定時点において債務の額（遅延利息を除く）が確定しているのに対して、強制金は、義務が履行されるまで反復して課されるから、義務者の対応等に応じて債務の額は変動しうることになる。そして、強制金賦課決定は、義務者の義務不履行状態が継続していることと不履行の程度の認定を前提とするから、強制金賦課決定の前提となる措置命令について事前の意見聴取が行われていたからといって、強制金賦課決定の事前手続としての意見聴取が不要ということには必ずしもならないと考えられる。したがって、強制金賦課決定の事前手続としての意見聴取は必要と思われる[58]。
　そうすると、措置命令手続は、以下のようにするのが適当と思われる。第1に、事前の意見聴取手続を経て出された措置命令に理由を付記し、審査請求お

---

[56] 濱西・実効性確保法制の整備54頁参照。
[57] 髙橋編・実効性確保法制185頁（田中良弘執筆）参照。
[58] 濱西・実効性確保法制の整備58頁参照。

よび取消訴訟に係る教示を行い、同時に所定の期限内に義務が完全に履行されない場合、強制金を賦課徴収することを戒告することになる。戒告においては、措置命令およびその根拠法条、強制金を賦課する理由およびその根拠法条、義務の遅行期限、履行期限までに義務を十分に履行しない場合には強制金を課すこと、強制金の額およびその算定方法、一定期間内に意見書を提出できること、意見書を提出する行政庁の名称、所在地、連絡先を記載する。意見聴取手続を経ても強制金を賦課すべきとする判断を変更する必要がなく、履行期限までに義務が履行されない場合には、強制金賦課決定を行い、理由を付記し、審査請求および取消訴訟に係る教示を行うことになる。以上は、原則であり、強制金賦課決定のために事前の意見聴取手続をとっている時間的余裕がない場合には、それを省略することは可能とすべきである。過料額が高額な場合には聴聞手続相当の手続、少額の場合には弁明の機会の付与相当の手続が必要と思われる。

第13節　違法性の承継

　義務賦課命令と強制金賦課決定の間の違法性の承継については、強制金（執行罰）制度が存在しないわが国では議論されていないが、すでに少なからぬ法律で履行強制金制度が導入されて運用されている韓国では議論が先行しており、通説は違法性の承継を否定している [59]。わが国においても、義務賦課命令において、所定の期限内に完全に履行しない場合には、強制金が課されること、その額を名宛人に通知することが当然に義務付けられるべきであり、かつ、義務賦課命令に対する不服申立ておよび取消訴訟に係る教示が義務付けられているから、違法性の承継は否定されることになろう。

第14節　強制金支払義務の承継

　義務を課された者がその不履行に対して強制金賦課命令を受けてその支払義務を負ったまま死亡した場合、相続人が相続放棄の手続をとらなかったときは、当該金銭債務は相続人に承継されると解することができそうであるが、韓国では、履行強制金の納付義務は、基本的に一身専属的なものであり、履行強制金

---

[59]　田中・履行強制金賦課制度 730 頁参照。

賦課処分を行政争訟で争っていた者がその係属中に死亡した場合には、手続は終了すると一般に解されている[60]。

第15節　徴収手続

　行政執行法の執行罰に代わる強制金についても、行政上の強制徴収を認めてよいと思われる。すなわち、一定の期間内に支払がなされない場合には国税滞納処分の例により強制徴収を行うことを併せて通知し、当該期間内に支払がなされなければ行政上の強制徴収手続を行うことになる。

第16節　代償強制拘留制度

　国においても国税徴収以外の分野では行政上の強制徴収制度は十分に機能していないこと、地方公共団体とりわけ市町村においては地方税の強制徴収制度すら十分に機能していない場合が多いこと[61]に鑑みると、強制金制度を真に機能させるためには、その強制徴収制度を実効あるものにする必要がある。強制金の不払いを資格の剝奪事由とする仕組みがある場合[62]には、強制金の実効性は高くなると考えられるが、そのような制度がない場合にどうすればよいであろうか。

　ドイツの連邦行政執行法16条3項では、強制金を支払わない場合には、1日以上2週間以内の代償強制拘留（Ersatzzwangshaft）を定めているが、ボン基本法104条2項により、裁判官の許可なく拘留することはできないので、行政庁の申立てに基づき、裁判所が非訟事件として法定の範囲内で拘留を決定することになる。代償強制拘留制度は、義務を履行する資力があるのに履行しない者には機能する可能性があるものの、義務履行に必要な費用を捻出できない義務者にとっては、義務履行を促す意味を持たず、かかる者について代償強制拘留を行うことは比例原則に反するおそれがあるので代執行に切り替えるのが

60　田中・履行強制金賦課制度730頁参照。

61　差押不動産の公売により滞納債権を回収することは都道府県でもかなり困難であり、市町村では差押えすら行わないものが少なくなく、延納金の徴収も十分に行われていないことについて、山下・履行確保157頁〜161頁参照。

62　かかる提案として、荒・建築基準法31頁参照。

通常である。また、そもそも強制金を支払えない違反者は少ないこともあり、実際、ドイツでも、その実施例はきわめて少なく、強制金制度が機能しない場合には、代執行等の直接的な強制手段に移行することが多いようである[63]。

　代償強制拘留制度が活用されない理由としては、①行政裁判所による命令が必要であるが、裁判所は人身の拘束にきわめて慎重であり、裁判所の命令を得るためのハードルが高いこと、②行政庁にとっても手続的コストが大きいこと、③最長の拘留期間が限定されているため、威嚇力が限定的であること、④建築物の危険除去という目的達成のためには迂遠であることが指摘されている[64]。代償強制拘留制度の実際上の意義は、この制度の適用可能性に関する警告による威嚇効果にとどまるようにも思われる[65]。

　わが国で代償強制拘留制度を設けることについては、人身の拘束を伴う過酷な手段であり、近代的手段でないこと、義務者の意思に依存する間接強制手段であり、実効性確保手段としての効果が期待されているほどないと思われること等の批判がある[66]。この制度は、人身の自由を制約するものであるから、ドイツにおいてそうであるように、裁判官の令状を要件とすべきであるし[67]、安易に用いられるべきではない。しかし、ドイツでは、行政執行法制において代償強制拘留制度が設けられているのみでなく、民事訴訟法においても強制拘禁および秩序拘禁の制度が設けられていること、英米法においては民事裁判所侮辱に対する拘禁が可能なこと、わが国においても、罰金または科料を完納できないときの労役場留置の制度（刑法18条）があることに照らすと、代償強制拘

---

[63] 西津・間接行政強制制度の研究118頁、120頁、121頁、西津・ドイツの建築規制執行10〜11頁、32頁、37頁、40頁、47頁、55頁、69頁、72頁、78頁、86頁、104頁、111頁、117頁、122頁、133頁参照。

[64] 西津・ドイツの建築規制執行86頁参照。

[65] 西津・間接行政強制制度の研究118頁、121頁、西津・ドイツの建築規制執行37頁、69頁参照。西津・盛土規制義務履行確保59頁も、拘留のもたらす不利益を回避するため、義務履行費用の自己調達による自主的な義務履行を強く促す効果も大きく期待されるとする。

[66] 折登・代償強制拘留制度70頁以下参照。

[67] 直接強制についてであるが、裁判官の令状を要件とすることは民主政治および権力分立原則に反するという意見がある（田上・行政強制158頁参照）。司法の役割は、訴訟などにおける行政権の事後的統制に限られ、民主的監督を受けない裁判所に行政目的の実現を期待することは許されないという理解によるものと考えられるが、法律要件適合性の判断である限り、司法による事前チェックを認めることが、国民主権および権力分立の原則に反するとは考えられない。

留制度を一概に非近代的なものということは必ずしもできないように思われる。また、強制金の戒告に当たり、代償強制拘留がありうることを告知することによる威嚇効果は認められると思われ、もし代償強制拘留制度がないと、資産隠しを行う者に対する強制金の実効性が大きく損なわれるおそれがあり、この点を重視して、代償強制拘留制度をいわば究極の手段として備えておくべきという意見もありえよう。もっとも、労役場留置は、最大判昭和25・6・7刑集4巻6号956頁、最大判昭和33・5・6刑集12巻7号1351頁により合憲とされているものの、資産のある者は金銭で片付けることを資産のない者は人身の自由で贖わなければならないという批判がありうる[68]。代償強制拘留制度についても同様の批判は可能であろう。しかしながら、本来、行政庁によって適法に課された義務の不履行は許されないことであり、義務の不履行により外部不経済を発生させているのであるから、資力のある者は、任意に支払わない場合、行政上の強制徴収により財産を失うのに対して、資力のない者は、義務を履行しなくても失う物がないということも不合理である[69]。非代替的作為義務や不作為義務について、直接強制により、義務履行確保を図ることができればよいが[70]、これらの義務について直接強制ができず、行政罰も機能不全で、強制金以外に適切な義務履行確保手段がない場合、義務違反者が無資力であれば、義務履行確保ができず、外部不経済を放置してよいということにもならないと思われる。したがって、ドイツが、裁判所の関与の下で代償強制拘留制度を運用していることを、否定的にのみ理解することは必ずしも適切ではなく、わが国においても、少なくとも、立法政策として検討の対象から排除するのではなく、代償強制拘留制度がなくても、無資力の違反者の義務履行確保手段を十分に確保可能か、もし代償強制拘留制度が必要であると判断される場合、人権への配慮の観点から、いかなる手続が求められるかについて、慎重に検討を重ねることが望ましいように思われる。

---

[68] 西津・間接行政強制制度の研究200頁参照。なお、1931年のプロイセン警察行政法56条2項は、強制拘留の相手方が市町村または市町村組合のための労役に切り替えることにより釈放されることができることとしている。わが国でも、代償強制拘留の決定段階で裁判所が適当と認める場合に、社会奉仕命令に代えることができるようにすることが妥当であるという意見がある。西津・間接行政強制制度の研究201頁、三好・実効性確保227頁参照。

[69] 石垣・代償強制拘留制度56頁以下参照。

[70] ドイツにおける直接強制と代償強制拘留の優先順位の問題については、石垣・代償強制拘留制度38頁以下が詳しい。

第6章　直接強制

第1節　直接強制のタブー化の理由

　直接強制についての一般法が廃止された理由は、直接強制が、人または物に対して直接実力を加えるものであるので、すべての場合を通じて、一般的にそれを可能とすることは行き過ぎであり、この手段は、特に行政上の目的達成上必要な場合に限り、個別の法律において各別に適切な規定を設けることで足りると考えられたからである[1]。そして、直接強制が戦前濫用されたことが行政執行法の一般的直接強制制度を廃止した一因であるという説明がなされることがあった。しかし、行政執行法の下で濫用されたのは、措置命令や戒告の手続を前置せずに即時強制として実施可能であった行政検束であり、直接強制が濫用されたことについての実証的データがあるわけではない[2]。もっとも、直接強制が、戦後、人権侵害のおそれが大きいとしてタブー視されてきたことには理由がないわけではない。それは、第1に、直接強制が、代執行と異なり、身体に対する実力行使を正面から容認するものであるからであり、第2に、戦前の行政法体系書において、直接強制の例示として過激な方法が挙げられてきたからである。たとえば、風俗上有害な絵看板の取払いを命じ、義務が履行されない場合に、官庁が代わって取り払うのは代執行であるが、ペンキでこれを塗り潰すのは直接強制であり、交通の妨害となる沈没船の引揚げを命じ、義務が履行されない場合に、官庁が代わって引揚げを行うのは代執行であるが、爆発物でこれを粉砕するのは直接強制であると説明されていた[3]。すなわち、物に対する実力行使という点では、代執行と直接強制は共通するが、代執行は措置

---

　[1]　昭和23年4月6日第2回国会衆議院司法委員会議録10号1～2頁（佐藤達夫政府委員答弁）参照。

　[2]　西津・行政規制執行改革論12頁参照。鈴木・法律要綱私案62頁は、戦前において、直接強制は、伝染病の場合の交通遮断や通行禁止の場合に使われたにすぎないとする。

　[3]　美濃部・日本行政法上337頁参照。

命令で課された義務をそのまま代わって行うのにとどまるのに対して、直接強制は、措置命令の対象である物の破壊を行うものという点で、代執行と区別されると考えられていたのである。このような見解は戦後においても存在し、義務者が移転すべき家屋を移転しない場合に、家屋を破壊して焼毀するのは直接強制であると説明されることがあった[4]。

第2節　個別法における直接強制

　戦後、個別法において直接強制についての一般法が制定されることはきわめて稀であり、直接強制よりも即時強制が選択される傾向がみられる[5]。きわめて稀な直接強制の例として、戦後、成田国際空港の安全確保に関する緊急措置法3条1項の規定に基づく工作物使用禁止命令の履行を確保するために同条6項の規定に基づいて行われる封鎖その他の措置が規定されている（行政代執行に対する補足性は規定されていない）。また、「ポツダム宣言の受諾に伴い発する命令に関する件」（昭和20年勅令第542号）に基づくいわゆるポツダム政令である「学校施設の確保に関する政令」（「ポツダム宣言の受諾に伴い発する命令に関する件に基く文部省関係諸命令の措置に関する法律」（昭和27年法律第86号）により、サンフランシスコ講和条約発効後も法律としての効力を有する）21条1項は、「この政令の規定により命ぜられ、又はこの政令の規定に基いて管理者により命ぜられた行為を義務者が履行しない場合において、行政代執行法（昭和23年法律第43号）による代執行によつては義務の履行を確保することができないときは、管理者は、直接にこれを強制することができる」と定め、同条2項は、「行政代執行法第3条及び第4条の規定は、前項の規定により直接

---

[4]　柳瀬・行政強制208頁参照。
[5]　もっとも、直接強制と即時強制の区別は明確でなく、論者により見解が分かれることがある。直接強制は義務の「不履行」を前提としておらず、義務履行確保のための強制行為であれば足りるとして、風俗営業の規制及び業務の適正化等に関する法律31条1項や道路交通法75条9項の規定に基づく標章の貼り付けについて、直接強制と解する説がある。また、道路交通法51条2項の規定に基づく車両のレッカー移動についても、同法44条1項等の規定により直接に駐停車禁止の不作為義務を課されているとみれば、直接強制とも解しうることになる。同様に、同法81条2項の規定に基づく違法工作物等に対する措置も、同法76条1項等の規定により不作為義務を課されているとみれば、直接強制とも解しうることになる。関根・行政強制883頁〜884頁参照。韓国においても、直接強制と即時強制の区別が不明確であることについて、田中・即時強制111頁参照。

強制をする場合に準用する」と規定している[6]。もっとも、直接強制として、具体的に何をなしうるのか、施設の封鎖にとどまるのか、占拠者の実力による排除も含まれるのか等は法定されておらず、明らかでない[7]。

　旧らい予防法6条3項も直接強制を認めていた。また、旧土地収用法73条2項の直接強制に係る規定も、現行の土地収用法（昭和26年法律第219号）により廃止されるまで存続した[8]。土地収用法102条の2第1項が定める市町村長による履行代行が、土地または物件の引渡し義務のような非代替的作為義務について行われる場合には、市長村長が義務者の財産に直接有形力を行使することを認めており、直接強制に当たるとする説があることは先に述べたとおりである[9]。なお、逮捕、勾留、差押、領置等の刑事訴訟法上の強制処分は、実力を行使して義務違反状態を差し止めることによって義務履行を確保する点で、直接強制と同様の機能を果たしている側面がある[10]。

第3節　直接強制法定化の必要性

　民事執行においては直接強制が多数行われており、2023（令和5）年の新受件数は、債権執行事件が14万3852件、不動産等引渡事件が3万4410件、不動産執行事件が1万5814件、動産執行事件が1万2235件存在した[11]。民事執行における直接強制の中で最多の債権執行は、行政上の強制執行の分野では行政上の強制徴収に分類されているものの、民事執行における不動産等引渡、不動産執行、動産執行事件は行政上の強制執行の分野における直接強制に当たり、民事執行においては、直接強制が積極的に活用されていることが窺われる。これに対して、行政上の義務の履行を確保するための直接強制は、戦後、一般的根拠規定がなくなり、ごく少数の個別法に根拠規定が設けられているにとどまり、その運用もきわめて謙抑的になされている。その理由は、前節でみたよう

　6　なお、出入国管理令、外国人登録令、銃砲刀剣類等所持取締令、土地工作物使用令等、ポツダム政令の中には行政強制を規定したものが少なくなかった。菊井・行政強制221頁参照。
　7　須藤・即時強制163頁参照。
　8　廃止の経緯について、雄川ほか・行政強制15頁（林修三発言）参照。
　9　収用代執行研究会・土地収用39頁参照。
　10　市橋・行政罰239頁参照。
　11　最高裁・データブック45頁〜47頁参照。

に、直接強制による人権侵害が懸念されたからである。しかしながら、戦前、直接強制の例として考えられていたものは、前述のように過激であって比例原則の観点から疑問があるものであった。代執行であれ直接強制であれ、比例原則の適用を受けることに変わりはなく、直接強制であるからといって、比例原則の適用が緩和されることにはならない[12]。そうすると、直接強制による物に対する実力行使が、物に対して直接実力を行使する代執行と比較して、より慎重に用いられるべきといえるのかについては、疑問の余地がある。代替的作為義務については、直接強制であっても、比例原則の適用により可能になる強制手段は、特段の事情がない限り、代執行と同じになるのではないかと思われ、非代替的作為義務および不作為義務については直接強制の存在意義は明確であるが、代替的作為義務についての直接強制の存在意義は、原則として認められないのではないかと思われる。直接強制についても代執行と同様に比例原則が適用されるのであるから、直接強制を人権侵害のおそれが大きいものとしてタブー視するよりも[13]、人権侵害を防止するための実体的・手続的要件を明確に法定しつつ、その活用を図ることを検討すべきと考えられる[14]。この点については、田中二郎教授が、戦後、行政上の強制執行の手段を極度に制限したこと

---

[12] 須藤・行政強制と行政調査41頁参照。

[13] 戦後、直接強制に対するアレルギーが強すぎたという指摘について、雄川ほか・行政強制76頁、124頁（菊井康郎発言）、77頁（広岡隆発言）参照。須藤・即時強制166頁も、学問上直接強制に分類されるものがすべて苛烈な方法をとるわけではないことを指摘する。

[14] 田上・行政強制156頁から157頁も、比例原則が維持されるならば、直接強制を定める立法は公共の福祉の法理によって合憲と解することができるとする。1925年のオーストリア行政執行法が1950年に再公布されたことや、西ドイツにおいて1953年に包括的な行政執行法が制定されたことにも照らし、わが国においても、執行罰や直接強制を放擲するよりは、民主的規制内容をもってこれを明白に限定的に規制する一般法が必要であるとするものとして、園部・行政強制・行政罰10頁参照。西津・行政規制執行改革論15頁も参照。旧西ドイツ時代の直接強制法制について、長野・西ドイツ直接強制法（1）85頁以下、長野・西ドイツ直接強制法（2）86頁以下、長野・西ドイツ直接強制法（3）81頁以下、長野・西ドイツ直接強制法（4）47頁以下、長野・西ドイツ直接強制法（5）77頁以下、長野・西ドイツ直接強制法（6）111頁以下、長野・西ドイツ直接強制法（7）85頁以下、長野・西ドイツ直接強制法（8）69頁以下、長野・西ドイツ直接強制法（9）95頁以下参照。また、旧西ドイツ時代のノルドライン・ウェストファーレン州の直接強制について、長野・ノルドライン・ウェストファーレン（1）154頁以下、長野・ノルドライン・ウェストファーレン（2）119頁以下、長野・ノルドライン・ウェストファーレン（3）119頁以下、長野・ノルドライン・ウェストファーレン（4）109頁以下、長野・ノルドライン・ウェストファーレン（5）154頁以下参照。

の妥当性について疑問の余地があるとし、その理由として、代執行を行えない場合であるにもかかわらず、行政上の必要に基づき、代執行の名において、実質的に直接強制の手段に訴えるような違法をあえて犯すことになりかねないことを挙げていたことが想起される。そこで、田中教授は、一方において国民の基本的人権を尊重し確保する手段を十分に考慮しつつ、行政上の必要を充たす最後の手段として、直接強制の手段を認めることが、かえって法治国的に事務を処理することになるのではないかという認識を示していた[15]。もっとも、田中教授は、行政執行法が定めていたような一般的な直接強制制度の復活を念頭に置いていたわけではなく、具体的立法に当たっては、必要に応じ、憲法33条・35条等との関係を考慮しつつ、厳重な制約の下に、直接強制の手段を規定すれば足りるとしていたから[16]、個別具体的な必要に応じて直接強制制度をより前向きに検討すべきであり、その場合には、手続保障に十分に配慮すべきという立場であったと考えられる。柳瀬良幹教授も、直接強制を行う必要のある事態は依然としてありうる以上、その濫用の防止は別にその方法を考えるべきで、濫用を慮るために直接強制を行いえなくするのは、羹に懲りて膾を吹くものと評さなければならないと述べ、代執行の形の下に実際は直接強制と同じことを行い、または即時強制の名を借りて実質は直接強制に等しいことを行い、さらには、何ら根拠を示すことなく、事実上直接強制を行っている実態があることを批判していた[17]。

　わが国では、戦後、直接強制がタブー視されたこともあり、本来であれば直接強制を行うべき場合に即時強制を認める傾向がある（精神保健及び精神障害者福祉関する法律29条1項、29条の2第1項参照）。もっとも、時間的切迫性がないとはいえず、かつ、相手方が事理弁識能力を有する場合には、即時強制であっても、事前に勧告がなされる例がある（感染症の予防及び感染症の患者に対する医療に関する法律17条2項、19条3項）。しかし、かかる場合には、本来、

---

[15] 田中・行政法上142頁参照。藤谷・緊急代執行47頁も、即時強制に藉口して事実上の直接強制を行うより、必要な要件を明示して直接強制を認めるべきとする。田中・新行政執行制度（1）8頁も参照。

[16] 田中・総論393頁注7参照。田中教授は、直接強制が直ちに憲法違反というのではなく、これを一般的な行政上の強制執行方法として認めることは妥当でないので、直接強制についての一般法が戦後廃止されたにとどまるとし、個別法で直接強制の手段を規定することはもとより可能であるとする。

[17] 柳瀬・行政強制210頁～211頁参照。

事前に意見聴取の機会を与えた上で義務を課し、自ら義務を履行する機会を確保するとともに、措置命令に対して審査請求や抗告訴訟を提起して争う機会を保障すべきである。法律に基づく勧告に対しては、中止等の求め（行政手続法36条の2）ができるとはいえ、これは職権発動の端緒を与えるものと位置付けられており、中止等の請求権を付与するものではないので、中止等の措置が講じられなくても、争訟の提起ができないという限界がある。警察強制の概念の下に警察上の強制執行と警察上の即時強制を位置付けた美濃部達吉教授も、「警察強制は強制執行を以つて常則とする」と述べていたように[18]、こうしたケースでは、直接強制をタブー視して即時強制に逃避するのではなく[19]、事前の意見聴取→措置命令→戒告→直接執行という手続を踏むほうが望ましいように思われる。

　ドイツの連邦行政執行法12条は、代執行または強制金によって義務履行の目的を達することができないとき、またはこれらの措置を実行することが困難なときには直接強制を認めており、台湾の行政執行法においては、代執行または制裁金では執行目的を達成しえない場合、または緊急状況で直ちに執行しなければ執行目的を明らかに達成できない場合に直接強制が可能とされる。台湾では、直接強制の中に、営業上必要な水道、電力その他のエネルギーの供給停止も選択肢に含まれている。わが国においても、同様の制度の採用を検討すべきと思われる。

　直接強制がとりわけ重要と考えられるのは、工事中止命令、営業停止命令等により課された不作為義務の履行を確保する場合である[20]。岡山市で最初に行われた代執行の事案では、違法建築物が発見された後も、違法な増築工事が進行し、違法建築物内で営業も開始された。工事中止命令は出されたものの、無視され続け、きわめて危険な建物が完成してしまい、その中で顧客が集まる営業が開始されてしまった。早期の段階で工事中止命令を出し、それに従わない場合、現場を封鎖して、それを破棄すれば封印等破棄罪（刑法96条）で処罰で

---

[18] 美濃部・日本行政法下150頁参照。

[19] 直接強制を条例で定めることができないことが、条例で即時強制を定める誘因になっているのではないかという指摘について、黒川・行政強制・実力行使115頁参照。

[20] 建築基準法違反に対して同法が無力である最大の理由は、違反工事を発見した時点で、実効性のある工事停止措置をとることができないことであるとするものとして、暉峻・建築基準法61頁参照。

きるようにして工事を中止させることができれば、すでに建築されてしまった部分を除却する代執行が必要になったとしても、代執行費用は比較的少なくてすむ[21]。これに対し、中止命令が無視され、命令を遵守させるための強制執行の手段が欠如している場合、違法建築物が完成し、そこで営業も開始されてしまった後に代執行を行うとなると、代執行費用は相当多額にならざるをえないであろう。このような問題意識から、1967（昭和42）年12月13日の建築審議会答申では、違反建築物に関する是正命令、工事中止命令等の履行を確保するために必要な措置（封印措置等）を法定し、これを封印破棄罪等の刑事罰により間接的に担保することが提言されていた[22]。同答申のこの内容は実現しなかったが、その内容は適切なものと思われる。このような内容の直接強制は、過酷なものとはいえず、構成要件も明確であり、義務賦課命令の事前手続を整備し、緊急時を除き戒告を前置すれば、濫用のおそれも乏しいと思われる。他方人身の自由を制限する直接強制については、事前の令状を原則として要件とする等、事前手続について慎重な配慮が必要になると思われる、したがって、一律に直接強制の是非を論ずるのではなく、類型に応じた検討を行うべきと思われる[23]。改めて、この問題についての議論が政府において行われることを期待したい。

第4節　条例を根拠とする直接強制

現行法上は、独自条例に基づく直接強制はできないと一般に解されている。他方、独自条例で即時強制が認められており、均衡を失している。地方分権の進展により、地方公共団体が独自条例で様々な規制を行うようになったため、その実効性を確保するための措置が法律で整備されていなければ、地方公共団体が独自に実効性確保策を講ずることができるようにすべきである。直接強制については、法律のみならず条例により課された義務についても、法律で一般

---

[21] 宮崎・実効性の確保247頁は、是正命令、行政代執行についてであるが、違法状態の軽微な段階で行政庁が規制権限を行使できるように、要件規定を改めるべきとする。

[22] ドイツの建築規制における封印措置については、西津・封印措置等43頁以下参照。

[23] 直接強制を「物の引渡し型の直接強制」「人身の確保・収容型の直接強制」等に分類し、義務の区分と強制執行手段の対応関係をより精細に設定し、義務の内容に即した過不足のない程度・態様による強制施行を可能とすることが提案されていることが注目される。小川・実効性確保26頁、検討会・報告書30頁参照。

的な根拠規範を設ける立法政策が採られた場合には、条例で根拠規範を設ける必要はなくなるが、法律に基づく義務についてのみ法律に一般的根拠規範を設ける立法政策を採る場合には、条例に基づく義務について、条例で直接強制の根拠規範を設けることを認めるべきであろう。また、直接強制の一般的根拠規範を設けず、個別法で直接強制の根拠規範を設ける立法政策を採る場合には、個別の条例に基づき直接強制の根拠規範を設けることも認めるべきであろう。

　一般論としては以上のようにいえるが、あらゆる類型の直接強制について、同じように考えてよいかを検討する必要がある。最も問題になるのは、人を収容する場合のように人身の自由を強く制限する直接強制である。そのような直接強制については、令状主義を採用すべきと考えられるところ、条例でかかる直接強制の根拠規範を設けることを認めることには慎重な検討が必要であろう[24]。これに対して、身体への有形力の行使であっても、軽微な場合、たとえば、不作為義務の履行を確保するために建物を封鎖する際に、それを妨害しようとする行為を制止するにとどまるような場合には、条例で直接強制を定めることを認めてよいように思われる[25]。

第5節　法律または条例に直接基づく直接強制

　直接強制について、法律または条例により直接に課された義務も対象とすべきかという問題がある。一般的には、義務の賦課については、個別の行政処分で行うほうが、相手方に意見陳述の機会を保障し、個別に理由の提示もなされる等、相手方の手続保障の観点から望ましい。したがって、直接強制についても、その前提となる義務の賦課は、個別の行政処分に基づいて行われることを原則とすべきであろう。

　もっとも、水域の不法占用のようなケースを考えると、多数にわたる不法占用物件について、個別に所有者やその住所等を調査し、撤去命令を出して行政代執行を行ったり、過失なくして所有者またはその住所を確知できないために簡易（略式）代執行を行ったりすることには多大なコストが生ずる。そこで、かかる場合について、条例では即時強制を認める例がある。しかし、義務を賦

---

　[24]　高橋編・実効性確保法制143頁〜144頁（濱西隆男執筆）参照。
　[25]　不動産の処分等を対象とする直接強制についても、個別条例で根拠規範を設けることは望ましくないとする見解もある。高橋編・実効性確保法制144頁（濱西隆男執筆）参照。

課されることなく実力を行使される即時強制は例外的であるべきといえ、必ずしも緊急性があるわけではなく、義務を賦課することによっては目的を達しえないといえない場合にまで即時強制を用いることは望ましくない。そこで、上記のような場合には、事前手続の整備を前提として、例外的に法律または条例に基づく直接強制を認める立法政策もあり得ると思われる。

第6節　一般法方式と個別法方式

　直接強制については、戦前の行政執行法のように一般的根拠規定を設ける選択肢のほか、一般法において共通の定義・手続等を定め、根拠規定は個別の法律または条例で定める選択肢も存在する。戦後も、個別法において直接強制の規定を設けることが可能であったにもかかわらず、必要と思われる場合にも直接強制が法定化されてこなかったことに鑑みれば、一般法に根拠規定を設けるべきという説も十分に理解できる[26]。地方公共団体の長は、条例により直接に命じられ、または条例に基づき当該地方公共団体の機関により命じられた行為について義務者がこれを履行しない場合において、代執行または強制金の徴収により義務の履行を確保できないときは、直接強制をすることができる旨の一般的規定を設けるべきとすることも提唱されている[27]。他方において、直接強制については、司法的抑制が望ましいので、その拡大には消極的な見解もある[28]。

　直接強制は人権侵害のおそれが大きいため、一般法を定めるのではなく、個別法の定めるところによるべきであり、一般法においては共通の手続を法定するにとどめ、個別法で法的根拠に委ねるべきとする意見もある[29]。確かに身体

---
　[26]　直接強制については、個別法の整備を先行させるが、究極的には一般法の整備を提言するものとして、西津・行政規制執行改革論145頁以下参照。
　[27]　鈴木・法律要綱私案覚書17頁、35頁参照。
　[28]　磯野・義務履行確保248頁参照。
　[29]　広岡・行政強制の現代的意義96頁、濱西・実効性確保法制の整備42頁、高橋編・実効性確保法制49頁参照。「行政の実効性確保法制の整備に向けた総合的研究プロジェクト」の要綱案の丙案は、直接強制と即時強制は講学上の区別にとどまり、立法実務上、意識的に区別されて立法化されていないし、執行実務上も特に支障を生じていないことに加えて、伝統的な行政法学における警察行政に集中しているため、直接強制の一般法化は困難であるとして、個別の法律または条例ごとに必要な規定を設ける方針をとっている。濱西・要綱案86頁参照。

に対する直接強制は、人権侵害の危険が大きいので、真に必要かを慎重に判断して、必要不可欠な場合に限り個別法で根拠規定を設け、一般法では、共通する手続等を定めるにとどめるべきであろう。他方、建築禁止命令や営業停止命令等の不作為義務の履行を確保するために、物に対する封鎖等の実力行使を行う直接強制については、一般法に根拠規定を設けてもよいように思われる[30]。すなわち、私見では、直接強制の定義、手続等に関する基本的事項を一般法で定め[31]、不作為義務の履行を確保するための物に対する封鎖等の直接強制の根拠規範も一般法に設けるが、身体に対する直接強制については、個別の法律または条例[32]で設けることが望ましいと思われる[33]。

一般法においては、調査権限（学校施設の確保に関する政令16条～18条、成田国際空港の安全確保に関する緊急措置法3条3項～5項参照）、直接強制に伴う動産の保管・処分権限、妨害停止命令権限、警察への協力要請、権限行使の要件、執行責任者、意見聴取手続（事前手続をとる暇がない場合であって、継続的に制限を課す場合における事後手続も含む）、戒告、理由提示等について定めておくべきであろう。また、財産に対する直接強制であってその所有者等が不明な場合がありうるので、直接強制についての一般法を設ける場合、公告による簡易（略式）直接強制についても定めておくべきと思われる（学校施設の確保に関する政令6条、成田国際空港の安全確保に関する緊急措置法3条2項参照）。

---

[30] ザクセン州行政執行法25条3項、バーデン＝ヴュルテンブルク州行政執行法26条3項、ブランデンブルク州行政執行法34条3項が、身体に対する直接強制は、物に対する直接強制によって執行の目的が達せられないと思料される場合においてのみ行うことができること、身体に対する強制執行を行う場合には、その方法と程度において、当該者の年齢と状況に適合したものでなければならないと定めていることは、身体に対する直接強制の危険性に鑑み、身体に対する直接強制と物に対する直接強制を区別する必要性があることを示している。

[31] 2021（令和3）年に制定された韓国の行政基本法30条、32条は、直接強制の定義、手続等に関する基本的事項を一般法で定め、根拠規範は、個別の法律で定めている。同法については、韓国法制処・田中・韓国・行政基本法、李斗領・韓国行政基本法184頁以下、尹・韓国の行政基本法99頁以下、蔡・東アジアにおける行政法119頁以下（尹龍澤執筆）、趙・韓国の行政基本法制定97頁以下、崔・韓国『行政基本法』38頁以下、宇賀・韓国の行政基本法3頁以下参照。

[32] 直接強制を条例で定めることを可能とすべきとする意見として、濱西・実効性確保法制の整備43頁、高橋編・実効性確保法制80頁（濱西隆男執筆）参照。

[33] 韓国の行政基本法は、直接強制全般について、根拠規範は個別法で設けることとしているので、その点で私見と異なる。

第7節　手続

I　裁判官の許可

　身体を拘束する場合には、緊急の場合を除き、憲法33条の趣旨に照らし、裁判官の許可を要することとすべきであるし、もし事前に裁判官の許可を得ることができない緊急の場合においても、事後、遅滞なく（たとえば24時間以内等）裁判官の許可を得ることを義務付け、許可が得られない場合には、身体の拘束を停止しなければならないとすべきであろう（台湾の行政執行法が定める拘束は24時以内に限られている）。また、長期にわたり身体の拘束を継続する場合には、定期的に裁判官の許可を得ることを義務付け、許可が得られなければ、身体の拘束を解かなければならないこととすべきであろう。身体の拘束に不服がある義務者は、行政不服審査法に基づく審査請求や行政事件訴訟法に基づく取消訴訟を提起することができるが、身体の拘束が重大な人権侵害のおそれを伴うものであることに鑑みれば、別途、拘束の停止を求める簡易な申立て権を認める立法政策も考えられる[34]。

　身体の拘束以外の身体への有形力の行使についても、事前の意見聴取に代えて裁判官の許可を義務付けることが望ましいが、身体への有形力の行使といっても軽微な場合もあり得るので、かかる場合には、裁判官の許可を得ずに、事前の意見聴取手続で足りるとすることも考えられる。

II　裁量基準

　直接強制を行うか否かについての要件裁量および効果裁量の基準を作成し公にする努力義務を行政庁に課すべきと思われる。具体的には、事前手続として戒告を義務付け、戒告の裁量基準を作成し公にしておく努力義務を法定すべきであろう。戒告に処分性を認めるべきであるが、戒告は「事実上の行為をするに当たりその範囲、時期等を明らかにするために法令上必要とされている手続としての処分」（行政手続法2条4号イ）として、同号の不利益処分に当たらないという実務上の解釈を前提とする場合、同法12条が定める処分基準に係る

---

[34]　高橋編・実効性確保法制156頁（濱西隆男執筆）は、身体の自由の制限など相手方の不利益が大きい継続的な直接強制について、義務者の申立てによる直接強制の取りやめのための簡易な手続を設けることを提言している。

規定は適用されないので、別途、裁量基準を作成し公にしておく努力義務を法定する必要がある。

Ⅲ　戒告

　戦前の行政執行法にも現行の成田国際空港の安全確保に関する緊急措置法にも直接強制の事前手続についての定めがない。他方、学校施設の確保に関する政令21条1項の規定に基づき直接強制を行う場合においては、同条2項の規定により行政代執行法3条1項の規定が準用されるため、直接強制を行うためには、相当の履行期限を定め、その期限までに履行がなされないときは、直接強制をなすべき旨を、あらかじめ文書で戒告しなければならない。直接強制の一般的根拠規範を法律で設ける場合はもとより、根拠規範は個別の法律または条例に委ねる場合であっても、直接強制についての手続については一般法で定めておくことが望ましいと思われる。直接強制について、意見聴取手続をはじめ手続が整備されれば、現行の即時強制制度を直接強制制度に置き換えることを検討する基盤が成立するといえよう。

　ドイツの連邦およびラントの行政執行法においては、直接強制の事前手続として戒告が原則として義務付けられている。わが国においても、適正手続の観点および義務者自身による義務履行確保の機会を付与することによる効率的な義務履行確保の観点から、緊急の場合を除き戒告を前置すべきであろう。

　戒告においては、①その前提となる義務を課した処分およびその根拠条項、②義務の履行期限および当該期限までに義務が履行されない場合には直接強制を行う旨、③直接強制の実施方法、④行政庁の名称、所在地および連絡先は、最低限記載することとすべきと思われる。戒告を処分と位置付ければ、審査請求および取消訴訟に係る教示も必要になる。戒告の段階で直接強制に要する費用の見積りを示すことが可能ならば、それも示すことは、早期の義務履行を促す効果が期待できるので、望ましいと思われる[35]。

　②の義務の履行期限については、義務の性質に応じて適切な期限が異なるので、一律に決定することはできない。ただし、戒告に処分性を認めて審査請求や取消訴訟の提起を可能にする以上、かかる救済手段を講ずるのに必要と考えられる合理的期間経過後に履行期限を設定すべきと思われる。不動産の明渡し

---

[35] 直接強制に係る戒告の事前手続については、代執行に係る戒告の事前手続について述べたことが妥当する。

の直接強制の場合、民事執行の例が参考になる。すなわち、平成15年法律第134号による民事執行法改正で導入された明渡催告制度（同法168条の2）においては、明渡判決または明渡決定が出された場合、直ちに明渡執行を行うのではなく、明渡執行の申立てがあった場合、執行官が引渡期限を定めて明渡の催告をすることとし（同条1項本文）、引渡期限は催告があった日から1月を経過する日を原則としている（同条2項本文）。これにより債務者は、原則として1月の猶予期間を保障されることになり、多くの場合、債務者は猶予期間内に自ら明渡しを行うので、執行コストを軽減しうることになる。他方において、猶予期間内に執行妨害が行われるおそれがあるため、明渡しの催告後に不動産等の占有の移転があったときは、引渡し期限が経過するまでの間においては、占有者に対して、不動産等の引渡しまたは明渡しの強制執行をすることができることとしている（同条6項）。

Ⅳ 理由の提示

戒告に処分性を認めるべきと考えるが、戒告は、「事実上の行為をするに当たりその範囲、時期等を明らかにするために法令上必要とされている手続としての処分」（行政手続法2条4号イ）として、同号の不利益処分に当たらないという実務の解釈を前提とする場合、同法14条が定める理由の提示に係る規定は適用されないので、別途、理由の提示義務を法定する必要がある。

Ⅴ 直接強制令書

学校施設の確保に関する政令21条1項の規定に基づき直接強制を行う場合においては、同条2項の規定により行政代執行法3条2項の規定が準用されるため、義務者が戒告を受けて、指定の期限までにその義務を履行しないときは、当該行政庁は、直接強制令書をもって、直接強制をなすべき時期、直接強制のために派遣する執行責任者の氏名および直接強制に要する費用の概算による見積額を義務者に通知することになる。このような手続は、直接強制の一般的手続として法定すべきであろう。直接強制に要する費用の概算による見積額については、戒告の段階で義務者に提示されている場合には、見積額に変更がない限り、直接強制令書に再度記載する必要はないと思われる。

Ⅵ　証票の携帯および提示

　学校施設の確保に関する政令 21 条 1 項の規定に基づき直接強制を行う場合においては、同条 2 項の規定により行政代執行法 4 条の規定が準用されるため、直接強制のために現場に派遣される執行責任者は、その者が執行責任者たる本人であることを示すべき証票を携帯し、要求があるときは、何時でもこれを呈示しなければならない。かかる手続は、直接強制に責任を負う執行責任者を義務者に対して明確にするため、直接強制の一般的手続として法制化すべきであろう（韓国行政基本法 32 条 2 項参照）。

Ⅶ　緊急直接強制

　学校施設の確保に関する政令 21 条 1 項の規定に基づき直接強制を行う場合においては、同条 2 項の規定により行政代執行法 3 条 3 項の規定が準用されるため、非常の場合または危険切迫の場合において、当該行為の急速な実施について緊急の必要があり、戒告および直接強制令書の交付の手続をとる暇がないときは、その手続を経ないで直接強制をすることができるとしている。直接強制の手続を一般法で定める場合においても、緊急性がある場合には、戒告の手続を省力することを可能にすべきであろう[36]。

第 8 節　警察の協力

　戦後、直接強制制度が個別法においてもほとんど採用されてこなかった背景には、組織的な理由もあると思われる。すなわち、戦前においては、内務省が司法警察のみならず広範な行政警察の権限を有し、行政警察も警察官の指揮監督の下に行使されることが多かったため、直接強制に対する抵抗を抑圧してこれを実行することを容易にする制度的基盤があったといえる。これに対して、戦後、内務省が解体され、戦前の行政警察の多くが、狭義の警察組織ではない一般の行政組織により担われることになったため[37]、直接強制に対する物理的

---

[36]　もっとも、緊急直接強制においても、直接強制令書の交付まで省略することは妥当でないと思われる。高橋編・実効性確保法制 152 頁（濱西隆男執筆）は、直接強制令書の交付と直接強制の開始日との間に一定期間を空ける手続は省略できるが、直接強制令書の交付自体は省略できないとする。

[37]　須藤・行政強制と行政調査 99 頁参照。

抵抗が予想される場合、狭義の警察組織の協力が得られなければ、実際に直接強制を行うことは困難になる（同じことは代執行についてもいえることは前述したとおりである）。したがって、かかる場合、警察に協力を要請することができる旨、および警察が要請を受けた場合にこれに協力する義務がある旨を法定しておくことが、直接強制の実効性確保のために重要であろう[38]。

第9節　費用

　わが国では、戦前の行政執行法において、代執行、執行罰については費用等の行政上の強制徴収の根拠規範が置かれていたが（同法5条1項、6条）、直接強制自体に要した費用の義務者からの徴収規定は置かれておらず、義務者からの費用徴収は想定されていなかった。戦後に個別法で設けられた直接強制については、成田国際空港の安全確保に関する緊急措置法3条14項において、除却された工作物その他の物件の保管、公示、売却等に要した費用を当該物件の返還を受けるべき所有者等の負担とし、その費用の徴収については、行政代執行法5条および6条の規定を準用することが定められているが、直接強制それ自体に要した費用の徴収に係る規定は設けられていないため、公費負担が前提とされていると解される。

　しかし、現在、ドイツの連邦および大半のラントの行政執行法においては、直接強制に要した費用を義務者の負担として、当該費用を賦課徴収しうる旨の規定が置かれており、さらに、即時強制に要した費用についても、公課法により原因者から賦課徴収することができることとされている[39]。わが国においても、代執行であれ直接強制であれ、義務の不履行によりその必要を生じさせた費用については義務者が負担するのが公平であり、直接強制に要した費用を義務者に賦課し、行政代執行法5条・6条の規定と同様に、行政上の強制徴収ができるようにすべきであろう。直接強制に直接に要した費用のみならず、直接強制のための調査に要した費用や物件の保管に要した費用についても、強制徴収

---

　[38]　行政上の強制執行についてではないが、警察官の協力義務または協力努力義務を定める例として、消防法28条2項、児童虐待の防止等に関する法律10条3項、障害者虐待の防止、障害者の養護者に対する支援等に関する法律12条3項、高齢者虐待の防止、高齢者の養護者に対する支援等に関する法律12条3項参照。

　[39]　詳しくは、西津・行政規制執行改革論140～141頁参照。

できる旨の規定も設けるべきと思われる。

　さらに、戒告において、直接強制に要する費用の見積額を提示し、義務者に対して予見可能性を与えるとともに、義務者に自ら義務を履行するインセンティブを付与することにより、直接強制をできる限り回避することが望ましい。戒告時点での費用の見積りを修正する必要があるときは、直接強制令書に修正された見積額を記載することとし、また、事前徴収する制度も設けることにより、義務不履行者のための公費負担を抑制すべきであろう。

　もっとも、いかなる直接強制についても、義務者の負担とするのが適当かについては検討を要する。現在、わが国では、かつてのような社会防衛目的での義務接種は行われていないが、将来、そのような義務接種制度が復活し、禁忌事由がないにもかかわらず接種を拒否する者に対して直接強制として接種を行った場合、本人が現に感染症に罹患しているわけではなく、集団免疫のために接種が義務付けられることに鑑みれば、原因者負担の観点から義務者が費用を負担すべきとはいえないように思われる[40]。

第10節　簡易（略式）直接強制

　義務者を過失なくして確知できない場合または義務者は判明してもその住所を確知できない場合も考えられるので、公告によって義務を課し、直接強制を行うことを可能にする簡易（略式）直接強制についての定めを設けるべきであろう。地方公共団体の行政庁が条例に基づき課した義務についても、簡易（略式）直接強制を行うことを法律で一般的に認めることが望ましいが、そうでない場合であっても、地方公共団体において、条例に基づき課された義務について簡易（略式）直接強制を行う必要が生ずることは考えられるので、条例で簡易（略式）直接強制を行うことを可能とすべきであろう。

---

[40]　須藤・代執行・直接強制・即時強制278頁～279頁、須藤・即時強制104頁参照。

第 7 章　行政上の強制徴収

第 1 節　国税滞納処分の例による強制徴収

　行政上の強制徴収の仕組みについては、戦後も、戦前から大きな変化はなかった。すなわち、戦後、金銭徴収についての行政上の強制徴収の一般法は、国税徴収法（昭和 34 年法律第 147 号）および地方税法（昭和 25 年法律第 226 号）であり、行政上の強制徴収が必要な国の金銭債権については、個別法で国税滞納処分（国税通則法 40 条、国税徴収法）の例または国税徴収の例による等と定めることとしている（道路法 73 条 3 項、河川法 74 条 3 項、都市計画法 75 条 5 項、健康保険法 180 条 4 項、国民年金法 95 条、96 条 4 項、厚生年金保険法 86 条 5 項、89 条等）。すなわち、行政上の強制徴収制度については、国の債権については個別法に根拠規定が置かれ、手続については、国税徴収法が事実上の一般法になっている。行政上の強制徴収は、民事執行では直接強制に当たるものであるが、わが国の行政法学では、直接強制という文言は、非金銭的執行を念頭に置いて用いられることが多い。
　また、地方公共団体の金銭債権については、すでに、府制、市制、町村制に行政上の強制徴収に関する一般的根拠規範が置かれていたが、現在では、地方税については地方税法 68 条等が根拠規範になり、分担金、加入金、過料または法律で定める使用料その他の歳入については、地方自治法 231 条の 3 第 3 項により地方税の滞納処分の例により強制徴収することが認められている。地方自治法 231 条の 3 第 3 項前段は、「普通地方公共団体の長は、分担金、加入金、過料又は法律で定める使用料その他の普通地方公共団体の歳入（以下この項及び次条第 1 項において「分担金等」という。）につき第 1 項の規定による督促を受けた者が同項の規定により指定された期限までにその納付すべき金額を納付しないときは、当該分担金等並びに当該分担金等に係る前項の手数料及び延滞金について、地方税の滞納処分の例により処分することができる」と定めており、同法制定附則 6 条は、「他の法律で定めるもののほか、231 条の 3 第 3 項に規

定する法律で定める使用料その他の普通地方公共団体の歳入は、次に掲げる普通地方公共団体の歳入とする」として、①港湾法の規定により徴収すべき入港料その他の料金、占用料、土砂採取料、過怠金その他の金銭、②土地改良法の規定により土地改良事業の施行に伴い徴収すべき清算金、仮清算金その他の金銭、③下水道法18条から20条まで（25条の30において18条および18条の2を準用する場合を含む）の規定により徴収すべき損傷負担金、汚濁原因者負担金、工事負担金および使用料、④漁港漁場整備法35条、39条の2第10項または39条の5の規定により徴収すべき漁港の利用の対価、負担金、土砂採取料、占用料及び過怠金を挙げている。他の法律で地方税の滞納処分の例によると定めている例として、土地区画整理法41条3項（土地区画整理組合が有する賦課金、負担金、分担金または過怠金債権）がある。

　公法私法二元論が有力であった時代には、公法上の債権については強制徴収を認め、私法上の債権については民事の救済手段を用いるべきと一般に考えられていたが、公法私法二元論が揺らぐ中で、行政上の強制徴収の対象を明確にするために、分担金、加入金、過料以外については、行政上の強制徴収の対象は、「法律で定める使用料その他の普通地方公共団体の歳入」に限定された。使用料その他の普通地方公共団体の歳入については、行政上の強制徴収の対象を「法律で定める」場合に限定する謙抑的立場が採られている。しかし、地方公共団体の債権が簡易迅速に実現できなければ、結局、徴収コストは納税義務を履行した者の負担になること、滞納処分の例によることができる場合には、督促等の段階で納付する例が多くなると予想され、徴収コストの節減を期待できること、水道料金と下水道料金は併せて徴収されているにもかかわらず、行政上の強制徴収が前者では認められず、後者では認められるなど、現行法の区別が合理性を欠いていること、公立学校授業料、公営住宅家賃等については、公費で優遇されており、水道料金も一般会計からの繰り入れで低廉な料金に抑えられていることが多いことに鑑み、困窮者に対する減免措置は必要であるものの、行政上の強制徴収の対象を拡大することが望ましい[1]。地方分権を進め、地方公共団体の法執行の実効性を確保するため、地方自治法231条の3第3項

　1　阿部・法システム下408頁〜409頁、碓井・自治体財政・財務法192頁〜193頁、碓井・義務履行確保143頁、山下・履行確保152頁参照。立法論として、条例によって強制徴収可能な債権を選択できるようにすべきとするものとして、板垣・条例の実効性確保175頁参照。

を改正して、条例で定める使用料その他の普通地方公共団体の歳入についても、行政上の強制徴収が可能になるようにすべきであろう[2][3][4][5]。

なお、私人間の契約に基づく債権について、滞納処分の例により国または地方公共団体が強制徴収することが認められるかという問題がある。児童福祉法56条7項は、家庭的保育事業等を行う者が、保護者から保育料の支払を受けられない場合において、当該家庭的保育事業等における保育に支障が生じ、または生ずるおそれがあり、かつ、市町村が当該家庭的保育事業等による保育を確保するため必要であると認めるときは、市町村は、当該家庭的保育事業等を行う者の請求に基づき、地方税の滞納処分の例によりこれを処分することができると定めている。これは、児童福祉法24条2項の規定に基づき、市町村が、保育を必要とする児童に対し、認定子ども園または家庭的保育事業等により必要な保育を確保するための措置を講ずる義務を負っていることを背景としている。このように、私人間の契約に基づく債権であっても、例外的に、行政上の強制徴収を認めることが許容される場合はあると考えられるが、同法56条7

2　阿部・解釈学Ⅰ 564頁参照。

3　なお、台湾の行政執行法では、公法上の金銭納付義務の執行において、義務者が①義務を履行することが可能であるにもかかわらず故意に履行しないとき、②明らかに逃亡のおそれがあるとき、③執行すべき財産を隠蔽しまたは処分するとき、④執行職員からの必要な尋問に対して陳述を拒否したとき、⑤財産状況の報告を命じられたが報告せず、または虚偽の報告をしたとき、または⑥正当な理由なく出頭しなかったときに、義務者に、一定の期間を付して担保を求めることができる旨の規定が置かれている。また、台湾の行政執行法には、居住を制限する権限も定められている。その要件は、担保の求めと同様の要件に加えて、滞納金額が10万台湾元以上（ただし、義務者に2回以上の出国記録がある場合には、滞納金額下限要件は適用されない）であることである。蔡・実効性確保制度310頁〜311頁参照。

4　台湾では、義務者が明らかに履行可能であるが故意に履行しないとき、明らかに逃亡のおそれがあるとき、執行に付すべき財産を隠蔽し処分をしたとき、義務者の財産がその債務を下回ることが判明したが、義務者の収入、財産状況、労働能力を斟酌して履行可能と認められ、かつ、その他の執行方法はなく、義務者が財産の報告を拒み、または虚偽の報告をしたときのいずれかの場合に、裁判所の許可を得て拘留することが認められている。蔡・実効性確保制度311頁参照。

5　台湾の行政執行法には、贅沢生活禁止条項も置かれている。すなわち、義務者の滞納金額が一定金額に達し、その財産が債務を下回り、かつ、一般の水準を超えた生活を送っていると認められた場合、職権または利害関係者の申請により、一定の金額以上の商品またはサービスの購買または賃借、特定の交通機関の利用、特定の投資、他人への一定の金額以上の贈与または賃貸、一定の金額以上の生活消費等を禁止することを命ずることができる。蔡・実効性確保制度311頁参照。

項は、条例により保育料の定めを設けていない点、滞納処分に先行して債務不履行を行政処分により確定させる仕組みを設けていない点が問題として指摘されている[6]。

第2節　民事執行による場合

　行政上の債権の履行確保について、すべて行政上の強制徴収が可能なわけではなく、行政上の強制徴収を認める法律上の根拠がない場合には、国また地方は公共団体の金銭債権であっても、私人の金銭債権と同様に、民事訴訟を提起するなどして、債務名義（確定した給付判決、仮執行宣言付給付判決、仮執行宣言付支払督促等）を得て、民事執行法に基づき強制執行をしなければならない（国の債権の管理等に関する法律15条2号・3号、地方自治法施行令171条の2第2号・3号）[7]。水道料金[8]、公立学校授業料、公営住宅家賃、即時執行に要した費用がその例である。

　なお、行政処分により課された金銭債務であっても、民事執行の方法によるとする制度を採用することができないわけではなく、わが国の現行法において

　6　横田・滞納処分437～438頁参照。
　7　昭和38年法律第99号による改正前の地方自治法225条4項は、普通地方公共団体の収入金はすべて強制徴収の対象とする旨を定めていたが、事柄の性質上、当該規定の適用対象となるものは公法上のものに限られ、私法上のものは含まれないと解されていた。しかし、公法上の収入と私法上の収入の区別が不明瞭であり予見可能性を欠いていたため、同改正で明確化が図られた。松本・逐条地方自治法862頁参照。秋田地判昭和36・9・25行集12巻9号1922頁は、土地改良区から組合員に対して賦課金等の確認または給付を求める訴えを提起した事案において、土地改良区は、その地区内にある土地につきその組合員に対し金銭などの賦課処分をすることができ、その徴収については、市町村に請求し、または知事の認可を得て自ら、地方税の滞納処分の例によりこれを強制徴収することができるから、かかる行政上の債権の確定および強制履行を求める訴えを提起することは許されないと判示した。福井地判昭和38・7・19行集14巻7号1304頁も、同種の事案で、土地改良区が賦課金債権の確認および給付を求めて訴訟を提起した事案で、訴えの利益を否定した。福岡高判昭和38・10・23下民集14巻10号2090頁は、農業共済組合から組合員に対する共済掛金請求の訴えの利益を、行政上の強制徴収が可能であることを理由として否定した。
　8　水道料金については、かつては、公法関係であるとして滞納処分の例による強制徴収が可能とする裁判例（福岡地判昭和30・4・25行集6巻4号1027頁、京都地判昭和32・3・7行集8巻3号432頁）があったが、現在は、滞納処分の例による強制徴収は認められていない。

も、金融商品取引法は課徴金納付命令により課された課徴金を督促により指定された期限までに支払わない場合、内閣総理大臣の命令に、執行力ある債務名義と同一の効力を付与し（金融商品取引法185条の15第1項）、民事執行法その他強制執行の手続に関する法令の規定に従って執行することとしている（同条2項）。

　なお、国または地方公共団体の金銭債権であって、行政上の強制徴収ができない場合、簡易に金銭債権を執行する方法として、支払督促の手続を用いることが認められることが少なくない。しかし、支払督促の申立ては、債務者の普通裁判籍の所在地を管轄する簡易裁判所の裁判所書記官に対して行うところ（民事訴訟法383条1項）、かかる訴訟は公法上の当事者訴訟であって行政事件訴訟であるから、簡易裁判所は、行政事件訴訟について管轄を有しないとして（裁判所法33条1項1号）、支払督促を認めなかった簡易裁判所も存在する。しかし、国または地方公共団体が支払督促の申立てをする事案は、訴訟になったとしても、一般的には民事訴訟とみるべきではないかと思われる。公法上の当事者訴訟と解すべき場合があるとしても、国または地方公共団体においても、少額の金銭債権を迅速に処理することができることが望ましく、支払督促の手続も利用できるようにすべきである。したがって、裁判所法33条1項1号かっこ書の「行政事件訴訟に係る請求を除く。」を削除することが望ましいように思われる。

第3節　いわゆるバイパス理論の再検討

　最大判昭和41・2・23民集20巻2号320頁は、行政上の強制徴収制度を与えられながら、この手段によることなく、一般私法上の債権と同様、民事執行によって債権の実現を図ることは、立法の趣旨に反すると判示した。これは、行政上の強制徴収制度という特権を付与された以上、もっぱらその制度を利用すべきとするのが立法趣旨であるという認識に基づくものであろう[9]。その後

9　もっとも、最判昭和43・6・27民集22巻6号1379頁は、金銭の給付を目的とする国の権利についての消滅時効の中断に関しては、適用すべき他の法律に規定のないときは民法の規定を準用すべきものとする会計法31条の規定が、国税徴収権について適用があることはいうまでもなく、国税徴収権が自力執行を可能とするからといって、時効中断について一般私法上の債権よりも課税主体にとって不利益に取り扱わなければならない理由もないとす

も、福岡高決平成17・8・22判時1993号91頁は、廃棄物を撤去することを内容とする改善命令が履行されないため、撤去命令を発しても撤去が履行されない場合には県自ら撤去作業に着手することを予定して、その場合に生ずる事務管理に基づく費用償還請求権を被保全権利として、相手方所有の自動車の仮差押えを求めた事案において、法律が行政上の強制徴収という簡易迅速な手段を認めているときは、公益上の必要に基づいて、その債権の能率的な実現を企図されたものと解されるので、その手段を行使することが法制度の要請に適ったものといわなければならず、その結果、わざわざ迂遠な民事訴訟による必要はなく、ひいてはその訴えの利益もないことになり、そうすると、民事訴訟の本案の権利の実現を保全するための手続である仮差押命令の被保全権利とすることも許されないとする。

　しかし、本書ですでに述べてきたように、行政上の強制徴収制度が民事執行による金銭徴収制度と比較して、あらゆる点で債権者にとって有利というわけではない。また、行政上の強制徴収を実施するためのノウハウやマンパワーが不足していれば、行政上の強制徴収制度は抜かれざる伝家の宝刀になってしまう。そのような場合、行政上の強制徴収制度の対象とすると、行政上の強制徴収制度は実際上利用されず、民事執行は許されないことになり、強制徴収ができないことになってしまう。行政上の強制徴収を実施するためのノウハウやマンパワーが不足していても、民事執行ならば弁護士の助力を得るなどして利用可能なことも考えられるので、民事執行の利用の道を閉ざすことには疑問がある。行政上の強制徴収制度が行政に特権を付与するものであることは事実であるが、行政が特権を付与されたら、それを必ず行使しなければならないわけではないことは、収用権を付与されていても任意買収が妨げられるわけではなく、任意買収が難航した場合の究極の手段として収用が位置付けられていることからも明らかである。もっとも、行政上の強制徴収制度を設けることが、行政に特権を付与する趣旨にとどまらず、それによって司法の負担を軽減する趣旨まで含まれているのであれば、行政上の強制徴収制度が認められている場合に、民事執行も利用可能ということにはならない。しかしながら、行政上の強制徴収制度を設ける際に、司法の負担軽減という趣旨まで含まれていたかは疑問であるし、仮にそのような点が副次的に念頭に置かれていたとしても、それは、

る。

行政上の強制徴収制度よりも民事執行法による強制徴収のほうが債権者にとって有利な点があることや、行政上の強制徴収制度がノウハウやマンパワーの不足のために利用されない場合が少なくないことまで認識したうえでの判断ではなかったと思われるので、明示されていない立法者意思にとらわれることなく、現行法上、行政上の強制徴収制度が認められている場合であっても、民事執行を選択できると解釈することは可能と思われる。もっとも、この点について明文の規定を設けることが望ましい。

第4節　調査権限

　地方公共団体が有するいわゆる非強制徴収債権（公立保育園保育料、公営住宅家賃、公立病院診療費、水道料金等）の場合、公会計[10]であれば、債権回収のために住民票の写しや戸籍の謄抄本を公用請求するはできるが（戸籍法10条の2第2項、住民基本台帳法12条の2第1項）、国税徴収法141条の質問検査権の規定は準用されない。非強制徴収債権であっても、個別法に調査権限についての規定が置かれることがあり、公営住宅法34条（収入状況の報告の請求等）がその例であるが、非強制徴収債権であることに配慮し、報告に応じなかったり虚偽報告をしたりした場合の罰則についての定めはない。ただし、同法34条の規定による報告の請求を行ったにもかかわらず、公営住宅の入居者がその請求に応じないときは、当該公営住宅の家賃は、近傍同種の住宅の家賃とすることとされている（同法16条1項）。公営住宅の家賃の場合、同法16条1項の規定があるため、報告請求権の実効性がある程度は確保できるが、個別法に実効性を担保する仕組みが講じられていない任意調査の規定が置かれているのみであったり、任意調査の規定すら置かれていなかったりする場合には、債権回収に困難をきたすことが想定される[11]。もっとも、非強制徴収債権の場合、2019（令和元）年の民事執行法改正により、債務名義を得れば、債務者の不動産（同法205条）、給与債権（同法206条）、預貯金債権等（同法207条）に関する情報

10　公立学校給食費については、一部の地方公共団体で公会計化されているが、なお私会計とされている地方公共団体が多数を占める。小舟・金銭徴収338頁参照。

11　小舟・金銭徴収338頁参照。公立病院の使用料については、財産調査が困難なため、回収に苦慮するという意見が地方公共団体から寄せられている。小舟＝周＝宮森・自治体アンケート結果391頁参照。

を取得することができるようになったが、債務名義を得るために訴訟を提起する場合に地方公共団体の議会の同意を得る必要があるので（地方自治法96条1項12号）、地方公共団体の職員にとって、民事執行のルートのほうが有利とは必ずしも考えられていないようである[12]。

強制徴収債権と非強制徴収債権の区別には必ずしも合理的理由があるようにはみえず、後者であっても、債権を回収できなければ住民全体の負担なることに鑑みれば、後者についても間接強制調査権限を認めるべきと思われる。

第5節　行政手続法との関係

金銭の納付を命ずる処分については、処分基準を作成し公にしておくよう努めなければならない（行政手続法12条1項）。これに対して、滞納処分としての差押えは、「事実上の行為及び事実上の行為をするに当たりその範囲、時期等を明らかにするために法令上必要とされている手続としての処分」（同法2条4号イ）であり、行政手続法の不利益処分に該当しないので、同法14条1項の理由提示義務は生じない。そこで、個別法において、理由提示義務を課しておく必要があるという意見がある[13]。

第6節　徴収のためのマンパワー

地方公共団体において債権の一元管理ができれば、債権情報について名寄せを行い、一括して債権回収を行うことができるが、限られた人員の中で、債権一括管理部署にまとまった人員を配置することが困難な場合もある[14]。

法律またはこれに基づく政令に特別の定めがある場合を除くほか、公金の徴収もしくは収納または支出の権限を私人に委任し、または私人をして行わせてはならないこと（地方自治法243条）、また、守秘義務を課す必要があることに鑑み、徴収のためのマンパワーを確保するためには、民間委託ではなく、徴収嘱託員制度（特別職公務員）、都道府県職員と市町村職員の併任制度、都道府県

---

[12]　小舟・金銭徴収341頁参照。
[13]　濱西・実効性確保法制の整備64頁以下参照。
[14]　小舟・金銭徴収340頁参照。なお、地方公共団体における一般的な行政リソース不足の問題について、北村・企画77頁以下参照。

への事務の委託制度[15]の採用を検討すべきでという意見がある[16]。もっとも、法律またはこれに基づく政令に特別の定めがある場合には、委任または委託を行うことができるので、公金の収納または支払の事務の指定金融機関への委託（地方自治法235条）、使用料、手数料、賃貸料、物品売払代金、寄付金、貸付金の元利償還金およびこれらの歳入に係る延滞金または遅延損害金の徴収または収納の委託（地方自治法施行令158条）、地方税法の特別徴収（地方税法1条9号）等について私人への委託が認められている。租税債権や下水道使用料の回収事務については、金融機関、コンビニ等への収納事務の委託、クレジット・電子マネーによる納付、窓口・コールセンター業務（納付案内・相談等）の委託、督促状の発送等に関連する補助的な事務作業の委託のように、公権力の行使を伴わない補助的な事務の民間委託は広く行われている[17]。また、公立病院使用料については、これらに加えて、弁護士への債権管理回収の委託もかなり行われており、稀にサービサーへの債権管理回収の委託が行われることもある[18]。

徴収のためのノウハウやマンパワーの不足を補うためには、広域連携の拡充が期待され[19]、前述したように、租税の徴収については、一部事務組合、広域連合または任意組織としての地方公共団体間連携の例がある。租税以外の分野でも、国または地方公共団体の金銭債権の徴収組織の広域連携が検討されるべきであろう[20]。

第7節　債務不履行者名簿（債務者目録）

行政上の強制徴収が可能な場合には、債務者、債務者の財産を占有する第三

---

[15] 神奈川県では、水道事業体である同県企業庁が給水区域内の各市町から事務の委託を受けて、水道料金と一括して下水道使用料の徴収を行っている。小舟＝周＝宮森・自治体アンケート結果393頁参照。

[16] 山下・履行確保177頁以下参照。

[17] 行政管理研究センター・自治体アンケート25頁、35頁参照。

[18] 行政管理研究センター・自治体アンケート30頁参照。

[19] 広域連携の動向と課題については、木村・広域連携453頁以下参照。

[20] 台湾の行政執行署のように、国および地方公共団体の租税、社会保険料、過料、手数料の徴収を一元的に徴収する組織の設置も検討に値する。板垣・条例の実効性確保175頁参照。

者およびこれを占有していると認めるに足りる相当の理由がある者、債務者に対し債権もしくは債務があり、または債務者から財産を取得したと認めるに足りる相当の理由がある者、債務者が株主または出資者である法人に対して刑事罰（1年以下の拘禁刑または50万円以下の罰金）で担保された間接強制調査権限が行政庁に認められている（国税徴収法141条、188条の準用）。また、金銭債権の民事執行の場合には、財産開示手続（民事執行法196条～203条）、第三者からの情報取得手続（同法204条～211条）が定められている。しかし、実際には資力のある者が、上記のような調査制度にもかかわらず、財産を隠蔽し通す可能性は否定できない。そこで、ドイツや韓国で採用されている債務不履行者名簿制度をわが国に導入することも検討に値する[21]。ドイツでは、債務者が財産情報の申告義務を懈怠した場合、財産目録の内容に従って強制執行をしても債権者が完全な弁済を得るのに明らかに適していない場合、債務者が執行官に対して、財産情報の申告後1か月以内に債権者が完全な弁済を受けたことを証明しなかった場合（支払計画が定められた場合を除く）は、執行官は職権で債務不履行者名簿に登載し、債務を完全に返済するか、登載から3年が経過すれば削除される。債務不履行者名簿にアクセス可能なのは、強制執行、経済的な信用調査のための法律上の義務の履行、公的給付の要件充足の調査、債務者の支払義務の不履行により生ずる経済的な不利益の回避、公訴の提起や刑の執行等の場合に限られており、債務不履行者名簿を閲覧して得た情報の目的外利用は禁止されている[22]。債務不履行者名簿に登載されると、銀行口座の開設、ローンの申請、割賦販売の申込み、電話の開設等が困難になるので、任意弁済を促す効果があるという[23]。韓国の債務不履行者名簿は、債務名義が成立し、6か月

---

[21] 民事執行についてであるが、近代的な心理的強制の手段として、債務不履行者名簿のような情報開示の重要性を示唆するものとして、中野＝浜＝古賀＝山本＝三木・実効性確保320頁（山本和彦発言）参照。

[22] 青木・ドイツ法193頁以下、坂田・ブラック・リスト238頁以下も参照。連邦データ保護法と債務不履行者名簿制度の関係については、坂田・ブラック・リスト226頁以下参照。債務不履行者名簿のわが国への導入への慎重論もある。園尾・破産者に対する制裁10頁以下は、わが国には破産者名簿、銀行取引停止名簿がすでに存在し、「債務不履行者名簿先進国」であるとして、これらとの調整の問題、実効性の課題、副作用等を指摘する。

[23] アメリカには公的な債務不履行者名簿制度はないが、信用情報サービスが発達しており、これが民間版債務不履行者名簿の機能を果たしている。クレジット・レポートに債務不履行である旨の記載がなされると、新たなローンを組むことやクレジットカードの発給が困難になるため、間接強制手段としての機能を有していることについて、三木・アメリカ法

以内に任意弁済しないと債務不履行者名簿に登載され、区役所、金融機関、銀行連合会等に裁判所から通知がなされるので、任意弁済をして抹消を求める事案が少なくなく、財産開示手続や第三者からの情報取得手続よりも実効性があるといわれている[24]。もっとも、債務不履行者名簿制度を導入すべきか否かは、国や地方公共団体が債権者である場合に限らず、民事執行一般の問題として、そして個人情報保護との関係で過剰な規制にならないかに留意して検討されるべき問題である。執行法制研究会の立法提案では、民事執行に関する立法提案として、債務不履行者名簿（債務者目録）制度の導入を提言している[25]。

171頁〜172頁参照。
 24 古賀・韓国における金銭債務名義269頁以下、三木・民事執行制度121頁参照。
 25 執行法制研究会・立法提案364頁以下参照。

第 8 章　即時強制

第 1 節　警察官職務執行法

I　保護

　戦前の行政執行法は即時強制についての一般法でもあったが、検束等が濫用されたことへの反省を踏まえて、これらの即時強制にかかる規定は、大幅に整理されたかたちで現在の警察官職務執行法に引き継がれている。同法 3 条 1 項は、異常な挙動その他周囲の事情から合理的に判断して、①精神錯乱または泥酔のため、自己または他人の生命、身体または財産に危害を及ぼすおそれのある者、②迷い子、病人、負傷者等で適当な保護者を伴わず、応急の救護を要すると認められる者（本人がこれを拒んだ場合を除く）のいずれかに該当することが明らかであり、かつ、応急の救護を要すると信ずるに足りる相当の理由がある者を発見したときは、とりあえず警察署、病院、救護施設等の適当な場所において、これを保護しなければならないと定めている。

　保護を違法とした例として、福岡高判昭和 30・6・9 高裁刑集 8 巻 5 号 643 頁（保護を要する泥酔者と即断したことは違法とする）、高知地判昭和 48・11・14 判時 741 号 94 頁（保護の必要は認められるが手錠の使用は違法として国家賠償請求を認容）、横浜地判昭和 49・6・19 判タ 311 号 194 頁（自室で就寝している者を起こし、その時の本人の様子が酒臭いこと等をもって泥酔者として即座に警察署に連行したことを違法とする）、東京高判昭和 56・2・19 判時 999 号 62 頁（相当酩酊していたが泥酔していたとことを認めうる証拠はないとするとともに、身柄拘束中に警察官による暴行があったとして国家賠償請求を認容）、大阪高判昭和 60・11・26 判時 1187 号 153 頁（保護の名のもとに事実上の逮捕がなされたことは違法とする）、大阪地判昭和 61・5・8 判時 1219 号 143 頁（保護の各要件を具備しておらず、その方法、手段も違法であり、違法な強制連行に基づく強制的効果の排除されないままの状態を直接利用しての採尿手続は令状主義の精神を没却するような重大なものであるとして、尿の鑑定書の証拠能力を否定）、浦和地判平成 3・9・26

判時 1410 号 121 頁（保護措置の方法が明らかに過剰で危険な措置であったとする）、大阪地判平成 5・7・12 判時 1478 号 146 頁（必要な限度を超える保護措置の継続を違法とする）、東京高判平成 9・2・27 東高刑時報 48 巻 1～12 号 5 頁（保護の要件を欠いていたが令状主義を潜脱する意図は認められず、現行犯逮捕の要件は備わっていたうえ、現実にも身柄拘束から数十分後には適式な緊急逮捕の手続がとられているので、身柄拘束の法的手段の選択を誤ったにとどまるとして、押収物の証拠能力は肯定）、福岡高那覇支判平成 15・3・25 高刑速報（平 15）141 頁（精神錯乱の状態にあったとは認められない者に対する保護手続の違法性は大きいが、令状主義の精神を没却するほどの重大な違法ではなく、保護手続解除後の採尿手続に保護手続の違法は引き継がれないとして、尿の鑑定書の証拠能力は肯定）、仙台高判平成 23・11・8 判時 2139 号 23 頁（保護措置が過剰で危険なものであったとして国家賠償請求を認容）、適法とした例として札幌高判平成 4・7・21 判タ 805 号 238 頁（警察官らがその職務執行の法的根拠を明確に認識していなかったが、客観的には必要な保護の措置として是認しうるので違法ではないとする）、東京高判平成 9・12・18 東高刑時報 48 巻 1～12 号 93 頁（睡眠薬の影響により眠っている者は、「精神錯乱者」または少なくとも「迷子、病人、負傷者等で…応急の救護を要すると認められる者」に該当するので保護は適法であったとする）、大分地判平成 15・10・16 判例自治 262 号 107 頁（保護の要件を満たしており警察官による有形力の行使も保護の目的を達成するためにやむを得ないものであったとする）、徳島地判平成 18・3・24 判例自治 291 号 100 頁（保護の要件を満たしており警察官による有形力の行使も保護の目的を達成するためにやむを得ないものであったとする）がある。

　救護義務違反に当たるかかが問題になった事案で違法性を否定したものとして、大阪高判平成 8・9・20 判タ 940 号 171 頁（火災現場に先着した消防隊員が当該人物がすでに死亡していると判断したことを信頼して救護措置をとらなかったことに救護義務違反はないとする）、東京地判平成 19・12・4 判タ 1284 号 176 頁（原告が応急の救護を要する者であったとは認められないとする）がある。

II　避難等の措置

　警察官は、人の生命もしくは身体に危険を及ぼし、または財産に重大な損害を及ぼすおそれのある天災、事変、工作物の損壊、交通事故、危険物の爆発、狂犬、奔馬の類等の出現、極端な雑踏等危険な事態がある場合においては、そ

の場に居合わせた者、その事物の管理者その他関係者に必要な警告を発し、および特に急を要する場合においては、危害を受けるおそれのある者に対し、その場の危害を避けしめるために必要な限度でこれを引き留め、もしくは避難させ、またはその場に居合わせた者、その事物の管理者その他関係者に対し、危害防止のため通常必要と認められる措置をとることを命じ、または自らその措置をとることができる（警察官職務執行法4条1項）。

　同項の規定に基づく危険回避措置を懈怠したことは違法であるとしたものとして最判昭和59・3・23民集38巻5号475頁、関係者に対し学生らの投石等によるその場の危害を避けしめるため警告し、引き留めるため阻止線を張り交通を遮断した措置は同項の規定に基づく危険回避措置として適法であるとしたものとして長崎地決昭和47・9・29刑月4巻9号1578頁、同項の規定に基づき警察官が「引き留め」などの即時強制手段をとりうるのは、「危険な事態がある場合」で「特に急を要する場合」であるから朝鮮民主主義人民共和国に向けて出港する船舶の乗組員に対して抑留を回避するために出港を差し止める等の危険回避義務を負わないとしたものとして大阪地判平成6・10・21判時1544号87頁、同項の「危険な事態」には、住民同士の紛争も切迫した危険が現実に発生してくれば含まれるとし、とられた措置もやむを得ない合理的措置であったから避難措置は適法であったとしたものとして和歌山地田辺支判平成10・1・16判時1669号116頁がある。

III　犯罪の予防および阻止

　警察官は、犯罪がまさに行われようとするのを認めたときは、その予防のため関係者に必要な警告を発し、また、もしその行為により人の生命もしくは身体に危険が及び、または財産に重大な損害を受けるおそれがあって急を要する場合においては、その行為を制止することができる（警察官職務執行法5条）。

　同条の規定に基づく犯罪の制止措置を違法としたものとして、京都地判昭和33・2・12下級民集9巻2号192頁（生命身体に対する危害切迫の状況ないしこれに危険が及ぶおそれがある場合に当たらないとする）、東京地八王子支判昭和33・12・16判時172号9頁（生命身体に対する危害切迫の状況ないしこれに危険が及ぶおそれがあって急速を要する事態が存続していたものとは認めがたいとする）、高松高判昭和40・4・30下級刑集7巻4号560頁（警官隊に不当な実力行使のない限り、地区民が乗車中の撤収員に対し自ら進んで危害を加えるような状況にはな

かったので、同条に基づく制止行為であると信じたということはできないとする）、鹿児島地判昭和45・3・27刑月2巻3号299頁（同条所定の「人の生命若しくは身体に危険が及び、又は財産に重大な損害を受ける虞があって、急を要する場合」に当たる事由があったとは認められないとする）、広島地判昭和50・12・9判タ349号284頁（窮迫の危険が明白に現在しているとはいい難いので、同条後段による適法な職務行為であると解することは困難であるとする）、岡山地判昭和54・10・19判タ410号155頁（現行犯人のために、犯人以外の者に対し有形力を行使することは原則として許されず、例外的にこれが許される特段の事情がなかったとする）があり、適法としたものとして、青森地弘前支判昭和51・4・15判時824号126頁、東京高判昭和55・9・22東高刑事報31巻9号115頁、東京高判平成11・8・26判時1729号173頁、東京高判平成18・10・11判タ1242号147頁がある。なお、奈良地判平成6・3・2判例自治129号95頁は、現に犯罪が行われている段階においては、警察官としては、逮捕することなしに、当該犯罪を鎮圧する目的のために必要な最小限度において、しかも個人の権利や自由を不当に侵害する等その濫用にわたらないと認められる限度において、現行犯人に対し、犯罪行為を止めさせるため強制力を行使することが許され、この場合には、同条後段の要件を特に必要としないものと解すべきと判示している（秋田地判昭和51・4・5判時840号125頁も同旨）。また、東京高判昭和52・3・30判時853号52頁は、物件の搬出作業をしていた者を窃盗罪の現行犯として逮捕しなかったことが同条の義務違反であるとして国家賠償請求がされた事案において、現場にいた警察官が当該物件の所有権の帰属に争いのある民事紛争と判断して当事者間の話し合いを指示するにとどめたことに過失はないと判示した。東京高判昭和53・10・17判タ375号83頁は、犯罪の予防と鎮圧という同条目的達成のために行う同条に基づく行為としては、その許される範囲を逸脱したものといわざるを得ないが、国家賠償法1条1項の違法な行為とはいえないとする。

Ⅳ 立入り

　警察官は、警察官職務執行法4条または5条に規定する危険な事態が発生し、人の生命、身体または財産に対し危害が切迫した場合において、その危害を予防し、損害の拡大を防ぎ、または被害者を援助するため、やむを得ないと認めるときは、合理的に必要と判断される限度において他人の土地、建物または船

車の中に立ち入ることができる（警察官職務執行法6条1項）。興行場、旅館、料理屋、駅その他多数の客の来集する場所の管理者またはこれに準ずる者は、その公開時間中において、警察官が犯罪の予防または人の生命、身体もしくは財産に対する危害予防のため、その場所に立ち入ることを要求した場合においては、正当な理由なくして、これを拒むことができない（同条2項）。警察官は、以上の規定による立入に際しては、みだりに関係者の正当な業務を妨害してはならない（同条3項）。

　同条1項の規定に基づく立入りを違法としたものとして、東京地八王子支判昭和33・12・16判時172号9頁（数百名の警察官が終始農地内に立入を継続して警告、制止の職務に当たらなければならないような生命身体に対する危害切迫の状況ないしこれに危害が及ぶおそれがあって急速を要する事態が存続していたとは認めがたいとする）、京都地判昭和47・2・29判時668号99頁（当該劇場内において犯罪の予防または人の生命、身体もしくは財産に対する危害の予防のために警察官の立入の必要があるとは到底認めることができないし、仮に立入要求権の目的が認められたとしても立入を拒否された以上強制立入は認められないから同条2項に違反し、立入を拒否されたにもかかわらず立ち入り場内を混乱させ被告人等の業務を妨害したことは同条3項に違反し警察手帳の呈示に応じられなかったことは同条4項に違反するという）があり、適法としたものとして、名古屋高金沢支判昭和39・2・11下級刑集6巻1＝2号12頁（争議行為としての正当な限界を逸脱し暴行を伴う違法な業務妨害行為を反復している状況であったため危害予防および公安維持の任に当たる警察官がその職責に基づき労働組合員のピケットラインを排除したことは違法ではないとする）、前掲京都地判昭和47・2・29の控訴審判決である大阪高判昭和52・2・7判時863号120頁（警察官の立入は警察官職務執行法6条2項によるのではなく警察法2条に基づく任意手段として入場券によって立ち入ったものであるから警察官職務執行法6条2項〜4項の違反の問題は生じない）、最決平成15・5・26刑集57巻5号620頁（ホテルの責任者から料金不払や薬物使用の疑いのある宿泊客を退去させてほしい旨の要請を受けて、警察官が当該客室に赴き職務質問を行ったが、料金不払について納得しうる説明をせず、警察官に気付くとドアを閉めようとしたので、警察官がドアを押し開けその敷居上辺りに足を踏み入れ、ドアが占められるのを防止した措置を適法とする）がある。

V 武器の使用

　警察官は、犯人の逮捕もしくは逃走の防止、自己もしくは他人に対する防護または公務執行に対する抵抗の抑止のため必要であると認める相当な理由のある場合においては、その事態に応じ合理的に必要と判断される限度において、武器を使用することができる（警察官職務執行法7条本文）。ただし、刑法36条（正当防衛）もしくは同法37条（緊急避難）に該当する場合または①死刑または無期もしくは長期3年以上の拘禁刑に当たる兇悪な罪を犯し、もしくはすでに犯したと疑うに足りる充分な理由のある者がその者に対する警察官の職務の執行に際して抵抗し、もしくは逃亡しようとするとき、または第三者がその者を逃がそうとして警察官に抵抗するとき、これを防ぎ、または逮捕するために他に手段がないと警察官において信ずるに足りる相当な理由のある場合、②逮捕状により逮捕する際または勾留状を執行する際その本人がその者に対する警察官の職務の執行に際して抵抗し、もしくは逃亡しようとするとき、または第三者がその者を逃がそうとして警察官に抵抗するとき、これを防ぎ、または逮捕するために他に手段がないと警察官において信ずるに足りる相当な理由のある場合、のいずれかに該当する場合を除いては、人に危害を与えてはならない（同ただし書）。自衛隊の自衛官による治安出動時の武器の使用（自衛隊法89条）、海上保安官および海上保安官補による武器の使用（海上保安庁法20条1項）についても、警察官職務執行法7条の規定が準用されている。

　拳銃の使用を違法としたものとして、札幌地判昭和48・1・30判時709号66頁（相手の抵抗はかなり執拗で格闘に及ぶものであったが、単に逃走を容易にするための受け身の行為で積極的に攻撃的行為に出たものではなく、また、相手が兇器を所持していたわけではなく比例原則違反とする）、福岡高決平成3・3・12判時1386号156頁（威嚇射撃を行わなかったことを問題視）、最決平成11・2・17刑集53巻2号64頁（相手が所持していたナイフは比較的小型であり、その抵抗は一貫して警察官の接近を阻もうとするにとどまり、警察官が接近しない限りは積極的に加害行為をしたり、付近住民に危害を加えるなど他の犯罪行為を行ったりすることを窺わせる客観的状況には全くなく、警察官としては、逮捕行為を一時中断し、相勤の警察官の到来を待ってその協力を得て逮捕行為に出るなど他の手段をとることも十分可能であったとする）がある。東京高判平成23・4・28判時2119号34頁も、警察官が殊更に接近しようとしない限りは積極的加害行為をしたり、付近住民に危害を加えるなど他の犯罪行為を行ったりすることを窺わせるような

客観的状況にはなかったと認められたので、相手に接近しすぎることなく、相応の距離を置いた上、拳銃で威嚇射撃を行えば、相手が抵抗をやめた可能性があり、警察官職務執行法 7 条の要件を満たしていなかったとする（しかし、その上告審の最判平成 26・1・16LEX/DB25502783 は、原審の判断には経験則ないし採証法則に反する違反があるとして破棄差戻しとしている）。

　他方、拳銃の使用を適法としたものとして、広島地決昭和 46・2・26 刑月 3 巻 2 号 310 頁（拳銃の使用が犯人逮捕のためであり、船員、警察官、報道関係者、一般市民の防護のためであり、しかも正当防衛に当たるとする）、大阪地判平成 10・10・27 判時 1686 号 79 頁（通行人の生命、身体に対する新たな侵害を防止するため、かつ、その最小限の手段として運転者の致命傷とならない腕部を狙って発砲したことは正当防衛に当たるとする）がある。相手が警察官に積極的に暴行を行った事案では、拳銃の使用を適法とする傾向がみられる（大阪地決昭和 36・5・1 下級刑集 3 巻 5＝6 号 605 頁、福岡高決昭和 42・3・6 下級刑集 9 巻 3 号 233 頁、福岡地判昭和 44・12・25 下級民集 20 巻 11＝12 号 961 頁、東京高決昭和 61・2・27 東高刑事報 37 巻 1＝3 号 2 頁、東京地八王子支決平成 4・4・30 判タ 809 号 226 頁、福岡高判平成 7・3・23 判タ 896 号 246 頁、東京地判平成 18・4・24 判タ 1241 号 74 頁、東京高判平成 23・12・27 高刑事報 62 巻 1〜12 号 161 頁）。犯人の逮捕もしくは逃走の防止、自己もしくは他人に対する防護または公務執行に対する抵抗の抑止のためになされたと認められるので、警察官職務執行法 7 条の武器の使用の要件を満たすとしたものとして、奈良地判平成 24・2・28 判タ 1403 号 361 頁（大阪高判平成 25・2・1LEX/DB25505483 は控訴棄却、最決平成 26・12・2LEX/DB25505484 は上告棄却）、大阪高判平成 24・3・16 判時 2151 号 17 頁、東京高判平成 21・12・16 判時 2071 号 54 頁がある。

　拳銃以外の武器の使用については、無抵抗の者に対する警棒の使用を違法としたものがある（東京地判昭和 40・8・9 下級刑集 7 巻 8 号 1603 頁、東京高判昭和 43・10・21 下級民集 19 巻 9＝10 号 628 頁、千葉地判昭和 52・9・9 判時 878 号 90 頁）。他方、**警棒や催涙ガスの使用を適法とした**ものとして東京高判昭和 45・9・22 刑月 2 巻 9 号 941 頁、**催涙ガス・催涙液および警棒の使用を適法とした**ものとして長崎地決昭和 47・9・29 刑月 4 巻 9 号 1578 頁（警察官に対する投石等により公務の執行が妨害され警察官に多数の負傷者が出る中で警棒を使用することはやむを得ない行為であり、催涙ガス・催涙液の使用も警察官職務執行法 7 条の要件をすべて満たしているとする）、**催涙ガスの使用を適法とした**ものとして東

京地判昭和48・4・6判時724号96頁（占拠学生らの妨害行為が熾烈を極め建物に近寄ることすらできず、また講堂内においても身の危険を感じ排除活動をしばしば中断せざるを得ない状況の下で占拠学生らの妨害行為を制止し逮捕するため、その限度で予め警告したうえやむを得ず使用したものであり警察官職務執行法7条ただし書に該当する）がある。

第2節　個別法における即時強制

I　身体の侵害

　身体の侵害を伴う即時強制の典型例が、収容令書による収容（出入国管理及び難民認定法39条の2第1項）、退去強制令書の執行（同法52条1項）である。これらの取消訴訟を提起して執行停止の申立てを行うケースが多い。最決昭和52・3・10判時852号53頁は、仮に抗告人が本案についても一審において敗訴した結果本件令書が執行され、その本国に強制送還され、わが国に在留しなくなれば、自ら訴訟を追行することは困難となるが、訴訟代理人によって訴訟を追行することは可能であり、また、訴訟の進行上当事者尋問などのため抗告人が直接法廷に出頭することが必要となった場合には、その時点において、所定の手続により、改めてわが国への上陸が認められないわけではないので、本件令書が執行され、抗告人がその本国に強制送還されたとしても、それによって抗告人の裁判を受ける権利が否定されることにはならないと判示した。しかしながら、裁判を受ける権利は、単に裁判の拒絶を受けないことではなく、実効的権利救済を保障するものでなければならないことに今日異論はないところであり、その観点からは、国外退去後、訴訟代理人との連絡が困難になる場合もありうるし、仮に本案訴訟で勝訴判決を得ても、送還前の状態を回復する制度が整備されているわけではないため、実効的権利救済が困難になる面があることは否めないと思われる。最決平成14・2・28判時1781号96頁は、収容令書による収容は、退去強制手続において容疑事実である退去強制事由に係る審査を円滑に行い、かつ、最終的に退去強制令書が発付された場合にその執行を確実にすることを目的として行われるものであるから、退去強制令書が発付され執行されたときは、その目的を達し、収容令書は効力を失い、以後は退去強制令書の執行として収容が行われることになるというべきであるとする。したがって、すでに退去強制令書が発付され、それが執行されている本件において

は、本件収容令書の執行停止を求める利益は失われ、本件申立ては不適法となったといわなければならないと判示した。

　本人に義務を課すことによって目的を達することができないために行われる即時強制の典型例が、措置入院（精神保健及び精神障害者福祉に関する法律29条）、医療保護入院（同法33条）、応急入院（同法33条の6）である。感染症の予防及び感染症の者に対する医療に関する法律に基づく健康診断（同法17条2項）、入院（同法19条3項、20条2項）は、勧告に従わないことを要件としているとはいえ、勧告に法的拘束力はないので、やはり即時強制に分類される[1]。

II　財産の侵害

　違法駐車の現場に当該車両の運転者等がいないために、当該運転者等に対して移動等の命令をすることができないときは、**警察官等**は、道路における交通の危険を防止し、または交通の円滑を図るため必要な限度において、当該車両の駐車の方法の変更その他必要な措置をとり、または当該車両が駐車している場所からの距離が50メートルを超えない道路上の場所に当該車両を移動することができる（道路交通法51条3項）。また、違法工作物の設置者の氏名および住所を知ることができないため、道路における危険を防止し、または交通の妨害を排除するため必要な措置をとることを命ずることができないときは、**警察署長**は、自ら当該工作物を除去する等の措置を講ずることができる（同法81条2項）。さらに、道路管理者は、違法放置等物件が、道路の構造に損害を及ぼし、もしくは交通に危険を及ぼし、またはそれらのおそれがある場合であって、当該違法放置等物件の占有者等が現場にいないために、必要な措置をとることを命ずることができないときは、当該違法放置等物件を自ら除去し、またはその命じた者もしくは委任した者に除去させることができる（道路法44条の3第1項2号）。そして、道路管理者またはその命じた者もしくはその委任を受けた者は、道路の改築、修繕もしくは災害復旧に関する工事または除雪その他の道路の維持の施行のため緊急やむを得ない必要がある場合において、道路に長時間放置された車両について、現場に当該車両の運転をする者その他当該車

---

[1]　旧らい予防法の下で即時強制として国立療養所に入所させられた者が、隔離の合理的根拠がないことが明らかになった後も厚生大臣（当時）が隔離政策を継続したこと、国会議員が同法を廃止しなかったことを理由として行った国家賠償請求を認容したものとして、熊本地判平成13・5・11判時1748号30頁がある。

両の管理について責任がある者がいないときに限り、当該車両が放置されている場所から50メートルを超えない道路上の場所に当該車両を移動することができる(同法67条の2第1項)。これらの場合、国道上に駐車中の故障した大型貨物自動車を約87時間放置したことが道路の設置管理の瑕疵にあたるとして国家賠償責任が認められた例(最判昭和50・7・25民集29巻6号1136頁)から窺えるように、違法工作物や違法駐車車両を速やかに除去しなければ、交通事故による生命・身体の侵害が生じうるので、簡易(略式)代執行の手続をとる時間的余裕がなく、即時強制が正当化される。

消火もしくは延焼の防止または人命の救助のために必要があるときに、火災が発生せんとし、または発生した防火対象物およびこれらのものの在る土地を使用し、処分しまたはその使用を制限すること(消防法29条1項)、火勢、気象の状況その他周囲の事情から合理的に判断して延焼防止のためやむを得ないと認めるときに、延焼のおそれがある消防対象物およびこれらのものの在る土地を使用し、処分しまたはその使用を制限すること(同条2項)、消火もしくは延焼の防止または人命の救助のために緊急の必要があるときに、同条1項・2項に規定する消防対象物および土地以外の消防対象物および土地を使用し、処分しまたはその使用を制限すること(同条3項)も、破壊消防と呼ばれる即時強制である。このような場合にも、事前に義務を課している時間的余裕はないため、即時強制が正当化される。このような応急公用負担[2]としての即時強制の例としては、災害対策基本法64条1項・2項[3]、水防法28条も挙げられる。

新型インフルエンザ等対策特別措置法にも、特定病院等の使用(同法29条5項)、臨時の医療施設を開設するための土地の使用(同法49条)、特定物資の収用(同法55条2項)という即時強制の制度が設けられている。

その他、はり紙、はり札等、広告旗または立看板等の除却(屋外広告物法7条4項)、旅客等の携帯品の留置(関税法86条1項)、営業者が禁止に違反した

---

2 消防基本法制研究会・消防法817頁参照。

3 東日本大震災において発生した津波によって県道に漂着した船舶を災害対策基本法64条2項の規定に基づき移動させた結果、当該船舶を損壊した行為について、同項の定める「除去その他必要な措置」には、応急措置の実施の支障となる被災工作物等の除去に必要かつ相当な範囲でこれを損壊する行為も含まれると解し、権限行使の目的および範囲を逸脱したものではなく、権限を濫用したものでもないとして国家賠償請求を認容しなかったものとして、仙台高判平成24・12・12判例自治375号76頁がある。

場合に、厚生労働大臣または都道府県知事がその職員にその食品、添加物、器具または容器包装を廃棄させること（食品衛生法59条1項）、内閣総理大臣または都道府県知事が、営業者が虚偽または誇大な表示または広告をした場合に、当該職員にその食品、添加物もしくは容器包装廃棄させること（同条2項）、立入検査の際の無償収去（同法28条1項）、厚生労働大臣、都道府県知事、保健所を設置する市の市長または特別区の区長が、緊急の必要があるときに、当該職員に検定を受けていない医薬品等を廃棄させ、もしくは回収させ、またはその他の必要な処分をすること（医薬品、医療機器等の品質、有効性及び安全性の確保等に関する法律70条3項）、主務大臣および国の関係行政機関の長による特定外来生物の防除（特定外来生物による生態系等に係る被害の防止に関する法律11条1項）、経済産業大臣、都道府県知事または指定都市の長が、その職員に火薬類を収去させること（火薬類取締法43条1項）、厚生大臣または都道府県知事が、その職員に麻薬、家庭麻薬、向精神薬もしくはこれらの疑いのある物を収去させること（麻薬及び向精神薬取締法50条の38第1項）、20歳未満の者がその飲用に供する目的をもって所有または所持する酒類およびその器具の没収または廃棄その他の必要な処置（20歳未満ノ者ノ飲酒ノ禁止ニ関スル法律2条）、20歳未満の者がその喫煙のために所持する煙草およびその器具の没収（20歳未満ノ者ノ喫煙ノ禁止ニ関スル法律2条）、狂犬病にかかった犬等もしくは狂犬病にかかった疑いのある犬等またはこれらの犬等にかまれた犬等を隔離し、または殺すこと（狂犬病予防法9条1項）も即時強制に分類される。

第3節　代執行の機能不全への対応

　簡易（略式）代執行は、措置を命ずべき者を確知することができないことを要件とするから、措置を命ずべき者を確知しえた大量の違法物件等に関して用いることはできない。しかし、大量の違法物件等について、悉皆的に所有者等を調査することは、大変な労力を要するし、たとえ所有者等が判明したとしても、個別に代執行を行うのは多大な労力を要するのみならず、公益に反する状態を迅速に改善することを困難にする[4]。毎日大量に発生する放置自転車への対応がその例である。また、放置されたプレジャーボートの撤去のために代執

---

[4]　荏原・放置等物件236頁参照。

行を行おうとしたところ、代執行の直前にプレジャーボートを移動されてしまい、また、別の箇所で不法係留が継続される場合がある。緊急代執行であっても、命令の事前手続として弁明の機会の付与の通知を受けた後に、プレジャーボートを別の箇所に移動させることによって、命令の発出をできないようにし他の箇所で不法係留が継続されるおそれがある。行政代執行法は、非常の場合または危険切迫の場合において、当該行為の急速な実施について緊急の必要があり、戒告および代執行令書による通知の手続をとる暇がないときは、その手続を経ないで代執行をすることができるとしているが（同法3条3項）、措置命令を省略することまで認めているわけではないので、即時強制[5]を定めた規定ではない[6]。本来であれば、相手方に義務を課し、自ら義務の履行を確保する機会を付与する行政代執行を原則とすべきであり、即時強制を安易に用いるべきではないが、上記のような場合には、代執行が機能不全に陥ることが想定されるし、また、当該物件を除却したり、適切な場所に移動させたりするだけであれば、損失補償は不要と考えられる場合がある。したがって、かかる場合には、例外的に、即時強制制度を設けることが正当化されると思われる。この類

---

[5] ある行為が即時強制に当たるか否かは、必ずしも明確でない場合がある。鉄道係員が旅客および公衆を車外または鉄道地外に退去させることを認めた鉄道営業法42条1項3号が即時強制を認めたものかが争点になった事案で、最大判昭和48・4・25刑集27巻3号418頁はこれを認めたが、4名の裁判官が反対意見を書いている（最判昭和50・11・21判時801号101頁も参照）。反対意見の理由の一つは、鉄道営業法は私鉄にも適用されるので、同法42条1項3号を即時強制を認めた規定と解すると、私人にも即時強制権限を認めることになり、私人の自力執行・自力救済を原則として認めないわが国の法制では他に例をみない顕著な例外になるということであった。児童福祉法に基づく一時保護措置が即時強制に当たるか等について検討するものとして、横田・即時強制729頁以下参照。

[6] 即時強制の具体例について、西津・ドイツの建築規制執行67頁参照。ドイツにおける即時強制の要件については、重本・行政執行の例外（2）53頁以下参照。フランスにおける即時強制の具体例について、服部・司法的執行328頁〜329頁参照。なお、即時強制と行政上の強制執行との境界は微妙である。公示によるけい留命令に違反した未けい留犬の抑留は、即時強制に分類されることもあるが、狂犬病予防法10条の規定に基づく公示によりけい留義務が課されているとみれば、その不履行に対する直接強制ともみうる。道路法44条の3第1項の規定に基づく違法放置物件に対する措置も即時強制に分類されることもあるが、同法43条2号の規定に基づき課された不作為義務の不履行に対する直接強制ともみうる。医薬品、医療機器等の品質、有効性及び安全性の確保に関する法律70条3項の規定に基づく処分も、即時強制に分類されることもあるが、同条1項・2項の規定に基づき作為義務が課されていることに鑑みれば、行政代執行（緊急の必要がある場合には緊急代執行）を定めたものとみることもできないわけではない。

型に該当するものとして、具体的には、屋外広告物法7条4項が定める簡易除去、自転車の安全利用の促進及び自転車等の駐車対策の総合的推進に関する法律6条1項の規定に基づく放置自転車等に関する条例に基づく移動・保管がある（大阪市自転車等の駐車の適正化に関する条例10条2項等）。道路法、道路交通法が適用されない国有地、公有地に違法に放置された大量の自動車を保管庫等の適切な場所に迅速に移動させるような場合にも即時強制制度を定める法律の制定の検討の余地がある[7]。

さらに、名宛人を確知できない場合に、簡易（略式）代執行の手続をとる暇もない緊急の必要がある場合には、即時強制制度を設けることが正当化される。たとえば、**警察官等は違法駐車車両の移動を車両の管理責任者に命ずる権限を有するが**（道路交通法51条1項）、管理責任者が現場にいないときは、警察官等は、駐車場所から50メートルを超えない道路上の場所に当該車両を移動し（同条3項）、車両の移動に要した費用は、当該車両の運転者等または使用者もしくは所有者（以下「使用者等」という。）の負担とされ（同条15項）、地方税の滞納処分の例により強制徴収が可能である（同条18項）。違法駐車車両が交通事故の危険を惹起するおそれがある場合においては、簡易（略式）代執行の手続をとる時間的余裕もないので、即時強制による移動を認めているのである。災害対策基本法64条2項の規定に基づく工作物等の除去等、水防法28条1の規定に基づく障害物の処分等、消防法29条1項～3項の規定に基づく破壊消防も即時強制の例とみることができる。

また、**警察署長は、沿道の土地に設置されている工作物等が道路における交**

---

[7] 横浜市放置自動車及び沈船等の発生の防止及び適正な処理に関する条例においては、所有者が判明した場合には、撤去の勧告を経て撤去命令を出すこととされているが、所有者が不明の場合には、廃物認定の手続をとり、廃物と認定したときは処分等を行うことができ、所有者等が判明したときは、その者に対し、処分等に要した費用を請求することができるとしている。岡山県快適な環境の確保に関する条例では、放置自動車に撤去を促す警告書を貼り付け、所有者等が判明した場合には、通知を行った日の翌日から起算して1月以内に当該放置自動車を撤去すべき旨、期間内に撤去しなかった場合は、当該放置自動車の処分の手続を開始する旨を所有者等に通知し、所有者等が判明しない場合には、通知に代えて公示を行い、通知または公示を行った日の翌日から起算して1月を経過して、なお撤去されない場合には、廃物認定を行い、廃物と認定した放置自動車は処分し、廃物と認定することが困難な放置自動車については、所定の事項を告示し、告示を行った日の翌日から起算して6月を経過した日以後においては、当該放置自動車を処分することができ、処分に要した費用は、所有者等に請求するとしている。

通の危険を生じさせ、または著しく交通の妨害となるおそれがあるときは、当該工作物等の占有者等に対し、当該工作物等の除去その他当該工作物等について道路における交通の危険を防止し、または交通の円滑を図るため必要な措置をとることを命ずることができる(同法82条1項)。この場合において、当該工作物等の占有者等の氏名および住所を知ることができないため、これらの者に対し、上記措置をとることを命ずることができないときは、**警察署長**は、自ら当該措置をとることができる。この場合において、工作物等を除去したときは、**警察署長**は、当該工作物等を保管しなければならない(同条2項)。工作物等の除去等に要した費用は、当該工作物等の返還を受けるべき占有者等の負担とされ(同条3項、81条7項)、地方税の滞納処分の例により強制徴収が可能である(同条3項、81条10項)。同条2項前段は、簡易(略式)代執行の手続をとる時間的余裕もないので、**警察署長**に即時強制の権限を付与したものである。

代執行の機能不全のゆえに即時強制制度が用いられた著名な例として、横浜市船舶の放置防止に関する条例があり、同条例10条は、命令に従わない場合のみならず、指導・勧告に従わない場合にも、市長は、船舶を移動することができるとしている。横浜地判平成12・9・27判例自治217号690頁は、これを履行要請を前置した即時強制の方法と位置付けている。大量の放置船舶について、移動命令→戒告→代執行令書による通知という事前手続をとるコストが非常に大きいこと、放置船舶の場合、簡単に放置場所を移動させることが可能なため、代執行直前に当該船舶を移動し、義務履行をした後、また、不法係留を再開するなど、代執行を機能不全にする対応をとられかねないことから、即時強制が必要と考えられたのである[8]。横浜市船舶の放置防止に関する条例10条が設けられた当時は、港湾法、河川法に簡易(略式)代執行の規定がなく、条例で簡易(略式)代執行を定めることはできないと一般に解されていること、容易に船舶を移動可能なため代執行が機能しがたいことに鑑みれば、即時強制制度を採用したことは理解できる。実際、広島県プレジャーボートの係留保管の適正化に関する条例14条では、行政代執行による義務履行確保を予定しているものの、大半の所有者が行政機関から指導を受けた段階で別の区域にプレ

---

[8] 日本都市センター・義務履行確保等101頁(中山雅仁執筆)、荏原・放置等物件212頁以下参照。同判決が、これらの諸般の事情を総合考慮して、条例による即時強制の導入を正当化していることについて、松村・実効性確保68頁参照。

ジャーボートを移動させるため、代執行の手続に入ること自体が困難であるのが現実である[9][10]。

第4節 即時強制の補足性

一般論としては、即時強制の採用に当たっては慎重な検討が必要である。行政上の強制執行は、義務者自身による義務履行確保の機会を与えた後に行われるのに対して、義務賦課処分を先行させない即時強制[11]は、より人権侵害の危険性が大きい。さらに、即時強制は、実力行使が短時間で終了してしまい、行政争訟制度が機能しにくいこと、事前手続のための時間的余裕が全くないほど緊急性が高いとまでは認められない場合にも制度化されることがあり、事前手続の保障が不十分な場合があること等の問題を抱えている[12]。措置命令で義

---

9 日本都市センター・義務履行確保等109頁（鈴木潔執筆）参照。

10 プレジャーボートの撤去については、船舶の登録情報が変更されないまま、他人に譲渡されている例があること、船舶番号が不明な場合があること、船舶所有者が死亡していた場合にすべての相続人に船舶の撤去を指導して回ることは事実上不可能であること、撤去費用を負担すべき所有者が特定できないと代執行に踏み切ることが困難であること等、法執行上の問題が地方公共団体から指摘されている。小舟＝周＝宮森・自治体アンケート結果386頁〜387頁参照。

11 強制は義務の存在を前提とするという立場をとれば、義務を前提としないにもかかわらず即時強制と称するのは形容矛盾になる。他方、即時強制は受忍義務を内在させているという理解もあり得る。すなわち、美濃部・日本行政法下87頁は、行政執行法の行政検束および物件の仮領置は、相手方に受忍をすべきことを命じているとし、受忍の下命を介在させる。柳瀬・行政法205頁は、警察権の適法な発動に対しては抵抗すべからずとする一般的受忍義務があるとし、下命処分ではなく即時強制の根拠法律から直接に受忍義務を導いている。即時強制の事実行為の中にその行為を通じて表示された命令があると理解し、即時強制をかかる命令とその執行とが一つの行為に結合した合成物であるとする合成的行政処分の理論によれば、即時強制についても義務賦課命令があることになる。義務の概念と強制の要素の関係について、神橋・行政判例27頁以下参照。

12 須藤・即時強制4頁参照。1998（平成10）年に制定された感染症の予防及び感染症の患者に対する医療に関する法律は、人の身体に対する実力行使（同法17条が定める強制健康診断、同法19条が定める強制入院）を許容しているが、命令ではなく勧告を前置するにとどまっている。したがって、義務履行確保手段としての直接強制ではなく、即時強制を認めていることになる。もとより、行政執行法が定めていた即時強制と異なり、感染症の予防及び感染症の患者に対する医療に関する法律が定める即時強制は、人権侵害を防止するための手続的配慮はなされている（宇賀・行政法概説Ⅰ125頁参照）。わが国の強制入院制度について、自己決定、危険防御、治療の必要の充足という観点から比較を行い考察するもの

務を課した後、義務者自ら義務を履行する機会を付与する時間的余裕がある場合であれば、措置命令を行い、義務者に自ら義務を履行する機会を付与することが望ましい[13]。現在、即時強制として立法されたものの中には、簡易（略式）代執行または直接強制とすることが望ましいものがある。地方公共団体の場合、即時強制は独自条例で定めうるのに対して、直接強制や簡易（略式）代執行は独自条例で定めることができないと一般に解されていることも、即時強制制度が選択される要因であった。

　もっとも、人の生命・身体・財産に危害が及ぶおそれがあるため緊急の必要がある場合でなくても、軽微な措置であって、それを講じても相手方に不利益を与えず、かつ、外部不経済を解消するために必要なときには、即時強制を認めてよいという考えもありえないわけではない。実際、即時強制は、緊急性のある場合にのみ法定化されているわけでは必ずしもなく、空き家条例の中には、「軽微な措置」という見出しの下、即時強制を認めている例がある。具体的には、草刈り、樹木の剪定、門や窓を閉めること等である。即時強制が、相手方に義務を課して自発的な義務履行の機会を与えないまま実力を行使するものであることに鑑みると、「軽微な措置」について即時強制制度を採用することの是非については議論がありうる。しかし、空き家条例で定めている「軽微な措置」は、相手方の権利を侵害するというより、むしろ相手方にとっても有利なものであって、実質的には事務管理（民法697条）としての性格を有するものといえる。実際、歌志内市建築物の適正管理に関する条例7条2項は、軽微な措置を事務管理と位置づけ、同条3項は、その実施により生じた費用を民法702条に規定により償還請求することができるとしている。したがって、かかる場合にまで時間のかかる行政代執行制度を利用することの実質的妥当性は乏

として、太田・強制入院制度135頁以下参照。そこでは、強制入院のための法律上の根拠は、強制治療のための法律上の根拠と理解すべきでないという重要な指摘がなされている。太田・強制入院制度153頁参照。強制入院制度の憲法適合性について、高井・自己決定能力70頁以下、竹中・強制入院制度177頁以下、横藤田・強制入院制度1501頁以下参照。

　[13]　広岡・即時執行299頁参照。韓国の行政基本法33条1項においては、即時強制は、他の手段では行政目的を達成できない場合に限り行うことができ、実施する場合にも必要最小限度で行わなければならない旨が明記されている。即時強制という概念は、（ア）目前急迫の障害を除く必要上義務を命ずる暇がないことに加えて、（イ）その性質上義務を命ずることによってはその目的を達成しがたい場合のみに限定して用いられるべきとするものとして、阿部・仮の行政処分（2）52頁〜53頁参照。

しいという判断が、即時強制制度を法定した空き家条例の根底にあるものと思われる。このような場合に即時強制を認めるという立法政策はありうると思われる。

なお、義務者が誰であるか、その所在地または住所がどこであるかを過失なくして確知し得ない場合、簡易（略式）代執行または簡易（略式）直接強制を行うことができる場合には、それらを優先すべきであって、即時強制は、簡易（略式）代執行または簡易（略式）直接強制のための公告を行う時間的余裕すらない場合に限り認めるべきであろう。

第5節　一般的根拠規範を設けることの是非

わが国の戦前の行政執行法は、即時強制の一般法でもあったし、今日でも、ドイツでは、連邦行政執行法（6条2項）および各州の行政執行法において、即時強制についての一般的規定が置かれている[14]。わが国においても、一般的即時強制制度の必要性が高いという指摘がある[15]。もっとも、即時強制制度は、事前に相手方に義務を課すことなく相手方の身体または財産に実力を行使するものであるので、人権侵害のおそれが大きい。したがって、一般的根拠規定を設けることなく、個別具体的に即時強制の必要性を慎重に検討したうえで、個別法で根拠規定を設ける政策にも理由があると思われる。他方、即時強制についてのミニマムの手続を一般法で定めておくことにより、手続保障のあるべき水準を示すことは有意義と思われる。この方式の場合、即時強制の発動要件は、法律または条例に定められることになるが、その要件をできる限り具体的に法定しておくことが望ましいと考えられる。

第6節　手続

即時強制についても、要件裁量および効果裁量の基準を作成し、公にしておく努力義務を法定することが望ましい。即時強制は、事前の意見聴取を行う時間的余裕がない場合や泥酔者の保護のように事前の意見聴取を行う意味がない

---

[14] 即時強制については、連邦法を中心とした統一性が存在することについて、重本・行政執行の例外（2）76頁参照。

[15] 鈴木・法律要綱私案覚書19頁、西津・ドイツの建築規制執行16頁参照。

場合に行われることが多いので、事前の意見聴取手続を一般的に義務付けることはできない。もっとも、即時強制の中には、事前の意見聴取を行うことが可能であり、かつ意味のあるものがある。しかし、そのような場合は、本来であれば、行政上の義務履行確保制度によるべきであって、時間的切迫性の要件を緩和することには疑問がある[16]。感染症の予防及び感染症の患者に対する医療に関する法律では、即時強制の前に事前に勧告を行うこととしたり（16条の3第1項・2項・17条1項・19条1項・20条1項・26条・45条1項・46条1項）、勧告に理由提示を義務付けたり（16条の3第5項・6項・45条3項）、入院の期間を制限したり（19条4項・6項、46条3項・4項）、第三者機関（感染症の審査に関する協議会）の意見聴取を義務付ける（20条5項）等、人権保障の観点から手続的保障に配慮している。この例にみられるように、即時強制による身体の拘束や財産の領置が継続する場合には、事後的な意見聴取を義務付けることにも意味がある。もっとも、どの程度の時間（期間）を経過した時点で事後的な意見聴取を行うべきか否かは分野により異なり、一律に一定期間経過後に意見聴取を義務付けることになじまず、個別法で対応することになろう。理由提示については、即時強制と同時に理由を示す時間的余裕がない場合や（相手方が泥酔状態にある等の理由により）当該時点で理由を示す意味がない場合には、事後に理由を示すことを義務付けることが考えられる[17]。

　即時強制制度については、身体に対して実力を行使する場合や、相手方の意思に反して実力を行使して臨検等を行うケースでは、緊急性がきわめて高い場合を除き、原則として事前に裁判官の許可を得るべきであろう（出入国管理及び難民認定法31条、国税通則法132条参照）[18]。緊急性がきわめて高く事前に裁判官の許可を得ることが困難な場合にあっては、事後手続を工夫すべきである。警察官職務執行法3条1項の保護措置をとった場合には、警察官は可及的速やかにその者の家族、知人その他の関係者にこれを通知し、その者の引取方について必要な手配をしなければならず、責任ある家族、知人等が見つからないと

　16　須藤・行政強制と行政調査 56 頁以下参照。
　17　即時強制一般について、事後を含めた理由付記は喫緊の検討課題であるとするものとして、横田・即時強制 735 頁参照。
　18　人身の事由を制限する場合に裁判所の令状を必要とするかについての韓国における判例・学説については、田中・即時強制 96 頁以下参照。行政過程に司法機関が関与することの意味を多角的に考察するものとして、横田・行政過程 47 頁以下参照。

きは、速やかにその事件を適当な公衆保健もしくは公共福祉のための機関またはこの種の者の処置について法令により責任を負う他の公の機関にその事件を引き継がなければならないとされている（同条2項）。そして、同条1項の規定による警察の保護は24時間を超えてはならず、それを超える場合には、引き続き保護することを承認する簡易裁判所（当該保護をした警察官の属する警察署所在地を管轄する簡易裁判所をいう。以下同じ）の裁判官の許可状を得なければならない（同条3項）。この許可状は、警察官の請求に基づき、裁判官においてやむを得ない事情があると認めた場合に限り、これを発するものとし、その延長に係る期間は、通じて5日を超えてはならず、この許可状には、やむを得ないと認められる事情を明記しなければならない（同条4項）。また、警察官は、同条1項の規定により警察で保護をした者の氏名、住所、保護の理由、保護および引渡の時日ならびに引渡先を毎週簡易裁判所に通知しなければならない（同条5項）。行政執行法が定めた検束が濫用された経験に鑑み、事後手続を慎重に定めていることが窺われる。この例が示すように、一定の時間ないし期間を超えて自由を規制しようとするときに事前に裁判官の許可を得ることとすべきであろう[19]。また、警察官職務執行法4条2項は、同条1項の規定により警察官がとった避難等の処置について順序を経て所属の公安委員会にこれを報告しなければならないとしている。

　精神保健及び精神障害者福祉に関する法律29条1項の規定に基づく入院措置の場合には、自傷他害のおそれがあるかの判断は、裁判官よりも専門医のほうが適切に行えると考えられるので、2人以上の診察医が一致して、医療および保護のために入院させなければ精神障害のために自傷他害のおそれがあると認めることを強制入院の要件とし（同条2項）、入院措置の解除についても、指定による診察の結果を基礎として行うこととしていること（同法29条の4、29条の5）に合理性が認められると思われる。出入国管理及び難民認定法39条の2の規定に基づく収容については、裁判官の事前の許可が必要とされておらず、また、収容が一定期間を超える場合に裁判官の許可を得る仕組みがない

---

　[19] 少なくとも個室に一人で閉じ込めることは行動の自由の最大限の制限であり、人身の自由の基底的価値に鑑みても強制的立入調査に劣らない直接的物理的強制による自由制限として司法関与を必要とすべきとするものとして、横田・司法関与465頁参照。商店、飲食店、旅館、興行場等への立入りについては令状なしの即時強制が可能であるが、私宅へ立ち入る即時強制の場合には令状が必要とするものとして、綿貫・行政上の強制43頁参照。

が、その是非については検討の余地があると思われる。

　警察官職務執行法6条4項は、警察官は、同条1項または2項の規定による立入[20]に際して、その場の管理者またはこれに準ずる者から要求された場合には、その理由を告げ、かつ、その身分を示す証票を呈示しなければならないと定めているが、即時強制一般についても、執行責任者を定め、執行責任者は証票を携帯し、原則として事前に、即時強制の内容およびそれを行う理由を告げ、証票を呈示することを義務付けるべきであろう。韓国の行政基本法33条2項においても、即時強制を実施するために現場に派遣される職員は、自分が執行責任者であることを示す証票を呈示し、即時強制の内容および理由を通知することが義務付けられている。同法の2023（令和5）年の改正（2024〔令和6〕年1月16日に公布即日施行）で、同条3項が追加され、執行責任者が即時強制を行おうとする財産の所有者または占有者を確知することができない場合または現場でその所在を直ちに確認することが困難な場合には、即時強制を行った後に、執行責任者の氏名ならびに即時強制の内容および理由を通知することができ、①即時強制を実施した後も財産の所有者または占有者が不明の場合、②財産の所有者または占有者が国外に居住していたり、行方不明であったりする場合、③その他大統領令で定めるやむを得ない理由で通知ができない場合のいずれかに当たる場合には、掲示板またはウェブサイトに掲示する等の適切な方法による公告で通知に代替することができる旨が定められた[21]。

第7節　警察への協力要請

　即時強制の中には、警察官への協力要請が必要になるケースがありうると考えられる。措置入院（精神保健及び精神障害者福祉に関する法律29条1項、29条の2第1項）がその例である。かかる場合については、警察官への協力要請ができる旨の規定を個別法に設けておくことが検討されるべきであろう[22]。

---

[20]　即時強制を行う場合に、事前の立入調査が必要になる場合があるので、即時強制のための立入調査権限を法定しておくことも検討課題である。鈴木・法律要綱私案覚書20頁参照。

[21]　この改正について、田中・即時強制94頁以下参照。

[22]　濱西・実効性確保法制の整備74頁参照。

第 8 節　条例による即時強制

　相手方に義務を課すことなく、行政上望ましい状態を相手の同意を得ずに実現する即時強制は、「行政上の義務の履行確保」（行政代執行法 1 条）のためのものではないので、条例で即時強制について定めることは可能であるという解釈は、相当以前から提唱されており[23][24]、実例もある。条例で即時強制を定める例として、京都市空家等の活用、適正管理等に関する条例 19 条 1 項（「市長は、特定空家等の管理不全状態に起因して、人の生命、身体又は財産に危害が及ぶことを避けるため緊急の必要があると認めるとき…は、当該特定空家等の所有者等の負担において、これを避けるために必要最小限の措置を自ら行い、又はその命じた者若しくは委任した者に行わせることができる」）、新潟県柏崎市空家等の適正な管理に関する条例 9 条等、空き家条例の多くには、緊急安全措置を定めるものが多い[25]。蕨市老朽空き家等の安全管理に関する条例 6 条 1 項は、「空き家等が危険な状態となることが切迫し、かつ、その所有者等が判明しないとき」に応急措置を即時強制として行うことを認めている。

　条例の中には、相手方の同意を得て緊急措置を行うこととするものもある。たとえば、足立区老朽空家等の適正管理に関する条例 7 条は、区長は、建物等の危険な状態が切迫している場合で、所有者等から自ら危険な状態を解消することができないとの申出があったときには、危険な状態を回避するために必要な最低限度の措置（緊急安全措置）をとることができるとするが（1 項）、区長は、緊急安全措置を実施する場合は、所有者等の同意を得て実施するものと定めている（2 項）。ごみ屋敷条例の中にも、同意に基づく緊急措置を定めるものがある。蒲郡市住居等の不良な生活環境を解消するための条例 11 条 1 項がその例である。もっとも、これを相手方の同意に基づく即時強制とみるか、相手方の同意に基づく事務管理とみるか、そもそも事前の同意に基づく即時強制や

---

[23]　菊井・行政強制 224 頁参照。

[24]　危険行為や危険物を除去するなどの措置を除き、条例で即時強制を定めることに消極的な見解もある。原田・要論 243 頁参照。重本・行政執行の例外（2）77 頁も、行政代執行法 1 条の解釈上、条例による行政上の強制執行が認められないとする以上、それとの均衡上、条例を即時強制の根拠とすることには、躊躇せざるをえないとする。

[25]　鈴木＝田中・空き家対策 62 頁（榎本好二執筆）、北村・不適正管理 81 頁参照。空き家条例における多様な緊急安全措置について、釼持・緊急安全措置 124 頁以下参照。

事務管理は観念できず、緊急事態の発生を停止条件とする委託契約とみるか[26]、見解が分かれるところであろう。しかし、相手方も、緊急安全措置に要した費用の支払義務を負う場合には、双方が義務を負うことになり、契約とみるのが適切であろう[27]。

相手方に義務を課すことなく実力を行使する即時強制は、人権侵害のおそれが大きいので、その法制化は、個別の分野ごとにその必要性を慎重に検討して、不可欠な場合に限り行われるべきであり、即時強制条例のような一般法を定めることは適切でないと思われる。また、憲法上、裁判官の発する令状が必要な即時強制を条例で定めることは、国の機関である裁判所の事務についても定めることになり、適法性に疑問が生ずる[28]。もとより、条例で行政処分について定めることは可能であり、行政処分は抗告訴訟の対象になるから、条例で行政処分について定めることは、裁判所の仕事を増加させうるといえるが、国民が裁判を受ける権利を行使して出訴した結果、裁判所の仕事が増加しうることと、条例で裁判官の事前関与を必要とする事務を創出することとは、同様には論じられないであろう。

身体の拘束等を行う即時強制については裁判官の令状を要件とすべきであるので、条例で身体の拘束等を行う即時強制を定めることには慎重であるべきと思われる。

第9節　即時強制に要した費用の負担

現在は、即時強制に要した費用の負担については、法律に一般的定めがなく、個別の法律で定められている場合がある。すなわち、道路交通法81条2項から4項までに規定する工作物等の除去、移転、改修、保管、売却、公示等に要した費用は、当該工作物等の返還を受けるべき占有者等の負担とすると定められている（同条7項）。また、即時強制に要した費用を原因者の負担とする旨を法律で定める例として、道路法44条の3第7項、道路交通法51条15項、自転車の安全利用の促進及び自転車等の駐車対策の総合的推進に関する法律6条5項、特定外来生物による生態系等に係る被害の防止に関する法律16条も

26　北村・事務管理（2）32頁参照。
27　北村・自治力の躍動77頁参照。
28　広岡・即時執行298頁参照。

ある。

　他方、即時強制を条例で定めたとしても、即時強制に要した費用を相手方に負担させることを条例で定めることができるかについては議論がある。地方自治法は、地方公共団体が住民に対して課すことができる金銭的負担を地方税（223条）、分担金（224条）、使用料（225条、226条1項）、加入金（226条1項）および手数料（227条）に限定しているという解釈をとれば、即時強制に要した費用は、これらの類型のいずれにも該当しないと解されるので、条例で即時強制の費用負担を相手方に課すことはできないことになる[29]。このような考え方によるからか、それとも政策的理由によるかは明らかでないが、飯田市空家等の適正な管理及び活用に関する条例7条2項、北上市空家等対策条例21条3項、美咲町空家等の適正管理に関する条例11条2項のように、当該市または町が即時強制に要した費用を負担するものとすると定める例がある。

　しかし、理論的に考えれば、即時強制に要した費用は、即時強制を必要とする外部不経済をもたらした者の負担とすることを原則とすべきであり、条例で即時強制を定めることを認めつつ、それに要した費用を相手方から徴収できないことは、原因者負担[30]の観点から考えれば疑問の残るところである。したがって、即時強制について、法律で一般的な根拠規範を設けることの是非は措くとしても、法律または条例で即時強制を設ける場合には、その費用を相手方に負担させる根拠規範を法律で定めておくことが考えられる。即時強制に直接に要した費用のみならず、即時強制のための調査に要した費用、物件の保管費用も、相手方の負担とすることが原因者負担の観点から正当化されるので、相手方の負担とする旨の明文の規定を置くべきであろう。

　他方、例外的に、原因者の負担とすることが必ずしも適切でない場合が考えられる。強制入院の対象となった患者の場合、常に患者に負担を求めることが妥当かについては、慎重な検討が必要と思われる[31]。精神障害になったり、感染症に罹患したりすることが、本人の責めに帰すべき事由によるものとは必ず

---

[29] もっとも、地方自治法224条の分担金と整理して、同法231条の3第1項の規定により行政上の強制徴収を認めるべきとする解釈論も提案されている。千葉・即時執行費用39頁以下参照。

[30] 島村・費用負担16頁以下参照。

[31] 強制入院の対象となった患者に対する治療費の負担については、法律に規定されている場合がある。太田・強制入院制度142頁〜143頁参照。

しもいえず、かつ、精神障害者による他害の危険の排除、感染症の拡大の防止のように、社会全体の利益のために人身の自由を制限している場合には、原因者負担の原則の適用には問題があると考えられる。精神保健及び精神障害者福祉に関する法律30条1項が、強制入院の費用を都道府県の負担としていることは、この観点から理解できる。このような場合には、国または地方公共団体の負担とすることを法定すべきであろう。財産的損害の場合であっても、相手方に即時強制の費用を負担させることが酷な場合があり得る。たとえば、適正に家屋を管理していたが、放火や隣家からの延焼によって特定空家になってしまい、緊急安全措置が必要になったような場合である。京都市不良な生活環境を解消するための支援及び措置に関する条例13条1項は緊急安全措置という即時強制を定め、別に定める場合を除き、不良な生活環境を生じさせた者（その者を確知することができない場合にあっては、その状態にある建築物の所有者）が費用を負担しなければならないと定め（同条5項）、同条例施行規則2条において、不良な生活環境を生じさせたことについて、その状態を生じさせた者の責めに帰すべき事由がないと市長が認める場合には、その者に費用負担を求めないこととしている。即時強制に要した費用の負担を相手方に求めることができるという規定を設ける場合においても、相手方の責めに帰すべき事由がない場合には、当該相手方に費用負担を求めないことを法文上明確にしておくことが望ましい。

　条例で定める即時強制に要した費用の負担については、各条例の定めるところによっているところ、原因者の負担とすることを定める空き家条例が少なくない。すなわち、京都市空家等の活用、適正管理等に関する条例19条1項のように、「所有者等の負担において」と定める例もある。明石市空家等の適正管理に関する条例11条2項、別府市空家等対策条例13条3項においても、即時強制の必要性を生じさせた者が即時強制の費用を負担する旨が明記されている。新潟県柏崎市空家等の適正な管理に関する条例9条4項、伊勢崎市空家等対策条例7条3項も、即時強制に要した費用について所有者等に対し請求するとする。神戸市空家空地対策の推進に関する条例16条3項、大津市空家等の適正管理に関する条例12条4項、宇都宮市空き家等の適正管理及び有効活用に関する条例16条2項、伊賀市空家等の適正管理に関する条例12条2項、大崎市空家等の適切な管理及び有効活用の促進に関する条例14条2項、岡山市空家等の適切な管理の促進に関する条例12条2項、門真市建築物等の適正管

理に関する条例11条2項、蕨市老朽空き家等の安全管理に関する条例6条2項も、即時強制に要した費用を所有者等から徴収することができると規定する。また、町田市自転車等の放置防止に関する条例17条1項のように、放置自転車対策に関する条例においては、保管している自転車等を引き取ろうとする者に、当該自転車等の移送および保管に要した費用の納付義務を課している[32]。

即時強制に要した費用が、地方自治法が定める分担金、使用料、加入金、手数料のいずれかに該当すれば、条例で即時執行に要した費用を原因者の負担とすることが可能であることに疑いはない。しかし、即時執行に要した費用を地方自治法が定める分担金、使用料、加入金、手数料のいずれかに当たるとみることには疑問の余地がある[33]。したがって、即時執行に要した費用を原因者の負担とする旨を条例で定めることを可能とするためには、地方自治法が定める分担金、使用料、加入金、手数料のいずれにも該当しなくても、条例で私人に金銭的負担を課すことができるという解釈論を行う必要があると考えられる[34]。

条例で即時強制の費用を所有者等の負担とすることを認める解釈をとった場合であっても、その費用の徴収をいかに行うのかという問題がある。明文で行政上の強制徴収を認める例として、道路交通法81条10項がある。即時強制の費用は、地方自治法231条の3第3項の規定により地方税の滞納処分の例により強制徴収ができる場合に当たらないので、法律に行政上の強制徴収を認める規定がない限り、民事上の強制執行のための債務名義を取得する必要がある（民事執行法25条）[35]。

[32] 空き家条例に基づく即時強制の費用を所有者等に負担させた例について、北村・即時執行（1）32頁参照。なお、即時強制に要した費用の負担について規定を設けない空き家条例も少なくない。その例について、北村・即時執行（2）69頁注51参照。

[33] 宇那木・即時執行の費用徴収①95頁〜96頁は、即時執行に要した費用を原因者の負担とするためには、それが、地方自治法上の分担金、使用料、加入金、手数料のいずれかに該当する必要があるとする。そして、そのいずれにも当たらないとする。宇那木・即時執行の費用徴収②90頁参照。

[34] 碓井・自治体財政・財務法140頁、碓井・要説自治体財政・財務法137頁参照。負担金と同様に考えることで、法律または条例の根拠があれば費用徴収は可能と解すべきとするものとして、板垣・条例の実効性確保182頁参照。

[35] 実際に地方公共団体に債権を発生させるためには、納付命令を行う必要があるとし（北村・即時執行（2）55頁以下参照）、行政上の強制徴収を認める規定がない場合、納付命令により非強制徴収債権として確定させ、公法上の当事者訴訟によって請求することが考えられるとする説がある。北村・空き家問題272頁以下参照。空き家条例に基づく即時強制を事務管理と位置付け、民法702条の規定に基づく費用償還請求ができると位置付ける例につ

「仮執行の宣言を付した支払督促」（同法22条4号）も債務名義となる。支払督促を利用する場合には、訴訟と比較して申立費用が低廉であり、書面審理のため出廷する必要がないという長所があるが、公示送達が認められないため、相手方の所在地が不明な場合には利用できない。支払督促の申立ては「訴えの提起」（地方自治法96条12号）ではないので、申立ての時点で議会の議決を得ておく必要はない。しかし、相手方から異議が申し立てられた場合には訴訟に移行することになるので、議会の議決が必要とするのが判例の立場である（最判昭和59・5・31民集38巻7号1021頁）[36]。

第10節　私人による即時強制

　法律により私人に即時強制権限を付与している例がある。航空法73条の4第1項において、機長は、航空機内にある者が、離陸のため当該航空機のすべての乗降口が閉ざされた時から着陸の後、降機のためこれらの乗降口のうちいずれかが開かれる時までに、安全阻害行為等をし、またはしようとしていると信ずるに足りる相当な理由があるときは、当該航空機の安全の保持、当該航空機内にあるその者以外の者もしくは財産の保護または当該航空機内の秩序もしくは規律の維持のために必要な限度で、その者に対し拘束その他安全阻害行為等を抑止するための措置（同条5項の規定による命令を除く）をとり、またはその者を降機させることができると定められているのがその例である。また、航

いて、北村・即時執行（2）53頁参照。それへの批判について、北村・即時執行（2）53〜54頁参照。しかし、実務上は、行政上の債権であっても、当然に納付命令が必要とは考えられておらず、地方自治法225条が定める使用料や個別法に基づく簡易（略式）代執行の費用は、事実行為に基づき債権が発生するものとして取り扱われており、納付命令は行わず納付通知のみで納付を求めている。宇那木・強制徴収手続（1）97頁参照。財産管理人の選任を申し立てて緊急安全措置に要した費用を回収する方策について、鈴木＝田中・空き家対策93頁以下参照。なお、横浜市空家等に係る適切な管理、措置等に関する条例8条4項は、応急的危機回避措置という即時強制に関して支出した費用について、所有者等の負担とする旨を定め、同条5項は、地方自治法231条の3第1項に規定する歳入とすると定めている。同項の規定に基づく督促を受けた者が指定された期限までに納付すべき額を納付しないときは、同条3項で、地方税の滞納処分の例により処分することができると定められているので、条例で定めた即時強制に要した費用について、行政上の強制徴収を想定しているようにも読める。実際にどのように運用されるかは注目に値する。

　[36]　なお、台湾の行政執行法は、即時強制についても定めているが、即時強制に起因する生命、身体または財産の特別損失の補償規定も設けられている（41条）。

空運送事業を経営する者は、爆発物等の託送人または所持人が現場に居合わせない場合に自ら当該物件を航空機から取り卸すことを認められている（同法86条の2第1項）。これらの場合、警察官の出動を求めることができない状況下で、航空機の安全を保持する等の重要な目的のために、比例原則に配慮して必要な限度で機長や航空運送事業を経営する者に即時強制権限を付与しており、違憲の問題は生じないと思われる。

　軽微な措置としての即時強制権限を一般私人に授権しているように読める条例がある。宮城県ピンクちらし根絶活動の推進に関する条例4条1項は、「何人も、まき散らしが行われたピンクちらしを除去及び廃棄することができる」と規定している。これは私人による法執行の例といえよう[37]。また、屋外広告物法7条4項の規定に基づく「大阪市路上違反簡易広告物撤去活動員制度要綱」も、私人に即時強制権限の行使を委任するもののように読める。同要綱4条3項等では「委託」という文言を用いているが、同要綱5条4項では、「活動員は、広告物が除却対象であるかどうかについて疑義が生じた場合は、独自の判断は行わず、本市に通報のうえ、その指示を受けなければならない」と定めていることに照らすと、単に除却という事実行為を委託するにとどまらず、除却対象であるという認定権限も、原則として活動員に委任する趣旨と解される[38]。このように一般私人にまで即時強制権限を付与しているのは、行政リソースの不足を補う必要性に加えて、除却の対象になるものの経済的価値がほとんどないことによって正当化されよう。

第11節　即時強制に対する救済

　即時強制は、事前に義務を課すことなく実力を行使するものであるから、取消訴訟を提起して執行停止を申し立てたり、差止訴訟を提起して仮の差止めを申し立てたりすることが困難である場合が多い。そこで、即時強制のために指導または勧告などの事実行為が前置されている場合、かかる事実行為に処分性を認める裁判例がある。横浜地判平成12・9・27判例自治217号69頁は、横

---

[37]　北村・自治力の冒険83頁参照。もっとも、同条について、異なる解釈もありうることについては、曽和・行政法執行システム17頁参照。

[38]　もっとも、民間委託と解する説もある。その行為を刑法上の正当行為とする効果があるとする指摘として、北村・法執行180頁参照。黒川・行政強制・実力行使129頁も参照。

浜市船舶の放置防止に関する条例9条1項の規定に基づく指導または勧告は、それ自体としては権利義務に直接影響する行為ではないが、背後にあって権利義務に影響を及ぼす移動措置の要件となっている上、移動措置は直ちに執行が完了してしまい、移動措置自体について抗告訴訟を提起することは不可能または困難であるので、例外的に当該指導または勧告は抗告訴訟の対象になる行政処分であると判示している[39]。即時に執行が終了する即時強制に対する抗告訴訟の提起が困難であることを考慮して、救済の観点から、処分性を柔軟に解釈したものといえる。なお、即時強制であっても、人の収容（精神保健及び精神障害福祉に関する法律29条1項等）、物の留置（関税法86条1項）のような継続的事実行為の場合には、取消訴訟が機能するといえる。

即時強制が違法な場合には国家賠償請求を行うことができるが、適法な場合でも、本人に原因があるわけではなく応急公用負担として行われる場合には、損失補償が行われるべきであろう（消防法29条3項、災害対策基本法82条、水防法28条3項、新インフルエンザ等対策特別措置法62条1項等参照）。

第12節　即時強制と罰則

公務員が即時強制を行おうとする場合、これに対して暴行または脅迫を加えた場合には、公務執行妨害罪に問われることになるが（刑法95条1項）、暴行または脅迫を加えずに、即時強制を拒否するにとどまる場合には、公務執行妨害罪の構成要件を満たさないと考えられる。もっとも、罰則がなくても、実力を行使して公益上望ましい状態を実現できるのであれば、罰則は不要であるとも考えられる。しかし、実際には、相手方が忌避する中で実力を行使することに躊躇し、公益上望ましい状態の実現が容易でなくなる事態も想定されないわけではない。したがって、即時強制を円滑に実行するために、公務執行妨害罪を補完するものとして、即時強制の拒否についても罰則を設ける立法政策が採られることがある。検疫法13条が定める診察または検査を拒んだ者は、同法36条4号により6月以下の拘禁刑または50万円以下の罰金に処せられるが、これは、即時強制を忌避した者に対する罰則を定めるものと解しうると思われる[40]。また、感染症の予防及び感染症の患者に対する医療に関する法律19条

---

[39] 感染症の予防及び感染症の患者に対する医療に関する法律19条1項の規定に基づく入院勧告を処分と解する説があることについて、曽和・行政法総論379頁参照。

1項の入院勧告を受けた者が、正当な理由がなくその入院すべき期間の始期までに入院をしなかったときは、50万円以下の過料に処せられるが（同法80条1項）、これも即時強制が可能であるにもかかわらず、罰則により実効性を確保しようとするものとして注目される。しかし、罰則は義務違反を前提とすると考えられる一方、即時強制は、相手方に義務を課すことなく行われるものであるから、はたして即時強制の実効性を確保するために罰則を科すことが許容されるのかという理論的問題があり、これらの規定は、行政法理論における即時強制と罰則の関係について再検討を迫るものといえる[41]。即時強制は、相手方に事前に義務を課すものではないが、即時強制という事実行為を受忍する義務を課しているという見方も成立しえないわけではないことは先に述べたとおりである[42]。しかし、上記の例における即時強制と組み合わされた罰則は、実際に即時強制という事実行為が行われ、それに抵抗したというわけではなく、即時強制という事実行為が行われる前に、拒絶の意思表示をしたことへの罰則と考えられる。そうすると、義務なき行為に罰則を科すことになるのではないかという疑問は払拭されない。罰則が置かれていることに鑑みれば、むしろ、法律自体によって直接に義務が課されており、実力行使は、直接強制[43]と解するほうが、説明しやすいように思われる。しかし、そのように解すると、人

---

[40] 須藤・即時強制84頁参照。

[41] 須藤・即時強制95頁参照。

[42] 警察官職務執行法が定める保護、避難等の措置等、警察固有の領域における実力行使は、本来自然法的な根拠を持つものであり、このような作用を受忍することは、国民の自然法上の義務であるとするものとして、関根・即時強制10頁～11頁参照。

[43] 従前の即時強制について、「行政庁の命令を前置しない代執行」または「行政庁の命令を前置しない直接強制」と位置付け、即時強制についての一般的規定を設けないという立法政策もあり得る。高橋編・実効性確保法制196頁（田中良弘執筆）参照。「行政の実効性確保法制の整備に向けた総合的研究プロジェクト」の要綱案の乙案は、代執行または直接強制と即時強制は、行政庁の命令の前置の有無でしか区別できないので、行政庁の命令を前置することを原則として、その例外を「行政庁の命令を前置しない代執行」、「行政庁の命令を前置しない直接強制」と位置付けることにより、即時強制という独立の範疇を設けない点に特色がある。濱西・要綱案85頁～86頁参照。また、「行政の実効性確保法制の整備に向けた総合的研究プロジェクト」の要綱案の丙案は、直接強制と即時強制は講学上の区別にとどまり、立法実務上、意識的に区別されて立法化されていないし、執行実務上も特に支障を生じていないことに加えて、伝統的な行政法学における警察行政に集中しているため、即時強制の一般法化は困難であるとして、個別の法律または条例ごとに必要な規定を設ける方針をとっている。濱西・要綱案86頁参照。

身の自由を制約する義務を、個別の行政処分ではなく、法律で一般的に課すことの妥当性が問われることになる。

第9章　行政上の制裁

　行政上の義務違反に対する制裁制度は、過去の義務違反に対する制裁制度であり、将来の義務履行を確保することを直接の目的とする制度とは異なるが、制裁の威嚇により、間接的に義務履行を促す効果を有する。行政上の義務履行確保制度と行政上の義務違反に対する制裁制度が、行政の実効性確保制度として一括して論じられることがあるのも、その故である。そこで、以下において、行政上の義務違反に対する制裁制度についても論ずることとしたい。

第1節　行政刑罰

I　違法行為により得た利益の剥奪

　行政上の義務違反に対する制裁としてわが国で多用されているのが行政刑罰[1]である。行政上の義務違反は、多くの場合、経済的動機で行われる。すなわち、違法に収益を得たり、違法に支出を免れたりする目的で行われることが多いのである。不当な取引制限（独占禁止法3条違反）、インサイダー取引（金

1　準刑罰たる行政罰と呼ばれることもある。磯崎・行政罰225頁参照。行政刑罰についても、過失犯を処罰するためには、その旨の規定が必要である。最判昭和28・3・5刑集7巻3号506頁、最判昭和37・5・4刑集16巻5号510頁、最判昭和48・4・19刑集27巻3号399頁、最判昭和57・4・2刑集36巻4号503頁も、そのことを前提としていると考えられる。板垣・実効性確保251頁参照。自動車の保管場所の確保等に関する法律11条2項2号（「自動車が夜間（日没時から日出時までの時間をいう。）に道路上の同一の場所に引き続き8時間以上駐車することとなるような行為」）違反として同法17条2項2号違反で起訴された事案で、最判平成15・11・21刑集57巻10号1043頁は、故意が認められないとして無罪判決を下している。また、犯罪の成立上故意を必要としない趣旨を確認することができないとして、平成15年法律第55号による改正前の食品衛生法4条違反に対する同法30条違反の罪が成立しないとしたものとして、広島高判昭和37・5・31判時307号35頁がある。両罰規定について、判例は過失推定説をとっている（最大判昭和32・11・27刑集11巻12号3113頁、最判昭和37・3・16刑集16巻3号280頁、最判昭和38・2・26刑集17巻1号15頁、最判昭和40・3・26刑集19巻2号83頁）。事業主が両罰規定に基づく刑事責任を免れる要件について具体的に検討するものとして、藤木・行政刑法51頁、福田・行政刑法76頁以下、香城・刑法と行政刑法282頁以下参照。

融商品取引法166条1項・3項違反)、無許可風俗営業(風俗営業等の規制及び業務の適正化等に関する法律3条1項違反)は違法に収益を得ることを目的としたものといえ、産業廃棄物の不法投棄(廃棄物の処理及び清掃に関する法律16条違反)、検知器設計図書の偽造(建築基準法20条等違反)は、本来必要な費用の支出を違法に免れる動機で行われると考えられる[2]。

このような経済的動機による犯罪の場合、違法行為が発覚し起訴される可能性が10分の1、1回の違法行為により得られる利益が1億円とすると、単純に考えれば、科される金銭的制裁が10億円を超えないと抑止効果を持たないことになると思われる[3]。中国のサイバーセキュリティ法では、違法に得た利益を没収することに加えて、その10倍の過料を併科しうるとしているのは、違法行為が発覚する確率を考慮したものと思われる[4]。しかし、わが国では、実際には、法定された罰金額の上限では、1回の違法行為で得られる収益すら剝奪できないことが稀でないし、実際に科される罰金額は、法定された罰金額の上限よりさらに低いのが通常であるので、罰金刑のみでは、経済的利益を目的とする行政上の義務違反を抑止することは困難といえよう[5]。もっとも、違法行為により得た利益について没収・追徴が行われる場合には、罰金により不当利得を剝奪する必要はないことになる。「組織的な犯罪の処罰及び犯罪収益の規制等に関する法律」(以下「組織犯罪処罰法」という)13条は、犯罪収益の没収を可能にすることを企図している。また、「国際的な協力の下に規制薬物に係る不正行為を助長する行為等の防止を図るための麻薬及び向精神薬取締法等の特例等に関する法律」11条は、没収の対象を有体物以外の債権等を含む財産に拡大している。

---

[2] 産業廃棄物の不法投棄の大半が経済的理由によることについて、北村・行政執行過程100頁、北村・実効性確保193頁参照。

[3] もっとも、実際には、そのような単純な議論が必ずしも成立しないことについては、藤田・サンクション25頁以下参照。

[4] 2007(平成19)年の漁業法改正による罰金額の引上げが、非漁業者による密漁防止に期待された効果を発揮できなかったことについて、北村・厳罰化(1)36頁以下参照。摘発率が向上しない場合、厳罰化は、組織的な密猟者にとって、抑止効果となるどころか、密漁による利益をより増大させるインセンティブを付与しうるとする指摘として、北村・厳罰化(2)45頁参照。

[5] 北村・厳罰化(2)51頁は、経済犯罪の抑止に最も効果的なのは、違法収益の確実な剝奪であるが、それを有罪判決と連動させるのではなく、非刑事的な処分によって可能にする方策が望ましいとする。

追徴は没収ができないときに行うことができる（刑法19条の2）。没収は特定の財産を対象とするのに対して追徴は一般財産を対象とするが、両者は等価の関係にあるので、第1審判決が没収するとした財産について、控訴審判決がその相当価額の追徴を言い渡すことは、刑事訴訟法402条にいう「原判決より重い刑を言い渡す」ことにはならないとするのが判例である。

　没収については必要的没収とされていたり（収賄罪に関する刑法197条の5）、原則的没収とされていたりする例（金融商品取引法198条の2）もあるが、刑法総則の犯罪収益没収規定（19条1項3号）は任意規定と解されており、実際には没収が行われなれることは少ない。犯罪により違法に得た収益は没収されるのが原則とされるべきであろう。

　なお、わが国では、罰金および没収・追徴により得た財産は、国の一般会計に入れられるのが原則となっている。これに対して、アメリカでは、罰金は犯罪被害者基金に組み入れ被害者救済に充当されることになっており、没収した財産は犯罪利益没収基金に組み入れ捜査のために活用されることになっている。また、多数の州の環境法においては、環境法令違反に対するシビルペナルティを環境保護基金に組み入れることとしている。わが国においても、組織的犯罪処罰法が犯罪被害財産を没収し、被害者に給付する制度が存在する。また、「犯罪利用預金口座等に係る資金による被害回復分配金の支払等に関する法律」が、支払手続終了後の残余金について預金保険機構に納付後、犯罪被害者等に対する支援の充実のために支出することとされている（同法20条1項）。さらに、刑罰ではないが、道路交通法の反則金については、納付された反則金から費用を差し引いた額が、都道府県および市町村に対し、交通安全対策特別交付金として交付されている。違法に得た利益を剥奪した場合、それを当該分野における法執行ならびに被害防止およびその被害者救済ために用いる制度を一般化することが検討されるべきであろう[6]。

Ⅱ　法人重科

　自然人の場合には、自由刑による威嚇効果が働きうるが、行政刑罰の場合には、執行猶予が付くことが通常であると考えられる。したがって、自由刑による威嚇効果も十分には働かないと思われる[7]。いわんや法人の場合には自由刑

6　福井・行政代執行制度214頁、佐伯・制裁論28頁参照。
7　密猟者の場合、執行猶予付き判決ならば無罪判決と同じと受け止められ、すぐに密漁

はないので、罰金刑による抑止効果を大きくする必要がある[8]。このような認識の高まりにより、近年は、両罰規定[9]のもとで、法人に対する罰金額を引き上げる動きが続いている（個人情報の保護に関する法律184条1項1号、金融商品取引法207条1項1号、商品先物取引法371条1項、廃棄物処理法32条1項1号等）[10]。今後も、はたして法定の罰金額の上限が十分な抑止効果を有するかをたえず検証し、必要に応じて引上げを行うべきであろう。地方自治法14条3項は条例で設けることができる罰則の上限を定めているが、上限を撤廃しても、比例原則による制約がかかるので、上限を法定せず、地方公共団体の判断に委ねてもよいように思われる[11]。

Ⅲ　スライド制

　罰金額を違法に得た利得の額に連動させるスライド制を採用する例もある（刑法152条、所得税法238条2項・4項、240条2項、法人税法159条2項、相続税法68条2項、地価税法39条2項、消費税法64条3項、酒税法54条3項、55条2項、たばこ税法27条2項、揮発油税法27条2項、関税法110条4項、112条2項、外国為替及び外国貿易法69条の6、70条）。罰金とは別に課徴金等で不当利得を剝奪する仕組みがある場合は別であるが、そうでない場合には、罰金額を不当利得にスライドさせる仕組みを拡大していくことを検討すべきと思われる[12]。

に励むという捜査関係者の認識について、北村・厳罰化（2）49頁参照。

　[8]　佐伯・制裁論26頁参照。行政刑罰が科される場合にも、その大半は、略式手続で科される罰金であり、刑罰の感銘力に乏しいという問題がある。北村・行政罰・強制金142頁参照。

　[9]　法人が支払った損害賠償を従業者に求償したり、逆に、従業者が支払った損害賠償を法人に求償したりすることはありうるが、罰金に関しては、それが科されたものを処罰することに意義があるので、求償を認めるべきではない。佐伯・制裁論281頁参照。

　[10]　環境刑法における厳罰化について、北村・実効性確保194頁以下参照。もっとも、厳罰化の効果の検証は必要である。北村・行政罰・強制金145頁参照。

　[11]　北村・実効性確保制度214頁参照。北村・法執行176頁は、地方自治法14条3項を標準規定とする解釈論を提言している。高橋編・実効性確保法制21頁（松永邦夫執筆）は、地方分権改革が進んだ現在において、地方自治法14条3項の罰則の上限の引上げを検討すべきとする。

　[12]　わが国の従来の法政策において、経済学的効果の考慮が不十分であったことについて、高山・行政制裁法4頁参照。

IV　違法に破壊した公共財のコスト等の負担

　違法に得た利益の剥奪のみならず、違法に破壊した公共財のコストも違反者に負担させないと、当該公共財の原状回復に要する費用を公的に負担することになり、原因者負担の理念に反することになる。たとえば、違法な排水により貴重な生態系を破壊した場合、違法行為により得た利益の剥奪のみでは、外部不経済の内部化が十分に行われたとはいえない場合が少なくないと考えられる。したがって、貴重な公共財を破壊するような行為に対する罰金は、原因者負担の理念に基づき、原状回復に要すると考えられるコストも含めた額とすることが適切であろう。

　もっとも、環境破壊のような場合には、その原状回復費用を見積もることが必ずしも容易でないことが予想されるし、そもそも完全な原状回復は不可能な場合が多いと思われるが、経済学の知見を活かして、できる限り外部不経済を内部化することができるような金額を設定すべきであろう。また、かかる場合、罰金を一般会計に入れるのではなく、原状回復のための基金を設置して、そこに組み入れるような制度を創設することが望ましいと思われる。

　国民の生命・健康の保護は、国民の財産や国民全体に対する公共財の保護に勝るとも劣らない重要性を有すると一般的にはいえると思われるところ、人の健康に対する危険性の程度と法定刑の重さが整合的でなかったり、経済的利益を保護法益とする罰則規定のほうが人の健康を保護法益とする罰則規定よりも重い法定刑を定めていたりする等の不均衡があり、その見直しも必要と思われる[13]。

V　間接罰と直罰

　罰則を設けるに当たり、間接罰制度のみで足りるか、直罰制度は不要かについても検討する必要がある。個人情報の保護に関する法律を例にとると、平成27年法律第65号による改正により、個人情報取扱事業者（その者が法人（法人でない団体で代表者または管理人の定めのあるものを含む）である場合にあっては、その役員、代表者または管理人）もしくはその従業者またはこれらであった者が、その業務に関して取り扱った個人情報データベース等（その全部または一部を複製し、または加工したものを含む）を自己もしくは第三者の不正な利益を図る目的で提供し、または盗用したときは、1年以下の懲役（当時）または50万円

---

[13]　田中・食品安全法制73頁参照。

以下の罰金に処する旨の直罰規定が設けられた。この改正前においても、個人情報データベース等(その全部または一部を複製し、または加工したものを含む)を自己もしくは第三者の不正な利益を図る目的で提供し、または盗用することは、同法16条・23条に違反し、これに対して勧告を経て、または勧告を経ずに命令が出され、その命令違反に対する間接罰を定める規定は存在した。しかし、この改正の契機になったベネッセ個人データ漏えい事件のように、顧客に関するデータベースの保守管理等を行っていた再委託先の派遣社員による不正な個人データの提供については、間接罰の仕組みは機能しない。そこで、間接罰のみしか規定されていない法律について、直罰規定が不要かを検討すべきであろう[14][15]。

VI 非刑罰的処理(ダイバージョン)

きわめて大量に発生するため、すべてを起訴して刑罰を科すことが困難であり、また、刑罰以外の制裁を受けた者については起訴しなくても社会通念上正義の観念に反しない場合がありうる。かかる場合、行政犯の非刑罰的処理(ダイバージョン)[16]の仕組みを設け、これに応じない者のみを選別して起訴するこ

---

[14] 直罰制と間接罰制の適用基準と具体例について、北村・行政罰・強制金135頁以下参照。

[15] なお、法益侵害の危険性がある行為を直接処罰する場合と比較して、行政処分を介在させてその行政処分違反の間接罰で処罰する場合に、行政処分に従わない場合のほうが悪質であるという前提で後者の法定刑をより重くする例があるが、その合理性に疑問がある場合について、田中・食品安全法制63頁参照。

[16] 最大判昭和44・12・3刑集23巻12号1525頁は、旧国税犯則取締法による国税犯則事件調査手続の性質は、一種の行政手続であるとし、その理由は、この手続は刑事訴訟法上の被疑事件の捜査でないことは明らかであり、ことに国税犯則事件については通告処分という行政措置によって終局することがあり、また、国税犯則事件に関する法令に基づき収税官吏等のする処分に対する不服申立てについては、それが行政庁の処分であることを前提として、行政事件訴訟法により訴訟を提起すべきであるからという。しかし、最判昭和47・4・20民集26巻3号507頁は、通告処分の処分性を否定している。最判昭和62・11・5訟月34巻7号1415頁は、旧国税犯則取締法14条による通告は、証拠資料が相当な調査に基づいて収集されたものであり、これらの証拠資料を総合勘案して、通告時に犯則の心証を得たことにつき合理性があると認められる場合には、後に通告に係る犯則事実が存在しないものと判断されたとしても、違法無効とされるものではないと解するのが相当であると判示する。これは、通告処分に要求される嫌疑の程度と有罪判決に必要な嫌疑の程度に差があり、後者では合理的疑いを超える確信が必要であるからであり、無罪判決が出たからといって、通告処分を行うための要件を欠いていたとは必ずしもいえないからである。ダイバージョンについての精緻な研究として、井上・非刑罰的処理395頁以下参照。フランスの刑事訴訟法においても、違警罪として科された額の納付をもって公訴権を消滅させる類似の仕組みがあること

とが考えられる。間接国税・関税等に関する通告処分制度（国税通則法157条以下、関税法146条以下）[17]および道路交通法上の反則金制度（同法126条以下）[18]がその実例である[19]。関税等脱税事件に係る犯則調査の状況についてみると、通告件数の処分件数に占める割合は、2016（平成28）事務年度は約97.9パーセント、2017（平成29）事務年度は約96.1パーセント、2018（平成30）事務年度は約97.8パーセント、2019（令和元）事務年度は約96.7パーセント、2020（令和2）事務年度は約88.9パーセント[20]、2021（令和3）事務年度は約94.9パーセント、2022（令和4）事務年度は約98.2パーセントになっている。また、交通反則金については、車両等運転者の道路交通法違反（点数告知に係る違反を除く）の取締り件数中に占める比率（反則適用率）はきわめて高い。2023（令和5）年における車両等運転者の道路交通法違反（点数告知に係る違反

について、服部・司法的執行325頁参照。なお、わが国の違警罪即決例が違憲かについては、戦前から議論があった。この点について、村上・違警罪即決例23頁以下、三田村・警察強制92頁以下参照。

[17] 小早川・通告処分39頁以下参照。

[18] 最判昭和57・7・15民集36巻6号1169頁は、①通告を受けた者が、その自由意思により、通告に係る反則金を納付し、これによる事案の終結の途を選んだときは、もはや当該通告の理由となった反則行為の不成立等を主張して通告自体の適否を争い、これに対する抗告訴訟によってその効果の覆滅を図ることはこれを許さず、このような主張をしようとするのであれば、反則金を納付せず、後に公訴が提起されたときにこれによって開始された刑事手続の中でこれを争い、これについて裁判所の審判を求める途を選ぶべきであるとしているものと解するのが相当であること、②もしそうでなく、抗告訴訟が許されるものとすると、本来刑事手続における審判対象として予定されている事項を行政訴訟手続で審判することとなり、また、刑事手続と行政訴訟手続との関係について複雑困難な問題を生ずるのであって、同法がこのような結果を予想し、これを容認しているものとは到底考えられないことを理由として、反則金の納付の通告の処分性を否定した。他方、反則金制度の対象にならないのに誤って反則金を納付させた場合、反則金を納付の通告は無効であり、公訴を提起できるとしたものとして、最決昭和54・6・29刑集33巻4号389頁がある。反則金納付後の不当利得返還請求がなされた事案について、広島地判平成2・4・25訟月37巻5号927頁、徳島地判平成8・11・25判タ956号204頁がある。反則金納付後の救済について、武田・交通反則金51頁以下参照。

[19] 最大判昭和28・11・25刑集7巻11号2288頁は、旧国税犯則取締法14条の規定に基づく通告処分は、犯則者がその通告の内容である財産上の負担を履行し得る能力を持っていることを前提としているから、財産の有無または貧富の程度によって国民を差別して取り扱う規定と解すべきではなく、憲法14条に違反しないとする。

[20] 財務省・関税等脱税事件に係る犯則調査の状況（mof.go.jp/policy/customs_tariff/trade/collection/ka20211110a.htm）参照。

を除く)の取締り件数中に占める比率(反則適用率)は約 96.2 パーセントにのぼる[21]。両制度ともすでに長期にわたる運用実績があり、行政上の制裁金の支払によって公訴を提起することなく事案が終結している割合がきわめて高い。刑事司法の負担過重の解消という面においても、制裁金を確実に納付させるという面においても、高い実効性が確保されているといえる。今後、ダイバージョンの仕組みを拡充していく可能性を検討すべきと思われる[22]。

　もっとも、その際に留意すべき点がある。通告処分制度、反則金制度による制裁金の納付率が高い理由は背後に刑事訴追の脅威があり、事実上の強制が働くからであることはいうまでもない[23]。したがって、事前手続の整備を検討すべきである[24]。また、ダイバージョンの仕組みを採用すると、実際にはほとんどすべての事案が行政上の制裁金によって処理され、起訴の可能性がきわめて低くなるため、違反行為を犯罪にすることの問題が意識されにくくなるおそれもあるが、刑罰に値しない行為を犯罪にすることは、実体的デュー・プロセス違反で違憲であることを常に念頭に置く必要がある。さらに、そもそも、ほとんどすべての事案が行政上の制裁金によって処理されるようになると、違反行為が犯罪であるという社会通念が希薄化していくと思われるので、ダイバージョンの仕組みを継続してよいのか、非犯罪化すべきではないかも検討する必要があろう[25]。

　ダイバージョンの仕組みが採られている場合以外でも、はたして真に刑罰を科すべき場合に行政刑罰が限定されているかについての検討も必要であろう。

---

[21] 内閣府・令和 6 年版交通安全白書 135 頁参照。

[22] 交通反則通告制度が、今後の行政犯の処理の仕方の方向を示していると思われるとするものとして、関根・行政強制 893 頁参照。建築基準法の罰則について、ダイバージョン制度の採用も考えられるとするものとして、荒・建築基準法 31 頁参照。また、感染症対策としての外出禁止義務の実効性確保策としてダイバージョンの利用を示唆するものとして、板垣・都市行政 173 頁参照。

[23] 交通反則通告制度は、納付が違反者の任意であることのみをもって正当化されるとして、反則金を納付しない場合に起訴され刑事手続に移行する仕組みに疑問を提起するものとして、村上・行政庁による処罰 115 頁参照。

[24] 行政法上の制度ではないが、微罪処分および補導措置(簡易送致)についても、ダイバージョンとしての性格を有し、事前手続の整備に加えて、刑事訴訟とは別建ての事後救済手続の整備が必要とするものとして、市橋・行政処罰法制 120 頁以下参照。

[25] スパイクタイヤ使用に対する反則金制度について、悪質な使用者の処罰というより、一般ドライバーを広く脱スパイクタイヤに誘導する点に真のねらいがあるとみるべきとするものとして、畠山・課徴金・反則金・違反の公表 103 頁参照。

Ⅶ 非犯罪化

　わが国の現行法では、義務履行確保手段が不十分であるため、行政刑罰が広範に用いられ、そのことが行政刑罰の機能不全を招き、刑罰の実効性への信頼を損なう結果を招いている[26]。そして、行政刑罰の機能不全は、刑罰の感銘力を失わせ、遵法精神を稀薄化させる懸念がある。法益侵害がないか、あるとしても乏しい行為に対しては、刑罰の謙抑性の観点から、刑罰を用いるべきではないし、義務履行確保をおよそ期待できない行為について刑罰を用いるべきではないであろう[27]。したがって、行政刑罰が科されている行為のうち、非犯罪化して実効的な制裁制度（違法行為により得た経済的利益を剥奪できる過料制度等）により行政刑罰の機能を代替させることが可能な範囲について検討することが望ましいと思われる[28]。第 2 次大戦後の（西）ドイツにおいて、秩序違反への転換により非犯罪化が大規模に実施されたことは、実質的法治国家の観点から刑罰の対象を縮小する必要性に加えて、執行されない刑罰の存在による刑罰全体の威嚇力の低下を回避し、刑事司法の負担を軽減し、行政の実効性を確保するために刑事手続より簡易な手続による法執行が必要であるという認識に基づいており[29]、わが国にも示唆を与えると思われる。反社会性が強い行為か否かという行政刑罰と行政上の秩序罰の振分け基準を明確にし、現在、行政刑罰とされているもののうち、刑罰を科すに値しないものは非刑罰化して行政上の秩

　26　他方において、軽微な違反行為に対して行政刑罰の規定を設けておくことが、別件逮捕、予防検束的逮捕等の行政刑罰の科罰手続である刑事訴訟法の強制措置を招く危険も指摘されている。阿部・法システム（下）454頁以下、市橋・行政罰 234〜235 頁参照。

　27　田中・実効性確保手段 490 頁。行政刑罰を科す手続に要する時間とその効果とを対比するとき、行政刑罰のより多くの部分、ことに罰金刑を秩序罰に移すことを考えてもよいとする指摘として、碓井・義務履行確保 144 頁参照。現行の刑種にとどまる限り、企業処罰という観点から刑罰が有効なのは、せいぜい、独占禁止法 95 条の 2 等の例のように、法人事業主の代表者等に対して自由刑を科す三罰規定にとどまるとするものとして、山本・諸制裁 19 頁参照。

　28　道路交通法の反則金について、その対象行為は非犯罪化すべきとする主張として、井戸田・行政法規違反 162 頁参照。軽犯罪法上の諸行為について、非犯罪化すべきと主張するものではないが、行政手法による取締りに一定の効果が認められるものについては、行政的な対応策をまずは積極的に考えるべきことを指摘するものとして、野口・秩序違反行為 107 頁以下参照。

　29　田中・処罰概念 186 頁以下参照。法人の犯罪能力が否定されているドイツにおいては、法人に対する制裁は秩序違反法に基づく過料の役割とされていることについて、樋口・法人処罰 117 頁以下参照。

序罰に変更し、逆に、現在、行政上の秩序罰とされているもののうち、刑罰を科すべきものについては行政刑罰に変更する措置も講ずべきであろう[30]。また、行政上の秩序罰と刑事罰が併存する場合、運用上も、行政上の秩序罰で制裁目的を十分に達することができる場合には、公訴の提起は控えるべきであろう。

Ⅷ 特別司法警察職員制度

　刑事犯の処理で多忙な警察が行政犯の告発を受理することを躊躇する傾向があると指摘されることがあることに鑑みると、行政職員に刑事捜査権を付与する特別司法警察職員制度（刑事訴訟法190条参照）を活用することも考えられる。特別司法警察職員は警察官（一般司法警察職員）ではないものの、特定の違法行為について刑事訴訟法に基づく犯罪捜査を行う権限を特別に付与された公務員である。この制度は戦前から存在し、1889（明治23）年の刑事訴訟法（明治23年法律第69号）で採用され、1923（大正12）年に勅令第528号（「司法警察官吏及司法警察官吏ノ職務ヲ行フヘキ者ノ指定ニ関スル件」）が制定されていた。戦後は、司法警察職員等指定応急措置法（昭和23年法律第234号）1条が、特別司法警察職員について、他の法律に特別の定めがない限り、当分の間、大正12年勅令第528号（「司法警察官吏及司法警察官吏ノ職務ヲ行フヘキ者ノ指定等ニ関スル件」）の定めるところによると規定した。

　現在は、鳥獣の保護及び管理並びに狩猟の適正化に関する法律76条、労働基準法102条（労働基準監督官）、船員法108条（船員労務官）、船員災害防止活動の促進に関する法律62条（船員労務官）、海上保安庁法31条（海上保安官）[31]、麻薬及び向精神薬取締法54条5項（麻薬取締官（員））、鉱山保安法49条（鉱務監督官）、警察法69条（皇宮護衛官）、漁業法128条1項（漁業監督官、漁業監督吏員）、自衛隊法96条1項（警務官）、刑事収容施設及び被収容者等の処遇に

　30　行政刑罰を科しうる場合を縮小して、行政刑罰とも行政上の秩序罰とも異なる違反金システムを導入し、行政手続により違反金を科すことを提案するものとして、濱西・実効性確保法制の整備83頁以下参照。最初の違反には過料、2回目以降の違反には行政刑罰とする立法政策も考えられることにつき、北村・行政罰・強制金153頁～154頁。

　31　海上保安官は、特別司法警察職員に分類されるが、他の特別司法警察職員と異なり、その職務が犯罪の類型（特別な事項）に限定されているわけではなく、「海上における」ものであれば一般的に捜査権限を有するので、相当程度一般司法警察職員に類似し、「海上における」一般司法警察職員とすらいえるとするものとして、檀上・特別司法警察職員159頁～160頁、181頁参照。

関する法律290条（刑事施設の長等）等の個別法により指定される者のほか、司法警察職員等指定応急措置法（昭和23年法律第234号）1条により追認された大正12年勅令第528号（「司法警察官吏及司法警察官吏ノ職務ヲ行フヘキ者ノ指定等ニ関スル件」）により指定された者がある。しかし、特別司法警察職員制度を設けても、特別司法警察職員として指名された者が、十分な研修を受けていなければ機能しないので、この制度を設けるのみで問題が解決するわけではない[32]。

他方、行政上の義務履行確保のための手段が整備されていない分野で、特別司法警察職員が刑事訴訟法に基づく差押えの手段によって、違法漁具の撤去が実施されている。これは、行政上の義務履行確保制度が整備されていない現状において、現場の工夫として行われているとえる。しかし、本来は、行政上の義務履行確保のための手段を整備し、行政的に義務履行確保を実現できるようにすることが目指されるべきであろう[33]。

IX　検察協議等

以上は、行政刑罰についての立法論であるが、運用上留意すべき点としては、条例に行政刑罰を設けるに当たり、検察協議[34]の場において、行政刑罰を科すに値するか否か、行政刑罰の程度は適切か、間接罰と直罰の選択は適切か等について、十分に協議して了解を得ておくことが挙げられる。それにより、円滑な公訴の提起が期待しやすくなると考えられる。また、警察による告発の受理を円滑に進めるためには、行政刑罰の立案段階において、警察とも協議しておくことが望ましいと思われる。また、行政自身が代執行に着手する等によって違法状態を是正するための毅然とした姿勢を示すことなく告発しても、警察としては行政が十分な努力をすることなく、違法状態是正の任務を警察に肩代わりさせようとしているという不満から告発受理に消極的になることが懸念さ

---

[32] 鳥獣の保護及び管理並びに狩猟の適正化に関する法律に基づく特別司法警察職員について、このことを指摘するものとして、北村・実効性確保225頁以下、北村・自治力の発想84頁以下参照。他方、高知県の特別司法警察職員である漁業監督官が警察官の協力を得ずに捜索差押許可状に基づく強制捜査および通常逮捕を行ったことについて、北村・実効性確保292頁以下参照。

[33] 田中・行政の法と刑事法の交錯45頁〜46頁参照。

[34] 1973（昭和48）年1月25日の法務省から全国都道府県総務部長会議への連絡事項参照。

れる。したがって、代替的作為義務については、告発前に、代執行の準備に着手しておくことが望ましいと思われる。

X 告発のガイドライン

告発を行うことについて過度に萎縮しないようにするためには、告発のガイドラインを作成・公表することが有効であり、公正取引委員会が1990（平成2）年に「独占禁止法違反に対する刑事告発及び犯則調査に関する公正取引委員会の方針」（2005〔平成17〕年10月7日、最終改定2020〔令和2〕年12月16日）が参考になる。

XI 機能不全の原因

戦後における行政上の強制執行制度の縮減を補うことを期待されたのが行政罰であり、行政上の義務違反に対して罰則を定める立法スタイルが一般化した[35]。国土交通省関係の法律では、罰則を設けている法律の90パーセント以上に行政刑罰が定められている[36]。また、2020（令和2）年1月時点における法律のうち、行政刑罰または行政上の秩序罰が定められているものは約52.4パーセントであったが、そのうち、約92.4パーセントは、行政刑罰を定めていた[37]。このように、行政上の強制執行制度を縮減し、行政刑罰を中心とした罰則の威嚇により、行政上の義務履行の確保を図るシステムについては、行政上の強制執行が自力救済であり第三者機関のチェックを介在させないために濫用のおそれがあること、行政刑罰は、中立的な裁判所により科されるため、濫用のおそれが小さいことを理由として、肯定的にとらえる見解もある[38]。

しかし、行政刑罰は、告発をすることについても、それを受理してもらうことについても、ハードルが高く、地方公共団体が刑事告発すること自体が稀な上に[39]、告発しても起訴されない事案も少なくない[40]。その理由としては、①

---

[35] その理由を検討するものとして、田中・刑事制裁269頁以下参照。また、わが国における行政法規に置かれる罰則の成立と変遷の経緯を分析するものとして、小谷・行政刑法参照。

[36] 西津・間接行政強制制度の研究52頁参照。

[37] 蔡・実効性確保制度306頁参照。

[38] 広岡・強制執行436頁以下参照。

[39] 行政庁は、特に重大かつ悪質な違反を捜査機関に告発するにとどまると指摘するものとして、村上・行政庁による処罰114頁参照。警察の現場において、悪質業者を摘発しようと

行政法規の遵守を確保することを任務とする行政機関としては、告発をすることは、自らの努力不足を認めることになるという意識があり[41]、かつ、多数の違反事例のごく一部を選択して告発することとせざるをえないところ、告発や捜査権発動の基準が不明確であるため、平等原則に反しないか自信が持てず告発を躊躇しがちであること[42]、②告発は強権発動の印象を与え義務者との関係が悪化し、今後の行政指導に支障をきたすことを懸念して告発を躊躇する傾向があること[43]、③警察が告発を受理して送検しても、検察も刑法違反の犯罪で多忙であり[44]、行政刑罰の事案については初犯の場合には起訴猶予にすることが多く[45]、稀に起訴されても、行政法規違反に対して拘禁刑を科すことは過酷

しても、法令所管部門がなかなか告発しない等の不満があるとする指摘もなされている。荻野・書評385頁参照。告発が起訴の条件になっていなくても、行政犯については、法令所管部門の告発がないと、実際上、刑事捜査に踏み切りにくいという意識があるのかもしれない。

[40] 1970（昭和45）年時点についてであるが、発見された違反建築の400分の1が告発されているのみであるという指摘がある。暉峻・建築基準法62頁参照。もっとも、例外もあり、著作権法違反については、2011（平成23）年から2015（平成27）年までの統計によると、検察庁新規受理件数は毎年300を超えており、送検された人員のうち平均して7割以上が略式命令請求または公判請求されている。田中・著作権法上の罰則規定254頁～255頁、280頁参照。他方、犯罪構成要件が不明確な場合における公訴の提起が、法目的に反する萎縮効果をもたらしうることについて、田中・著作権法上の罰則規定280頁～281頁参照。

[41] 北村・行政執行過程77頁以下、142頁、256頁、三好・豊島産業廃棄物不法投棄事件34頁参照。

[42] 宮崎・実効性の確保223～224頁、北村・行政執行過程211頁参照。したがって、行政刑罰の機能不全を解消するためには、単にペナルティを重くするのみならず、規制基準を明確化したり、摘発率を向上させたりする取組みも必要である。その具体例について、筑紫・行政制裁9頁以下参照。なお、現職の警察官が環境行政部門へ出向し、警察の捜査がしやすいような告発関係書類整理のノウハウを伝授する例があることについて、北村・実効性確保160頁、197頁、215頁参照。

[43] 宮崎・実効性の確保222～224頁、北村・行政執行過程81頁以下参照。刑事訴訟法239条2項により犯罪の告発が公務員に義務付けられていることが、現場の公務員にあまり認識されていないこと自体の問題も指摘されている。三好・実効性確保214頁参照。

[44] 関根・行政強制888頁では、司法関係機関は、重大刑法犯に係る事件処理だけで手一杯であって、それほど反社会性があるともいえない行政犯事件の処理には手が回らないことがあると指摘されている。検察庁内で行政犯に対応する体制が十分に整備されていないこともあることについて、北村・自治力の発想82頁参照。

[45] 荒・建築基準法31頁、三好・実効性確保214頁、三好・豊島産業廃棄物不法投棄事件35頁参照。これに対して、韓国では、行政庁の命令違反がある犯罪について起訴猶予になることはないという見解がある。古賀・韓国における金銭債務名義257頁注6参照。

であるという意識から略式命令による罰金刑が選択されることが通常であるが[46]、一般的には、行政上の義務違反に科される罰金額は少額であり、罰金刑では違法行為により得た収益を剥奪することはできず[47]、有罪判決が確定したとしても、それにより義務の履行を確保する効果はないし、告発を検討するような事件の場合、一般に義務者は遵法精神が全く欠けているため、告発しても違法行為を抑止する効果を期待しがたいこと[48]、④有罪判決が出されても、上訴がなされれば確定までかなりの年月を要すること、⑤告発を行うと警察・検察の事情聴取に応じたり必要書類を作成したりするために日常業務に支障が生ずる事態を懸念すること[49]、⑥告発により事件がマスコミで報道されると、それまでの行政の対応が不十分であったことへの批判がなされることが予想されること、⑦警察官の意識としても、行政法規違反には行政の責任で対応すべきで、行政側が十分な努力をしないで、警察の力を借りて義務履行を確保しようとすることは本末転倒であるという意識から容易に受理しない傾向があること[50]、⑧行政刑罰を担当する都道府県警察の生活経済担当職員は、ほぼ全ての

---

[46] 三好・豊島産業廃棄物不法投棄事件 35 頁参照。

[47] 暉峻・建築基準法 61 頁参照。具体例として、北村・実効性確保 295 頁以下参照。豊島事件でも、加害企業が違法行為により得た利益は約 7 億 8000 万円であったが、罰金は 50 万円にとどまった。経営者、従業員には懲役刑が科されたが執行猶予になっている。三好・豊島産業廃棄物不法投棄事件 5 頁、36 頁参照。1999 年に発覚した青森・岩手県産廃不法投棄事件で不法投棄者がそれにより得た利益は約 43 億円と推定されている。三好・環境法執行過程 143 頁参照。略式請求で少額の罰金刑が科されるのみでは違反行為により得た利益と比較すれば、制裁機能はきわめて弱いといわざるを得ない。河上・刑罰 18 頁。濱西・行政刑罰 351 頁～352 頁においては、検察統計調査と司法統計年報（刑事編）に基づき、行政犯の場合、起訴されても、100 万円以下の比較的少額の罰金の科刑が多いことが確認されている。もっとも、例外的に、公判請求がなされ、第 1 審で実刑判決が出され、控訴審では執行猶予とされたものの懲役刑が科された事案について、田中・環境犯罪 313 頁以下参照。

[48] 北村・行政執行過程 79 頁以下、135 頁以下、260 頁以下、北村・行政刑法調査 162 頁以下、佐伯・制裁論 24 頁以下、市橋・行政罰 235 頁参照。

[49] 北村・行政執行過程 86 頁、142 頁、219 頁以下、266 頁、関根・行政強制 888 頁参照。もっとも、独占禁止法 96 条のような専属的告発権限が行政庁に付与されている場合は稀であり、一般的には行政庁の告発がなくても捜査・訴追を行うことは可能である。しかし、実際には、多忙な刑事司法機関が、行政刑罰について、行政庁の告発なしに捜査・訴追を行うことは容易には想定されない。

[50] 北村・行政刑法調査 160 頁参照。岡山市が最初に行った行政代執行の事案において、当初、警察が受理を拒んだ理由はそれであった。岡山市・行政代執行 45 頁参照。岡山市が告発状において、代執行に向けた積極姿勢を明記することにより告発が受理されたことにつ

行政法規で定められている多数の行政刑罰を数名の職員で担当することになり、産業廃棄物不法投棄事件や悪徳商法事件のような特定の事件を選択して取り締まることになりがちであり、他の行政刑罰に対処する余力がほとんどないため、告発の受理をしたがらない場合が多いこと[51]、⑨行政刑罰の場合、犯罪構成要件が行政法規に規定されており、その解釈が明確でない場合があること[52]、⑩本来、行政刑罰を科すに値しないような違反にも行政刑罰が設けられていることが多いため[53]、謙抑的運用がなされ、告発が受理される事案は被害が甚大な事案に限定される傾向があること[54]等が挙げられる。

実際、建築基準法違反は横行しているものの、1977（昭和52）年から1987

いて、岡山市・行政代執行46頁以下、鈴木・強制する法務128頁参照。この点について、金井・行政代執行34頁は、「警察が告発を受理することは、行政が代執行の決意を固めることと、一体的に協議・取引されている」と指摘する。なお、荻野・書評385頁では、司法警察という立場だけから物事を見ていると、行政側が重大と考える違反行為があるにもかかわらず刑事事件としての手続を進めようとしないことも起きかねないとする。

[51] 北村・行政刑法調査159頁以下。告発がなされると、検察官または司法警察員は調書を作成しなければならず（刑事訴訟法241条2項）、司法警察員は、速やかに関係書類および証拠物を検察官に送付する義務があるので（同法242条）、告発前に事実上の通報を行うように警察が行政部門に依頼し、警察が立件するのが相当と判断してから正式に告発する運用がされる場合があることについて、北村・行政執行過程146頁、北村・行政刑法調査160頁参照。

[52] 三好・環境法執行過程142頁参照。特許権侵害罪や実用新案権侵害罪のように、捜査に技術的知見が必要である事件を立件し起訴することには慎重になること、特許権は有効に登録がなされて異議申立期間が経過した場合であっても特許無効審判によって無効になる可能性を常に内包しており、仮に特許権侵害の罪で起訴して有罪判決を得たとしても、事後的に特許権が無効とされて再審で無罪となることをおそれて捜査機関が特許権侵害罪の適用にきわめて慎重になることは十分に想定されることを指摘するものとして、田中・産業財産権52頁～53頁参照。

[53] 村上・行政庁による処罰115頁参照。初めから告発する意思はなく、行政の積極姿勢をアピールするために刑罰規定を設けているにとどまると思われる条例も存在するという指摘もなされている。市橋・行政罰235頁～236頁参照。また、条例に置かれる罰則について、そもそも処罰を目的とするというよりは、当該禁止された行為が罰則に値するような重大な違法行為であることを住民に周知し、抑止を図ることを主眼とするものがあることについて、北村・実効性確保200頁、日本都市センター・義務履行確保等100頁（中山雅人執筆）、136頁（中村司執筆）参照。

[54] 西津・行政規制執行改革論155頁は、そのため、行政刑罰一般の威嚇力が低下していると指摘する。より根本的な組織的問題として、戦後の警察権の分散により、行政警察事項が一般行政組織に移され、行政上の義務違反行為を発見し調査する組織と刑事事件として立件する組織が分離したこと指摘するものとして、須藤・行政強制と行政調査195頁以下参照。

(昭和62)年までの11年間、1994(平成6)年から1998(平成10)年までの5年間において、同法違反で1審において有罪判決を受けた者は、平均して、年1名にとどまる[55]。

　したがって、行政刑罰は、行政上の強制執行制度の縮減を補う機能をほとんど果たしていないといわざるをえないと思われる。そもそも、行政刑罰により義務履行確保が十分に期待できるのならば、行政代執行制度も不要であるはずであるから、執行罰制度及び直接強制制度についてのみ行政刑罰による機能の代替可能性を根拠付けることは論理矛盾である[56]。すでに、田中二郎教授は、1965(昭和40)年に、行政罰を科すことができるということのみでは、十分に行政法の実効性確保の目的を達成できないことを指摘し、罰則による間接強制効果を過大評価した戦後の行政上の強制執行制度の改革を批判している[57]。にもかかわらず、深刻な行政規制違反が発生した場合、違反者が処罰されることによって問題が解決したかのような誤解が生じがちであり、また、かかる事件を契機として、行政刑罰の強化を求める世論が高まっても、行政上の強制執行制度の拡充への関心が行政法研究者以外に共有されることを期待するのが困難であるという状態が継続しているように思われる。非代替的作為義務や不作為義務についての一般法が存在しなくなったことによる行政上の強制執行制度の縮減を補うことを期待された行政刑罰制度も、上記のように機能不全状態にあり、改善策を講ずる必要がある[58]。

---

　[55]　宮崎・実効性の確保210頁、西津・間接行政強制制度の研究53頁参照。食品表示規制について、行政刑罰が十分に機能していないことについて、田中・食品表示法制28頁参照。その他、行政刑罰の機能不全の実態について、西津・間接行政強制制度の研究53〜54頁参照。

　[56]　執行罰と直接強制については一般的根拠規定を廃止する一方、行政代執行については一般的な制度を存置することの積極的根拠は、立法者により示されなかった。西津・行政規制執行改革論11頁参照。

　[57]　田中・行政法講義上288頁、292頁参照。

　[58]　なお、国外で犯罪が行われる場合、国外犯を処罰する法制にしておかなければ実効性が大きく損なわれる。種苗は「情報」と同様の効果を有するので、違法に流出した先で利用され不当な利得を生むので、個人情報の保護に関する法律の越境データ移転や域外適用の規定を参考にした法整備を示唆するものとして、神山・ブランド品流出205頁参照。

第2節　行政上の秩序罰

I　行政刑罰との区別

　行政刑罰と行政上の秩序罰[59]の区別については、前者は直接的に行政上の目的を侵害し社会法益を侵害する場合を対象とするものであり、後者は間接的に行政上の秩序に障害を及ぼす危険があるにすぎない場合を対象とするという基準で区別されたり[60]、ことさら刑罰を科するに足る違法性、有責性を有する行為であるか否かという基準で区別すべきとされたりすることがあるが[61]、いずれの基準によるとしても、必ずしも行政刑罰を科すに値しない行為[62]にも刑罰が用いられる例があることは否めない。たとえば、住民基本台帳法は、住所変更の届出義務の懈怠に対して過料が科されるにとどまるのに（住民基本台帳法52条2項、22条～24条）、道路交通法は、運転免許に係る住所変更の届出義務違反に対して罰金または科料を科している（同法121条1項10号、94条1項、93条1項4号）[63]。行政刑罰を科すに値しない行為にも刑罰が用いられる背景には、行政上の秩序罰の実効性の低さがあるともいえよう。逆に行政刑罰を科すべき場合に秩序罰が用いられている例もある（地方自治法228条3項参照）。さらに、同様の性質の行為であるにもかかわらず、一方では秩序罰が、他方では刑罰が定められていることもある[64]。たとえば、自動車の免許証の携帯および表示義務違反に対しては刑罰が科されるのに対して（道路交通法121条1項12号、95条1項、107条の3）、船舶の海技免状または操縦免許証の携行義務違反に対しては過料にとどめられている（船舶職員及び小型船舶操縦者法32条、25

---

[59]　純粋行政罰と呼ばれることもある。磯崎・行政罰245頁参照。

[60]　田中・行政法上194頁参照。

[61]　井戸田・行政法規違反158頁参照。須藤・即時強制91頁、大橋・実効性確保74頁～75頁で紹介されているとおり、感染症の予防及び感染症の患者に対する医療に関する法律80条で定められている過料は、内閣提出法案では行政刑罰とされていたことに対する野党の批判を受けて、国会で修正されたものである。

[62]　明治期に過料を刑罰の一種として理解する学説があったことについて、須藤・過料52頁参照。

[63]　軽微な違反行為に対して行政刑罰の規定を設けておくことが、別件逮捕、予防検束的逮捕等の国家権力の濫用を招く危険も指摘されている。阿部・法システム（下）454頁以下、市橋・行政罰234～235頁、井戸田・行政法規違反162頁参照。

[64]　田中・過料小論634頁参照。

条の2、23条7項)[65] [66]。

　なお、私的な組織が自主的に定める過怠金制度も、行政の実効性確保に寄与するといえる場合がある。たとえば、水産業協同組合法23条は、水産業協同組合は、定款の定めるところにより、組合員に対して過怠金を課することができるとする[67]。また、金融商品取引所は、その定款において、会員等が法令、法令に基づく行政官庁の処分、当該金融商品取引所の定款、業務規程、受託契約準則その他の規則に違反し、または取引の信義則に背反する行為をした会員等に対し、過怠金を課する旨を定めなければならない（金融商品取引法87条）。そして、認可金融商品取引業協会は、その定款において、協会員または当該協会員を所属金融商品取引業者等とする金融商品仲介業者が、法令、法令に基づく行政官庁の処分もしくは当該認可金融商品取引業協会の定款その他の規則に違反し、または取引の信義則に背反した場合に、当該協会員に対し、過怠金を課する旨を定めなければならない（同法68条の2）。これらの過怠金は、いうまでもなく行政上の秩序罰に当たらないが、行政の実効性確保策の一環をなすものとして注目に値する[68]。

II　実効性の欠如

　わが国では、一般に行政上の秩序罰は軽微な義務違反に対して課す方針が採られているため、法律に基づく過料も、一般に少額であり、条例・規則[69]に基づく過料は原則として5万円以下であり[70]、しかも、過料は刑罰ではないの

---

　[65]　その他の具体例について、真島・過料の限界153頁以下、井戸田・行政法規違反156頁〜157頁参照。

　[66]　食品安全法制における罰金と過料の使い分けに対する疑問点について、田中・食品安全法制70頁〜72頁参照。

　[67]　これを公物管理における地域中間集団による実効性確保として位置付けるものとして、三辺・自治体行政の実効性252頁参照。

　[68]　山本・集団的利益の実現と個別的利益の実現76頁〜77頁参照。自主規制についての比較法的研究として、原田・自主規制が詳細である。

　[69]　地方自治法15条2項は、長が規則で過料を科すことができるのは、「法令に特別の定めがあるものを除くほか」とされているので、法令で刑罰が定められている場合には、規則で過料を科すことはできないとする行政実例がある（昭和30年8月23日自丁行発113号）。

　[70]　剱持・実効性確保92頁以下は、地方自治法14条3項が、条例で科すことができる過料額の上限を5万円以下と低く抑えていることを批判し、上限を撤廃すべきとする。もっとも、行政上の秩序罰についても、一部に高額化の傾向がみられることについては、市橋・行

で、過料を科されても前科にならないし、過料を支払わなくても、罰金・科料と異なり労役場留置という換刑処分ができず、強制徴収は可能であるものの、強制徴収のコストが過料額を上回ることが少なくないと思われるため、多くの場合、強制徴収の実効性が確保されているとは考えられない。さらに、法律に基づく過料の場合、裁判所が過料を科すのが原則であるが、裁判所は、義務違反があることの通知を受けないと、実際には、違反を認知できないから、通知が適切になされることが重要になる。実際には、違反があれば、直ちに裁判所に通知するのではなく、義務の履行を求める努力を重ねて、それでも違反状態が解消されない場合に、やむなく裁判所に通知する運用が稀でないようである[71]。このことも、行政上の秩序罰の実効性を弱める一因といえよう[72]。

もっとも、地方公共団体の条例・規則に基づく過料は、警察・検察・裁判所の判断に依存することなく、地方公共団体の長のみの判断で課すことができ、過料額を低くし、違反行為の現場で弁明の機会を与え、過料賦課処分を行うことにより、実効性を確保している例がある。2002（平成14）年6月に制定された「安全で快適な千代田区の生活環境の整備に関する条例」（平成14年千代田区条例第53号）[73]がその例であり、現場で過料を徴収できるケースが7、8割であるという[74]。過料を科す前に指導または勧告を行い、それに従わない場合に

政罰234頁。なお、長の規則で5万円以下の過料を科すことができるとされていることについては、法律による罰則制定権の包括的委任であって合憲性に疑問があるとする見解がある。磯崎・行政罰219頁参照。また、佐伯・制裁論19頁も、行政から独立した立法部によって罪刑が定められるべきという三権分立の趣旨に照らし、過料の規定も原則として議会が定めるべきとする。

[71] 碓井・過料56頁以下参照。

[72] そのため、戸籍法施行規則65条、労働組合法27条の13第2項のように、公務員に違反通知を義務付け職権発動を促す仕組みがある場合以外は、過料規定は有名無実化しているという指摘がある。川口・過料44頁参照。なお、住民基本台帳法51条の過料のように、運用上、市町村長に簡易裁判所への通知を求めている例がある。市町村自治研究会編・住民基本台帳法752頁参照。

[73] 同条例について、阿部・政策法学講座109頁以下、北村・実効性確保27頁以下、田村・千代田区路上喫煙禁止条例19頁以下、伊佐山・生活環境の整備に関する条例28頁以下、細川・千代田区生活環境条例36頁以下、千代田区・路上喫煙参照。路上喫煙禁止条例について、田中・タバコ規制114頁以下、村中・たばこ52頁以下参照。田村・千代田区路上喫煙禁止条例24頁以下は、同条例の過料制度の実効性が高い理由として、安全の確保も目的としたこと、住民参画型条例であること、現場で納付させることが可能な過料額としたことを挙げる一方、より実効性を高めるためには、過料を支払わない場合に刑罰を科す仕組みと

過料を科すこととしている例（久喜市路上喫煙の防止に関する条例10条、流山市路上喫煙の防止及びまちをきれいにする条例12条3項・4項等）、指導または勧告に従わない場合に是正命令を発し、是正命令にも従わない場合に過料に処することとしている例（さいたま市路上喫煙及び空き缶等のポイ捨ての防止に関する条例13条1項・2項、17条）もある。また、条例には、指導等を前置する規定がなくても、運用上、是正指導等を行い、それでも条例違反が是正されない場合に、過料に処することとしている例がある（東京都の屋外広告物等に係る行政処分要綱5条・6条）[75]。条例に基づく過料の場合、長が行政処分で科すことができるので、罰金や法律に基づく過料と異なり、長の判断で機動的に科すことができるという長所を有し、実際に頻繁に活用されれば、ほとんど全く活用されない刑罰よりも実効性を持つ場合がありうると思われる[76]。

Ⅲ　行政刑罰との併科

　行政刑罰に加えて行政上の秩序罰を科すことが可能かという問題がある。たとえば、落書きは軽犯罪法1条33号違反として拘留または科料に処せられる行為であるが、「北九州市落書きの防止に関する条例」8条により過料の対象とされており、行政刑罰と行政上の秩序罰が併科される可能性が抽象的には存在する[77]。行政上の秩序罰ではなく、司法上の秩序罰に関するものであるが、刑罰と過料の併科が問題になったのが、最判昭和39・6・5刑集18巻5号189頁の事案である。第一審の秋田簡判昭和38・3・2刑集18巻5号200頁は、両

すべきとする。また、横浜市空き缶等及び吸い殻等の散乱の防止等に関する条例を中心に検討し、禁止場所における喫煙について、他者への健康被害の防止という観点から刑罰としての罰金を科すことも考えられるとするものとして、村中・路上喫煙防止条例358頁参照。千代田区のように人的・物的コストを相当程度負担しうる地方公共団体であれば、過料制度を導入して徹底的な取り締まりを行うことが可能であろうが、財政的余裕のない地方公共団体はかかる対策をとれないので、刑罰を設けることも選択肢となること、違反行為に対して過料を科し、違反行為に対する原状回復命令に違反した場合には刑罰を科す方法も考えられることを指摘するものとして、深町・路上喫煙禁止条例85頁参照。

　74　日本都市センター・義務履行確保等142頁（中村司執筆）参照。

　75　条例で5万円以下の過料に処する旨を定めつつ、内規において、点数制で過料額を定めている例として、佐久市下水道条例46条および佐久市下水道条例第14条及び第46条に基づく処分に関する内規4条・5条がある。

　76　真島・過料による制裁31頁、剱持・実効性確保87頁～88頁参照。

　77　軽犯罪法を素材に秩序違反行為取締りの行政手法について論じたものとして、野口・秩序違反行為107頁以下参照。

者は、立法趣旨および保護法益の点からいっても、また、義務の内容ないし罪の性質からいっても全く同じものであり、刑事訴訟法が 2 個の条文を設けた所以は義務の本質的相違によるものではなく、義務違反の程度の差異によるものと理解されなければならないとし、両者は二者択一の関係にあり、いずれの規定を適用すべきか否かは義務違反の程度に応じて決定されるべきとする。したがって、いずれかによって制裁が課せられたときは、同一行為について再度の制裁権行使は否定され、重ねて責任を問うことは、同じ犯行について二度以上の罪の有無に関する裁判を受ける機会にさらされないという憲法の根本理念に反するとして、被告人らを免訴した。しかし、控訴審の仙台高秋田支判昭和38・12・12 刑集 18 巻 5 号 204 頁は、両者は性質を異にし、併科が可能であるとして原判決を破棄し、前掲最判昭和 39・6・5 も、両者は、目的、要件および実現の手続を異にし、必ずしも二者択一の関係にあるものではなく併科を妨げないと解すべきであると判示した[78]。この事案は、刑罰と司法上の秩序罰の併科に関するものであるが、この最高裁判決の論理によれば、行政刑罰と行政上の秩序罰の併科も違憲ではないということになると思われる。

　刑罰と行政上の秩序罰の性格が完全に一致するわけではないことは、同判決のいうとおりであるが、いずれも行政法規に対する違反に対する制裁であり、また、かかる制裁の威嚇によって一般予防効果を期待している点も共通している。行政上の秩序罰というレッテルさえ貼れば、行政刑罰と併科してもなんら法的問題はないとまではいえないように思われる。行政刑罰と行政上の秩序罰を総合的にみて、比例原則に反しない場合には、両者の併科が直ちに違憲とま

---

[78] これに対して、田中・行政制裁と刑罰との併科 116 頁は、司法上の秩序罰としての過料は刑罰にきわめて類似し、過料を科される者に与える現実的な負担は刑罰と比較しても決して小さくない一方、併科の必要性が高くないことが明らかであるから、憲法上の再検討の必要性がきわめて高く、運用上、併科を避ける実務慣行が形成されるべきとする。なお、刑罰と法廷等の秩序維持に関する法律に基づく監置の併科について、最判昭和 34・4・9 刑集 13 巻 4 号 442 頁は、この権限は、直接憲法の精神、つまり司法の使命とその正常、適正な運営の必要に由来するもので、いわば司法の自己保存、正当防衛のために司法に内在する権限、司法の概念から当然演繹される権限であり、憲法のいずれかの法条に根拠を置くものではなく、したがって、監置の制裁は、刑事的、行政的制裁のいずれの範疇にも属しない特殊な処罰であるとする。そして、刑事的または行政的のいずれの範疇にも属していないところの法廷等の秩序維持に関する法律に基づく監置の制裁を受けた後、さらに重ねて刑事上の責任を問われたとしても、憲法 39 条にいう同一の犯罪について重ねて刑事上の責任を問われたものということはできないとする。

ではいえないと思われる[79]。しかし、本来、行政刑罰を科すべき行為と行政上の秩序罰を科すべき行為との間には、違反行為の性質・程度において差異があるべきであり、同一の行為に対して双方が科されることを理論的に説明することは困難である[80]。会社法976条ただし書、独占禁止法97条ただし書、住民基本台帳法50条ただし書のように、刑罰を科すときには過料に処することはできないと定め、両者を併科しない旨の明文の規定を設けている場合があるが[81]、かかる明文の規定がなくても、同一の行為に対して両者の罰則が定められている場合、運用上、両者の併科は避け、行政刑罰は、原則として「最後の手段」として用いられるべきであろう[82]。

Ⅳ 事前手続

わが国では、行政上の秩序罰を科す手続は明確になっており、法律に基づく過料は、他の法令に特別の定めがあるものを除き、非訟事件手続法119条の規定に基づき、当事者の普通裁判籍の所在地を管轄する地方裁判所により科され、当事者の陳述を聞く機会が設けられ（同法120条2項）、条例・規則に基づく過料は、地方公共団体の長が行政処分により科すが、弁明の機会が付与される（地方自治法255条の3）[83]。非訟事件手続法119条の規定に基づき裁判所が科す過料は行政処分としての性格を有し、これを裁判所に行わせること自体は、立法政策の問題であり違憲ではない。また、過料の裁判には理由を付さなければならないこと（同法120条1項）、原則として、過料の裁判をする前に当事者の

---

[79] アメリカにおいて、刑事罰とシビルペナルティの併科が比例原則に反すれば、修正5条の二重の危険の禁止に反するとされたことについて、田村・サンクション706頁〜707頁参照。

[80] 井戸田・行政法規違反159頁参照。行政刑罰と行政上の秩序罰の併科について否定的な見解として、田中・行政制裁と刑罰の併科116頁も参照。ドイツにおいては、両者の併科が一般的に禁止されていることについて、今村・行政刑法論序説260頁参照。

[81] ドイツにおいて、犯罪行為と秩序違反行為が競合する場合において、併科を避けるための調整がどのように法定されているかについて、今村・行政刑法論序説261頁以下が詳しい。

[82] 刑罰が「最後の手段」として機能するための要因については、芝原・実効性確保262頁以下参照。

[83] この規定は、最大判昭和37・11・28刑集16巻11号1593頁が、第三者の所有物を没収しようとする場合において、当該所有者に対して、何ら告知、弁解、防御の機会を与えることなく、その所有権を奪うことは違憲であると判示したことを受けて設けられた。

陳述を聴くこととし（同条2項）、当事者に告知・弁解・防御の機会を付与しており、例外的に、当事者の意見を聴かないで過料についての裁判をしたときは（同法122条1項）、当事者は、当該裁判の告知を受けた日から1週間の不変期間内に、当該裁判をした裁判所に異議の申立てをすることができ、異議の申立ては過料の裁判に対する執行停止の効力を有し（同条2項）、適法な異議の申立てがあったときは、裁判所は、当事者の意見を聴いて、さらに過料についての裁判をしなければならないこと（同条4項）に照らすと、非訟事件手続法119条の規定に基づき裁判所が過料を科す手続は、憲法31条に違反するとはいえないと考えられる（最大判昭和41・12・27民集20巻10号2279頁）。

しかし、刑事訴訟法の規定が適用されないため、違反行為の調査手続をいかにすべきか否かという問題がある。わが国には、行政調査手続についての一般法は存在しないため、個別法に規定がない場合には、行政調査手続が明確でないという問題がある。そこで、ドイツの秩序違反法、台湾の行政罰法等を参考にして、行政上の秩序罰についての総則的な規定を設けるべきであろう[84]。

ドイツでは、秩序違反法55条が、秩序違反に対する過料を科す場合に、原則として聴聞を義務付けており、また、一般に、ドイツの州建築法に基づく過料は、聴聞手続を経て、法定された上限額の範囲内で、行政処分により課され[85]、不払いの場合、過料を科す行政処分を行った行政庁の申立てまたは職権により、区裁判所が法定された上限（6週間）以下の期間で強制拘留を命ずる権限を有するし、軽微な秩序違反行為については、所管行政庁は、5ユーロ以上35ユーロ以下の警告金を科すこともできる（同法56条1項)[86]。

わが国では、行政庁が行政処分として少額の過料を科す場合、地方自治法255条の3が定めるように弁明の機会の付与で足りると思われるものの、高額

---

[84] 西津・ドイツの建築規制執行108頁、西津・制裁98頁以下、真島・過料による制裁37頁参照。市橋・行政罰244頁も、非訟事件手続法の借用をやめて、行政上の秩序罰についての一般法を制定すべきとする。もっとも、市橋教授は、非犯罪化により過料を積極的に活用することについては、行政強制の拡大になるとして慎重である。市橋・行政処罰法制125頁参照。蔡・行政制裁122頁は、非訟事件手続法による過料賦課手続を廃止し、行政機関の長が課す手続に統一すべきとする。

[85] ドイツで、事後の司法審査が保障されていれば、行政機関が過料を科すことが合憲とされたことについて、村上・行政庁による処罰114頁参照。

[86] 西津・ドイツの建築規制執行22頁、真島・過料による制裁33頁参照。過料決定に対しては、区裁判所に出訴することができる。

の過料を科す場合には、聴聞の機会の付与が必要と思われる[87]。

V 対審公開の裁判を受ける権利

　わが国では、法律に基づく過料は、原則として非訟事件手続法に基づき裁判所が科す仕組みになっているが、過料の裁判に対しては即時抗告および特別抗告のみが認められており（同法120条3項前段、民事訴訟法336条1項）、法律上の争訟であるにもかかわらず、対審公開の裁判を受ける権利が保障されておらず、憲法32条・82条に違反するおそれが大きい。前掲最大決昭和41・12・27は、非訟事件の裁判については、非訟事件手続法の定めるところにより、公正な不服申立ての手続が保障されていることに鑑み、公開・対審の原則を定めなかったからといって、憲法82条、32条に違反するものとすべき理由はないとするが、以下の理由で、現行の仕組みは違憲といわざるを得ない。行政処分として科された過料に対する即時抗告については、これを行政上の不服申立てに対応するものとみる余地があるから、これについては対審公開の手続でなくても違憲とはいえないが、その後の手続は特別抗告しかなく、これも対審公開の裁判ではないから、結局、非訟事件手続法に基づき裁判所が科す過料を争う場合、それが制裁としての性格を有する行政処分を争う法律上の争訟であるにもかかわらず、対審公開の裁判を受ける権利が保障されていないことになる。公正中立性が保障された裁判所が行った行政処分であるからといって、憲法32条、82条の保障は適用されないでよいということにはならない。なぜならば、行政処分を行う裁判所は、対立する双方の当事者の意見を聴取して、中立の立場から判断を行うのではなく、自ら行政処分を行う行政庁の立場にあるからである。もっとも、法律上の争訟としての性格を有する裁判であっても、例外的に非公開にすることが認められる場合はあるが、過料を科す裁判は、財産権という憲法3章で保障する国民の権利が問題になっている事件であるから公開の裁判が保障されなければならない（憲法82条2項）。

　したがって、非訟事件手続法を改正して、過料の決定の裁判に対する取消訴

---

[87] 法律に基づくか条例に基づくかを問わず、一定額以上の過料については、公開の法廷で裁判により科すこととし、それ未満の額の過料については、行政手続で科すこととすべきという意見もある。北村・行政罰・強制金149頁参照。条例に基づき過料を科す手続は、法律に基づく過料について裁判所が科す手続と比較して、手続保障の程度が著しく弱く、裁判手続によることを法律で定めるべきとする説もある。佐藤・憲法解釈139頁参照。

訟を認めることにより、上記の憲法32条および82条違反の疑念を払拭する必要がある。もし、かかる改正がなされないならば、非訟事件手続法に基づき裁判所が過料を科す仕組みよりも、事前手続と事後の司法救済を保障した上で、行政機関が行政処分で過料を科す仕組みのほうがよいと思われる[88]。

行政庁が行政上の秩序罰を科す例としては、道路交通法に基づく放置違反金がある[89]。放置違反金は過料と異なる制度とされたが、その理由は、全国的な統一の観点から法律で規定する過料は、非訟事件手続により裁判所が科すことになるので、裁判所の負担を軽減するために、公安委員会が科すこととしたからである。もっとも、法律に基づく過料事件であっても、他の法令に特別の定めがあれば、当事者の普通裁判籍の所在地を管轄する地方裁判所の管轄という原則の例外が認められるから（非訟事件手続法119条）、過料としつつ、公安委員会が科すという立法政策もありえないわけではない。

VI　実体面での原則

行政刑罰については、刑法総則の適用があるものの、行政上の秩序罰についてはその適用がなく、実体面でのルールが明確ではない。たとえば、ドイツの秩序違反法1条1項では、「構成要件に該当する違法で有責な行為」が秩序違反行為と定義されているため、行為者に故意または過失があること、行為者に責任能力があることが要件となることが明確にされているが、わが国では、行政上の秩序罰について非難可能性が要件となるか明確でなく、裁判例も分かれている[90]。この点については、責任主義の原則が基本的に妥当すべきと思われ

---

[88] 磯崎・過料352頁は、法律に基づく過料を裁判所が科すこととしたのは、旧憲法下において、行政訴訟の対象が限定され、過料を科す処分は対象外であったため（明治23年法律第106号）、せめて非訟事件として裁判所が科すこととしたのではないかと思われるとする。そして、戦後、行政訴訟が列記主義から概括主義になっても、過料を科す手続について再検討が加えられないまま今日に至っているので、本来の行政庁が科す仕組みとし、行政不服審査法、行政事件訴訟法で争うことにすべきと主張する。

[89] 宇賀・道路交通法の改正111頁以下参照。

[90] 浦和地決昭和34・3・17下民集10巻3号498頁は、秩序罰を科すには、違反者の故意または過失の具備は不要であり、違法性の認識の要否も問題にする余地はないとする。また、商法旧498条1項18号所定の取締役または監査役の選任手続の懈怠に対する過料についてではあるが、東京高決昭和51・8・3判時837号49頁も同旨である。同決定は、抗告人の手続の懈怠により20年以上経過してから過料が科された事案で、過料の制裁には、秩序罰である性質上、最初から公訴の時効（刑事訴訟法250条）または刑の時効（刑法31条、

る[91]。ただし、わが国において秩序罰としての過料に分類されるものの中には、異なる性質を有するものも含まれており、そのすべてに主観的要件を要求することが妥当かについては検討の余地がある[92]。また、秩序罰についても、刑事罰の罪刑法定主義、遡及処罰の禁止の原則に従うべきと考えられる。これは、法律の留保原則により基礎付けることができる[93]。秩序罰たる過料についての総則規定がない状態は、予見可能性という観点からも望ましくなく、一般原則を法定すべきであろう[94]。また、過料についても比例原則が適用される。春日井市下水道条例に基づき、徴収を免れた金額の3倍の過料が科された事案において、名古屋地判平成16・9・22判タ1203号144頁は、過料額は、徴収を免れた金額の2倍が相当であるとして、それを超える部分を取り消している。

Ⅶ 過料額の引上げ

　地方自治法が定める条例・規則に基づく過料の上限額を始め、法律が定める過料の上限額も必要に応じ引き上げるべきであろう。わが国においても、国立国会図書館法25条の2第1項（「その出版物の小売価額［小売価額のないときはこれに相当する金額］の5倍に相当する金額以下の過料に処する」）、介護保険法214条4項（「徴収を免れた金額の5倍に相当する金額以下の過料を科する規定を設けることができる」）のように、違法行為により得た利益を上回る金額の過料に処することを可能とする規定も存在するものの、少数にとどまる。

　ドイツの連邦秩序違反法17条1項は、過料の下限額と上限額を定め、具体

32条）に相当するものは考えられず、したがってこれに相当する規定もないから、公訴時効の類推適用ないし失権効を問題とする余地はないとする。他方、横浜地判平成26・1・22判時2223号20頁およびその控訴審の東京高判平成26・6・26判時2233号103頁は、違反者に非難可能性がない場合にまで過料の制裁を科すのは相当でないとし、故意または過失なくして過料を科すことはできないとする。

　[91]　佐伯・制裁論18頁以下、蔡・行政制裁119頁。台湾の行政罰法7条1項も、行政制裁については故意または過失が必要であるとする。

　[92]　過料における主観的要件の問題について、類型的考察の必要性を指摘するものとして、須藤・過料147頁以下参照。

　[93]　ドイツの秩序違反についても、連邦憲法裁判所は、罪刑法定主義、遡及処罰の禁止、責任主義、自己負罪拒否特権の保障が及ぶと判示している。山本・行政制裁275頁以下参照。なお、台湾行政罰法5条は、当該行為後にそれに対する制裁金額を軽減する法改正が行われた場合、軽減された規定を適用する軽法優先原則を定めている。

　[94]　田中二郎教授は、過料の制度を存置するとともに、その一般原則を定め、これを科する手続を統一し、裁判所が科す方式が適当であろうとする。田中・過料小論636頁参照。

的な額は、違反行為の重大性、行為者に対する非難の程度、行為者の経済的状況等を総合考慮して、裁量に基づき決定されるが（同条3項）、同条4項においては、過料額は、行為者が当該秩序違反行為から得た経済的利益を超えるものとし、法定の上限額がこれに達しない場合には、当該上限額を超過することができるとし、違法行為から得た利益を剥奪する一般的制度を設けている。違法行為により得た利益を剥奪しうる仕組みとすれば、義務履行を遅延させることにより違法行為で得る利益を増大させることへのディスインセンティブになると考えられる。その場合、行政庁の判断でかなり高額の過料を科すことになるので、ドイツがそうであるように、裁量基準を定めて公表することを行政庁に義務付けるべきであろう[95]。そして、高額な過料を科す場合には、学外の有識者からなる第三者機関に諮問したり、行政審判手続を用いたりすることも検討すべきであろう。

　2005（平成17）年2月5日に公布された台湾の行政罰法[96] 18条2項においても、義務違反により得た利益が法定の制裁金の上限額を超過する場合には、取得した利益の範囲内で制裁金額を加重することができることとされた。

　義務履行を遅らせることによって違法に得る利益を増大させようとするインセンティブを抑止するためには、違法行為から得た利益を剥奪することが必要になるので、わが国においても、違法行為から得た利益を剥奪する一般的過料制度を整備することは、立法政策として十分に検討に値する。現実には、違法に得た利益を厳格に算定することは困難であるから、擬制を伴う制度設計になることは不可避である。したがって、違法に得た利益の剥奪をミニマムとして、それに行為の悪質性等、諸般の事情を考慮してプラスアルファの金額を徴収する行政上の制裁金制度を設計するほうが望ましいように思われる。

　秩序罰を高額化し、違反者の負担重くした場合、摘発を免れようとする傾向を助長するおそれがある。そこで、独占禁止法の課徴金において用いられてい

---

[95] ポツダム市下級建築監督官庁およびハンブルク市管区庁の過料算定基準の例について、西津・ドイツの建築規制執行292頁～294頁、305頁～306頁参照。

[96] 同法について詳しくは、蔡・行政制裁75頁以下参照。同法における行政罰とは、行政刑罰と行政上の秩序罰の総称として用いられるわが国の行政罰とは異なり、行政機関により課される制裁の総称である。すなわち、同法は、行政上の制裁金の賦課、物の所有権の剥奪に限らず、営業停止命令、許可の取消し・撤回、氏名の公表、警告等も含めた行政制裁に関する一般法である。責任要件、違法性の錯誤、責任能力、違法性阻却事由、裁量基準、制裁発動権限の時効、制裁賦課の手続、不服申立手続等について詳細に定めており参考になる。

る課徴金減免制度（以下「リーニエシー」という）を参考にしたシステムの導入を検討する必要があろう[97]。

なお、ドイツの秩序違反法24条は、没収についてのみ比例原則を明文で規定しているが、比例原則は、憲法上の原則であり、明文の規定の有無にかかわらず、同法に基づく公権力の行使全般に適用される[98]。

また、行政上の義務違反者から当該義務違反に起因する財産上の利益を得た者が処罰されない場合において、その取得した財産上の利益の範囲内において当該利益を剝奪する仕組み（台湾の行政罰法20条2項参照）も設けるべきであろう[99]。もし、過料自体で違法に得た利益を剝奪する仕組みを採用しないのでれば、過料額が違法に得た利益を剝奪するに足りない場合においては、過料の付随処分としての没収・追徴の制度を設けるべきであろう[100]。過料額については、インフレによりその実効性が損なわれるという問題もある。物価スライド制の導入も検討されるべきであろう。この問題に対処するため、アメリカの連邦シビルペナルティ・インフレ調整法は、シビルペナルティの額を定期的にインフレーションに対応して調整することを行政庁に義務付けている。このように、物価スライド制とし、定期的なインフレ調整を義務付けることも考えられる。

他面において、過料についても、その前提となる義務の合理性に疑問がある場合が存するという指摘もある[101]。真に罰則が必要な義務であるかについての検討も必要であろう。

Ⅷ 全額決定型と日額加算型

労働組合法32条は、使用者が同法27条の20の規定による裁判所の命令に違反したときは、50万円（当該命令が作為を命ずるものであるときは、その命令の日の翌日から起算して不履行の日数が5日を超える場合にはその超える日数1日につき10万円の割合で算定した金額を加えた金額）以下の過料に処するとし、同法27条の13第1項（同法27条の17の規定により準用する場合を含む）の規定

---

[97] 碓井・義務履行確保145頁参照。
[98] 西津・間接行政強制制度の研究113頁〜114頁参照。
[99] 会社法979条1項は、会社の設立前に当該会社の名義を使用して事業をした者は、会社の設立の登録免許税の額に相当する過料に処するとされている。
[100] 佐伯・制裁論28頁参照。
[101] 碓井・過料80頁以下参照。

により確定した救済命令等に違反した場合も、同様とすると定めている。労働組合法32条が採用しているような日額加算制の秩序罰を他の場合においても用いることも検討する価値がある。

IX 違法性の承継

過料を科す前に是正命令（行政処分）が行われ、当該是正命令に従わない場合に過料を科す仕組みの場合、是正命令に取り消し得べき瑕疵があるにもかかわらず、出訴期間内にその取消訴訟を提起して、是正命令を取り消しておかないと、過料を科す処分の取消訴訟において是正命令の違法を主張しえなくなるか（是正命令の違法が過料を科す処分に承継されないか）否かという問題があるが、過料も罰則である以上、その構成要件を満たさない場合には、罰則を科されるべきではないので、是正命令の瑕疵が過料に承継されると考えられる。

X 公訴時効の（類推）適用

行政上の秩序罰に刑事罰の公訴時効に相当する時効期間を設けることも検討課題となろう。これまでの下級審裁判例は、一貫して、行政上の秩序罰について、刑事訴訟法250条の公訴時効の規定を（類推）適用することを否定している（名古屋地判平成16・9・22判タ1203号144頁等参照）。

XI 両罰規定

行政上の秩序罰について両罰規定を設けうるかが問題になる。この点について、前掲名古屋地判平成16・9・22は、地方自治法228条3項の「徴収を免れた者」には法人も含み、同項の規定を受けた条例が設けた両罰規定について、刑事罰においてすら両罰規定を設けることが許されるのに（最判昭和40・3・26刑集19巻2号83頁）、行政上の秩序罰である過料について両罰規定を設けることを禁ずる理由は何ら見出されないし、条例において定められる罰則の多くは行政犯に対する行政罰であり、実質的な違反主体は違反行為による利益の帰属する企業・企業主であることが多いから、これをも処罰対象にしなければ目的を達しない場合が少なくなく、条例上の両罰規定は必要かつ合理的であると考えられると判示する。行政実例も、条例で両罰規定を設けることを認めている（自治庁行政課長回答昭和25年7月25日）。

XII　過料の支払いに応じない場合の実効性確保策

　条例に基づく過料の強制徴収については、租税債権の強制徴収部門を強化して、そこに委ねることも考えられる[102]。

　過料に係る強制徴収がコスト割れする可能性が高いことに鑑みると、ドイツの代償強制拘留と同様の制度を設けるかが問題になる。この点、ドイツでは、秩序違反法の規定に基づき、強制拘留（Erzwingshaft）制度により過料の実効性を担保することが可能になっている[103]。すなわち、過料を支払わない者に対して、行政庁の申立てまたは職権により、裁判所は、1件の秩序違反に対して最長6週間、強制拘禁を命ずることができる（同法96条1項、3項）。

　わが国にはそのような制度がないため、過料制度の実効性は一般的には乏しいといわざるをえない。仮に代償強制拘留制度を設ける場合には、人身の自由の制約になるので、裁判官の令状を要件とすべきであろう。しかし、令状主義を採用したとしても、比較的軽微な義務違反を前提とする行政上の秩序罰の実効性を確保するために、人身の自由を制限することが立法政策として妥当かは、慎重に検討する必要があろう。なお、保護観察対象者に社会貢献活動をさせることが可能になっているが[104]、過料を支払わない者に対して、強制拘留ではなく、社会貢献活動を義務付けることも考えられる[105]。憲法18条後段は「意に反する苦役」を課すことを禁じているが、罰則としての過料の支払に代わり社会貢献活動を行わせることが憲法上許容されるか、許容される場合があるとして、それはどのような社会貢献活動かについての検討を深める必要があろう。また、仮に社会貢献活動を過料不払の場合の代替的制裁とすることが認められる場合があるとしても、裁判官の令状を要件とすべきであろう。

　行政上の秩序罰である道路交通法に基づく放置違反金については、ミシガン州の例に倣い、その滞納があると車検を受けられないという仕組みにより実効性を確保しているが、他の秩序罰についても、過料を支払わない者に対する人身の自由の制限を伴わない実効性確保方策、たとえば、公表、補助金等受給資

---

　[102]　北村・行政罰・強制金155頁～156頁参照。
　[103]　実際に強制拘留に至る例は、稀であるようである。西津・ドイツの建築規制執行43頁、61頁参照。
　[104]　今井・社会貢献活動20頁以下参照。
　[105]　西津・間接行政強制制度の研究200頁以下、鈴木・強制する法務96頁、山谷＝鈴木・義務履行確保等（下）68頁～69頁参照。

格の剝奪、公的資格の更新拒否等を行いうるかについて検討すべきと思われる[106]。

XIII　行政上の制裁金の一般法

　以上においては、反社会性が強い行為には行政刑罰、そうでない場合には行政上の秩序罰という現在一般にとられていると思われる両者の振分け基準を維持することを前提として論じてきた。しかし、異なる立法政策も考えられないわけではない。すなわち、わが国の行政刑罰制度が機能不全状態にあることに鑑みれば、真に行政刑罰を科すに値するものを厳選し、それ以外は行政上の制裁金として、より簡易迅速に科すことが可能な仕組みに転換することが考えられる。すなわち、行政上の義務違反に対する刑罰による制裁は、生命・身体の安全・健康を侵害したり、自然環境を著しく害したりするようなものに限定し、経済的利益を目的とする違反行為については、行政刑罰を非刑罰化して物価スライド制を採用するなど十分な抑止効果を有する高額の行政上の制裁金を課す立法政策も考えられる[107]。

　この点で参考になるのが、ドイツの秩序違反法である。ドイツでは、1919（大正8）年のライヒ租税通則法、1949（昭和24）年の経済刑法を通じて秩序違反行為という概念が発展し、1952（昭和27）年に秩序違反法が制定され、1968（昭和43）年の現行秩序違反法に発展している。当初は、刑罰は社会倫理的非難を伴うものであり、秩序罰は行政秩序に反するものというメルクマールで両者を区分し、経済統制法規違反は秩序罰に当たるという前提に立って、経済統制法規違反を秩序違反法の対象としていた。しかし、1960年代後半になると、簡易迅速な事件処理という手続的観点から、従前は刑罰が科されていた交通法規違反の多くが秩序罰の対象とされた。大幅な速度制限違反のように社会倫理的非難を受けるものも、秩序罰の対象とされたため、秩序罰を単に行政秩序に反するものと位置付けることが困難になった。それに加えて、国民生活に重大な結果をもたらす大規模なカルテル等も秩序違反行為とされているため、結果の重大性の観点から刑罰と秩序罰を区分することも適切でない。そのため、ボ

　106　なお、過料ではないが、未成年者飲酒禁止法違反で罰金刑に処せられた者は、酒税法に基づく酒類販売業免許を取り消される（酒税法14条2号、10条7号の2）。
　107　濱西・行政刑罰359頁も、刑罰とも異なり、軽微な義務違反に対する秩序罰とも異なる行政上の制裁金を抑止力のある金額で科すことができるようにすることを提言する。

ーダーラインの領域では、刑罰と秩序罰を明確に区分することは困難であり、立法政策に委ねられざるをえないと考えられている[108]。

ドイツの秩序違反法は、連邦法および州法が定める秩序違反行為に適用される（同法2条）。過料の額は5ユーロを下限とし、法律に別段の定めがない限り1000ユーロを上限としている（同法17条1項）。法律が故意の行為と過失の行為について上限額を区別せずに定めている場合には、過失の行為については、法定された上限額の半額を上限とすることとされている（同条2項）。過料額の算定に当たっては、秩序違反行為の重大性、違反者に対する非難の程度、違反者の経済的状況が考慮要素になるが、軽微な秩序違反行為については、一般に、違反者の経済的状況を考慮する必要はない（同条3項）[109]。

刑罰を科すべきものと行政上の制裁金を科せば足りるものとを截然と区別することは困難であるが、ドイツの例が教えることは、わが国よりも大幅に非犯罪化し、行政上の制裁金により行政の実効性を確保する選択肢が、十分に検討に値するものであるということである。このような立法政策を採用する場合には、「行政上の秩序罰」という名称は適当ではないので、「行政上の制裁金」等の別の名称を用いるべきであろう[110]。もっとも、行政刑罰を非犯罪化すれば、ダイバージョンの仕組みを用いることもできないので、実効性確保策を併せて検討する必要は一層大きくなる。

また、アメリカのシビルペナルティ[111]は、ペナルティという名称にもかかわらず、継続的違反行為を是正することを主たる目的としており[112]、1960年

---

[108] 以上について、日本都市センター・義務履行確保等74〜75頁（川出敏裕執筆）参照。

[109] ドイツにおける過料算定基準としての過料カタログについて、西津・間接行政強制制度の研究114頁〜115頁参照。

[110] 行政罰としての過料を軽微な義務違反に限定する必然性がないことについては、碓井・義務履行確保144頁、佐伯・制裁論11頁参照。

[111] 詳しくは、曽和・行政法執行システム43頁以下、佐伯・制裁論261頁以下、村上・シビルペナルティ41頁以下、村上・行政庁による処罰110頁以下参照。環境分野でのシビルペナルティについては北村・環境管理146頁以下、租税分野でのシビルペナルティについては佐藤・脱税と制裁130頁以下が詳細である。

[112] アメリカのシビルペナルティは、過去の違反行為に対する制裁であるという点では、わが国の行政上の秩序罰たる過料に類似する。他面、シビルペナルティの賦課金額について、通常、違反1日につき、○○ドルと定めるのが通常であるため、継続的違法行為について義務履行を確保することを目的としており、機能的には強制金に類似する。村上・シビルペナルティ94頁〜95頁参照。

代に環境規制の領域等で利用されるようになったが、1972年12月14日のアメリカ合衆国行政会議[113]の勧告[114]において、行政機関自身が賦課できるシビルペナルティの導入が推奨され、実際上の効果として、行政上の強制執行の手段としても、重要性を増している[115]。同勧告が、行政機関自身によるシビルペナルティを推奨するのは、①毎年大量の違反事件を処理する必要があると見込まれる場合、②行政機関に穏便なサンクションの手段を付与して、比例原則に配慮した法執行を可能にする必要がある場合、③迅速に決定する必要がある場合、④紛争の解決に行政機関の専門的知識を活かすことができる場合、⑤司法的解決を必要とする法律問題（法律の解釈等）が比較的少ない場合、⑥地方裁判所の判決によるよりも行政機関が決定するほうが処分内容の統一性を確保しやすい場合、⑦行政機関が効率的かつ公正に判断可能な組織を設けることができる場合であった。この勧告を受けて、アメリカでは、1970年代から、行政手続で科されるシビルペナルティが増加してきた。

　行政上の制裁金の活用がふさわしい領域として、佐伯教授は、(a) 大量・累計的処理の必要な領域、(b) 違反行為に対する社会的・倫理的非難の程度が比較的小さい領域、(c) 違法利益のはく奪が必要な領域、(d) 法人に対する制裁が重要な領域、(e) 専門的判断が必要でそのための専門機関が存在している領域などが考えられるとする[116]。一般的な行政制裁金を制度化することが困難であれば、上記のような領域で行政制裁金を制度化していくことが検討されるべきであろう[117]。

　アメリカ合衆国行政会議は、1979年7月8日に、シビルペナルティの算定基準の策定と事前手続の整備を勧告[118]した。算定基準については、考慮要素の明確化、各考慮要素の比重の明確化、算定式の策定または代表的な違反行為

---

[113] 宇賀・アメリカ行政法266頁以下参照。
[114] Rec.72-6: "Civil Money Penalties as a Sanction", 1 C.F.R. § 305.72-6.
[115] 行政機関が事実認定を行いシビルペナルティを科すことが、民事陪審を受ける権利を保障する修正7条に違反しないという判例が形成されたことについて、村上・行政庁による処罰112頁参照。
[116] 佐伯・制裁論273頁参照。
[117] 刑事法学の観点からも、行政上の制裁金についての総則規定を設けることが提唱されている。井戸田・行政法規違反167頁参照。
[118] Rec.79-3: "Agency Assessment and Mitigation of Civil Money Penalties", 1 C.F.R. § 305.79-3.

に係る賦課額の一覧表の策定、算定基準の公表および定期的な見直し等を勧告した。特に注目されるのは、違反の摘発率も考慮して違法な行為により得られる経済的利益を最低限剥奪できる額とすべきことを提言していることである。被害に対する賠償がなされたかや、加害者の財政状態に対する影響を考慮すべきか、考慮する場合にどの程度考慮すべきであるかも明確にすべきとする。

　アメリカにおいて、シビルペナルティが用いられるようになった背景には、許認可等の取消しや停止は、失業者が出たり、顧客に損害を与えるなど影響が大きすぎたりするため、比例原則に配慮したサンクションの存在が望ましいと考えられたことがある[119]。そして、より強力なサンクションである許認可等の取消し、停止を行政手続で行うことができるならば、それよりマイルドなシビルペナルティを行政手続で科すことも差し支えないと考えられた[120]。ただし、その場合であっても、租税分野を除き、その強制徴収は司法手続によるとされることが通常であるように、行政手続で賦課されることから、当然に行政上の強制徴収によるべきという結論が直結するわけではない。しかし、アメリカでは、シビルペナルティの賦課決定に対する司法審査[121]の機会が保障されている場合には、強制徴収のための民事訴訟で賦課決定の適法性を争えないのが原則とされているため[122]、司法的執行といっても、名宛人に対する手続保障の意義は小さい。わが国では、新たな行政上の制裁金を設ける場合、行政上の強制徴収を認めてよいと思われる[123][124]。

---

[119] 村上・シビルペナルティ77頁～78頁、90頁参照。
[120] 村上・シビルペナルティ84頁参照。
[121] シビルペナルティは、刑事罰と異なり、立証の程度は証拠の優越で足りるため、効率的な手段として多用されている。芝原・実効性確保259頁参照。
[122] 曽和・行政法執行システム66頁参照。
[123] 行政手続でシビルペナルティのような行政制裁金を課す場合、悪質な違反が頻発する領域において行政制裁金の負荷に支障が生じないように、特別司法警察職員（刑事訴訟法190条）の権限を付与するか否かという問題がある。市橋・行政罰244頁参照。
[124] 立法論としては、行政上の制裁金も行政上の義務履行確保機能を有することに注目し、行政上の義務履行に関する規定と行政上の制裁金に関する規定を同一の法典に設けることも考えられる。鈴木・法律要綱私案58頁以下がその例である。

第3節　課徴金

I　不当利得以上の金銭的負担

　以上においては、経済的利益を得ることを目的とする行政犯に対する抑止力を向上させるために、①罰金を高額化する方法、②ダイバージョンの仕組みを導入する方法、③行政上の秩序罰としての過料の性格を変更して高額の行政上の制裁金を課すことを可能とする方法について論じてきた。しかし、別の立法政策も考えられる。すなわち、現行の行政罰ともダイバージョンの仕組みにおける制裁金とも異なる行政上の制裁金により、不当利得以上の金銭的負担を課す仕組みであり、課徴金がこれに当たる。

　わが国では、代執行が実行されても、それまで違法建築物で行われてきた営業で得た利益を剝奪する仕組みは不備である（単に違法建築物において行った営業であるという理由のみで不当利得として利益を剝奪することはできない）。岡山市で最初に行われた代執行の事案においても、代執行費用の一部（約24パーセント）は回収されたものの、刑事告発は取り下げられ、違法建築物で行われた営業から得た利益が剝奪されたわけではない。法制度の不備が、社会的不公正を許容してしまっている。

　課徴金制度は、1973（昭和48）年、オイルショックによる狂乱物価、買い占め、売り惜しみ対策として、国民生活安定緊急措置法11条1項[125]で導入されたが、特定品目の物資であっても、特定標準価格を超える価格で販売すること自体は禁じられていないので、この課徴金は、義務履行を確保したり義務違反に対する制裁として科されたりするものではなく、金銭的ディスインセンティブにより社会にとり望ましくない状態の発生を抑止する誘導手法といえる[126]。この課徴金は、国税滞納処分の例により強制徴収をすることができ（同法12条3項）、徴収金の先取特権の順位は、国税および地方税に次ぐものとし、その時効については、国税の例によることとされている（同条4項）。

　行政上の義務違反により違法に得た利益を剝奪するものとしての課徴金の嚆矢をなすのが、独占禁止法が定める課徴金であり（7条の2、8条の3）、1977（昭和52）年に導入された。この制度は、当初、国民生活安定緊急措置法の課

---

[125]　その性格について雄川ほか・行政強制91頁以下参照。
[126]　宇賀・行政法概説Ⅰ154頁参照。

徴金制度を参考にして[127]、カルテルによる経済的利得を国が徴収することにより[128][129]、社会的公正を確保し、違反行為を抑止することを目的としていたが、2005（平成17）年の独占禁止法改正により、経済的不利益の水準が不当利得を超える金額とされることになり、また、違反を反復した場合の加算制度や早期離脱の場合の減額制度が導入され、さらに、2009（平成21）年の改正では、違反行為において主導的役割を果たした場合の加算制度が導入され、制裁としての性格を強めることになった。この課徴金も、国税滞納処分の例により強制徴収をすることができ（同法69条4項）、徴収金の先取特権の順位は、国税および地方税に次ぐものとし、その時効については、国税の例によることとされている（同条5項）。金融商品取引法、公認会計士法、不当景品類及び不当表示防止法（以下「景品表示法」という）[130]、医薬品、医療機器等の品質、有効性及び安全性の確保等に関する法律（以下「薬機法」という）[131][132]においても課徴金制度が導入されている。金融商品取引法の前身である証券取引法に課徴金が導入された時は、違反行為による利得額を徴収するものとして設けられたが、これは当面の措置としてであって、将来的に、違反行為による利得額を超える額の課徴金を課すことを否定する趣旨ではなかった[133][134]。

---

[127] 行政上の義務履行確保としての性格を有しない国民生活安定緊急措置法の課徴金をモデルとして独占禁止法の課徴金が導入されたことが、今日に至るまで、義務違反に対する課徴金が不当利得の剥奪という頸木から解放されない遠因といえる。遠藤・行政上の義務履行確保144頁も参照。

[128] ただし、課徴金は、違法行為を前提としない国民生活安定緊急措置法の課徴金を含めて、所得税法上の必要経費として控除されず（同法45条1項9号〜14号）、法人税法の損金としても控除されないので（同法55条5項2号〜7号）、赤字法人でない場合には、不当利得以上の制裁効果が生ずるといえる。内田＝笹野・課徴金制度65頁参照。

[129] 景品表示法に基づく返金措置を行った場合には、返金措置により減額された後のものが課徴金となるので、返金措置をとることは、税制上のメリットもあると考えられる。白石・課徴金納付命令（下）62頁、67頁参照。

[130] 景品表示法の課徴金額の算定方法について詳しくは、古川＝染谷・課徴金制度（上）5頁以下参照。

[131] 薬機法に基づく課徴金について、堀尾＝田井＝西川＝平間・改正薬機法20頁以下、松田＝渥美・改正薬機法24頁以下、堀尾＝徳田・改正薬機法49頁以下参照。

[132] 同法に基づく課徴金の特色として、（ⅰ）業務改善命令もしくは措置命令を行った場合で、保健衛生上の危害の発生または拡大に与える影響が軽微な場合または（ⅱ）業許可・登録の取消しもしくは業務停止命令を行う場合（業務の継続ができないことにより相応の経済的不利益が当該業者に発生するため）、課徴金の納付を命じないことができるとしていることがある（同法75条の5の2第3項）。

独占禁止法に課徴金制度が導入された際に、二重処罰の懸念を回避するために、課徴金が不当利得の剥奪として位置付けられた歴史的経緯[135][136]の影響があり、わが国では、不当利得を観念できない場合には、課徴金制度の対象としないことを原則とする立法政策が内閣法制局によって採られており、また、不当利得の剥奪を基礎に置くことから、不当利得の剥奪にプラスアルファされる部分も、僅少にとどまっている[137][138]。そのため、わが国の独占禁止法違反に対する課徴金額は、EUのそれと比して相当に少額である[139]。同じことは、アメリカのシビルペナルティと比較してもいえる。2024（令和6）年の通常国

---

[133] 中原・証券取引法上の課徴金237頁参照。

[134] 薬機法に基づく一般消費者に対する虚偽・誇大広告行為は、景品表示法に基づく課徴金納付命令の対象となる優良誤認表示にも当たる可能性があり、同一の行為に対して双方の法律に基づく課徴金納付命令が行われる場合には、薬機法に基づく課徴金納付命令の課徴金額から景品表示法の課徴金額の算定率である3パーセントを乗じて得た額を減額することとしている（薬機法75条の5の3）。

[135] 独占禁止法における課徴金制度導入の経緯について、明照・課徴金納付命令制度121頁以下等参照。

[136] もっとも、独占禁止法における課徴金制度は、導入当初から行政上の制裁金であり、不当利得の剥奪という説明は、二重処罰に当たるおそれがあるという批判を意識してなされたものにすぎず、制度の基本的性格をこの点に求めたものと理解すべきでないという指摘もあり（岸井・課徴金制度27頁〜28頁参照）、そのような理解は可能と思われる。

[137] わが国で課徴金が違法行為に対する制裁金として位置付けられながら、立法実務において不当利得が重視される理由を検討するものとして、白石・課徴金制度45頁以下参照。今日の憲法学、行政法学においては、行政制裁を科すことは原則として憲法39条の「刑事上の責任」を問うことには当たらず、刑罰と課徴金の併科が憲法上問題であるとすれば、それは比例原則の問題であるとする見解が支配的になっていることについて、宍戸・二重処罰39頁参照。なお、逋脱行為に刑罰と追徴税を併科することを合憲とした最大判昭和33・4・30民集12巻6号938頁、刑罰と重加算税を併科することを合憲とした最判昭和45・9・11刑集24巻10号1333頁も参照。最大判昭和33・4・30によれば、結局、刑罰と行政上の制裁金の趣旨・目的が異なれば両者の併科は合憲ということになるが、比例原則による制約は存在するといえよう。

[138] 佐藤・脱税と制裁50頁は、刑事的処罰と民事的制裁との実質的な区別の基準についての考察が二重処罰の可否を論ずる前提になるとする。田中・行政制裁と刑罰の併科124頁は、単純な無申告・不納付については、すべて加算税で処理し、重加算税についてはそれを課した場合には刑罰を科すことができず、刑罰を科すのが妥当と判断されるような情状の違反には加算税を課さず、刑事手続に移行するのが妥当であるとする。

[139] EUの高額の課徴金は、違反行為に対する大きな抑止力を有していると考えられる。フランスにおける二重処罰、比例原則の問題については、山本・行政制裁260頁以下、280頁参照。

会で成立した「スマートフォンにおいて利用される特定ソフトウェアに係る競争の促進に関する法律」においては、独占禁止法と比べて、課徴金の算定率がかなり高くなっているが、これは、指定事業者として想定される Apple 社や Google 社の売上高営業利益率（全事業）がきわめて高く、25 パーセント〜30 パーセント程度であり、アプリストア事業に限定すれば、イギリスの競争当局の実態調査では、Apple 社については 75 パーセントを超え、Google 社についても 50 パーセントを超えるとされているため、独占禁止法と同じ課徴金算定率では、違反行為の抑止のためには不当利得相当分すら剝奪できないと考えられたからであり、不当利得を基本として課徴金算定率を定めるという基本的考え方に変更があったわけではない。独占禁止法のように、グローバルな視点が重要な分野で、欧米と比較して違反行為の抑止力に格差が生じている状況を改善するためには、課徴金は不当利得の剝奪を基本とするという思考枠組みから解放されるべきであろう。課徴金は不当利得の剝奪を基本とするという思考枠組みの背景には、懲罰的損害賠償を異質なものとする伝統的な民事的発想および制裁的機能は刑罰が専管的に担うという思い込みがあると考えられるが、そもそも不当利得の剝奪と制裁は二者択一の関係にあるわけではなく[140]、不当利得の剝奪は制裁的機能を発揮するための最低限の要件と考えるべきであろう。制裁機能は刑事法に独占されるものでないことはいうまでもなく、現に、行政上の秩序罰としての過料、交通反則金、放置違反金、公務員に対する懲戒処分等、多様な行政制裁制度がある。

　東京高判平成 13・11・30 民集 59 巻 7 号 2009 頁が、課徴金制度が制裁的色彩を伴っているものであることは否定できないが、課徴金制度の基本的性格はあくまでカルテルによる経済的利得のはく奪にあるから、役務とその対価を把握するに当たっては、可能な範囲では課徴金の額が経済的に不当な利得の額に近づくような解釈をとるべきであると判示したのに対して、上告審の最判平成 17・9・13 民集 59 巻 7 号 1950 頁は、独占禁止法の定める課徴金の制度は、昭和 52 年法律第 63 号による同法改正において、カルテルの摘発に伴う不利益を増大させてその経済的誘因を小さくし、カルテルの予防効果を強化することを目的として、既存の刑事罰の定め（同法 89 条）やカルテルによる損害を回復するための損害賠償制度（同法 25 条）に加えて設けられたものであり、カルテル

---

[140] 高木・法治行政論 41 頁、43 頁参照。

禁止の実効性確保のための行政上の措置として機動的に発動できるようにしたものであり、また、課徴金の額の算定方式は、実行期間のカルテル対象商品または役務の売上額に一定率を乗ずる方式を採っているが、これは、課徴金制度が行政上の措置であるため。算定基準も明確なものであることが望ましく、また、制度の積極的かつ効率的な運営により抑止効果を確保するためには算定が容易であることが必要であるからであって、個々の事案ごとに経済的利益を算定することは適切ではないとして、そのような算定方式が採用され、維持されているものと解されるから、課徴金の額は実際に得られた不当利得の額と一致しなければならないものではないと判示していた。2005（平成17）年の独占禁止法改正により、課徴金について一定率の軽減要件および加重要件の新設ならびにリーニエンシーが導入され[141]、違法に得た利益の剝奪という説明のみでは課徴金の性格を説明できなくなり、制裁としての性格を明確に認めざるを得なくなったといえる。さらに、2019（令和元）年の独占禁止法改正により、従前の課徴金制度を変更し[142]、調査協力へのインセンティブを高めるために、違反被疑事業者が自主的に提出した証拠の価値等に応じて課徴金を減算する制

---

[141] 独占禁止法の不当な取引制限に係るリーニエンシー制度では、最初に自主申告をした違反者に対しては課徴金が全額免除されるのに対して（同法7条の4第1項）、景品表示法のリーニエンシー制度では、課徴金減免額は半額とされている（同法9条）。独占禁止法の不当な取引制限の場合、違反者が複数いるため、最初に自主申告することへの大きなインセンティブを付与する必要があるが、景品表示法の課徴金対象行為は通常は単独行為であるので、課徴金全額免除の得点を自主申告者に与える必要はないという認識に基づくものと思われる。白石・課徴金納付命令（下）60頁〜61頁参照。なお、リーニエンシー制度については、課徴金を減額ないし免除するのではなく、納付の一時的猶予にしたほうが、コンプライアンス体制の確立・実効化をより強く促すことになるという指摘がある。西井・課徴金制度730頁参照。

[142] 独占禁止法の課徴金について、従前、裁量が否定されていた理由とそのいずれも根拠が乏しいことについて、曾和・行政調査385頁以下参照。宍戸・裁量型課徴金制度786頁も、規則・ガイドライン等により事業者の予測可能性が相当程度に確保されるのであれば、裁量型課徴金制度は法律の留保ないし明確性の原則に反しないとする。なお、2019年改正で導入された調査協力減算制度は、事業者と協議の上とはいえ、協力度合いに基づく減算率の提示・合意の裁量が公正取引委員会に認められる点において、従前の非裁量型課徴金制度と質的に異なる面がある。伊永・課徴金制度47頁、渡邉・課徴金減免制度16頁以下、天田＝木村・調査協力減算制度4頁以下、天田＝布村・調査協力減算制度4頁以下参照。もっとも、EUのように広範な裁量を認めるものではない。宇賀＝岸井＝佐伯＝向井・向・課徴金制度改革23頁（向井康二発言）参照。したがって、裁量型課徴金と称することが妥当かという問題はある。白石・令和元年独占禁止法14頁参照。

度および調査妨害に対する加算制度が導入されたことにより[143][144]、独占禁止法の課徴金を不当利得の剥奪とする説明は、ますます正当化しがたいものになっている[145]。また、金融商品取引法の課徴金について、不当利得を観念しうるか、しうるとしてその内容は何で、いかに不当利得を算定すべきかが不明確な継続開示書類の虚偽記載に対しても、衆議院の修正で、課徴金制度が導入されている[146]。さらに、公認会計士法の課徴金が過失の場合よりも故意の場合の金額を多くしている点からしても、課徴金を制裁として説明せざるを得ないであろう。公認会計士法に基づく課徴金のように、公認会計士に対して懲戒処分がされたり、業務停止処分・登録抹消処分がされたりした場合に一定の要件の下で課徴金納付を命じないことができるとする例（公認会計士法31条の2第2項）、景品表示法の課徴金が、違反行為から遡り10年以内に課徴金納付命令を受けたことがある事業者に対し、課徴金額を加算することとしている例（景品表示法8条5項、6項）、薬機法に基づく課徴金のように、業務改善命令または措置命令を行った場合であって保健衛生上の危害の発生または拡大に与える影響が軽微な場合および業務停止命令等または承認可取消し等の処分を行う場合に、課徴金を課すか否かについての効果裁量を認める例（薬機法75条の5の2第3項）もあり、このことも、課徴金は不当に得た利益を行政裁量なく剥奪するものという独占禁止法の課徴金導入当初の課徴金の性格の説明が一般化で

---

143 宇賀・課徴金14頁以下、泉水・課徴金18頁、長澤・調査協力減算制度30頁以下参照。これは、事案解明への貢献度によって課徴金減免を認めるものであって、事業者との取引によるものではないので、司法取引とは異なる。岸井・調査協力インセンティブ52頁、宇賀＝岸井＝佐伯＝向井・向・課徴金制度改革31頁（佐伯仁志発言）

144 その実務への影響について、山内・コンプライアンス41頁参照。なお、2019（令和元）年の独占禁止法改正における不当な取引制限以外の行為類型に係る課徴金制度の改正事項について、萩原・調査協力減算制度17頁の図表5が参照に便利である。

145 小幡＝泉水＝向＝菅久・令和元年独占禁止法改正11頁、27頁（泉水文雄発言）参照。調査協力減算制度等の導入により、独占禁止法の課徴金が、行政上の制裁金としての性格をさらに強めたとするものとして、伊永・課徴金制度48頁参照。課徴金減免制度における調査協力インセンティブ制度の導入は、協調的法執行の方向へ一歩を進めるものといえる。さらに協調的法執行を深化させる場合、事業者のコンプライアンス体制の整備状況や自主的是正努力を課徴金減免の考慮要素とするかが重要な検討事項になる。曾和・行政調査391頁、宇賀＝岸井＝佐伯＝向井・向・課徴金制度改革29頁〜30頁（佐伯仁志発言）参照。

146 この修正について、櫻井・行政法講座229頁以下参照。不当利得を観念できない場合に、不当利得の概念を拡張することによって課徴金制度を設けた例について、白石・課徴金制度50頁参照。

きないものであることを明らかにしている。

　そして、課徴金制度を違法行為を抑止する実効性を持つ制裁制度として正面から位置付け、不当利得の剥奪は、そのためのミニマムの条件であるにすぎないものと捉えるべきと思われる[147]。同時に、不当利得は、比例原則の観点から過大な課徴金額とならないようにするための指標となる。独占禁止法研究会報告書（2017［平成29］年4月）も、不当利得は、あくまで課徴金が違反行為の抑止に必要な範囲を超えて過大な措置とならないようにするための制度設計上の指標にすぎず、現実の不当利得の剥奪という考え方に基づく個別の制度は、違反行為を効果的に抑止するため、必要に応じて見直すことが適当であると述べている。

　課徴金と刑事罰の併科については、東京高判平成5・5・21判時1474号31頁（ラップ価格カルテル事件）が、課徴金と刑事罰は趣旨、目的、手続等を異にするものであり、両者を併科することが二重処罰を禁止する憲法39条に違反するものではないことは明らかであると判示しており、また、最判平成10・10・13判時1662号83頁（シール談合事件）が判示するように、罰金刑が確定した者に課徴金の納付を命ずることが直ちに憲法39条に違反するわけではなく、両者の併科は、全体として比例原則に反しない限り合憲といえよう。独占禁止法が、罰金額の半額を課徴金額から控除することとしていたり（同法7条の7第1項本文）、金融商品取引法が、没収・追徴の合計額を課徴金額から控除することとしていたりするのは（同法185条の7第17項）、刑罰と課徴金の双方の制裁を科すことが二重処罰の禁止に反すると考えたからではなく、比例原則への配慮として説明し得ると思われる[148]。

---

[147] 課徴金額について、独占禁止法違反行為により営業利益が出ない程度であることが最低限度の条件となるとするものとして、明照・課徴金と罰金376頁、西井・課徴金制度719頁参照。景品表示法の課徴金の算定率の3パーセントは、事業者が不当表示を行っていた期間における営業利益率の中央値を採用したものであり（黒田＝河上・改正景品表示法15頁）、違法行為による利益を剥奪するものとして構成されたが、自主申告についての減算制度が設けられていることからも窺われるように、行政制裁金としての性格を否定するものではないと思われる。

[148] 重加算税、課徴金、過料と刑罰の併科は二重処罰に当たらないが、すでにこれらの制裁を受けている事実があれば、刑を軽くする資料として考慮すべきとするものとして、藤木・行政刑法21頁参照。行政制裁が憲法39条の「刑事上の責任」に当たるのは、①制裁の趣旨・目的が刑罰と同一である、②制裁の意味・効果が刑罰と同一である、③制裁を科すことが刑事裁判の機能を著しく阻害するものである、のいずれかに当たることが明白である場

また、わが国では、独占禁止法の課徴金導入時に、不当利得は売上額に応じて大きくなるので、売上額に一定の率を乗じたものを不当利得として擬制する仕組みが導入された。しかし、アメリカで反トラスト法違反に対して科されるシビルペナルティ、EUで欧州連合競争法違反に対して課される課徴金は、売上額がない場合も対象としうる。わが国でも、2019 (令和元) 年の独占禁止法改正の基礎になった公正取引委員会「独占禁止法研究会報告書」において、各国市場を各国の事業者が独占する内容の国際市場分割カルテルのように、日本市場においては違反行為による売上額がない違反行為者や、入札談合に参加してはいるが自らは受注をせずに、その見返りとして他の参加者から金銭を収受する事業者に対して課徴金を課すことが提言されていた[149]。しかし、同年の改正では、その部分は法制化されなかった。課徴金制度導入時の議論にいまだに拘泥し、グローバルスタンダードから乖離した状態が継続し、実効性確保措置として弱点を抱えている点は、改善が必要と思われる[150]。もっとも、同年の独占禁止法改正[151]では、談合金等について、それ自体が不当利得であるとみて、課徴金算定率を乗ずることなく、その全額を課徴金額としている点は、注目に値する[152]。

　もとより、課徴金制度を設計するに当たっては、刑事制裁および民事制裁との有効な機能分担について検討する必要がある[153]。東京高判平成9・6・6判時1621号98頁 (シール談合事件) が判示するように、課徴金制度と民法上の不当利得制度は、趣旨・目的を異にし、法律要件と効果を異にする。そして、

合に限るという試論を提示し、行政制裁の仕組みが刑罰の存在を意識しつつ、当該行政上の義務の実効を確保するために合理的なものとして設計される限り、それが憲法39条に違反して無効となることは現実には考えがたいように思われるとするものとして、宍戸・裁量型課徴金制度784頁参照。

149　基礎売上額がない場合の算定基礎として想定しうる考え方について、宇賀＝岸井＝佐伯＝向井＝向・課徴金制度改革25頁〜26頁 (向井康二発言) 参照。

150　河谷・課徴金26頁は、この「売上額」の呪縛を、課徴金制度導入のための方便の「負の遺産」と称している。

151　この改正による課徴金額算定における改正点の概要について、服部・基本的課徴金額10頁以下参照。

152　これは、課徴金算定率という軛を逃れた初めての例であるとするものとして、池田・課徴金算定基礎22頁参照。

153　橋本・課徴金制度10頁参照。刑事罰と課徴金の賦課の関係について、立法論として詳細に考察するものとして、阿部・政策法学239頁以下参照。

前掲最判平成10・10・13が判示するように、国から不当利得返還請求をされている場合において、課徴金の納付を命ずることが憲法39条に違反するわけではなく、東京高判平成13・2・8判時1742号96頁が判示するように、現に損失を受けている者がある場合、不当利得返還請求が課徴金制度のために妨げられる結果となってはならない。したがって、被害者が損害賠償を得たとしても、行政上の制裁は、それとは別個の観点から賦課するという立法政策も考えられる。他方、損害賠償が認められた額は課徴金額から控除することとしたり、国が徴収した課徴金から消費者が優先弁済を受けたりする制度を設けたりする立法政策も考えられる[154]。実際、景品表示法の課徴金制度においては、消費者の被害回復を促進するために、返金措置を実施した事業者に対する課徴金額の減額措置が導入されている[155]。すなわち、支払うべき課徴金額と被害者への返金額の差額が、課徴金として国庫に納付されるべきことになる。返金措置にかかわらず、制裁としての課徴金を課すことは理論的には可能であるが、返金措置を促すための政策的考慮により、このような仕組みが導入された[156]。減額措置の結果、課徴金額が1万円未満となる場合には、課徴金の納付を命じないこととされている（同法11条3項）。景品表示法の課徴金について、返金措置と課徴金額を連動させた理由は、①不当表示と商品または役務の購入との具体的な因果関係の立証が困難なこと、②一般消費者各人の損害の算出が困難であること、③損害額を算出できたとしても、その金額が僅少な場合があること等により、「消費者の財産的被害の集団的な回復のための民事の裁判手続の特例に関する法律」が制定されたものの、民事訴訟手続による対応のみでは不当表示により一般消費者に生じた被害を回復するには十分とはいがたいからである[157]。景品表示法への課徴金制度の導入は、同法が公正取引委員会の所管

---

[154] 阿部・政策法学234頁参照。なお、アメリカの連邦取引委員会が、違反事業者から回収した金銭の消費者への払い戻し（restitution）を命ずる権限を有することについて、籾岡・金銭的救済42頁以下参照。

[155] 事業者は、返金措置により課徴金の減額という恩典を受けるためには、実施予定返金措置計画を作成し、内閣総理大臣の認定を受けなければならない（同法10条1項）。この認定または不認定の処分性について、中原・景品表示法の課徴金807頁以下参照。

[156] 黒田＝河上・改正景品表示法8頁参照。なお、連邦取引委員会による排除措置命令違反の事案において、被害者である消費者に民事訴訟で支払った額をシビルペナルティから当然には控除できないが、シビルペナルティの額の算定に当たり、裁判所は支払われた損害賠償額を考慮することはできるとするのが判例の立場である。籾岡・民事制裁金75頁参照。

[157] 松本＝古川＝染谷・課徴金制度23頁参照。特定商取引に関する法律7条は、訪問販

であった時代から検討されており、2008（平成 20）年には、その導入を行うための法案も国会に提出されたが、同法の消費者庁への移管後、被害者救済制度の総合的な検討を行うことと併せて検討することが適当であるとされ、同法が廃案になった経緯があり、一貫して被害回復の仕組みとセットで議論されてきた[158]。なお、消費者委員会が 2014（平成 26）年 6 月 1 日に行った答申（「不当景品類及び不当表示防止法上の不当表示規制の実効性を確保するための課徴金制度の導入等の違反行為に対する措置の在り方について」）では、課徴金額の控除を認めるべき「自主的対応」として、消費者への返金に加えて、寄付の仕組みを設けるか否かについては、実際上、不当表示の有無以外の要素（対象商品・役務の特性、販売形態、被害金額等）により消費者への返金が困難である場合も少なくないと考えられ、事業者間の公平の観点からも、違反行為者の得た不当利得の消費者に対する還元の一形態として、これを認めるべきであるとしていた。そして、寄付を控除対象とするに当たっては、寄付先を自身が寄付金を使った活動（寄付金の管理・運用を除く）を行わない中立的な機関または団体に限定し、また、寄せられた寄付金の使途や管理方法について、消費者の被害回復に資する活動等のために適正に活用されるような制度設計が検討されるべきであるとしていた。これを受けて、消費者庁は、自主返金を仕切れなかった分は、独立行政法人国民生活センターに寄付を行うことで、不当な利得を一般消費者に還元したものとみなすことを検討していた、しかし、パブリックコメント等で出された様々な意見を踏まえ、①所定の要件が充足されている場合には、原則として課徴金を賦課することで不当表示規制の抑止力を高めるという課徴金制度の趣旨、②寄付は直接の被害回復ではないことに鑑み、寄付は控除対象に含めないこととされた[159]。

売に係る取引の公正および購入者または役務の提供を受ける者の利益が害されるおそれがあると認めるときは、主務大臣は、その販売業者または役務提供事業者に対し、当該違反または当該行為の是正のための措置、購入者または役務の提供を受ける者の利益の保護を図るための措置その他の必要な措置をとるべきことを指示することができると定め、主務大臣が事業者に返金を指示することを可能としている。消費者被害一般において、返金命令制度を設けることができるかについて、肯定的な見解として、中川・消費者行政法 221 頁参照。

[158] 中原・景品表示法の課徴金 804 頁参照。2008（平成 20）年の法案では、不実証広告規制により不当表示とみなされた場合は課徴金の対象外であったが、消費者庁は、この場合も課徴金の対象とする法案を作成し、同法案が可決・成立している。その他、2008（平成 20）年の法案の課徴金に係る規定と、成立した景品表示法改正法における課徴金規定との相違について、白石・課徴金納付命令（上）41 頁注 7 参照。

また、立法政策としては、課徴金を高額化し、刑事制裁を廃止することにより、二重処罰論の議論に終止符を打つことも考えられるが、刑罰の感銘力をカルテル等の独占禁止違反行為について廃止することが妥当なのか、法人の代表者が刑罰を科されることによるスティグマ効果を喪失してよいのかという問題がある。この問題については、内閣府に設けられた独占禁止法基本問題懇談会で検討が行われ、その報告書（2007［平成19］年6月）では、①刑事罰を科されること、行政上の不利益処分を受けることは、いずれも社会的に不名誉なことであるが、刑事罰を科されることは道義的非難に値する犯罪を行った者であるとしてレッテルを貼るものであるため、行政処分を受けることと比べてその不名誉の意味合いが異なり、法人処罰規定が存在することによる違反抑止効果は大きいと考えられ、特に独占禁止法違反の罪は企業犯罪の典型であり、近年、法人に対する刑事罰の適用が活発に行われている現状において、法人処罰規定を廃止することは、わが国の立法政策として、独占禁止法に違反することは道義的非難に値する犯罪ではないというメッセージを発信するものと受け止められかねず、適当でないと考えられるとされたところである。

　また、刑罰のみを科す行為と課徴金のみを科す行為を振り分ける立法政策も考えられるが、振分けの基準を合理的かつ明確なものにしうるかという問題がある[160]。したがって、現行法のように、広く課徴金を課したうえで、特に悪質な行為には、それに加えて刑罰を科すという上乗せ方式を当面は維持すべきであろう。独占禁止法89条から91条までの罪は、公正取引委員会の専属告発制度が採られている（同法96条）。また、刑事罰と課徴金制度の振分けについて、「独占禁止法違反に対する刑事告発及び犯則事件の調査に関する公正取引委員会の方針」2009［平成17］年10月7日、2013［平成21］年10月23日改定、2020（令和2）年12月16日改定）1（告発に関する方針）(1)では、公正取引委員会は、ⓐ一定の取引分野における競争を実質的に制限する価格カルテル、供給量制限カルテル、市場分割協定、入札談合、共同ボイコット、私的独占その他の違反行為であって、国民生活に広範な影響を及ぼすと考えられる悪質かつ重大な事案、ⓑ違反を反復して行っている事業者・業界、排除措置に従わない事業者等に係る違反行為のうち、公正取引委員会の行う行政処分によっては独占禁止法の目的が達成できないと考えられる事案について、積極的に刑

159　古川＝染谷・景品表示法18頁～20頁参照。
160　岸井・課徴金制度34頁～35頁参照。

事処分を求めて告発を行う方針であるとさている。

　課徴金のように経済的ディスインセンティブに特化した機能を有する制裁金と刑事制裁との併科は可能であると考えられるが、罰金と課徴金は、経済的ディスインセンティブという点で共通するので、比例原則の観点から調整が要請される場合はありうる[161]。課徴金の算定方法についても、売上額にこだわらず、比例原則に反しない範囲で他の方法も含めて検討すべきであろう。

Ⅱ　一般法と個別法

　課徴金制度については、統一的な理念に基づき一般法を設けることは望ましいと思われる[162]。その場合には、秩序罰としての過料制度と統合して統一的な金銭上の制裁制度とする方向が志向されるべきであろう[163]。それが困難な場合には、必要性・有効性が期待される分野で個別法による導入の検討を加速する必要がある。具体的には、無許可の風俗営業について風俗営業等の規制及び業務の適正化等に関する法律に課徴金制度を導入したり、建築設計図書の偽造について建築基準法に課徴金制度を導入したりして、不当利得以上の金銭的負担を課すことを検討すべきと思われる。容積率違反のような建築基準法違反についても、公共空間を違法に利用して経済的利益を得ていると考えれば、不当利得の剝奪という観点から課徴金制度を設けることも考えられる[164]。産業廃棄物の不法投棄も経済的理由で行われることが多いので、課徴金制度の導入が検討されるべきであろう[165]。個人情報保護の分野でも、欧米や中国と比較して、わが国では違反に対する経済的制裁が軽微にすぎ、課徴金制度を導入することを検討すべきであろう[166]。

　161　財政法3条の課徴金全般についてであるが、比例原則による統制について指摘するものとして、中里・経済的手法（下）126頁参照。
　162　西津・ドイツの建築規制執行43頁～44頁参照。
　163　西津・金銭賦課24頁参照。
　164　北村・実効性確保182頁以下参照。
　165　かかる制度がない現状において、違法に得た利益の剝奪を意図して警察が税務署への課税通報を行うことがあることについて、北村・行政執行過程138頁以下参照。
　166　個人情報保護分野における課徴金導入に前向きな見解として、大島・課徴金制度1頁以下、宍戸・課徴金制度30頁～31頁、宍戸・裁量型課徴金制度792頁参照。石井・プライバシー・個人情報保護法69頁は、日本の個人情報保護法に課徴金制度を導入することは不可能ではないとする。

Ⅲ 主観的要件

　課徴金が不当利得の剥奪として位置付けられる場合には、違反者の故意過失を要件としない仕組みとすることに合理性がある。他方、課徴金を制裁として位置付ける場合には、責任主義の観点から故意過失が要件となると考えられる。独占禁止法および金融商品取引法の課徴金については、主観的要件について明文の規定はなく、解釈に委ねられている。他方、公認会計士法の課徴金については、故意に、虚偽、錯誤または脱漏のある財務書類を虚偽、錯誤または脱漏のないものとして証明した場合には、監査報酬相当額の1.5倍に相当する額（同法31条の2第1項1号、30条1項）、相当の注意を怠り、重大な虚偽、錯誤または脱漏のある財務書類を重大な虚偽、錯誤または脱漏のないものとして証明した場合には、監査報酬相当額（同法31条の2第1項2号、30条2項）の課徴金の納付を命じなければならないとしている。また、景品表示法の課徴金[167]は、事業者が課徴金対象行為をした期間を通じて不当表示であることを知らず、かつ、知らないことにつき相当の注意を怠った者でないと認められるときは、課徴金の納付を命ずることができないとされている（同法8条1項ただし書）。その理由は、表示を行うに当たり注意を懈怠したか否かにかかわらず課徴金を賦課するとすれば、表示内容が正しいかを事業者が確認するインセンティブが損なわれ、課徴金制度による不当表示防止の目的を果たせないおそれがあるからとされ、不当表示であることを知っていること、または相当の注意を怠った者でないことについて、行政庁が立証責任を負うこととされた[168]。ただし、相当の注意を怠っていないことを示す証拠を保有しているのは当該事業者であるので、事業者が最初に相当の注意を怠っていないことを主張する必要があると考えられる[169]。

---

[167]　景品表示法の課徴金に関しては、不実証広告規制について「推定する」（同法8条3項）とされており、事後に当該表示の優良誤認表示該当性を争うことが可能である。

[168]　内田＝笹野・課徴金制度63頁～64頁参照。立法過程では、長年、信頼関係のある仕入先から突然表示と異なる中身のものが送付され、結果的に販売している商品の表示と中身が異なってしまった場合のように、小売事業者自身も被害者としての側面があるケースで、主観的要素を問わずに課徴金を課すことは酷ではないかが議論された。黒田＝河上・改正景品表示法10頁参照。

[169]　白石・課徴金納付命令（中）59頁は、ある範疇の商品役務について不当表示がされていたことを指摘されたならば、行為者の側は、その中から特定の部分が削除されるべきことを主張して争点を形成し、成否不明に追い込むための証明活動を行うことが期待されるとする。

課徴金が違法行為を抑止するインセンティブを付与するものであることに照らせば、相当な注意を怠った場合に課徴金を賦課しないのは、責任主義の観点から説明するほうがよいと思われる。理論的には、すべての課徴金について、相当な注意を怠った者でないと認められるときには、課徴金を課さない方針で一貫したほうがよいと思われる。もっとも、相当な注意は、決して業界の一般水準に照らして判断されるべきではなく、消費者保護の観点からあるべき（その意味では客観的な）注意水準に照らして判断されることになる[170]。したがって、仮に、自己の供給する商品の内容について一切確認することなく表示する商慣習が存在し、それに反していなかったことによって、直ちに「知らないことにつき相当の注意を怠つた者でないと認められる」わけではない[171]。

IV 事前手続

課徴金制度を導入するに当たっては、行政手続法の不利益処分前の意見聴取手続に係る規定は適用されないが（行政手続法13条2項4号）、同法の聴聞手続に準じた事前手続に係る規定を設ける必要があろう。独占禁止法の課徴金については、2013年に審判制度が廃止され、事前の意見聴取手続が導入された。意見聴取手続においては、課徴金の計算の基礎および課徴金に係る違反行為を立証する証拠の閲覧または謄写（謄写については、当事者またはその従業員からの（i）留置物件および任意提出物件、（ii）領置物件および差押物件、（iii）審尋調書および供述調書、（iv）質問調書に限定。公正取引委員会の意見聴取に関する規則13条1項）を請求することができる。独占禁止法の課徴金は、当初、機械的に算定された額を違反者に対して必ず課す制度として設計されたが、2019（令和元）年の同法改正により、課徴金額について限定的にではあれ、公正取引委員会に裁量を認める調査協力減算制度が導入された。従前の仕組みは、課徴金を不当利得の剥奪のみを目的とする制度として導入したことに由来するものであるが、課徴金制度を不当利得以上の金銭的負担を課す行政上の制裁金として位置付ける場合には、課徴金額に行政裁量を認めることに合理性がある[172]。調査協力減算制度が導入されたため、裁量権の適正な行使を担保するための適

---

[170] 中川・課徴金制度41頁〜44頁参照。

[171] 古川＝染谷・課徴金制度（下）49頁参照。

[172] 制裁金と利益剥奪処分の2本立てとする制度設計も考えられる。佐伯・制裁論275頁参照。

正手続の要請も大きくなる[173]。裁量基準の作成・公表が重要になるので、「調査協力減算制度の運用方針」が作成されている。また、独占禁止法では、判別手続（日本版弁護士・依頼者秘匿特権手続）[174]が、「事業者と弁護士との間で秘密に行われた通信の内容が記録されている物件の取扱指針」に基づき行われるようになった[175]。

　金融商品取引法および公認会計士法の課徴金については審判手続が設けられており[176]、独占禁止法の課徴金賦課手続よりも手厚い事前手続がとられることになる。他方、景品表示法の課徴金の場合の事前手続は、弁明の機会の付与とされており、独占禁止法の課徴金賦課手続よりも簡略な手続になっている。その理由は、事業者が行う表示自体は一般公衆に対して晒されており、表示の対象となっている商品または役務の実際の内容等は事業者が把握している事実である上、課徴金対象行為に係る商品または役務の売上額および主観的要素に関する証拠も事業者側に存在するのであり、事業者は十分に防御することが可能なこと、景品表示法は、特に一般消費者との関係で問題が大きいと考えられた不当表示と過大な景品類の提供について迅速かつ効果的な規制を行うため、独占禁止法の特則として制定されたものであり、迅速な執行を実現するための意見陳述手続として、書面によることを原則とする弁明の機会の付与が適切なことが挙げられている[177]。

V　行政庁による賦課と裁判所による賦課

　課徴金制度の導入の趣旨が、経済的利益を目的とする多様な違反行為の態様に応じて柔軟かつ迅速に不当利得以上の金銭的負担を課すことにある以上、義務を賦課した行政庁が、賦課する課徴金額および納付期限を決定することに合

---

[173] 課徴金と類似の性格を有する重加算税・重加算金についても、その制裁機能の大きさに鑑み、告知と弁明の機会の付与がなされるべきであろう。碓井・義務履行確保144頁参照。最判令和6・5・7裁判所ウェブサイトの反対意見参照

[174] 多田・依頼者秘匿特権36頁以下参照。

[175] 導入の経緯について、川出・手続保障59頁以下、松本＝多賀根＝橋本＝村實・令和元年改正独占禁止法38頁〜39頁参照。

[176] 金融商品取引法の前身である証券取引法に基づく課徴金納付命令手続について、審判手続が設けられた理由について、中原・証券取引法上の課徴金238頁参照。

[177] 黒田＝加納＝松本・改正景品表示法93頁参照。景品表示法に基づく課徴金納付命令の運用実績について、木川＝後藤・課徴金制度19頁参照。

理性がある。しかし、行政庁の申立てにより、裁判所が課徴金を課す仕組みも選択肢として存在する。行政庁による課徴金賦課制度の導入について社会的合意が形成できない場合には、裁判所による課徴金賦課の仕組みも検討すべきと思われる（欧州人権裁判所は、欧州人権条約の解釈として、実質上刑事制裁と同じ重大な制裁を科す場合には、行政制裁の形式をとっていても刑事事件と同様の手続保障が必要であるという立場をとっている）。

VI 強制徴収

　課徴金が期限内に支払われない場合、督促を行い、督促状記載の期限までに支払われない場合、強制徴収が行われる。独占禁止法上の課徴金については、税に次ぐ優先徴収が認められているため、国税滞納処分の例による強制徴収が認められている。他方、金融商品取引法、公認会計士法、景品表示法、薬機法上の課徴金の場合には、督促を受けた者が指定期限までに納付しないときは、内閣総理大臣（薬機法の場合には厚生労働大臣）の命令で執行し、この命令が執行力ある債務名義と同一の効力を有し、民事執行法その他強制執行の手続に関する法令の規定に従って執行される。金融商品取引法、公認会計士法、景品表示法、薬機法上の課徴金は、倒産手続において他の倒産債権に比して劣後的取扱いを受ける。その趣旨は、課徴金の賦課により被害を受けた一般消費者が損害賠償を満足に受けられず、一般消費者の被害回復の支障となる事態を回避することにある[178]。そのため、国税滞納処分の例によることは適切ではないと考えられたのである。

VII 条例による課徴金

　課徴金制度を地方公共団体が条例で設けることができるかについては議論がある。行政代執行法1条との関係では、義務違反に対して制裁として課される課徴金は、間接的には義務履行確保手段とはいえても、直接的には、同条の「行政上の義務の履行確保」には当たらないし、仮に、同条が間接的な義務履行確保手段としての性格を併有するとしても、そもそも、同条の「行政上の義務の履行確保」は、同法立法時に存在した義務履行確保手段しか念頭に置いていないと考えられるから、同条との関係では、法律で定める必要はないといえ

---

[178] 加納＝古川＝染谷・課徴金制度31頁参照。

よう。

　それでは、地方自治法2編9章3節（収入）との関係はどうであろうか。課徴金も地方公共団体にとっては収入になるので、そこに列記されたものが限定列記とすると、課徴金はそこに含まれないため、同法を改正して、条例で課徴金を課すことができることを定める必要があることになろう[179]。他方、地方自治法2編9章3節（収入）は、収入を得ることを直接の目的とするものを列記するのみであり、課徴金は、収入を得ることを直接の目的とするものではないので、現行法の解釈論としても、条例で課徴金制度を設けることを否定する根拠とはならないともいえる。

　条例で課徴金を課すことが可能であるとしても、現行法下では、行政上の強制徴収はできないので、民事執行の手段によることにならざるをえない（地方自治法231条の3第3項）。すなわち、現在、「使用料その他の歳入」に係る行政上の強制徴収の根拠は、地方自治法附則6条、道路法73条3項、都市計画法75条5項、生活保護法77条の2第2項、78条4項等である。他方、水道料金、公営住宅の家賃、公立学校の授業料等については、行政上の強制徴収の根拠を定める法律がないので、債務名義を得てから民事執行を行うことになる。しかし、普通財産の売却代金のように、行政主体が私人と同じ立場で債権を有する場合には民事執行によるべきであるものの、公費により優遇を受けている者が不正に得た利益を徴収する場合（公営住宅の家賃を支払えるのに支払わない場合等）には、公費によるフリーライドを許さないために、簡易迅速な強制徴収を可能にするように行政上の強制徴収を認めるようにすべきである。水道料金のように契約に基づく支払義務という形式をとっていても、実際には一般会計からの繰入れにより低廉な料金に抑えられている場合にも、行政上の強制徴収を認めるべきであろう[180]。また、立法論としては、地方公共団体が条例に基づき強制徴収できるように地方自治法231条の3第3項の「法律で定める使用料その他の普通地方公共団体の歳入」は、「法律又は条例で定める使用料その他の普通地方公共団体の歳入」と改正することが検討されるべきであろう。

　もっとも、行政上の強制徴収を可能にしたとしても、地方公共団体の中には、行政上の強制徴収を行うだけのノウハウ、マンパワーを有しないものもありうるし、行政上の強制徴収を可能にすると、現在の判例理論の下では、民事執行

---

[179] 中原・実効の確保139頁参照。
[180] 阿部・再入門上357頁参照。

ができなくなってしまうので、課徴金について行政上の強制徴収を可能にするように、地方自治法231条の3第3項の規定を改正することが、真に地方公共団体の利益になるかは慎重に検討する必要がある[181]。最も望ましいのは、地方公共団体が行政上の強制徴収と民事執行による強制徴収を選択できる仕組みであろう。

Ⅷ　被害者への返金との連動

　東京高判平成13・2・8判時1742号96頁は、課徴金制度は不当利得返還請求制度と類似する機能を有する面があるが、まず損失者にその利得を返還すべきで、損失者が損失を回復していないのに、課徴金を支払ったことだけで、損失者の不当利得返還請求権に影響を及ぼすわけではないと判示している。この判決は妥当であると考えるが、別個である課徴金制度と不当利得返還請求制度を連動させる立法政策はありうる。実際、景品表示法は、消費者庁長官が認定した返金措置計画に従って返金措置が実施された場合には、課徴金の納付を命じないか、または減額することとしている（10条、11条）。同法では、返金命令制度は設けておらず、事業者の自主的返金を前提としている。立法政策としては、返金命令を可能として、返金額を課徴金額から控除する仕組みも考えうる[182]。アメリカのディスゴージメントは、徴収した利得を基金に組み入れ、被害者に分配する方針をとっているが、わが国でも課徴金を基金として被害者に分配する仕組みも考えうる[183]。

第4節　公表

Ⅰ　公表制度の分類

　わが国において、行政の実効性確保手段としての公表制度は、1924（大正13）年制定の小作調停法42条（ただし、調停の経過を公表することができるとさ

---

[181] 強制徴収システムを導入しても、実効的な徴収ができなければ無意味であるとして、国税査察官OB、執行官OB、警察官OB（知能犯捜査、暴力犯捜査担当）等を再雇用するとともに、弁護士を任期付公務員として採用して、強制徴収の実効性を向上させることを提言するものとして、三好・実効性確保231頁参照。

[182] 中川・課徴金制度45頁参照。

[183] 森田・課徴金制度18頁以下参照。

れた調停委員会は裁判所の機関であったので［同条10条］、行政機関による公表ではなかった）、1926（大正15）年制定の労働争議調停法17条本文のように大正時代にもその例をみることができ、1947（昭和22）年制定の海難審判法62条のように、戦後まもなくにもその立法例がみられる。そして、1970年代になると、急速に増加し、行政法学界においても注目を集めるようになった[184]。

主たる公表制度には、その趣旨が、国民ないし住民に危険等の情報を提供し、注意を喚起し、被害の発生・拡大を防止することにあるものと、違反行為に対する制裁を目的[185]としたり、義務履行を確保するため、または行政指導の実効性を確保するための間接強制として用いられたりするものがある[186]。もっ

---

[184] 行政の実効性確保手段としての制裁的公表制度の立法の進展については、天本・制裁的公表 4 頁以下が詳しい。多様な公表の立法例について、仲野・公表の立法例（1）57 頁以下、公表の立法例（2）66 頁以下、公表の立法例（3）50 頁以下、公表の立法例（4）96 頁以下、公表の立法例（5）59 頁以下、公表の立法例（6）59 頁以下、公表の立法例（7）68 頁以下が詳細に検討している。小早川・行政情報一般ルール 3 頁以下は、行政機関等がなんらかの公益上の目的をもって一定の情報を公表する場合を①国民一般の生活上の選択を支援するために気象情報、商品情報等々について行われる"支援目的の公表"、②ある範囲の人々に対し差し迫った危険が生じていることを伝えて対処を促す"警察目的の公表"、③ある事業者に関し公益上望ましくない状態が存在する場合に、それについての情報（または関連するその他の情報であって公表されると不利益となるもの）を、その者に不利益となるにもかかわらずあえて公表して制裁を加えるという"制裁目的の公表"、④同じく、事業者に関し公益上望ましくない状態が存在する場合に、それが是正されないときは上述の情報を公表することとし、これによって是正を事実上強制するという"強制目的の公表"等々が考えられるとする。公表の種類については、平谷・公表 111 頁以下も参照。

[185] ここでいう目的は、行政内部の検討過程において措定された主観的目的ではなく、客観的な法的仕組み等から読み取られる行政活動の趣旨を意味する。土井・行政機関による公表 582 頁参照。

[186] 実効性確保のための公表と制裁としての公表を区別して、3 類型に分けることももとより可能である。高橋・情報の公表 248 頁参照。公表については、様々な観点からの分類が可能である。本書では、行政の実効性確保の観点から公表について論ずるが、公表制度の中には、もっぱら行政の透明性の確保、説明責任の確保の観点から行われるものなど、様々なものがある。行政機関による情報の提供または公表は、情報の提供または公表に関する活動全般を視野に入れて行うべきとするものとして、濱西・行政情報の提供・公表（一）41 頁参照。本書では、多様な公表の一部を特定の観点から分類するにとどまり、本書とは別の観点からの分類可能性を否定するものではない。利益的公表、不利益的公表、中立的公表に分類して考察するものとして、仲野・公表論 103 頁以下参照。法律の留保が及ぶか否かを、制度の趣旨が名宛人の名誉を毀損するものであるか否かにより決すべきとするものとして、土井・行政機関による公表 596 頁参照。

とも、国民ないし住民に危険等の情報を提供し、注意を喚起し、被害の発生・拡大を防止するという目的と違反行為に対する制裁を行ったり、義務履行を確保するため、または行政指導の実効性を確保するための間接強制を行ったりする目的は、必ずしも二者択一の関係にあるわけではなく、双方の目的を兼ねる場合がある[187]。

制裁ないし義務履行確保手段としての公表の中には、法令違反の事実を公表する場合（食品衛生法69条）や是正を求める行政処分を行った事実を公表する場合（介護保険法103条4項）がある。なお、行政自身による公表ではないが、行政庁が法令に違反した事業者に違反事実を公示することを命じ、当該命令の違反に対して刑事罰を科している例がある[188]。すなわち、景品表示法7条1項の規定に基づく措置命令において、同法5条の規定に違反する不当な表示であることを公示する旨が命じられる場合、その命令違反に違反した者は2年以下の拘禁刑もしくは300万円以下の罰金刑または両者の併科に処せられるので（同法36条）、刑罰により命令の実効性を確保する仕組みになっている。したがって、行政自身による違反事実の公表に近似した機能を持つといえる。

義務違反を前提としない行政指導の実効性を確保することを主眼とする公表の中には、行政指導に従わない事実を公表することによって行政指導に従うように心理的圧力を加えるものがある（国民生活安定緊急措置法6条3項等）[189]。また、行政指導への不服従を前提とせずに、行政指導を行ったという事実を公表することによって、行政指導に従うように心理的圧力をかけることを意図するものがある。たとえば、労働関係調整法26条1項は、「調停委員会は、調停案を作成して、これを関係当事者に示し、その受諾を勧告するとともに、その調停案は理由を附してこれを公表することができる。この場合必要があるときは、新聞又はラヂオによる協力を請求することができる」と定めているが、これは、違反行為等に対する制裁ではないし、関係当事者が調停案を受諾する義

---

[187] 制裁的公表が行われる理由の一つとして、潜在的被害者への情報提供の必要性があると指摘するものとして、中川・非権力的手法63頁参照。

[188] 行政保有情報のみならず私人保有情報も巻き込むかたちで考察する必要性を指摘するものとして、磯部・行政保有情報346頁参照。リコールについて、業者による公表と行政による公表が合わさって、周知が図られると指摘するものとして、高橋・情報の公表257頁参照。

[189] 行政指導不服従事実の公表について公表対象者の受忍義務を観念し、公権力の行使とみる見解もある。濱西・行政情報の提供・公表（二）47頁参照。

務を負うわけではないから、義務履行を確保するための間接強制でもない。また、国民ないし住民に危険等の情報を提供し、注意を喚起し、被害の発生・拡大を防止する趣旨ともいえない。これは、調停案を公表することにより、労使双方の当事者にそれを受諾するように世論の圧力をかけることを期待して設けられた規定であり、行政が望ましいと考える労使紛争の解決を促進する効果を期待したものといえよう。行政の透明性の確保、説明責任の履行に資するものとして肯定的に評価できる面もあるが、受諾の義務を負わないにもかかわらず、心理的圧力をかけて実効性を確保することが許されるかという問題はある[190]。

　その趣旨が、国民ないし住民に危険等の情報を提供し、注意を喚起し、被害の発生・拡大を防止することにあるもの[191]と、違反行為に対する制裁を目的としたり、義務履行を確保するための間接強制を意図するものという分類は、公表の目的の観点からの分類であるが、前述したように複数の目的を併有する場合もあり、また、情報提供目的の公表[192]であっても、それが特定の者が生産・販売する製品が危険であるとか、特定の者が違法行為を行っている等の情報を提供するものであれば、当該特定の者に対して制裁的効果を持ったり、当該特定の者に義務履行を促したりする機能を持つ。他方、制裁目的や義務履行確保目的の公表であっても、情報提供としての機能も持つし、また、制裁効果を発揮するかは、情報の受け手のとらえ方次第であるので、目的と実際の機能は必ずしも一致しないことに留意する必要がある[193][194]。このような点に鑑みると、情報提供を目的とする公表であっても、できる限り法律または条例に根

---

[190] 調停案は行政指導といえるが、行政手続法4章の行政指導の規定の適用を受けないので（行政手続法3条1項12号）、行政手続法32条の規定が直接適用されるわけではない。しかし、行政指導が相手方の任意の協力を期待するものであるという点は、同法の規定の適用除外とされた行政指導についても異ならない。

[191] 行政による公表に公益上の強い必要性が認められれば不法行為の成立が否定されるが、公益上の強い必要性は国民の生命・身体が侵害される危急の案件に限り認められるべきとするものとして、板垣・住宅市場121頁参照。

[192] すべての公表は情報提供目的であるから、国民ないし住民に危険等の情報を提供し、注意を喚起し、被害の発生・拡大を防止する場合に限り、情報提供目的の公表と称することが適切かという問題はある。仲野・続・公表論32頁参照。しかし、このような用法が定着し、それによって混乱が生じているわけではないので、本書では、この用法に従うこととする。

[193] 中原・行政制裁22頁参照。

[194] 行政上の実効性確保のための通則法のタイプごとに「公表・その他手法」の法律上の輪郭やその規定の仕方について整理するものとして、野口・公表・その他手法149頁以下参照。

拠を設けて、事前手続に関する規定を設け、緊急の場合には、事前手続を省略することができるとすることが望ましいように思われる。

制裁的公表や義務履行確保、行政指導の実効性確保のための公表は、行政の実効性確保手段として一般に挙げられる[195]。制裁目的の公表と義務履行確保目的の公表の双方の目的を持つとみることができる場合もある。たとえば、小田原市市税の滞納に対する特別措置に関する条例[196] 6条2項の規定に基づく滞納者の氏名等の公表は、滞納者が地方税法に規定する滞納処分に関する罪または滞納処分に関する検査拒否等の罪に処せられたときは行わないこととされているが、この場合の公表は、制裁目的を有すると思われる。同時に、納税義務の履行のための間接強制も目的としていると考えられる。

なお、公表の中には、プラスの情報のインセンティブにより、行政が望む状態を実現しようとする場合とマイナスの情報のディスインセンティブにより行政が望む状態を実現しようとする場合がある[197]。また、商品の品質表示義務のように、行政としてプラスないしマイナスの評価を伴わない客観的事実の公表を義務付けることによって、品質向上へのインセンティブを付与することを目的とするものもある。

プラスの情報を公表することによる情報のインセンティブ効果に期待する場合であっても、公表されない者が特定可能であって、公表の対象にならない者を明らかにする効果を有する場合には、それは公表の対象にならない者にとって不利益な情報の公表ともいえるので、不利益を受ける者に対する事前手続や不利益な効果が比例原則に反しないかの検討が必要になる[198]。

II 長所と短所

制裁的公表や義務履行確保のための公表制度が新たな行政の実効性確保手段として注目されたのは、物理的力を行使する必要はなく行政コストが僅少ですむこと、強権発動の印象を与えずにすむこと、非代替的作為義務や不作為義務

---

[195] 制裁的公表について早期に着目したものとして、雄川ほか・行政強制105頁以下。公表の効果は、公表の対象となる行為主体の主観的態度に依存するので、公表を制裁ないし強制執行の手段としてみるべきではなく、負のインセンティブを与えて企業行動を誘導する手段としてとらえるべきとするものとして、来生・課徴金・反則金・違反の公表113頁参照。
[196] 阿部・市税滞納者4頁以下、今村・小田原市市税80頁以下参照。
[197] 具体例について、宇賀・概説I 156頁以下参照。
[198] 剱持・公表制度124頁参照。

については、行政上の強制執行の一般法がないこと、違反に対する罰則が定められていても一般に機能不全にあること、企業と消費者の関係のような私人間の関係に行政処分で介入することの妥当性に疑問があること、情報が迅速かつ広範に伝播する情報化社会において、義務不履行という情報の公表により大きな経済的不利益が生ずることも少なくないこと等によるものと思われる。また、行政機関が違反を確知した場合に速やかに行政機関のウェブサイトで公開し、違反が是正されるまで継続的に公開する仕組みをとれば、違反状態の放置を長期間続けていることが国民に明らかになるので、レピュテーションリスクを懸念する違反者に対して早期に違反を是正する圧力をかけると同時に、違反状態を長期間にわたり是正しない行政機関に対する国民の批判も惹起することになるので、行政機関は法執行過程において、国民の目を意識するようになり、実効性の乏しい行政指導を反復する傾向が是正されることも期待し得る。また、このように違反情報が公開されれば、違反を探知するための行政調査が平等に行われているかも可視化されやすくなるため、行政調査を平等原則に適合するように改善するという副次的効果も期待される[199]。

他方において、公表の効果は、情報の受け手の受け止め方により左右されるため、ある企業に対する不利益な情報が公表されることにより、その者が受け得る経済的不利益（顧客の減少による売上げの減少等）よりも、違法行為を継続することにより得られる利益のほうが大きいと見込まれるような場合には、公表は実効性を持たなくなるおそれがある[200]。また、公表が、行政の意図に反して、かえって、名宛人に利益をもたらしてしまう場合すらあり得ないわけではない。たとえば、新型インフルエンザ等対策特別措置法に基づく緊急事態宣言下での休業要請に従わないパチンコ店を公表したところ、当該パチンコ店にかえって客が集まってしまうというような事態が生じ得る[201]。逆に、不利益

---

[199] 消防法令違反の建物の公表制度が、立入検査実施率の改善や立入検査におけるサイクル制につながったことについて、叙持・違反対象物公表制度38頁参照。違反行為が認知されなければ、その是正に向けた働きかけは起こりえないので、立入検査のようなモニタリング活動の重要性を指摘するものとして、平田・法社会学102頁参照。行政のモニタリングのためのリソースを補完するための違反奨励報奨金制度の導入も検討の余地がある。

[200] 国民を「善良層」、「中間層」、「極悪層」に分け、「善良層」は公表措置を受けるような法令違反はしないし、「極悪層」には公表措置は機能せず、公表措置が機能するのは「中間層」に対してであるとするものとして、中川・非権力的手法64頁参照。

[201] 大屋・行政手法としての公表44頁〜45頁では、これを「誤反応」と称している。

な情報の公表が比例原則に反する過大な負の影響を公表の対象に与えてしまうおそれもあるが、事前に公表の影響を予測することは一般に困難であるという問題がある。また、行政庁による公表は、社会公衆に対して情報を提供することにより誘導を図るものであるので、情報の正確性はもとより、公表の必要性が慎重に検討される必要がある[202]。

なお、公表制度の短所とは必ずしもいえないが、公表に当たり、無関係の第三者の権利利益を害することがないように十分に配慮しなければならない。O−157事件をめぐり議論された点であるが、たとえば、特定の施設で生産された農産物が食中毒の原因であるとして公表する場合、当該食品全体が汚染されていると誤解されないような慎重な配慮が必要になり、この点の配慮に欠けると、大きな副作用が生じてしまうことになる[203]。

また、公表した内容が誤っていた場合、それを訂正させることが必要になるが、訴訟を提起せずとも、簡易な手段で訂正を求める仕組みを検討すべきであろう。この点について、小田原市市税の滞納に対する特別措置に関する条例12条は、事実の誤認があったこと等により滞納者の権利を不当に侵害したときは、その損害の賠償および名誉の回復について誠実に対処しなければならないと定めている。しかし、誤った情報を受け取った者が全員、訂正情報を目にするとは限らないし[204]、誤った情報を受け取ってから訂正情報に接するまでの間にはタイムラグがあるので、その間に生じた損害の賠償を求めるには訴訟を提起しなければならず、また、訴訟を提起しても、故意過失が認められずに救済されない可能性もある。この点についてアメリカでは、行政管理予算庁（OMB）の通達A130号で行政機関が提供するデータの正確性について定められていたが、情報の質に関する法律（Information Quality Act）、別名、データの質に関する法律（Data Quality Act）[205]が、情報を公表する前に当該情報

---

[202] 国家（行政）が自ら一言論主体として情報提供を行う場合には、国家が権威主体であることに伴う特別の効果（特定の者に対するスティグマ効果、言論市場の「誘導」効果）が生じうることを指摘するものとして、遊間・情報的行政手法380頁参照。また、国家による情報提供が必要な場合があることを認めつつ、国民の「自由意識の喪失」をもたらす場合がありうることを指摘するものとして、西上・給付行政95頁参照。

[203] 単に正確に情報を公表すれば足りるわけではなく、国民に誤解を与えないようなリスクコミュニケーションが必要になる。鈴木・行政の公表121頁参照。

[204] 大屋・行政手法としての公表44頁参照。

[205] 同法については、宇賀・情報公開法20頁以下、宇賀・情報公開と公文書管理321頁

の質を確保するための措置を講ずること、利害関係人が同法に基づく行政管理予算庁または各行政機関のガイドラインに従っていない情報の訂正を申し出る手続を整備することを各行政機関に義務付けていることが参考になる。

　さらに、公表の実効性は公表の方法に大きく左右され、官報、公報での公表では、実際にはそれを見る者はきわめて少ないと考えられるので、インターネットが普及した今日においては、行政庁のウェブサイトによる公表が最も実効性が高いと思われる。とりわけ、法執行過程を可視化して、行政機関による違反是正措置が速やかに講じられているかを国民が監視するためには、1回のみの公表ではなく、違反確知後速やかに違反状態を行政機関のウェブサイトに公開する必要がある。他方において、違反状態が解消されたり制裁に必要な期間が経過したりしたために、行政庁のウェブサイトから当該情報を削除したとしても、ミラーサイトの作成等により、当該情報がインターネット上で閲覧可能な状態が継続することが考えらえる。そのため、比例原則に反する結果をもらすことが起こりうる[206]。官報で公表された破産者の氏名や住所などの個人データ100万件以上を、インターネット上に公開されている地図データと紐づけるかたちで表示し掲載している者に対して、個人情報保護委員会は、個人情報の保護に関する法律19条（不適正な利用の禁止）および27条（第三者提供の制限）違反であるとして、2022（令和4）年11月2日、停止命令を発し、2023（令和5）年1月11日、刑事告発を行ったが、官報で公表した情報が第三者により目的外で利用され、しかも当該第三者を特定できない状態にあることは、デジタル社会における行政による公表措置がもたらす副作用を露見させることになった。

　公表制度には、かかる短所があり、相手方から訴訟を提起されるおそれもあるため、行政機関の担当者が萎縮する傾向があり、実際には公表措置の発動が活発に行われてきたとはいえない[207]。もっとも、最近は、インターネットを

以下、小林＝根岸＝薄井・地域に関する法的研究62頁以下（薄井信行執筆）、壬生・情報の質75頁以下参照。同法に基づく教育省のガイドラインについて、壬生・情報の質78頁以下参照。

[206] 天本・制裁的公表55頁参照。政府のウェブサイトに掲載された注意文書の掲載期間が争点の一つになった東京地判平成18・6・6判時1948号100頁について、宇賀・情報公開・オープンデータ・公文書管理319頁以下参照。その他、公表期間が争点になったものとして、名古屋地判平成15・9・12判時1840号71頁、東京地判平成28・2・19LLI/DB L07130425参照。

用いて容易に公表を行うことができることや裁判例の蓄積による予測可能性の向上のために、徐々に公表の実施例が増加しているという指摘もなされている[208]。

III 法律の留保

制裁的公表には法律の留保が及ぶが、情報提供を目的とする公表には必ずしも法律の留保が及ばないと一般に考えられている。もっとも、目的が常に截然と判別できるわけではなく、また、複数の目的を併有する場合もあることから、目的により法律の留保の有無を判断することが妥当かについては議論の余地がある[209]。この点については、目的は公表者の主観によって判断するのではなく、制度の趣旨によって判断すべきことは先に述べたとおりである。また、情報提供の目的を併有するとしても、制裁ないし義務履行確保の目的が認められる場合には、法律の留保が及ぶと考えられる。そうはいっても、制度の趣旨も必ずしも判然としない場合があること、情報提供目的であっても、実際上の効果として公表の対象とされた者に大きな不利益を与えうることに加えて、守秘義務違反の懸念や個人情報の保護に関する法律違反の懸念[210]を払拭する観点からも、原則として法律ないし条例に根拠規定を設ける方針をとることが望ましいといえよう[211]。

---

207 安達・公表制度の目的と機能 452 頁参照。
208 天本・自治体政策 52 頁参照。
209 天本・制裁的公表 74 頁、加藤・情報提供・公表 41 頁参照。
210 個人情報の保護に関する法律 69 条 2 項 4 号は、保有個人情報を提供することについて特別の理由があるときは、本人の同意なしに目的外提供を認めているが、「特別の理由があるとき」といえるかの判断は容易ではない。他方、法令に公表の根拠規定を設ければ、同条 1 項の「法令に基づく場合」として、本人の同意なしに公表することについて、同法違反の問題は生じないことになる。
211 ドイツにおける三段階審査（小山・憲法上の権利 11 頁以下参照）における古典的介入概念によれば、介入とは、命令性、目的性、直接性、法行為性（法形式性）の全てが備わった国家行為を指し、これに該当する場合には基本権制約とみなされるが、情報提供活動は、事実上の間接的な不利益を関係当事者に与えるにとどまるので、古典的介入概念には包摂されないところ、現在では、多くの裁判例や学説が介入概念を拡大し、公権力に基づき、かつ、行動の操作が目的である場合または関係当事者に重大な不利益をもたらす場合には介入とみなしていることについて、丸山・情報提供活動 55 頁参照。ドイツの連邦憲法裁判所が、オショー決定で「間接的・事実上の基本権に対する干渉」という新しいカテゴリーを創出し、ユンゲフライハイト決定で基本権の間接的侵害という概念を用いて国の情報提供行為につい

公表に法律の留保が及ぶ場合、条例による留保も可能と一般に考えられている。その理由は、行政代執行法の立法者が、「行政上の義務の履行確保」に関しては、別に法律で定めるものを除いては、同法の定めるところによると定めるに当たり（同法1条）、公表をそこでいう義務履行確保手段として念頭に置いていたとは考え難いし、日本国憲法の下では、地方公共団体は権力行政も行う統治団体であり、条例に基づいて私人の権利利益を規制することも当然想定されているが、その実効性確保手段について、憲法を含む法令に違反しない限り、地方公共団体が条例で創意工夫を行うことは認められてしかるべきであることによる。実際に、条例に制裁的公表の規定が設けられることは稀でない。事業者の不当な取引行為による消費者被害の未然防止または拡大防止を図るために事業者名等を公表する消費者保護条例は多数制定されている。

また、法律で課された義務の履行を確保するために、条例で公表制度が設けられることもある。東京都台東区住宅宿泊事業の運営に関する条例19条が、区長は、住宅宿泊事業法15条に規定する業務改善命令に従わなかった住宅宿泊事業者の商号、名称または氏名、届出住宅の所在地、当該業務改善命令の内容を公表することができると定めているのがその例である。この公表が、業務改善命令に従わなかったことに対する制裁を目的としたものとすると、住宅宿泊事業法15条は、業務改善命令の実効性を確保するために、条例でかかる制裁ないし義務履行確保措置としての公表を用いることを禁止していないと解したということになろう。また、この公表が、情報提供としての目的を有するものとして設けられたとすると、住宅事業法の監督措置とは目的を異にする規定であり、その適用によって同法の規定の意図する目的と効果を何ら阻害することはないと解したことになろう（最大判昭和50・9・10刑集29巻8号489頁）。

IV 手続的統制

公表は制裁目的や義務履行確保目的であっても、「行政庁が、法令に基づき、特定の者を名宛人として、直接に、これに義務を課し、又はその権利を制限する処分」（行政手続法2条4号柱書）ではないため、行政手続法の不利益処分に当たらず、同法13条の意見聴取手続に係る規定は適用されない。しかし、公表は、制裁目的や義務履行確保目的の場合はもとより、情報提供を目的とする

て基本権保護の射程を拡大しつつあると評価するものとして、斎藤・間接的侵害理論60頁〜61頁参照。

制度であっても、実際上は、危険等を惹起しているか、またはそのおそれがあるとされた者に対して不利益な影響をもたらすことは否めないから、緊急事態で事前に意見聴取する暇がないときを除き、憲法上の適正手続の要請として、事前の意見聴取手続が必要と考えられる[212]。行政指導の事実等を公表する場合に、事前に相手方に意見を述べる等の機会を与えなければならないとするものとして、神奈川県行政手続条例30条2項がある。また、大阪市ヘイトスピーチへの対処に関する条例5条3項本文も、公表前に相手方に意見を述べるとともに有利な証拠を提出する機会を付与することを義務付けている。もっとも、行政指導を行った旨もしくは行政指導に従わなかった旨または措置命令を行った旨または措置命令に従わなかった旨を公表する場合において、行政指導や措置命令を行うに当たり意見聴取手続がとられている場合には、公表前に行う意見聴取手続では、公表の是非に対象を限定してよいと思われる。

　情報提供目的の公表であっても、特定の者に不利益を与える場合には、当該者に事前の意見聴取手続の機会を付与することが、原則として必要と考えられるとするものとして、大阪地判平成14・3・15判時1783号97頁がある。事前の意見聴取手続としては、少なくとも弁明の機会を付与すべきことになる。公表の可否・方法について、横須賀市行政手続条例35条3項、小田原市市税の滞納に対する特別措置に関する条例7条のように、第三者機関に諮問することを義務付ける立法例もあり、基本的にはかかる諮問制度は望ましいといえよう[213]。ただし、諮問手続を経ることには時間がかかることが想定されるので、緊急を要する場合には諮問を不要とすべきであろう。また、公表基準を策定して公にしておくことや公表への理由提示を義務付けることも重要と思われる[214]。さらに、公表する情報に被公表者の意見を付記することを義務付けること[215]、公表内容が不正確である旨や過剰である旨についての不服を申し出

---

　[212] アメリカの消費者用製品安全法に基づく公表については詳細な事前手続が定められているが、これについて、八木・事業者情報（1）39頁以下参照。
　[213] 遊間・情報的行政手法361頁参照。国家が情報提供を行う際、場合によっては、一定数以上の専門機関の、できれば対立した見解を併せて公表することを義務付けることにより、偏った情報のみが流布することを一定程度抑止することができるとするものとして、西上・給付行政97頁参照。
　[214] ドイツでは、制裁的公表を「広義の刑罰」ととらえて、責任原則（Schuldprinzip）等の適用による権利保護が議論されている。高田・制裁的公表149頁以下参照。
　[215] 遊間・情報的行政手法362頁参照。

る手続等の訂正手続についても、法律または条例で定めておくことが望まれる。公表の方法については、行政手続法または行政手続条例に一般的規定を設けることが検討されるべきである[216]。

V 守秘義務との関係

　滞納者の氏名等は、地方税法22条の「地方税に関する調査…に関する事務…に関して知り得た秘密」に当たらないものの地方公務員法34条1項の「職務上知り得た秘密」に該当する（昭和49年11月19日自治府第159号各都道府県知事あて税務局長通知）。しかし、国税局調査査察部長が未告発の脱税事件を新聞記者の取材に応じて公表した事件において、東京高判昭和59・6・28判時1121号26頁は、その職責上租税犯罪の一般予防、納税道義の向上等もっぱら公益を図る目的で新聞記者の取材に応じ本件公表をしたものであり、当該公表は社会通念上相当と認められる限度を超えたものではないから、守秘義務に違反したものではないと判示し、正当な理由があれば守秘義務違反にならないとする。小田原市市税の滞納に対する特別措置に関する条例は、滞納者の全てではなく悪質で著しく誠意に欠ける者について、事前に弁明の機会を付与し、公表の是非について第三者機関（小田原市市税滞納審査会）に諮問し、その判断を尊重する仕組みを採用している。かかる仕組みのもとで行われる公表は、地方公務員法34条1項にいう秘密を漏らすことには当たらないと解すべきと思われる[217]。また、滞納情報はプライバシー情報に当たるとしても、プライバシー情報も公益上の必要性により制約されうる。同条例は、厳格な実体的・手続的要件のもとで公表を行うこととしており、公表が不法行為に当たることはないと思われる。

　しかし、一般職の国家公務員が、国家公務員法100条、地方公務員法34条により守秘義務を課されていることに鑑みれば、法律に公表の根拠規定を置くことによって、公表が守秘義務違反とならないことを明確にして、守秘義務違反の責任を追及されることへの懸念から公表を躊躇し、公表制度が機能不全に陥ることを防ぐことの意義は大きい。このように、公表の根拠規定を法律に設けることは、行政に対する民主的統制、公表の相手方の権利利益の保護にとどまらず、公表に携わる者が守秘義務違反を問われないようにすることによる担

216　蓮實・制裁的公表115頁〜116頁、森山・実効性確保72頁参照。
217　この問題について詳しくは、天本・制裁的公表171頁以下参照。

当公務員の保護、公表に携わる者が公表を躊躇なく行えるようにすることによる公表制度の形骸化の防止[218]等、多面的な意義を有する。

VI 行政指導への不服従と公表

　公表制度の中には、義務を課す命令が出される前の勧告等の行政指導に従わない場合に氏名等を公表する仕組みもある[219]。容器包装に係る分別収集及び再商品化の促進等に関する法律20条2項の規定に基づき再商品化をすべき旨の勧告に従わない企業名の公表がその例である。

　しかし、行政指導は相手方の任意の協力を得て行われるものであり（行政手続法32条1項）、行政指導に従わないことを理由とする不利益な取扱いをすることはできない（同条2項）。地方公共団体が行う行政指導には、行政手続法4章の規定は適用されないが（同法3条3項）、行政手続条例に行政手続法32条2項と同様の規定が設けられているし、これらの規定は、行政指導の性質に照らし当然のことを確認したにとどまるから、明文の規定がなくても、行政指導への不服従を理由とする不利益な取扱いは許されない。もっとも、法律または条例に公表の根拠規定があれば、行政手続法32条2項に対する特別法として行政指導違反に対する不利益な取扱いが認められると解する余地はあり、実際、行政手続法の制定過程で関係法律を整備するに当たっては、そのような前提で、行政指導違反に対する制裁ないし間接強制としての公表規定は存置された。しかし、行政指導に従わないこと対して不利益な取扱いを認めるということは、たとえ法律または条例の根拠があったとしても、行政指導の本質に反し、当該行政指導は行政処分とみるべきと思われる[220]。したがって、行政指導に従わない場合に公表することとしている法律または条例の規定は、行政指導に従わないことへの制裁や行政指導への服従を間接的に強制するために適用されるべきではなく、国民・住民の生命・健康・財産を保護するための情報提供としての公表が必要な場合に適用されるものとして運用されるべきであろう。この点

　218　天本・制裁的公表192頁参照。
　219　具体例について、北村・実効性確保83頁以下、88頁以下、林・制裁的公表274頁以下参照。
　220　相手方に義務を課す行政処分が前置されておらず、勧告等に不服従の事実を公表する旨の規定が置かれている場合、当該勧告は、行政処分と解する余地がある。蓮實・制裁的公表114頁参照。野口・公表311頁〜312頁も、勧告不服従事実の公表の仕組みが設けられている場合、当該勧告は行政指導の性質を失うとみる余地があるとする。

に関して注目されるのが、大田区消費者被害の防止及び救済に関する条例 11 条 1 項である。同項は、事業者が勧告に正当な理由がなく従わない場合であって、当該違反行為により多数の消費者に被害が発生し、または発生するおそれがあると認めるときは、区長は、大田区消費者被害救済委員会の意見を聴いて、当該違反行為の内容、当該事業者の氏名または名称その他必要な事項を公表することができると定めている。すなわち、正当な理由がなく勧告に従わなかったから公表するのではなく、勧告に従わず違反行為を是正しない状態を継続し、その結果、多数の消費者に被害が発生し、または発生するおそれがあると認めるときに公表することができるとしているのである。このような規定であれば、消費者被害の発生または拡大を防止するために消費者に対する情報提供のための公表と解することが可能になる。また、横須賀市行政手続条例 35 条 1 項も、行政指導に相手方の協力が得られない場合において、市民に不利益を与えるおそれがあると認めるときその他公益を著しく害するおそれがあるときは、市の機関等は、行政指導の事実その他必要な事項を公表することができると定めており、行政指導の不服従事実を公表する規定を設ける場合には、このような規定の仕方をすべきであろう。

VII 実効性

公表制度を法定しても、障害者の雇用の促進等に関する法律 47 条の規定に基づいて、勧告に従わない事実を公表する例、食品衛生法 69 条の規定に基づき違反者の名称等を公表する例等の一部の分野を除いては、十分に活用されていない[221]。その理由としては、守秘義務違反の責任を問われることを懸念すること[222]、公表の影響が及ぶ範囲が定かでないことや公表内容が誤っていた場合の損害賠償責任を懸念して公表を躊躇すること等が考えられる[223]。もとより、実際には公表が行われなくても、公表制度が存在することによって抑止効果を発揮していることも考えうるから、発動例がないことのみをもって、公表制度が形骸化しているとは言い切れない。しかし、本来は公表が行われるべ

---

[221] 公表制度が活用されていない具体例として、天本・制裁的公表 178 頁注 20) 参照。
[222] 天本・制裁的公表 172 頁以下参照。
[223] 公表制度に他の手法とりわけ侵害程度の低い手法、できれば誘導手法や協働手法、契約手法等も取り入れた制度を設けることで訴訟リスクが軽減されるという指摘として、藤島・公表制度 337 頁参照。

き場合にそれがなされない運用が蓄積すると、公表制度の抑止効果は乏しくならざるを得ない。したがって、個々の分野で、公表制度の実効性が損なわれていないか、いるとすれば、その原因は何であり、いかなる改善策を講ずべきかを検証することは重要であろう。

　事前手続の一環として、公表の是非について第三者機関に諮問して答申を受ける仕組みを設けることが、過度に公表を躊躇する傾向の是正に寄与すると思われる。また、公表の実効性を高めるための工夫として注目されるものとして、山梨県太陽光発電施設の適正な設置及び維持管理に関する条例26条3項がある。同条例1項では、設置許可を取り消し、または措置命令を発したときは、その旨ならびに当該設置許可を取り消された者または当該命令を受けた者の氏名および住所（法人にあっては、その名称、代表者の氏名および主たる事務所の所在地）を公表することができるとしているが、同条3項では、この公表をしたときは、経済産業大臣にその旨を通知し、および再生可能エネルギー電気の利用の促進に関する特別措置法15条の規定による再生可能エネルギー発電事業計画の認定の取消しを求めるものとすると定めている。再生可能エネルギー発電事業計画の認定の取消権を有するのは経済産業大臣であり、知事には取消請求権はなく、依頼をするのみであるが、措置命令の実効性を高める効果は期待できよう [224]。

Ⅷ　公表の期間・方法

　公表の方法も重要である。官報や公報での1回限りの公表よりも、ウェブサイトでの継続的な公表のほうが、実際上の影響力ははるかに大きいと思われる [225]。したがって、ウェブサイト等で継続的に公表する場合には、公表期間についても法律または条例で定めておくべきであろう。公表期間については一律に定めることは困難であるので、行政手続法または行政手続条例で基本方針を定め、具体的な公表期間は、個別の法律または条例で定めることとすべきと思われる。

　義務履行確保目的の公表の場合であれば、義務履行が確認されるまで公表す

---

　[224]　板垣・条例づくり107頁〜108頁参照。
　[225]　行政指導を行った事実または行政指導に従わなかった事実を公表する規定を有する空き家条例において、条例または条例施行規則で公表方法がいかに定められているかを調査したものとして、蓮實・制裁的公表119頁の表2参照。

れば足りることになり、義務履行が確認された時点で公表を停止すべきことになる。富士市土砂等による土地の埋立て等の規制に関する条例29条1項は、改善措置命令（18条2項、20条）、中止命令（22条）または原状回復命令等（23条）に従わなかった事業者について、その事実を市長が公表する旨を定めているが、同市のウェブサイトの公表事案では、公表期間は命令内容を履行し、確認されるまでと記載されているので、義務履行確保目的の公表であることが窺われる。これに対して、過去の違反行為に対する制裁としての公表の場合、どの程度の期間公表を行うかは、違反行為の重大性、再度の違反の可能性等を考慮して決定することになろう[226]。

地方公共団体の公報や掲示場への掲載では効果は不十分であり、特に、当該業者が当該地方公共団体に所在しない場合には、当該地方公共団体外からのアクセスも可能なように、ウェブサイトに掲載したり、報道発表を行ったりすることが検討されるべきであろう[227]。報道発表の場合、編集作業は報道機関に委ねられ、発言の一部のみが切り取られて報道されることにより誤解が生じないように配慮することが必要になる[228]。他方において、ウェブサイトへの公表は、相手方が義務を履行したりして公表措置を継続する必要がなくなった場合、過剰な不利益を相手方に与えないように行政機関が公表措置を中止したとしても、デジタルタトゥーとして永久に相手方に不利益を与え続ける結果となるおそれにも留意する必要がある。とりわけ、破産者マップ事件が示すように、ウェブアーカイブの技術の進展により、行政機関による公表情報が私人により収集蓄積され、営利目的で悪用される危険にも留意しなければならない。オープンデータ[229]においては、二次利用がしやすいフォーマットで公開することが望ましいが、制裁としての公表や義務履行確保のための公表の場合、逆に、二次利用が困難なフォーマットを用いるほうが望ましいといえるかもしれない。

---

[226] 公表を取りやめる基準を明示すべきとするものとして、阿部・解釈学Ⅰ109頁参照。
[227] 平林・氏名の公表10頁参照。
[228] 八木・事業者情報（2）71頁注（87）参照。
[229] オープンデータについて、宇賀・情報公開・オープンデータ・公文書管理269頁以下、友岡・行政情報法制22頁以下参照。

IX 救済方法

　法律に根拠がある勧告等の行政指導に従わなかったために公表が行われる場合には、行政手続法36条の2第1項柱書の規定に基づき、当該行政指導の中止その他の措置を求めることができる。したがって、公表前に法律に根拠がある勧告等の行政指導の中止を求め、その結果、当該行政指導が中止されることになれば、行政指導に従わなかったことを理由とする公表も行われなくなり、行政指導の中止等の求めの制度は、かかる場合には公表の差止機能を有することになる。また、法律に根拠がある勧告等の行政指導を行ったことが公表されたり、法律に根拠を有する行政指導に従わなかったために公表が行われたりした後にあっても、同項柱書の規定に基づく求めがあり、それを受けて調査が行われ、行政指導が違法であったと認められる場合には、行政指導が違法であった旨を公表することにより、相手方の名誉信用の回復に資することになる。地方公共団体の機関が行う行政指導には行政手続法4章の行政指導に関する規定は適用されないが、行政手続条例に行政手続法36条の2と同様の規定が設けられていれば、同様に、公表措置に対する差止機能、訂正機能を有することになる。もっとも、これらの機能が発揮されるのは、法定された行政指導が公表されたり、法定された行政指導に従わないことを理由とする公表がされたりする場合に限られる[230]。

　公表した内容に誤りがあることが事後に判明した場合には、訂正した内容を公表する義務を法定すべきと思われる。この点について、韓国の行政手続法（行政節次法）40条の3に違反事実等の公表に関する規定が新設され、同条8項に、公表された内容が事実と異なることが明らかになったり、公表内容に含まれていた処分が取り消されりした場合には、訂正した内容を遅滞なく、当該公表と同じ方法で、かつ当該公表期間以上の期間にわたり公表することを行政庁に義務付ける規定（ただし、当事者が訂正内容の公表を望まない場合にはその公表をしないことができる）が設けられたことは注目に値する[231]。

　実質的当事者訴訟が機能しないと考えられていた時期には、公表に処分性を認めて、抗告訴訟の対象とすることに意義があったが、実質的当事者訴訟により公表の違法を争うことが認められると考えられるから[232]、その点では、公

　230　天本・制裁的公表195頁以下参照。
　231　韓国の行政手続法の同年の改正について、田中孝男教授が紹介されている。房・行政基本法337頁（田中孝男訳）。

表を処分として構成する意義は乏しくなったといえよう。また、実質的当事者訴訟においては、民法723条（名誉毀損における原状回復）の規定が類推適用されると解すべきであろう。

もっとも、実質的当事者訴訟には執行停止の規定が準用されておらず（行政事件訴訟法41条1項）、また、行政庁の処分その他公権力の行使に当たる行為については民事保全法に規定する仮処分をすることができないとされているので（同法44条）、実質的当事者訴訟において仮処分が可能なのかは明確でない。最高裁は、この点についていまだ判断をしておらず、仮の救済の可否が不明確であるという問題がある。この点が、抗告訴訟と比較した場合の実質的当事者訴訟の問題であるが、私見では、実質的当事者訴訟においても仮処分が認められるべきである[233]。

なお、個人を対象とした行政による公表が継続している場合には、人格権に基づいて削除請求を行うことも考えられる。公表の事案ではないが、厚生省援護局（当時）が、終戦直後、所定の手続を踏まずに離隊した旧海軍台湾籍軍属の在日台湾人の身上調査票に「逃亡」と記載したところ、事実に反する記載であるとして、その抹消ないし訂正が請求された事案において、東京高判昭和63・3・24判時1268号15頁は、他人が保有する個人情報の記載が真実でなく不当であって、その程度が社会的受忍限度を超え、そのため個人が社会的受忍限度を超えて損害を被るときは、名誉権ないし人格権に基づき、当該他人に対して不真実・不当な情報の訂正・抹消を請求しうる場合があるとする（ただし、当該事件では訂正・抹消請求は認められなかった）。また、養護学校長が生徒の受検先学校長宛てに作成した公立高等学校受検に係る事前協議に関する文書の一部に、社会的相当性を超える誤った記載があるとして、その抹消が人格権に基づき認められたのが、浦和地判平成11・3・1判タ1021号136頁である。総務省および消費者庁のウェブサイトで公表された記事の人格権ないし名誉権による削除が問題になったのが、東京地判平成28・2・19L07130425である。同判

---

[232] 最大判令和4・5・25民集76巻4号711頁は、実質的当事者訴訟により、国が在外国民に対して次回の最高裁判所裁判官国民審査において審査権の行使をさせないことが違法であることの確認を求める訴訟を認容している。もっとも、行政指導不服従事実の公表の場合、行政指導に従わないことを理由として公表されない地位の確認訴訟という構成も考えられる。川神・法律の留保23頁参照。

[233] 阿部・行政訴訟の理論的・実務的課題124頁以下、宇賀・当事者訴訟1頁以下参照。

決は、侵害行為によって、被害者が重大で、かつ、回復を図るのが著しく困難な損害を現に被り、または被るおそれがある場合には、人格権としての名誉権に基づき侵害行為の差止めを求めることができるとした（ただし、当該事件では、この要件を満たさないとして請求を棄却した）。

　違法な公表により損害を被った場合、国家賠償法1条1項の規定に基づく損害賠償請求を行うことができるが、故意過失がなかったとして請求が認められないことがありうる[234]。しかし、誤った公表により、多大な損害を受けた者は、たとえ訂正がなされたとしても、訂正情報に接する者が限られざるを得ず、完全な信用回復が困難なことを考えると、無過失損害賠償請求制度を設けるべきではないかという問題がある[235]。また、国民への危険を回避するための公表の場合には、相当の蓋然性が認められた段階で、蓋然性の程度について明示した上で公表に踏み切らざるを得ないこともありうる。そのような場合には、結果として誤った事実を公表したとしても、相当の蓋然性が認められた段階で公表することが許容されていると解される場合には、公権力発動要件欠如説の立場からも、公表は適法であったことになる。かかる場合には、損失補償の要否が問題になる[236]。

第5節　行政サービスの供給の制限

I　指導要綱違反の場合

　地方公共団体は、高度経済成長期における都市圏における人口の急増に伴う日照権問題や公共公益施設整備の負担増に対処するため、宅地開発指導要綱等において、指導要綱に従わない場合には、水道等の利用を制限することができるとするいわゆる制裁条項を設けることが必ずしも稀でなかった。その適法性が問われたのが、武蔵野マンション事件であり、「武蔵野市宅地開発等に関する指導要綱」に従わないことを理由としてマンション建設事業者からの給水契

---

[234] 行政機関による公表の国家賠償請求における違法性判断基準については、天本・制裁的公表141頁以下が詳しい。

[235] 遠藤・計画行政法180頁は、行政庁の過失を無過失責任に近づけて理解し、誤った公表の相手方を救済することには否定的である。

[236] 公表に伴う損失補償について論ずるものとして、遠藤・計画行政法181頁、山本・事故・インシデント情報183頁〜184頁参照。

約締結申込書を受領しなかったことが水道法15条1項（「水道事業者は、事業計画に定める給水区域内の需要者から給水契約の申込みを受けたときは、正当の理由がなければ、これを拒んではならない」）の規定に違反するとして、当時の市長が刑事訴追された。最決平成元・11・8判時1328号16頁は、被告人らが本件マンションの建設事業者から給水契約申込書を受領することを拒絶した時期には、すでに当該事業者は指導要綱に基づく行政指導には従わない意思を明確に表明し、マンションの購入者も、入居に当たり給水を現実に必要としていたことに鑑みれば、かかる時期に至ったときは、水道法上給水契約の締結を義務付けられている水道事業者としては、たとえ指導要綱を事業者に遵守させるため行政指導を継続する必要があったとしても、これを理由として事業者らとの給水契約の締結を留保することは許されないというべきであるから、これを留保した被告人らの行為は、給水契約の締結を拒んだ行為に当たると指摘する。そして、被告人らは指導要綱を遵守させるための圧力手段として、水道事業者が有している給水の権限を用い、指導要綱に従わない事業者との給水契約の締結を拒んだのであり、その給水契約を締結して給水することが公序良俗違反を助長することとなるような事情もなかったのであるから、給水契約の締結を拒む正当な理由はなかったと判示した。

II　法律・条例による権限の融合

　武蔵野マンション事件では、行政指導の指針である指導要綱違反を理由として給水を拒否したため、水道法15条1項違反と認定されたが、法律で建築基準法違反の建物には給水を拒否することができると定めることは可能であろうか。建築基準法を遵守させるために水道法の権限を用いることは、権限の結合（Koppelung）と呼ばれる[237]。権限の結合は無制約に可能なわけではなく、結合を正当化するに足る政策的合理性が存在しなければならないと思われる。

　1970（昭和45）年の建築基準法の一部改正の立法過程において、この問題が議論されている。すなわち、建設省の「建築基準法改正の基本方針（案）」（1968［昭和43］年11月8日）において、違反是正措置を強化するために、水道事業者等の給水義務を免除する旨が記述されていた。しかし、この内容は改

---

[237] この問題について、雄川ほか・行政強制118頁以下参照。カリフォルニア州において、免許を受けた建築業者が、その業務から生じた未払債務があるときに免許の効力を停止する等の制度があることについて、三木・アメリカ法164頁参照。

正法案に盛り込まれなかった。その理由は、厚生省（当時）等の反対や建築基準法違反の建物であることを理由として給水を拒否できないとする大阪地判昭和42・2・28判時475号28頁の影響であったようである[238]。

他方、建設省・厚生省・通商産業省（いずれも当時）の3省局長通達（1969〔昭和44〕年12月16日、1971〔昭和46〕年1月29日）において、違法建築物について、給水を保留するように要請があった場合には、要請に応ずる措置を講ずるように事業者を指導するものとするとされたが、実際には、この措置が講じられることはなかった[239]。最決平成元・11・8判時1328号16頁は、宅地開発指導要綱に従わない建設業者に対して、同要綱の制裁条項に基づき水道の供給を拒否したことは、給水を拒否できる「正当の理由」（水道法15条1項）に該当しないと判示されたように、行政指導に従わないことを理由として給水を拒否することの適法性には疑義があるからと思われる。

もっとも、建築基準法は、「国民の生命、健康及び財産の保護を図り、もつて公共の福祉の増進に資することを目的」（同法1条）とし、水道法は、「水道の布設及び管理を適正かつ合理的ならしめるとともに、水道の基盤を強化することによって、清浄にして豊富低廉な水の供給を図り、もつて公衆衛生の向上と生活環境の改善とに寄与することを目的」とする（同法1条）。そして、建築基準法に違反した建物に給水することは、「公衆衛生の向上と生活環境の改善とに寄与する」という水道法の目的を阻害するといえるので、両者の権限を結合させることに政策的合理性を認めることができると考えられる[240]。しかし、給水は、人間の生存に関わるものであるから、すでに入居者が決定し、現実に給水を必要としている状況になったときには、違法建築物であるとの一事をもって、給水契約の締結を拒否することが正当化されるかには、立法論としても疑問の余地がある。

小田原市市税の滞納に対する特別措置に関する条例においては、市税滞納者

---

[238] 荒・建築基準法30頁参照。

[239] この3省通達については、当初から、当該違反建築物にまだ人が居住していないこと、建築基準法9条違反に対する命令や、電気・ガス・水道の供給留保要請等が、建築主、施行者に確実に通知されていること等が要件とされており、実際にどの程度の効果を持つかは不明という指摘がされていた。暉峻・建築基準法62頁参照。

[240] 大地震・大火災の発生時に違反建築によってもたらされる害悪を予想したならば、解釈論としても、違反建築物に対する給水拒否は可能とするものとして、荒・建築基準法31頁参照。

に対する行政サービスの停止も定められている（同条例6条1項）。同条例施行規則2条では、同条例6条1項に規定する行政サービスの停止等は、各種補助金、利子補給金、奨励金等の給付申請の拒否および給付の取消し、各種貸付金、融資等の貸付申請の拒否等である。納税という憲法上の義務を果たしていない者に公費により賄われる行政サービスを受ける権利はないという基本理念に基づくものといえる。市税の納付を市営住宅の入居条件にすることにより大半の者が市税を支払ったことが報告されており[241]、実効性確保策としての成果をある程度あげているといえそうである。また、真鶴町まちづくり条例25条は、同条例18条2項の規定による指導・勧告に従わず（同条例24条4号参照）、または同条例23条の規定による議会の議決を尊重しない者等に対して「町の必要な協力を行わないことができる」と定めており、義務履行確保とはいえない場合についても、行政サービスの供給を制限する余地を認めている。

　法律における行政サービスの供給の制限については、保険料を納付しない場合に保険給付の全部または一部を差し止める例（国民健康保険法63条の2）、自動車重量税、自動車税、軽自動車税を納付しない者に自動車検査証を交付しない例（道路運送車両法97条の4、97条の2）がある。自動車損害賠償責任保険証明書を提示しない者（自動車損害賠償保障法9条7項）、自動車再資源化預託金等（自動車リサイクル料）の預託証明書を提示しない者（使用済自動車の再資源化等に関する法律74条3項）、放置違反金等の納付等を証する書面を提示しない者（道路交通法51条の7第2項）に対しても車検拒否の仕組みが設けられている。これらはいずれも、自動車の所有または使用に伴う義務を履行しない者に自動車の利用に伴う便益を得させることは合理的でないという観点から、車検を拒否することが認められたものである。違反建築物については、検査済証を提出しなければ登記を行わない仕組みとすることによって、完了検査までの違反は大幅に抑止できると思われる[242]。

　また、補助金等に係る予算の執行の適正化に関する法律20条は、各省各庁の長は、補助事業者等が補助金等の返還を命ぜられ、当該補助金等、加算金または延滞金の全部または一部を納付しない場合において、その者に対して、同種の事務または事業について交付すべき補助金等があるときは、相当の限度に

---

[241] 鈴木・強制する法務162頁参照。
[242] 北村・実効性確保183頁。北村・実効性確保324頁以下は、ネットワークによる抑止効果・制裁効果として、この問題を論ずる。

おいてその交付を一時停止し、または当該補助金等と未納付額とを相殺することができると定めている。「同種の事務又は事業」という限定があるとはいえ、これも法律による権限の融合の一類型とみることも可能と思われる[243]。

　なお、行政上の義務違反に対する制裁として、別の行政機関または部局が管轄する行政サービス等を拒否する場合、義務者にとって不利益な個人情報を行政機関または部局相互間で流通させる必要が生ずるが、流通させる個人情報を必要最小限にする等、個人情報保護に留意する必要があろう。

243　国の場合、異なる省庁に帰属する義務の不履行に対して、かかる措置をとることはできないとするものとして、木村・過料・反則金75頁参照。

終章　行政の実効性確保のための法整備

第1節　包括的な行政執行法制

　戦前の公権力の濫用への反省から、戦後しばらくは、一般社会においても行政法学界においても公権力への警戒心が強く、行政執行法を廃止し、これに代わり制定された行政代執行法は行政代執行のみの一般法となり、執行罰および直接強制に関する一般法が存在しなくなったことについても、批判的な見解は少なかった。しかし、深刻な公害問題、薬害問題に対して規制が後手後手に回ったことへの反省から、1970年代になると、規制の実効性確保の重要性が認識されるようになり、実効性確保のための法執行システムの整備が議論されるようになった。本書では、行政の実効性確保に関する諸制度を行政代執行を中心に検討してきたが、最後に、あるべき行政の実効性確保法制について私見を述べておくこととしたい。

　第1に、行政上の義務履行確保について、一般法が行政代執行についてしか存在しない現状は改められるべきと思われる。特に、運用次第で実効性確保方策として大きな効果を期待し得る強制金についての一般法を設けることが重要であろう。わが国においても直接強制制度の拡大が必要な分野は存在するが、代替的作為義務については代執行に係る一般法が存在するため、直接強制は非代替的作為義務と不作為義務に限定して認める立法政策も考えられる[1]。代執行については、法律または条例に直接基づく義務も対象とされているが、直接強制についても同様に解してよいかについては疑問の余地がある[2]。身体に対する実力を行使する直接強制については、法律または条例に直接基づく義務を対象とすることは適切ではないように思われる。直接強制についても、違反建築停止命令違反や営業停止命令違反のような不作為義務の不履行に対する封鎖

　1　須藤・強制措置（1）72頁参照。高橋編・実効性確保法制（田中良弘執筆）194頁の乙案参照。

　2　須藤・強制措置（1）70頁参照。

措置のような人身の自由に関わらない直接強制については、一般法で根拠規範を設けるべきと思われる。他方、身体の自由を制約するような直接強制は、その要否について慎重に検討したうえで、個別法に根拠規範を設けるべきであるが、手続等についての基本的ルールを一般法で定めておくことは望ましいと思われる。

戦後においても、包括的な行政上の強制執行制度を構築すべきとする意見はかなり古くからあり、園部敏教授は、欧州諸国およびわが国において長きにわたって採られてきた執行罰および直接強制の手法を俄かに放擲するよりは、民主的規制内容をもって明白に限定規整する一般法を制定する必要があると述べられていた[3]。わが国は戦後、行政訴訟も含めてすべての訴訟を司法裁判所で行う司法国家体制が採用されたが、そこから直ちに行政上の義務履行確保は司法的執行でなければならないことが演繹されるわけではなく、適正手続に十分な配慮をした上で、行政上の義務の迅速な履行確保の要請に配慮して行政的執行の仕組みを適切な場合に導入することは、基本的に立法政策の問題であるといえよう。

第2節 司法的執行システムの可能性

ドイツ型の行政執行法制をモデルとした包括的な行政執行法制は台湾でも導入されているが、もとより、それのみが唯一の改革方法ではない。ドイツの行政執行法が定める代執行、強制金、直接強制は、プロイセンを中心とするドイツ法制において、民事執行と共通の母胎から司法と行政の分化に伴い分岐し、主に警察法の分野で利用されてきたという歴史的背景を有する[4]。それが、現在のわが国において、模範とすべき唯一の類型とは必ずしもいえないと思われる。とりわけ、行政上の義務違反に対する制裁も、その威嚇により間接的に行政上の義務履行を促す効果を有するので、かかる制裁も含めて、行政の実効性確保という広い観点からみれば、ドイツ以外の国から学ぶべき点は少なくないと思われる。行政権の濫用を抑止するという観点からは、司法的執行が望ましいのであり[5]、わが国における行政の実効性確保のグランド・デザインを構想

---

[3] 園部・行政強制・行政罰10頁参照。
[4] 広岡・仮の救済99頁参照。
[5] この観点を強調するものとして、市橋・エンフォースメント32頁以下参照。

する場合、司法的執行のシステムをどこまで導入できるかを検討することは重要であろう。他方において、わが国において、司法的執行のシステムを中心に据えることへの実際上のハードルが高いことも事実である。以下、その理由について考察することとしたい。

　フランスでは、行政上の強制執行を原則とすることは、国民の権利自由の保護の観点から望ましくないとされ、司法的執行が原則とされ、例外的に行政上の強制執行を認めている[6]。フランスのような司法執行型を原則とするシステムを採用するためには、わが国で行政刑罰の機能不全を解消することが可能かを検討する必要がある。しかし、前述したように、行政刑罰が定められている行政法規について、そもそも警察による摘発さらには検察官による起訴に至る率を大きく高めることは困難と思われるので、そのような司法執行型システムへの改革のハードルも高いといえよう。

　機能不全状態にある刑事制裁への過剰な依存から脱却するために、行政制裁と刑事制裁の要件を完全に分離する立法政策も考えられる。たとえば、故意による違反行為に対しては刑事制裁、過失による違反行為に対しては行政制裁とする制度である。しかし、故意による違反行為であっても、起訴便宜主義の下で起訴されず[7]、他方、過失による違反行為については行政制裁がなされ、結果として、過失の場合のみ制裁を受けるという不均衡が発生しうる。したがって、上記のような完全二分論は妥当ではなく、故意による違反行為については刑事制裁と行政制裁を併科することができるような制度設計を基本とすべきと思われる。

---

　[6]　例外的に行政上の強制執行が認められる場合について、近藤・フランス行政法 127 頁以下、広岡・仮の救済 25 頁～73 頁、広岡・職権執行 85 頁以下、棟形・暴力行為の理論 72 頁以下参照。田口・行政強制 112 頁は、行政刑罰の威嚇効果に期待して、行政刑罰を行政上の義務履行確保の一般的な手段とすることは、かえって人権保障の趣旨に適合しないという。なお、フランスでは、人権宣言以来、人権保障の理念や司法と行政の厳格な分離の考え方により、行政制裁に対する懐疑が強かったが、行政制裁がすべて廃止されたわけではなく、戦後も、広範に行政制裁が用いられている分野があり（具体例について、山本・行政制裁 257 頁～258 頁）、憲法院も行政制裁の可能性を明確に肯定するとともに、行政制裁を刑事制裁と同様の憲法原理に服させる傾向にある（山本・行政制裁 259 頁、288 頁参照）。

　[7]　田中・処罰概念 199 頁～200 頁は、起訴法定主義を原則とするドイツと異なり、わが国が起訴便宜主義をとっていることが、行政刑罰の多用化傾向や執行上の機能不全が指摘されながらも、わが国において行政罰に関する抜本的な立法的措置がとられなかった一因であると思われるとする。

アメリカ型の司法的執行のシステムは、フランス型のそれとは大きく異なる[8]。アメリカでは、行政機関が私人に義務の履行を命ずる訴訟を提起することが広く認められるとともに、行政機関が裁判所にインジャンクションを請求し、裁判所がインジャンクションを発し、私人がそれに従わない場合には、法廷侮辱として処罰するシステムが機能している。しかし、わが国では、宝塚市パチンコ店条例事件最高裁判決により、「国又は地方公共団体が専ら行政権の主体として国民に対して行政上の義務の履行を求める訴訟は、法規の適用の適正ないし一般公益の保護を目的とするものであって、自己の権利利益の保護救済を目的とするものということはできないから、法律上の争訟として当然に裁判所の審判の対象となるものではなく、法律に特別の規定がある場合に限り、提起することが許されるものと解される」と判示したため、国または地方公共団体が専ら行政権の主体として国民に対して行政上の義務の履行を求める訴訟は、判例法上は機関訴訟として位置づけられることになった[9]。

したがって、この判例が変更されない限り、かかる訴訟を認める法律の特別の規定を設けることが、アメリカ型の司法型執行のシステムを採用する前提となる。行政上の義務履行について司法的執行を認める一般的法制度を構築することは、わが国における「法執行の欠缺」を是正する選択肢の一つといえる[10]。しかし、民事執行の利用については、宝塚パチンコ条例事件最高裁判決の判例変更がない限り、立法的にかかる訴訟を設ける必要があることになるが、同判決から20年以上が経過しても立法的対応がなされていないことに鑑みれば、法改正へのハードルが高いといわざるをえないと思われる。さらに、わが国には、アメリカと異なり、裁判所の判決・決定に従わない場合に法廷侮辱として制裁を加える制度がない。アメリカ型の司法的執行の仕組みに移行するために

---

[8] アメリカでも行政的執行が認められる場合がある。たとえば、行政上の没収・追徴について、田村・行政的執行8頁参照。

[9] 同判決を受けて、宝塚市が行った都市計画対応（特別用途地区の指定）および条例改正（公表および罰則による実効性確保策等）については、日本都市センター・義務履行確保等89頁以下（鈴木潔執筆）参照。なお、行政庁により課された義務の履行確保手段とはいえないが、行政庁からの裁判所への申立てまたは請求を受けて、裁判所がエンフォースメントを行う例として、公正取引委員会の申立てに基づく緊急停止命令（独占禁止法70条の4）、労働委員会の申立てに基づく緊急命令（労働組合法27条の20）、内閣総理大臣または内閣総理大臣および財務大臣の申立てに基づく禁止または停止命令（金融商品取引法192条）、所轄庁の請求に基づく解散命令（宗教法人法81条）がある。

[10] 曽和ほか・法執行43頁、46頁（曽和俊文発言）、52頁（磯部力発言）参照。

は、これらの点での改革も必要になると思われる。

　もとより、ドイツ型の包括的行政執行法制の整備も容易でないことは、繰り返し不備が指摘されてきた行政代執行法の実質的改正すら、70年以上にわたり行われてこなかったからも明らかであるが、わが国で実効的な司法的執行システムを構築することの困難さと比較すれば、より実現可能性の高いシステムといえるように思われる。

第3節　次善の策としての個別法の整備

　わが国においては、行政代執行法の所管府省すら明確に認識されていないという問題があり、そのため、一般法である行政代執行法の改正を始めとした包括的な行政上の強制執行制度の改革は必ずしも容易でない。そこで、より現実的な選択肢として、行政上の強制執行制度の改革のニーズが高く、現行法の欠缺を認識しやすい分野、具体的には、建築・都市開発分野、環境保護分野、公物管理分野において、工事中止命令・営業停止命令等の違反に対する強制金および封鎖制度を導入し、封鎖に要する費用の見積額を国税滞納処分の例により事前徴収できる制度を導入する検討を始めるほうが、ハードルが低いように思われる[11]。

　また、災害対策基本法63条の規定に基づく警戒区域内からの退去命令に従わない場合に罰則規定（同法116条2号）が置かれているのみで、警察官職務執行法4条の規定に基づく避難制度はあるものの、実際に避難措置の中心になる市町村の災害対策公務員は、この権限を行使しえないため、これらの公務員に避難行動要支援者を直接強制により保護させる直接強制の権限を付与すべきことが提言されている[12]。他方、身体に対する実力行使に慣れていない行政機関の職員に行政上の強制執行権限を付与することには慎重であるべきで、警察への協力要請で対応する方策を示唆する見解もある[13]。代執行により倒壊しそうな建物から退去しない者がいるような場合には、本来、警察官職務執行法4条の規定に基づく避難ではなく、明文の規定で直接強制を認めるべきであるが、かかる場合の身体に対する実力行使は、不慣れな一般の公務員が行うのみでは

11　西津・行政規制執行改革論145頁参照。
12　西津・行政規制執行改革論147頁参照。
13　濱西・実効性確保法制の整備28頁参照。

足りず、警察への協力要請は重要と思われる。そして、代執行中の退去命令や妨害行為停止命令の規定を設けて現場の職員にその権限を委任することにより、警察の協力が得られやすくなることが考えられる [14]。もっとも、災害時に避難行動要支援者であって退去命令に従わない者を緊急に避難させる場合には、警察への協力要請のみでは対応できない場合が多いと思われるので、市町村の災害対策公務員やさらには公務員でない避難支援等関係者にも、避難のための直接強制権限を付与することは検討に値する。

　また、屋外広告物法に基づく違反広告物に対する簡易除却制度について、構造改革特別区域法に基づく「広告景観特区」等として導入された後、平成16年法律第111号による屋外広告物法の改正で全国展開した例からも窺えるように、構造改革特別区域制度を活用して、強制金制度や直接強制制度を施行し、その結果を踏まえて全国展開する方策も、構造改革特別区域制度の従前の運用実績に照らすと、十分に検討に値すると思われる [15]。

第4節　不可争力との関係

　ドイツはほぼ包括的な行政上の強制執行制度を設けて行政上の義務履行確保の実効性に配慮する一方で、義務賦課処分に不可争力が発生したことを行政上の強制執行の原則的要件とし、例外的に迅速に執行する公益上の必要性がある場合に未確定執行を可能にし、違法な行政行為が未確定執行により執行された場合に行政主体に結果責任を負わせる等、義務者の権利の保護にも配慮している [16]。わが国では、義務賦課処分に不可争力が発生したことは行政上の強制執行の原則的要件とされておらず [17]、義務賦課処分で指定された義務履行期限を

　14　濱西・実効性確保法制の整備27頁参照。
　15　西津・間接行政強制制度の研究195頁以下、西津・行政規制執行改革論148頁参照。構造改革特別区域として「新型変異株強化対策特区（仮称）」を設け、感染症の予防及び感染症の患者に対する医療に関する法律16条の3第3項・4項の即時強制の特例として、強制金制度等の新たな義務履行確保制度を試行することを提案するものとして、西津・検査強制17頁参照。
　16　重本・行政執行（1）118頁参照。
　17　旧性病予防法25条に、受診命令を出すときに取消訴訟を提起できることを教示しなければならないとし、取消訴訟が提起されると、その判決が確定するまで、当該吏員に健康診断をさせてはならないという規定が置かれていた。

徒過すれば、原則として代執行の戒告が可能である。そして、戒告で定められた義務履行期限を徒過すれば、代執行令書による通知を経て代執行を行うことができる。

　行政事件訴訟法14条1項本文では、取消訴訟の主観的出訴期間は6か月であるが、理論的には、義務賦課処分から6か月以内に代執行が行われることはありうる。もとより、義務賦課処分、戒告、代執行令書による通知に対して、取消訴訟または無効等確認訴訟を提起して執行停止の申立てをすることはできるが、執行不停止原則が採られているので、たとえ、かかる訴訟を提起しても、義務賦課処分に不可争力が発生する前に未確定執行がなされる可能性はある。

　それでは、わが国においても、義務賦課処分に不可争力が発生したことを行政上の強制執行の原則的要件とすべきか否かというと[18]、常にそうすべきとは必ずしもいえないと思われる。なぜならば、わが国においては、長期間行政指導を反復することにより、違法の是正を求め、行政指導が全く功を奏せず、危険が切迫した段階で義務賦課処分をする傾向にあるので、義務賦課処分がされた段階では、ほぼ全て迅速に執行する公益上の必要性があることになるからである。もっとも、未確定の行政処分の執行が行われ、後に当該処分が違法であるとされた場合、無過失責任制度を導入すべきかについては検討の余地がある。また、退去強制のような場合、取消訴訟を提起して執行停止の申立てをしても、執行停止申立てについての決定が出される前に退去強制が行われてしまうことがありうるから[19]、かかる場合については、不可争力の発生を退去強制の執行の要件とすることは、十分に検討に値するものと思われる。

---

[18] 田上・行政強制210頁〜211頁は、かかるシステムの採用を望ましいとする。広岡・行政強制の現代的意義97頁は、わが国でも、将来執行罰や直接強制をより多く認めるとすれば、かかるシステムを採用することも考えられてよいとする。

[19] 東京高判昭和46・3・30高民集24巻1号81頁は、かかる事案についてものである。また、名古屋高判令和3・1・13判タ1488号126頁は、難民不認定処分に対する取消訴訟等を提起する意向を示していた者に対して異議申立棄却決定の告知が適切な時期に行われず退去強制が行われたことは、司法審査の機会を実質的に奪ったものといわざるをえないとして国家賠償請求を認容している。東京高判令和3・9・22判タ1502号55頁は、難民不認定処分に対する異議申立棄却決定の告知を送還の直前まで遅らせ、同告知後は事実上第三者と連絡することを認めずに強制送還したことは、裁判を受ける権利を侵害し、憲法31条の適正手続およびこれと結びついた憲法13条に反するものであるとして、国家賠償請求を認容している。

第5節　適正手続

　最判昭和47・11・22刑集26巻9号554頁が判示したように、憲法35条1項の規定は、本来、主として刑事責任追及の手続における強制について、それが司法権による事前の抑制の下に置かれるべきことを保障する趣旨であるが、当該手続が刑事責任追及を目的とするものでないとの理由のみで、その手続における一切の強制が当然に同規定による保障の枠外にあると判断することは相当でない。行政的執行であっても、憲法35条1項の規定による保障が及び、司法官憲の発する令状が必要な場合がありうると考えられる[20]。また、仮に強制金を支払わない場合に代償強制拘留制度を導入するのであれば、司法官憲の発する令状に基づかなければならないであろう。行政的執行が恣意的に行われるのではないかという懸念を払拭する必要性が大きい場合には、外部の有識者からなる第三者機関に諮問する仕組みを設けることを検討すべきと思われる。

第6節　比例原則

　包括的な行政上の強制執行制度を構築する場合、ドイツの連邦行政執行法9条2項、ザールラント州行政執行法13条2項、バーデン・ヴュルテンブルク州行政執行法19条2項のように裁量を統制する比例原則(当該措置により目的達成が可能であるという適合性原則、当該措置が目的達成に必要な限度を超えてはならず、より侵害的でない他の手段により目的を達成できる場合ではないことを必要とする必要性原則、当該措置が名宛人に及ぼす不利益と当該措置により実現される公共の利益が均衡していることを必要とする狭義の比例原則)を実定化することが検討されるべきであろう[21]。比例原則は、EU条約5条においても実定化されており、EUにおいても法の基本原則として確立している。

　20　行政上の強制執行におけるボン基本法下での裁判官留保に関する議論について、広岡・仮の救済147頁〜176頁参照。ドイツの裁判官留保についての歴史的沿革、意義・根拠論、裁判官の審査範囲、効果論等についての最近の詳細な研究として、山田・裁判官留保(2)1頁以下参照。連邦憲法裁判所が、2000年前後から裁判官留保の重要性を強調していること、他方で裁判官留保による権利保障機能が相対化していること、裁判官留保を代替または補完する試みについて、山田・裁判官留保(3)1頁以下参照。
　21　西津・行政規制執行改革論45頁、西津・間接強制制度の研究96頁〜98頁参照。

義務履行確保手段が複数利用可能な場合においては、その発動の順序についてあらかじめ法定されているケースを除いては、原則として、状況に応じて最も適切な義務履行確保手段を選択する裁量が認められる[22]。ただし、比例原則の観点から、ある履行確保措置の選択が裁量権の逸脱濫用と判断される場合はありうる。

第7節　行政過程の可視化と私人による法執行

　法執行の主体を国や地方公共団体に限定することなく、それ以外の者も法執行の主体として位置付けることにより、法執行の機能不全を解消する取組が必要になろう[23]。

　序章で述べたわが国の法執行におけるインフォーマル志向は、行政過程が可視化され、外部からの監視・批判の目があれば、よりフォーマルな法執行に傾斜すると考えられる。実際、行政代執行に踏み切るケースでは、周辺住民からの要望があることが多い。しかし、わが国では、かかる外部からの監視が十分に機能しないために[24]、インフォーマル志向が支配的になっているといえる[25]。したがって、外部からの監視を可能にするような情報公開が重要になる。所管の行政部局のウェブサイトに、行政が違反行為を探知した事件について、探知後の義務違反の実態、その外部不経済の評価、義務違反に対する指導の状況、行政命令の発動状況、代執行の実施状況、強制金の徴収対象の実態、徴収状況等に関する情報の公開を義務付けることを検討すべきである[26]。さらに、当該法執行過程に対する住民からの質問・批判に回答することを行政に義務付けることができれば、さらに望ましい[27]。また、違反業者が支援する議員が、違反業者の意向を受けて行政に不当な圧力をかけることを抑止するために、「神戸市政の透明化の推進及び公正な職務執行の確保に関する条例」のように、執行

---

[22] 横浜市船舶の放置防止に関する条例14条は、「他の法令の規定に基づく措置を妨げるものと解釈してはならない」という解釈規定を置いている。

[23] 執行主体の多様化の例として、北村・実効性確保320頁、326頁参照。

[24] その是正の試みとして、行政事件訴訟法3条6項1号、37条の2、行政手続法36条の3、京都市消費生活条例25条3項〜5項参照。

[25] 北村・行政執行過程262頁参照。

[26] 福井・行政代執行制度215頁、北村・実効性確保制度220頁参照。

[27] 碓井・義務履行確保163頁〜164頁、北村・実効性確保165頁参照。

機関等が要望等を口頭で受けた場合に、原則として、その内容を確認して記録し、情報公開条例に基づく開示請求の対象とすることも進められるべきである[28]。

上記のような行政過程の可視化が進行すれば、私人のイニシアティブによる法執行を行いやすくなると思われる。すなわち、行政庁が規制権限または制裁権限の行使を懈怠している結果、規制権限または制裁権限により保護されるべき利益が侵害されている私人が、規制権限または制裁権限の発動を求めるイニシアティブをとりやすくなると考えられる。2004（平成16）年の行政事件訴訟法改正による直接型義務付け訴訟の制度化（同法3条6項1号、37条の2）[29]、仮の義務付けの制度化（同法37条の5第1項）、2005（平成17）年の行政手続法改正による処分等の求めの制度化（同法36条の3）は、私人による法執行の手法に関する制度を整備するものであったが、それが有効に機能するためには、行政過程の可視化を併せて進めていくことが重要と思われる[30]。

さらに、公益の実現のために、私人（私的団体を含む）自身が訴訟を提起してエンフォースメントを行う仕組みの拡充も検討されるべきであろう。適格消費者団体による差止請求、特定適格消費者団体による共通義務確認訴訟がその例である。かかる仕組みを実効あるものにするためには、団体訴訟の原告適格を認められた団体に対する財政的支援が重要であろう[31]。

---

28 三好・環境法執行過程132頁〜133頁参照。特に、産業廃棄物処理行政における情報公開の重要性について、曽和・産業廃棄物処理行政59頁以下参照。

29 産業廃棄物処理業者に対する措置命令の義務付けを認めたものとして、福岡高判平成23・2・7判時2122号45頁参照。

30 学識経験者、環境NPO、住民等の第三者により構成されるオンブズマン組織を地方公共団体の附属機関として設けて、監督権限の行使を促す機能を付与するという提言について、三好・環境法執行過程145頁参照。また、適格消費者団体に規制権限発動を求める直接型義務付け訴訟の原告適格を認めた場合に検討を要する問題について、安永・エンフォースメント97頁参照。

31 安永・エンフォースメント95頁、97頁参照。法執行は、行政機関が直接に行う場合もあるが、私人間の紛争に行政機関が直接にまたは間接に関与することによって行われることもある。その態様について、山本・集団的利益の実現と個別的利益の実現51頁以下、大橋・行政による紛争処理192頁以下、大橋・行政紛争解決251頁以下、大橋・訴訟以外の方法による救済194頁以下参照。私人間紛争に対する行政の権力的関与について、斎藤・権力的関与159頁以下参照。行政が私人間の紛争について裁判外紛争解決手続（ADR）により直接に関与することもあるが、行政ADRが不調に終わった場合に、行政機関が情報提供、訴訟援助等により私人を支援する仕組みの拡充も検討する必要がある。山本・集団的利益の

第 8 節　無過失責任の導入

　仮執行の宣言が付された本案判決を変更する場合には、裁判所は、被告の申立てにより、その判決において、仮執行の宣言に基づき被告が給付したものの返還および仮執行により、またはこれを免れるために被告が受けた損害の賠償を原告に命じなければならないとされており、無過失責任が認められている（旧民事訴訟法 198 条 2 項についての大判昭和 12・2・23 民集 16 巻 3 号 133 頁参照）。また、仮処分命令が異議もしくは上訴手続において取り消され、あるいは本案訴訟において原告敗訴の判決が言い渡され、その判決が確定した場合には、他に特段の事情がない限り、申請人において過失があったものと推認するのが相当であるとされている（最判昭和 43・12・24 民集 22 巻 13 号 3428 頁）。そこで、行政上の強制執行について執行停止が認められず、執行が行われたが、原状回復が可能であるとして訴えの利益が認められて、上級審で行政上の強制執行を違法とする判決が出され確定した場合には、解釈論としても過失の推定を認めるべきであり、立法論としては、その旨の明文の規定を設けるべきである[32]。

実現と個別的利益の実現 52 頁、大澤・消費者法のルール形成および実効性 29 頁参照。
　[32]　大貫＝北村・討議 105 頁（阿部泰隆発言）参照。

判例索引

大審院

大判大正 3・11・9 民録 20 輯 897 頁…………24
大判大正 5・5・4 民録 22 輯 861 頁………134
行判大正 9・7・14 行録 31 輯 6 巻 572 頁……21
行判昭和 2・3・11 行録 38 輯 3 巻 359 頁 …143
大決昭和 2・8・6 民集 6 巻 10 号 490 頁………134
行判昭和 11・11・11 行録 47 輯 9 巻 537 頁
………………………………………………143
大判昭和 12・2・23 民集 16 巻 3 号 133 頁…455

最高裁

最大判昭和 25・6・7 刑集 4 巻 6 号 956 頁…313
最判昭和 28・3・5 刑集 7 巻 3 号 506 頁……371
最大判昭和 28・11・25 刑集 7 巻 11 号 2288 頁
………………………………………………377
最判昭和 29・4・28 刑集 8 巻 4 号 596 頁 …197
最大判昭和 32・11・27 刑集 11 巻 12 号 3113 頁
………………………………………………371
最大判昭和 33・4・30 民集 12 巻 6 号 938 頁
………………………………………………407
最大判昭和 33・5・6 刑集 12 巻 7 号 1351 頁
………………………………………………313
最判昭和 34・4・9 刑集 13 巻 4 号 442 頁 …391
最判昭和 36・4・21 民集 15 巻 4 号 850 頁…192
最判昭和 36・12・15 民集 15 巻 11 号 2865 頁
………………………………………………237
最判昭和 37・3・16 刑集 16 巻 3 号 280 頁…371
最判昭和 37・5・4 刑集 16 巻 5 号 510 頁 …371
最大判昭和 37・11・28 刑集 16 巻 11 号 1593 頁
………………………………………………392
最判昭和 38・1・25 民集 17 巻 1 号 41 頁…190,
191
最判昭和 38・2・26 民集 17 巻 1 号 15 頁 …371
最判昭和 39・6・5 刑集 18 巻 5 号 189 頁…390,
391
最判昭和 40・3・26 民集 19 巻 2 号 83 頁 …371
最大判昭和 41・2・23 民集 20 巻 2 号 320 頁
………………………105, 230, 242, 245, 334
最判昭和 41・12・27 民集 20 巻 10 号 2279 頁
…………………………………………393, 394
最判昭和 43・6・27 民集 22 巻 6 号 1379 頁
………………………………………………334
最判昭和 43・12・24 民集 22 巻 13 号 3428 頁
…………………………………………192, 455

最大判昭和 44・12・3 刑集 23 巻 12 号 1525 頁
………………………………………………376
最判昭和 45・9・11 刑集 24 巻 10 号 1333 頁
………………………………………………407
最判昭和 46・11・30 民集 25 巻 8 号 1389 頁
………………………………………………123
最判昭和 47・4・20 民集 26 巻 3 号 507 頁…376
最判昭和 47・11・22 刑集 26 巻 9 号 554 頁
………………………………………………452
最判昭和 48・3・6 集民 108 号 387 頁………186
最判昭和 48・4・19 刑集 27 巻 3 号 399 頁…371
最大判昭和 48・4・25 刑集 27 巻 3 号 418 頁
………………………………………………352
最判昭和 49・2・5 民集 28 巻 1 号 1 頁………82
最判昭和 50・7・25 民集 29 巻 6 号 1136 頁
………………………………………………350
最判昭和 50・11・21 判時 801 号 101 頁……352
最決昭和 52・3・10 判時 852 号 53 頁………348
最判昭和 52・5・27 集民 120 号 595 頁 ……181
最決昭和 54・6・29 刑集 33 巻 4 号 389 頁…377
最判昭和 57・4・2 集民 36 巻 4 号 503 頁 …371
最判昭和 57・7・15 民集 36 巻 6 号 1169 頁
………………………………………………377
最判昭和 59・3・23 民集 38 巻 5 号 475 頁…343
最判昭和 59・5・31 民集 38 巻 7 号 1021 頁
…………………………………………248, 366
最判昭和 61・5・27 D1-Law28282694………140
最判昭和 62・11・5 訟月 34 巻 7 号 1415 頁
………………………………………………376
最決平成元・11・8 判時 1328 号 16 頁……109,
441, 442
最判平成 3・3・8 民集 45 巻 3 号 164 頁 ……38
最判平成 4・1・24 民集 46 巻 1 号 54 頁……188
最判平成 5・10・8 訟月 40 巻 8 号 2020 頁…227
最判平成 10・10・13 判時 1662 号 83 頁……411,
413
最決平成 11・2・17 刑集 53 巻 2 号 64 頁 …346
最判平成 12・7・7 金法 1599 号 88 頁………231
最決平成 14・2・28 判時 1781 号 96 頁 ……348
最判平成 14・7・9 民集 56 巻 6 号 1134 頁……6,
7, 48, 101, 245
最決平成 14・9・30 刑集 56 巻 7 号 395 頁 …75
最決平成 15・5・26 刑集 57 巻 5 号 620 頁…345
最判平成 15・11・21 刑集 57 巻 10 号 1043 頁
………………………………………………371

最判平成 17・9・13 民集 59 巻 7 号 1950 頁
......408
最判平成 18・2・21 民集 60 巻 2 号 508 頁 ...64
最判平成 21・7・10 判時 2058 号 53 頁 7
最判平成 21・12・17 民集 63 巻 10 号 2631 頁
......170, 188, 224
最判平成 22・6・3 民集 64 巻 4 号 1010 頁...192
最判平成 26・1・16LEX/DB25502783 347
最決平成 26・12・2LEX/DB25505484 347
最大判令和 4・5・25 民集 76 巻 4 号 711 頁
......439
最判令和 6・5・7 裁判所ウェブサイト 419

高裁

広島高判昭和 26・7・4 行集 2 巻 8 号 1167 頁
......225
東京高決昭和 28・7・18 行集 4 巻 7 号 1626 頁
......153
福岡高判昭和 30・6・9 高裁刑集 8 巻 5 号 643 頁
......341
福岡高判昭和 32・7・31 訟月 3 巻 7 号 43 頁
......245
福岡高判昭和 33・10・30 行集 9 巻 12 号 2822 頁
......113, 139
福岡高決昭和 34・6・23 行集 10 巻 6 号 120 頁
......155
東京高決昭和 34・10・28 行集 10 巻 12 号 2720 頁
......154
大阪高判昭和 36・3・30 高民集 14 巻 2 号 139 頁
......151
大阪高判昭和 37・4・17 行集 13 巻 4 号 787 頁
......90
広島高判昭和 37・5・31 判時 307 号 35 頁...371
福岡高判昭和 37・10・16 下民集 13 巻 10 号 2090 頁 198
名古屋高判昭和 38・7・16 高民 16 巻 6 号 454 頁 190, 191
東京高決昭和 38・8・23 行集 14 巻 8 号 1465 頁 155
東京高判昭和 38・10・1 下民集 14 巻 10 号 1923 頁 63
福岡高判昭和 38・10・23 下民集 14 巻 10 号 2090 頁 333
仙台高秋田支判昭和 38・12・12 刑集 18 巻 5 号 204 頁 391
名古屋高金沢支判昭和 39・2・11 下級刑集 6 巻 1＝2 号 12 頁 345
東京高判昭和 39・4・17 下民集 15 巻 4 号 838 頁 180
東京高決昭和 39・6・29 下民集 15 巻 6 号 1644 頁 198
高松高判昭和 40・4・30 下級刑集 7 巻 4 号 560 頁 343
福岡高宮崎支決昭和 40・5・14 行集 16 巻 6 号 1091 頁 74, 76, 142, 158
大阪高判昭和 40・10・5 行集 16 巻 10 号 1756 頁 62, 63, 159
大阪高判昭和 40・10・5 判時 428 号 53 頁...144
大阪高判昭和 41・11・29 行集 17 巻 11 号 1307 頁 186
福岡高判昭和 42・3・6 下級刑集 9 巻 3 号 233 頁 347
東京高判昭和 42・10・26 高民集 20 巻 5 号 458 頁 115, 116, 121
東京高判昭和 42・12・25 行集 18 巻 12 号 1810 頁 90
東京高判昭和 43・10・21 下級民集 19 巻 9＝10 号 628 頁 347
東京高判昭和 44・3・27 判時 553 号 26 頁 ...82
東京高判昭和 45・9・22 刑月 2 巻 9 号 941 頁
......347
東京高判昭和 46・3・30 高民集 24 巻 1 号 81 頁
......451
福岡高判昭和 49・11・21 判例集不登載......181
東京高決昭和 51・8・3 判時 837 号 49 頁 ...395
大阪高判昭和 52・2・7 判時 863 号 120 頁...345
東京高判昭和 52・3・30 判時 853 号 52 頁...344
東京高判昭和 53・10・17 判タ 375 号 83 頁
......344
東京高決昭和 55・1・21 訟月 26 巻 3 号 455 頁
......152
福岡高判昭和 55・5・29 判タ 423 号 123 頁
......113, 121, 128, 165
広島高岡山支判昭和 55・9・16 訟月 27 巻 1 号 160 頁 114, 115
東京高判昭和 55・9・22 東高刑事報 31 巻 9 号 115 頁 344
東京高判昭和 56・2・19 判時 999 号 62 頁...341
東京高判昭和 59・6・28 判時 1121 号 26 頁
......433
大阪高判昭和 59・11・28 行集 35 巻 11 号 1889 頁 140
大阪高決昭和 60・11・25 判時 1189 号 39 頁
......6, 99
大阪高判昭和 60・11・26 判時 1187 号 153 頁
......341

東京高決昭和 61・2・27 東高刑事報 37 巻 1=3 号 2 頁·················347
大阪高判昭和 62・4・10 判時 1229 号 27 頁·················123
東京高決昭和 63・7・20 東高民事報 39 巻 5=8 号 48 頁·················102
東京高判平成元・5・30 民集 45 巻 3 号 189 頁·················38
東京高判平成 2・11・29 判時 1367 号 3 頁···65, 191
福岡高決平成 3・3・12 判時 1386 号 156 頁·················346
札幌高判平成 4・7・21 判タ 805 号 238 頁···342
東京高判平成 5・5・21 判時 1474 号 31 頁···411
福岡高判平成 7・3・23 判タ 896 号 246 頁···347
名古屋高判平成 8・7・18 判時 1595 号 58 頁·················187
大阪高判平成 8・9・20 判タ 940 号 171 頁···342
東京高判平成 9・2・27 東高刑時報 48 巻 1～12 号 5 頁·················342
東京高判平成 9・6・6 判時 1621 号 98 頁 ···412
東京高判平成 9・12・18 東高刑時報 48 巻 1～12 号 93 頁·················342
東京高判平成 11・7・22 判時 1706 号 38 頁·················101, 102
東京高判平成 11・8・26 判時 1729 号 173 頁·················344
東京高判平成 13・2・8 判時 1742 号 96 頁···413, 422
東京高判平成 13・11・30 民集 59 巻 7 号 2009 頁·················408
東京高決平成 14・7・17 裁判所ウェブサイト·················155
福岡高那覇支判平成 15・3・25 高刑速報（平 15）141 頁·················342
東京高決平成 15・12・25 判時 1842 号 19 頁·················57, 157
福岡高決平成 17・8・22 判時 1933 号 91 頁·················232, 335
東京高判平成 17・10・5 裁判所ウェブサイト·················125
大阪高決平成 18・1・29 裁判所ウェブサイト·················155
東京高判平成 18・10・11 判タ 1242 号 147 頁·················344
名古屋高判平成 20・6・4 判時 2011 号 120 頁·················211, 212
東京高判平成 21・12・16 判時 2071 号 54 頁·················347
福岡高判平成 23・2・7 判時 2122 号 45 頁···288, 454
東京高判平成 23・4・28 判時 2119 号 34 頁·················347
仙台高判平成 23・11・8 判時 2139 号 23 頁·················342
東京高判平成 23・12・27 高刑事報 62 巻 1～12 号 161 頁·················347
大阪高判平成 24・3・16 判時 2151 号 17 頁·················347
仙台高判平成 24・12・12 判例自治 375 号 76 頁·················350
大阪高判平成 25・2・1LEX/DB25505483···347
大阪高判平成 26・6・18 判例自治 405 号 10 頁·················224
東京高判平成 26・6・26 判時 2233 号 103 頁·················396
福岡高判平成 29・12・20 判例自治 439 号 103 頁·················201
名古屋高判令和 3・1・13 判タ 1488 号 126 頁·················451
東京高判令和 3・9・22 判タ 1502 号 55 頁···451
名古屋高判令和 4・12・7LEX/DB 25593981·················241

地裁

東京地判昭和 3・8・3 法律新聞 3032 号 14 頁·················134
徳島地決昭和 25・3・28 行集 1 巻 3 号 410 頁·················173
徳島地判昭和 25・4・21 行集 1 巻 4 号 537 頁·················184
東京地判昭和 25・6・13 下民集 1 巻 6 号 886 頁·················133
広島地決昭和 25・7・19 行集 1 巻追録 2035 頁·················144
松山地判昭和 25・7・27 行集 1 巻 6 号 910 頁·················169
前橋地決昭和 26・2・13 行集 2 巻 2 号 283 頁·················154, 173
山口地判昭和 27・3・8 行集 3 巻 2 号 360 頁·················113
長崎地判昭和 27・9・30 行集 3 巻 9 号 1893 頁·················97, 154
東京地判昭和 28・2・18 行集 4 巻 2 号 328 頁·················159
前橋地決昭和 28・4・24 行集 4 巻 4 号 779 頁

東京地判昭和 28・12・28 行集 4 巻 12 号 3315 頁 ……………………………………137, 143
横浜地判昭和 29・2・4 法務省訟務局編・国家賠償法の諸問題 686 頁 ……………200
鹿児島地判昭和 29・3・19 行集 5 巻 3 号 677 頁 ………………………………………121
東京地判昭和 29・6・14 下民 5 巻 6 号 877 頁 …………………………………………191
山口地判昭和 29・6・19 行集 5 巻 6 号 1510 頁 …………………………113, 147, 171
前橋地決昭和 29・7・17 行集 5 巻 7 号 1706 頁 …………………………………141, 147
旭川地判昭和 29・11・20 行集 5 巻 11 号 2805 頁 ……………………………………144
旭川地判昭和 29・11・20 行集 5 巻 11 号 2810 頁 ………………………………141, 144
鹿児島地決昭和 29・11・30 行集 5 巻 11 号 2824 頁 …………………………………174
岐阜地判昭和 30・3・7 行集 6 巻 3 号 757 頁 ………………………134, 143, 169, 185
佐賀地判昭和 30・4・23 行集 6 巻 4 号 1107 頁 …………………………………………86
福岡地判昭和 30・4・25 行集 6 巻 4 号 1027 頁 ………………………………………333
東京地決昭和 30・6・22 行集 6 巻 6 号 1563 頁 …………………………………154, 159
浦和地決昭和 31・9・29 行集 7 巻 9 号 2089 頁 …………………………………153, 173
仙台地決昭和 31・12・7 行集 7 巻 12 号 3227 頁 ……………………………………155
徳島地判昭和 31・12・24 行集 7 巻 12 号 2949 頁 ……………………137, 144, 146, 172
京都地判昭和 32・3・7 行集 8 巻 3 号 432 頁 …………………………………………333
和歌山地決昭和 32・12・23 判時 141 号 16 頁 …………………………………………150
大阪地判昭和 33・1・14 行集 9 巻 1 号 95 頁 …………………………………………185
京都地判昭和 33・2・12 下民集 9 巻 2 号 192 頁 ……………………………………343
東京地八王子支判昭和 33・12・16 判時 172 号 9 頁 ……………………………343, 345
東京地判昭和 34・2・4 下民集 10 巻 2 号 228 頁 …………………………………183, 192
浦和地判昭和 34・3・17 下民集 10 巻 3 号 498 頁 ……………………………………395
長崎地判昭和 34・4・25 行集 10 巻 4 号 848 頁 ………………………………………153, 173
神戸地判昭和 34・8・18 行集 10 巻 9 号 1785 頁 ………………………………………90
長崎地決昭和 35・2・23 行集 11 巻 2 号 452 頁 …………………………………150, 151
東京地判昭和 35・9・8 行集 11 巻 9 号 2677 頁 …………………………………81, 189
長崎地判昭和 36・2・3 行集 12 巻 12 号 2505 頁 ……………………………………183
長崎地判昭和 36・2・8 行集 12 巻 2 号 292 頁 ………………………………………144
大阪地決昭和 36・5・1 下刑集 3 巻 5＝6 号 605 頁 …………………………………347
秋田地判昭和 36・9・25 行集 12 巻 9 号 1922 頁 ………………………………………333
長崎地判昭和 37・1・31 下民集 13 巻 1 号 133 頁 ……………………………134, 167, 200
大阪地決昭和 37・2・26 行集 13 巻 2 号 223 頁 ………………………………………150
東京地判昭和 37・10・10 行集 13 巻 10 号 1820 頁 ……………………………170, 185
広島地判昭和 37・11・6 行集 13 巻 11 号 2090 頁 ……………………………………174
福井地判昭和 38・7・19 行集 14 巻 7 号 1304 頁 ……………………………………333
東京地判昭和 39・10・5 判タ 170 号 234 頁 …81
大阪地判昭和 40・2・8 行集 16 巻 2 号 314 頁 …………………………………………62
東京地判昭和 40・8・9 下級刑集 7 巻 8 号 1603 頁 …………………………………347
東京地判昭和 40・12・24 下民集 16 巻 12 号 1814 頁 …………………………………122
岡山地判昭和 41・5・19 行集 17 巻 5 号 549 頁 ………………………………………244
熊本地判昭和 41・9・14 訟月 12 巻 12 号 1659 頁 …………………………………173, 174
東京地判昭和 41・10・5 行集 17 巻 10 号 1155 頁 ……………………137, 144, 146, 147, 222
大阪地判昭和 42・2・28 判時 475 号 28 頁 …442
大分地決昭和 42・11・9 訟月 13 巻 12 号 1547 頁 ……………………………………200
大分地日田支判昭和 42・11・9 訟月 13 巻 12 号 1547 頁 ……………………………205
岐阜地判昭和 43・2・14 訟月 14 巻 4 号 384 頁 …………………………………………99
大津地決昭和 43・2・19 訟月 14 巻 4 号 386 頁 ………………………………………100
東京地決昭和 44・6・14 行集 20 巻 5・6 号 740

頁 ……………………………143, 154, 159
東京地判昭和 44・9・25 判時 576 号 46 頁…170, 184, 186, 223, 225, 227
岐阜地判昭和 44・11・27 判時 600 号 100 頁…6, 100
福岡地判昭和 44・12・25 下民集 20 巻 11＝12 号 961 頁 ………………………………347
青森地判昭和 45・2・24 訟月 16 巻 7 号 752 頁 ……………………………………113
鹿児島地判昭和 45・3・27 刑月 2 巻 3 号 299 頁 ……………………………………344
広島地呉支判昭和 45・4・27 判時 608 号 158 頁 ……………………………………175
広島地呉支判昭和 45・4・27 下民集 21 巻 3＝4 号 607 頁 …………………………………248
千葉地決昭和 46・2・21 行集 22 巻 1・2 号 146 頁 ……………………………………158
広島地決昭和 46・2・26 刑月 3 巻 2 号 310 頁 ……………………………………346
千葉地決昭和 46・2・28 行集 22 巻 1・2 号 146 頁……………………………………82, 169
千葉地決昭和 46・2・28 判時 623 号 50 頁…174
京都地判昭和 47・2・29 判時 668 号 99 頁…345
秋田地判昭和 47・4・3 判時 665 号 49 頁……85
東京地決昭和 47・8・7 行集 23 巻 8・9 号 635 頁 ……………………………………155
長崎地決昭和 47・9・29 刑月 4 巻 9 号 1578 頁 ……………………………………343, 347
札幌地判昭和 48・1・30 判時 709 号 66 頁…346
東京地判昭和 48・4・6 判時 724 号 96 頁…348
東京地判昭和 48・9・10 行集 24 巻 8・9 号 916 頁 …………………………………114, 169, 187
福岡地判昭和 48・9・11 訟月 20 巻 2 号 38 頁 ……………………………………181
高知地判昭和 48・11・14 判時 741 号 94 頁 ……………………………………341
大阪地判昭和 49・4・19 下民集 25 巻 1〜4 号 315 頁 …………………………………123
横浜地判昭和 49・6・19 判タ 311 号 194 頁 ……………………………………341
福岡地判昭和 50・4・1 訟月 21 巻 7 号 1405 頁 …………………………………181, 243
広島地判昭和 50・12・9 判タ 349 号 284 頁 ……………………………………344
東京地判昭和 51・1・21 行集 27 巻 1 号 4 頁 ……………………………………121
秋田地判昭和 51・4・5 判時 840 号 125 頁…344
青森地弘前支判昭和 51・4・15 判時 824 号 126 頁 ……………………………………344
札幌地判昭和 51・7・30 判タ 348 号 318 頁 ……………………………………186
千葉地判昭和 52・9・9 判時 878 号 90 頁 …347
横浜地判昭和 53・9・27 判時 920 号 95 頁…64, 102, 145, 189
千葉地判昭和 53・12・15 刑月 10 巻 11・12 号 1463 頁 ………………………………38
札幌地判昭和 54・5・10 訟月 25 巻 9 号 2418 頁 …………………………………161, 164, 195
東京地判昭和 54・8・21 行集 30 巻 8 号 1410 頁 …………………………75, 135, 221, 222
岡山地判昭和 54・10・19 判タ 410 号 155 頁 ……………………………………344
大津地判昭和 54・11・28 行集 30 巻 11 号 1952 頁 …………………………………139, 161
浦和地決昭和 55・12・12 判タ 435 号 133 頁 ……………………………………155
大阪地判昭和 56・4・24 判タ 459 号 112 頁…95, 114
奈良地決昭和 56・6・6 行集 32 巻 6 号 885 頁 ……………………………………160
東京地判昭和 56・10・19 判時 1022 号 32 頁 …………………………………69, 119, 147, 158
東京地判昭和 57・10・4 判時 1073 号 98 頁 ……………………………………119
千葉地判昭和 59・7・17 判例自治 11 号 118 頁 …………………………………111, 146
大阪地判昭和 61・5・8 判時 1219 号 143 頁 ……………………………………341
千葉地判昭和 62・3・25 民集 45 巻 3 号 180 頁 ……………………………………37
福島地判昭和 62・11・30 判例自治 46 号 41 頁 …………………………………146, 170
那覇地決平成元・2・20 判例自治 64 号 83 頁 ……………………………………158
東京地決平成元・3・9 判例自治 60 号 65 頁 …………………………………155, 159
横浜地決平成元・12・8 判タ 717 号 220 頁 …6
広島地判平成 2・4・25 訟月 37 巻 5 号 927 頁 ……………………………………377
富山地決平成 2・6・5 訟月 37 巻 1 号 1 頁…100
千葉地決平成 2・6・8 行集 41 巻 6・7 号 1194 頁 …………………………………155, 157
東京地判平成 3・8・27 判時 1428 号 100 頁 ……………………………………122
浦和地判平成 3・9・26 判時 1410 号 121 頁 ……………………………………341

東京地八王子支決平成4・4・30判タ809号
226頁 ································347
東京地判平成4・6・23判時1442号83頁…223
名古屋地判平成5・2・25行集44巻1・2号74
頁 ····································187
京都地判平成5・2・26判タ835号157頁…223
大阪地判平成5・7・12判時1478号146頁
 ·····································342
福岡地判平成5・12・14判例自治143号72頁
 ······································69
奈良地判平成6・3・2判例自治129号95頁
 ·····································344
和歌山地決平成6・3・18判例自治125号72頁
 ·····································157
神戸地伊丹支決平成6・6・9判例自治128号
68頁 ······························6, 99
大阪地判平成6・10・21判時1544号87頁
 ·····································343
福岡地決平成7・1・23判例自治139号13頁
 ································119, 155
福島地判平成8・6・28判例自治166号96頁
 ·····································113
徳島地判平成8・11・25判タ956号204頁
 ·····································377
盛岡地決平成9・1・24判時1638号141頁
 ·································6, 99
東京地判平成9・3・6判時1599号41頁……73
和歌山地田辺支判平成10・1・16判時1669号
116頁 ······························343
大阪地判平成10・10・27判時1686号79頁
 ·····································346
浦和地判平成11・3・1判タ1021号136頁
 ·····································439
東京地判平成11・3・11平成10年（ワ）17796
号 ····································102
横浜地判平成12・9・27判例自治217号69頁
 ·····································367
横浜地判平成12・9・27判例自治217号690頁
 ·····································354
盛岡地決平成13・2・23平成13年（ヨ）第9
号 ····································233
岡山地判平成13・2・27判例集不登載 ……200
熊本地判平成13・5・11判時1748号30頁
 ·····································349
大阪地判平成14・3・15判時1783号97頁
 ·····································432
津地決平成14・11・1判例集不登載………242

東京地決平成15・10・3判時1835号34頁
 ·································56, 156
大分地判平成15・10・16判例自治262号107
頁 ····································342
さいたま地判平成16・3・17訟月51巻6号
1409頁 ················112, 121, 125, 201, 212
名古屋地判平成16・9・22判タ1203号144頁
 ································396, 399
岐阜地判平成16・9・24判例集不登載 ……242
大阪地決平成18・1・25裁判所ウェブサイト
 ·····································155
徳島地判平成18・3・24判例自治291号100頁
 ·····································342
東京地判平成18・4・24判タ1241号74頁
 ·····································347
東京地判平成18・4・28L06131837……119, 129,
130, 163, 189, 195, 220, 223
東京地判平成18・4・28判例集不登載 ……237
東京地判平成19・12・4判タ1284号176頁
 ·····································342
名古屋地岡崎支判平成20・1・17判時1996号
60頁 ······························211, 212
名古屋地判平成20・11・20判例自治319号26
頁 ································184, 223
奈良地判平成21・1・14L06450479……224, 233
大阪地判平成21・3・25判例自治324号10頁
 ·······················64, 66, 96, 114, 195
奈良地判平成24・2・28判タ1403号361頁
 ·····································347
東京地判平成25・3・7判例自治377号65頁
 ································148, 224
横浜地判平成25・7・10判例自治380号68頁
 ·····································225
横浜地判平成26・1・22判時2223号20頁
 ·····································396
東京地判平成27・9・18Lex/DB25531076
 ·····································187
東京地判平成28・2・19L07130425…………439
福岡地行橋支判平成29・7・11判例自治439号
106頁 ································201
福井地判平成29・9・27判タ1452号192頁
 ·····································240

簡裁

秋田簡判昭和38・3・2刑集18巻5号200頁
 ·····································390

事項索引

あ

空家等対策の推進に関する特別措置法………43
空家法……………………………………44
明渡し……………………………………60
明渡し訴訟………………………………64
アストラント…………………………291, 307
与える義務………………………………63
アメリカ合衆国行政会議………………403

い

意見聴取手続……………………………418
意思能力…………………………………130
一部事務組合……………………………280
一律適用主義……………………………53
一律法定型………………………………305
一般司法警察職員………………………380
一般法方式………………………………303
委任条例………………………………49, 92
違反奨励報奨金制度……………………427
違法性の承継…147, 170, 188, 222, 243, 310, 399
インフォーマル志向………………4, 10, 263

う

請負契約……………………………129, 178
訴えの利益………………………146, 169, 185

え

援助要請…………………………………196

お

応急公用負担………………………350, 368

か

戒告…………………………22, 135, 272, 325
過剰規制…………………………………279
過剰侵害禁止原則………………………4
過小保護禁止原則………………………4
仮装譲渡…………………………………242
過怠金……………………………………388
課徴金…………………………………53, 405
課徴金減免制度…………………………409
仮差押命令…………………………231, 278
仮処分………………………………133, 150
仮の義務付け……………………………124
仮の救済…………………………………150
仮の差止め…………………………146, 159
仮の地位を定める仮処分………………99
過料………………………………………31, 392
簡易（略式）代執行……………………251
簡易（略式）直接強制…………………329
換価………………………………………248
関係人……………………………………167
間接強制……21, 97, 110, 164, 291, 297, 302, 423
────の補充性の原則…………………291
間接強制調査………………………228, 339
間接罰……………………………………375
監置………………………………………391
緩和代執行…………………………117, 271

き

規則………………………………………91
寄付………………………………………414
基本権保護義務論………………………4
義務付け訴訟………………………148, 172, 288
客観訴訟………………………………101, 105
給付の拒否………………………………109
教示…………146, 169, 185, 189, 208, 221, 310
行政強制…………………………………1
行政強制消極主義……………………3, 10
強制金……………………………22, 94, 290
行政刑罰…………………………………371
行政事件訴訟法………………………146, 169
行政執行法……………………………18, 40
────の施行に伴う関係法律の整備に関する法律……………………………………40
強制執行妨害罪…………………………196
行政指導………………………………93, 434
行政上の義務履行確保…………………1
行政上の強制執行………………………17
行政上の強制徴収…………………24, 330, 421
行政の実効性確保………………………1
行政上の秩序罰…………………………387
行政庁……………………………………54
強制徴収…………………………………420
強制徴収債権……………………………337
行政手続法…………………138, 166, 184, 337
行政罰…………………………………48, 97
行政罰法…………………………………397
行政不服審査法………………………146, 169

行政便宜主義 …………………………124
協調的法執行 …………………………410
共有物件 ………………………………237
協力要請 ………………………………360
緊急安全措置 ……………107, 177, 361
緊急代執行 ……………………140, 175
緊急直接強制 …………………………327

け

警察官職務執行法 ………26, 194, 273, 341
警察緊急権 ………………………………19
形式的競売 ……………………………206
刑の時効 ………………………………395
軽犯罪法 ………………………………390
原因者負担 ………………329, 363, 374
権限の結合 ……………………………441
原告適格 ………………………………169
現在の法律関係に関する訴え ………152
検察協議 ………………………………381
研修 ……………………………………283
原状回復義務 …………………147, 187
検束 ………………………………………25
兼用工作物 ………………………………58

こ

広域連携 …………………………59, 338
広域連合 ………………………………280
公会計 …………………………………336
効果裁量 …………………………121, 324
公共団体ノ管理スル公共用土地物件ノ使用ニ関スル法律 …………………………………81
後見人 …………………………………130
公告 ……………………………………258
公私協働 ………………………………288
公示送達 …………………142, 168, 250
合成的行政処分 …………………18, 355
拘束力 …………………………147, 187
公訴時効 …………………………395, 399
公定力 ……………………………………35
公売 ……………………………………205
公表 ……………………………110, 422
交付送達 …………………………142, 168
交付要求 …………………………235, 247
公法私法二元論 ………………………152
公務執行妨害罪 …………142, 196, 273, 368
国外犯 …………………………………386
国税滞納処分 …………………234, 330
　　──の例 ……………………………234

国税徴収の例 …………………………234
国税徴収法 ………………………24, 330
告発 ……………………………………382
国家賠償請求 …………………………191
国家賠償法 ………………………264, 440
個別法方式 ……………………………303
根拠法規区分主義 ………………………53

さ

再委託 …………………………………130
再戒告 …………………………………137
罪刑法定主義 …………………………396
財産開示手続 …………………………229
財産管理人 ……………………………219
財産調査 ………………………………228
裁判所侮辱 ……………………………312
裁判を受ける権利 ……………………394
債務者目録 ……………………………338
債務不履行者名簿 ……………………338
債務名義 …………………16, 36, 333, 420
裁量基準 …………………286, 324, 397
裁量決定型 ……………………………305
詐害行為 ………………………………231
詐害行為取消請求 ……………………232
先取特権 …………………………23, 206, 238
差押え …………………………………241
差押え予告 ……………………………228
差止訴訟 …………………146, 148, 172
参加差押え ……………………………235
三罰規定 ………………………………379

し

私会計 …………………………………336
自救行為 …………………………………39
時効の中断 ……………………………243
事前徴収 …………………………230, 276
事前手続 ………………………………418
執行裁判所 ……………………………269
実効性 ……………………………………1
執行責任者 ………………163, 179, 327, 360
執行停止 …………………146, 153, 173
執行停止申立適格 ……………………169
執行罰 ………………………21, 31, 94, 290
執行不停止原則 ………………………150
執行文 ……………………………………16
執行文付与 ……………………………269
執行力 ……………………………17, 35
実質的当事者訴訟 …………………152, 438

実体的デュー・プロセス ……………378
指導要綱 ………………………………440
自発的履行 ……………………………182
支払督促 ………………248, 334, 366
シビルペナルティ ……308, 373, 392, 398, 402
司法警察職員等指定応急措置法 ……380
司法上の強制執行 ……………………16
司法上の秩序罰 ………………………390
司法的執行 ……………………………36
事務管理 ………………200, 205, 211, 240
事務の委託 ……………………………59
事務の代替執行 ………………………59
社会貢献活動 …………………………400
社会奉仕命令 …………………………313
車検拒否 ………………………………442
主観訴訟 ………………………………152
主観的要件 ……………………………417
授権決定 ………………………………269
出訴期間 ………………………………166
守秘義務 ………………256, 337, 433
準遺失物 ………………………………216
情報の質に関する法律 ………………428
将来の給付の訴え ……………………232
助成 ……………………………………106
処分基準 ………………126, 139, 166, 208, 305
処分性 …………………………143, 168, 184
処分等の求め …………………………288
自力救済禁止 …………………………16
シール談合事件 ………………411, 412
人件費 …………………………………213
審査請求期間 …………………………166
人事管理 ………………………………282
審判手続 ………………………………419

す

スライド制 ……………………………374

せ

請求異議の訴え ………………………149
正当防衛 ………………………………39
責任原則 ………………………………432
責任主義 ………………………395, 417
全額決定型 ……………………304, 398
先取特権 ………………………………248
専属告発制度 …………………………415
占有 ……………………………………66
占有回収の訴え ………………………189
占有者 …………………………134, 167, 198

そ

捜索 ……………………………………236
相続財産清算人 ………………131, 238, 260
送達 ……………………………142, 168
争点訴訟 ………………………………152
総務省 …………………………………42
総理府 …………………………………42
遡及処罰の禁止 ………………………396
即時強制 ………………………19, 341
組織区分主義 …………………………53
即決和解手続 …………………………111
損害賠償責任制度 ……………………285
損失補償 ………………………368, 440
存置物件 ………………………164, 274

た

第三者機関 ……………………127, 286, 432
代執行 …………………………………20
──に要した費用 ……………208, 233
代執行権限の共管 ……………………58
代執行令書による通知 ………160, 272
代償強制拘留 …………………23, 311, 400
対人処分 ………………………………89
代替執行 ………………………………269
代替住居 ………………………………218
代替的作為義務 ………20, 59, 73, 75, 297
ダイバージョン ………………………376
対物処分 ………………………………89
宝塚市パチンコ条例事件 ……6, 48, 100, 245
立会人 …………………………………193
立入り …………………………179, 344
断行の仮処分 …………………………99
担保権 …………………………………134
担保権者 ………………………134, 167

ち

秩序違反法 ……………………393, 401
地方公共団体公共事業団体観 ………20, 50
地方税法 ………………………………330
調査協力減算制度 ……………409, 418
調査費用 ………………………………210
庁舎管理権 ……………………………62
徴収金 …………………………………249
懲罰的損害賠償 ………………………408
聴聞 ……………………………310, 394
直接強制 ………………………22, 59, 94, 314
直接強制令書 …………………………326

つ

- 直接執行 … 71
- 直罰 … 375

つ

- 追徴 … 372, 398
- 通告処分 … 377

て

- ディスゴージメント … 306, 422
- 訂正手続 … 433
- 適正手続 … 432
- データの質に関する法律 … 428

と

- 当事者訴訟 … 152
- 時の裁量 … 121
- 独自条例 … 49
- 督促 … 226
- 特別司法警察職員 … 380
- 独立行政法人 … 57
- 土地収用法 … 66, 82
- 取消訴訟 … 146
  - ——の排他的管轄 … 100

な

- 為す義務 … 63

に

- 二重処罰 … 296, 407, 411, 415
- 二重の危険 … 392
- 二重の留保 … 34
- 日額加算型 … 304, 398

の

- 納付命令 … 208
- 納付命令書 … 221

は

- 廃棄 … 206, 218
- 廃棄物認定 … 274
- 売却手続前置主義 … 253
- 配当 … 238, 248
- バイパス理論 … 103, 242, 278, 334
- 破壊消防 … 350
- 破産者マップ事件 … 437
- 破産の申立て … 238
- 罰金 … 372
- 罰則 … 52, 296

- ——との併科 … 33
- 反則金 … 373, 377
- 判別手続 … 419

ひ

- 非強制徴収債権 … 336
- 非刑罰的処理 … 376
- 非訟事件手続法 … 392
- 非代替的作為義務 … 21, 60, 297
- 必要性の原則 … 93
- 避難 … 197, 273, 342
- 非難可能性 … 395
- 非犯罪化 … 378
- 費用 … 208, 328
- 比例原則 … 93, 111, 271, 298, 317, 391, 396, 407, 411, 416

ふ

- 封印等破棄罪 … 319
- 武器の使用 … 346
- 不在者財産管理人 … 261
- 不作為義務 … 21, 60, 73, 269, 297, 300, 319
- 不退去罪 … 142, 196, 273
- 物価スライド制 … 398
- 物件の保管 … 200
- 物件保管費用 … 214
- 物理的抵抗 … 194
- 不動産等の明渡し … 64
- 不納欠損処分 … 235, 238, 246, 266
- 不利益処分 … 138, 166, 337

へ

- ベネッセ個人データ漏えい事件 … 376
- 便宜供与 … 95
- 返金措置 … 413
- 弁護士・依頼者秘匿特権 … 419
- 弁済供託 … 205
- 弁明の機会 … 392
  - ——の付与 … 310, 393, 419

ほ

- 法人重科 … 373
- 法制局 … 42
- 放置違反金 … 395, 400
- 法定外公共物 … 81
- 法廷等の秩序維持に関する法律 … 391
- 方法の選択 … 125
- 法務省 … 42

法務庁	42
法務府	42
法律上の争訟	394
法律の留保	34, 430
保管義務	200
保護検束	25
保証金	285
没収	372, 398
ホームレスの自立の支援等に関する特別措置法	96

ま

| 満足的仮処分 | 99 |

み

見積額	163
民間委託	338
民事執行	98, 206, 268, 333, 421
民事執行法	16, 270
民事訴訟	48, 152
民事保全法	152

む

| 武蔵野マンション事件 | 109, 440 |

め

| 命令 | 91 |

も

| 目的外利用・提供禁止原則 | 256 |

ゆ

| 有償費償還請求権 | 240 |

よ

| 要件裁量 | 112, 324 |
| 予防検束 | 25 |

ら

| ラップ価格カルテル事件 | 411 |

り

リーニエンシー	398, 409
理由提示	139, 166, 208
理由の提示	326
両罰規定	371, 374, 399

れ

| 令状 | 236, 312, 320, 400 |
| 連帯納付 | 237 |

ろ

| 労役場留置 | 312, 389 |

わ

| 和解 | 183 |

著者紹介

東京大学法学部卒。同大学助手、助教授、教授を経て、現在、最高裁判所判事、同大学名誉教授。

主要著書に、行政法概説Ⅰ（第 8 版）（有斐閣、2023 年）、行政法概説Ⅱ（第 7 版）（有斐閣、2021 年）、行政法概説Ⅲ（第 6 版）（有斐閣、2024 年）、行政法（第 3 版）（有斐閣、2023 年）、判例で学ぶ行政法（第一法規、2015 年）、対話で学ぶ行政法（共編著）（有斐閣、2003 年）、アメリカ行政法（第 2 版）（弘文堂、2000 年）、ブリッジブック行政法（第 3 版）（編著）（信山社、2017 年）、国家責任法の分析（有斐閣、1988 年）、国家補償法（有斐閣、1997 年）、国家賠償法制定資料（信山社、2015 年）、条解国家賠償法（共編著）（弘文堂、2019 年）、行政手続法の理論（東京大学出版会、1995 年）、自治体行政手続の改革（ぎょうせい、1996 年）、行政手続・情報公開（弘文堂、1999 年）、行政手続オンライン化 3 法―電子化時代の行政手続（第一法規、2003 年）、行政手続と行政情報化（有斐閣、2006 年）、行政手続三法の解説（第 3 次改訂版）（学陽書房、2022 年）、行政手続法制定資料（11）～（16）（共編）（信山社、2013 年～2014 年）、情報公開法の理論（新版）（有斐閣、2000 年）、情報公開法・情報公開条例（有斐閣、2001 年）、ケースブック情報公開法（有斐閣、2002 年）、情報公開法―アメリカの制度と運用（日本評論社、2004 年）、情報公開の理論と実務（有斐閣、2005 年）、情報公開と公文書管理（有斐閣、2010 年）、情報公開・個人情報保護（有斐閣、2013 年）、新・情報公開法の逐条解説（第 8 版）（有斐閣、2018 年）、情報公開・オープンデータ・公文書管理（有斐閣、2019 年）、情報公開法制定資料（1）～（14）（共編）（信山社、2020 年～2022 年）、諸外国の情報公開法（編著）（行政管理研究センター、2005 年）、解説個人情報の保護に関する法律（第一法規、2003 年）、個人情報保護の理論と実務（有斐閣、2009 年）、論点解説　個人情報保護法と取扱実務（共著）（日本法令、2017 年）、個人情報保護法制（有斐閣、2019 年）、個人情報の保護と利用（有斐閣、2019 年）、新・個人情報保護法の逐条解説（有斐閣、2021 年）、自治体職員のための個人情報保護法解説（編著）（第一法規、2021 年）、自治体のための解説個人情報保護制度―個人情報保護法から各分野の特別法まで（改訂版）（第一法規、2023 年）、マイナンバー法と情報セキュリティ（有斐閣、2020 年）、マイナンバー法の逐条解説（有斐閣、2022 年）、論点解説　マイナンバー法と企業実務（共著）（日本法令、2015 年）、自治体職員のための番号法解説（共著）（第一法規、2014 年）、施行令完全対応　自治体職員のための番号法解説［制度編］（共著）（第一法規、2014 年）、施行令完全対応　自治体職員のための番号法解説［実務編］（共著）（第一法規、2014 年）、完全対応　自治体職員のための番号法解説［実例編］（監修）（第一法規、2015 年）、完全対応　特定個人情報保護評価のための番号法解説（監修）（第一法規、2015 年）、情報法（共編著）（有斐閣、2012 年）、次世代医療基盤法の逐条解説（有斐閣、2019 年）、逐条解説　公文書等の管理に関する法律（第 3 版）（第一法規、2015 年）、改正行政事件訴訟法（補訂版）（青林書院、2006 年）、行政不服審査法の逐条解説（第 2 版）（有斐閣、2017 年）、解説行政不服審査法関連三法（弘文堂、2015 年）、Q&A　新しい行政不服審査法の解説（新日本法規、2014 年）、行政組織法の理論と実務（有斐閣、2021 年）、政策評価の法制度―政策評価法・条例の解説（有斐閣、2022 年）、地方自治法概説（第 10 版）（有斐閣、2023 年）、2017 年地方自治法改正　実務への影響と対応のポイント（編著）（第一法規、2017 年）、逐条解説　宇宙二法（弘文堂、2019 年）、Q&A　新しい社団・財団法人制度のポイント（共著）（新日本法規、2006 年）、Q&A　新しい社団・財団法人の設立・運営の要点（共著）（新日本法規、2007 年）がある。

行政の実効性確保
行政代執行を中心として

2024 年 12 月 20 日　第 1 版第 1 刷発行

著者　宇賀克也
発行者　井村寿人

発行所　株式会社　勁草書房
112-0005　東京都文京区水道 2-1-1　振替 00150-2-175253
（編集）電話 03-3815-5277／FAX 03-3814-6968
（営業）電話 03-3814-6861／FAX 03-3814-6854
理想社・松岳社

©UGA Katsuya 2024

ISBN978-4-326-40443-8　　Printed in Japan　　

JCOPY　〈出版者著作権管理機構　委託出版物〉
本書の無断複製は著作権法上での例外を除き禁じられています。
複製される場合は、そのつど事前に、出版者著作権管理機構
（電話 03-5244-5088、FAX 03-5244-5089、e-mail: info@jcopy.or.jp）
の許諾を得てください。

＊落丁本・乱丁本はお取替いたします。
　ご感想・お問い合わせは小社ホームページから
　お願いいたします。

https://www.keisoshobo.co.jp

西埜　章
国家賠償法コンメンタール　第 3 版　　　　　　　　A5 判／22,000 円

西埜　章
損失補償法コンメンタール　　　　　　　　　　　　A5 判／14,300 円

中村芳昭監修　東京地方税理士会 編
納税者のための租税の納付・徴収手続　　　　　　　A5 判／3,850 円

北野弘久　黒川功補訂
税法学原論　第 9 版　　　　　　　　　　　　　　　A5 判／4,400 円

———————————————————————勁草書房刊

＊表示価格は，2024 年 12 月現在。消費税が含まれています。